도판 1 프랑스 왕의 문장

프랑스 왕의 문장은 신분을 나타내기 위한 표장적 이미지였지만, 그 문장의 색과 형상은 권력을 뒷받침하는 중요한 상징적 의미도 나타내고 있었다. 이처럼 어떤 기호·형상·사물은 표장이자 상징으로서의 이중적 성격을 지닌다. (본문 14쪽)

도판 2 **사자와 레오파르두스**

레오파르두스는 사자의 겉모습과 특성을 지니고 있으나 타고난 본성이 사악하다고 여겨졌다. 겉모습만 보면 레오파르두스는 언제나 머리를 정면으로 향하고 몸은 수평으로 한 사자였을 뿐이다. 사자는 언제나 머리와 몸을 모두 옆으로 하고 있었다. 곧 얼굴의 정면성이 둘의 차이이자 의미를 이루는 요소가 되었다. 중세의 동물 도상에서 머리를 정면으로 향하고 있는 자세는 거의 대부분 멸시된다는 의미를 나타내고 있었다. 따라서 문장에서 머리를 옆으로 하고 있는 사자와는 달리, 정면을 바라보고 있는 레오파르두스는 나쁜 사자였다. (본문 66쪽)

도판 3 **색의 전당, 중세 교회**

교회는 색의 전당이었다. 벽과 바닥, 천장, 창문 등에서 색을 볼 수 있었고, 여기에 전례에 사용하는 물품이나 의복 등 움직이고 변화하는 색이 더해졌다. 13세기이후 전례에서 색이 맡는 역할은 더욱 커졌다. (본문 146쪽)

도판 4 **염색업자 집의 예수**

염색업자들은 그리스도의 어린 시절을 다룬 외경 복음서에 전해지는 이야기를 즐겨 묘사했다. 티베리아스의 염색업자 집에서 도제 수업을 했다는 이야기였다. 외경 문헌에만 전해졌으나, 그들의 직업과 직접 관련된 이야기였다. (본문 222쪽)

도판 5 **붉은색의 유다**

중세 초기까지의 기독교 미술에는 유다를 나타내는 구체적인 어떤 특징이 존재하지 않았다. 하지만 '최후의 만찬'을 표현할 때만큼은 그를 다른 사도들과 구별하려는 시도가 나타났다. 위치와 체격, 자세, 몸에 난 털로 어떤 변별적인 차이를 나타내려 했다. 그리고 9세기 후반 카롤루스 2세의 시대가 되자 붉은 머리카락이라는 이미지가 등장하기 시작했다. 13세기 이후 유다의 이 붉은 머리카락은 같은 색의 수염과도 자주 결합되었다. (본문 226쪽)

도판 6 **아벨을 죽이는 카인**

유다가 홀로 붉은색을 차지하고 있었던 것은 아니다. 중세 말의 미술에서는 일정한 숫자의 배신자·반역자·불온한 자들이 대체로 붉은색으로 나타났다. 카인도 그러한 이들 가운데 하나였다. 그는 신약성서와 구약성서를 대응시킨 예형론적 상징체계에서 거의 언제나 유다를 예고하는 인물로 묘사되었다. (본문 227쪽)

도판 7 **유다의 입맞춤**

모든 상징체계에서는 가치의 질서를 위반하는 일이 나타난다. 체계가 효과적으로 작동하려면 예외가 필요하다. 붉은 머리의 다윗은 그러한 예외였고, 예수를 예고하는 존재였다. 기독교 도상학에서도 유사한 현상이 나타나는데, 12세기 이후 유다처럼 붉은 머리카락을 지닌 그리스도가 묘사되곤 했다. 특히 체포와 입맞춤의 장면에서 그렇게 표현되는 경우가 많았다. (본문 229쪽)

도판 8 **노란색 옷을 입은 유다**

유다는 노랗기도 했다. 12세기 말 이후에는 노란색이 점차 유다의 옷에 자주 할
당되는 색으로 등장했다. 그의 붉은 털에는 악한 피와 지옥의 빨간색만이 아니라,
배신과 거짓말의 노란색도 동시에 담겨 있었다. 여러 세기를 거치며 유럽의 색 체
계에서 노란색의 가치는 끊임없이 떨어지고 있었다. 그 색은 일찍부터 거짓과 거
짓말의 색이었고, 점차 유대인의 색이 되었다. (본문 234쪽)

도판 9 **신분을 알리려고 투구를 들어올리는 윌리엄 공작**

문장의 출현은 군사 장비의 발전과도 관련이 있다. 서양의 전사들은 사슬갑옷의 두건과 투구의 콧대 때문에 서로의 얼굴을 분간할 수 없었다. 그래서 전투가 한창일 때 적군과 아군을 식별할 수 있는 기호로 점차 방패의 넓은 평면에 기하학적 도형이나 동물·꽃 등을 그려넣는 관습이 생겨났다. (본문 243쪽)

도판 10 **색슨인과 노르만인의 방패**

문장의 출현 시기에 관해 확실한 기준점이 되는 것은 바이외 태피스트리이다. 1080년 무렵에 자수로 제작된 이 작품에 묘사된 장면에서는 방패를 장식하고 있는 문양들이 아직 본격적인 문장으로는 사용되지 않았다는 사실이 확인된다. 두 진영의 전사들이 똑같은 모양의 방패를 들고 있거나, 같은 인물이 여러 장면에서 다른 방패를 들고 있는 모습이 발견되기 때문이다. (본문 246쪽)

도판 11 **조프루아 플랜태저넷의 법랑 장례명판**

12세기에 제작된 노르망디 공작 조프루아 플랜태저넷의 방패를 장식하고 있는 문양은 이미 본격적인 문장이었다. (본문 249쪽)

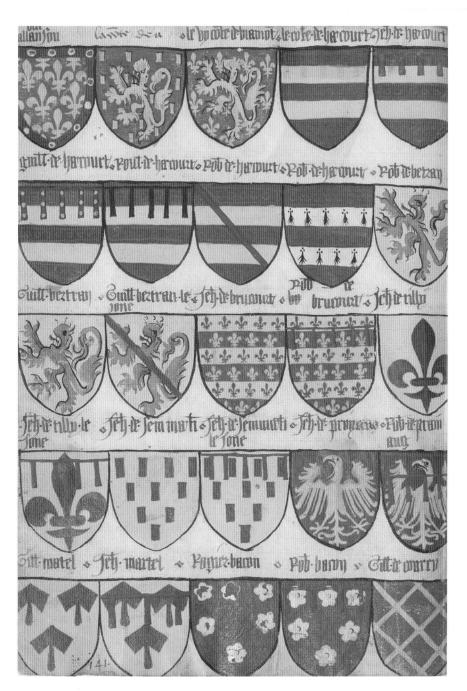

도판 12 **분가 표지**

하나의 혈족 안에서는 본가의 장자만이 덧붙여진 요소가 없는 완전한 가문의 문장을 지닐 수 있었다. 다른 자식들은 문장에 변형을 덧붙여 자신이 장자가 아니라는 사실을 나타내야 했다. 이러한 변형을 '분가 표지'라고 한다. (본문 259쪽)

도판 13 문장의 투구꼭대기장식

투구꼭대기장식은 부서지기 쉬운 구조물이었다. 그러므로 멀리 떨어진 곳에서도 식별할 수 있게 하는 것이 핵심 기능이더라도, 기사 머리 위에 놓이려면 조심스런 크기로 제한해야 했다. 그런데 이미지로서의 투구꼭대기장식은 이런 배려가 필요치 않았다. 균형과 중력을 고려할 필요가 전혀 없었기 때문이다. 그래서 장식을 떠받치는 투구나 그 아래에 표현된 방패에 견주면, 문장의 투구꼭대기장식은 지나치게 크게 표현되기 일쑤였다. 구성과 비율에서 도안이 의도적으로 기하학과 개연성의 법칙을 어기고 있는 것처럼 보일 정도였다. (본문 271쪽)

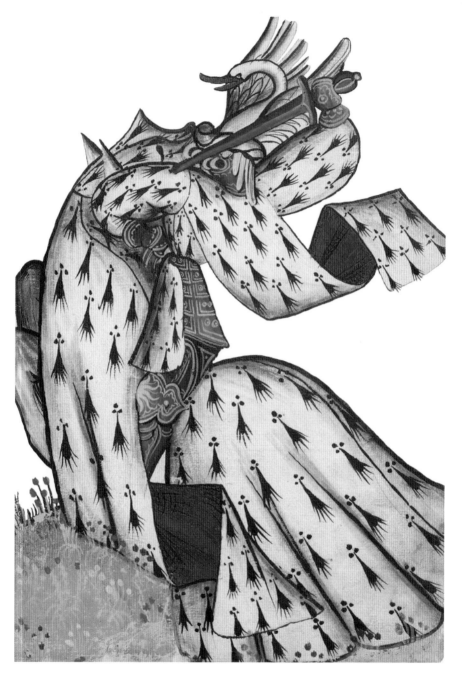

도판 14 **백조 투구꼭대기장식**

14~15세기에 유럽 기독교 세계에서 거의 몇 백에 이르는 사람들이 백조 투구꼭
대기장식을 사용했다. 그들은 그렇게 전설 속의 '백조의 기사'의 자손인 양 '연기'
를 했다. (본문 277쪽)

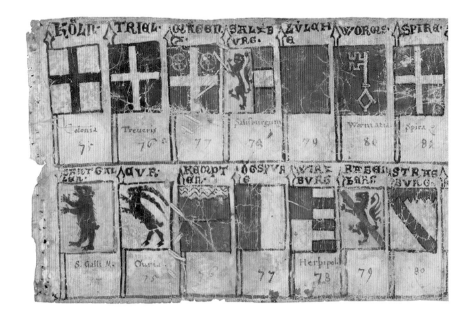

도판 15 문장 깃발

깃발은 정치사 · 문화사의 귀중한 자료들이다. 서양인이 이슬람 깃발에 가한 변형과 해석은 다른 문화에 속한 표장이나 상징을 이해하고 수용하고 표현할 때에 겪은 곤란함을 잘 보여준다. 모든 것들은 매우 뚜렷이 서구화되어 있었다. 색의 문장학적 분류법은 당연히 이슬람 세계를 비롯해 다른 문화권에는 알려지지 않은 것이었다. 하지만 유럽은 점차 이를 세계의 깃발에 강제했다. (본문 285쪽)

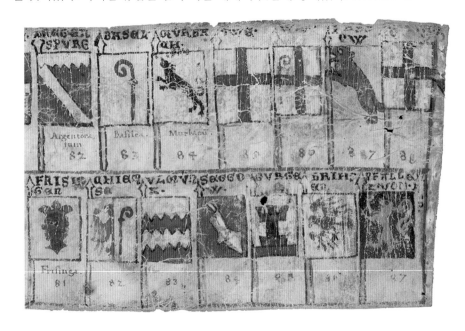

도판 16 **체스의 전래**

교회가 적의를 보였는데도 체스는 빠르게 보급되었다. 체스는 귀족계급 전체에서, 로마 기독교 세계의 모든 나라들에서 즐겨졌다. (본문 316쪽)

도판 17 **애수의 검은 태양**

도판 18 **여왕의 입맞춤**

네르발의 시 「엘 데스디차도」는 마네세 사본의 이미지가 그대로 시로 옮겨온 것처럼 보인다. 틀림없이 네르발의 기억에 촉매가 되었을 그 이미지는 다른 이미지들과 결합해서 수수께끼 같은 시구를 낳는 데 영향을 끼쳤을 것이다. (본문 370쪽)

도판 19 **두 번의 승리자**

도판 20 **저승의 강**

서양 중세 상징사

서양 중세 상징사

미셸 파스투로 지음 | 주나미 옮김

오롯

책의목차

동물과 식물

색과 표장

놀이와 영향

일러두기

① 본문에 실린 해설과 주석은 모두 한국어판에서 옮긴이가 덧붙인 것입니다. 글쓴이가 원래 붙인 주석은 책 뒤에 실어 구분했습니다.

② 본문의 〔 〕 안의 내용은 옮긴이가 내용 이해를 돕기 위해 덧붙인 것입니다. 본문 내용과 구분할 수 있도록 옮긴이가 덧붙인 내용은 고딕으로 서체를 다르게 했습니다.

③ 본문의 인명이나 지명 등의 외국어 표기는 해당 국가의 언어에 맞추어 나타냈고, 10세기 이전의 인물이나 교황의 이름 등은 라틴어를 기준으로 표기하였습니다. 다만, 카롤루스 왕조의 왕은 10세기의 인물이라도 라틴어로 표기했습니다. 그리고 오늘날 영어식 발음 표기가 일반화되어 쓰이는 경우에도 널리 통용되고 있는 것을 기준으로 표기했습니다.

④ 성서에 등장하는 인명은 성서의 표기에 맞추어 표기했습니다. 성서는 한국 가톨릭 공용 성서인 '한국천주교주교회의, 『성경』, 서울: 한국천주교중앙협의의, 2008'을 기초로 했습니다.

⑤ 서적이나 정기간행물은 『 』, 논문이나 문헌 등은 「 」로 표기했으며 원래의 외국어 제목도 함께 나타냈습니다.

⑥ 주요 개념은 본문에 외국어를 함께 표기했으나, 인명이나 지명 등의 외국어 표기는 책 뒤의 '찾아보기'에 수록했습니다.

"사물이기만 한 것들이 있고, 사물인 동시에 기호이기도 한 것들도 있다. […] 그러한 기호 가운데 몇몇은 단순한 신호일 뿐이지만, 어떤 것은 표지나 징표이고, 어떤 것은 상징이다." — 아우구스티누스

중세의 상징

상상은 어떻게 현실의 일부를 이루는가?

중세 작가들에게 '상징'은 매우 일상적인 사고와 감수성의 양식이었다. 그래서 그들은 상징의 의미나 교훈을 독자에게 따로 알려주어야 한다고는 거의 생각조차 할 수 없었고, 자신들이 사용한 용어를 정의하려고도 않았다. 그러나 상징에 관한 라틴어 어휘는 무척 풍부하고 섬세했다. 모든 중세 상징체계의 아버지라고 할 수 있는 아우구스티누스의 펜 끝에서는 물론이고, 13세기의 설교를 위한 교훈예화집exempla 편찬가나 백과전서 작가 등 그보다 덜 알려진 이들의 글에서도 그러했다.

중세의 상징을 다룰 때 역사가는 이 어휘의 문제에서 가장 먼저 어려움에 부닥친다. 현대 유럽의 언어들은, 제아무리 새 낱말을 잘 만들어내는 독일어라 할지라도, 중세에 상징을 정의하거나 사용하는 데 쓰인 라틴어 어휘의 풍부함과 섬세함을 정확히 재현할 용어 장치를 갖추고 있지 않다. 라틴어에서는 한 문헌 안에서도 〔징표·표상·전형·상기·비유 등의 뜻을 지닌〕 '시그눔signum', '피구라figura', '엑셈플룸exemplum', '메모리아memoria', '시밀리투도similitudo' 등의 어휘들이 번갈아 쓰인다. 그런데 현대 프랑스어에서 모두 상징이라고 옮겨질 수 있는 이 라틴어 어휘들은 자의적인 것이 아니라, 매우 신중히 선택되어 쓰인 것들이다. 저마다 섬세한 차이를 지니며 독특한 의미를 나타내고 있기 때문이다. 매우 중요한 어휘들이지만 의미의 범위가 넓고 섬세해서 정확히 번역하기 어렵고, 딱 들어맞게 호환되는 어휘도 없다. 아울러 '의미하다'라는 행위를 상기시키기 위해 라틴어에서는 [표시하다 · 묘사하다 · 표상하다 · 가리키다 · 재현하다 · 나타내다 등의 뜻인] '데노타레denotare', '데핑게레depingere', '피구라레figurare', '몬스트라레monstrare', '레프라이센타레repraesentare', '시그니피카레significare' 등의 동사들이 쓰이는데, 이 낱말들에도 등가성이나 동의관계는 존재하지 않는다. 오히려 그 가운데 어느 하나를 내세운 것은 깊이 생각해 이루어진 선택의 결과였고, 그것이 작가의 생각을 가장 비슷하게 표현하는 데 도움이 되었기 때문이다. 예컨대 어떤 동물이나 식물이 상징적으로 의미하는 것을 강조하려고 작가가 (그것이) '나타내는 것quod significat'이라고 쓴 경우에 그것은 '재현하는 것quod representat'과 같은 의미가 아니었고, '표상하는 것quod figurat'이라는 표현과도 엄밀한 동의관계에 있지 않았다.

언어와 어휘 현상이 제공하는 이러한 풍부함은 그 자체로 역사 연구의 자료가 된다. 아울러 중세 문화에서 상징이 사고의 기본적인 도구였다는 사실도 잘 보여준다. 곧 상징은 복수의 매개물들로 표현되고, 다양한 의미의 층위에 자리하며, 지적 · 사회적 · 정신적 · 종교적 삶의 모든 영역과 관련을 맺고 있었다. 그리고 그 풍부함은 상징이라는 개념이 완벽히 해석되기는커녕 어떤 일반화나 단순화도 받아들이지 않는 이유도 알려준다. 상징은 언제나 애매모호하고, 다의성을 지니며, 자유롭게 변화한다. 그것은 어떤 공식의 틀에 갇혀 있지 않으며, 말과 글만이 아니라, 이미지와 사물, 몸짓과 의례, 신앙과 행위로도 표현된다.

그렇지만 가장 이름 높은 이들을 비롯해 모든 중세 작가들은 상징에 관해 말하면서 그것이 작용하는 범위나, 개입하는 방식의 다양성과 유연성을 밝히려 하지 않았다. 그래서 상징을 연구하는 일은 어렵다. 더구나 상징을 연구대상으로 할 때 역사가는 자료를 대하며 시대착오의 오류에 빠지기 쉬우며, 그런 연구는 상징으로부터 정서적 · 심미적 · 시적 · 몽환적 측면을 빼앗을 위험이 있다. 그러나 그러한 것들이야말로 상징의 작용과 효능에 꼭 필요한 본질적인 속성들이다.

틀을 갖추어야 할 역사

오늘날 상징의 빈곤화는 특히 일반인을 대상으로 한 출판물들에서 많이 발견된다. (그나마 최대한 감정을 억눌러 말하건대) 중세에 관한 탐구에서 변변찮은 작품이나 책들 때문에 이토록 망가진 분야도 아마 없을 것이다. (개념 자체가 모호하게 남용되고 있기는 하지만) 중세의 상징체계라는 주제로 대중이나 학생들이 마주할 수 있는 것이라고는 대부분 상업적인 목적의 눈요깃거리이거나 도무지 이해하기 어려운 알쏭달쏭한 작품들뿐이다. 시간과 공간을 제멋대로 농락하고, 납득하기 어려운 허튼소리만 늘어놓고, 기사도 · 연금술 · 문장학 · 왕의 축성의식 · 로마네스크 미술 · 대성당 건설 · 십자군 · 성전기사단 · 카타르파 · 검은 성모 · 성배 등과 같은 주제들을 이리저리 뒤섞어 놓고 있는 책들 말이다. 그런데 불행하게도 서점에서는 대체로 이런 책들이 잘 팔린다. 그래서 그런 주제들을 미심쩍은 것으로 만들어버리고, 의욕적인 문제의식을 지닌 독자와 연구자들이 상징 연구를 쳐다보지도 않게 한다.

이런 현실은 참으로 마뜩잖다. 중세 연구의 틀 안에는 상징사의 자리도 분명히 있기 때문이다. 상징사는 사회사 · 정치사 · 경제사 · 종교사 · 예술사 · 문학사 등과 똑같이 자신의 고유한 자료와 방법론, 문제의식을 지닌다. 그러나 이 분야는 아직 완전히 틀을 갖추지 못하고 있다.[1] 물론 상징에 관한 고유한 연구에도 몇몇 뛰어난 업적들은 존재한다. 하지만 대부분 신학이나 철학과 관련된 매우 사변적인 차원에 제한되어 있거나,[2] 표장과 표장체계의 세계에만 집중되어 있다.[3] 그렇지만 중세에 표장embléme과 상징symbole은 서로의 경계가 불분명하기는 하지만 엄연히 달랐다. 표장은 명칭, 가문의 문장, 도상학적 징표처럼 개인이나 집단의 정체성을 나타내는 기호였으나, 상징은 육체적인 인격이 아니라, 추상적인 실체·이념·관념·개념 등을 나타내는 기호였다.

그러나 어떤 종류의 기호·형상·사물은 표장이자 상징으로서의 이중적 성격을 지닌다. 프랑스 국왕의 상징물regalia이던 〔상아 손잡이가 달린 지팡이인〕 정의의 손main de justice 같은 것이다. (다른 군주들은 결코 사용하지 않았으므로) 그것은 프랑스 왕의 정체성을 확인시키고, 그를 다른 군주들과 구별해주는 표장의 성격을 지닌 소지품이었다. 하지만 동시에 그것은 프랑스 군주제에 관한 어떤 특정한 관념을 나타내던 상징적 사물이기도 했다. '청색 바탕에 금색 백합꽃이 흩뿌려진' 문장도 마찬가지였다. 그것은 프랑스 국왕임을 확인하는 데 도움이 되는 표장적 이미지를 이루었으며, 문장을 구성한 파란색·노란색·백합꽃 문양의 색과 형상들은 매우 중요한 상징적 의미도 지니고 있었다.[4] **도판1**

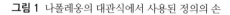

이 책에서 살펴볼 열여섯 개의 주제들은 상징·이미지·색의 영역에서 내가 30여 년에 걸쳐 진행해온 연구를 반영하고 있다. 이미 출간되었던 주제도 있는데, 필요에 따라 이 책을 위해 다시 검토하고, 보완하고, 고쳐 썼다. 물론 출간된 그대로이거나 아직 발표되지 않은 것들도 있다. 아울러 이 책에 담은 주제들은 하나같이 내가 지난 20년 동안 고등실습연구원과 사회과학고등연구원에서 진행한 세미나에서 다루어왔던 것들이다. 모든 것이 오랜

그림 1 나폴레옹의 대관식에서 사용된 정의의 손

기간에 걸쳐 진행된 성찰의 결과이고, 대학의 역사학 연구에서는 거의 다루어지지 않던 분야에 뛰어들어 이루어낸 성과라고 할 수 있다.

그렇지만 한 권의 책으로 묶인 이 연구들은 중세의 상징론을 제시하기 위한 것이 아니다. 단지 틀을 갖추어야 할 '상징사'라는 연구 분야가 어떤 모습일지 정의하는 데 도움이 되는 것을 목표로 삼고 있을 뿐이다. 곧 몇 가지 기본적인 관념에 주의를 기울이게 하고, 상징을 쉽게 다룰 수 있게 기반을 마련하고, 의미의 층위와 작용 방식을 밝히고, 앞으로 이루어질 연구를 위해 다양한 길을 개척하는 데 의의를 두고 있다.

어원론

중세의 상징은 낱말을 통해서 가장 쉽게 정의하거나 특징지을 수 있을 것이다. 따라서 상징의 작용원리와 근간을 이해하기 위해 가장 먼저 연구가 이루어져야 할 것은 어휘 현상이다. 14세기 이전의 작가들은 대부분 낱말 안에서 존재와 사물의 본질을 찾았다. 곧 낱말들의 기원과 역사를 다시 발견하는 것으로 낱말들이 나타내는 존재나 대상의 본체론적 진리에 이를 수 있다고 보았다. 그러나 중세의 어원론은 근대와는 달랐다. 음성학 규칙들은 알려져 있지 않았고, 그리스어와 라틴어의 계통성이 명확히 인식되려면 16세기까지 더 기다려야 했다. 라틴어 안에서 어떤 라틴어 낱말의 기원과 역사를 찾는 작업이 이루어졌고, 기호의 질서와 사물의 질서가 동일하다는 생각을 바탕에 깔고 있었다. 그래서 그 어원론은 근대 문헌학이나 오늘날 우리가 가지고 있는 언어에 대한 인식과 충돌한다. [19세기 스위스의 언어학자인] 소쉬르의 뒤를 이은 근대의 언어학자들이 '기호의 자의성'이라고 부른 것은 중세 문화와는 관련이 없었다. 이따금 우리에게는 허술하기 짝이 없는 말장난처럼 보이더라도, 모든 것에는 합당한 이유가 있었다.

역사가는 이러한 '잘못된' 어원론을 결코 웃음거리로 삼아서는 안 된다. 오히려 그 자체를 문화사의 자료로 보아야 한다. 우리의 지식으로는 과학적으로 확실하다고 여겨지는 것들이라도 3~4세대 뒤의 문헌학자에게는 웃음을 자아내는 것일 수 있다는 점을 잊지 말아야 한다. 게다가 이시도루스를 비롯한 중세 작가들이 가끔은 농담을 던지듯이 어원을 탐구했다는 사실도 반드시 새겨 두어야 한다. 가장 사변적인 구성이 때로는 가장 조잡한 연관과 의도적으로 가까이 놓이기도 했던 것이다. 그러나 이러한 낱말의 진리는 신앙과 이미지, 체계, 상징적 행위에 관해 매우 풍부한 설명을 가져다준다. 모든 종류의 어휘들이 그렇지만, 특히 보통명사나 고유명사와 같은 명사가 중요하다. 뒤에서 다시 다루겠지만, 몇 가지 사례를 살펴보자. 호두나무는 불길한 나무로 여겨졌다. 그것의 라틴어 이름인 '눅스nux'가 '해를 끼치다'라는 뜻을 지닌 '노케레nocere'라는 말과 관련이 있다고 생각했기 때문이다. 그래서 호두나무는 악마와 악령을 불러 모으는 해로운 나무가 되었고, 그 나무의 무성한 나뭇잎 아래에서 잠을 자거나 하는 행위는 금기로 여겨졌다. 사과나무에도 똑같은 방식의 생각이 적용되었다. 그 나무의 라틴어 이름인 '말루스malus'는 '악malum'이라는 말을 연상시켰다. 그래서 사과나무는 이름 때문에 전승과 이미지에서 점차 금지된 과일나무가 되었고, 인류의 타락과 원죄의 원인으로까지 여겨지게 되었다.

이처럼 모든 것은 이름 안에서, 이름으로 이야기되고 있었다. 그러므로 중세 상징에 대한 연구는 언제나 어휘에서 시작되어야 한다. 그래야 역사가는 지나치게 실증적인 설명에 빠지지 않고 올바른 길로 나아갈 수 있다. 엉뚱한 길로 벗어나기 일쑤인 정신분석학적인 접근법에서 헤매는 것도 피할 수 있다. 예컨대 12~13세기 프랑스의 수많은 기사 이야기들에는 시합의 승자에게 포상으로 주어지는 '강꼬치고기'라는 사물이 등장하는데, 이것은 많은 학자들을 당혹스럽게 한다. 물고기에 관한 일반적인 상징은 물론이고, 강꼬치고기에 관한 상징에서도 포상품으로 그것을 선택한 이유와 관련된 의미를 찾을 수 없기 때문이다. 이해하기 어려운 (스위스의 심리학자인) 융의 '원초적인 물'이라는 생각도, '약탈하는 전사의 원형적 이미지'인 야생동물이라는 생각도 마찬가지로 관련이 없다. 시합에서 이긴 기사에게 주어지는 상품으로 강꼬치고기가 선택된 이유는 오직 이름 때문이었다. 라틴어에서 '루키우스lucius'라고 부르던 이 물고기를 옛 프랑스어에서는 '뤼lus'라고 했다. 그리고 그 이름은 '칭송'이라는 뜻을 나타내는 라틴어의 '라우스laus'와 프랑스어의 '로los'라는 말과 비슷했다. '로'와 '뤼'의 관계는 오늘날 우리가 언어유희라고 부르는 것과는 조금 거리가 멀지만, 중세의 사고방식에서는 자연스러운 것이었다. 그래서 그로부터 기사에 대한 포상의 상징적인 의례가 확립되는 놀라운 유기적 결합이 이루어졌다.

이런 언어적 관계는 고유명사에도 존재한다. 이름은 그 사람의 본질을 알려주고, 그 인물의 역사를 추적하고, 미래를 예견할 수 있게 해주었다. 그래서 고유명사의 상징체계는 문학이나 성인전에서 중요한 역할을 맡게 되었다. 이름을 부르는 것은 언제나 무척 중요한 행위였다. 이름은 그 이름을 지닌 자의 운명과 긴밀히 관련되어 있었기 때문이다. 아울러 이름은 삶에 의미를 부여했다. 예컨대 수많은 성인들이 오직 이름에만 의지해서 자신들의 삶과 수난, 도상, 수호성인으로서의 권능과 덕목 등을 구성하고 있었다. 베로니카Veronica 성녀는 이를 대표하는 사례일 것이다. 그 성녀는 오로지 이름 덕분에 (뒤늦게) 존재할 수 있었다. 성녀의 이름은 '거룩한 얼굴', 곧 시신에 입혀진 옷에 남은 구세주의 진짜 이미지를 뜻하는 라틴어 어휘인 '베라 이코나vera icona'로 이루어져 있었다. 그래서 베로니카는 십자가를 짊어지고 골고다 언덕을 올라가던 그리스도의 땀을 수건으로 닦아준 젊은 여성이 되었고, 기적처럼 그 수건에는 그리스도의 얼굴 모습이 남았다.

이와 비슷하게 이름이 성인전의 전설을 탄생시킨 사례는 무척 많다. 사도 시몬Simon은 톱으로 찢긴 모진 시련을 받고 순교했다고 전해졌다. (중세의 감수성에서 톱은 도끼와는 달리 천천히 그 작업을 해서 더욱 끔찍한 도구로 여겨졌는데) 예언자 이사야Isaïe도 똑같은 고문을 받았다고 알려졌다.* 이 두 사람의 이름은 프랑스어의 '톱scie'이라는 말을 연상시키는데, 그로부터 전설과 이미지, 수호성인으로서의 권능이 만들어졌다. 반대로 [수레나 바퀴에 묶어 찢어 죽이는] 거열형을 받고 순교한 알렉산드리아의 카타리나는 일찍부터 제분업자나 마차 제조업자처럼 바퀴를 만들거나 사용하는 모든 직업의 수호성인이 되었다. 중세 말 독일에서는 아버지가 이러한 직업들 가운데 하나에 종사하고 있으면 딸에게 카타리나라는 세례명을 붙였다는 사실이 실제의 사례들로 확인된다. 그래서 민요에서도 "제분업자의 딸은 모두 카타리나"이고, "지참금 넉넉한 아가씨"라고 노래했다.

병을 고치는 힘을 지닌 성인들 가운데에도 똑같이 오로지 이름 덕분에 치유와 예방의 능력을 지닌 이들이 있었다. 언어마다 성인들의 이름과 병명 사이의 명시적인 관계가 다르므로, 성인들이 지닌 힘도 달랐다. 프랑스에서는 '뾰족한 종기clou'가 생기는 병이 들면 마클루Maclou 성인에게 기도를 했지만, 종기를 '갈러galle'라고 하는 독일에서는 갈Gall 성인이 그 역할을 맡았다. 아울러 게르만 국가들에서는 '눈'을 뜻하는 '아우겐augen'이란 말과의 언어유희에서 아우구스티누스Augustinus가 실명이나 눈병을 치유해 주었지만, 같은 장애를 지닌 이들이 프랑스에서는 클라라Claire 성녀에게, 이탈리아에서는 루치아Lucia 성녀에게 기도를 했다. 이는 '빛'을 뜻하는 프랑스어의 '클레르clair'와 라틴어의 '룩스lux'라는 낱말과 관련이 있었다.

---

* 예언자 이사야의 죽음에 관해서는, 그가 우상 숭배를 부활시킨 유대의 왕에게 큰 나무 사이에 끼워진 채 큰 톱으로 잘려 순교를 했다는 전설이 널리 퍼져 있었다.

이처럼 고유명사의 기원을 아는 것은 그 이름을 지닌 자의 본성을 깊이 아는 것이었다. 모호하고 수상쩍은 어원론적 해석이 수없이 많이 등장해 오늘날 우리에게 웃음거리가 되곤 하지만, 이것들도 중세에는 진실로서의 가치를 지니고 있었다. 유다의 사례도 마찬가지였다. 독일에서는 12세기 이후 그의 별명인 (헤브론 남쪽의 케리옷이라는 작은 마을 출신이라는 뜻의) '이스카리옷Ischariot'을 (새빨갛다는 뜻의) '이스트 가르 롯ist gar rot'으로 나눴다. 그래서 유다는 '새빨간 사람'이 되었다. 곧 마음에 지옥의 불을 지니고 있고, 그림으로 묘사될 때에도 불타오르는 털, 다시 말해 붉은 털로 표현되었다. 이로써 적갈색이 그의 올바르지 못한 본성을 상징하고, 그의 배신을 예고하게 되었다.

유추

중세의 상징은 다양한 모습으로 나타났지만, 대체로 언제나 유비추론 형식의 관계에 기초해 형성되었다. 곧 두 개의 낱말이나 관념, 사물 사이의 (크든 작든 뚜렷한) 유사성에 기초하거나, 어떤 사물과 어떤 관념 사이의 조응관계에 기초해 나타났다. 더 정확히 말해 중세의 유추적 사고는 눈에 보이는 어떤 것과 숨겨진 어떤 것 사이에 일정한 관계를 세우려는 것이었다. 그것은 주로 현세에 실제로 존재하는 것과, 내세의 영원한 진실 안에 놓인 것 사이의 관계로 나타났다. 언어·형태·색·소재·숫자·행위·동물·식물, 나아가 사람도 그런 상징적인 기능을 맡았다. 그래서 그것들이 본래 묘사하거나 나타내는 것과는 다른 뭔가를 상기시키거나, 상상케 하거나, 뜻할 수 있게 했다. 상징을 해석하는 것은 물질적인 것과 비물질적인 것 사이의 이런 관계를 파악하고, 그것을 분석해 존재와 사물의 숨겨진 진실을 찾아내는 일이었다. 나아가 중세에 뭔가를 설명하거나 가르친다는 것은 무엇보다도 그러한 비밀의 장막을 벗기고 숨겨진 의미를 찾아내는 일을 뜻했다.

여기에서 우리는 〔상징의 어원인〕 그리스어에서 '쉼볼론sumbolon'이라는 낱말이 지니고 있던 첫 번째 의미를 참고할 필요가 있다. 그 낱말은 두 사람이 〔뒷날 맞춰 볼 수 있게끔〕 어떤 하나의 사물을 반으로 나누어 공유하는 식별물, 곧 부절符節이라는 뜻을 나타냈다. 중세의 사고에서는 매우 사변적인 것이든 매우 평범한 것이든, 각각의 사물과 요소, 생물들은 저마다 더 높은 차원의, 나아가 불변의 차원의 다른 어떤 것과 조응해 그것의 상징이 되었다. 이는 거룩한 일과 신앙의 신비를 설명하고 이해하려는 신학도, 마음속 깊은 곳의 호기심을 자극하는 매우 조잡한 기적 mirabilia도 마찬가지였다. 하지만 신학에서는 상징과 그것이 뜻하는 것 사이에 언제나 일종의 변증법이 작용했으나, 기적에서는 기호가 된 사물과 의미하는 것 사이의 관계가 더 기계적인 방식으로 연결되었다.[5]

그렇지만 신학이든 기적이든 일상생활이든, 사물의 겉으로 보이는 모습과 숨겨진 진실 사이의 조응관계는 언제나 여러 차원으로 존재하고, 다양한 양식으로 표현된다. 그 관계는 직접적이거나 암시적이고, 구조적 · 조형적 · 음성적音聲的이다. 정서적이거나 마술적이고 환상적인 것에 근거한 것도 있어서 재구성하기 어렵다. 더구나 중세 사람들과는 크게 다른 근대의 지식과 감수성은 상징의 논리와 의미를 다시 찾아내는 데 장애가 된다. 간단히 색에 관한 사례를 살펴보자. 우리에게 파란색은 차가운 색이다. 이는 진리까지는 아닐지라도 명백한 사실처럼 받아들여진다. 그런데 중세 문화에서 파란색은 반대로 따뜻한 색으로 여겨졌다. 파란색은 공기의 색이고, 공기는 따뜻하고 건조한 것이었기 때문이다. 그러므로 미술사를 연구하는 학자가 파란색이 중세에도 현대와 마찬가지로 차가운 색이었다고 생각한다면 완전히 잘못된 결론으로 이끌려갈 것이다.[6] 더구나 그가 색의 스펙트럼 분류에 기초해서 연구를 하거나, 색의 동시 대비나 기본색과 보색의 대립 등의 관념을 이용하면 잘못은 더욱 커진다. 중세의 화가나 주문자, 감상자에게는 색에 관한 이 모든 사실들이 알려져 있지 않았기 때문이다.

이는 색에 관한 지식과 감수성만이 아니라, 동물·식물·광물 등에 관한 지식의 분야와, 그 연장선 위에 놓인 물질문화의 다른 모든 분야들에도 똑같이 적용된다. 예컨대 사자라는 동물은 기독교 사회인 중세 유럽에서 이국적이고 잘 알려지지 않은 야수가 아니었다. 그것은 모든 교회 안에서 그려지거나 조각된 모습을 찾아볼 수 있는, 일상생활과 거의 융합되어 있는 동물이었다. 마찬가지로 악마의 창조물인 용도 일상생활의 일부를 이루고 있었다. 그 동물도 '악'의 상징으로 곳곳에서 볼 수 있었고, 사람들의 심성에서 꽤 큰 비중을 차지하고 있었다.

이처럼 상징을 연구할 때에는 오늘날 우리의 것으로 되어 있는 다양한 지식을 무분별하게 과거에 그대로 적용하는 일이 결코 없어야 한다. 아울러 우리 이전의 사회에 우리가 가지고 있는 지식을 억지로 들이밀지 않는 것만큼이나 꼭 필요한 일도 있다. 현실과 상상 사이에 너무 명확한 경계를 두지 않는 것이다. 역사가에게, 특히 중세사 연구자에게 상상은 늘 현실의 일부를 이룬다. 상상도 하나의 현실인 것이다.

차이, 부분과 전체

중세 상징주의는 어원론이나 유추의 사고방식과 함께 '기호학적'이라고 할 만한 방법도 즐겨 사용했다. 특히 이미지나 문학적인 글에서 그러했다. 그 방법은 어떤 전체의 안에 있는 요소들의 분배와 배치, 결합과 대립에 관한 것으로, 때로는 기계적으로 때로는 매우 섬세하게 사용되었다.

가장 자주 쓰인 것은 '차이'를 이용하는 방법이었다. 어떤 목록이나 집합 안에서 한 인물이나 동물, 사물 등이 다른 것과 모두 비슷하지만 아주 미세한 점만 다른 상황을 가정해보자. 이 경우에 그 인물 등이 가치와 의미를 부여받는 것은 분명히 그 미세한 차이 때문이다. 같은 인물이 그에 관해 알려져 있던 것이나 그가 본디 있어야 하는 위치, 지니고 있어야 할 겉모습, 다른 사람과 유지하고 있어야 할 관계 등에서 차이를 보이는 경우도 있을 것이다. 관습이나 규범과 관련된 이런 차이는 거듭제곱의 성질을 지닌 상징체계에 이를 수 있게 한다. 내부에 작용하는 논리와 방법이 정반대여서 본래의 차원보다 높은 차원에 자리하게 되는, 곧 인류학자가 '야생'이라고 부르는 상징체계이다.

간단한 예를 살펴보자. 중세 이미지에서 뿔이 돋아난 인물은 모두 불안을 불러일으키는 악마적인 존재였다. 뿔은 다른 모든 육체적인 융기와 마찬가지로, 어딘가 동물적이고 규칙에 위배된 것이었다. 고위성직자와 설교가가 보기에 뿔이 없는 동물보다 뿔이 있는 동물로 분장하는 것이 더 나빴다. 하지만 예외도 있었다. 모세였다. 도상에서 모세는 일찍부터 뿔이 있는 모습으로 묘사되었다. 성서의 한 구절에 대한 몰이해와 히브리어를 오역한 데에서 비롯된 것이었으나, 그 덕분에 모세는 더욱 높은 가치를 부여받을 수 있었다. 모세는 결코 악의 편이 아니었으므로, 그는 뿔이 있는 것들 가운데 으뜸인 존재가 되었다. 뿔 덕분에 그는 더욱 뛰어나고 칭송을 받는 존재가 되었던 것이다. 반대의 경우도 있었다. 악마는 모두 뿔이 돋아나 있는 존재였다. 그래서 뿔이 없는 악마는 뿔이 있는 악마보다 더 불안을 불러일으키는 존재로 여겨졌다.

이러한 차이의 적용에서 수많은 시적·상징적 구성이 생성되었다. 중세 사회에서는 모든 존재와 사물이 일상이나 자연의 상태에서 본연의 위치에 머무르며, 조물주가 의도한 질서를 존중해야 한다고 여겨지고 있었다. 그래서 차이의 존재는 더 큰 영향을 끼쳤다. 그것은 질서를 어지럽히는 폭력적인 행위였으므로 주의를 기울여야 했다. 글에서도 하나로 이어지던 흐름과 운율, 논리를 흩트리는 것은 상징을 개입시키기 위해 즐겨 사용되던 방법이었다. 일부 작가들은 자신이 공들여 만들고, 독자와 청중이 점차 익숙해진 상징의 규칙과 체계를 갑작스럽게 깨뜨려 그들의 관심을 능숙하게 사로잡을 줄 알았다. 크레티앵 드 트루아 (1130?~1190?)와 같은 위대한 시인의 작품에서는 그러한 사례를 드물지 않게 찾아볼 수 있다. 예컨대 '진홍의 기사'를 살펴보자. 크레티앵과 그의 계승자들의 작품에서 (문장과 무구, 복장이 모두 붉은) 진홍의 기사는 악인이어서 불안을 불러일으키는 존재였고, 저세상에서 건너와 주인공에게 도전해 위기 상황을 만들어내는 인물이었다. 크레티앵은 『성배 이야기Conte du Graal』의 첫머리에 그 기사를 등장시켰다. 그는 아서왕의 궁정으로 찾아와 왕비 귀네비어를 욕보이고, 그곳에 있던 원탁의 기사들에게 도전한다. 하지만 곧 젊은 퍼시벌에게 무참히 깨지고는 무기와 말을 빼앗긴다. 그래서 이번에는 아직 기사 서임도 받지 않은 퍼시벌이 진홍의 기사가 된다. 그러나 퍼시벌은 부정적인 인물이 아니므로, 규칙이 뒤집혀 그는 견줄 이가 없는 뛰어난 영웅이자 특별한 기사가 된다. 이렇게 그의 붉은 문장은 작가가 이전의 작가들과 아류들이 쌓은 가치체계를 의도적으로 뒤집으면서 나타난 것이었다.

차이와 뒤집기라는 이러한 방법과 유사한 것으로 정반대의 것들을 마주 놓는 방법도 있었다. 중세의 상징체계가 이 방법을 독점하고 있었던 것은 아니지만, 매우 유연하게 사용하고 있었던 것만큼은 확실하다. 그 출발점이 된 것은 (오랜 기간에 걸쳐 서양 문화에서 친숙해져 있던 것이지만) 양극단에 있는 것들은 서로 끌어당겨 마침내 하나가 된다는 생각이었다. 위험하고 과격한 사고방식이지만, 그것은 보통의 상징주의적 수법에서 벗어나 어떤 강력한 발상을 이끌어낼 수 있게 해주었다. 이 방법이 충분히 효과를 거두려면 절제해서 사용할 줄 알아야 하는데, 중세의 작가와 예술가들은 바로 그렇게 실천했다. 이 방법은 거의 언제나 그렇듯이 기독교의 맥락에서 가장 많이 실천되었다. 유다와 그의 붉은 털의 사례를 다시 살펴보자. 배신의 입맞춤으로 예수가 붙잡히는 장면을 묘사한 중세 말의 수많은 도상과 미술작품에서 입맞춤을 하는 사도의 붉은 털의 색이 마치 스며들듯 그리스도의 머리카락과 턱수염으로 옮겨가는 것처럼 묘사되어 있다. 결코 뒤섞일 수 없는 가해자와 희생자가 같은 색을 통해서 상징적으로 하나로 합쳐진 것이다. 도판7

끝으로 차이와 뒤집기, 위반에 더해서 '부분에서 전체를pars pro toto'이라는 상징주의의 방법이 사용되기도 했다. 구조와 표현에서 기호학적인 형식을 띠고 있지만, 소우주와 대우주의 관계를 둘러싼 더 사변적인 관념에 기초해 있는 방법이다. 스콜라 철학에서는 인간과 이 세계에 존재하는 모든 것이 전체적으로 우주의 모상을 이루고 있으며, 다양한 모형들의 우주를 만들어내고 있다고 보았다. 따라서 유한한 존재는 무한한 존재의 모상이었고, 부분은 전체에 상응하는 것이었다. 이러한 사고방식은 다양한 의례들에 받아들여졌고, 제한된 수의 장면이나 몸짓이 훨씬 더 많은 수의 것에 상응하는 것으로 펼쳐졌다. 나아가 수많은 이미지, 특히 장식성이 큰 이미지를 규칙화해가는 과정에서 중요한 구실을 했다. 장식의 짜임새를 구성할 때에 실제의 표면이 크고 작은 것은 별 상관이 없었다. (오늘날의 단위로 했을 때) 1㎠가 1㎡과 엇비슷하거나 그 이상일 수도 있었다.

'부분에서 전체를'이라는 이 연출법은 많은 영역에서 중세 상징 작용의 첫 단계를 구성했다. 예컨대 성유물 숭배에서 뼛조각 하나, 이빨 하나는 성인의 전신에 해당했다. 왕의 신분을 연출할 때에도 왕관과 인장이 군주를 효과적으로 대체했다. 신하에게 봉토를 나누어줄 때에도 흙덩이 하나, 풀 한 묶음, 짚단 하나로 그 땅을 나타낼 수 있었다. 장소를 표현할 때에는 하나의 탑으로 성을 나타냈고, 한 채의 집으로 마을을, 한 그루의 나무로 숲을 표현했다. 그것들은 단순히 부속물이나 대체물이 아니었다. 그 나무는 분명히 그 숲이었고, 그 흙덩이는 봉토로 받은 그 땅 전체였으며, 그 인장은 오롯이 왕의 인격이었고, 그 뼈는 진짜로 그 성인의 것이었다. 그 성인이 기독교 세계의 구석구석에 수십 개에 이르는 넓적다리뼈와 정강이뼈를 남기고 있었어도 그랬다. 상징은 그것이 표상하는 현실의 인물과 사물보다 언제나 더 강력하고 더 진실되었다. 중세에 진실은 언제나 현실 바깥에, 현실보다 위에 자리하고 있었기 때문이다. 진실은 실재가 아니었다.

이러한 것들은 중세의 상징이 중심으로 삼은 중요한 규칙이자 방법이었고, 결코 바닥나거나 마르지 않는 원천이었다. 아울러 밝혀야 할 작용원리이므로 역사가가 그것을 연구하는 것이 완전히 헛된 일은 아닐 것이다. 그러나 정서적 · 시적 · 심미적 · 형식적인 중세 상징의 다른 특성들은 대체로 확실히 밝히기가 더 어렵거나 불가능하다.

작용 방식

중세의 상징체계도 다른 모든 가치체계나 조응관계의 체계처럼 맥락을 벗어나 존재하지 않는다. 동물이든 식물이든, 숫자든 색이든, 다른 하나 이상의 동물 · 식물 · 숫자 · 색과 관련되거나 대비되어야 오롯이 의미를 지닌다. 그러므로 역사가는 지나친 일반화에 빠지거나, 자료를 벗어나 의미를 찾지 않도록 주의해야 한다. 오히려 역사가는 늘 자신이 연구하고 있는 자료에서 출발하려고 노력해야 한다. 먼저 자료 안에 나타난 다양한 상징 요소들의 체계를 찾아내고, 거기에서 의미가 작용하는 방식을 연구해야 한다. 다음 단계에서는 같은 성질을 지닌 다른 자료나 연구 영역과 비교하거나, 글과 이미지, 이미지와 장소, 장소와 의례를 가까이 놓고 서로 비교해 보아야 한다. 그렇게 해야 분석의 최종단계에 이르러 더 일반적인 상징체계를 찾아낼 수 있을 것이다. 이와 관련해 중세의 작가들은 때때로 많은 말을 하면서도 잘못된 길로 이끌기도 한다. 자료의 맥락에서 벗어난 경우가 많기 때문이다.

언어학자가 어휘체계에 관해 사용한 표현을 빌려서 역사가의 신중함을 독려하면, 중세의 상징체계에서 동물·색·숫자 등의 여러 요소들은 낱말처럼 "그 자체만으로는 의미를 지니지 않고, 오로지 용법만 있을 뿐"이다. 분명히 어떤 경우에는 이렇게 단정하듯 말하는 것이 지나칠 수도 있다. 그러나 중세의 모든 상징체계에서 여러 요소들이 서로 맺고 있는 관계의 전체는 그 하나하나의 요소들이 가지고 있는 고립된 의미의 총체보다 언제나 더 풍부한 의미를 품고 있다. 예컨대 사자의 상징체계는 글에서도, 도상에서도, 기념비 위에서도 고립된 것으로 보기보다는 독수리·용·레오파르두스 등과의 관계에서 비교해 보아야 더 풍부하고 쉽게 이해할 수 있다.

나아가 중세의 상징은 이런저런 낱낱의 의미보다 작용방식에 따라 특징이 정해진다고도 할 수 있다. 색을 예로 들면, 빨간색은 열정이나 죄악을 의미하기보다는 (선이든 악이든) 격렬히 작용하는 색이다. 그리고 녹색은 단절과, 재생 이후의 혼란의 원인이 되는 색, 파란색은 고요함과 안정을 가져오는 색, 노란색은 흥분과 위반을 일으키는 색이라고 할 수 있다. 이러한 작용방식을 의미작용의 규칙보다 우선시하면 역사가는 상징의 양면성을 유지할 수 있다. 모호함 그 자체인 양면성은 상징의 가장 깊은 본성의 일부를 이루며, 상징이 잘 기능하는 데 꼭 필요한 것이다. 중세 연구자는 상징에 관해 이러한 태도를 지니는 것으로 비교 연구에 집중하거나, 몇 가지 문제를 장기적인 관점에서 파악할 수도 있다. 곧 중세의 상징체계를 성서나 그리스·로마 문화의 상징체계와 분리시키지 않을 수 있게 된다. 이 상징체계들에서도 때로는 어떤 구체적인 의미나 역할보다 작용방식이 더 중요하기 때문이다. 예컨대 그리스 신화에서 (로마 신화의 마르스인) 아레스는 전쟁의 신이라기보다는 오히려 끊임없이 곳곳에서 폭력적으로 끼어드는 신이다. 이는 중세의 글과 도상에서 빨간색이 하는 일과 완전히 같다.

중세 상징체계의 핵심은 기독교 세계가 시작된 뒤 5~6세기의 기간 안에 자리를 잡았다. 그것은 '무에서ex nihilo' 몇몇 신학자의 상상으로 생겨나서 형성된 것이 아니라, 훨씬 이전의 여러 가치체계와 감수성의 양식 등이 뒤섞여 이루어진 결과였다. 이 분야에서 중세 서양은 3개의 유산을 물려받았다. 하나는 아마 가장 중요한 것이었다고 할 수 있을 성서로부터 물려받은 유산이었다. 다른 하나는 그리스·로마로부터 물려받은 유산이었고, 나머지 하나는 '야만' 세계, 곧 켈트·게르만·스칸디나비아를 비롯해 더 멀리 떨어진 지역에서 물려받은 유산이었다. 서양 중세는 1천년의 역사를 거치면서 여기에 독자적인 층들을 덧쌓았다. 사실 중세 상징체계에서 완전한 배제는 결코 없었다. 그러기는커녕 모든 것이 여러 층으로 겹겹이 쌓였고, 그것들이 몇 세기를 거치며 서로 뒤섞여 역사가가 파헤치기 어려워졌다. 그래서 역사가는 이따금 잘못된 길로 들어서서, 원형에 기초하고 보편적인 진실에 속한 상징체계가 문화를 초월해 존재한다고 믿기도 한다. 하지만 그러한 상징체계는 존재하지 않는다. 상징 세계의 모든 것은 문화와 관련을 맺고 있다. 따라서 그것을 사용하는 사회와의 연관 속에서, 그 사회의 어떤 역사적 시점의 맥락 안에서 연구되어야 한다.

이처럼 동등성이나 의미작용의 문법적인 목록보다는 작용방식에 특징이 있으므로, 중세 사회에서 상징적 실천을 감성의 행위로부터 분리하는 것은 불가능하다. 상징의 세계에서는 입 밖으로 말하는 것보다 암시하는 것이, 이해하는 것보다 느끼는 것이, 증명하는 것보다 상기시키는 것이 더 중요할 때가 많다. 오늘날 우리가 중세 상징을 분석할 때에 자주 시대착오의 오류에 빠지는 것은 지나치게 기계적이고 지나치게 이성적이기 때문이다.

숫자는 이러한 사실을 보여주는 좋은 사례이다. 중세에 숫자는 수량은 물론이고 질도 나타냈다. 그러므로 수학이나 통계의 언어로서만이 아니라, 상징의 언어로 해석해야 하는 경우도 있다. 예컨대 3과 4와 7은 상징에서 가장 중요한 숫자로, 언제나 그 수치 이상의 것을 나타낸다. 12도 단지 그 수치만을 나타내는 것이 아니라, 총체성이나 완전하고 완벽한 전체라는 관념도 나타낸다. 그러므로 11은 충분치 못하고, 13은 지나치게 많아서 불완전하고 불길한 숫자가 된다. 모든 분야에서 자주 사용되는 40이라는 숫자도 확실한 수치로 이해해서는 안 되며, 오늘날 우리가 사용하는 100이나 1000의 경우와 마찬가지로 큰 숫자를 얼버무려 나타내는 표현으로 보아야 한다. 그 숫자들은 양적인 것이 아니라 질적이고 암시적인 것이며, 이성보다는 상상력으로 작용한다.

이는 숫자만 아니라, 형상과 색채, 동물과 식물에 대해서도, 어떤 기호에 대해서도 똑같이 말할 수 있다. 기호는 그것이 말하는 것만큼 연상시키고 형상화한다. 그리고 지시되는 것 이상으로 느끼고 꿈꾸게 한다. 이미 현실의 한 부분인 상상으로 들어가게 해주는 것이다.

동물과 식물

01

동물재판

정의의 본보기일까?

오랫동안 역사가들은 동물이라는 주제에 그다지 흥미를 보이지 않아 왔다. 시시하고 주변적이며 덜 중요하다고 생각하는 주제들에 대해 언제나 그래왔듯이, 그것을 하찮은 역사로만 여겨왔다. 몇몇 문헌학자와 고고학자들만이 동물과 관련된 특정한 연구 주제들에 관심을 보여왔을 뿐이다. 오로지 동물만을 주제로 연구를 하거나, 그것을 독립된 책으로 다루는 것은 정말로 상상조차 할 수 없는 일이었다. 그렇지만 (1980년대 무렵인) 20년 정도 전부터 상황이 바뀌었다. 로베르 들로르를 비롯한 선구적인 역사가들의 작업 덕분에,¹ 아울러 고고학자·인류학자·민족학자·언어학자·동물학자 등 다른 분야 연구자들과의 공동 작업이 활발해진 덕분에, 동물도 오롯이 역사학의 대상이 되었다. 그 뒤 동물은 연구활동의 최전선과 여러 연구영역이 교차하는 지점에 자리를 잡았다. 실제로 동물은 '학문의 경계를 뛰어넘고transdisciplinaire', '자료들을 가로지르는transdocumentaire' 방식으로만 제대로 연구할 수 있다. 오늘날에는 남용되어 조금 의미가 변질되기는 했지만, 이 두 표현은 동물에 관심을 둔 모든 역사가들이 수행할 연구의 특성을 정확히 나타낸다. 동물은 인간과의 관계에서 살펴보면, 사회사 · 경제사 · 물질사 · 문화사 · 종교사 · 법률사 · 상징사의 모든 중요한 문제들과 관련되어 있기 때문이다.

이렇게 새롭게 관심이 집중된 동물의 세계에서는 중세 연구자들이 중요한 역할을 맡았다. 여러 가지 이유가 있겠지만, 중세 연구자들이 보여온 끝없이 호기심이 가장 먼저 떠오른다. 지나치게 잘게 나눠진 연구영역들 사이에 우뚝 솟아 있는 장벽을 그들이 나름의 방법으로 효과적으로 재빠르게 허물어뜨렸기 때문이기도 할 것이다. 그 덕분에 다양한 범주의 자료들에서 얻은 정보들을 서로 대조하거나, 더 충실히 문제 제기를 하거나, 다른 분야의 사회과학 · 자연과학 전문가들과 협업하는 일이 더 수월했다.[2]

하지만 가장 큰 이유는 무엇보다 중세의 자료에서 찾을 수 있을 것이다. 이 시대의 자료는 동물에 관해서, 나아가 동물과 사람 · 사회의 관계에 관해 유독 많은 이야기를 남기고 있다. 중세 연구자는 문서와 도상은 물론이고, 고고학적 자료, 의례와 사회 규범, 문장, 지명과 인명, 민간전승, 속담, 노래, 욕설 등 어떤 분야의 자료를 살펴보든 동물과 마주친다. 유럽에서 중세만큼 자주 동물에 관해 생각하고, 이야기하고, 어떤 역할을 맡기는 데 몰두한 시대는 없다. 동물은 교회 안에도 자리를 잡아 내부 장식과 곳곳에 놓인 그림 · 조각 · 돋을새김 · 직물 등 눈에 띄는 형상의 대부분을 차지했고, 성직자와 신도들은 일상적으로 그것을 눈에 담고 있었다. 고위성직자들 가운데에는 그런 현실을 몹시 옳지 않은 일로 여기는 이들도 있었다. 예컨대 성 베르나르(1090~1153)가 퍼부은 비난은 잘 알려져 있다. 그는 교회 안에 침입해 수도사를 기도로부터 벗어나게 하는 "사나운 사자와 불결한 원숭이 … 잡종 괴물들"에게 매우 강렬한 적의를 드러냈다.[3]

동물과 마주한 중세 기독교 시대

이러한 뚜렷한 거부의 태도도 나타났으나, 중세 기독교 문화와 성직자들은 대체로 동물에 호의를 품고 있었다. 여기에서 주목할 것은 언뜻 모순된 것처럼 보이는 동물에 관한 이러한 두 유형의 사고와 감수성의 흐름이 어떻게 드러났는가 하는 점이다. 한쪽에서는 불순하다고까지는 말하지 않더라도 종속적이고 불완전한 동물이라는 피조물을 신의 모사로 창조된 인간과 최대한 뚜렷이 대립시키려 했다. 하지만 다른 한쪽에서는 몇몇 작가들이 다양한 생명체 사이의 연관성이라든가, 사람과 동물 사이의 생물학적이고 초월적이기도 한 동질성에 관한 감정을 작품에 산만하게 표현하고 있었다.

두 흐름 가운데 첫 번째 쪽이 더 강했다. 이는 동물이 어떤 이유에서 그토록 자주 언급되고 무대에 등장했는지를 알려준다. 이 흐름에서 동물은 인간과 철저히 구분되며, 열등한 피조물로서 일종의 돋보이게 하는 구실을 했다. 그래서 동물은 어떤 주제에도 끼어들어 끊임없이 언급되었고, 모든 은유와 예화, 비유 등에서 특권적인 지위를 차지했다. 곧 어느 인류학자의 유명한 명제를 빌리면, 동물을 '상징적으로 사고하는' 쪽으로 나아간 것이다.[4] 똑같은 이유에서 인간과 동물을 혼동시킬 수 있는 모든 행위는 엄격히 억압되었다. 그로부터 다양한 금기가 생겨났고, 이것은 실질적인 효과를 거두지 못해 끊임없이 되풀이되었다. 예컨대 동물로 가장하거나,[5] 동물의 행동을 모방하거나, 동물을 기리거나 섬기는 행위는 금지되었다. 나아가 말·개·매 등 기르는 동물에 지나치게 애정을 쏟는 것부터, 마법이나 수간처럼 가장 악마적인 행위로 금기시된 죄악까지, 징벌을 받을 관계를 동물과 맺는 것도 금지되었다.

두 번째 흐름은 더 신중했으나, 근대적인 요소는 훨씬 더 강했다. 아리스토텔레스와 바울도 이러한 경향을 보였는데, 실제로 생명의 공동체라는 발상은 아리스토텔레스로부터 비롯되었다. 그러한 생각은 그의 다양한 저작들 곳곳에 흩어져 있지만, 특히 『영혼론De anima』에 두드러지게 나타났다. 중세는 몇 개의 단계를 거쳐 그의 이러한 사상을 계승했는데, 13세기에 가장 중요한 최종 단계가 이루어졌다.[6] 하지만 아리스토텔레스가 남긴 생각이 그리 어렵지 않게 받아들여진 것은 기독교 전통 안에도 (이유는 다르지만) 동물의 세계에 같은 경향을 보인 태도가 있었기 때문이다. 〔신이 창조한 모든 피조물을 형제와 자매라고 부른〕 아시시의 성 프란체스코가 가장 잘 알려진 사례인데,* 그러한 태도는 아마도 사도 바울이 「로마 신자들에게 보낸 서간」에서 "피조물도 멸망의 종살이에서 해방되어, 신의 자녀들이 누리는 영광의 자유를 얻을 것"이라고 말한 구절에 뿌리를 두고 있었을 것이다.[7]

이 구절은 그에 관한 주해를 남긴 모든 신학자들에게 큰 영향을 끼쳤다.[8] 이 말의 의미를 궁구하면서, 그리스도가 정말로 모든 피조물을 구원하기 위해 온 것인지, 모든 동물도 정말로 '신의 자녀'인지 되묻는 이들도 있었다. 예수가 마구간에서 태어난 것이 구세주가 동물도 구원하기 위해 지상으로 내려왔다는 사실을 뒷받침하는 증거로 여기는 작가도 있었다.[9] 어떤 작가들은 스콜라 철학에 근거해 질문을 던졌고, 그 물음들은 13세기 말에도 여전히 〔파리대학 신학부인〕 소르본에서 논의되고 있었다. 예컨대 동물의 내세에 관해서는 이런 논의들이 이루어졌다. 동물도 죽은 뒤에 부활할까? 그들도 천국에 갈까, 아니면 따로 할당된 특별한 장소가 있을까? 하늘로 오르는 것은 어떤 종에 속한 모든 동물들일까, 아니면 한 동물만일까? 동물의 지상의 삶에 관해서는 이런 질문들이 던져졌다. 동물이 안식일에 일하는 것은 용납될 수 있을까? 동물도 금식일을 정해야 할까? 특히 동물도 윤리적 책임이 있는 존재로 보

---

* 성 프란체스코에 관해서는 마을 주민들을 공격한 늑대를 찾아가 양식을 줄 테니 더는 공격하지 말라고 설득했으며, 새들에게도 설교를 했다는 이야기가 전해진다.

아야 할지 논의가 이루어지기도 했다.[10]

중세 서양에서 동물을 둘러싸고 제기된 이런 다양한 질문들과 호기심, 궁금증은 기독교가 어떻게 동물에게 두드러진 지위 향상의 기회를 제공했는지를 잘 보여준다. 고대의 성서시대와 그리스·로마시대에 동물은 무시되고 경멸되고 내팽개쳐져 있었다. 하지만 중세 기독교는 반대로 동물을 무대 위에 등장시키고, 그들에게 어느 정도 이성적인 영혼을 부여했다. 나아가 동물이 자신의 행위에 책임을 지니고 있는지를 따졌다. 참으로 큰 변화였다.

동물의 윤리적 책임에 관해 묻는 것은 상당한 분량의 소송기록을 펼쳐보게 한다. 13세기 중반 이후에 동물들을 법정에 세운 재판기록들이다. 그 재판은 몹시 흥미로운 주제이지만, 아쉽게도 그것과 정면으로 맞서 싸울 역사가가 등장하기를 아직 기다리고 있다.[11] 오랫동안 이러한 소송들은 하찮은 역사로만 여겨졌고, 기이한 이야기를 좋아하는 독자를 대상으로 옛 사회의 풍속과 신앙을 조롱한 변변찮은 출판물들에만 맡겨져 있었다.[12] 하지만 그런 태도는 시대착오적이며, 역사가 무엇인지를 전혀 이해하지 못하고 있음을 보여줄 뿐이다.

그런 재판은 13세기 중반 이전에는 드물었으나,[13] 뒤이은 3세기 동안에는 쉽게 볼 수 있었다. 그 시기에 서양의 기독교 사회는 자기 안에 갇히는 경향을 보였고, 교구재판소의 창설·이단 심문과 조사에 관한 소송절차의 제도화 등으로 교회는 거대한 재판소로 되어가고 있었다. 이런 상황에서 그런 재판이 열리게 된 이유를 일부 찾을 수도 있을 것이다. 프랑스 왕국에 제한해도 1266년부터 1586년까지 약 60건의 사례가 확인된다. 그 가운데 몇몇은 이제 살펴볼 (1386년의) '갓난아기를 살해한 파레즈의 암퇘지' 사건처럼 자료가 꽤 많이 전해진다. 하지만 대부분의 사건은 회계장부와 같은 자료에 간접적으로만 언급되어 있다.

동물과 관련된 이러한 사건은 프랑스에만 한정된 것이 아니었다. 서양 세계 전역에서 나타났는데, 특히 알프스 지방에서는 곤충이나 지렁이와 같은 벌레를 향해 이루어진 재판이 (마법 재판과 마찬가지로) 다른 지방보다 자주, 더 오래 지속되었다.[14] 앞으로의 연구로 이러한 재판들에 관해 더 잘 알 수 있게 되기를 바란다. 그러려면 공동연구가 필요할 것이다. 소송 기록과 사건 기록과 같은 자료들에는 참으로 복잡하기 짝이 없는 문제들이 놓여 있기 때문이다.

파레즈의 암퇘지

1386년 초에 노르망디의 파레즈에서 실로 괴이하기 짝이 없는 사건이 벌어졌다. 세 살 정도 된 암퇘지가 인간의 옷이 입혀진 채로 성의 광장에서 귀브레 부근까지 암말에 묶여 끌려갔다. 그곳 장터에는 사형대가 설치되어 있었고, 다양한 계층의 사람들로 이루어진 군중이 모여 있었다. 파레즈 자작과 그의 가신들을 비롯해 마을 주민, 인근의 농민들이 있었고, 심지어 돼지들도 많이 있었다. 그들이 지켜보는 앞에서 집행인은 암퇘지의 코를 자르고, 뒷다리 한쪽을 베어냈다. 그런 뒤에 사람 얼굴의 가면을 덮어씌우고, 나무로 특별히 만들어 세운 교수대에 뒷다리의 무릎관절을 묶어 매달고는 죽을 때까지 그대로 두었다. 죽음은 빨리 찾아온 것 같다. 무척 많은 피가 상처에서 흘러나왔기 때문이다. 하지만 구경거리는 거기에서 끝나지 않았다. 교수형을 받은 암퇘지의 사체를 나무로 짠 틀에 묶어서 암말을 데려와 끌고 다니는 불명예스런 의식도 했다. 광장을 몇 바퀴 돈 뒤에 만신창이가 된 불쌍한 동물의 사체는 장작더미 위에 놓여 불태워졌다. 남은 재를 어떻게 했는지는 모르겠다. 하지만 얼마 지나서 그 사건을 기억에 남기기 위해 파레즈 자작의 명령으로 생트트리니테 교회에 커다란 벽화가 그려졌다는 사실은 알려져 있다.[15]

다양한 의미로 괴이하기 짝이 없는 사건이었다. 암퇘지를 인간처럼 분장시킨 것, 신체의 일부를 자른 것, 두 번에 걸쳐 의식을 치르듯이 끌고 다닌 것, 특히 형장에 동료 돼지들을 입회시킨 것 등 죄다 이상했다. 하지만 14세기 말이라는 시대에 끔찍한 죄와 '악행mesfet'을 저지른 동물이 재판소에 끌려 나와서 세속권력에게 재판을 받고, 사형 판결을 받고, 공개적으로 처형되는 일은 그다지 드문 일이 아니었다. 갓난아이를 살해한 죄를 저지른 파레즈의 암퇘지도 그런 경우였다. 다만 그 재판은 몇몇 고문서 자료에 뚜렷한 흔적을 남겼다는 점에서 다른 많은 사례들과 달랐다.[16]

실제로 이런 종류의 기묘한 의식에 관해 정보를 전해주는 것은 대부분 사법 기록의 자료들이다. 그런데 처형에 관한 기록이나 처형을 요청한 판결문은 매우 드물고, 그와 같은 재판을 추적할 수 있게 역사가를 안내해주는 것은 회계장부에 드러난 변변찮은 기록들이다. 동물은 심판을 기다리는 동안 억류되었다. 그래서 먹이를 제공하고, 간수에게 수당을 지불하고, 때에 따라서는 억류하고 있는 시설의 소유자에게도 돈을 지불해야 했다. 억류 기간은 적게는 1주일에서 많게는 3주일이나 되었다. 형리와 그의 조수, 처형대를 설치하거나 고문도구를 준비하는 목수와 석공 등과 같은 다양한 직능단체의 비용도 필요했다. 게다가 죄를 저지른 동물을 붙잡으러 가고, 감옥까지 옮기고, 최후를 맞이하게 하려면 호송인과 형의 집행인을 동원해야 했다. 중세에 죄를 처벌하는 것은 무척 값비싸고 돈이 많이 드는 일이었다.[17] 이런 것들에 들어가는 비용은 사법당국이나 공증인의 회계장부에 자세히 기입되었다. 수익자의 이름이나 직무의 수행에 관한 자세한 내용이 함께 적힌 경우도 있었다. 파레즈의 암퇘지 사건의 경우에는 1386년 1월 9일이라는 날짜에 귀오 드 몽포르라는 이름을 지닌 서기가 수령을 확인한 영수문서로 이런 사실들이 확인된다. 마을의 형리가 수고의 대가로 투르에서 주조된

10수sous와 10드니에deniers를 ("매우 만족스럽게") 받았고, 추가로 10수를 더 받아서 새 장갑도 한 짝 샀다. 장갑 한 짝의 비용으로는 적지 않은 돈이었다. 하지만 새 장갑은 단순한 보상이 아니라, 오래된 장갑이 물질적으로든 상징적으로든 너무 더럽기 때문에 필요했을 것이다.

이 사건은 13~16세기에 프랑스에서 이루어진 것이 확인되는 60여 건의 재판 가운데 가장 자료가 풍부한 사례로, 이 사건으로 우리는 다른 사실도 알 수 있다. 노르망디 지역에서는 자작령이 재판소 관할구를 겸하고 있었고, 자작이 〔왕의 이름으로 재판을 하던〕 최고법관이었다. 당시에는 1380년부터 1387년까지 파레즈 자작으로 있던 르노 리고라는 인물이 판결을 내리고, 형의 집행을 책임지고 관리했다. 돼지를 처형하는 광경이 "교훈이 된다"[18]는 듯이 처형장에 농민들을 불러 모으고, 그들의 가족만이 아니라 기르고 있던 돼지들도 함께 입회시키는 놀랄 만한 생각을 해낸 것도 그였을 것이다. 마찬가지로 사건에 관한 기억을 남기려고 생트트리니테 교회에 벽화를 그리게 했던 것도 그였다.

이 벽화의 역사는 파란만장하다. 그림은 처형이 있은 지 얼마 지나지 않아 교회의 중앙 홀에 그려졌는데, 1417년 가을 잉글랜드 국왕 헨리 5세가 잔혹하게 마을을 포위했을 때 교회 대부분과 함께 소실되었다. 그 뒤 언제인지 확실치 않은 시기에 확인되지 않은 사본에 기초해서 〔십자형 교회당의〕 가로회랑 남쪽 돌출부에 다시 그려졌다. 대혁명 이전에는 이 기묘한 그림을 볼 수 있었다. 제1제정기까지도 남아 있었지만, 1820년 교회가 석회로 모두 하얗게 칠해지면서 영원히 사라졌다. 그러나 몇몇 작가들이 그림을 글로 묘사해 놓았다. "이 기묘한 그림은 파레즈의 생트트리니테 교회 남쪽 교차부와 돌출부의 서쪽 벽에 프레스코화로 그려졌다. 물려서 죽은 아이와 그 형제가 요람에 나란히 누워 있는 모습은 종탑 계단 부근의 벽에 그려졌다. 벽 중앙 부근에 사람처럼 옷을 입은 암돼지와 교수대가 그려졌다. 형 집행인은 자작이 입회한 상태에서 돼지를 매달았으며, 말에 올라탄 자작은 깃털 장식이 달린 모자를 쓰고 주먹을 옆구리에 댄 모습으로 처형을 지켜보았다."[19] 그래서 우리는 암퇘지가 "웃옷과 짧은 바지를 입고, 뒷발에는 신발을 신고, 앞발에는 흰 장갑을 끼고 있었으며, 고약한 죄 때문에 내려진 판결로 교수형에 처해졌다"는 사실도 알 수 있다.[20]

이 범죄가 저질러진 것은 1월 초였다. 요람 안의 아기는 태어난 지 3개월 정도 지난 장 르모라는 이름의 아기였는데, 아버지는 벽돌공이었다. 떠돌아다니던 돼지는 갓난아기의 팔과 얼굴의 일부를 먹어서 "죽음에 이르게 했다."[21] 그 돼지의 주인이 누구였는지는 알 수 없다. 재판은 9일 동안 계속되었고, 그 동안 암퇘지에게 먹이를 주고, 감시해야만 했다. 돼지에게는 '변호인'이 붙었다. 그러나 별다른 힘을 쓰지는 못했다. 실제로 곤혹스런 임무였다. '피의자'는 피해자가 입은 것과 똑같은 신체 손상을 당했고, 꾸짖음을 받았다. 그 뒤 사형 선고가 내려졌다.[22] 암퇘지 소유주에게는 "수치심을 느끼게 하고", 갓난아기의 아버지에게는 "아이를 제대로 돌보지 않은 것을 벌하기" 위해 자작은 두 사람을 처형에 입회시켰다.[23] 인간의 경우와 마찬가지로 판결문이 옥중의 돼지에게 전해졌다. 하지만 고해를 들어줄 사제는 없었다.

이 종류의 재판에서는 이런 조치들이 흔했던 것 같다. 특히 동물 소유주에게 죄의 책임을 묻는 일은 결코 없었다.[24] 가끔 순례를 하라는 요구가 있기도 했지만, 대부분은 자신의 돼지나 말, 소를 잃는 것만으로도 충분히 벌을 받았다고 여겨졌다. 죄를 저지른 것은 인간이 아니라, 동물이었던 것이다.[25] 드물게 행해진 것 같지만, 고문을 받는 경우에도 그 대상은 동물이었다. 예컨대 1457년 부르고뉴의 사비니쉬르에탕에서는 암퇘지가 고문을 받은 끝에 다섯 살이던 장 마르탱이라는 어린아이를 죽이고 몸의 일부를 먹었다는 사실을 털어놓았다. 그 돼지는 새끼 돼지 여섯 마리와 함께 그 끔찍한 식사를 했다고 자백(!)을 했다.[26]

고문에 관해 살펴보면, 시대가 지날수록 유죄로 판결을 받은 동물을 처형하기 전에 더 괴롭히려고 했던 것 같다. 13세기에서 17세기 사이에 동물한테 적용된 벌과 인간한테 적용된 벌의 변화를 비교해보는 것도 의미가 있을 것이다. 과연 사형 판결을 받은 남자와 여자의 경우에도 똑같이 14세기 말 이후부터 죽음에 이를 때까지 더 큰 고통을 겪게 되었다는 사실이 확인될까? 특히 책략과 음모, 피해자에 대한 격렬한 적의와 잔인함, 모든 종류의 '잔혹행위', 많은 양의 피를 흘리게 하는 등 죄가 더 크게 여겨지는 상황과 형식으로 범죄가 저질러진 경우에는 어떠했을까?[27] 동물을 대상으로 한 재판에서도 이따금 이러한 가중 처벌의 정황이 고려되었는데, 처형 방식만이 아니라 욕보이기·끌고 다니기·신체 훼손·사체 모독과 손괴 등과 같은 죽음 전후의 의식에도 영향을 끼쳤다. 때때로 범죄가 이루어진 날과 시기가 가중 처벌의 정황으로 여겨지기도 했다. 예컨대 1394년 노르망디의 모르탱에서는 한 마리의 돼지가 끌려 다니며 욕보임을 당한 뒤 교수형에 처해졌다. 이것은 어린아이를 죽였기 때문만이 아니라, 사체의 대부분을 먹은 것이 금요일, 곧 [그리스도의 수난과 죽음을 기리려고 육식을 하지 않는] 금육재일이었기 때문이라고 전해진다.[28]

역사 서술의 빈곤

동물재판은 13세기 이후 서양의 다양한 지역들에서 목격된다. 역사적으로든 법률적으로든 인류학적으로든 매우 흥미로운 사례이지만, 그것의 본질에 관해서는 지금도 여전히 전문적인 역사 연구자가 등장하기를 기다리고 있다. 19세기에서 20세기 초에 걸쳐 소수의 법학자와 법제사가가 흥미를 보인 것이 고작이었다. 이 주제는 우습다거나, 심심풀이용이라거나, 심지어 외설스럽다는 취급을 받기도 했다.[29] 논문의 전체나 일부에서 이것을 다룬 사람도 있었다. 다른 관점을 받아들여 이러한 연구 주제가 중요하다는 것을 감지한 선구자 가운데 하나가 낭만주의 시대에 시작된, 게르만법의 민족사적 연구의 개혁자인 카를 폰 아미라(1848~1930)였다. 하지만 유감스럽게도 그는 이 주제를 짧게 언급하고, 후속 작업은 하지 않았다.[30] 그래서 하찮은 역사는 동물재판을 계속해서 지난날의 '어처구니없는 흥밋거리curiosa ridiculosa'로만 여겼다.

이 주제를 연구하는 일은 쉽지 않다. 이런 종류의 재판 자료는 대부분 부스러기처럼 조각들만 남아 있으며, 미로와 같은 문헌들 안에 뿔뿔이 흩어져 있기 일쑤이다. 프랑스만이 아니라 다른 나라들도 모두 지난날의 사법기관들은 무척 복잡하게 조직되어 있어서, 연구자들은 그곳에서 만들어진 기록들을 살피는 모험을 꺼리고는 한다. 그렇지만 일상생활의 역사와 감성의 역사에서 재판 기록은 의심할 여지없이 중세 후기가 우리에게 남긴 가장 풍부한 자산이다. 아울러 우리가 여기에서 관심을 가지고 있는 주제에 관해서는 16세기와 17세기의 일부 법학자들이 부분적으로나마 이미 영역을 개척해 놓았다. 그들은 그러한 소송들의 적법성과 실효성을 되물으면서 다양한 판례들을 모았으며, 가끔은 솔직하게 논평을 했다. 빠진 부분들은 있지만, 그것들은 우리의 탐구에 출발점이 되어줄 것이다.[31]

이러한 법학자들 가운데에는 '샤세네Chassenée'라는 별칭으로 더 잘 알려진, 부르고뉴 출신의 법관인 바르텔레미 드 샤세뇌즈(1480~1541)가 가장 유명하다. 그는 (1508년) 오툉 재판소의 〔시민들이 제기한 소송의 변호를 맡기기 위해 왕이 임명한〕 칙선 변호사로 법률가의 경력을 쌓기 시작해서, 마침내 엑스의 고등법원장까지 지냈다. 이 중요한 사법관직은 (1532년) 그로 하여금 프로방스의 발도파 도시들을 가혹하게 단속하게 했다. 샤세네는 『부르고뉴 관습법Coutume de Bourgogne』의 주해서를 비롯해 수많은 저작들을 남겼는데, 그 가운데 특히 주목할 만한 것은 다양한 판례에 관한 자문들을 모아놓은 책이다. 이 책의 제1부에서 그는 '유해동물을 상대로 한 소송'의 형식과 관련된 여러 문제들을 다룬다. 어쩌면 샤세네를 웃음거리로 만들려고 프로테스탄트 작가들이 날조한 것일 수도 있지만, 후세에 전해진 이야기에 따르면 샤세네는 1517년 오툉의 종교재판소에서 마을과 주변 지역을 침입한 쥐의 변호를 맡았다. 그리고 그의 변론은 그에게 "고결하고 놀라운 솜씨를 지닌 변호인이라는 평판"[32]을 가져다주었다.

샤세네는 자신의 책에서 이 사건을 다루지는 않았지만, 유사한 여러 사건들을 언급한 뒤에 농작물에 해를 끼치는 주요한 '해로운 짐승들'의 목록을 작성했다. 쥐, 들쥐, 물밭쥐, 바구미, 민달팽이, 풍뎅이, 송충이, 그 밖의 '해충'이다. 그리고 그는 일련의 물음을 던지고는 당국의 생각과 관습, 몇몇 재판소에서 이미 내려진 결정 등에 기초해 그에 관한 답변을 제시한다. 이런 작은 동물을 법정에 소환해야 하는가? 이 물음에 관해 그는 조금도 망설이지 않고 그렇다고 답한다. 동물 자신을 출두시켜야 하는가? 그렇다. 출두하지 않는 경우에는 관선 검사나 변호사의 이름으로 소환할 수 있을까? 그렇다. 관할 재판소는? 종교재판소, 곧 주교재판소이다. 이 설치류와 곤충들에게 그들이 나쁜 짓을 한 지역에서 물러나도록 명령할 수 있을까? 그렇다. (하지만 샤세네는 수확물을 먹는 것은 이 동물들의 대다수에게 '본성에 걸맞은' 행위임을 인식하고 있었다.) 어떻게 그러한 목적을 이룰 수 있을까? 액막이 의식, 비난, 저주, 파문 등의 방법을 사용할 수 있다.[33]

여러 세기 동안 고위성직자들 가운데에도 이런 행동을 했다고 여겨지는 사람들이 있었다. 프랑스에서 (확실치는 않지만) 가장 오랜 증언은 랑 교구에 관한 것이다. 이 지역에서는 1120년에 바르텔레미 주교가 마치 이교도를 상대로 하는 것처럼, 농경지에 침입한 들쥐와 송충이를 대상으로 "저주하고, 파문한다"고 선포했다.[34] 이듬해에 그는 똑같은 방식으로 날벌레를 꾸짖었다. 아직 발견되지는 않았으나, 그보다 앞선 사례도 있을 것이다.[35] 14세기부터 유사한 사례들의 숫자가 상대적으로 늘어났고, 근대 초까지 그 상태가 계속되었다. 예컨대 1516년에 트루아 주교 자크 라귀에는 빌르노크스 지역의 포도밭에 침입한, 메뚜기의 일종인 위르베hurebets라는 곤충에게 6일 안에 교구에서 물러나도록 명령했다. 그리고 명령에 따르지 않을 때에는 파문하겠다고 밝혔다. 아울러 주교는 이를 본보기로 해서 신자들에게 "어떠한 죄도 저지르지 말고, 정해진 십일조를 속이지 않고 내도록"[36] 촉구했다. 똑같은 위협이 바랑스 교구에서는 1543년에 민달팽이를 상대로 행해졌고,[37] 그르노블 교구에서는 1585년에 송충이를 상대로 이루어졌다.[38] 두 번째 사례에서 종교재판소 판사는 파문 판결을 내리기 전에 송충이에게 특별히 할당된 미개간지로 물러나기를 촉구하는 관대한 제안을 했다. 물론 소용없었다. 하지만 17세기에도 18세기에도 여전히 비슷한 제안이 나타났다. 1718년의 오베르뉴의 퐁뒤샤토[39]와 1735년 무렵에 브장송 지방[40]에서 나타난 것이 가장 가까운 시기의 사례들로 알려져 있다.

설치류와 해충을 대상으로 제기된 이 집단소송은 대형 가축을 대상으로 한 개별소송보다는 연구가 더 많이 진행되어 있다. 고문서에 남은 흔적도 많은데, 이것은 아마 교회재판소가 개입했기 때문일 것이다. 특히 알프스 지방에 많이 남아 있다.[41] 최근 중세 말과 근대 초기에 로잔 교구에서 벌어진 퇴마의식과 동물재판에 관한 매우 뛰어난 책이 출간되어 눈길을 끈다. 이 책은 주민과 '해충'이 대지의 수확물과 열매를 놓고 주교재판소에서 검찰관을 개입시켜 어떻게 대결했는지 자세히 밝혔다. 아울러 가끔씩 하늘로부터 내려진 (메뚜기·풍뎅이·파리 등의) 재해에 대해 교회가 (갖가지 속죄·기도 행진·성수 뿌리기·성유물 전시 등) 참으로 많은 예방의식을 행했으며, 그것들이 액막이 의식과 퇴마의식, 파문으로까지 이어졌다는 사실을 알려주었다. 아무쪼록 카트린 쉔이

이루어낸 이 멋진 연구의 뒤를 이어서, 다른 지역을 대상으로 한 연구
도 나오기를 바란다.[42]

소송의 유형

돼지를 교수형이나 화형에 처하는 것과, 쥐와 벌레를 파문하는 것은
엄격히 말해 같지 않다. 파레즈의 암퇘지 사건과, 오툉의 쥐나 빌르노
크스의 메뚜기 사건 사이에는 매우 큰 간격이 있다고 할 수 있다. 그리
고 그 사이에는 세속사회나 교회의 각종 재판소로 끌려 나온 온갖 동물
들에 관한 여러 종류의 사건들이 놓여 있다. 이러한 재판은 크게 세 가
지 범주로 나눌 수 있다.

첫째는 남자나 여자, 아이를 죽이거나 심한 상처를 입힌 돼지, 소, 말,
당나귀, 개와 같은 개별 동물과 관련된 재판이다.[43] 이것은 형사재판으
로, 교회 권력이 개입하지 않았다.

둘째는 집단으로 다루어지는 동물을 대상으로 한 재판이다. 어떤 지
방을 황폐하게 만들거나 주민을 위협한 (멧돼지·늑대와 같은) 대형 포
유류나 (설치류, 벌레, '해충'처럼) 더 빈번히 발생해 농작물을 해치는 작
은 동물들과 같은 경우이다. 이것은 재해인데, 전자는 세속권력이 조직
한 사냥몰이꾼이 몰아냈고, 후자는 교회가 개입했다. 교회는 악마를 쫓
는 의식에 호소했고, 신의 저주를 내리는 경우도 드물지 않았다.[44] 나아
가 교회로부터 추방하고,[45] 파문을 선고했다. 그런 모습에서는 「창세기」
에서 사탄의 하수인 노릇을 한 뱀이 신에게 저주를 받은 일이 떠오른
다.[46] 퇴마사와 교구 종교재판소 판사가 개입한 이런 관습에서는 전례
적 의식과 사법적 의식이 결합되어 있었다.

마지막은 수간이라는 큰 죄악과 관련된 동물을 상대로 한 재판이다.
이 유형은 연구하기 어렵다. 소송서류가 죄인과 함께 소멸되고는 했기

때문이다. 공범으로 여겨진 동물과 사람이 심문조서의 원본과 함께 자루에 산 채로 넣어져서 한꺼번에 화형대에서 불태워지고는 했는데, 이는 이러한 끔찍한 죄악의 흔적을 남기지 않으려 했기 때문일 것이다.[47] 수간의 죄는 자료가 적어서, 중세에 사건이 많았는지 확인하기는 어렵다.[48] 이 주제에 관해 기록된 것은 모두 매우 비과학적이다. 게다가 수간 혐의로 고발된 사건들은 가끔은 매우 수상쩍은 것이어서 연구자를 의심으로 끌어들인다. 하지만 여러 세기가 지난 뒤에 거기에서 진실과 허위를 구별하기는 매우 어렵다. 불쌍한 미셸 모랭의 이야기를 그 예로 들 수 있을 것이다.

앙주의 보제에 살던 이 포도주 상인은 1553년, 그가 65세이던 해에 드세고 헤프다고 소문난 젊은 아내 카트린으로부터 '육체의 쾌락을 위해' 암양을 사와서 세 차례나 관계를 가졌다고 고발되었다. 11월 13일과 (성 카타리나의 축일인!) 11월 25일, 12월 1일에 말이다. 젊은 아내의 애인이자 약제사이던 이웃은 의기양양하게 모랭이 '아내보다 암양이 좋다'고 털어놓았다고 증언했다. 부부의 하인으로, 틀림없이 카트린과 그렇고 그런 사이였을 것으로 추정되는 자노라는 사람도 그 증언을 확인해 주었다. 보제의 판사이자 행정관은 12월 13일에 미셸 모랭을 체포했다. 그는 혐의를 부인하며 아내와 하인, 약제사가 자신의 재산을 빼앗으려고 음모를 꾸몄다고 주장했다. 판사는 모랭을 고문하라고 명령했다. 고문을 할 준비가 진행되는 것을 보던 모랭은 울부짖으며 "그 목적으로 암양을 구입했으나, 육체관계는 오직 한 번뿐이었다"고 자백했다. 그는 1554년 1월 15일에 교수형으로 처벌된 뒤, 암양과 함께 자루에 담겨 불태워졌다. 재산은 몰수되어 아내 소유가 되었다. 늙은 남편이 처형되고 2년이 지난 뒤 아내는 약제사와 결혼했다.[49]

이 밖에 고양이·개·수컷 산양·당나귀·까마귀 등과 같은 동물이 어떤 형태로든 마법이나 이단과 얽혀 있는 특이한 재판도 있었다. 이런 종류의 재판은 다양한 문제를 제기하므로 정확한 연구가 필요한데, 나는 그럴 만한 충분한 능력을 갖추지 못했다는 사실을 고백할 수밖에 없다. 게다가 흔히 생각하는 것과는 달리 이런 재판은 중세에는 그다지 행해지지 않았고, 16~17세기에 유독 많았다.

　나는 첫 번째 유형만을 대상으로 조사를 진행해왔다. 개별적으로, 보통 살인이나 갓난아기 살해를 저지른 대형 가축의 유형이다. 가끔 재판 기록은 동물이 저질렀다는 죄악과 잘못에 관해 매우 애매모호하게만 밝혀 놓고 있다. 예컨대 1405년 기소르에서는 황소 한 마리가 교수형을 당했는데, 그 황소가 "잘못을 저질렀기 때문"이다.[50] 나아가 1735년 클레몽탕보베에서는 당나귀 암컷이 새 여주인을 "환대하지 않았기" 때문에 화승총으로 죽임을 당했다. 그러나 가장 중대하고 많은 수량으로 벌어진 사례는 살인과 갓난아기 살해이다. 암소와 수소, 암말과 수말, 개와 숫양, 특히 돼지가 이 죄로 잇달아 재판소로 끌려갔다. 프랑스에서는 14세기부터 16세기까지 사법기관의 개입은 거의 대부분 똑같은 절차로 진행되었다. 동물은 산 채로 체포되어, 관할 구역의 형사재판소에 있는 감옥에 갇혔다. 재판소는 조서를 작성하고, 수사를 진행했으며, 동물을 기소했다. 판사가 증인 심문을 한 뒤에 정보를 대조해서 판결을 내리면, 감옥에 갇힌 동물에게 언도되었다.[51] 이 판결로 사법기관의 역할은 끝나고, 그 뒤 동물은 처벌을 집행하는 기관에 맡겨졌다. 형벌로는 (가장 많이는) 목 매달아 죽이거나, 불태워 죽였고, (아주 드물지만) 목 졸라 죽이거나, (특히 소의 경우에는) 목 잘라 죽이거나, 물에 빠뜨려 죽이거나, 생매장하는 경우도 있었다.[52] 앞서 이미 보았듯이 형의 집행에는 전시하거나, 욕보이거나, 신체의 일부를 자르거나 하는 의례적인 요소도 덧붙여졌다. 어떤 이유에서든 예정된 처형이 집행되지 않으면, 유죄 판결을 받은 동물은 '석방'되어 소유자에게 돌려보내졌다. 예컨대 1462년 생트제네비에브 수도원 관할의 소교구인 보레스트에서 부모가 모두 교회에 간 사이에 아이를 잡아먹은 암퇘지가 석방되었다. 수도사들이 만든 교수대가 "썩어서 넘어졌기" 때문이다.[53]

죄를 저지른 동물을 특정할 수 없거나 붙잡지 못한 경우에는 같은 종류의 동물을 임의로 붙잡았다. 그 뒤 그 동물을 감옥에 가두고, 재판을 하고, 유죄 판결을 내렸다. 하지만 대신 잡아온 동물을 처형하지는 않았다. 죄를 짓고 도망친 동물을 대신하기 위해 이보다 더 자주 쓰이던 방법도 있었다. 원래의 동물을 대신해서 그것과 닮은 모형을 놓고 재판해 벌을 주던 방법이었다. 오늘날 프랑스에서 자료가 전해지는 가장 오래된 사례는 1332년으로 거슬러 올라간다. 파리 근교의 봉디 소교구에서 말 한 마리가 사고를 일으키는 바람에 남자 하나가 죽었다. 이 교구는 매우 엄격하기로 유명한 생마르탱데샹 수도원이 재판권을 맡고 있었다. 그래서 말의 소유주는 서둘러 재판권이 다른 지역으로 말을 몰고 갔다. 그러나 계략이 드러나 남자는 체포되었다. 그는 유죄 판결을 받았고, 말 한 마리 값과 같은 금액을 내야 했다. 아울러 생마르탱데샹 재판부가 만들어, 통상의 절차에 따라 체포해 교수형을 시킨 '말의 모형'에 대한 비용도 지불해야 했다.[54]

왜 그렇게 많은 돼지가 재판을 받았을까?

그러나 법정 동물지의 주인공은 말이 아니라 돼지였다. 재판의 10분의 9가 돼지가 출석한 것이었다. 그래서 연구자들에게 동물 재판의 역사는 자주 돼지의 역사인류학으로 바뀌고는 한다.

이러한 돼지의 우위에는 다양한 이유가 있었다. 가장 주된 이유는 아마 수량의 법칙일 것이다. 유럽에서 근대 초기까지 포유류 가운데 가장 수가 많은 동물은 돼지였을 것이다. 흔히 생각하는 것과는 달리 양은 돼지 다음이었다. 물론 돼지의 수는 고르게 분포되어 있지 않았고, 16

세기 중반부터는 점차 줄어든 것처럼 보인다. 그러나 수적 우위는 계속되었다. 동물고고학은 이 멧돼지 아종의 수가 많은 이유를 충분히 설명하지 못한다. 가축 사육과 육류의 소비에 관해서는 오늘날 남아 있는 뼈에 기초해서 수량이 추정되는데, 돼지의 수는 양이나 소에 견주어 과소평가되기 일쑤이다. 그런 방법을 사용하면, "돼지는 버릴 게 없다"는 말처럼 실제로 돼지의 뼈가 수많은 물품들과 (접착제와 같은) 재료들을 만드는 데 쓰였다는 사실을 놓치게 된다. 방법론의 측면에서도 어떤 시대, 어떤 지역에 살고 있던 가축의 수가 그 지역에서 발견된 뼈의 수에 비례한다는 사고방식은 아무래도 더 따져볼 필요가 있을 것이다.[55]

그런데 돼지는 수가 가장 많을 뿐 아니라, 가축 가운데 가장 많이 돌아다니는 동물이기도 했다. 도시에서 돼지는 청소부 노릇을 했다. 돼지는 광장에서든 길거리에서든 정원에서든 흔히 목격되었으며, 심지어 묘지를 파헤쳐 시신을 훼손하기도 했다. 12세기부터 18세기까지 유럽의 모든 도시들에서 행정당국은 되풀이해서 여러 금지령을 선포했으나, 돼지의 배회가 일상생활의 한 장면을 이루는 상황은 바뀌지 않았다. 나폴리와 같은 도시에서는 20세기 초까지도 이런 상황이 계속되었다. 이렇게 떠돌아다니던 돼지가 다른 어떤 가축보다 자주 사고와 손실을 일으킨 것은 그리 놀랄 만한 일이 아닐 것이다.[56]

하지만 돼지가 재판소에 끌려 나온 것에는 다른 이유도 있었다. 인간과의 동질성이라는 이유였다. 사실 옛 사회에서 인간과 가장 가까운 동물은 (겉모습이 유사하고, 인간의 방법으로 교미를 한다고 여겨지던) 곰이나 (진지한 비교가 이루어지려면 18세기까지 더 기다려야 했던) 원숭이가 아니었다. 바로 돼지였다. 의학도 마찬가지였다. 고대부터 14세기까지, 때로는 16세기까지 인체 연구는 돼지를 해부하는 것으로 이루어졌다. (소화기관, 비뇨기, 피부 조직과 구성에 관해서는 현대 의학도 분명히 확인하고 있듯이) 인간과 돼지의 몸속 조직이 비슷하다는 생각이 자리 잡고 있었기 때문이다.[57] 그래서 의과대학에서는 인체의 해부학적 연구를 암수의 돼지를 해부하는 것으로 대신했으며, 유럽 기독교 사회에서는 이런 방법으로 아주 최근까지 인체 해부를 단죄해온 교회의 금지령을 우회해왔다.[58]

육체의 장기로부터 영혼의 저 깊숙한 곳까지는 그저 한 걸음의 거리일 뿐이다. 어떤 작가들은 그 한걸음의 거리를 넘어서려고 했다. 그렇지는 않더라도 해부학적인 동질성이 뭔가 다른 종류의 동질성을 불러오는 것은 아닌지 궁금해 했다. 돼지도 인간처럼 자신의 행위에 책임을 져야 할까? 돼지도 무엇이 선이고 악인지를 이해할 능력을 가지고 있을까? 나아가 돼지만이 아니라 모든 대형동물들도 도덕적으로 개선될 수 있는 존재라고 할 수 있을까?

동물의 영혼

이 질문들은 동물을 대상으로 한 재판과 관련해서도 중요했다. 법학자들과 신학자들은 일찍부터 그런 질문들을 던져왔다. 예컨대 13세기 말『보베의 관습법Coutumes de Beauvaisis』의 편찬자로 널리 알려진 필리프 드 보마누아르(1250~1296)는 어린아이를 죽이고 먹어치워 재판소로 끌려온 암돼지에 관해, 이 짐승은 악이 무엇인지 알지 못하고, 자신이 받을 형벌도 이해하지 못하기 때문에 "재판이 소용없다"고 주장했다.[59] 그러나 이런 생각은 널리 보급되지 못했고, 그런 생각이 인정받으려면 몇 세기가 더 지나야 했다. 16세기에도 여전히 많은 법학자들은 이런 저런 이유들, 특히 형벌이 본보기가 된다는 이유로 살인이나 갓난아기 살해를 저지른 동물들이 형벌을 받아야 한다고 생각했다. 예컨대 1572년에 처음 발간된 뒤에 앙시앵레짐 말기까지 몇 차례나 다시 출간된『형벌과 벌금에 대한 논고Traité des peines et amendes』에서 장 뒤레(1563~1629)

는 이렇게 말했다. "만일 짐승이 누군가에게 상처를 입혔을 뿐 아니라 죽이거나 먹었다면, 돼지가 작은 아이들을 잡아먹었을 때 그렇게 하는 것처럼 반드시 처형해야 한다. 짐승에게 교수대에 매달아 질식시키는 형벌을 내려서 그와 같은 행위가 커다란 죄악이라는 사실을 떠올릴 수 있게 해야 한다."[60] 얼마 뒤에 그의 동료이자, 1575년에 초판이 나온 뒤 17세기까지 프랑스 법관들에게 일종의 경전처럼 받아들여진『재판의 순서와 형식, 지침Ordre, formalité et instruction judiciaires』이라는 책을 쓴 피에르 에로(1536~1601)도 똑같은 생각을 드러냈다. 그가 생각하기에 동물은 이성을 지니지 못해서 자신들이 고발된 이유를 알지 못하는 존재였다. 그렇지만 재판의 주된 목적은 본보기에 있었다. 그는 이렇게 말했다. "아이를 잡아먹은 돼지를 교수대에 매다는 것을 보게 된다면 아버지와 어머니, 유모, 하인들은 아이를 혼자 내버려두지 않을 것이고, 이 동물을 단단히 붙들어 매어 다른 이들을 해치거나 상처 입히지 못하게 할 것이다."[61]

한편, 성직자들은 성서에도 사람을 죽인 동물은 유죄이며 불결하기 때문에 죽여야 한다고 적혀 있다고 강조했다. 「탈출기」에는 "남자나 여자를 죽인 황소는 돌로 쳐 죽여야 하고 그 고기를 먹어서는 안 된다. 그러나 소의 주인은 죄가 없다"[62]는 구절이 있었다. 그래서 중세에는 적지 않은 기독교 작가들이 동물한테도 스스로 저지른 행동에 대한 책임이 어느 정도는 있다고 생각했다. 모든 살아 있는 존재가 그러하듯이 동물도 영혼을 지니는데, 생명의 숨결인 그것은 죽은 뒤 신에게 돌아간다. 영혼은 '생육'을 하며, 식물과 마찬가지로 그것은 영양 · 성장 · 재생의 근원이다. 영혼은 '감지'를 하며, 그것은 모든 감각의 근원이자 인간과 '고등하다고' 판단되는 동물들이 지닌 '지성'의 근원이기도 하다. 그래서 많은 작가들이 동물도 꿈을 꾸고, 식별하고, 추론하고, 기억하고, 새로운 습성을 지닐 수 있다고 보았다. 그러나 동물이 더 나아가 인간처럼 사고의 원천과 영적인 원천을 지니고 있는지가 문제로 되었다. 토마스 아퀴나스(1225~1274)는 이 두 성질은 인간만이 지닌 고유한 것이라고 분명히 밝혔다. 고등한 동물은 분명히 감각적 인식능력과 어떤 종류의 실천적 지성을 갖추고 있고, 어떤 감정 상태에 이를 수도 있다. 하지만 비물질적인 것을 지각할 수는 없다. 자신에게 친숙한 '집'을 분간할 수는 있지만, '집'이라는 추상관념에 이를 수는 없다는 것이다.[63] 알베르투스 마그누스(1200~1280)는 동물이 어떻게 추론능력을 지니고 있는지를 보여주면서 다른 종류의 한계를 제시했다. 그는 가장 지성이 있는 동물에게도 '신호'는 그 자체로 머물러 있을 뿐, 결코 오늘날 '상징'이라고 부르는 것이 되지는 않는다고 강조했다.[64]

이 두 개의 근본적인 차이가 인간과 동물 사이에 뛰어넘을 수 없는 벽을 세우고 있는 것 같다. 동물은 실체가 없는 것을 지각하지 못한다. 모든 종교적 · 도덕적 관념과 추상적 관념은 동물에게 금지된다. 그래서 토마스 아퀴나스는 동물을 재판에 부치는 것에 반대했다. 동물은 사물res의 숫자, 나아가 신호signa까지도 인식할 수 있지만, 선악을 구분하지는 못한다는 이유에서였다.[65] 그렇지만 앞서 보았듯이 스콜라 신학은 동물의 내세와 현세에 관해 수많은 물음을 던지고, 동물을 도덕적인 책임이 있는 존재로 다룰 수 있을지를 계속해서 물었다. 그리고 토마스 아퀴나스의 권위에도 아랑곳하지 않고, 중세 말의 신학자와 법학자들은 대부분 그 물음에 계속 긍정적으로 답했다.

하지만 17세기가 되자 상황은 바뀌었다. 철학자들 가운데에는 아리스토텔레스적인 영혼 개념에 격렬히 반발하는 사람도 나타났다. 예컨대 데카르트(1590~1650)에게 동물은 영혼을 가지고 있지 않으며 이성적 능력도 없는 존재였다. 동물은 오롯이 기계론적인 기관이었다. 얼마 뒤 라메트리(1709~1751)는 이러한 이론을 인간에게까지 넓혀 적용했다.[66] 말브랑슈(1638~1715)에 따르면, 동물은 번민을 알지 못한다. 번민은 원죄가 가져온 것이고, 동물은 원죄와는 관련이 없기 때문이다. 동물을 도덕적이고, 책임이라는 관념을 지니고, 선으로 향하는 것이 가능한 존재라고 생각하는 것에 관해 점점 더 많은 작가들이 터무니없다고 여기게 되었다.[67] 라신(1639~1699)은 (1668년에 발표한)『소송광Les Plaideurs』이라는 희극 작품에서, 당댕 판사가 식용 닭을 훔친 개에게 〔죄수에게 노를 젓게 하는〕 갤리선으로 보내는 형벌을 내린 재판을 우스갯거리로 다루었다.[68]

이처럼 근대는 중세보다 동물을 인간으로부터 훨씬 더 멀리 떨어진 존재로 여겼다. 종의 기원에 관한 다윈의 이론이 출현하려면 아직 멀었다. 계몽주의의 여명이 밝아오는 시대에 동물의 벗들은 데카르트적이거나 포스트데카르트적인 끔찍한 '기계론적 동물animaux machines' 이론에 맞서 성서에서 찾은 논거만 되풀이해서 내세울 뿐이었다. 예수는 '모든' 피조물을 구원하기 위해 마구간에서 태어났고, 바울이 단언하듯이 모든 피조물은 신의 자녀라고 말이다.[69]

바람직한 정의

하지만 중세 문화에서는 사정이 달랐다. 동물은 언제나 어떤 점에서 본보기의 원천이 되었다. 사법의 영역에서 동물을 재판소로 보내고, 심판하고, 단죄하거나 무죄로 풀어주는 것은 재판이라는 의례가 지닌 본보기로서의 성격을 연출하기 위한 것이었다. 그것은 보마누아르의 생각처럼 '길을 잃고 헤매는 정의'가 결코 아니었다. 그러기는커녕 오히려 '바람직한 정의'의 작용을 위해 꼭 필요한 행위였다. 어떤 것도 '바람직한 정의'의 지배를 벗어날 수 없고, 동물도 예외는 아니다. 살아 있는 모든 것이 법의 주체인 것이다.

오랫동안 나는 가축을 대상으로 제기된 소송의 수에 관해서 의문을 가져왔다. 이런 사건이 많았을까? 아마 그랬을 것이다. 그렇다면 증언을 남긴 고문서 자료는 왜 이렇게 적은 것일까? 프랑스 왕국의 경우에 13세기 중반부터 16세기 말까지 자료가 남아 있는 재판의 사례가 대략 60개 정도뿐이라는 사실을 되새겨보자. 고문서를 보존하고 전하는 과정에서 생긴 우연한 역경 때문이었을까? 일부러 재판 기록을 없애버린 것이었을까? 아니면 거꾸로 이런 사건은 수가 적고 매우 드물었지만, 바로 그 때문에 본보기와 교훈을 목적으로 재판의 의식과 처벌의 광경이 훨씬 더 강하게 나타났던 것일까? 현재는 이 두 번째 가설이 올바른 것 같다. 적어도 중세 말에 관해서는 그렇다. 13세기 이후 동물들을 대상으로 제기된 이러한 소송들은 실질적으로 의례화된 일종의 교훈예화였다. 거기에서는 바람직한 정의의 완벽한 실천이 심문 절차에 힘입어서, 나아가 모든 의례적 요소에 맞추어 매우 사소한 부분까지 철저히 연출되었다. 더구나 다른 사례에서는 증인이 매수되거나 피고가 죄를 부인하거나 하는 일이 자주 벌어졌지만, 이 재판에서는 정의가 그런 위험을 무릅쓸 필요가 없었다. 모든 것이 오롯이 본보기가 되었던 것이다. 이런 점에서 이와 같은 소송들은 앞으로 법과 사법적인 의례를 다루는 역사가들에게 더 관심을 많이 받게 될 것이다.

그러나 이러한 재판의 가치는 법의 세계에 제한되지 않는다. 다른 많은 소송 자료들 이상으로, 그것은 옛 사회의 인간과 동물의 관계를 연구하는 역사가들을 따라다니는 가장 큰 위험인 시대착오의 오류를 새삼 부각시킨다. 일요일에 동물에게 일을 시키는 것은 적법한가? 동물에게도 금식일을 지키게 해야 하는가? 동물도 지옥에 떨어지거나 천국으로 가는 것일까? 우리는 이제까지 언급한 이러한 몇 가지 물음들을 앞에 두고 자신도 모르게 헛웃음을 짓게 된다. 그러나 그것은 잘못된 일이다. 적어도 우리가 오늘날 가지고 있는 지식과 감수성을 그대로 과거에 가져오는 것이 허락되지 않는 영역인 역사가의 작업에서 그것은 잘못된 일이다. 우리의 지식과 감수성은 과거의 그것과 같지 않고, 미래의 그것과도 다를 것이다. 우리의 현재의 앎은 결코 절대적이고 결정적인 진실이 아니며, 끊임없이 변화하는 앎의 역사의 한 단계에 지나지 않는다. 이러한 사실을 이해하지 못하면 연구자는 모든 것을 단순화하는 과학주의의 위험에 빠지게 된다. 이것은 사고의 차원에서도 멀리해야 하는 것이고, 방법의 차원에서도 무수한 혼란과 오류, 부조리의 원천이다.

02

사자의 대관식

중세의 동물들은 어떻게 왕을 얻었을까?

중세 서양에는 왜 사자가 그토록 많았을까? 이 물음에 대답하는 것은 그리 쉬운 일이 아니다. 다양한 분야의 자료들에 과감히 몸을 던져야 하기 때문이다. 동물고고학과 동물원의 역사부터 어휘에 드러나는 다양한 사실들, 동물학 지식, 사회 규범, 문장학, 인명 연구, 속담을 비롯해서 도상과 문헌에 나타나는 증언에 이르는 수많은 분야의 자료들이다. 이는 그만큼 사자를 곳곳에서, 곧 모든 장소와 상황에서 쉽게 발견할 수 있었음을 뜻한다. 가끔 몸과 갈기를 지닌 진짜 사자를 만난 경우도 있었겠지만, 대부분은 그림·조각·돌을새김·자수·직물·글·이야기·상상·꿈 등으로 표현된 사자였다.

곳곳의 사자들

유럽에서 야생 상태의 사자는 일찌감치, 아마도 기원전 수천 년 무렵부터 이미 자취를 감추었던 것 같다. 로마인은 원형경기장의 놀이를 위해 수많은 사자를 북아프리카와 소아시아, 때로는 더 먼 곳에서 들여왔다. 중세에는 사자가 토착동물이 아니게 된 지 이미 꽤 오래되었다. 그렇지만 봉건시대의 사람들은 살아 있는 사자를 볼 기회가 있었다. 분명히 매일 그렇지는 않았겠지만, 흔히 생각하는 것만큼 드물지는 않았다. 곳곳의 도시와 장터들을 돌아다니는 동물 사육사들이 많았기 때문이다. 동물 무리는 꽤 다양했다. 그 가운데에는 춤을 추거나 곡예를 하는 곰도 있었고, 가끔은 한 마리나 여러 마리의 사자도 있었다. 당연히 이들은 '스타'였다. 그래서 구경하러 멀리서 찾아오는 사람도 있었다. 이 소박한 이동 동물원보다 규모가 더 크고, 대부분 고정된 장소에 있으면서 가끔씩 돌아다니는 동물원도 있었다. 왕과 공작의 동물원인데, 그곳에서도 당연히 사자가 가장 높은 지위를 차지했다.[1]

중세 유럽에서 동물원은 늘 권력의 상징이었다.[2] 고대에도 이미 그러했고, 근대에도 마찬가지였다. 오랫동안 왕과 고위 귀족, 몇몇 수도원들만 동물원을 보유했다. 13세기 이후에는 몇몇 도시들과 교회참사회, 부유한 고위성직자들이 이를 본떴다. 여기에서는 사납고 진기한 동물을 전시해서 사람들의 호기심을 채워주는 것 따위는 전혀 중요하지 않았다. 가장 큰 권력을 지닌 사람만이 구입하거나 기르거나 헌상하거나 교환하거나 할 수 있었던 살아 있는 문장과 상징을 공공연히 무대에 올리는 것이 중요했다. 이런 의미에서 모든 동물원은 '보물'이었다.[3]

하지만 유감스럽게도 동물원에 관한 자료는 너무 적고, 그나마 그것들도 대부분 보잘것없는 정보들만 알려주고 있다. 특히 특정한 장소와 시기에 존재했던 특정한 공작의 동물원이 어떻게 이루어져 있었는지, 실제로 수용되어 있던 동물들의 일람표와 목록은 전해지지 않는다.[4] 그런 자료를 이용하면 토착동물과 외래동물, 야생동물과 가축, 위험한 동물과 무해한 동물, 대형동물과 소형동물, 한 마리밖에 없는 동물과 여러 마리를 소유하고 있는 동물 등이 어떻게 배분되어 있었는지 알 수 있을 것이다. 그렇지만 동물원의 구성에 관한 주의 깊은 연구는 다양한 측면에서 도움이 된다.

중세 초기의 동물원에서는 곰과 멧돼지, 사자가 중심이었다. 봉건시대가 되자 멧돼지의 자리가 없어졌고, 곰의 숫자도 줄었다. 그 대신 사자가 차지하는 비율이, 표범이나 흑표범과 함께 커졌다.* 중세 말에는 북쪽에서 온 해마·순록·사슴이나 아시아에서 온 표범·낙타, 아프리카에서 온 코끼리·단봉낙타·원숭이·영양·야생 당나귀와 같은 이국적인 동물을 더 즐겨 찾았다. 하지만 최고의 스타는 변함없이 여전히, 권력을 가지고 있는 자라면 마땅히 가지고 있어야 할 사자였다.[5]

그래서 중세 유럽에서는 시골에서도 그리 드물지 않게 살아 있는 사자를 볼 수 있었다. 물론 그림과 조각, 자수, 돋을새김으로 사자를 볼 기회는 훨씬 더 많았다. 사실 거의 일상적이라고 해도 좋을 정도로 사자의 이미지는 교회, 민간의 건물, 묘비, 미술품, 나아가 일상생활에 쓰이는 다양한 물품에 헤아릴 수도 없이 많이 나타났다. 특히 교회는 로마네스크 양식이든 고딕 양식이든 중앙 회랑과 성가대석과 제단, 마루와 벽, 천장, 문과 창 등 건물 안팎 곳곳에 사자의 모습을 나타냈다. 사자 그 자체도 있었고, 다른 동물과 혼합된 것도 있었다. 사자만 그려진 것도 있었고, 어떤 장면 안에 삽입되어 나타난 것도 있었다. 교회의 풍부한 장식들은 동물들에게 상당히 많은 자리를 할당하고 있었다.

오늘날에는 조각되어 있는 사자가 그림으로 그려진 사자보다 많다.

---

* 원문에는 표범이 léopard, panthère, pardus로 구분되어 있다. ① 오늘날 léopard는 표범을 뜻하는 일반적인 말로 쓰이지만, 중세에는 파르두스와 암사자 사이에 태어난 잡종이자 반기독교적인 상징을 가리켰다. 이 책에서는 léopard가 현재의 의미에서 표범을 뜻하는 일반적인 단어로도 사용되고, 중세의 의미로도 사용되고 있다. 따라서 léopard가 일반적 의미로 사용될 때는 '표범'으로, 중세적 의미로 사용할 때는 라틴어 표기를 기준으로 '레오파르두스'라고 나타냈다. ② panthère는 léopard란 단어가 나타나기 전부터 표범을 가리키는 말로 쓰였다. 중세 전승에서 표범은 잡종인 레오파르두스와는 달리 기독교적인 동물이었다. 따라서 panthère가 léopard와 함께 중세적 의미로 쓰일 때에는 표범으로, 현대적 의미로 쓰일 때에는 흑표범으로 옮겼다. ③ pardus는 수컷 표범의 모습을 하고 있는 수수께끼 같은 동물로 설명되므로 '파르두스'로 옮겼다.

그렇지만 많은 사자 그림들이 벽에 그려진 다른 형상들과 마찬가지로 훼손되었다. 아울러 우리가 사자라고 생각하는 동물 조각이 모두 다 진짜로 사자로 판단되고 받아들여지고 있었는지도 의문이다. 경우에 따라서는 뭐라고 특정하기 어려운 고양잇과의 동물이거나 종을 특정하기 어려운 단순한 네발동물인 것도 있다. 게다가 때때로 사자와 곰은 혼동되기 쉽다. 이 두 동물은 성서나 교부들의 저작을 원천으로 하는 도상 표현에서 자주 짝을 이루어 등장한다. 둘을 구별할 단서는 꼬리와 갈기뿐이지만, 우리는 흔히 큰 입을 벌린 채로 인간을 삼키거나 뱉거나 하는 야수와 괴물이면 뭐든 사자라고 여기곤 한다. 그렇지만 많은 경우에 이렇게 특정하는 것은 지나치게 단순하고 억지스러운 일이다.

그러나 어쨌든 사자는 많았다. 특히 로마네스크 시대의 조각장식에서는 더욱 그러했다. 이 풍부함은 조각에만 한정되지 않았다. 예컨대 채색 필사본에도 마찬가지 비율로 존재한다. 사자는 가장 자주 등장하는 동물이었다. 사본에 따라서는 모든 면마다 세밀화나 장식문자, 여백의 문양 등으로 그려졌다. 실제로 그림을 그린 재료와 사용 기법이 어떤 것이든, 사자는 다른 동물들보다 훨씬 앞서 있는 중세 동물지의 스타였다. 어디로 눈을 돌리더라도 한 마리나 여러 마리의 사자와 마주치지 않는 장소와 시대는 좀처럼 없었고, 사자는 오롯이 일상생활의 일부를 이루고 있었다. 이는 중세 문화에서 '토착' 동물과 '외래' 동물을 나누는 일이 과연 올바른지 역사가로 하여금 되묻게 한다. 오늘날 우리가 사용하는 분류법과 개념들은 한결 신중히 다루어야만 한다.

문장의 동물들

이와 같은 동물 형상에서의 사자의 우위는 상징과 사회의 관습에서도 발견된다. 예컨대 정도의 차이는 있지만 고유명사에는 사자를 연상시키는 것들이 무척 많다. '레오Leo', '레오나르두스Leonardus', '레오넬루스Leonellus', '레오폴두스Leopoldus' 등은 〔라틴어에서 '사자'를 나타내는〕 '레오leo'를 어근으로 한 세례명들이다. 〔프랑스어에서 '사자'를 나타내는〕 '리옹lion' 등의 말을 포함한 '리오나르드Lionnard', '뢰벤슈타인Löwenstein', '레오넬리Leonelli' 등의 성도 있다. '사자공der Löwe' 하인리히나 '사자심왕the Lionheart' 리처드 1세처럼 지위가 높은 인물에게 붙여진 별칭도 있고, '사자 로베르Robert le Lion', '부르주의 사자Lion de Bourges', 란슬롯의 사촌 '리오넬Lionel'처럼 문학세계의 영웅들에게 붙여진 이름도 있다. 그러나 이 분야에서 가장 참고 자료를 풍성하게 제공해주는 것은 12세기 이후부터는 인명학이 아니라 문장학이다.

사자는 중세 문장에서 가장 빈번히 사용된 문양이다. 무려 15% 이상이나 차지한다. 두 번째로 많은 비율을 차지하는 문양인 (수평의 띠로 표현된 기하학적 문양인) 가로띠무늬가 6%인 것을 고려하면 매우 높은 비율이다. 문장의 동물지에서 사자의 유일한 맞수라고 할 수 있는 독수리는 3%도 되지 않는다. 사자의 우위는 곳곳에서 확인된다. 12세기에도 15세기에도, 북유럽에서도 남유럽에서도, 귀족의 문장에서도 귀족이 아닌 계층의 문장에서도, 개인의 문장에서도 법인의 문장에서도, 실제의 문장에서도 문학작품이나 가상의 문장에서도 그렇다.[6] 13세기의 기사도 이야기에 나오는 "사자 없이는 어느 누구도 문장을 가질 수 없다"는 유명한 격언은 17세기의 문장 안내서에도 변함없이 여전히 인용되어 있다. 신성로마제국 황제와 프랑스 국왕을 제외한 서구 기독교 세계의 모든 왕조는 그들의 역사에서 한 번쯤은 사자나 (문장학에서는 사자의 특이한 종에 지나지 않는) 레오파르두스를 문장에 사용한 적이 있다는 사실을 기억해 두어야 한다.

그러나 이러한 전체적인 조망에 지리적 · 시대적 차이를 추가해야 한다. 사자의 수가 가장 많은 곳은 플랑드르와 저지대 지역이었으며, 가장 적은 곳은 알프스를 비롯한 산악지역이었다. 아울러 13세기와 16세기 사이에는 곳곳에서 사자를 사용하는 평균적인 비율이 눈에 띄게 줄었다. 그러나 이것은 문장에서 사용된 문양의 목록이 더 다양해졌기 때문이지, 결코 양적으로 줄어든 것은 아니었다. 곳곳에서 사자는 1등의 자리를 계속해서 지켰다. 통계로도 1등이었을 뿐 아니라, 문장관이나 14세기 중반 이후 편찬된 문장지 작가들이 쓴 글들에서도 사자는 늘 맨 앞에 자리를 잡고 있었다. 모든 이들이 사자를 동물의 왕이자 으뜸가는 문장의 문양으로 삼는 데 힘을 모았다. 동물지와 백과전서에서도 사자는 (힘 · 용기 · 긍지 · 관대함 · 정의로움과 같은) 전사와 지도자로서의 모든 자질로 꾸며졌고, 때로는 (사랑의 덕 · 헌신 · 자비 등) 그리스도론적인 차원의 자질까지 부여받기도 했다.

중세의 문장에서 사자가 이렇게 높게 찬양되었다는 사실은 쉽게 확인할 수 있지만, 그 이유가 충분히 설명되어 있지는 않다. 물론 사자는 이미 고대와 중세 초기에도 문장적 · 표장적 형상을 나타낸 여러 소재들에서 많이 발견된다. 하지만 유럽 대부분의 지역에서 독수리 · 멧돼지 · 곰 · 까마귀가 사자 못지않게 자주 모습을 드러내며, 더 많이 나타나는 경우도 있다. 그리스 · 로마 세계에서 부여받았던 지위를 돌아보면, 사자는 6세기부터 11세기까지의 시기에는 정치적 상징으로서도 전사의 표상으로서도 확실히 뒤로 물러나 있었던 것 같다. 서양의 모든 지역에서 분명히 그러했다.[7] 그런데 갑작스럽게 11세기 후반과 12세기에 사자와 (사자가 그려진 방패나 깃발을 지닌) '사자의 기사'가 대량으로 모습을 드러냈다. 처음에는 장식된 그림이나 조각에 묘사된 소재였지만, 얼마 지나지 않아 문학과 이야기의 주제로도 되었다.

이러한 전前문장학적 · 원原문장학적 사자는 무엇에서 비롯된 것일까? 십자군의 영향도 있었을 것이고, 프랑크인이 비잔티움과 이슬람 문화에서 문장에 관한 관습이나 표장을 차용한 것도 영향을 끼쳤을 것이다. 하지만 그러한 것들 못지않게 중동과 근동 지역에서 정기적으로 수입되던 직물과 미술작품이 맡았던 역할도 돌아보아야 한다. 그것들에는 사자가 빈번히 표현되어 있었으며, 때로는 이미 문장적이라고 할 만한 모습을 하고 있었다. 조각과 회화, 문학, 나아가 탄생되던 문장은 거기에서 유연한 조형성과 상징성을 지닌 형상을 찾아냈다. 그러나 이것만으로 모든 것이 다 충분히 설명되지는 않는다.

사실 문장은 사자에 관한 도상학과 상상의 세계가 크게 확장된 시기에 등장했다. 12세기 후반에 사자가 그려진 방패는 라틴 · 프랑스 · 앵글로노르만 문학 모두에서 상투적인 기독교도 기사의 방패로 자리를 잡고 있었다. 아울러 그것은 이교도 전사가 가지고 있는 용 방패와 대조를 이루고 있었다.[8] 오직 게르만의 몇몇 지방들만이 사자의 발흥에 몇십 년 동안 맞섰다. 그 지역들에서는 13세기 초에도 여전히 멧돼지가 문학작품에서 영웅의 관습적인 상징으로 쓰였다. 하지만 그것도 그리 오래 지속되지는 않았다. 1230년대부터는 독일에서도 스칸디나비아에서도 트리스탄처럼 예찬을 받던 영웅들이 전통적인 멧돼지 방패를 버리고 사자 방패를 선택했다. 이것은 프랑스나 잉글랜드에서는 이미 2~3세대 전부터, 오스트리아와 북이탈리아에서는 조금 뒤에 시작된 일이었다.[9] 그래서 13세기 말이 되자 서양의 모든 지역에서 문학작품의 영웅들은 빠짐없이 사자를 문장의 문양으로 지니게 되었다.

세 가지 유산

중세 기독교 전통에서 사자의 상징체계가 어떠했는지를 살펴보기 전에, 아울러 그것이 도상과 문장에서 사자가 사용된 횟수가 늘어난 사정을 설명해줄 수 있는지의 여부를 살펴보기 전에, 중세 기독교가 물려받은 세 가지 문화에서 이 동물이 차지하고 있던 지위에 관해 먼저 살펴보는 것은 의미 있는 일일 것이다. 그 세 가지 유산은 바로 성서 문화와 그리스·로마 문화, (게르만과 켈트의) '야만인' 문화이다.

성서 시대에 팔레스타인과 근동 지방의 모든 지역에는 야생 사자가 여전히 살고 있었다. 아프리카 사자보다 작은, 그 지역의 페르시아 사자leo persicus는 주로 가축을 공격했으며, 사람에게 달려드는 일은 매우 드물었다. 수천 년 동안 풍부했던 사자의 수는 로마가 정복한 시기에 줄어들었고, 십자군 시기에 이르러서는 사실상 사라졌다.

성서는 사자의 힘을 자주 강조해서 언급했다. 사자를 물리치는 일은 위대한 업적으로 여겨졌고, 성서에 나오는 뛰어난 힘을 가진 왕과 영웅들은 모두 사자에 빗대어 표현되었다. 하지만 상징의 차원에서 사자는 애매모호한 동물이었다. 사자는 좋을 수도 나쁠 수도 있었으나 나쁠 때가 더 많았다. 잔인하고 야만적이고 교활하고 무례한 사자는 악의 세력, 이스라엘의 적, 폭군과 사악한 왕들이 구현된 것이었다. 「시편」과 예언서들은 많은 부분을 할애해서 신의 보호를 간절히 빌며 달아나야 하는 위험한 동물로 사자를 나타냈다. 「시편」의 작가(다윗)는 "사자의 입에서 저를 구해주소서"라고 간청했고,[10] 중세 초의 수많은 작가들도 되풀이해서 그렇게 기도했다. 더 나아가 신약성서는 사자를 악마의 모습으로 만들었다. "바짝 경계하십시오. 여러분의 적대자 악마가 으르렁거리는 사자처럼 누구를 삼킬까 하고 찾아 돌아다닙니다. 여러분은 믿음을 굳건히 하여 악마에게 대항하십시오."[11] 그렇지만 그만큼 눈에 잘 띄지는 않지만 성서에는 좋은 사자도 있었다. 공익을 위해 자신의 힘을 쓰는 사자의 으르렁거림은 신의 말을 나타냈고, 가장 용감한 동물인 사자는 유대 부족, 가장 강력한 이스라엘을 상징했다.[12] 이런 점에서 사자는 다윗과 그 자손들, 심지어 그리스도와도 연관되었다. "울지 마라. 보라, 유다 부족에서 난 사자, 곧 다윗의 뿌리가 승리하여 일곱 봉인을 뜯고 두루마리를 펼 수 있게 되었다."[13]

그리스와 로마의 작가들도 성서처럼 사자에 관해 즐겨 말했다. (원형 경기장의 놀이로 사자를 대량 소비할 뿐이었으나) 그들은 사자에 대해 잘 알고 있었다. 많은 이들이 사자에게 다른 동물들 위에 설 수 있는 어떤 우월함을 부여했다. 하지만 어느 누구도, 심지어 아리스토텔레스조차도 사자를 '동물의 왕'이라고 분명하게 선언하지는 않았다. 플리니우스는 그 자리를 코끼리에게 주고 싶었던 것 같다. 그는 『자연사Naturalis Historia』의 네발동물에 관한 제8권을 코끼리로 시작했다. 하지만 6세기 뒤에 이시도루스는 '야생동물에 관해de bestiis' 다루면서 사자를 맨 앞에 언급하며 "모든 야수들의 우두머리이기 때문에 왕"이라고 표현했다.[14] 하지만 야수들의 왕rex bestiarum이었으나, 아직 진정한 의미에서 '동물의 왕rex animalium'은 아니었다. 이것은 동양의 전통으로, 아마 인도보다는 이란에서 비롯되었을 것이다. 이러한 전통은 고대 그리스와 로마 작가들에게는 거의 알려지지 않았으나, 성서의 문헌들에도 흐릿하게 모습을 드러냈고, 헬레니즘 시대에 점차 서양으로 전해졌다.

켈트에는 그에 견줄 만한 것이 없었다. 켈트 신화는 오랫동안 지중해와 동양 전통의 영향을 받지 않았다. 켈트인들은 기독교화가 이루어지기 전에는 사자에 대해 무지했다. 사자는 그들의 동물 상징과 표상 체계에서 어떤 역할도 맡고 있지 않았다. (아서왕의 이름도 왕의 동물인 곰을 떠오르게 하듯이) 가장 높은 자리를 차지하고 있는 동물은 곰이었으며, 신화에 등장하는 멧돼지·사슴·까마귀·연어와 같은 몇몇 다른 동물들이 강력한 경쟁구도를 이루고 있었다.

게르만 전통은 더 복잡하고 미묘했다. 게르만·스칸디나비아 신화의 가장 오래된 층 어디에도 사자는 존재하지 않는다. 그러나 아주 오래전, 기독교화가 진행되기 훨씬 전부터 흑해 지방의 (북게르만족의 일파인) 바랑기아인들은 중동·중앙아시아의 사회들과 상업적·문화적으로 접촉하면서 사자와 (사자의 몸에 독수리의 머리와 날개를 지닌 상상의 동물인) 그리핀의 형상을 표현한 금속 세공품과 상아 조각상, 자수품을 서양으로 들여왔다. 상징적인 차원에서 그 이미지들은 게르만 전통과 일찍부터 공존했다. 특히 갈기는 사자에게 높은 가치를 부여해 주었다. 게르만인에게 길고 풍성한 머리카락은 언제나 힘과 권력의 표시였기 때문이다. 최초의 기독교 선교사들이 성서를 지니고 사자들의 긴 행렬과 함께 게르마니아로 들어갔을 때, 이 야수는 이교도 토착민들에게 이미 잘 알려져 있었다. 설령 그것이 동물 상징체계와 신화에서 보잘것없는 자리를 차지하고 있었을지라도 말이다.

레오파르두스의 탄생

성서에 나타난 사자의 양면성은 중세 초기의 기독교 상징에도 이어졌다. 사자를 비롯한 모든 야수를 적으로 선포한 아우구스티누스를 뒤따라 대다수의 교부들도 사자를 폭력적이고 흉포하며 피에 굶주린 악마 같은 동물로 여겼다. 그 힘은 좀처럼 올바르게 쓰이지 않았으며, 그입은 지옥의 구덩이와 같았다. 사자와 벌이는 전투는 사탄에 맞서는 싸움이었고, 사자를 무찌르는 것은 다윗과 삼손이 그랬던 것처럼 영웅과 성인으로 축성받기 위한 통과의례였다. 그러나 암브로시우스, 오리게네스, 라바누스 마우루스와 같은 몇몇 교부들과 작가들은 생각이 달랐다.[15] 그들은 주로 신약성서에 근거해 사자를 '야수의 왕dominus bestiarum'으로 보았고, 얼마간 기독교적인 존재로 여기기까지 했다. 그들의 작업은 카롤루스 시대의 말기, 특히 11세기에 문헌과 도상들에서 사자의 기독교적 지위가 높아지는 바탕이 되었다.

사자의 지위가 높아지는 데 큰 영향을 끼친 것은 라틴어 동물지였다. 그것은 2세기 무렵 알렉산드리아에서 그리스어로 쓰인 『피지올로구스 Physiologus』에서 영향을 받아 제작된 문헌이었다.[16] 동방의 전통, 특히 우화에서 사자는 거의 언제나 '모든 야수들의 왕rex omnium bestiarum'이었으나, 아직 '동물의 왕rex animalium'은 아니었다.[17] 이 표현은 토마 드 캉탱프레, 바르텔레미 랑글레, 뱅상 드 보베가 1240년과 1260년 사이에 펴낸 13세기의 백과전서들에서 처음 모습을 드러냈다.[18] 세 명의 작가가 모두 사자를 '동물의 왕'이라고 불렀으며, 다른 어떤 동물보다도 자세히 서술했다. 그들은 사자의 힘과 용기, 아량, 관대함을 강조했는데, 그 것들은 모두 왕이 갖춰야 할 자질이었다. (1170~1175년 무렵에 제작된) 『여우이야기Roman de Renart』의 가장 오래된 판본들에 나오는 노블 왕, 곧 사자는 그러한 품성을 넉넉하게 갖추고 있었다. 이렇게 해서 마침내 사자는 동물의 왕이 되었다.

라틴어 동물지의 영향력이 계속 이어지는 동안, 사자는 그리스도적인 차원의 중요성도 얻었다. 동양의 전통에서 비롯된 사자의 모든 특성과 놀라운 점들이 그리스도와 연관되어 해석되었다. 사냥꾼을 속이기 위해 꼬리로 자신의 흔적을 지우는 사자, 이것은 마리아에게서 태어나 자신의 신성을 감춘 예수였다. 예수가 악마를 더 잘 속이려고 남모르게 사람이 된 것처럼 말이다. 패배한 적을 놓아주는 사자, 이것은 회개한 죄인을 용서하는 자비로운 주님이었다. 눈을 뜨고 자는 사자, 이것은 무덤 속의 그리스도였다. 인성이 잠들어 있을 때에도 그의 신성은 계속해서 깨어 있기 때문이다. 죽은 채 태어난 새끼들에게 3일째가 되는 날에 숨을 불어넣어 되살리는 사자, 이것은 부활의 모습 그 자체였다.[19]

사자가 이렇게 그리스도적인 성격을 뚜렷하게 나타내며 수많은 영역에서 지위가 높아지자, 신학자와 예술가들에게는 까다로운 질문 하나가 던져졌다. 이 동물이 지닌 부정적인 요소들은 어떻게 할 것인가? 「시편」과 아우구스티누스, 교부들, 그들을 따르던 이들이 언급해서 중세 초기 수도원 문화에서 꽤 큰 비중을 차지하던 나쁜 사자를 어떻게 해야 좋을까? 동물지 작가들, 표장·상징 제작자들은 잠시 머뭇거렸다. 그러다 11세기에서 12세기로 넘어가는 길목에서 그들은 마침내 해결책을 찾아냈다. 나쁜 사자를 완전히 다른 동물로 만드는 것이었다. 그들은 나쁜 사자에게 독립된 이름과 특성을 부여해 그리스도적인 사자와 혼동되지 않게 했고, 사자는 동물의 왕이 될 수 있었다.

여기에서 '배설구' 노릇을 한 동물은 레오파르두스Leopardus였다. 그 동물은 오늘날 우리가 알고 있는 현실의 표범이 아니라, 상상의 표범이다. 레오파르두스는 (갈기를 제외하고는) 사자의 겉모습과 특성을 지니고 있지만, 타고난 본성이 사악하다고 여겨졌다. 12세기 이후 문학작품들과 초기 문장들에서 레오파르두스는 자주 타락한 사자, 반쪽짜리 사자, 사자의 적으로 등장했다. 그리고 이 사자의 적이라는 역할로부터 레오파르두스는 때때로 용의 사촌이나 동맹자가 되기도 했다.

문장의 사례로 이 새롭고 기묘한 동물의 지위와 의미작용을 살펴보자. 겉에 드러난 형태로만 보면 문장의 레오파르두스는 단지 늘 몸은 (대부분 수평으로) 옆으로 하고 머리만 앞으로 돌린 특별한 자세로 있는 사자였을 뿐이다. 사자로 불린 형상은 언제나 머리와 몸을 옆으로 하고 있었으므로,[20] 얼굴의 정면성이 둘의 차이이자 의미를 이루는 요소였다. 중세의 동물 도상에서 머리를 정면으로 향하고 있는 자세는 거의 대부분 멸시된다는 의미를 나타내고 있었다.[21] 따라서 문장에서 머리를 옆으로 하고 있는 사자와는 달리, 정면을 바라보고 있는 레오파르두스는 나쁜 사자였다. 그래서 로마네스크 조각에 등장한, 얼굴을 정면으로 향하고 잡아먹을 것처럼 입을 크게 벌리고 있는 수많은 야수들은 '레오파르두스'로 의심해볼 수 있을 것이다. 도판2

문장학에서 레오파르두스 문장의 기원은 12세기 후반 플랜태저넷 왕가 문장의 발전과 관련되어 있다. 꽤 긴 이야기가 필요하므로 여기에서 이에 관한 사실을 자세히 다룰 수는 없다.[21] 하지만 (어쩌면 그의 아버지인 헨리 2세가 이미 레오파르두스 2마리가 새겨진 방패를 가지고 있었을 수도 있지만) 1194년이나 1195년부터 사자심왕 리처드 1세가 레오파르두스 세 마리가 들어간 문장을 맨 처음 사용했으며, 그의 모든 후계자들이 이를 받아들였다는 사실만큼은 밝혀둘 필요가 있다. 14세기 중반까지 모든 문장지에서 얼굴은 정면, 몸은 측면으로 향하고 있는 이 동물은 부정적인 의미를 지닌 레오파르두스라는 이름으로 불렸다. 하지만 그 무렵부터 잉글랜드 국왕에게 종사하던 문장관들은 그 이름을 피해서 (머리를 정면으로 한 수평 자세의 사자들을 뜻하는) '걸어가며 정면을 보는 사자lions passant guardant'라고 부르기를 더 선호하기 시작했고, 14세기 말 리처드 2세의 통치기가 되자 그렇게 부르는 쪽으로 굳어졌다.[22]

이런 기묘한 용어의 전환에는 정치적·문화적 이유가 있었다. 잉글랜드와 프랑스가 한창 전쟁을 하고 있을 때, 프랑스 문장관들은 잉글랜드의 레오파르두스에 대한 공격과 조롱의 목소리를 높였다. 그것이 악한 사자이며, 라틴어 동물지에서 파르두스pardus라고 부른 수컷 표범과 암사자가 교미해서 사생아로 태어난 동물이라는 것이었다. 실제로 12세기 이후 모든 동물학 문헌들은 레오파르두스에 관해 호의적으로 묘사하고 있지 않았다.[23] 아울러 그 동물은 (신화적 피조물이나 악덕을 의인화한) 문학작품과 상상 속 인물들의 문장이나 (성서의 등장인물과 고대의 영웅처럼) 문장이 출현하기 이전에 살았던 인물들의 문장에서도 몹시 경멸스런 문양으로 쓰이고 있었다. 그래서 아서왕 이야기에서도 좋은 기사와 악한 기사를 등장시키면서 (무훈시들에서 사자 방패와 용 방패가 대조를 이루는 것과 마찬가지로) 사자 방패와 레오파르두스 방패로 대조를 이루게 하는 경우가 많았다.[24] 바로 이 때문에 잉글랜드 국왕들은 이토록 나쁜 평가

그림 2 잉글랜드 플랜태저넷 왕가의 문장

만 받던 동물을 문장의 문양으로 더는 계속 사용할 수 없었다. 그렇지만 그들은 문양은 바꾸지 않은 채 단지 용어만 바꾸어 문제를 해결하려 했다. 그래서 1350년부터 1380년까지의 시기에 그들의 레오파르두스는 확고하게 사자가 되었다. 지금의 영국 여왕인 엘리자베스 2세의 문장에서도 이러한 사실은 여전히 바뀌지 않고 있다.

노아의 방주

13세기 이전에 사자가 단지 동물지와 백과전서에서만 으뜸가는 동물이었던 것은 아니었다. 사자는 대다수의 도상 자료들에서도 마찬가지로 동물의 맨 앞자리를 차지하고 있었다. 도상학에서는 양적으로든 질적으로든 사자의 특별한 지위가 모두 확인된다. 초기 기독교시대부터 봉건시대에 이르기까지 즐겨 표현되고, 수많은 동물들의 행렬을 등장시킨 하나의 주제를 예로 살펴보자. 곧 노아의 방주라는 주제이다.

언뜻 보기에는 방주의 이미지가 역사가에게 필요한 정보를 제공해줄 수 있을 것처럼 여겨지지 않는다. 그러나 이것은 어디까지나 언뜻 보았을 때의 이야기이다. 모든 종류의 매체들에 자리를 잡고 있는 그 이미지는 공들여 선택된 동물들의 무리를 보여주는데, 그러한 선택은 풍부한 역사 자료가 될 수 있다. 「창세기」의 원문에는 방주에 태운 동물들의 종류가 언급되어 있지 않다. 노아가 신에게 이런 명령을 받았다는 내용만 서술되어 있을 뿐이다. "온갖 생물 가운데에서, 온갖 살덩어리 가운데에서 한 쌍씩 방주에 데리고 들어가, 너와 함께 살아남게 하여라. 그것들은 수컷과 암컷이어야 한다. 새도 제 종류대로, 짐승도 제 종류대로, 땅바닥을 기어 다니는 것들도 제 종류대로, 한 쌍씩 너에게로 와서 살아남게 하여라."[25] 그래서 화가와 조각가들은 노아의 방주에 넣을 동물들을 비교적 자유롭게 선택할 수 있었다. 그리고 그들의 선택은 말할 필요도 없이 시대와 지역, 사회에 따라 달라지는 가치체계, 사고방식, 감성, 지식, 동물 분류체계를 반영하고 있었다. 예술가가 방주라는 제한된 공간에 넣을 수 있는 동물의 수는 한정되어 있었으나, 성서에 정확하게 언급되어 있지 않았던 탓에 선택의 폭은 넓었다.

여러 해 전부터 나는 중세 도상에 묘사된 방주의 동물 집단을 연구해 왔다. 이 연구는 어느 정도 개인의 경험에 근거해 찾은 자료들이지만, 지금까지 대략 3백여 개의 세밀화를 대상으로 이루어졌다. 이 세밀화들은 7세기 말부터 14세기 초까지 유럽에서 제작된 (성서, 시편집, 기도서, 성무일과서, 연대기, 역사서 등의) 필사본에서 찾은 것들이다. 물론 시간과 공간에 따른 분포와 정량적 분석을 더 효과적으로 진행하려면 조사를 다른 매체로도 넓혀야 할 것이다.[26] 그러나 이 자료들은 그 자체로도 유용한 정보를 제공해준다. 조사 결과 카롤루스 시대의 노아의 방주에 등장한 동물들은 (중세 말은 말할 것도 없이) 13세기의 방주에 등장한 동물들과 같지 않았다. 하지만 여러 세기에 걸쳐 모든 노아의 방주 도상들에 언제나 나타난 동물은 오직 하나뿐이었는데, 바로 사자였다.

대홍수로 흘러넘친 물 위에 떠 있는 노아의 방주 이미지에 언제나 동물들이 등장하지는 않았다. 하지만 다섯 번 가운데 네 번 꼴로 동물들이 묘사되었고, 그때마다 사자는 꼭 있었다. 대체로 다른 커다란 (중세의 개념을 적용해) 네발짐승들과 함께 나타났는데, 동행자 목록은 다양했다. 하지만 가장 자주 함께 모습을 드러냈던 것은 곰·멧돼지·사슴이었다. 노아의 방주 도상에 나오는 동물들 가운데 가장 우선시된 것은 네발짐승이었다. 특히 야생의 네발짐승은 다른 동물들보다 더 '동물'처럼 보였다. 가축은 이 동물들의 뒤에서, 가끔은 정확히 구분하기 어려운 모습을 하고 나타날 뿐이었다.[27] 새는 대홍수 신화에서 (노아가 홍수가 끝났는지 알아보기 위해 날려 보내서) 핵심적인 역할을 맡은 까마귀와 비둘기를 빼고는 그다지 자주 등장하지 않았다. (전체 도상에서 새가 차지하는 위치는 세 번째였는데) 새보다 더 드물게 나타난 동물은 작은 설치류와 뱀이었다. (현대적 의미에서의) 곤충과 물고기는 결코 등장하지 않았다. 노아의 방주가 떠 있는 물 안에 그린 물고기를 제외하고는 말이다.

전체 도상의 거의 3분의 1에서 동물들은 짝을 이루지 않고 홀로 등장하며, 성을 분간하기도 어렵다. 커다란 도상에서도 방주가 12종 이상의 동물들을 태우고 있는 경우는 드물었다. 동물 종의 수는 4~5개로 제한되었으며, 때로는 그보다도 적었다. 동물들이 방주로 들어가거나 방주에서 나오는 장면을 묘사한 도상에서는 더 풍부하고 다양한 종류의 동물 무리가 등장하기도 했다. 이러한 이미지는 동물세계의 위계에 관해 연구할 수 있게 해준다. 맨 앞에는 사자나 곰이 있었고, 그 뒤를 사슴이나 멧돼지와 같은 큰 사냥감들이 뒤따랐다. 그 다음에 가축이 나오며, 이따금 쥐나 뱀 등의 작은 동물들이 행렬의 끝을 차지했다.[28]

이러한 위계들은 여러모로 유용하다. 시간의 흐름에 따라 변화하므로 더욱 그러하다. 중세 초기의 도상학에서 동물의 우두머리는 둘이었던 것 같다. 곰과 사자이다. 그것은 고대의 전통에서도 마찬가지였다. 곰은 게르만과 켈트 사회에서 뭇 동물들의 우두머리였고, 성서와 그리스 · 로마 문화권에서는 사자가 동물들의 우두머리였다. 봉건시대가 되자 곰은 결정적으로 사자에게 자리를 넘기고, 동물의 행렬에서는 한 걸음 (또는 여러 걸음) 뒤로 물러났다. 13세기 이후 방주의 도상에는 다른 종이 출현했으며, 등장 횟수도 늘어났다. 코끼리, 낙타, 악어, 유니콘, 용이다. (17세기까지 계속해서) 동물 무리가 이국적으로 되었고, 현실의 동물과 환상의 동물 사이의 경계가 흐릿해졌다. 나아가 마침내 오랫동안 방주에 없던 동물이 새로 등장했다. 바로 말이다. 봉건시대의 정서에서 말은 동물 이상의 의미를 가지고 있었다. 말은 거의 인간에 가까운 존재였다. 그래서 중세의 문헌과 도상은 말을 동물에 포함시키기를 망설이곤 했다. 말의 자리는 동물들 사이가 아니라 사람 곁에 있었다. 그러나 13세기 이후 말을 특별하게 보는 시선이 사라지기 시작했다. 말은 동물이 되어 방주 안에서 사자와 사슴, 멧돼지 사이에서 자리를 찾았고, 그 뒤로는 그 자리를 벗어나지 못했다.

곰의 퇴위

서양의 전통에서 언제 사자가 결정적으로 동물의 왕이 되었는지 살펴보자. 이제껏 이야기한 모든 것들이 이 문제와 관련되어 있지만, 생각처럼 그렇게 간단하지는 않다. 시간과 공간의 모든 측면에서 복잡한 문화적 요인들과 관련되어 있기 때문이다. 서양이라는 차원에서 이 문제는 특히 두 유럽 사이의 긴장관계를 반영하고 있다. 곰이 일찍이, 아울러 지금도 동물의 가장 높은 자리를 차지하고 있는 게르만·켈트 계통의 유럽과, 사자가 그 역할을 떠맡은 라틴 계통의 유럽 사이의 긴장관계이다. 거의 모든 곳에서 사자가 곰보다 우위에 서게 된 것은 서기 1천년 이후의 일에 지나지 않는다. 사자의 승리는 12세기에 이르러 결정적인 것으로 되었는데, 근본적으로 교회의 태도 때문이었다.

구석기시대부터 곰의 숭배는 북반구에서 가장 폭넓게 행해진 동물 숭배 가운데 하나였다. 곰과 관련된 신화는 유독 풍부해서 20세기 한복판에도 헤아릴 수 없이 수많은 이야기와 전설들이 끊이지 않고 전해진다. 이처럼 곰은 구전되던 전통 안에서 특별한 자리를 차지하고 있는 동물이다.[29] 아울러 곰은 인간과 가까운 모습을 지녔다는 특성이 가장 뚜렷하게 인지된 동물이기도 했다. 그래서 때때로 곰은 인간, 특히 여성과 긴밀하고 폭력적인 육체적 관계를 지니기도 했다. 곰의 동물성과 여성의 나체를 대조시키거나 결합시키거나 하는 것은 곳곳의 서술과 조형들에서 발견되는 주제였다. 털북숭이 동물인 곰은 남성성의 동물이었고, 야생의 남자였다.[30] 하지만 곰은 무엇보다도 숲과 그곳에서 살아가는 모든 동물들의 왕이었다. 이러한 곰의 왕으로서의 기능은 (다른 곳들에서는 꽤 일찍부터 없어져간 것 같지만) 켈트와 스칸디나비아, 슬라브 전통에서는 중세에도 여전히 확인된다. 애초부터 야수성과 왕권이라는 두 측면은 뒤섞일 가능성을 지니고 있었다. 수많은 이야기들에서 '곰의 자식'인 왕이나 우두머리들이 등장했는데, 이들은 곧 곰에 납치되어 범해진 여성들에게서 태어난 자식들이었다.[31]

중세 초기, 교회는 그러한 동물에 위협을 느낄 수밖에 없었다. 곰은 놀라운 힘을 지니고 있을 뿐 아니라, 음란하고 폭력적인 동물이었다. 나아가 겉모습이 인간과 닮았고, 직립하는 것에 능숙했으며, 성적인 습관도 인간과 유사했다. 실제로 아리스토텔레스의 한 구절을 잘못 읽은 플리니우스 이후 모든 동물지와 백과전서들은 곰이 다른 네발동물들과는 달리 '인간의 방식으로more hominum' 교미한다고 나타냈다.[32] 요컨대 곰은 인간의 위험한 사촌이었다. 게다가 사자와는 달리 서양의 모든 지역에서 곰은 토착동물이었다. 곰을 보거나, 예찬하거나, 두려워하거나, 숭배하는 것은 아주 흔한 일이었다. 실제 카롤루스 시대에는 게르만과 스칸디나비아 계통의 유럽 대부분 지역에서 곰은 연례적인 제의와 관련된 이교적인 숭배의 대상이었고, 여전히 야수의 왕이었다. 이미 살펴보았듯이 남유럽에서는 일찍부터 사자가 그러한 역할을 맡고 있었다. 그래서 교회는 곰에 대한 투쟁을 시작했으며, 그 동물을 왕의 자리에서 몰아내려고 했다. 8세기부터 12세기까지 교회는 곳곳에서 사자의 지위를 높이기 위해 애썼다. 사자는 다른 지역에서 건너와 토착성을 지니지 않았으며, 문자 문화에 바탕을 두어 구전되던 전통에 얽매이지 않은 동물이었다. 그래서 사자는 무슨 일을 저지를지 알 수 없는 동물이 아니라, 통제할 수 있는 동물이었다. 교회는 곳곳에서 곰에 맞서 사자의 편을 들었고, 모든 곳에서 끈질기게 곰을 공격했다.[33]

이를 위해 교회는 세 개의 단계를 거쳤다. 먼저 곰은 악마와 동일시되었다. 다음에는 길들여졌고, 마지막으로 우스갯거리로 되었다. 교부들과 카롤루스 시대의 작가들은 언제나 곰을 악의 편으로 받아들인 성서에 기초해서,[34] 아니면 '곰은 악마'라고 밝힌 아우구스티누스의 말을 가져와서,[35] 이 동물을 사탄의 동물로 분류했다. 나아가 그 말들을 굳게 믿으며, 악마가 자주 곰의 모습을 하고 나타나 죄인을 위협하고 괴롭힌다고도 했다. 대다수의 작가들은 어미 곰이 죽은 채로 태어난 새끼 곰을 핥아서 되살린다는 전승을 숨겼다. 이것은 플리니우스에 뿌리를 둔 모호한 전승이었지만,[36] 이 동물을 부활의 상징으로 해석할 수도 있게 해주는 것이었기 때문이다. 작가들은 무지막지함, 고약함, 음란함, 불결함, 탐식, 게으름, 분노라는 곰의 악덕만을 강조했다.[37]

두 번째 단계에서 곰은 가축이 되었다. 아니, 중세적인 의미에서 '하인domesticus'이 되었다고 말하는 편이 더 올바를지도 모르겠다. 이 단계에서는 성인전이 곰을 공격했다. 수많은 성인전들은 신을 섬기는 사람이 어떻게 몸소 본보기를 보여서 자신이 지닌 미덕과 힘으로 야생의 무시무시한 곰을 물리치고 굴복시켰는지 이야기했다. 성 아만두스는 자신의 암컷 노새를 잡아먹은 곰에게 짐을 나르게 했다. 성 코르비니아누스도 로마로 가던 길에서 똑같이 했다. 성 베타스투스는 소를 잡아먹은 곰에게 쟁기를 끌게 했다. 성 루스티쿠스는 리무쟁 지방에서 제자인 성 빈켄키아누스의 장례 수레를 끌던 두 마리의 소를 곰이 죽여서 끌고 가자, 소가 하던 일을 곰이 대신하게 했다. 성 콜롬바누스는 굴에 있던 곰이 자리를 내어주게 해서 추위를 피했다. 성 갈루스는 곰에게 은둔할 장소를 만드는 일을 시켰고, 그곳은 뒷날 성 갈루스 수도원이 되어 유명해졌다. 이 일화는 널리 퍼졌으며, 특히 스위스의 라인강 유역에서는 수많은 도상들의 소재가 되었다.[38]

악마로 다루어졌다가 길들여진 곰은 끝으로 조롱의 대상이 되었다. 이런 일은 대체로 서기 1천년을 지날 무렵부터 이루어졌다. 교회는 동물을 앞세운 모든 구경거리에 적대적이었으나, 곰 조련사의 순회공연만큼은 반대하지 않았다. 곰은 입마개를 하고 사슬에 묶인 채로 광대와 곡예사에게 끌려 곳곳의 성과 장터, 시장을 떠돌아다녔다. 일찍이 왕의 친족으로 찬양을 받고 두려움의 대상이었던 곰은 춤과 곡예를 보여주며 관객을 즐겁게 하는 곡예단의 동물이 되었다. 13세기 이후에는 어느덧 카롤루스 시대까지와는 달리 곰이 왕의 선물 목록에 들지 못했다. 심지어 곰은 군주의 동물원에서도 자리를 잡지 못하고 떠나야 했다. 덴마크나 노르웨이의 국왕이 선물한 백곰만큼은 근대 초기까지도 위엄을 지녔지만, 이는 그 동물이 '진기한 것curiosa'이었기 때문이다.

12세기에서 13세기로 바뀌어간 무렵에 곰의 퇴위는 뚜렷해졌다. 오리엔트와 남부 유럽의 전통에서 동물의 왕이던 사자가 북부 유럽의 전통에서도 곰을 대신해 왕의 자리에 올랐다. 그 뒤 유럽 전역에서 오직 하나의 왕만 존재했다. 12세기 말과 13세기 초 사이의 몇십 년 동안 편찬된 『여우이야기』의 온갖 판본들이 증언하듯이, 사자왕 노블에게는 경쟁자가 없었다. (다른 이유에서 르나르는 예외였지만) 왕의 권력에 이의를 드러내는 자는 없었다. 곰인 블랑은 '가신' 가운데 하나였을 뿐이며, 그것도 느리고 둔해서 자주 여우에게 놀림감이 되는 존재였다.[39] 앞서 보았듯이 그 무렵에 이미 문장학은 다른 동물들을 훨씬 뛰어넘는 가장 높은 지위를 사자에게 부여하고, 곰에게는 아주 작은 역할만 맡기고 있었다.[40] 사자가 곳곳에서 자신의 제국을 넓혀가고 있었던 것이다.

03

멧돼지 사냥

왕의 사냥감에서 부정한 동물로의 하락의 역사

    고대에 멧돼지 사냥은 매우 지위가 높은 사냥이었다. 그리스 · 로마인들이나 게르만인, 켈트인 모두 똑같았다. 중세 초기에도 계속 그러했고, 서기 1천년 무렵까지도 바뀌지 않았다. 야생 돼지를 사냥하는 것은 왕이나 높은 귀족들이 꼭 거쳐야 하는 의례였고, 그 동물에 홀로 맞서 싸우는 것은 영웅적인 업적이었다. 그러나 12세기부터 이 사냥은 군주들한테 더는 인기를 끌지 못했던 것 같다. 중세 말과 근대 초에는 인기가 더 크게 떨어졌다. 왜 그렇게 되었을까? 멧돼지의 가치가 낮아졌기 때문일까? 사냥법이 바뀌었기 때문일까? 아니면 사냥의 기능과 목적이 바뀌었기 때문일까? 이러한 하락은 기독교 세계 전체에서 벌어진 일이었을까, 아니면 프랑스와 잉글랜드 두 왕국에만 해당되는 일이었을까? 실제로 이러한 사정을 전해주고 있는 것은 주로 이 두 나라에서 제작된 사냥 문헌들이다. 하지만 뒤이은 14세기 이후에는 서양의 더 넓은 범위에서, 서술된 자료들과 구술된 기록들, 문서와 도상 같은 것들이 모두 한결같이 똑같은 경향을 보였다.

    멧돼지만 봐서는 앞의 물음들에 답하기가 쉽지 않다. 동물지와 백과전서, 교훈예화집, 사냥서, 문학 문헌, 다양한 도상 등을 기초로 이 동물을 둘러싼 상징적인 언설이 어떻게 변화했는지를 연구할 수는 있다. 하지만 그렇게 해도 역사가는 뭔가 허전함을 느낄 수밖에 없다. 기독교적 동물지에서 멧돼지의 가치 하락은 부정할 수 없는 일이지만, 그것만으로 모든 것이 설명되지는 않는다. 그러나 연구자가 이 동물을 더 폭넓은 문제의식에서 살펴보면, 다시 말해 메로비우스 시대부터 14세기에 이르는 시기에 서양 사회에서 교회가 사냥에 관해 보인 태도, 왕과 귀족들에게 사냥이 맡고 있던 기능이라는 두 문제와 관련해 살펴보면, 이 상대적인 가치 하락의 원인을 비롯한 다양한 측면들을 더 깊게 이해할 수 있다. 실제로 멧돼지 사냥은 다른 두 종류의 사냥, 곧 곰 사냥과 (특히) 사슴 사냥과 비교해야 그 의미를 오롯이 이해할 수 있다.

로마인의 사냥

로마인은 멧돼지 사냥을 즐겼다. 멧돼지는 고귀한 사냥감이자 힘과 용기를 칭송받는 강한 동물이었다. 사냥꾼과 끝까지 맞서 싸우려 하고, 죽을 때까지 도망치지 않으며, 결코 포기하지 않는 멧돼지는 매우 위험한 상대였다. 그리고 바로 이런 이유에서 멧돼지는 숭배를 받았으며, 인기 있는 사냥감이 되었다. 게다가 멧돼지 사냥은 대부분 [말을 타지 않고] 걷는 방식으로 이루어졌고,[1] 마지막에는 서로의 숨결이 맞닿을 때까지 다가선 상태에서 싸우게 되는 것이 보통이었다. 몰이를 할 때에는 개와 그물을 이용했으나, 흥분한 동물의 마지막 공격은 한 명이 홀로 받아냈다. 그는 멧돼지의 공격과 울부짖음, 참기 어려운 냄새를 두려워하지 않고, 목이나 미간을 노리고 창이나 단검을 찔렀다. 멧돼지의 숨통을 끊는 일은 언제나 무훈으로 여겨졌다. 그 동물의 엄니와 곤두선 억센 털에 상처를 입지 않고 쓰러뜨릴 수 있는 자는 드물었다.[2]

하지만 사슴 사냥은 딱히 관심을 받지 못하거나 업신여겨지고 있었다. (노루 사냥은 더 그랬는데) 사슴은 연약하고, 겁이 많고, 비겁한 동물이었기 때문이다. 그 동물은 개한테도 쫓겨 달아나고, 쉽게 포기해 죽임을 당했다. 이런 인상 때문에 적을 앞에 두고 도망간 겁 많은 병사를 '사슴cervi'이라고 부르기도 했다.[3] 사슴고기는 무르고 불결하게 여겨져서 로마의 세습귀족들은 식탁에 사슴고기를 올리지 않았다.[4] 나아가 사슴은 귀족들이 그다지 사냥을 즐기지 않는 지역에 살았다. 사냥꾼들은 더 어둑어둑하고 높낮이가 있는 장소를 좋아했다. 사슴을 막다른 곳에 몰아넣는 일은 아무런 영광과 쾌락도 가져다주지 않는 행위였다. 그래서 귀족과 명망 있는 시민들은 이 동물을 사냥하는 데 관심을 두지 않았으며, 그 일을 농민에게 넘겼다. 1세기 말에 〔로마의 풍자시인〕 마르티알리스는 『에피그람마Epigramma』에서 "사슴은 평민에게 남겨 두라"고 충고했다.[5] 사냥에 관한 이야기를 남긴 대부분의 작가들도 모두 이런 생각을 공유하고 있었다. (사자를 먹지 않았던 것도 사냥이 먹을 것을 구하기 위한 행위이기에 앞서 의례의 하나였음을 보여주는데) 사슴은 비천한 사냥감이었고, 사자·곰·멧돼지만이 고귀하다고 할 수 있었다.

작가들은 멧돼지에 관해 많은 말을 남겼다. 멧돼지는 번개처럼 소굴에서 튀어나와 자기 앞에 놓인 모든 것을 쳐부순 뒤에야 방향을 바꾸고, 억센 털을 곤두세우고 불을 뿜는 듯한 눈으로 사냥꾼에 맞섰다. 작가들은 이런 격렬함과 난폭함을 강조했다.[6] 이 특별한 야수를 특징짓는 어휘들을 살펴보자. 기원전 1세기와 기원후 2세기 사이의 라틴 시인들의 작품에서 추려낸 것들로, '맹렬한acer', '격렬한ferox', '야생의ferus', '으르렁거리는fremens', '벼락같은fulmineus', '화를 잘 내는rubicundus', '격앙된saevus', '격노한spumans', '위협하는torvus', '난폭한violentus' 등의 표현들이다. 이런 관습적인 표현들에는 폭발적 분노라는 관념이 넘치며, 이 동물을 사냥하는 일에 뒤따르는 위험도 뚜렷이 담겨 있다.

이런 두려움이 뒤섞인 예찬은 게르만인들에게서도 확인된다. 홀로 곰이나 멧돼지에 맞서는 것은 젊은이가 독립된 성인 전사가 되기 위해 꼭 거쳐야 하는 의례였다. 독일어 어휘는 이 두 동물 사이의 상징적인 친족 관계를 뚜렷이 드러낸다. '곰Bär'과 '멧돼지Eber'라는 두 낱말은 '싸우다'와 '치다'라는 뜻을 나타내는 '베로bero'라는 동사와 커다란 친족관계로 묶여 있다. 곰과 함께 멧돼지도 용기와 전사의 상징이었다.[7]

켈트인에게도 멧돼지는 남성적인 힘을 나타내고 있었다. 특히 그것은 대표적인 왕의 사냥감이었다. 켈트 신화에는 사냥을 멈추지 않고 계속하다가 멧돼지를, 그것도 하얀 멧돼지의 뒤를 쫓아 다른 세계로 건너가버린 왕과 왕자들이 많이 등장한다. 켈트인에게 멧돼지는 동물의 왕인 곰과 짝을 이루는, 그것의 분신이자 적이었다.[8] '아서Arthur'라는 왕의 이름도 '곰ours'이라는 명사와 마찬가지로 인도유럽어계의 '아르트art-'라는 어근을 바탕으로 이루어져 있다. 그래서 그는 수컷 멧돼지와 암컷 멧돼지를 끝없이 쫓는 군주의 원형으로 나타난다.[9] 이것은 영적인 힘(드루이드 사제와 멧돼지)을 헛되이 뒤쫓은 지상 권력(왕과 곰)의 이미지이다. 12~13세기 프랑스어나 앵글로노르만어로 된 문학 문헌들 가운데에는 야생 돼지와 관련된 켈트 신화의 한 부분을 풍부히 간직하고 있는 것이 여럿 있다. 그 이야기들에서는 갱가모르나 오브리 르부르기뇽, 트리스탄과 같은 영웅들이 등장해 하얀 멧돼지를 뒤쫓아 끝없는 모험을 겪다가 마침내 죽은 자의 나라에까지 이른다.[10] 이것은 틀림없이 매우 오래된 전통에서 물려받은 상징적인 사냥일 것이다.[11]

사냥서

중세 초기에는 멧돼지와 멧돼지 사냥에 관한 이러한 예찬이 줄곧 활발히 나타났다.[12] 그런 경향은 특히 게르만의 여러 지역들에서 뚜렷했

는데, 이는 고고학·지명·법률·성인전 등에서 확인된다.[13] 그런데 13
~14세기에 제작된 프랑스의 사냥서에서는 그런 경향이 거의 드러나
지 않는다. 모든 작가들에게 고결한 동물이자 왕의 사냥감은 이제 멧돼
지가 아니라 사슴이었다. 1387~1389년 무렵에 『사냥서Livre de chasse』
를 쓴 푸아 백작 가스통 페뷔스와 같은 작가들은 실제로 여러 종류의
사냥들에 서열을 매기면서 사슴 사냥을 맨 위에 두었다. 특별히 또렷하
게 서열을 매기지 않은 앙리 드 페리에르와 같은 작가들도 아주 자연스
럽게 사슴 사냥부터 이야기를 시작했고, 다른 어떤 종류의 사냥보다 그
이야기에 많은 분량을 할애했다. 13세기 후반에 (프랑스 동부에서?) 편
찬된 것으로 추정되는 『사슴 사냥Chace dou cerf』을 쓴 이름이 전해지지 않
은 작가나,[14] 잉글랜드 국왕 에드워드 2세에게 고용되어 사냥 담당 부
서의 책임자를 지내다가 1315~1320년에 『사냥의 기법Art de vénerie』을
쓴 윌리엄 트위치[15]와 같은 작가들은 오직 사슴과에 속한 대형 동물만
을 대상으로 한 특별한 시와 문헌을 남기기도 했다. 이러한 대우는 멧
돼지에게서는 찾아볼 수 없는 것이었다.

사슴에 관한 언설에서 유독 눈에 띄는 것은 이 동물을 결코 나쁘게
보지 않고, 모든 측면에서 사슴 사냥을 칭송하고 있다는 점이다. 가스
통 페뷔스의 말에 귀를 기울여보자. "좋은 사냥은 사슴 사냥이다. 사슴
을 찾고, 돌려세우고, 달아나게 하고, 뒤쫓고, 숲이든 물속에서든 땅 위
에서든 몰아붙이는 것은 호쾌하다. 그리고 가죽을 벗기고, 잘라서, 〔개
와 사람에게〕 분배하는 것은 즐겁다. 고기의 맛이 좋다. 사슴은 아름답고
기분 좋은 동물이다. 따라서 나는 사슴 사냥이야말로 가장 고귀한 사
냥이라고 믿는다."[16] 똑같은 말이나 거의 같은 종류의 이야기가 14세기
에 사냥술에 관한 글을 남긴 세 명의 작가들에게서도 확인된다. 가스
드 라비뉴는 3대에 걸쳐 프랑스 국왕의 예배당 전속 사제를 지낸 인물
이어서 왕실의 사냥에도 친숙했다. 그는 1359년부터 1373년이나 1379

년까지의 시기에 쓴 『사냥 이야기Roman des deduis』라는 기다란 운문 작품에서[17] 사냥꾼들이 연주하는 음악이 왕실 예배당에서 들리는 음악보다 아름답다고 밝혔다. 하르두앵 드 퐁텐게랭은 1394년에 『사냥 보감 Livre du Trésor de vénerie』을 완성해 앙주 공작 루이 2세에게 헌정하면서 가장 아름다운 숲과 가장 뛰어난 사냥꾼, 가장 좋은 뿔피리 소리 등의 순위를 매기며 흥겨워했다.[18] 앙리 드 페리에르는 가장 눈여겨보아야 할 인물이다. 노르망디의 귀족이라는 것 말고는 거의 알려져 있지 않은 그는 1360년부터 1379년까지의 시기에 제작되고 그보다 몇 해 전에 틀이 이루어진 『모두스 왕과 라티노 왕비의 책Livres du roy Modus et de la royne Ratio』*이라는 문헌을 쓴 작가로 유명하다. 앙리는 이 문헌에서 여러 종류의 사냥들의 서열을 뚜렷하게 매기고 있지는 않지만, 자신이 사슴 사냥을 편애하고 있다는 사실을 고백한다. "모든 사람들의 의지와 담대함이 똑같지는 않다. 오히려 사람들의 본성은 다양하다. 그래서 신은 다양한 방법의 온갖 사냥을 마련하셨다. 저마다 자신의 본성과 지위에 걸맞게 기쁨을 가져다주는 사냥을 찾을 수 있게 말이다. 어떤 것은 부유한 자들에 속하고, 어떤 것은 가난한 자들의 것이다. 그러므로 나는 이것들을 차례로 말하려고 한다. 우선 사슴 사냥부터 시작해, 개를 이용해서 어떻게 그 사냥감을 잡는지 이야기할 것이다. 이 사냥은 모든 사냥들 가운데 으뜸이다."[19]

가스통 페뷔스는 사슴에 대한 찬사를 아끼지 않았지만, 멧돼지를 깔보지도 않았다. 그의 분류체계에서 멧돼지는 분명히 (사슴 · 꽃사슴 · 곰 · 늑대 등과 같은) '대형동물'의 일종일 뿐 아니라, (곰 · 늑대 · 여우 · 수달 등과 같은) '물어뜯는 동물'이자 (늑대 · 여우 · 오소리 등과 같은)

---

* 『사냥 비법Les Secrets de la Chasse』이나 『모두스 왕의 사냥서Le Livre de chasse du Roy Modus』라고도 불린다. '방법'을 뜻하는 '모두스Modus' 왕과 '이론'을 뜻하는 '라티오 Ratio' 왕비로 의인화해서 사냥에 관한 질문에 대답해주는 형식으로 되어 있다.

'역겨운 동물', (곰·늑대 등과 같은) '검은 동물'이었다. 하지만 그에게 멧돼지는 용감하고 긍지 높은 동물이기도 했다. 꾀를 부리지 않고 힘이 다할 때까지 싸우기 때문인데, 그래서 멧돼지는 사슴과 달리 매우 위험한 동물이었다. "(멧돼지는) 최강의 무기를 지닌, 거꾸로 사람과 동물을 죽일 수도 있는 최상의 동물이다. 일대일일 때 그것보다 상대를 잘 죽이는 동물은 없다. 사자나 표범도 그렇게는 못한다. […] 사자나 표범도 인간이나 다른 동물을 단번에 죽이지는 못한다. […] 하지만 멧돼지는 마치 단검을 가지고 있는 것처럼 일격에 상대를 죽인다."[20]

하지만 앙리 드 페리에르는 멧돼지에 가혹한 태도를 보였다. 통설처럼 라티오 왕비는 이 동물 안에서 그리스도의 적들이 지닌 모든 모습을 찾아냈다. 멧돼지는 사슴과 정반대였다. 그 동물의 악마 같은 열 가지 '특성'은 사슴의 그리스도 같은 열 가지 특성과 대조되었다. 왕비는 이렇게 말했다. 멧돼지는 추악하고, 검고, 털이 곤두서 있다. 그리고 어둠 속에서 살아가고, 사악하고, 화를 잘 내고, 자만에 빠져 있으며, 다투기를 좋아한다. 지옥의 갈고리와 비슷한 두 개의 끔찍한 무기, 곧 '입 안의 두 개의 엄니'도 지니고 있다. 결코 하늘을 바라보지 않고, 언제나 얼굴을 땅에 쑤셔 박은 채 온종일 흙을 파헤치며 지상의 쾌락에만 빠져 있다. 그 동물은 불결하고, 진창 안에서 즐거움을 찾는다. 발은 (앞볼이 뾰족하게 말려 올라간) 피가쉬 장화처럼 뒤틀려 있다.[21] 게다가 게으르기 짝이 없어서, 흙을 죄다 뒤엎어 충분히 먹으면 바닥에 엎드려 쉴 생각밖에 하지 않는다. 멧돼지는 그리스도의 적이었다. 악마였다.[22]

사냥론 문헌에서 고문서관의 자료까지

멧돼지 사냥이 지닌 위엄의 쇠퇴는 단지 우의적이거나 문학적인 것만이 아니었다. 그러한 사실은 고문서관의 자료들에서도 확인된다. 실제로 14세기 중반 이후에 적어도 프랑스와 잉글랜드에서만큼은, 왕실이나 높은 귀족의 궁정 회계장부 안에서 멧돼지 사냥에 특화된 사냥개 무리를 정기적으로 유지했다는 사실을 뒷받침해주는 기록을 더는 찾아볼 수 없게 되었다.[23] 멧돼지 사냥에는 용감하고 참을성이 강한 개가 많이 필요했다. 게다가 멧돼지한테 죽임을 당하는 경우가 많아서 정기적으로 수를 보충해야 했기 때문에 사냥개 무리를 유지하는 데에는 매우 비용이 많이 들었다.[24] 그런데 멧돼지 사냥이 왕이나 높은 귀족이 하는 것이 아니게 되자, 더 정확하게는 자주 행해지지 않게 되자 사냥개 무리를 늘 유지하고 있을 필요가 없어졌다. 그러자 멧돼지 사냥을 하려는 군주가 사냥개 무리를 가지고 있지 않거나 없애 버렸기 때문에 다른 귀족이나 가신에게서 빌리는 일이 생겨났다. 실제로 연대기 작가들의 글이나 고문서관의 자료들에서는 (멧돼지 사냥이 인기가 없어졌음을 잘 보여주는) 이와 같은 기록들이 드물지 않게 발견된다.[25]

14세기 말부터 15세기 초에 이르는 시기의 부르고뉴 · 부르봉 · 앙주의 궁정에 관한 자료들, 곧 기록들이나 서술들, 회계장부와 같은 자료들에 따르면, 이 시기부터는 사슴 사냥이 높은 귀족과 왕족이 하는 유일한 사냥이 되었고, 멧돼지 사냥은 진짜 전문적인 사냥꾼만 하는 일이 되었다.[26] '검고, 물어뜯고, 역겨운' 이 '별난 동물'을 사냥하는 일은 이제 귀족 계급의 의례적 행위가 아니라, 너무 번식해서 포도밭과 정원과 파종한 농지를 황폐하게 만드는 동물을 제거하는 것만이 목표로 되었다. 도구를 사용했다는 점도 이를 뒷받침한다. 그 동물을 사냥하고 쓰러뜨리는 데 올가미와 그물을 사용했던 것이다.[27] 이것은 옛 사회에서 멧돼지 사냥을 전사답고 위험하고 야만스런 행위로 만들어준 인간과 동물의 몸싸움과는 거리가 아주 멀었다. 그 뒤 멧돼지 사냥은 늑대 사냥과 유사해졌고, 귀족계급의 의례라는 성격을 잃었다.

게다가 중세 말이 되자 로마인 · 갈리아인 · 게르만인에게 그토록 사랑받고 봉건시대에도 여전히 폭넓게 즐겨지던 멧돼지 고기도 왕과 공작의 식탁에 그다지 오르지 않게 되었다. 그 무렵부터는 물새의 고기가 선호되었고, 네발짐승의 고기로는 수사슴과 암사슴, 꽃사슴의 고기가 사랑받았다.[28] 꽃사슴이 정원에서 사육되기 시작했고, 애완동물이자 새로운 사냥감으로 떠올랐다.

중세 초기와 말기에 사냥을 둘러싼 가치체계가 이렇게 뒤집힌 이유를 이해하려면 사냥이 이루어진 공간도 고려해야 한다. 사슴은 노루와 꽃사슴, 여우와 산토끼처럼 사냥개와 함께 '말을 타고' 사냥하는 대상이어서 멧돼지 사냥보다 넓은 공간을 필요로 한다.[29] 그런데 여러 세기를 거치면서 '숲foresta'에 관한 법률, 다시 말해서 군주의 권력이 통제하는 (나아가 영주에게만 한정되는) 사냥권이 유럽의 왕국들과 드넓은 영지들에서 확대되고 있었다. 마침내 12세기 이후에는 많은 나라와 지방들에서 왕과 높은 귀족이 아니고는 사슴을 사냥하기에 알맞은 넓은 공간을 지니지 못하는 상황에 이르렀다.[30] 법률과 봉건제도의 구속을 받지 않고 사슴을 뒤쫓을 수 있을 만큼 넓은 숲을 지니지 못한 중소 영주는 멧돼지 사냥에 만족할 수밖에 없었다. 이는 멧돼지 사냥의 가치를 떨어뜨리는 데 기여했고, 거꾸로 예전에는 그다지 중시되지 않던 사슴 사냥을 오롯이 왕에게 어울리는 행위로 만들었다. 사슴 사냥은 처음부터 끝까지 말을 탄 상태로 이루어지지만, 멧돼지 사냥은 말을 타고 시작해 걷는 것으로 끝맺는다는 점도 영향을 끼쳤을 것이다. 11~12세기부터는 평민이나 하인들처럼 걸어서 사냥하는 것을 받아들이는 왕과 높은 귀족들이 드물어졌기 때문이다.

정확한 연대를 알 수는 없지만, 프랑스와 잉글랜드에서는 12세기 초와 13세기 중반 사이의 시기부터 사슴 사냥이 멧돼지 사냥보다 높은 가치를 부여받게 되었다고 할 수 있다. 이탈리아와 게르만 국가들에서는 이러한 가치체계의 변화가 뒤늦게 나타나서 14세기 말이나 15세기

초에 이르러 이루어졌다. 그리고 에스파냐와 포르투갈에서는 더욱 늦어져서 근대 초가 되어서야 그러한 변화가 나타났다.

멧돼지, 악마 같은 동물

그렇지만 지금까지 살펴본 봉건시대의 법률과 사냥법의 발달만으로는 멧돼지 사냥의 가치가 하락된 이유가 충분히 설명되지 않는다. 멧돼지라는 동물 자체의 상징성을 둘러싼 또 다른 이유도 존재한다. 차라리 교회와 성직자가 동물의 무리 안에서 멧돼지에게 할당한 위치라고 말하는 편이 좋을 멧돼지의 상징성은 일찍부터 부정적이었다. 교부들은 고대 문헌들의 논조를 거의 바꾸지 않고, 라틴 작가들이 멧돼지를 나타내며 썼던 '거친acer', '격렬한ferox', '벼락같은fulmineus', '사나운saevus', '난폭한violentus' 등의 어휘를 그대로 사용했다. 그래서 로마의 사냥꾼·켈트의 드루이드·게르만 전사들이 그토록 예찬하던 이 동물을 불순하고 끔찍한 것, 선의 적, 신에 맞서는 죄인의 이미지로 바꿔놓았다. 아우구스티누스는 주의 포도밭을 황폐하게 만든 멧돼지를 묘사한 「시편」의 구절에 관한 주해서를 남겼고, 이것이 멧돼지를 악마의 피조물로 본 최초의 사례가 되었다.[31] 200년 정도 뒤에 이시도루스는 그 동물의 이름이 사나움 자체로부터 비롯되었다고 강조했다. "멧돼지aper의 이름은 그 사나움a feritate과 관련해서 'F'를 'P'로 철자를 바꾼 것에서 비롯되었다."[32] 9세기에 〔독일 풀다의 수도원장을 지낸〕 라바누스 마우루스는 악마의 동물지 한가운데에 그 동물의 이름을 넣어서, 지옥을 연상시키는 상징성을 결정적으로 굳혔다.[33] 그가 했던 말들은 11~12세기의 라틴어 동물지들만이 아니라, 13세기의 백과전서들에도 그대로 인용되었다.[34]

같은 시기에 설교문과 교훈예화집, 악덕을 논한 문헌, 동물지 등도 멧돼지의 악마 같은 사나움에 관해 비슷한 생각을 나타냈다. 이제 로마의 시인들이 칭송하던 멧돼지의 용기는 맹목적이고 파괴적인 폭력성이 되었다. 멧돼지의 야행성, 어두운 털, 불꽃을 뿜어내는 눈과 엄니는 지옥의 심연에서 곧장 튀어나와서 인간을 괴롭히고, 신에 도전하는 동물이라는 이미지를 만들어냈다. 멧돼지는 추악하고, 거품을 뿜어대고, 악취를 풍기고, 소란스러운 소리를 내며, 등의 털은 곤두서고, 억센 털은 줄무늬를 이루고, "입 안에는 뿔을"[35] 지니고 있다. 모든 점에서 그 동물은 악마의 화신이었다.

중세 말이 되자 멧돼지의 부정적 상징성은 더 강조되었다. 이제까지 집돼지에게만 부여되던 악덕들, 곧 불결·식탐·방종·음란·게으름 등의 성질도 부여받았기 때문이다. 중세 초의 지식과 감수성은 이 두 동물을 혼동하지 않았다. 그런데 14세기 이후부터 자주는 아니더라도 이따금 두 동물이 혼동되기 시작했다. 그 증거는 1314년 말에 일어난 프랑스 국왕 필리프 4세의 죽음을 둘러싼 평가들에서도 볼 수 있다.[36] 그는 콩피에뉴에 있는 숲에서 사냥을 하다가 멧돼지가 일으킨 사고 때문에 죽었다. 2~3세기 전까지만 해도 이러한 죽음은 영웅적이고 왕에게 어울리는 것으로 여겨졌을 것이다. 하지만 14세기 초에는 그렇지 않았다. 야생 돼지가 일으킨 것이었지만, 이 죽음은 약 2백년 전에 루이 6세의 아들인 필리프 왕자에게 일어난 기묘한 죽음을 상기시켰다.

1131년 10월 파리의 길거리에서 [생드니 수도원장이던] 쉬제르의 표현을 가져오면 비천한 '악마의 돼지porcus diabolicus'[37]가 젊은 왕자가 타고 있던 말의 다리 사이로 뛰어들었고, 말에서 떨어진 왕자를 죽음에 이르게 했다. 이 일은 카페 왕조에게는 지우기 힘든 오점으로 남았고, 나중에 왕가의 문장으로 된 순결한 백합 문양으로도 완전히 지울 수 없었다. 필리프 왕자는 카페 시대의 초기 왕들이 왕조의 연속성을 보장하기 위해 행했던 관습대로 아버지가 살아 있을 때 대관식을 올리고 축성을 받은 사실상의 프랑스 국왕이었다. 그런데 이렇게 '대관식을 올린 젊은 왕rex junior jam coronatus'이 떠돌던 하찮은 돼지 한 마리 때문에 죽었고, 그 죽음은 기독교 세계 전체에서 무척 치욕스럽게 여겨졌다.[38]

이 일은 1314년 11월에 일어난 필리프 4세의 죽음과는 아무 관련이 없어 보인다. 그런데도 연대기와 풍자적인 문헌과 소책자들은 한목소리로 프랑스 왕가가 다시 돼지의 희생물이 되었다고 강조했다. 자신이 행한 모든 배반과 파렴치한 언동의 대가로 왕이 치욕스런 죽음을 맞이했다고 말하는 것도 빼놓지 않았다. 이렇게 예전에는 견고했던 집돼지와 야생 멧돼지 사이의 상징적인 경계가 어느새 허물어졌다.

실제로 13세기 중반 이후 악덕에 관해 다룬 신학 문헌들과 교훈예화집, 문학이나 도상학적인 동물지들이 '7대 죄악'이라는 관념과 연관성을 지니게 되자, 예전에는 가축 돼지와 야생 돼지 사이에 나뉘어 있던 모든 악덕과 죄를 멧돼지가 홀로 떠맡았다. 폭력violentia · 격정furor · 잔혹cruor · 분노ira · 오만superbia · 고집obstinatio · 탐욕rapacitas · 불경impietas · 불결sorditia · 추악foeditas · 음탕libido · 무절제intemperantia · 탐식gula · 나태pigritia와 같은 악덕들이었다. 중세 말이 되어 일곱 가지 덕목과 대립하는 7대 죄악의 체계가 작동하자, 멧돼지는 그 죄악들 가운데 6개나 속성으로 지니는 독보적인 존재가 되었다. 오만 · 색욕luxuria · 분노 · 탐식 · 질투invidia · 태만acedia의 죄악이었다. 오직 인색avaritia만 멧돼지와 연결되지 않았다.[39] 15세기 독일에서는 미덕과 악덕의 대결을 일대일 마상창시합이나 집단의 기마시합으로 표현한 세밀화와 태피스트리가 활발히 제작되었는데, 멧돼지는 앞의 6대 죄악이 의인화된 어떤 형상에서나, 그 사람이 걸터앉은 동물이나 투구 장식, 문장의 문양 등으로 선택될 수 있었다. 분명히 멧돼지는 적그리스도 진영의 스타였다.[40] 그보다 몇십 년 전에 앙리 드 페리에르가 『모두스 왕과 라티오 왕비의 책』에서 이용하려 했던 것도 바로 이러한 악마 같은 성질이었다. 그는 멧돼지의 기질적인 특성 10개를 '적그리스도의 십계'[41]와 비교해서 늘어놓았다. 그 가운데 5~6개는 오만 · 분노 · 색욕 · 탐식 · 나태와 질투 등 이미 대죄로 언급되던 것들이었다.

멧돼지는 육체의 겉모습도 모든 점에서 지옥을 상기시켰다. 검은 털, 털이 곤두서 있는 등, 참기 어려운 냄새, 끔찍한 울부짖음, 발정기의 열, 벼락같은 돌발행동, 닿는 모든 것을 녹일 듯 번쩍거리는 엄니가 그런 것들이었다. 14세기에 멧돼지는 로마의 작가가 묘사했던 멧돼지와 완전히 다르게 표현되지는 않았다. 그러나 고대 이교에서 예찬의 대상이었던 모든 자질들이 이제는 그 동물을 지옥의 피조물로 바꿔놓았다.

사슴, 그리스도적인 동물

앙리 드 페리에르는 이 악마 같은 동물을 그리스도적인 동물과 대립시켰다. 사슴이었다. 사슴이 지닌 열 가지 특성은 멧돼지의 그것과 마주서서 짝을 이루고, 10개로 갈라진 뿔은 십계에 대응했다. "이 뿔은 예수 그리스도가 인간에게 세 가지 적으로부터 자신을 지키라고 준 율법의 십계를 나타낸다. 세 가지 적은 육신과 악마, 세속이다."[42]

가스통 페뷔스는 앙리의 뒤를 이어서 이 동물을 온갖 덕들로 꾸미고, 중요한 왕의 사냥감으로 만들었다.[43] 두 작가는 사슴의 온갖 성질을 늘어놓았는데, 이것은 초기 기독교시대에 출현해서 중세 기독교시대에 줄곧 행해지던 사슴에 대한 호의적인 언설을 되풀이해 놓은 것이었다.

교부들의 저작과 그 뒤를 이어서 나타난 라틴 동물지는 고대의 여러 전통들에 기초해서 사슴을 태양의 동물, 빛의 존재, 하늘과 땅의 중개자로 보았다. 그로부터 흰 사슴, 황금 사슴, 날개 달린 사슴, 빛나는 십자가를 뿔로 옮기던 중에 사냥꾼과 마주친 기적의 사슴 등과 관련된, 모든 성인전의 전설들과 그 뒤를 이은 문학적 전설들이 생성되었다. 게다가 교부들과 라틴 동물지는 (해마다 새로 자라나는 사슴의 뿔에 기초해서?) 사슴을 다산과 부활의 상징이자 세례의 이미지, '악'의 적으로 만들었다. 그들은 사슴이 뱀을 굴 밖으로 끄집어내어 죽이는 뱀의 적이라고 한 플리니우스의 말을 다시 불러왔다.[44] 그리고 목마른 사슴이 샘물을 찾듯이 의로운 사람의 영혼이 주를 찾는다는 「시편」의 구절에 끊임없이 해석을 덧붙였다.[45] 교부와 신학자는 사슴 상징의 성적인 면과 부정적 측면을 의식적으로 방치하고,[46] 사슴을 순수하고 덕이 있는 동물, 선량한 기독교인의 이미지, 새끼 양과 유니콘과 같은 그리스도의 표상이나 대체물로 삼았다. 그러기 위해 (라틴어에서 '종'을 뜻하는) '세르부스servus'와 (사슴'을 뜻하는) '케르부스cervus'의 유사성에 기초한 언어유희도 마다하지 않았다. 사슴은 '구세주servator'였던 것이다.

사냥서도 기다렸다는 듯이 이러한 동일화를 받아들였다. 사슴은 희생의 동물이었고, 규범과 관습에 따라 의례적으로 희생되는 사냥감이었다. 모든 사냥서들이 이러한 규범과 관습에 관해 상세히 논했고, 그러한 의례적인 죽음은 그리스도의 수난과 나란히 놓였다. 아울러 문학 문헌들은 '세르부스'와 '케르부스'와 같은 언어유희에 기초해서 사슴 사냥을 구세주의 사랑에 관한 은유로 표현하였다.[47]

이처럼 중세 교회는 고대 사냥꾼들에게는 겁이 많아서 인기 없는 사냥감으로 여겨지던 사슴의 가치를 높였다. 그리고 야만족의 사냥꾼과 전사들에게 높이 받들어지던 멧돼지를 업신여기며 사냥의 위계를 점차 뒤바꿔갔다. 중세 초와 12세기 사이에 (토착 동물이고, 사람의 형체를 하고 있으며, 미심쩍은 신앙과 숭배의 대상이던) 곰을 동물의 왕 자리에서 끌어내리고, (이국적이고 성서와 관련이 있는, 기독교에 무해한 동물인) 사자를 그 자리에 대신 앉혔던 것과 마찬가지로,[48] 왕과 높은 귀족의 사냥감을 멧돼지에서 사슴으로 서서히 바꿔갔던 것이다.

이러한 뒤바꿈은 하루아침에 일어나지도, 모든 곳에서 똑같은 속도로 이루어지지도 않았다. 그 최초의 흔적은 일찍이 12세기 후반의 아서왕 문헌에서도 발견된다. '곰-왕' 아서는 중세 초기의 웨일즈 설화에서는 '흰 암컷 멧돼지'를 사냥했다.[49] 하지만 크레티앵 드 트루아의 최초의 작품인 『에렉과 에니드Érec et Énide』의 도입부에서는 '흰 사슴'을 사냥했다.[50] 이렇게 샹파뉴의 시인(크레티앵 드 트루아)은 1170년 무렵에 하나의 상투적 전형을 만들어냈다. 그의 후계자들도 대부분 이를 따랐고, 13세기의 모든 궁정풍 이야기에서 사슴 사냥은 말 그대로 왕의 사냥이 되었다.[51] 문학적인 본보기에서 현실의 실천으로의 걸음은 꽤 빨리 내디뎌졌다. 프랑스와 잉글랜드에서는 13세기부터 시작되었고, 독일·이탈리아·에스파냐에서는 중세 말에 시작되었다.

사냥과 교회

사슴이 이처럼 왕의 사냥감으로 격상되는 데에는 성직자들이 매우 중요한 구실을 했다. 모든 사냥을 적대시하던 교회에게 사슴 사냥은 비교적 작은 악이었다.[52] 그것은 (피레네 지역에서는 14~15세기에도 여전히 행해지던)[53] 곰 사냥[54]이나 멧돼지 사냥만큼 야만스럽지 않았다. 인간과 동물이 피투성이가 되어 벌이는 몸싸움으로 끝나지 않았고, 사람이나 개가 죽는 경우도 드물었다. 농작물을 망치는 일도, 울부짖는 소리와 동물적인 악취도 적었다. 사람과 개, 사냥감 모두가 기진맥진한 상태로 끝나는 경우가 가장 흔했다. 분명히 새 사냥만큼 평온하지는 않았으며, 가을철 발정기가 되어 흥분한 커다란 수컷은 매우 난폭해지기도 했다. 하지만 어느 시기이든 사슴을 좇는 일은 곰이나 멧돼지와 근접전을 벌일 때 흔히 나타났던 것처럼 사냥꾼을 황홀경이나 격앙에 가까운 상태에 빠뜨리지 않았다.[55] 요컨대 사슴 사냥은 훨씬 문명화되고 통제된 사냥처럼 보였다.

사슴의 상징성도 사슴 사냥에 중요한 기독교적 의미를 부여했다. 중세의 이야기들에서 성인은 언제나 사냥꾼의 대립자이다. 하지만 사슴과 함께 있으면 사냥꾼이 성인이 되기도 한다. 에우스타키우스의 전설을 예로 들 수 있다. 로마의 장군이자 열광적인 사냥꾼이기도 한 그는 어느 날 사슴을 쫓다가 사슴의 뿔 사이에서 (십자가에 매달린) 예수의 수난상이 나타나는 것을 보았다. 그는 그러한 환시를 본 뒤에 가족들과 함께 개종했다.[56] 조금 시대가 지나서 아키텐 공작의 아들인 위베르에 관한 전설에도 똑같은 환시가 등장한다. 그는 (예수가 십자가에 못 박혀 죽은 날을 기리는) 성금요일에 사냥을 하다가 똑같은 환시를 보고는 삶을 바로잡았다. 그리고 아르덴 지방에서 포교 활동을 시작해서, 첫 번째 리에주 주교가 되었다.[57] 일종의 반전으로 그는 근대에는 병을 고치는 성인이 되었고, 특히 뫼즈강과 라인강 사이의 지역에서는 온갖 종류의 극심한 고통을 없애기 위해 찾는 성인이 되었다.[58]

교회는 언제나 실질적으로 통제하고 있었던 사슴과는 달리, 곰과 멧돼지는 실제로 거의 제어하지 못했다. 따라서 실현할 수 있는 유일한 전략은 이 두 동물을 악마적인 것으로 만들고, 곰과 멧돼지를 대상으로 하는 사냥을 헐뜯는 것이었다. 그 일은 12세기에서 13세기로 바뀔 무렵에 이루어졌다. 사슴을, 나아가 사슴만을 왕의 사냥감이라는 역할로 결정적으로 격상시키는 길이 열렸던 것이다. 고대 말부터 중세 말까지 교회는 할 수만 있었다면 어떻게든 사냥을 모두 없애버리고 싶었겠지만 그러지는 못했다. 그것은 이룰 수 없는 일이었다. 중세에 모든 왕과 왕자, 영주는 사냥을 하고, 잡은 사냥감을 과시하거나 나눠주어야 했다. 그렇지만 교회는 야만스럽고 이교적인 위험성을 줄이는 방향으로 사냥을 이끌어갈 수는 있었다. 곰과 멧돼지를 비신성시하고, 반대로 사슴의 지위를 높이는 것은 이를 위해 매우 유효한 수단이었다.

04

나무의 힘

물질의 상징사를 위하여

중세 사람들의 신앙과 감수성, 사회의 규범과 관습에서 나무는 무엇을 상징적으로 나타내고 있었을까? 이 문제에 다가서려면 다양한 분야의 자료를 살펴보아야 한다. 기호와 이미지의 세계에 속하는 것만이 아니라, 기술과 물질문화, (숲에 관한 법규와 삼림권 등과 같은) 봉건제의 법체계와 경제 문제 등에 관한 자료도 보아야 한다. 나무는 다른 어떤 것보다도 물질적인 것과 상징적인 것이 밀접한 관계를 이루고 있기 때문이다. 둘을 떼어놓고 분석해서도 안 되지만, 떼어놓을 수도 없다.

그런데 (예컨대 건축에 관한 것 등의) 몇몇 분야는 이미 고고학자와 기술사가들이 개척해 놓았으므로, 상상의 세계와 그로부터 비롯된 관습에 관해 더 깊게 살펴보아야 한다. 이에 관한 심층적인 연구는 중세라는 시대가 우리에게 남긴 목제품과 기념물을 거듭 분석하고 식별하려 할 때에만 실질적으로 가능할 것이다. 하지만 여기에서 나는 내게 친숙한 분야의 자료들, 곧 어휘 · 인명과 지명 · 백과전서 · 문학작품 · 문장 · 도상의 이미지 등에 기초해서 잠정적인 평가만 제시할 뿐이다. 나는 지나치게 사변적이고 신비적이며 부분적인 것, 다시 말해서 특정한 상황에 기대고 있는 것은 제쳐두고, 지식인 문화와 (중세 사회에 이 개념을 적용할 수 있을지는 의문이지만) 민중 문화 사이에 놓인 '평범한' 문화에 속하는 것을 살펴볼 것이다.

살아 있는 재료

중세 문화에서 나무는 무엇보다 살아 있는 소재였다. 이런 점에서 중세 문화는 나무를 돌과 금속이라는 두 죽은 소재와 즐겨 대립시켰다. 물질의 상징성과 관련된 수많은 가치판단의 기준에서 나무는 그것들보다 우위에 있었다.

나무는 분명히 돌이나 금속보다 내구성은 떨어지지만 더 순수하고 고귀했으며, 인간과도 더 가까웠다. 나무는 다른 소재들과는 분명히 달랐다. 그것은 살고, 죽고, 병들었으며, 결함을 지니고, 매우 개성적이기도 했다. 13세기에 알베르투스 마그누스는 나무에게서는 옹이와 성장 과정에서 입은 상처의 흔적, 갈라진 곳, 구멍이 발견된다고 말했다. 인간과 똑같이 아프고, 썩고, 상처를 입으며, 벌레들에게 시달리기도 한다는 것이다.[1] 중세 라틴어에는 나무의 목질 부위를 인간의 육체에 빗대어 나타낸 여러 가지 은유가 있었다. 아울러 작가들 가운데에는 나무만이 아니라, 목재가 지닌 인간과 유사한 성질을 강조한 이들도 있었다. 그 물질은 인간처럼 정맥과 '체액humores'을 지니고 있고, 수액의 상승으로 생명 활동을 하며, 내부에 수분을 많이 함유하고 있다. 기후·장소·환경과도 밀접히 연관되어 있고, 계절과 세월의 변화에 맞추어 살아간다.[2] 곧 동물에 가까운 하나의 생명체라는 것이다. 몇몇 중세 작가들은 수많은 기술적인 지식들 옆에 나무에 관한 이러한 인문주의적인 말들을 덧붙였다.[3] 그런데 돌이나 금속, 심지어 흙이나 직물에 관해서는 이러한 말들이 존재하지 않았다. 이렇게 나무는 다른 물질들보다 우위에 있었다. 살아 있는 것이었기 때문이다.

나무는 특히 돌보다 우월한 지위에 있었다. 돌도 나무와 마찬가지로 자주 거룩한 것과 연결되곤 했지만, 그것은 움직이지 않고, 딱딱하고, 변하지 않는 물질이었다. 그래서 나무와는 달리 돌에는 영원성이 부여되었다. 중세 신앙에서 말하거나 움직이거나 피를 흘리거나 울거나 하는 조각상은 대부분 석상이 아니라 목상이었다.[4] 여기에는 시대적인 이유도 있었다. 이러한 현상들의 황금기는 대략 서기 1천년을 전후로 한 시기, 다시 말해 로마네스크 시대 초기였는데, 당시에는 석상이 아직 드물었다. 그러나 여기에는 물질의 상징성에서 비롯된 이유도 있었다. 나무는 살아 있고 동적이지만, 돌은 그렇지 않았다. 그렇다면 봉건시대에 나무로 만든 성에서 돌로 만든 성으로 옮겨가는 과정에서 저항이 (생각보다는 많이) 있었는데, 흔히 단정되듯이 경제적이고 기술적인 이유에서만이 아니라, 상징적인 차원에서의 우려도 저항의 주된 원인이지는 않았을까?[5]

봉건시대의 문화에서는 물질적인 것과 상징적인 것, 기술적인 것과 이념적인 것이 대부분 명확히 분리되지 않는다. 성곽과 주교좌성당, 튼튼한 건축물을 보유하는 것에 뒤따르는 정치적인 효과도 컸지만, 본격적인 돌의 이데올로기는 중세 말이 되어서야 자리를 잡았다. 그때까지는 끊임없이 되풀이되는 화재에 시달리면서도, 나무로 만들어진 것을 다시 세울 때에도 여전히 나무가 재료로 쓰였다. 시간과 노력, 비용을 절약할 수 있다는 이유에서만은 아니었다. 사물과 장소, 쓰임새에 따라서 나무가 알맞은 것이 있고, 마찬가지로 돌이 알맞은 것이 있었기 때문이다. 나무에서 돌로의 이행은 정치적인 야심의 반영이나, 경제적인 의도와 기술적인 성과의 표현이기도 했지만, 상징적인 가치의 하락이라는 측면으로도 볼 수 있다.[6] 그러한 사실을 우리에게 알려주는 기묘한 전설들도 있다. 그 이야기들은 기대되던 문화적·예방적 도움을 주지 못한 목상들이 어떻게 처벌을 받고 석상으로 바뀌었는지를 전해준다. 그 이야기들에서 나무로부터 돌로의 이행은 징벌로 나타나는데, 그것도 대부분 사형을 선고하듯이 표현된다.[7]

하지만 나무와 돌의 대립은 나무와 금속의 대립만큼 격렬하지는 않았다. 나무와 돌의 관계는 가치 있는 물질과 가치 있었던 물질 사이의 대립이었다. 그러나 나무와 금속의 관계는 순수한 물질과 악마적인 물질 사이의 대립이었다. 나무는 성스러운 십자가의 이상적인 이미지로 거룩해진 순수한 물질이었지만, 금속은 불안을 가져오고, 도리에 어긋나며, 거의 악마적이기도 한 물질이었기 때문이다. 중세 사람들의 감수성에서 금속은 (하찮은 것이든 귀한 것이든) 언제나 얼마간 지옥을 연상시키는 것이었다. 그것은 대지의 배에서 꺼내져 (나무의 커다란 적인) 불로 처리되었다. 곧 어둠과 지하세계의 산물이었고, 어느 정도는 마법과도 관련된 변질과 조작의 결과였다.[8]

바로 이런 이유에서 직업을 둘러싼 가치체계에서도 대장장이와 목수는 모든 측면에서 대립되었다. 대장장이는 분명히 능력이 있고 사회에 꼭 필요한 사람이었지만, 금속과 불을 다루는 일종의 마법사이기도 했다.[9] 하지만 반대로 목수는 고귀하고 순수한 재료를 가공했기 때문에, 소박하지만 존경을 받는 장인이었다.[10] 기독교 정경은 요셉의 진짜 직업에 관해 애매모호한 기록만 남기고 있지만, 예수를 목수의 자식이라고 하는 전통이 일찍부터 자리를 잡았던 것도 결코 우연은 아니다.[11] 목수는 모든 더러움에서 벗어나 있고, 어떤 차원에서도 불법이 아니며, 생명이 가득한 재료로 일하는 장인으로 존경을 받았다. 중세에 이토록 모범적으로 여겨지던 직업은 찾기 어렵다.[12]

나무와 금속의 대립은 현실에서는 자주 상반된 둘의 결합이라는 형태를 띠고는 했다. 나무에게는 금속의 유해성을 누그러뜨리는 힘이 부여되었는데, 특히 모든 금속 가운데에서도 가장 '충성스럽지 못한' 쇠의 해악을 누그러뜨린다고 여겨졌다. 토마 드 캉탱프레가 인용한 어느 이름이 전해지지 않는 작가는 '간교한 쇠ferrum dolosissimum'에 관해 이야기했다.[13] 도끼 · 가래 · 쟁기 등 나무와 금속으로 만들어진 온갖 물체 · 도구 · 기구에서 쇠는 단단함과 효능이라는 힘을 발휘하는데, 나무로 된 자루와 같은 부분 덕분에 그것이 지닌 우려할 점들을 어느 정도는 없앨 수 있었다. 나무는 금속을 순화하여 그것의 사용을 정당화해주는 것으로 여겨졌다.[14]

식물과 동물은 중세 문화에서 친숙한 또 하나의 대립이었다. 고대(특히 성서의) 문명에서도 이슬람 문명에서도 대체로 식물은 순수의 관념과, 동물은 불순의 관념과 연결되었다. (열매의 경우에는 조금 달랐지만)[15] 나무 · 잎 · 꽃처럼 식물은 순수하지만, 동물은 (동시에 동물이 인간에 가져다주는 모든 산물들은) 순수하지 않았다. 그래서 나무와 뼈, 나무와 뿔, 나무와 가죽 가운데 어느 한쪽을 선택해서 이미지나 사물을 만드는 경우에 나무를 선택한 것은, 다른 이유도 있었을 수 있지만, 그것이 순수함을 선택하고 불순함을 배척하는 방법이기도 했기 때문이다.

최고의 재료

살아 있고 순수하고 고귀한 재료, 경의와 교감의 대상이자 다양한 교역의 대상인 재료, 수많은 장인들에게 가공되어 가장 낯익은 장소부터 가장 장엄한 장소까지 모든 곳에서 어떤 상황이든 존재하는 재료, 나무야말로 바로 이러한 가치를 지닌 재료였다. 그래서 나무는 일상생활에서든 상상의 세계에서든 최고의 재료, 곧 '으뜸 물질materia prima'이었다. 14세기까지 나무는 인간이 이용하고 가공하는 재료들을 늘어놓을 때 자주 그 목록의 맨 앞에 놓이고는 했다.

오늘날에는 중세 사람들의 물질생활과 일상의 세계에서 나무가 차지하던 지위를 상상조차 하기 어렵다. 목제품이나 기념물들 가운데 지금까지 남은 것은 매우 제한된 숫자에 지나지 않으며, 돌이나 금속에 견주면 보잘것없는 수준이기 때문이다.[16] 하지만 14세기까지 나무는 엄청난 위세를 떨쳤는데, 유럽의 북부와 북서부에서는 더욱 그러했다. 그곳에서 나무는 부의 주요한 원천이었고, (주로 언제나 가혹하리만치 나무가 부족하던 이슬람 국가들을 대상으로) 대규모로 수출되던 품목이자 대량으로 소비되던 자원이었다. 모든 지역에서 농민들은 일찍부터 공유림을 이용하고 숲을 개발할 권리를 악착스럽게 지키고 있었다. 숲의 문명화에는 나무의 상징적인 가치에 경제적 가치가 더해져 함께 영향을 끼친다. 역사가가 거기에서 기술적인 관심과 재정적인 문제, 이데올로기적인 측면을 구별하기는 쉽지 않다. 적어도 북유럽에서는 그렇다. 남쪽 지역들은 조금 다른데, 나무가 그리 풍부하지 않았기 때문이다. 그러나 그곳에서도 나무는 모자라기 때문에 가치를 지녔다. 그곳 사람들도 나무를 아끼고, 존중했으며, (문화적인 사례들에서도 드러나듯이) 실제로 대부분 가치 있는 재료로 다루었다.

13세기가 지나갈 무렵이 되어서야 비로소 오랜 기간에 걸쳐 진행될 변동의 징후가 모습을 드러냈다. 서기 1천년 이후 이루어진 개간과 기술의 진보, 상업의 확대로 유럽의 숲은 크게 파괴되었다. (물론 지역과 시기마다 차이가 있지만) 3세기 동안 나무라는 재산을 마구 축내면서 서양은 풍요의 시대에 뒤이은 상대적인 결핍의 시대를 맞이했다. 그런데 눈여겨보아야 할 것은 중세 말에는 이러한 경제발전의 둔화와 몇몇 기술적 측면에서의 가치하락이 상징적 측면에서도 상대적인 하락을 불러왔다는 점이다. 나무는 더는 유일한 최고의 재료가 아니게 되었으며, 직물이 점차 그 지위를 뚜렷하게 위협해왔다. 실제로 직물 산업은 12세기와 15세기 사이의 시기에 온갖 어려움을 극복하면서 서양 경제의 진짜 원동력이 되었다. 직물은 더욱 다양해졌고, 교역과 소비의 대상이 되었으며, 해를 거듭할수록 꾸준히 성장했다. 그러면서 사회 관습에서도 직물과 옷의 역할도 커졌다. 그것은 교환과 교역의 대상만이 아니라, 기호, 특히 정체성을 나타내는 기호이기도 했기 때문이다.[17] 옷은 그것을 입고 있는 이가 누구인지, 어떤 지위나 계급에 있는지, 어떤 친족집단 · 직능단체 · 법적 집단에 속해 있는지를 나타냈다. 이렇게 해서 얼마 지나지 않아 사회적인 상징체계와, 그와 짝을 이루는 상상에서 직물은 다른 재료들보다 높은 지위를 차지하게 되었다.

이런 변화는 어휘에서도 확인된다. 라틴어와 프랑스어를 비교해보자. '마테리아materia'는 고대 라틴어와 마찬가지로 중세 라틴어에서도 무엇보다 먼저 (연료용 목재를 가리키는 '리그눔lignum'이라는 낱말과 구분되는) 건축용 목재를 가리켰다. 그리고 점차 의미가 넓혀져 모든 종류의 재료들, 곧 일반적인 물질을 뜻하는 말이 되었다. 요컨대 나무를 가리키는 명사 가운데 하나가 물질이라는 말이 된 것이다.[18] 그렇지만 몇 세기 뒤의 중기프랑스어에서는 가치체계가 달라졌고, 그것이 어휘에도 반영되었다. 이제는 직물을 가리키는 말 가운데 하나인 '에토프étoffe'가 모든 종류의 재료, 곧 일반적인 물질을 뜻하는 말로 쓰였다.

그런데 의미의 변화는 반대 방향으로 진행되었다. (게르만어에 기원을 두고 있으나 어원은 확정되지 않는) '에토프'라는 말은 12~13세기에는 모든 재료를 뜻하며, 라틴어의 '마테리아'와 같은 의미로 쓰였다. 하지만 점차 의미의 폭이 좁아지고 특화되어 마침내 재료들 가운데에서도 직물만을 가리키게 되었다. 마침내 16세기 말의 프랑스어에서는 물질이 직물과 같은 말이 되었다. 직물이 최고의 물질이었던 것이다.[19] 그리고 산업혁명 시대가 되자 이번에는 직물이 금속에게 유럽인의 문화와 상상에서 으뜸 물질의 지위를 넘겨주었다.[20]

나무꾼과 숯쟁이

앞에서 나무를 다루는 자들 가운데에서 목수에 관해 살펴보면서, 중세 전통에서 어떻게 대장장이와 자주 비교되었는지를 강조했다. 실제로 '카르펜타리우스carpentarius'는 현실의 다양한 직업을 망라하는 말로 쓰였다. 그 말은 건물의 뼈대를 세우는 사람부터 나무로 물품·가구·도구·기구 등을 만드는 사람에 이르기까지, 나무를 가공하는 모든 장인을 나타내고는 했다. (가구나 문구를 만드는) 소목장이도, 궤짝을 만드는 목공도, 수레를 만드는 목공이나 통을 만드는 목공도, 나막신을 만드는 목공도, 문을 만드는 목공도, 됫박을 만드는 목공도 그렇게 불렸다. 도시에서는 이런 직업들이 전문화되어 강제력을 지닌 동업조합의 규제를 받았지만, 시골이나 수도원에서는 겸해지기도 했다.[21]

이제 나무를 다루는 두 종류의 직업을 지닌 사람들에 관해 더 자세히 살펴보자. 중세 사회에서 대부분 따돌려지고 배제되었다고 할 수 있는 두 직업, 곧 나무꾼과 숯쟁이이다. (문학 작품, 연대기, 속담, 민속, 구전 설화 등의) 다양한 증언들에는 숲속 깊은 곳에서 혼자이거나 작은 무리를 이루며 살아가는 이 두 종류의 사람들이 지닌 혐오스런 성격들이 강조되어 있다. 그들은 가난하고, 불결하고, 털북숭이이며, 거칠고, 파괴적이다. 아울러 한 곳에 머무르지 않고, 사회로부터 벗어나 이곳저곳 옮겨 다니며 나무를 자르고, 깎고, 불태운다. 그런 그들은 악마가 보낸 자들일 수밖에 없다. 그들은 숲에서 앞서 말한 다른 '마법사', 곧 대장장이와도 가끔 만난다. 이들 셋은 (쌓아두어 굶주리게 하는) 제분업자, (부유하고 잔혹하며 피비린내 나는) 도축업자와 더불어 농민 문화에서 가장 꺼려지고, 가장 혐오되던 다섯 직업을 이루고 있었다.[22]

나무꾼은 쇠와 불티를 다룬다. 곧 나무의 큰 적이고, 숲의 (사형집행인이자 도살자인) '카르니펙스carnifex'였다. 13세기 이후 나무꾼에 관한 일련의 이야기와 전설들이 존재해 왔는데, 이것들은 19세기까지도 대부분 변하지 않고 이어졌다. 예컨대 나무꾼은 불가사의한 능력을 지닌 존재이고, 결코 도끼를 손에서 놓지 않으며, 마을사람들과도 좀처럼 교류하지 않는다. 아울러 그는 도둑이자 도발하는 인간이다. 곧 그는 숲에서 나오면 언제나 농작물을 훔치고, 싸움을 걸기 일쑤이다. 어쨌든 그는 몹시 가난하기 짝이 없는 삶을 살아가는 인간이다. 그래서인지 '가난한 나무꾼'의 딸이 (아니면 아들이) 타고난 운명과 자신의 미덕 덕분에 마침내 왕과 (아니면 공주와) 결혼한다는 것은 문학 작품이나 구전되던 이야기들에 거듭 등장하는 소재이다.[23]

숯쟁이는 그보다 더 가난하고, 더 불결하고, 더 하찮고, 더 기분 나쁜 존재이다. 쇠를 사용하지는 않지만, 나무의 가장 나쁜 적이라고 할 수 있는 불을 다루는 숯쟁이는 진짜 악마의 자식이었다. 숯쟁이는 결혼하지 않으므로 자식이 없다. 그가 숲을 떠나는 것은 다른 숲으로 들어가는 것이다. 그렇게 그는 계속해서 파괴하고 불태운다. 어느 곳이든 마을사람은 숯쟁이를 꺼린다.[24] 문학작품, 특히 궁정풍 이야기의 작가는 숲 한가운데에서 길을 잃은 용감한 기사가 끔찍한 숯쟁이에게 길을 묻는 장면을 묘사하곤 했다. 12~13세기의 독자들에게 이 만남은 극적인 것이었고, 상상할 수 있는 가장 뚜렷한 사회적 대조였다. 이런 문헌들에서 숯쟁이는 늘 한결같은 모습으로 묘사되었다. 그는 작고, 새까맣고, 털로 뒤덮여 있었고, 움푹 들어간 빨간 눈과 냉혹하게 비틀린 입을 가지고 있었다. 그것은 사회의 위계 맨 아래에 자리한 인간의 본보기였다. 몹시 비참한 모습이었으며, 동물이나 악마와 같은 모습이었다.[25]

그러나 나무로 숯을 만드는 것은 어떤 산업, 특히 야금업과 유리제조업에는 꼭 필요한 작업이었다. 게다가 숯은 원목보다 운반하기 쉽고, 연소 효율도 높아서 같은 질량으로 더 많은 열을 얻을 수 있었다. 이런 사실들을 잘 알고 있던 중세 사람들은 숯을 폭넓게 썼다. 하지만 숯을 만드는 것은 숲의 파괴를 불러왔고, 13세기 이후에는 숲을 보호하기 위한 노력이 곳곳에서 이루어지고 있었다. 필리프 4세 때에는 1킬로그램의 숯을 얻는 데 대략 10킬로그램의 목재가 필요하고, 숯 굽는 구덩이 하나가 한 달에 100헥타르의 숲을 파괴한다고 추정되고 있었다.[26] 요컨대 숯쟁이는 나무꾼보다도 더 나쁜, 나무의 가장 큰 적이었다.

근대에는 숯쟁이들이 단체를 구성하기도 했으며, 어떤 단체는 이탈리아 등지에서 혁명적 비밀결사의 중요한 기원이 되었다는 사실도 알려져 있다.[27] 그러나 근대 유럽의 (19세기 초에 숯쟁이로 가장해 활동한 이탈리아의 비밀결사인) 카르보나리보다 앞서 나타난 존재는 현실의 기록으로든 상상의 연출로든 전혀 발견되지 않는다. 중세의 숯쟁이는 늘 고독하고 배척되던 존재로 나타난다. 그는 결코 사회 질서를 뒤집거나 권력에 맞서려 하지 않는다. (이미 언급한 대장장이와 나무꾼만이 아니라, 사냥꾼·돼지치기·은둔자·추방자·산적·유령·도망자 등처럼) 똑같이 미심쩍게 여겨진 다른 많은 사람들과 마찬가지로, 숯쟁이는 중세의 숲이라는 불안하고 신비한 세계와 연관되어 있다. 숲은 만남과 변신의 장소이다. 사람들은 세상을 벗어나고, 신이나 악마를 찾고, 근원으로 되돌아가고, 변신하고, 자연의 힘과 존재를 만나기 위해 그곳에 찾아온다.[28] 어떤 형태로든 '숲silva'에 머무르면 인간은 '실바티쿠스silvaticus', 곧 '야생의' 존재가 된다. 다시 말하건대, 중세의 상징체계는 언어 연구의 산물이다.[29]

도끼와 톱

나무의 상징성은 나무를 베어 넘어뜨리는 데 쓰이는 도구인 도끼와 톱의 상징성과도 뗄 수 없는 관계를 지닌다. 물론 나무를 가공하는 데 쓰이는 다른 도구들 가운데에도 이야기할 만한 것이 많다.[30] 예컨대 망치는 권력과 난폭한 힘의 상징으로 쓰였고, 대패는 중세 유럽에서 꽤 일찍부터 사용되었지만 오랫동안 미심쩍게 여겨졌다.[31] 그러나 도끼와 톱만큼 알맞은 사례는 없다. 둘 다 나무를 베고 자르는 데 쓰였으나, 상징 차원에서는 완전히 대립된 의미를 나타냈기 때문이다.

도끼는 도구이자 무기였으므로 두 개의 가치체계 안에 있었고, 이런 이중적 기능은 도끼가 지닌 주요한 특성이 되었다. 중세의 몇몇 작가들에게 도구로서의 도끼는 가장 적법하거나 가장 덜 해로운 것으로 여겨졌다. 하지만 무기로서의 도끼는 수많은 무기들 가운데 하나였을 뿐이다. 도끼는 고귀함이라는 측면에서 기사의 공격용 무기인 창이나 칼보다 뒤졌지만, 평민과 보병의 무기인 단검, 곤봉, 보병창, 봉, (자루가 짧은 사냥용의) 멧돼지창, 투석구 등과 같은 무기들보다는 뛰어났다. 이처럼 도끼는 이중의 가치를 지니고 있어서 중세에 곳곳에서 눈에 띄었으며, 온갖 상황에서 쓰이는 도구가 되었다.[32]

도끼는 고대와 견주어 특별히 눈에 띄는 기술 발전이 없었다. 그것은 오래전부터 사용해온 도구였고, 잘 부서지지 않고, 만들기도 쓰기도 쉬우며, 오래가는 도구였다. 아마 군사적 목적으로 쓰려고 그랬겠지만, 도끼는 이미 고대부터 기술적으로 완성되어 있었다. 그래서 중세 유럽에서 도끼는 종류가 매우 다양했고, 그것들의 기능과 의미도 결코 혼동되지 않았다. 나무를 다루는 사람이라도 (자루가 길고, 날이 좁은) 큰 도끼를 사용하는 나무꾼은 목수들이 사용하는 (자루가 짧고 날이 비대칭인) 손도끼와는 거의 관련이 없었다. 하지만 용도가 다양하더라도, 도구로서의 도끼는 곳곳에서 똑같은 상징적인 힘을 지녔다. 도끼는 쳐서 자르는 물건인데, 거기에는 소리와 불티가 뒤따른다. 빛과 금속을 번쩍이며 벼락처럼 내리치는데, 그로부터 풍요라는 관념이 나무를 벌채할 때에도 생겨난다. 도끼는 뭔가를 만들어내기 위해 치는 것이다.

그렇지만 톱의 평판은 전혀 달랐다. 그것의 작동원리는 선사시대부터 이미 알려져 있었으나, 수공업과 전문직에서 본격적으로 사용하는 것은 더디게 이루어졌다. 중세인은 톱을 이용했으나, 그것을 혐오했다. 톱을 악마적인 도구로 여겼기 때문이다. 실제로 12세기까지 톱은 문헌과 도상에 잘 등장하지 않고, 나타나더라도 고문 도구로서만 다루어지고 있다. 톱은 목재를 자르는 것이 아니라, 순교한 의인이나 성인의 육신을 자르는 데 쓰였다. 예컨대 이사야는 톱으로 고문을 받은 도상의 스타였다. 전설에 따르면 이사야는 속이 비어 있는 나무 안으로 달아나서 나무와 한꺼번에 톱으로 잘렸다고 한다.[33]

몇몇 예외를 제외하면, 나무꾼이 도끼로 찍어 넘어뜨린 나무를 톱으로 자르는 모습을 묘사한 그림을 보려면 중세 말까지 기다려야 했다. 하지만 현실에서 톱의 사용은 더 빠르게 진행되어 13세기 이후에는 일반화되었다. 하지만 지역마다 차이가 있어서, 동유럽에서는 17세기 말에도 톱이 널리 알려지지 않았다. 아울러 서유럽의 수많은 교구들에서는 14세기에 들어선 뒤에도 여전히 주교가 톱의 사용을 금지하고, 그것을 사용한 자를 파문하기도 했다. 그렇지만 이탈리아 북부에서는 이미 12세기부터 본격적인 공업용 (물레방아의 회전운동을 톱날의 왕복운동으로 전환시키는) 수력 톱이 등장해서 수직으로도 톱질을 할 수 있었다.[34]

도대체 톱의 어떤 점이 싫었던 것일까? 불만은 다양했다. 우선 톱은 약하고, 사용 방법이 복잡했다. 도끼는 혼자서 할 수 있던 것도 톱은 두 사람이 달라붙어야 하는 경우가 많았다. 값이 비싸고, 유지와 보수가 까다롭다는 점도 문제였다. 상대적으로 소리가 조용하다는 점도 비난을 받았는데, 남몰래 불법 벌채를 할 수 있었기 때문이다. 끝으로 유독 비난을 많이 받은 것은 더디고 비겁하다는 점이었다. 톱은 목재에 술책을 부리고, 나무에게 잔혹하게 굴었다. 그것은 나무의 섬유질을 훼손해서, 톱으로 자르면 목질 부위가 썩었다. 그래서 줄기나 그루터기에서 가지가 다시 자라나지 못하게 했다.[35] 요컨대 나무와 목재에 이사야를 비롯해 톱으로 죽임을 당한 성인들인 시몬, 유다 타대오, 시르 등이 겪은 고통이 투영되었다.[36] 톱을 사용하는 데에는 인내력이 필요하다는 점을 강조한 문헌도 있었다. 이때에 톱은 줄과 비교되는데, 줄도 목재를 직접 공격하지 않고 똑같은 동작을 힘들여 거듭한다. 이것들은 '여성적'인 도구였고, '지속되는 시간'에 기대어 목적을 이루려고 하는 기만적이고 배반적인 도구였다. 중세의 감수성에서 '톱질'과 '줄질'이라는 말은 고리대 행위와 관련된 의미를 지니고 있었다. 모두 지속된 시간에 의지해 시간을 빼앗는 행위였기 때문이다.[37]

톱의 이러한 경멸할 만한 성질은 도구와, 그것을 도구로 사용하는 사람 너머로까지 폭넓게 적용되었다. 표상체계에서 가장자리가 들쭉날쭉한 모양이나 찢긴 모양, 톱니 형태로 잘린 모양은 모두 부정적인 뭔가를 나타냈다. 꺾인 선은 직선과 곡선에 견주어 나쁜 선이었다. 그것은 문장과 도상에서 어떤 인물이 어떤 식으로든 경멸할 만한 성질을 지닌다는 점을 강조하기 위해 폭넓게 이용되었다. 옷과 문장에서 꺾인 선이나 톱니 모양의 구조, 톱니무늬, 파동 모양, 브이자를 거꾸로 한 무늬로 이루어진 문양은 대체로 가치를 낮추는 구실을 했다. 그런 것을 지니고 있는 사람은 사회적·도덕적·종교적 질서 바깥에 놓이게 되었다. 이러한 옷과 문장은 배반한 기사, 사형집행인, 매춘부, 미치광이, 사생아, 이단자, 이교도 등에게 즐겨 부여되었다.[38]

좋은 나무

목재의 상징성은 그것의 공급원인 나무의 상징성과 뒤섞일 수밖에 없다. 나무의 상징성은 고대에 견주어 그다지 새로워지지는 않았다. 하지만 그것은 중세 문화에서도 꾸준히 중요한 자리를 차지했다. 기독교는 식물보다는 동물에 대해서 새로운 상징성을 더 많이 받아들였으나, 식물에 관해 성서와 그리스·로마 세계, '야만인'의 문명에서 물려받은 세 가지 유산도 꾸준히 관리해야 했다. 특히 게르만 문화는 나무와 숲의 신화에 매우 중요한 의미를 두고 있었다.

그렇지만 이것은 곤란한 작업이었다. 교부들과 그들의 후계자들은 다양한 나라들이 지닌 지리와 식생의 차이를 마주할 수밖에 없었기 때문이다. 예컨대 성서에서 올리브나무와 종려나무에 부여하고 있는 상징성을 유럽 북서부 지역에서 설명하는 것은 그리 쉬운 일이 아니었다. 지중해 문화에서는 높은 가치를 부여받고 있던 이 두 나무가 북부 지역에서는 거의 알려져 있지도 않았기 때문이다.

어떤 농촌 사회에나 선한 나무, 악한 나무가 있다. 그리고 좋아하는 나무와 꺼리는 나무, 심는 나무와 잘라버리는 나무가 있다. 이로부터 역사가에게는 몇 가지 근본적인 의문이 생겨난다. 나무의 상징성과 그 나무에서 얻은 목재의 상징성 사이에는 어떤 관계가 있었을까? 선한 나무는 언제나 사람들이 가치를 인정하고 선호하던 목재를 공급했을까? 악한 나무에서 얻은 목재는 사람들에게 꺼려졌을까? 여성적이라고 여겨지던 나무들인 보리수·물푸레나무·너도밤나무에서 얻은 목재는 똑같이 여성적이라고 여겨졌을까? 더 일반적으로는, 목재를 이용할 때에 그것이 지닌 물리적·화학적 특성이나 가격과 효용성을 벗어나, 그 목재를 공급한 나무를 둘러싼 전설이나 평판 등은 얼마나 고려되었을까? 예컨대 평판이 나쁜 나무에서 얻은 목재로는 예수의 수난상이나 숭배되던 성인의 조각상을 새기지 않으려 했을까? 나무의 종류에 대한 이러한 계층적·상징적 분류법이 조각상을 새길 때에 효용성·비용·기술 지식·예술적 쟁점 등과 같은 문제들과 함께 자리 잡고 있었을까? 그리스도를 떡갈나무로, 성모를 보리수로, 사도들을 너도밤나무로, 유다를 호두나무로 조각했던 것은 임의로 우연히 이루어진 사례들로 받아들여야 할까? 마찬가지로 일상생활에서 어떤 물건을 만들 때에 특정한 목재를 사용한 것과, 그 목재를 얻은 나무의 상징적 기능 사이에는 어떤 관계가 (가끔이나 늘) 존재하고 있었을까? 느릅나무는 판결이 내려지는 장소에 자주 심어졌는데, 정의를 집행할 때 쓰이던 설비들도 이 나무로 만들었을까? 주목은 묘지에 심고, 죽음과 가깝게 연관된 나무로 여겨졌다. 그렇다면 관이나 장례에 쓰이는 물건을 만들 때에도 이 나무의 목재를 사용했을까? 일부러 매우 간단해 보이는 의문들만을 보기로 들었지만, 이런 물음들에 대답하기는 생각처럼 그리 쉽지 않다. 고고학자나 미술사가들은 이제까지 좀처럼 이런 문제들에 주의를 기울이지 않았기 때문이다. 그래서 온갖 물건들과 예술품, 건축물 등을 만드는 데 쓰인 목재를 분석하고 확인하는 일은 대부분 앞으로 해야 할 숙제로 남아 있다.[39]

그렇지만 몇몇 나무의 상징성을 사례로 해서, 그 나무에서 얻은 목재를 이용하는 데 그 나무의 상징성이 끼친 영향의 범위를 살펴볼 수는 있다. 가장 잘 알려진 (아니면 그렇게 여겨지는) 나무인 떡갈나무·밤나무·올리브나무·소나무는 일단 제쳐두고, 기술사가와 식물학자의 주의를 그다지 끌지 않은 나무의 사례를 살펴보자.

어떤 특정한 나무에 많은 문헌들이 바쳐져 있는데, 그것으로 미루어 볼 때 그 나무는 중세의 민중들에게서 특별히 존중되고 있었던 것 같다. 보리수이다. 작가들은 보리수에서 장점만 보았다. 한 가지 사례를 제외하고는, 보리수가 나쁘게 다루어진 일은 거의 없었다. 특히 그 나무가 지닌 장엄한 모습과 울창함, 오랜 수명이 예찬되었다. 독일에서는 중세에 이미 그렇게 서술하는 것이 유행처럼 되어서, 밑동의 둘레가 놀랄 만큼 굵은 보리수에 관해 이야기한 자료도 여럿 발견된다. 뷔르템베르크의 노이슈타트에 있던 보리수는 1229년에 둘레가 오늘날의 미터법으로 환산하면 12미터에 이르렀다고 전해진다.[40] 그렇지만 크기와 나이 못지않게 보리수의 향긋함과 (벌들이 부르는) 노랫소리, 풍요로운 산물도 그 나무가 지닌 매력으로 여겨졌다. 고대의 작가들과 마찬가지로 중세의 작가들도 이에 관해 수많은 말들을 남겼다.[41] 보리수는 약전에서도 가장 인기 있던 나무였다. 특히 꽃이 약재로 많이 사용되었고, 수액·나무껍질·잎사귀 등도 쓰였다. 그 나무는 아주 오랜 옛날부터 마취를 시킬 정도로 강한 진정 효과를 지닌다고 알려져 있었다. 그래서 (근대에도 폭넓게 목격되는 관습인데) 13세기부터 나병환자 수용소와 병원 옆에는 보리수를 심었다. 보리수 꽃에는 벌들이 많이 모여드는데, 그 꽃에서 채취한 꿀에는 치료와 예방만이 아니라, 미각과 관련된 다양한 효능도 있다고 여겨졌다. 수액에서는 당분을 추출할 수 있었고, 잎은 가축의 사료가 되었다. 유연하고 내구성이 강하며 섬유질이 풍부한 나무껍질은 섬유의 재료가 되었는데, '틸리아tilia'라고 불린 그 껍질은 주로 자루나 두레박줄을 만드는 데 쓰였다. 쓸모 있고 예찬을 받던 나무인 보리수는 수호자와 영주처럼 여겨지기도 했다. 그 나무는 교회 앞에 심어졌고, 그 나무의 무성한 잎사귀 아래에서 판결이 내려졌다. (보리수는 이 역할을 느릅나무나 떡갈나무와 공유했다.) 중세 말에는 관상용 나무나 가로수로도 쓰이기 시작했는데, 유럽 전역에서 대규모로 이렇게 이용하게 된 것은 17세기가 되어서였다.[42]

이런 모든 효능과 풍요가 보리수에서 얻은 목재의 이용법에도 영향을 끼쳤을까? 보리수는 부드럽고 가벼워서 가공하기 쉽고, 촘촘하고 고른 나뭇결을 가지고 있다. 그래서 중세에 조각을 하거나 통을 만드는 사람들은 그 나무의 목재를 매우 즐겨 사용했다. 이것은 분명히 물질적 특성 때문이었을까? 호감도가 높은 상징적 특성 때문은 아니었을까? 이 두 가지 특성은 서로에게 어떤 영향을 끼치고 있었을까? 보리수 목재로 만든 치유하는 성인의 조각상은 다른 목재로 만든 똑같은 성인의 조각상보다 더 큰 치료와 예방의 효능을 지닌다고 여겨지고 있었을까? 중세 말의 악기들은 자주 보리수로 만들어져 있다. 그렇다면 이러한 재료를 선택한 것은 그 목재의 부드럽고 가벼운 성질 때문이었을까, 아니면 베르길리우스가 일찍이 『농경시Georgica』 제4권에서 읊은 것처럼 보리수를 유독 좋아하는 벌들의 노래에 대한 기억 때문이었을까?

오늘날 우리가 가지고 있는 지식만으로는 대답할 수 없는 물음들이다. 하지만 역사가는 보리수만이 아니라 다른 나무에 대해서도 이런 물음들을 던질 수밖에 없다. 예컨대 게르만인은 물푸레나무를 하늘과 땅의 중개자로 숭배해서, 그 나무가 벼락과 폭풍우를 일으킨다고 여겼다. 중세에 이 나무는 (창, 투창, 화살과 같은) 투척용 무기의 대부분을 만드는 데 쓰였다. 그렇다면 그런 선택은 그 나무가 지닌 목질의 유연함과 단단함에서 비롯된 것이었을까, 아니면 그 나무를 신들을 위해 싸우는 전사의 무기이자 천상의 불의 나무로 보는, 오래된 신화의 차원에서 비롯된 것이었을까?[43] 겨울 햇빛 아래에서 빛나는 하얀 자작나무는 북유럽 전역에서 악을 쫓아내기 위해서 악령이 씐 사람이나 죄인의 몸을 때리는 회초리를 만드는 데 쓰였다. 이것은 이 나무의 가지가 지닌 유연성 때문이었을까, 아니면 색의 순수함 때문이었을까? 영어에서도 '자작나무birch'라는 말은 '회초리'나 '회초리로 때리다'라는 뜻도 함께 지니고 있다. 자작나무 회초리를 벌을 주는 데 쓴 것은 나무의 물질적 특성과 상징적·신화적 특성 가운데 무엇에 기초해 있는 것일까?

나쁜 나무

이런 물음들은 악한 나무에 대해서도 똑같이 던져볼 수 있는데, 이 경우에는 문제가 훨씬 더 복잡하다. 나무에 관한 믿음이 목재의 이용법과 꼭 일치하는 것이 아니기 때문이다. 주목과 호두나무라는 두 나무를 사례로 살펴보자.

중세 작가들은 하나같이 주목이 지닌 불길하고 섬뜩한 성질을 강조했다.[44] 이 나무는 대체로 다른 나무들이 잘 자라지 않는 (황무지나 이탄이 쌓인 늪지와 같은) 곳에서 애처롭게 외톨이로 살았다. 그리고 기이하리만치 변하지 않는 것처럼 보였다. 그 나무는 마치 악마와 계약을 해서 죽지 않는 성질을 지니게 된 것처럼 늘 변함없이 푸르렀다. 실제로 수많은 전설과 전승들이 주목을 저승이나 죽음과 연결시켰으며, 독일어와 이탈리아어에서 그 나무를 '죽음의 나무todesbaum, albero della morte'라는 이름으로 부른 것도 그런 연상에서 비롯되었다. 그 나무는 묘지에서 흔히 볼 수 있었고, 애도·자살과 관련된 장례의 나무였다. (유다 전설의 어떤 판본에서는 그가 무화과나무 가지에 목을 매어 목숨을 끊은 것이 아니라, 주목에서 추출한 맹독을 마시고 죽었다고 전해진다.) 주목은 공포를 불러일으켰다. 독을 지니고 있었기 때문이다. 잎사귀·열매·껍질·뿌리에도 독이 있었고, 그 나무에서 추출한 즙은 수많은 독의 재료로 쓰였다. 예컨대 햄릿의 아버지를 죽음에 이르게 했다고 셰익스피어가 말한 독도 그로부터 비롯된 것이었다. 어떤 동물도 주목을 먹지 않았는데, 라틴어에서 그 나무를 가리키는 '탁수스taxus'라는 말 자체가 '독toxicum'을 연상시켰다. 이시도루스도 "주목은 독을 추출하는 유독한 나무"라고 썼고, 중세의 백과전서 작가들도 대부분 그 말을 그대로 되풀이했다.[45]

중세에 활과 화살을 만드는 데 주목에서 얻은 목재를 가장 널리 사용했던 것은 이 나무가 지닌 이러한 목숨을 위협하는 특성 때문이었을까? 그 나무의 즙과 목질에 담겨 있는 독에 의지해 적을 쓰러뜨리려 했기 때문이었을까, 아니면 '죽음의 나무'로부터 얻은 목재여서 죽음을 불러오기에 알맞다고 여겼기 때문이었을까? 이도저도 아니라 단순히 주목의 목재가 (거의 물푸레나무만큼이나) 유연하고 내구성이 좋아서 무기를 만들기에 적합했기 때문이었을까? 답하기는 쉽지 않다. 그러나 분명한 것은 중세에 주목에서 얻은 목재를 궁수의 활과 화살을 만드는 데 가장 많이 사용했던 곳이 잉글랜드와 스코틀랜드, 웨일스였다는 사실이다. 이 세 나라는 어느 문화보다도 주목을 두려워하면서도 경외하

던 고대 켈트 문화를 물려받은 곳들이었다.[46]

목재의 특성과 나무가 지닌 악명 사이의 복잡한 관계라는 문제는 호두나무에서 더 뚜렷이 드러난다. 작가들은 하나같이 호두나무를 불길한 나무로 여겼고, 그 나무의 자리를 악마의 나무들 사이에 두었다.[47] 그 나무의 뿌리는 독성이 강해서 주변의 식물들을 죽이고, 축사나 마구간 근처에 그 나무가 자라면 가축이 죽기도 한다고 여겨졌다. 남자든 여자든 이 불길한 나무를 모두 두려워했다. 호두나무 밑에서 잠이 들면 발열과 두통에 시달리게 되고, 악령과 지옥의 악마가 찾아올 수도 있었다. (이런 믿음은 유럽의 다양한 지역들에서 20세기 중반까지 계속해서 이어졌다.)[48] 중세 어원학의 아버지인 이시도루스는 '호두나무nux'와 '해치다nocere'라는 두 낱말 사이에 직접적인 관계를 세워서, "호두나무의 이름은 그 그늘이나 잎사귀들에서 떨어지는 빗물이 주변의 나무들을 해치는 것에서 비롯되었다"[49]고 말했다.

주목이나 오리나무만큼이나[50] 호두나무도 위험하고 해로운 나무였다. 그러나 이런 나쁜 평판이 그 나무의 열매나 잎, 껍질, 목재에는 영향을 끼치지 않은 것 같다. 호두열매는 약품과 먹을거리로 쓰여 중세 사람들에게 대량으로 소비되었다. 그 열매에서 얻은 기름과 다양한 음료는 위험하거나 두렵게 여겨지지 않았다. 호두나무의 뿌리와 껍질도 염료를 제조하는 데 쓰였다. 그것은 갈색과, 중세 유럽에서는 여전히 까다로운 색이었던 검정색을 물들일 수 있게 해주었다. 호두나무 목재는 단단하고 무겁고 강해서 고급 가구나 조각상을 만들 때에 가장 좋은 재료로 선호되던 것들 가운데 하나였다.

요컨대 (15세기부터는 마녀의 나무로 여겨지기도 했던) 호두나무를 둘러싼 상징적·신화적 언설이나 신앙은 그 나무에서 얻은 호두열매나 목재와 같은 산물이 물질문화에서 차지하던 유용하고 필수적인 역할과는 큰 차이를 드러내며 동떨어져 있었다. 중세 말에 똑같은 하나의 마을 안에서 농민들은 아이들과 가축을 호두나무로부터 멀리 떨어뜨리려고 했으나, 목공들은 기꺼이 호두나무에서 얻은 목재를 가공해서 이득을 얻고 있었다. 이러한 차이를 사람들은 어떻게 받아들이고 있었을까? 그것은 무슨 의미였을까? 죽은 호두나무는 해로운 성질을 모두 잃는다고 여겨졌기 때문일까? 그렇다면 누가 감히 그 나무를 베어 넘겼을까? 이것은 기호와 상상의 세계에 속해 있던 것이 그로부터 조금씩 벗어나 해방되어서, 마침내 수공업 · 기술 · 경제의 영역에 속하게 되었다는 사실을 알려주는 것일까?

05

왕의 꽃

중세 백합꽃 문양의 역사를 위한 이정표

역사가들은 (활짝 핀 백합의 모습을 형상화한) '백합꽃 문양'을 경계하고 있기라도 한 것일까? 이런 의문이 생기는 것은 이 문양에 관한 연구 문헌들의 목록이 너무나 보잘것없기 때문이다. 백합꽃 문양은 정치·왕조·예술·표장·상징 등의 모든 영역에서 역사학의 매우 훌륭한 탐구주제이다. 하지만 그것은 중립적인 존재는 아니다. 오히려 그 반대이다. 공화국이 탄생된 뒤에 프랑스에서 백합꽃 문양에 관한 탐구는 이데올로기의 지배를 받거나 당파적으로 독점되어 왔으며, 그 때문에 역사가와 고고학자들의 경계심을 불러일으켰다. 맨 앞에서 그에 관한 탐구를 떠맡고 있던 문장학자들마저도 머뭇거리는 태도를 이어갔다. 그들은 문장의 형상이자 프랑스 군주제의 상징인 이 꽃에 관해 자신들에게 마땅히 기대되었던 총합 작업조차 아직 손대지 않았다.[1]

자료가 부족하지는 않다. 12세기부터 19세기까지 백합꽃 문양은 무수히 많은 사물들과 예술작품들, 기념물들의 곳곳에 모습을 드러냈으며, 역사가에게 곤란하기 짝이 없는 온갖 질문들을 던져왔다. 게다가 그 유명한 샤를 뒤 캉[2]은 물론이거니와 장자크 쉬플레[3]나 세볼 드 생트

마르트[4]와 같은 앙시앵레짐 시기의 학자들은 일부이기는 하지만 이미 작업에 착수해 수많은 증거들을 수집해 놓았다. 그들의 작업은 비록 오래되어 낡고 소박한 경우가 많지만, 대체로 19세기와[5] 20세기 초에 잡다한 분야에서 나타난 연구자들의 작업들보다는 쓸 만하다. 19~20세기의 사료라고 할 수 있는 것들에서 백합꽃 문양은 어느 쪽의 펜으로 기록되든 정치적 호전성[6]이나 지나친 실증주의,[7] 시·공간적 곡예,[8] 신비주의적 망상[9]의 먹잇감이 되기 일쑤였기 때문이다. 이제 중세사 연구자들은 새로운 문제의식에 기초해서 조사와 연구를 다시 시작해야 한다. 오늘날 이용할 수 있게 된 잉글랜드의 레오파르두스나 신성로마제국의 독수리의 역사에 관한 연구들만큼이나, 이 왕가의 꽃의 역사에 관해서도 풍요로운 성과들을 읽을 수 있게 해야 한다.

성모 마리아의 꽃

백합꽃 문양의 조형적 기원에 관해 이야기한 작가들의 대다수는 도상화된 꽃이 실제로 존재하는 백합과는 거의 관계가 없다는 사실을 인정한다. 그러나 그것의 기원에 관해서는 의견이 나뉜다. 붓꽃이라고 하는 사람도 있고, 금작화나 연꽃, 가시양골담초 등으로 주장하는 사람도 있다. 심지어 삼지창이나 화살촉, 도끼, 비둘기, 태양 등에서 비롯되었다는 기발하고 엉뚱한 가설도 있다.[10] 그런데 이런 논의는 몇십 년이나 학자들을 번거롭게 해왔지만, 그다지 가치 있어 보이지는 않는다.

요점은 그것이 분명히 꽃이나 식물적인 소재를 양식화한 형상이고, 그 형상이 수많은 사회에서 장식의 소재나 상징적인 표장으로 사용되어 왔다는 사실을 분명히 하는 데 있다. 실제로 백합꽃 문양은 메소포타미아의 원기둥과 이집트의 부조, 미케네의 도기, 갈리아의 주화, 사산조 페르시아의 직물, 아메리카 선주민의 의복, 일본의 가문家紋 등에서도 발견된다. 하지만 이 문양의 상징적인 의미는 문화마다 다르다. 순수함이나 처녀성의 상징인 경우도 있고, 비옥함이나 풍요로움의 형상, 권력과 주권의 표상으로 나타나기도 한다. 뒷날 중세의 백합꽃 문양에서는 순결·풍요·통치권이라는 세 가지 차원의 상징성이 하나로 합쳐져 나타났다.

중세 유럽에서 사용된 것과 비슷한 백합꽃 문양이 나타난 가장 오랜 사례는 기원전 3천년 무렵의 아시리아 인장과 부조에서 발견된다. 왕관과 목걸이, 왕홀을 장식하고 있는 그 문양은 이미 왕의 징표로서의 역할을 맡고 있었던 것 같다.[11] 크레타섬과 인도, 이집트에서 발견된 조금 뒤의 것들도 비슷한 의미를 지녔을 것이다. 특히 이집트에서 이 꽃은 (북부 지방의 상징인 파피루스와 대비되어) 풍요와 부의 상징인 남부 지방의 표장으로 쓰이고는 했다.[12] 더 뒤에 그리스와 로마, 갈리아의 화폐에서도 백합꽃 문양은 발견된다. 그런데 앞의 두 경우에는 어느 정도 형체가 또렷한 꽃 모양의 장식이었지만, 세 번째 경우에는 이미 본격적인 백합꽃 문양의 형체를 띠고 있어서 훨씬 나중에 중세의 문장에서 사용된 꽃의 모양과 도형적으로 매우 가깝다. 예컨대 기원전 1세기에 [프랑스 중부 오베르뉴에 살던 갈리아 부족인] 아르베르니인이 백금으로 만든 스타테르 주화의 뒷면에는 문장이 등장하기 전에 나타난 백합꽃 문양의 선구로 볼 수 있는 훌륭한 표본들이 존재한다. 이 꽃은 단순히 화폐를 장식하는 역할만 맡고 있었던 것일까? 갈리아 중심 지역의 강력한 부족에게 그것은 통합자의 표장이었을까? 자유나 통치권이라는 관념과 연관된 진짜 상징적 의미를 지니고 있던 것은 아닐까? 이러한 물음에 답하기는 어렵다. 아르베르니인의 화폐 주조, 갈리아나 로마령 갈리아의 일반적인 화폐 상징체계에 관한 우리의 지식은 지나치게 낮은 단계에 머물러 있기 때문이다. 심지어 이 멋진 스타테르 주화는 50년이 지나도록 연대조차 결정하지 못하고 있으며, 앞면의 양식화된 말의 다리 아

래에 있는 것이 무엇인지도 특정하지 못한 채로 남아 있다.[13]

중세 초기에 백합꽃 문양은 줄곧 왕가의 표상이라는 의미를 지니면서, 그와 함께 주로 그리스도와 연관된 강한 종교적 차원의 의미도 가지고 있었다. 그것은 수많은 교부와 신학자들이 되풀이해서 언급하고 주석을 덧붙인, 구약성서 「아가」에 나오는 "나는 들판의 꽃, 골짜기의 백합"(2:1)이라는 구절에 근거를 두고 있었다.[14] 13세기까지 백합이나 백합꽃 문양으로 둘러싸여 있는 그리스도의 모습을 보는 것은 드문 일이 아니었다.[15] 그러나 서기 1천년 이후 성모 신앙이 확산되자, 그리스도와 관련된 이 소재도 점차 마리아의 상징과 결합해갔다. 그 뒤 「아가」의 "가시나무 사이의 백합처럼, 소녀들 사이에 있는 나의 연인"(2:2)이라는 구절과도 연결되었고, 성서와 교부들의 주해서 안의 수많은 구절들에서도 백합은 순수함과 순결함의 상징으로 나타났다. 실제로 봉건시대 이후에 성모 마리아는 원죄에서 벗어나 잉태를 했다고 여겨졌다.[16] 아직 이것은 '무염시태'의 교리로까지 틀을 이룬 것은 아니었다. 그 교리는 19세기가 되어서야 결정적으로 인정되었다. 하지만 순결이라는 소재와 관련된 상징들을 마리아에게 부여하는 전통은 이미 자리를 잡아가고 있었다.

도상에서는 점차 백합이 성모 마리아의 가장 두드러진 상징으로 되어갔다. 이와 관련된 가장 오랜 증거는 옛 주화들에서 찾아볼 수 있다. 성모에게 바쳐진 주교좌성당의 주교가 발행한 11∼12세기의 몇몇 화폐들에서는 앞면이나 뒷면 바탕에 백합꽃 문양이 있는 것이 발견된다. 뒤이어 같은 성당의 참사회 인장에도 오른손에 백합꽃 문양을 쥐고 있는 성모의 모습이 발견된다. 파리의 노트르담에서는 1146년부터,[17] 누아용의 노트르담에서는 1174년부터,[18] 랑의 노트르담에서는 1181년부터 그랬다.[19] 성모를 수호성인으로 한 대수도원과 소수도원들도 재빨리 주교좌성당 참사회의 뒤를 따랐다.[20]

12세기 말과 13세기 초에는 백합을 쥐고 있거나, 백합에 둘러싸인 성모를 나타낸 도상들이 많이 발견된다. 저마다 백합의 형태는 많이 다르지만, 표장적이거나 상징적인 의미가 달라지지는 않았다. 왕관의 단순한 꽃모양 장식인 것도 있고, 자연주의적인 방식으로 정원의 백합을 나타낸 것도 있으며, 문장에서 사용된 것과 같은 완전한 백합꽃 문양을 이미 나타낸 것도 있다. 백합꽃은 왕홀과 왕관에도 나타났고, 망토의 겉에 넓게 흩뿌려지기도 했다. 백합꽃 문양을 성모의 상징으로 사용하는 유행은 13세기에 정점에 이르렀던 것 같다. 중세 말이 되자 도상에서 백합이 출현하는 빈도가 점차 줄어들고, 장미와의 경쟁이 시작되었다. 사랑의 꽃이 순결을 상징하는 꽃보다 우위에 선 것은 성모 숭배가 새로운 방향으로 나아가고 있었음을 보여주는 중요한 증거이다.[21]

왕가의 꽃

프랑스의 왕들이 백합꽃 문양을 문장의 표장으로 선택한 연대와 경위, 나아가 그것이 지닌 의미 등의 문제에 관해서는 수많은 논의들이 이루어져 왔다. 13세기 후반 이후 몇몇 시인들은 그 문제들에 시구를 바쳤다.[22] 다음 세기에는 (대부분 새로 등장한 발루아 왕조의 계승권을 정당화하기 위한 것이었지만)[23] 라울 드 프레슬이 1371년과 1372년 무렵에 성 아우구스티누스의 『신국』 번역서 첫머리에서 했던 이런 설명이 다양한 문학작품들에서[24] 끊임없이 되풀이되었다. 프랑스 국왕은 "축복받은 삼위일체의 징표로서, 세 개의 백합꽃 문양 문장을 보유한다. 이 꽃들은 신의 천사가 최초의 기독교도 왕인 클로비스에게 보낸 것으로 […] 그는 그때까지 방패에 붙이고 있던 세 마리 두꺼비 문양을 대신해서 세 개의 백합꽃 문양을 붙이라는 통보를 받았다."[25]

세 개의 백합꽃 문양이 세 마리 두꺼비를 묘사한 최초의 문장을 대체했다는 이 전설은 16세기 말까지 폭넓게 전해졌다.[26] 그때부터 백합꽃 문양은 (성왕 루이의 시대에 나타난 백합꽃 문양의 세 개의 꽃잎에 대한 해석으로 필리프 4세의 시대에도 통용되던 것처럼)[27] 믿음 · 지혜 · 기사도라는 3개의 미덕의 표현으로 여겨지지 않았고, 프랑스 왕국을 수호하는 거룩한 삼위일체의 상징 그 자체가 되었다. 백합은 프랑스 왕가의 시조인 클로비스가 기독교로 개종할 때에 하늘로부터 전해져서, 곧바로 두꺼비를 대신해 문장의 소재로 자리를 잡았다고 여겨졌다.[28] 클로비스는 세례를 받을 때까지는 몹시 끔찍한 악마적인 형상을 하고 있는 두꺼비를 사용하고 있었다. 십자군 시대에 나타난 이 전설의 다른 판본에서는 두꺼비가 아니라 초승달로 나온다. 그것은 다신교적인 이교를 연상시키는 것도, 악마적인 것도 아니다. 바로 이슬람교의 형상이다.[29]

이 전설은 생명이 길었다. 17세기의 학자들이 매섭게 비판했는데도, 낭만주의와 제2제정(1852~1870) 시대에 역사가들이 쓴 글들에서도 곳곳에서 발견된다. 그들은 전설 안에서 역사적 사실을 찾고 있었기 때문이다.[30] 그러나 오늘날에는 앙시앵레짐 시기 학자들의 현명한 견해에 더는 이견이 제기되지 않는다. 12세기 중반까지는 유럽의 어느 곳에도 문장이라는 것은 없었다. 그리고 프랑스 국왕을 최초로 문장을 사용한 군주 가운데 하나로도 결코 꼽을 수 없다.[31] 카페 왕조의 군주가 백합꽃 문양이 흩뿌려진 유명한 방패를 지니고 있는 모습은 1211년이 되어서야 비로소 인장에서 발견된다. 그리고 거기에 묘사된 인물은 필리프 2세(재위 1180~1223)가 아니라, 뒷날 루이 8세(재위 1223~1226)로 즉위한 맏아들 루이였다.[32]

실제로 12세기 중반에 잉글랜드, 스코틀

그림 3 필리프 2세의 아들인 루이 왕자의 인장

랜드, 프랑스, 네덜란드, 라인계곡, 스위스, 북이탈리아 등의 여러 지역들에서 문장이 탄생하고, 문장체계가 작동하기 시작했다. 그러나 이 시기에 백합꽃 문양은 아직 프랑스의 왕가와 특별한 관계를 전혀 지니고 있지 않았다. 앞서 보았듯이, 이 꽃은 왕권의 상징으로 꽤 오랜 역사를 지니고 있고, 오랜 세월에 걸쳐 서양의 대다수 왕들이 사용해 왔다.[33] 성모 마리아의 징표로 쓰이기도 했는데, 그것은 새로운 용도였다.

카페 왕조의 왕들의 백합꽃 문양이 탄생한 경위는 아무래도 이러한 종교적인 맥락 안에 위치시켜야 할 것이다. 쉬제르[34]와 베르나르[35]라는 두 명의 고위성직자가 개인적으로 성모 마리아에게 헌신을 서약하고, 프랑스 왕국을 그 보살핌 아래에 두려고 애쓰고 있었다. 그들의 영향으로 우선 루이 6세(재위 1108~1137)가, 뒤이어 루이 7세(재위 1137~1180)가 백합꽃 문양을 프랑스 왕조의 표장과 상징 목록에 조금씩 끌어들였다. 카페 왕조 초기의 왕들 가운데 가장 경건했던 루이 7세의 치세 후반에는 백합꽃 문양의 사용이 문장과 상징으로 더 커져갔다. 그때까지 아직 본격적인 문장으로 자리를 잡지는 못했지만, 백합꽃 문양은 이미 완전히 성모 마리아의 꽃이자 왕가의 꽃이었다. 그 뒤 프랑스 국왕은 다른 어떤 나라의 군주들보다 백합꽃을 활발히 사용했다. 마침내 20~30년 뒤인 1180년대 무렵에는 젊은 필리프 2세의 측근들이 당시 구상 중이던 왕가의 문장에서 중요한 위치를 차지할 표장을 찾았을 때, 당연히 이 형상에 생각이 미치게 되었다. 이것은 이미 두 명의 왕의 치세 동안 카페 왕조와 밀접한 관계를 맺고 있었고, 천상의 여왕이 프랑스 왕국에 베푸는 특권적인 보살핌을 강조하는 꽃이었다.

그렇지만 샤를 5세까지의 후대의 왕들이 모두 계속해서 사용한 총총히 흩뿌려진 백합꽃 문양 문장을 필리프 2세가 언제부터 본격적으로 사용하기 시작했는지는 여전히 알 수 없다. 왕의 인장이 찍힌 자국에 모습을 드러낸 백합꽃 문양이 알려주듯이 즉위한 직후인 1180년 무렵부터인가? 아니면 몇 해 지나서 십자군 원정에서 돌아온 뒤인 1192년과 1195년 무렵부터인가? 그것도 아니면 훨씬 시간이 지나서 1200년대가 된 치세 후반기부터인가? 지금까지의 고증으로는 이 물음에 답하기 어렵다. 오늘날 백합꽃 문양이 확인된 방패의 가장 오랜 증거로 남아 있는 것은 루이 왕자의 인장이다. 그러나 이것은 왕실 문장의 색까지 알려주지는 않는다. 색을 지닌 문장을 만나기 위해서는 몇 년 더 기다려야 한다. 그것은 샤르트르 대성당의 높은 곳에 있는 채색유리이다. 1215~1216년에 제작된 것으로 추정되는 이 스테인드글라스에서 비로소 카페 왕조의 문장은 색을 지닌 '청색 바탕에 금색 백합꽃이 흩뿌려진d'azur semé de fleurs de lis d'or' 모습으로 나타난다.[36]

'청색 바탕에 금색 백합꽃이 흩뿌려진' 문장을 결정적으로 채용한 연대가 언제이든, 카페 왕조의 왕들은 필리프 2세의 치세부터 이 꽃의 표장을 그리스도의 어머니와 공유했다. 그리고 그 덕분에 인장과 문장에서 하늘과 땅의 중개자, 곧 신과 그 왕국의 신민 사이의 중개자로 모습을 드러냈다. 이렇게 해서 왕조의 위신을 높이고, 왕정의 앞날을 밝게 내세울 수 있었던 것이다.

우주적 배경

실제로 여러 세기에 걸쳐서 백합꽃 문양을 둘러싸고 이루어진 왕가의 선전들은 모두 이런 관념을 중심으로 유기적으로 연결되어 있었다. 프랑스 국왕은 신민의 영혼을 구원할 책임을 지니고 있으며, 신에게서 그러한 사명을 부여받았다는 관념이다. 왕의 인장과 문장을 장식하고 있는 백합꽃 문양은 이러한 사명을 증명하는 것으로, 종교적 차원에서의 왕의 역할을 강조하고 있었다. 13세기 이후 국왕의 대관식에서는 제단 위에 수많은 백합꽃이 뿌려졌다. 성유를 바르는 의식과 마찬가지로 이러한 의식을 거치면서 프랑스 국왕은 세속사회의 다른 인간들과는 달리 특별한 은총을 받은 존재가 되었다.[37] 신은 프랑스의 국왕에게 연주창을 치유하는 기적을 행할 능력을 부여했다.[38] 그렇게 그는 다른 군주들과 구별되었다.

프랑스 국왕의 이 거룩한 성격과 그 사명의 '하늘로부터'의 기원은 문장에서 '청색 바탕에 금색 백합꽃이 흩뿌려진' 특이한 배치로 매우 강조되었다. 필리프 2세의 치세 이후로 프랑스 국왕은 방패와 깃발, 의복에 백합꽃 문양을 붙일 때에 하나나 셋이 아니라 꽃을 흩뿌린 문양을 선택했는데, 꽃의 숫자는 정해져 있지 않았다. 이러한 특이성은 표장성과 상징성을 동시에 이룬다. 먼저 똑같이 백합꽃 문양으로 장식된 다른 문장들로부터 왕의 문장을 구별한다는 측면에서 그것은 표장적이다. 백합꽃을 총총하게 흩뿌려 놓은 배치는 문장학적으로 독창적인 특징을 지닌다. 이것은 초기의 문장체계에서는 상대적으로 드문 것으로, 프랑스 국왕은 서양의 군주들 가운데에서는 유일하게 이것을 문장의 주요한 형상으로 사용했다.

그런데 이러한 배치는 여기에 강력한 상징적 차원의 의미도 더한다. 곧 뭔가가 총총하게 박힌 그 구조는 별들이 빛나는 하늘이자 우주의 이미지이다. 다시금 이 문장의 기원과, 하늘의 왕과 지상의 대리인인 프랑스 국왕의 특권적인 유대 관계가 강조되고 있는 것이다. 중세의 도상학에서 뭔가를 흩뿌려 놓은 바탕은 대부분 늘 거룩함이라는 관념과 관계가 있다. 그것은 이른바 중립적 바탕인 무늬 없는 바탕과 대립하며, 나아가 줄무늬·얼룩무늬·격자무늬와 같은 부정적인 것을 암시하는 모든 바탕들과 대립한다.[39]

왕권의 맥락에서 뭔가를 흩뿌려 놓은 구조는 성별식과 대관식의 장엄함과 연관되면서 권력의 신성한 기원을 강조한다. 서양의 대부분의 군주들은 대관식에서 별을 흩뿌려 놓은 망토를 걸치고, 가끔은 거기에 초승달이라는 또 다른 우주적 배경을 덧붙였다. 그런데 프랑스 국왕은 그렇게 하지 않고 백합꽃 문양을 총총하게 흩뿌려 놓은 망토를 몸에 걸치고 성별식과 대관식을 치렀다. 곧 그 망토는 그의 문장을 나타낸 것일 뿐 아니라, 프랑스 국왕을 하늘의 여왕의 보살핌 안에 자리잡게 하는 것이었다.[40] 도판 1

그러므로 프랑스 왕가의 문장은 여러 가지 측면에서 평범한 문장이라고 할 수 없었다. 그것은 본질적으로 성모 마리아와 연관되어 있었다. 작가가 알려지지 않은 13세기 말 이후의 여러 문헌들이 밝히고 있듯이 말이다. 그 문헌들은 근대에 이를 때까지 문장관들과 그들의 뒤를 이어 국왕을 위해 일한 역사가들에게 언급되었다. 그들은 이 특이한 문장 안에서 뚜렷한 상징적인 소재를 찾아냈고, 그 소재는 매우 정교한 이데올로기를 구성할 수 있게 해주었다. 백합꽃 문양은 잉글랜드의 레오파르두스, 레온 왕국 · 스코틀랜드 · 노르웨이의 사자, 카스티야 왕국의 성, 신성로마제국 황제의 독수리와는 견줄 수 없을 만큼 왕권을 선전하기 위한 수많은 해석들에 사용되었다. 그래서 프랑스 국왕을 어느 누구와도 견줄 수 없는 군주로 만드는 데 기여했다.[41]

1375년 무렵이 되자 국왕의 문장은 새로운 단계로 접어들었다. 수많은 백합꽃 문양을 흩뿌려 놓은 문장이 세 개의 큰 백합꽃 문장에 자리를 넘기고 물러났다. 앙시앵레짐 말기를 지나 그 뒤에도 이어진 이 새로운 배치는 흔히 생각하듯이 갑자기 나타난 것은 아니었다. 백합꽃 문양의 수가 3개로 줄어든 문장 구성은 이미 루이 8세의 치세부터 모습을 드러냈다. 뒤를 이은 두 왕의 치세에는 그 수가 더 늘어났으며, 특히 왕의 신하나 '관리'의 인장에서 많이 발견되었다. 이따금 흩뿌려진 것에서 세 개의 백합꽃 문양으로 옮겨간 것이 아니라, 백합꽃 문양이 1개뿐이거나 6개, 4개, 2개인 경우도 있었다. 실제로 인장을 새기는 직공이나 장인, 예술가들은 꽃의 수를 채워야 할 공간의 크기에 맞추고 있어서 일반적인 규칙을 찾기 어렵다. 그러나 필리프 3세(재위 1270~1285)의 치세 이후, 특히 1300년대로 접어든 뒤에는 흩뿌려진 백합꽃 문양과, 대개의 경우 3개로 숫자가 줄어든 백합꽃 문양 사이에 꽤 뚜렷한 구별이 생겨났다. 흩뿌려진 백합꽃 문양은 국왕 자신이나 그의 가족에 소유되었으나, 3개의 백합꽃 문양은 위임된 왕권이나 정부, 나아가 탄생되던 행정권을 나타내기도 했다.[42]

똑같은 현상이 잉글랜드에서도 에드워드 3세(재위 1327~1377)의 오랜 치세에 발견된다. 곧 세 마리 레오파르두스 모양의 문장은 국왕과 플랜태저넷 왕가를 나타내고, 숫자를 줄여서 한두 마리의 레오파드루스를 넣은 모양의 문장은 정부와 그 기구, 기관, 거기에서 직무를 담당하는 사람들을 위해 사용되었다.

프랑스에서 총총하게 흩뿌려진 백합꽃 문양이 3개의 백합꽃 문양으로 숫자가 줄어든 것은 삼위일체의 상징과도 관련이 있었다. 실제로 샤를 5세(재위 1364~1380)는 1372년과 1378년 사이에 이러한 변경을 받아들였다. 이제 그것은 성모 마리아가 왕과 왕국에 가져다주는 보살핌을 떠올리게 하는 것이 아니라, '프랑스 왕국에 대한 축복받은 삼위일체의 특별한 사랑'[43]을 상기시켰다. 이것은 새로운 지향이었는데, 프랑스 문장의 기원에서 성모 마리아와의 결합이 옅어진 최초의 징후였다고도 해석할 수 있을 것이다. 샤를 5세의 아들인 샤를 6세(재위 1380~1422)는 치세를 시작할 때부터 자신의 문장에 3개의 백합꽃 문양을 채택한 최초의 왕이었다. 그러나 훨씬 시간이 지난 15세기 전반까지도 그의 숙부나 사촌, 조카들은 총총히 흩뿌려진 백합꽃 문양을 사용했다. 3개의 백합꽃 문양의 새로운 문장이 지닌 군주제와 통치라는 성격과 구분되어, 총총한 꽃이 지닌 왕조적 성격이 그런 식으로 강조되었던 것이다.

공유된 꽃

문장에 백합꽃 문양을 사용한 것은 프랑스 국왕과 그의 가족, 그의 대리인만이 아니었다. 12세기 말 이후 문양으로서의 형상을 오롯이 갖춘 이 꽃은 프랑스와 유럽의 거의 모든 지역에서 대량으로 발견된다. 사자와 독수리, (가로띠무늬·빗금무늬·상부장식무늬와 같은) 두세 개의 기하학적 문양 정도만이 그보다 더 자주 사용되었을 것이다. 지리적으로는 북부네덜란드, 라인강 하류 지역, 브라반트, 아르투아, 고지 브르타뉴, 앙주, 푸아투, 바이에른, 토스카나 등이 중세에 문장에서 백합꽃 문양을 선호했던 지역들이다. 사회적으로는 중하층 귀족의 문장이나 얼마간 문장의 성질을 띤 농민층의 인장에서 백합꽃 문양이 표장으로 즐겨 사용되었다. 특히 노르망디, 플랑드르, 제일란트, 스위스 등의 지역들에서 그것은 농민의 인장에서 가장 많이 사용된 소재였다.[44] 여기에서 백합꽃 문양은 이미 프랑스 국왕과 성모마리아, 삼위일체를 나타내던 것과는 꽤 거리가 멀어졌다. 곧 그것은 개인이나 가문의 표장으로 쓰이는 단순한 도안적인 소재로 바뀌었다.

그렇지만 앙시앵레짐 시기에는 특정한 가문이나 개인, 공동체의 문장에서 백합꽃 문양이 사용된 이유에 관해 지나치게 긴 설명이 (불필요한 말을 늘어놓으며) 시도되었다. 이따금 문장 소유자에게 매수된 작가가 가짜 가문의 계보와 영광스런 조상들을 서슴지 않고 만들어내기도 했다. 카페 왕조의 먼 친척이거나 왕위에 오르는 데 큰 공헌을 한 덕분에 왕에게 문장을 받았다는 식이었다. 물론 자료에 기초해 조작이 이루어지지는 않았다. 프랑스 국왕이 백합꽃 문양을 수여한 사례는 (1389년 알브레 가문과 1465년 메디치 가문과 같은 몇몇 사례를 제외하고는) 언제나 드물었기 때문이다. 대체로 어떤 가문의 문장에 백합꽃 문양이 등장하는 경우에 그 가문의 출신 지역 문장에도 백합이라는 형상이 사용된 빈도가 높다. 아울러 백합꽃 문양은 문장 바탕에서 별무늬나 금색 작은원무늬, 작은고리무늬, 초승달무늬, 마름모꼴무늬 등 문장을 구성하는 다른 작은 형상들과 마찬가지로 '기술적인' 기능을 맡고 있는 경우가 많다. 곧 단색의 바탕을 채우거나, 구성의 균형을 취하거나, 유사한 문장에 차이를 주거나, (십자가무늬 · 엑스자무늬 · 빗금무늬 · 가로띠무늬 등과 같은) 형상과 (가로분할 · 사선분할 · 세로분할 등과 같은) 분할을 채우거나 보완하는 기능을 맡고 있다. 이러한 용도로 어떤 지역에서는 별이, 어떤 지역에서는 작은 고리나 초승달이 선호되었던 것처럼 어떤 지역에서는 백합꽃 문양이 즐겨 사용되었던 것이다.[45]

중세 문장체계에서도 잘 드러나듯이, 유행은 사회적이기보다는 지리적인 것이었다. 어떤 종류의 문장에서는 백합꽃 문양이 '말하는' 형상의 역할을 맡고 있다. 그 문장을 사용한 인물이나 가문, 공동체의 이름과 언어유희의 관계를 이루고 있는 것이다. 1250년 이후 자료로 뒷받침되고 있는 피렌체Florentia의 문장처럼[46] '꽃flos'이라는 낱말을 매개로 결합이 이루어진 것도 있고, 릴Lille의 문장처럼 '백합lilium'이라는 낱말과의 관계로 이루어진 것도 있다. 12세기 말의 인장에서 발견되는 이 문장은 오늘날에도 여전히 이 도시의 상징으로 쓰이고 있다.[47]

그렇지만 공화정이 수립된 뒤에 프랑스 도시들은 백합꽃 문양을 사용하는 데 훨씬 조심스럽게 되었다. 릴의 경우처럼 왕가의 백합꽃 문양과는 아무 관계가 없는 경우에도, 그것은 자주 다른 표장에 자리를 넘겨주어야 했다. 프랑스 대혁명은 문장을 적대시했다. 그래서 1790년 6월 문장 사용의 폐지를 쟁취했으며, 1792년 9월 21일

그림 4 릴의 백합꽃 문양 인장

왕정이 붕괴된 직후부터 왕가의 오래된 상징들, 특히 왕관과 백합꽃 문양에 맞서 전쟁을 벌였다. 몇 개월에 걸쳐 일종의 '문장학적 공포정치'가 이루어졌다. 예컨대 1793년 8월 파리의 생트샤펠 성당의 화려한 뾰족탑을 파괴했는데, 그것이 ('루이'의 머리글자인) 알파벳 엘과 백합꽃 문양으로 장식되어 있었던 것도 영향을 끼쳤다.[48] 아울러 그에 대한 반동으로 혁명기에 백합꽃 문양은 왕당파의 전투적인 표장으로 자리를 잡았는데, 19세기를 거쳐 20세기의 전반까지도 여전히 그러한 성격을 지니고 있었다. 앙시앵레짐의 부활을 꾀한 왕당파의 다양한 운동들은 [프랑스어의 '백합lis'이라는 낱말을] 하나같이 조직적으로 '리스lys'라고 표기했다. (실제로는 중세와 앙시앵레짐 시기에도 똑같이 'lis'라는 표기가 더 빈번히 사용되고 있었지만) 그것을 더 오래되고 고귀한 표기로 여겼기 때문이다. 오늘날에도 여전히 몇몇 작가들의 글에서 이 강력한 상징성을 지닌 꽃의 프랑스어 표기는 중립적이지 않다. 백합꽃에는 '왕당파의 백합꽃 fleur de lys'과 '공화파의 백합꽃fleur de lis'이 있는 것이다.

식물적 군주제

프랑스의 왕정을 '식물적 군주제'라고 표현하는 것은 너무 지나친 비유일까? 시기를 중세로 제한하면 그렇지는 않을 것이다. 프랑스 국왕은 기독교 세계의 통치자들 가운데에서는 드물게 문장에 동물을 사용하지 않은 군주이다. 아울러 식물의 세계에서 표장과 상징의 핵심 부분을 가져온 군주이기도 하다.[49] 첫째는 백합꽃 문양이다. 둘째는 온갖 형태의 꽃 모양 장식들이다. 특히 그 가운데 두 가지 형상은 중세 도상학이 좋아하던 소재인 '생명의 나무'의 상징적인 등가물이었는데, 바로 꽃으로 장식된 막대기와 꽃무늬로 장식된 왕홀이다. 이것들은 11세기부터 카페 왕조 국왕들의 인장에서 모습을 드러냈으며, 앙시앵레짐이 끝날 때까지 왕들의 치세마다 그들과 함께했다.[50] 셋째는 권력의 표상이자 그리스도의 상징이던 종려나무이다. 이것은 일찍이 카롤루스 왕조에서도 왕의 상징으로 나타났는데, 카페 왕조에서는 점차 짧은 왕홀로 모습이 바뀌었다. 그리고 더 시간이 지난 뒤에는 〔'종려나무palma'와 '손바닥palma' 사이의 언어유희에 기초해〕 '정의의 손'으로 바뀌었다.[51] 넷째는 왕관이다. 그것은 백합과 같은 온갖 꽃들로 장식되었을 뿐 아니라, (클로버 · 종려나무 · 샐러리 잎과 같은) 다른 식물의 문양들로 장식되기도 했다. 이런 모든 상징들은 국왕의 인장에서도 발견되는데, 거기에서 그것들은 왕의 인격 · 군주제의 이상 · 왕조의 통치를 나타내는 데 이바지하고 있다.

여기에 식물의 세계에서 빌려온 또 다른 주제나 소재들을 더할 수도 있을 것이다. 다른 유형의 인장이나 도상의 범주에서 주로 발견되는 것들인데, 예컨대 '이새의 나무'와 같은 것들이다. 쉬제르가 좋아했던 이 주제는 12세기 이후 자주 백합의 왕국과 연결되었고, 마침내 실제로 그것의 도상학적 상징이 되었다. 아울러 시대가 조금 더 지난 뒤에 나타난 것이지만, 〔마리아가 그리스도의 잉태에 관해 천사에게서 계시를 받는〕 성모영보聖母領報 도상도 예로 들 수 있다. 거기에도 백합이 늘 등장하며, 온갖 꽃들이 성모를 장식하고 있다. 이것은 중세 말기의 왕과 관련된 도상체계에서 중요한 위치를 차지하고 있다. 발루아 왕가의 국왕들과 모든 분가의 왕족이 14~16세기에 폭넓게 사용했던 수많은 문장학적 · 유사 문장학적 표장들도 있다. 곧 (장미 · 데이지 · 붓꽃 · 수레국화와 같은) 꽃들과 온갖 나뭇잎, 금작화 가지, 호랑가시나무, 장미나무, 오렌지나무와 까치밥나무의 그루터기, 마디가 많거나 잔가지를 쳐낸 홀, 그리스도의 가시관 등과 같은 것들이다. 끝으로 '성왕'이라고 불리는 루이 9세의 그 유명한 참나무도 목록에 넣을 수 있을 것이다. 그것은 정의의 집행에 관한 공식적인 상징이었기 때문이다. 이에 관해서는 장 드

주앵빌(1224~1317)이 의심해볼 여지가 없이 매우 생생한 증언을 남기고 있다. "성왕 루이는 여름에 미사를 마치면 [파리 동부 근교의] 뱅센에 있는 숲으로 자주 갔다. 그곳에서 그는 참나무에 등을 기대고는 우리를 주변에 둘러앉혔다. 해결할 일이 있는 이들은 경호인이나 다른 누군가에게 가로막히는 일이 없이 누구나 찾아와 왕에게 이야기했다."[52]

이처럼 프랑스의 왕정이 자신에게 특별한 이미지를 부여하기 위해 식물의 세계로부터 가져온 표상의 목록은 길다. 물론 그것을 위해 사용된 형상이 식물만은 아니다. 하지만 식물은 언제나 다른 군주들과 구별되어 더 순수하고, 더 적법하고, 더 신성하게 보이려 했던 프랑스 군주제의 본질을 뚜렷이 드러낸다. 구별되기 위해서는 보통의 군주들과는 달라야 했고, 일반적인 국왕의 표장 목록을 가져다 쓸 수는 없었다.[53] 이것은 몇 세기에 걸쳐 프랑스 국왕들이 실행한 상징적 연출의 기본 지침이 되었다.

색과 표장

06

중세의 색

색의 역사는 가능할까?

색은 단순한 물리 현상이나 지각 현상이 아니라, 복합적인 문화의 구성물이다. 그리고 색은 모든 분석을 거부하는 것은 아니지만, 모든 일반화를 거부해 수많은 곤란한 문제들을 낳는다. 아마 이것이 중세 연구에서 색을 대상으로 한 것이 드물고, 역사적 관점에서 신중하고 올바르게 연구한 것은 더더욱 찾아보기 어려운 이유일 것이다.[1] 공간과 시간을 제멋대로 교묘히 다루면서 색에 관한 보편적이고 원형적인 진실을 찾으려는 이들도 있다. 신경생물학을 어설프게 읊어대거나 조잡한 심리학에 기울어진 책들은 마치 그런 것이 있기라도 한 듯이 믿게 한다. 하지만 역사가에게 그러한 진실은 존재하지 않는다. 색은 하나의 사회 현상이므로, 색에 관해 문화를 초월한 진실은 존재하지 않는다.

이런 상황에는 이제까지 색에 관해 고집스럽게 침묵을 지켜온 고고학자나 미술사가, 일상생활을 연구하는 역사가들에게도 어느 정도 책임이 있다. 하지만 그들의 침묵에는 나름의 이유가 있고, 그것은 그 자체로 역사 연구의 소재가 된다. 색을 역사학의 연구대상으로 삼는 데에는 자료, 방법론, 인식론 차원의 어려움이 뒤따른다.

자료의 어려움

첫 번째 어려움은 색이 표현된 매체의 다양성이나 그 매체들이 이제까지 보존되어온 상태와 관련되어 있다. 역사가는 색이 표현된 매체들을 조사하기 전에 꼭 새겨 두어야 할 것이 있다. 오늘날 지난 여러 세기를 거치며 색이 표현되어 전해지는 사물과 이미지는 시간의 작용을 겪어 처음 그대로의 상태가 아니라는 사실이다. 염료의 화학성분이 변화한 것도 있고, 인간의 행위에서 비롯된 것도 있다. 덧칠을 하거나, 색을 바꿔 칠하거나, 닦아내거나, 유약을 바르거나, 앞 세대가 덧칠해 놓은 색을 벗겨내는 등의 행위들로, 이는 그 자체로 특유한 역사적 현상이다. 그래서 나는 매우 세련된 기술을 써서 기념물과 미술품의 색을 '복원'하거나, 더 곤란하게도 처음의 색 상태로 돌려놓으려는 실험적인 계획들을 마주하면 언제나 당황스럽다. 그러한 계획들에서 드러나는 과학적 실증주의는 공허하고 위험할 뿐 아니라, 역사가의 사명과는 대립된 것으로 여겨지기 때문이다. 시간의 작용은 역사적 · 고고학적 · 예술적 탐구의 구성요소이다. 그런데 그것을 부정하고 없애버리려 해도 괜찮을까? 역사의 진실은 처음 그 상태의 것만이 아니다. 그것을 바탕으로 시간이 만들어낸 것도 포함한다. 특히 색은 더욱 그러하므로, 세대와 세기, 시대가 저마다 만들어낸 변색과 덧칠 행위를 소홀히 다루어서는 안 된다.

오늘날 우리가 사물과 이미지의 색을 볼 때의 조명 환경이, 중세 사회만이 아니라 아직 가정용 전기가 보급되지 않은 모든 사회의 그것과 완전히 다르다는 사실도 결코 가볍게 여기지 말아야 한다. 횃불이나 등잔불, 온갖 종류의 촛불이 만들어낸 빛은 전기가 가져다준 빛과는 다르다. 이미지와 미술품, 기념물을 연구하는 역사가들은 이런 사실을 충분히 고려하고 있을까? 가끔은 깜빡하고 비상식적인 결론을 이끌어내기도 하는 것 같다. 최근에 이루어진 [바티칸] 시스티나 예배당의 둥근 천장 복원공사를 돌아보자. 이 공사에서는 미켈란젤로가 남긴 '처음의 신선하고 순수한' 색을 되찾으려고 온갖 기술과 매체를 동원해 엄청난 노력이 기울여졌다. 분명히 이러한 작업은 조금 거슬리는 측면이 있지만 호기심을 자극한다. 하지만 전기 조명을 비추어 드러난 색의 층들을 살피며 연구하는 것은 완전히 시대착오의 오류에 빠진 것이다. 실제로 2004년의 조명을 비춘 미켈란젤로의 색에서 우리는 무엇을 볼 수 있을까? 그것은 시간과 인간이 16세기부터 19세기까지 서서히 이루어 낸 변화보다 더 큰 왜곡을 불러오는 변형은 아닐까? 이렇게 이른바 역사적 · 고고학적 '진실'을 지나치게 추구하다 보면, 가끔은 진짜 재앙에 이르기도 한다. 과거의 증언과 현대의 호기심이 만나 중세의 유적이 파괴되고 훼손된 사례들을 보면 범죄 행위처럼 여겨지기도 한다.

끝으로 16세기 이후 역사가와 고고학자들이 판화와 부조, 뒤이어 사진이라는, 대부분 흑백으로 된 이미지를 기초로 작업하는 데 익숙해져 있다는 점에도 주목해야 한다. 실제로 그들은 4세기 가까이 흑백 자료만 이용해서 회화를 비롯한 도상 자료들을 살펴볼 수 있었다. 그래서 역사가와 미술사가의 사고방식과 감수성의 상태도 얼마간 흑백화하였고, 이는 (고대와 중세 문화에서는 결코 구별되지 않았던) 흑백의 세계와 본연의 색의 세계를 더욱 분리시키는 데 한몫했다. 역사가는 (특히 미술사가는 다른 어떤 분야의 연구자들보다 더) 흑백 이미지가 넘치는 자료와 문헌, 정기간행물, 도상 자료실을 이용해서 일을 하는 데 익숙해져 있다. 그래서 최근까지도 중세라는 시대를 회색이나 흑백으로 된 세계이거나, 색이 완전히 결여된 세계처럼 생각하면서 연구를 해왔다.

요즘에는 천연색 사진이 사용되지만 상황은 그다지 바뀌지 않았다. 적어도 아직까지는 그런 것 같다. 겨우 몇십 년 만에 바뀌기에는 사고방식의 습관이 너무나 깊게 뿌리박혀 있기 때문이다. 아울러 천연색 사진 자료가 여전히 고가품인 점도 영향을 끼쳤다. 미술책은 비싸고, 슬라이드 필름을 이용하는 데에도 돈이 많이 든다. 아울러 도상을 디지털화한 기초자료는 색을 상당히 왜곡시키는데, 빨간색과 녹색, 특히 (잘 알려져 있듯이 중세 미술 연구의 중심인) 금색을 잘 재현하지 못한다. 연구자나 학생들이 미술관이나 도서관, 전람회장, 자료관 등에서 간단한 슬라이드 작업을 하는 것도 여전히 쉽지 않다. 곳곳에 어려움이 놓여 있어서 그들의 의욕을 떨어뜨리거나, 아니면 그들을 불합리한 금전적 갈취로 몰아넣는다. 이 모든 것들이 그들을 원래의 작품과 자료들만이 아니라, 천연색 복제물로부터도 멀어지게 한다. 나아가 재정의 측면에서 어느 정도 납득이 되지만, 학술지 편집자나 운영 책임자들도 자신들이 맡은 출판물에서 천연색 도판을 제한하거나 배제하기 일쑤이다. 그래서 인문과학에서 색을 다루는 것은 지금도 여전히 사치스런 일이고, 대다수 연구자들에게는 잘 손이 가지 않는 영역이다.

지금도 도상의 영역에서 첨단기술에 기초해 (컴퓨터를 사용한 디지털화나 원거리 전달, 분석, 재구성 등처럼) 과학적으로 가능한 것과, 도상을 연구하는 학생이나 역사가의 장인적이고 일상적인 작업 사이의 격차는 여전히 크게 벌어져 있다. 그들은 과거로부터 전해진 도상 자료를 검토하려고 할 때마다 갖가지 장벽에 부닥친다. 이미 21세기의 과학 세계에 깊게 들어와 있으면서도, 뛰어넘기 어려운 재정적 · 제도적 · 법적 장벽에 가로막혀 있는 것이다.

이러한 지적은 결코 사소한 것이 아니다. 오히려 자료 편찬에 큰 영향을 끼치는 요인이자, 특히 미술사의 영역에서는 지금과 같은 상황을 만들어낸 원인이기도 하다. 물질적 · 법적 · 재정적인 장벽들이 겹겹이 놓여 있어서 색을 비켜서 다른 뭔가로 피하는 경향이 나타났던 것이다. 도대체 얼마나 많은 학생들이 채색삽화와 스테인드글라스, 회화에 관한 연구를 시작했다가 포기했을까? 원자료에 접근하는 데 겪는 어려움, 자료를 보유한 시설의 경계심, 사진을 판매하는 기관들의 사실상의 갈취, 연구 성과를 학술지에 원색으로 수록할 수 없는 상황 등의 여러 이유들 때문에 말이다. 그래서 예나 지금이나 변함없이 예술품 자체를 연구하기보다는 예술가의 전기나 예술에 관한 이론적 논증을 하는 데 집중하는 편이 더 낫다고 여겨지고 있다.

방법론의 어려움

두 번째 어려움은 방법론과 관련된 것이다. 중세 연구자는 도상이나 사물, 미술품에서 색의 위상과 기능을 이해하는 데 늘 어려움을 겪는다. 실제로 색을 다루다 보면, 물질·기술·화학·도상학·예술·상징 등의 다양한 범주에서 온갖 문제가 동시에 생겨난다. 그렇다면 도대체 어떻게 조사를 진행해야 좋을까? 어떤 물음을, 어떤 순서로 던져야 할까? 하지만 지금껏 어떤 연구자나 연구팀도 학계 전체에 도움이 될 만한 알맞은 해석의 틀을 전혀 제시해주지 못했다. 그래서 연구자는 늘어만 가는 의문들과 수많은 변수들을 앞에 두고는 자신의 논증에 도움이 될 만한 것만 다루고, 그렇지 않은 것은 제쳐두기 일쑤이다. 이는 모두가 흔히 쉽게 저지르지만, 분명히 잘못된 작업 방식이다.

게다가 중세 사회가 남긴 자료는 문자로 된 것이든 도상이든 결코 중립적이지 않고, 언제나 똑같은 의미를 지니고 있지도 않다. 자료들은 저마다 특수성을 지니고 현실에 대한 고유한 해석을 나타내고 있다. 다른 분야를 연구하는 역사가들과 마찬가지로 색의 역사를 연구하는 이도 이런 점을 고려해 자료의 범주마다 해석과 기능의 규칙을 마련해야 한다. 특히 텍스트와 이미지는 사용하는 화법이 다르므로 서로 다른 방법으로 탐구하고 다루어야 한다. 하지만 이 명확한 사실이 쉽게 잊히곤 하는데, 그런 경향은 특히 도상학자와 미술사가들에게서 두드러진다.

그들은 도상 자체에서 의미를 찾으려 하기보다는 다른 것, 특히 텍스트에서 비롯된 것을 갖다붙이곤 한다. 하지만 중세 연구자는 선사시대 연구자가 (동굴벽화와 같은) 도상을 다루는 방식을 받아들일 필요가 있다. 아무런 텍스트도 가지고 있지 않은 그들은 텍스트에서 비롯된 것을 도상에 투영하지 않고, 도상 자체를 분석한 것에서 가설과 실마리, 의미를 찾아내려 한다. 역사가나 미술사가도 적어도 분석의 첫 단계에서는 선사시대 연구자들의 이런 모습을 본받으려 노력해야 할 것이다.

반드시 (판화, 스테인드글라스, 태피스트리, 세밀화, 벽화, 모자이크 등의) 연구 자료를 우선시해야 한다. (색의 상징성, 도상학적 관습, 현실의 관용적 표현 등과 같은) 일반적이거나 자료를 넘어선 차원의 가설이나 설명을 찾으려 하기보다 먼저 색의 '왜'와 '어떻게'에 관해 자료가 알려주는 것을 모두 찾아내려고 해야 한다. 물리적으로 실현되어 있는 매체와의 관계, 차지하고 있는 넓이, (여기에서도 다른 경우들과 마찬가지로 결여는 역사 연구의 좋은 자료이므로) 존재하는 색과 존재하지 않는 색, 색을 이용한 구성 방식, 배치와 율동의 전략 등이다. 색은 도상 바깥의 모든 규정화에 앞서, 주어진 자료를 통해서, 나아가 그 자료를 위해서 내부에서 먼저 규정화하여 존재한다. 연구자는 먼저 이러한 내적 분석을 물질적 · 연속적 · 통사적 차원에서 수행한 뒤에야 다른 실마리를 찾고 다른 분석을 시도할 수 있다. 어떤 색이 존재하는 이유를 텍스트에 대한 충실성이나 도상학적 관습, 문장적 · 표장적 · 상징적 기능을 통해 증명하는 설명은 모두 연구하는 사물이나 이미지 속의 색에 관한 자체의 구조 분석을 끝마치고 나서 두 번째 단계에서나 해야 하는 일이다. 물론 이것은 그러한 설명이 적절치 않다는 뜻은 아니다. 단지 두 번째 여정에서 불러들여야 한다는 것일 뿐이다.

그리고 어떤 형태로든 이미지나 예술작품 안에서 색의 '사실적인' 어떤 의미를 찾으려 해서는 안 된다. 중세의 이미지는 결코 사실을 '사진처럼' 모사하고 있지 않다. 형태의 측면에서든 색의 측면에서든 결코 그렇지 않다. 예컨대 13세기의 세밀화나 15세기의 스테인드글라스에 빨간색 옷이 표현되어 있다고 해서, 이를 현실의 옷이 실제로 빨간색이었다고 받아들이는 것은 순진하고 시대착오적인 잘못된 생각이다. 아울러 이는 방법론 차원에서도 크게 잘못되었다고 할 수 있다. 모든 이미지에서 빨간색 옷은 파란색 · 검은색 · 녹색이나 그 밖의 붉은색을 지닌 다른 옷들과 대비되어 빨간색이다. 다른 옷들은 같은 이미지 안에 있을 수도 있고, 다른 이미지에서 빨간색 옷에 반향을 하거나 대비되어 나타나 있을 수도 있다. 색은 결코 혼자서 나타나지 않는다. 한 가지 색이나 여러 가지 색들과 묶이거나 대비될 때에야 비로소 존재 이유를 찾고, 어떤 의미를 떠맡는다.

중세의 어떤 이미지도 정확하고 자세한 색깔로 현실을 재현하고 있지 않다. (오늘날 수십만 점이나 천연색 도판이 전해지는) 채색삽화들도 그렇고, 그 밖의 다른 미술 기법들로 된 것들도 마찬가지이다. 이미지에 관한 텍스트도 다르지 않다. 모든 문헌 자료들도 현실에 관해 특수하고 부정확하게 증언하고 있다. 중세의 연대기 작가가 어떤 상황에서 어떤 국왕이 몸에 걸친 망토가 파란색이라고 말했다고 해서, 그것이 망토가 실제로 파란색이었음을 뜻하는 것은 아니다. 물론 망토가 파란색이 아니었다고 할 수 있는 것도 아니다. 그런 식으로는 문제를 제대로 이해하지 못한다. 색에 관한 모든 묘사와 모든 주해는 이데올로기에 기초해 있다. 사소하기 짝이 없는 재산목록이나 틀에 박힌 공증문서도 마찬가지이다. 심지어 어떤 대상의 색에 관해 말하거나 말하지 않은 것도 매우 의도적인 선택의 결과이다. 그 선택은 경제적 · 정치적 · 사회적 · 상징적인 문제들을 반영하며, 특정한 맥락 위에 자리하고 있다. 서기나 공증인이 색의 본성과 특질, 기능을 밝히는 이런저런 말을 앞에 늘어놓은 경우도 마찬가지이다.

인식론의 어려움

세 번째 어려움은 인식론과 관련된 것이다. 색에 관해 오늘날 우리가 사용하고 있는 정의와 개념, 분류를 중세의 여러 세기에 만들어진 이미지와 기념물, 예술작품, 사물들에 그대로 투영할 수는 없다. 중세 사회에 존재했던 정의와 개념, 분류가 아니기 때문이다. 시대착오의 위험은 자료의 온갖 구석에서 역사가를, 특히 이미지나 예술품을 연구하는 역사가를 호시탐탐 노리고 있다. 다음과 같은 사실들을 돌아보면, 색의 정의와 분류에 얼마나 큰 위험이 놓여 있는지를 알 수 있다. 예컨대 중세에 (모든 색채 체계의 양극단으로 여겨지던) 검은색과 흰색은 줄곧 '완전한 색'으로 인지되고 있었다. 아울러 색의 스펙트럼과 스펙트럼 분포는 17세기 후반 뉴턴의 발견이 등장할 때까지 알려져 있지 않았다. 원색·보색이라는 관념도 같은 세기부터 점차 구성되기 시작했으나, 본격적으로 자리를 잡으려면 19세기까지 더 기다려야 했다. 나아가 따뜻한 색과 차가운 색의 대비도 시대와 사회마다 완전히 다른 방식으로 관습적으로 작동한다. 앞서 말했듯이 중세 유럽에서 파란색은 따뜻한 색으로 여겨졌다. 때로는 모든 색들 가운데 가장 따뜻한 색으로까지 여겨지기도 했다. 그러므로 회화 연구자가 판화·세밀화·스테인드글라스를 대상으로 따뜻한 색과 차가운 색의 비율을 조사하면서 13세기와 14세기에도 오늘날과 마찬가지로 파란색이 차가운 색이었다고 단순히 생각한다면 완전한 오류에 빠져 어리석은 결론에 이를 것이다. 따뜻한 색과 차가운 색, 원색과 보색이라는 관념, 스펙트럼 분포와 색상환, 색의 식별과 〔두 색을 가까이 동시에 볼 때 서로 간섭이 일어나는〕 동시 대비의 법칙 등은 보편적인 진리가 아니라, 동적인 앎의 역사의 한 단계를 이루고 있는 것들이다. 따라서 이것들을 무분별하게 다루거나, 고대와 중세 사회에 섣부르게 적용해서는 안 된다.

스펙트럼의 사례를 짧게 살펴보자. 뉴턴의 실험과 스펙트럼의 발견, 색채 스펙트럼의 분석이 이루어진 뒤로 우리에게는 녹색이 노란색과 파란색 사이의 어딘가에 자리하고 있다는 것이 의심할 수 없는 사실로 받아들여진다. 사회의 수많은 관습들, 과학적인 계산, (무지개와 같은) '자연의' 증거들, 온갖 종류의 일상적인 실천들이 우리에게 그것을 끊임없이 상기시키거나 증명해주고 있다. 그런데 중세의 사람들에게 그러한 것들은 의미가 완전히 달랐다. 중세의 어떤 색 체계에서도 녹색은 노란색과 파란색 사이에 있지 않았다. 노란색과 파란색은 같은 위계에 있지 않았고, 같은 기준선 위에 놓여 있지도 않았다. 그러므로 이 두 색은 과도적 단계도, 녹색과 같은 '중간'도 가질 수 없었다. 분명히 녹색은 파란색과는 가까운 관계에 있었으나, 노란색과는 아무런 관계도 없었다. 나아가 도료든 염료든, 노란색과 파란색을 섞어서 녹색을 만드는 방법을 알려주는 처방은 15세기까지 존재하지 않았다.[2] 물론 화가나 염색업자는 녹색을 만드는 방법을 알고 있었다. 하지만 노란색과 파란색을 섞어서 녹색을 만들지는 않았다. 마찬가지로 파란색과 빨간색을 섞어서 보라색을 만들지도 않았다.

이처럼 역사가는 모든 시대착오적인 추론을 경계해야만 한다. 색에 관한 자신의 물리·화학적 지식을 과거에 비추지 말아야 할 뿐 아니라, 스펙트럼에 기초한 색의 계열화와 그것에서 비롯된 모든 사변을 절대불변의 진리로 여기지 말아야 한다. 민족학자처럼 역사가도 스펙트럼을 단지 색을 분류하는 다양한 체계 가운데 하나로 여겨야 한다. 어떤 체계가 오늘날 널리 알려져 있고, 인정을 받고, 실험으로 '증명'되고, 과학적으로 분석·입증되어 있다고 해도, 어쩌면 두세 세기 뒤에는 웃음거리나 시대에 뒤처진 것으로 받아들여질 수도 있다. '과학적 증명'이라는 것도 그 자신의 역사와 근거, 이데올로기적이고 사회적인 관점을 지니는, 뚜렷이 문화적인 관념이다. 아리스토텔레스는 색을 스펙트럼의 순서로 분류하지 않았다. 하지만 그 시대의 지식과 관련지어 말하면 '과학적으로' 증거를 제시했다. 아울러 존재론적이라고 할 수는 없더라도, 자신의 분류의 물리적·광학적 올바름을 증명했다. 적어도 기원전 3세기에서는 그러했다.[3]

과학적 증명이라는 관념은 그렇다 해도, 현대인과 결코 다르지 않은 시각기관을 가지고서도 색의 대비를 다르게 지각하는 중세 사람들은 도대체 어떻게 이해해야 좋을까? 실제로 나란히 놓인 두 색이 우리에게는 강렬하게 대비되는 것으로 보이는 경우에도, 중세에는 약하게 대비되는 것으로 보였을 수 있다. 반대로 나란히 놓인 두 색이 우리 눈에는 그리 두드러져 보이지 않지만, 중세 사람들의 눈에는 거슬렸을 수도 있다. 실제로 (카롤루스 시대부터 12세기까지 귀족의 옷에서 가장 빈번히 이루어진 색의 조합인) 빨간색과 녹색이 나란히 놓인 것이 색의 대비가 약한 것으로, 심지어 거의 (같은 계열의 두 가지 색을 사용한) 단색화와 같은 것으로 여겨지기도 했다. 그런데 오늘날 이것은 원색과 보색을 대치시켜 색의 대비가 강한 것으로 여겨진다. 정반대의 사례도 있다. 오늘날 우리에게 스펙트럼에서 서로 가까이 놓인 두 색인 노란색과 녹색의 배합은 그다지 눈에 잘 띄지 않게 색의 대비가 이루어진 것으로 받아들여진다. 하지만 중세에 그것은 표현할 수 있는 것들 가운데 가장 강렬한 대비를 이루는 것이었다. 그래서 어릿광대의 복장이나, 위험하고 규범에 어긋나고 악마적인 행위로 여겨지는 것을 강조하는 데 쓰였다.

역사가의 임무

앞에서 다룬 자료·방법론·인식론의 어려움은 색에 관한 모든 문제들에서 문화적 상대주의를 부각시킨다. 그 문제들은 사회·문화적 맥락을 벗어나서는, 아울러 시간과 공간의 범위 바깥에서는 다룰 수 없다. 이런 이유에서 색의 역사는 기술사나 고고학사, 예술사, 과학사이기에 앞서 사회사이다. 사회학자와 인류학자에게 마땅히 그렇듯이, 역사가에게도 색은 무엇보다 사회현상으로 정의된다. 색을 '만드는' 것은 사회이다. 예술가도 학자도, 생체기관도 자연풍광도 아니다. 색을 정의하거나 의미를 부여하고, 색에 관한 규칙과 의의를 구성하고, 색의 실천을 체계화하거나 쟁점들을 결정하는 것은 사회이다. 인간은 혼자서가 아니라 사회 안에서 살아간다. 그러므로 색에 관한 문제들도 언제나 사회적인 것으로 나타난다. 이를 이해하지 못하면 신경생물학적 단순화나 위험한 과학주의에 빠져서, 색의 역사를 세우려는 모든 시도도 헛되이 끝날 것이다.

색의 역사를 시도하는 역사가의 작업은 이중의 진행방식으로 이루어져야 한다. 첫째, 중세 사회에서 색의 세계가 어떠한 것이었는지를 이해하려고 시도해야 한다. 그러기 위해서는 어휘와 이름붙이는 방식, 색소의 화학과 염색 기술, 의복 체계와 그것의 근간을 이루는 규칙, 일상생활과 물질문화에서의 색의 위상, [색에 관한] 권력기관의 규제와 성직자의 교화, 과학자의 사변과 예술가의 창조 등과 같은, 색의 세계를 이루고 있는 모든 요소들을 살펴보아야 한다. 조사하고 살펴보아야 할 것이 넘쳐나므로, 수많은 복잡한 문제도 생겨난다. 둘째, 역사가는 통시적으로 한정된 문화 영역으로 범위를 제한해서, 관습적 실천이나 규칙, 체계만이 아니라 변동과 소멸, 혁신과 융합까지도 연구해야 한다. 이러한 것들은 역사에서 관찰할 수 있는 색의 모든 양상에 영향을 끼친다. 언뜻 보기와는 달리, 이 작업은 첫 번째 것보다도 훨씬 어렵다.

이런 이중의 과정에서 모든 분야의 자료들이 검토되어야 한다. 색은 본질적으로 모든 분야의 자료를 가로지르고, 학문의 경계를 아우르는 것이기 때문이다. 하지만 어떤 특정한 분야가 다른 분야보다 활용도가 높은 것도 사실이다. 예컨대 어휘가 그렇다. 다른 경우에서처럼 여기에서도 말의 역사는 알맞은 정보가 담긴 수많은 과거의 지식을 가져다준다. 색과 관련된 어휘는 모든 사회에서 색의 첫 번째 기능이 신호를 보내고, 강조하고, 분류하고, 계층화하고, 결합시키거나 대비하는 것임을 잘 보여준다. 아울러 염색 · 직물 · 복식도 활용도가 높은 분야이다. 이 것들은 특히 화학적 · 기술적 · 물질적 · 전문적인 여러 문제들과, 사회적 · 이데올로기적 · 표장적 · 상징적 문제들이 가장 긴밀히 얽혀 있다. 끝으로 학문과 언설의 영역도 꼽을 수 있다. 색이라는 문제와 관련된 학문적 언설들은 사변적 · 신학적 · 윤리적이며, 때로는 미적이기도 하다. 중세 초기에 그러한 언설은 드물었지만, 11~12세기를 거치며 늘어나서 13세기에 이르러서는 풍부해졌다. 이는 특히 신학자와 학자들이 빛의 본성과 구조에 관해 수없이 많은 질문을 던졌기 때문이다.

학문적 사변

얼핏 보기에도 중세의 과학자는 색에 관해서 그다지 많은 말을 남기지 않았다. 이러한 색에 관한 고유한 발언의 빈곤함은 빛에 관한 물리학 · 형이상학 문헌의 풍부함과 뚜렷이 대조된다. 13세기는 광학에서 뛰어난 성과를 거둔 중세의 세기였다.[4] 안경이 발명되었고, 렌즈에 관한 수많은 실험이 행해졌으며, 맹인에게 관심이 기울여졌고, 그리스도를 빛의 신으로 만든 결정적인 세기였다. 하지만 색의 본성이나 지각에 관해 더 자세히 아는 것에는 그다지 흥미가 없었던 것처럼 보인다. 백과전서 문헌들과 대중적 저작들, 광학에 관한 수많은 논고들에서도 색의 문제에는 아주 작은 공간만 할당되었고, 그리 혁신적이라고도 할 수 없었다. 그것도 대부분 무지개에 관한 사변 안에서만 다루어졌다.

하지만 무지개에 관한 사변은 다양했고, 새로움을 가져오고 있었다. 무지개는 가장 뛰어난 학자들의 주의를 끌어모았는데, 그들 가운

데 일부는 신학자들이었다. 그들은 모두 아리스토텔레스의『기상학Libri
Meteologicorum』이나 아랍의 광학에 관한 문헌, 특히 이븐 알하이삼*의 광
학 이론을 되풀이해서 읽었다. 이렇게 해서 서양 기독교 사회에서 무지
개에 관한 담론은 시적·상징적 차원에서 벗어나 진짜 물리적인 것으
로 나아갔다. 그래서 아치의 곡률이나 태양과의 위치 관계, 구름의 성
질, 빛의 반사와 굴절 현상 등을 고려하게 되었다.[5] 작가들의 생각이 일
치하기에는 아직 멀었지만, 이 분야에 관해 알고 증명하고 싶은 그들의
욕구는 컸다. 이러한 작가들 가운데에는 13세기 중세 과학사를 대표하
는 인물들인 로버트 그로스테스트[6]나 존 페캄,[7] 로저 베이컨,[8] 디트리히
폰 프라이베르크,[9] 비텔로[10] 같은 이들도 있었다. 하지만 그들은 모두
무지개에 관해 길게 이야기했지만, 이 특정한 주제를 벗어나 색의 본성
이나 지각에 관한 지식을 실질적으로 발전시키지는 않았다. 이 많은 작
가들이 주로 몰두했던 것은 무지개에서 보이는 색의 수와 정렬 순서를
확정하는 문제였다. 그들의 생각은 3색·4색·5색으로 나뉘었다. 로
저 베이컨**만이 파란색·녹색·빨간색·회색·분홍색·흰색의 여섯
가지 색으로 숫자를 늘리고 있었다.[11] 스펙트럼, 다시 말해 우리가 알고
있는 근대의 무지개와 관련이 있는 배열이나 배열의 일부를 제안한 이
는 아무도 없었다. 그러기에는 너무 일렀다. 모든 이들, 아니면 거의 모
든 이들이 무지개를 공기보다 조밀하게 물기를 머금은 환경을 거치면
서 햇빛이 약해지는 것으로 보았다. 논쟁은 주로 빛의 반사와 굴절, 흡
수, 그것의 길이와 각도 등의 문제를 둘러싸고 벌어졌다. 고대와 아랍
문화로부터 수많은 논증과 증명들이 전해졌다. 시각으로 색을 인식하

---

* 이븐 알하이삼(Ibn al-Haytham, 965?~1039) : 수학·물리학·철학·천문학·의학 등
다양한 분야에서 업적을 남긴 중세 아랍의 학자. 그가 쓴『광학의 서Opticae thesaurus』는
로저 베이컨과 케플러와 같은 유럽의 학자들에게도 큰 영향을 끼쳤다.
** 로저 베이컨(Roger Bacon, 1220?~1292) : 영국의 프란체스코회 수도사로 이븐 알하
이삼의 영향을 받아 빛의 방향, 반사와 굴절, 눈의 구조 등에 대한 글을 남겼다.

는 문제에 관해 의사나 백과전서 작가가 내세운 설명들도 모두 그러했던 것처럼 말이다.

이 마지막 문제에 관해서 중세는 거의 아무런 혁신도 가져다주지 않았고, 심지어 아주 오래된 이론에 얽매여 있었다.[12] 여전히 기원전 6세기에 피타고라스가 말한 것처럼, 눈에서 내쏘는 광선이 대상의 형체와 '성질'을 받아들여 전달한다고 여기고 있었는데, 색도 그러한 '성질' 안에 확고히 자리 잡고 있었다. 아니면 더 흔하게는 플라톤을 계승해서, 눈에서 나온 시각적인 '불'과[13] 지각되는 물체가 내보내는 입자의 조응 관계에서 색의 지각이 이루어진다고 생각하기도 했다. 시각적인 불을 구성하는 입자가 대상이 뿜어내는 빛을 구성하는 입자보다 크거나 작은 것에 조응하여 눈이 색을 지각하게 된다는 것이었다. 아리스토텔레스는 (주위의 환경, 물체의 재질, 보는 자의 정체성 등의 중요성을 내세워) 색의 지각에 관한 이 절충이론을 보완했는데, 이는 새로운 성찰로 향하는 길을 열었다. 그래서 (갈레노스가 강조했던) 눈의 구조와 갖가지 막과 체액의 성질, 시신경의 역할 등에 관한 지식이 발전되었으나, 중세에는 줄곧 고대 그리스로부터 물려받은 ('송환'과 '송입'이라는 개념에 기초한) 이 이론들이 지배적이었다.*

요컨대 엄격히 말해서, 시각으로 색을 인식하는 문제에 관한 중세 과학의 성과는 빈곤하기 짝이 없었다. 하지만 색을 연구하는 역사가를 오

---

* 오늘날에는 17세기 케플러 이후 대상에 반사된 태양광선이 망막 위에 일으킨 신경자극이 뇌에 전달되어 나타나는 것으로 시각을 이해한다. 하지만 고대와 중세에 시각에 대한 설명은 '송입(intromission)'과 '송환(extramission)'의 두 학설로 크게 나뉘었다. 송입설은 대상 자체가 눈으로 '매개물'을 전송해서 시각이 이루어진다고 보는 것이다. 데모크리토스를 비롯한 원자론자들은 대상이 입자와 같은 뭔가를 내보낸다고 생각했고, 아랍의 이븐 알하이삼과 13세기의 로저 베이컨은 순수형상을 내보낸다고 보았다. 반대로 송환설은 인간의 눈에서 광선처럼 보내진 '자연적 힘'이나 '영적 힘'이 외부의 빛을 통과해 대상에 도달한 뒤에 대상의 형체나 색을 받아들여 눈과 혼으로 전달한다고 보는 것이다. 플라톤에게서 비롯된 이 학설은 고대나 중세의 학자들에게서 더 폭넓게 받아들여졌다.

롯이 빈털터리 상태로만 몰아넣는 것은 아니다. 광학에 관한 수많은 문헌들에서 유효한 정보를 어느 정도 추려낼 수 있기 때문이다.

첫째, (모든 신학자에게 받아들여지지는 않았으나) 모든 과학자들에게는 색은 빛에서 비롯된 것이라는 생각이 받아들여지고 있었다. 곧 빛은 다양한 사물이나 환경을 가로지르면서 옅어지거나 어두워지는데, 수량·단단함·순수성에 따라 감도가 달라지면서 다양한 색이 생겨난다는 것이다. 따라서 색을 하나의 기준선 위에 놓으면 모든 색은 양쪽의 끝을 이루는 흰색과 검은색 사이에 놓이면서, 오롯이 색의 세계의 일부가 되었다. 이 기준선 위에서 색은 스펙트럼의 순서가 아니라, 12세기에 재발견되어 17세기까지 교육되던 아리스토텔레스의 학설에 기초한 순서로 놓였다. 흰색·노란색·빨간색·녹색·파란색·검은색의 순서였다. 연구 대상이 어떤 분야이든 이 여섯이 기본색이었다. 때로는 7이라는 숫자에 맞추기 위해 일곱째 색이 더해지기도 했다. 그 색은 보라색으로, 파란색과 검은색 사이에 놓였다. 실제로 중세에는 보라색이 빨간색과 파란색의 혼합으로 여겨지지 않았다. 오히려 현실의 전례 관습 등에서 드러나듯이,[14] 반半 검은색이나 검은색 계열로 여겨졌다. 이는 라틴어에서 보라색을 가리키는 가장 일반적인 낱말이 (검정에 가까운 이라는 뜻의) '수브니게르subniger'였던 것에서도 뚜렷이 확인된다.

둘째, 시각으로 색을 인식하는 문제에 관해 언급한 작가들은 아리스토텔레스로부터 비롯된, 모든 색은 변화한다는 생각을 대부분 받아들이고 있었다. 색은 빛처럼 움직이며, 접하는 모든 것을 변화시킨다. 그러므로 시각으로 색을 인식하는 것은 동적인 행위로, (플라톤의 표현을 빌리면) '시각의 불'이 지각된 물체로부터 나온 빛과 만나서 이루어진다. 어떤 작가도 직접 표현하지는 않았지만, 몇몇 과학·철학 문헌에서는 이런 추론도 이루어지고 있었다. 색이라는 현상이 생기는 데에는 빛·빛을 받는 물체·수신기로도 발신기로도 기능하는 시선이라는 세

가지 요소가 반드시 필요하다는 것이었다. 이는 아리스토텔레스와 그 후계자들의 이론보다 단순한 (결과적으로 근대적인) 이론이었다. 아리스토텔레스의 이론은 4대 원소의 상호작용, 곧 빛의 불(불), 물체의 소재(흙), 눈의 체액(물), 광학적 매체의 변조기 역할을 담당하는 주위의 공기(공기)의 상호작용을 둘러싸고 형성되어 있었기 때문이다.

모든 과학자에게는 색이 무엇보다 빛이었지만, 신학자에게는 그렇지 않았다. 고위성직자들에게는 더더욱 그러했다. 12세기 이후에는 성 베르나르처럼 생각하는 이들이 드물지 않게 되었다. 그들에게 색은 빛이 아니라 물질이었다. 그래서 비천하고 무익하고 업신여겨야 마땅한 것이므로 기독교 교회에서 몰아내야 한다고 믿었다. 색을 빛과 동일하게 여기며 색을 선호하는 고위성직자도 있었지만, 색을 물질로만 보고 색을 혐오하는 고위성직자도 있었다. 사제와 수도사, 신도들이 교회 안에서 볼 수 있던 색들은 수도회를 창시하거나 교회를 세운 고위성직자가 색에 대해 품고 있던 인식과 관련되어 있었다. 그리고 그 고위성직자가 뛰어난 신학자이자 과학자라면, 역사가에게 문제는 복잡하면서도 흥미로운 것으로 된다. 로버트 그로스테스트(1175~1253)가 그런 경우에 해당한다. 13세기 최고의 학자 가운데 하나인 그는 옥스퍼드 대학의 과학적 사고의 창시자이자, 그 도시에서 오랫동안 프란체스코회 수장의 지위에 있다가 1235년 (잉글랜드에서 가장 넓고, 인구도 가장 많은 주교구인) 링컨의 주교 자리에 오른 인물이다. 무지개와 빛의 굴절을 연구한 과학자로서의 사고, 빛을 모든 육체의 기원으로 보는 신학자로서의 사고, 링컨의 주교좌성당을 부분적으로 재건하면서 수학과 광학의 법칙에 주의를 기울이던 건설자이자 개혁가인 고위성직자로서의 판단, 색을 둘러싸고 이것들 사이에서 나타날 수 있었던 다양한 관계들을 세부적으로 연구하는 것은 의미 있는 일일 것이다.[15] 그런 의문은 존 페캄(1230?~1292)에게도 똑같이 적용할 수 있을 것이다. 프란체스코회의 학자인 그는 옥스퍼드의 교사로서 『광학총론Perspectiva communis』이라는, 중세말까지 가장 폭넓게 읽힌 광학 이론을 남겼다. 하지만 삶의 마지막 15년은 잉글랜드 교회의 수장인 캔터베리 대주교로 보냈다.[16]

사회의 관습

이제 학자들의 사변과 신학자들의 논쟁은 제쳐두고, 중세 사회의 평범한 사람들에 주의를 기울여 보자. 곧바로 두 가지 질문이 제기된다. 그들은 언제, 어디에서 색을 보았을까? 우리는 가끔 중세에 관해 지나치게 비참한 이미지를 떠올리지만, 오히려 일상생활에서 색은 중요한 자리를 차지하고 있었다. 사회의 극빈층이 바라보는 풍경도 무색은 아니었다. 하지만 중세의 색은 색 나름이었다. 대체로 거의 모든 것에 (왕실에서는 먹을거리나 개, 말, 독수리 같은 동물의 털이나 깃털 등에도) 색이 입혀졌지만, 모든 색이 똑같은 차원으로 여겨지지는 않았다. 뚜렷하고, 빛이 나며, 채도가 높고, 확실한 색들이 '완전한 색colores pleni'으로 여겨졌다. 이러한 색들은 빛을 내뿜는 생명과 기쁨의 원천으로 받아들여졌다. 그런 색은 대상에 밀착해서 시간의 경과와 세제, 햇빛에도 바래지 않았는데,[17] 어떤 장소, 어떤 상황에서나 만날 수 있는 것이 아니었다. 오직 어느 특정한 장소에서만, 특정한 종류의 전례나 축제, 의식과 관련된 때에만 만날 수 있었다.

그런 장소를 대표하는 것은 교회였다. 색을 혐오하는 고위성직자도 있었지만, 그들이 다수파는 아니었다. 카롤루스 시대부터 15세기까지 교회는 줄곧 크기와 상관없이 여러 색으로 풍부히 장식된 색의 전당이었다.[18] 벽과 바닥, 천장, 창문, (언제나 색이 칠해져 있던) 조각 장식에서는 고정된 색을 볼 수 있었다. 그리고 여기에 의례에 사용하는 물품이나 의복, 전례서, 다양한 축제에서 일시적으로 사용하는 (대부분 직물로 된) 장식과 같은 움직이고 변화하는 색이 더해졌다. 13세기 이후에는 미사 자체가 단순한 의례가 아니라 행사처럼 되었고, 전례의식에서 색이 맡는 역할은 더욱 커졌다.[19] 도판3

색이 지닌 이러한 연극성은 세속의 공간에서도 나타났다. 권력을 드러내는 공간이나 의례가 존재하는 왕궁과 법정과 같은 장소에서 특히 그러했다. 나아가 축일은 언제이든 풍성하고 떠들썩하게 색을 연출할 기회가 되었다. 그런 날에는 연기하는 자만이 아니라 관객도 보통 때보다 훨씬 많은 색을 사용했다. 12세기 후반부터 수가 늘어난 기마시합이나 마상창시합은 가장 두드러진 세속의 사례였다.[20] 구경거리나 전투의 한복판에서 색은 시각적이고 의례적인 기능을 담당했다. 문장의 색은 그 가운데에서 가장 중요한 자리를 차지하고 있었다.

문장은 12세기에 출현했지만, 1200~1220년대부터 실질적으로 사용되었다. 그리고 (지역에 따라서는 일찍부터 장인과 농민의 문장이 존재했듯이) 모든 사회계층과 범주로 확산되었고, 문장에 관한 규칙들도 고정되어 전통으로 자리를 잡았다.[21] 그 규칙 체계의 한가운데에서 색은 매우 중요한 역할을 맡고 있었다. 색은 (흰색 · 노란색 · 빨간색 · 파란색 · 검은색 · 녹색의) 여섯 가지로 제한되었는데, 프랑스어 문장 용어에서는 〔흰색은〕은색argent, 〔노란색은〕금색or, 〔빨간색은〕입색gueule, 〔파란색은〕청색azur, 〔검은색은〕모래색sable, 〔녹색은〕석간주색sinople*과 같은 특별한 이름을 사용했다.**

중세 말 서양에서는 문장이 물질적으로 확산되면서 모든 공간과 모든 상황에서 이러한 색들을 볼 수 있게 되었다. 문장은 마을에서도 일

---

* 흑해 연안의 Sinópe에서 처음 발견된 질이 좋은 붉은 흙을 가리키는 'Sinópis'라는 말에서 비롯되었다. '석간주'라고도 불린 이 붉은 흙은 산화철을 많이 함유하여 안료 등으로 사용되었는데, 중세의 색 감수성에서 녹색은 붉은색과 가까운 색이었다.
** 한국어로 옮길 때 문장의 색을 나타낼 때에는 흰색은 은색, 노란색은 금색, 빨간색은 적색, 파란색은 청색, 검은색은 흑색, 녹색은 초록색으로 표기해 구분했다.

상적인 풍경의 일부를 이루었다. 모든 교구의 교회들이 13세기 중반 이후에는 사실상 문장의 '박물관'이 되었기 때문이다. 이러한 문장들은 언제나 채색되어 있었다. (둥근 천장의 요석이나 묘지석 등에) 조각되어 있는 경우에도 채색되었다. 색은 문장을 해독하고 확인하는 데 꼭 필요한 요소였기 때문이다. 이런 점에서 문장은 13세기 이후 색의 지각이나 색에 대한 감수성이 변화하는 데에도 큰 영향을 끼쳤다. 먼저 (오늘날에도 적어도 일상생활에서 여전히 기본적인 색인) 흰색 · 검은색 · 빨간색 · 파란색 · 녹색 · 노란색을 서양 문화의 '기본적인' 여섯 가지 색으로 만드는 데 영향을 끼쳤다. 아울러 문장체계에서 정하고 있어서 다른 것들보다 자주 나타난 특정한 배색을 눈에 익숙하게 만들고, 거꾸로 (빨간색과 검은색, 녹색과 파란색, 파란색과 검은색을 나란히 놓는 것처럼) 문장체계에서 금지하고 있는 배색을 꺼리거나 드물게 하는 데에도 영향을 끼쳤다. 나아가 눈이 색을 민감하게 받아들이게 했고, (동일면에 펼쳐진) 넓이étendue만이 아니라 (이면에 겹쳐진) 깊이épaisseur도 감지하게 했다. 실제로 문장에서는 면들이 겹쳐지는 것도 기본적인 (의미작용을 이루는) 통사론의 요소로 쓰이는데, 서로 겹쳐진 색의 층을 구별할 수 있어야 이러한 면들을 눈으로 식별할 수 있었다. 이처럼 문장은 예술을 비롯한 모든 분야에서 나타난 색의 지각과 유행, 상징체계에 결정적인 영향을 끼쳤다.

그러나 문장의 영향이 이토록 컸지만, 일상생활에서 색의 매체로 가장 중요한 지위에 있던 것은 문장이 아니라 옷이었다. 흔히 생각하는 것과는 달리, 중세에도 모든 옷은 염색되어 있었다. 가난뱅이의 옷도 마찬가지였다.[22] 염색도 다양했다. 사치스런 옷과 초라한 옷을 구별하는 것은 염색한 직물과 염색하지 않은 직물의 구분이 아니었다. 특정한 색의 선택이나 유행도 아니었다. 염색한 색의 내구성이나 농도, 선명함 등이 잣대가 되었다. 부유층이나 권력층에 속한 사람들은 선명한 색상의 옷을 입었다. 염료가 직물의 섬유에 깊게 스며들어 햇볕에 노출되어도, 세탁을 되풀이해도, 시간이 지나도 쉽게 바래지 않는 색의 옷이었다. 반대로 가난뱅이와 서민들은 빛바랜 회색 같은 색의 옷을 입었는데, 이것은 그 옷들이 값싼 염료로 염색되어 있었기 때문이다. 그러한 염료는 대부분 식물성이었고, 직물의 겉면에만 스며들어 물이나 햇빛에 쉽게 빛이 바랬다.

중세의 복식 습관에서 나타난 가장 커다란 색의 차이는 아마 이 점에서 비롯되었을 것이다. 부유한 자도 가난한 자도 같은 색의 옷을 입었다. 하지만 부유한 자의 옷은 색이 짙고, 빛나고, 오래 유지되었다. 반대로 가난한 자의 옷은 색이 옅고, 흐리고, 쉽게 빛이 바랬다. 예컨대 (파란색을 몸에 걸친 최초의 왕이기도 한) 루이 9세는 치세 후반에 이르러 유독 파란색 옷을 즐겨 입었다.[23] 그런데 13세기 중반에는 왕국의 대부분의 농민들도 똑같이 파란색 옷을 입고 있었다. 경작지에 많이 자생하던 십자화목의 대청을 이용해 직접 염색한 옷이었다.[24] 물론 똑같은 파란색은 결코 아니었다. 왕의 파란색은 선명하고, 짙고, '왕에 어울리는' 것이었다. 농민의 파란색은 옅고, 회색빛을 띠고, 빛바랜 것이었다. 13세기의 관점에서 보면 결코 같은 색이 아니었다.

일상생활의 색

이는 매우 중요한 사실인데, 실제로 색의 역사를 연구하는 역사가는 색이 어떻게 지각되고 있었는지를 탐구하자마자 다음 사실을 곧바로 깨닫게 된다. 어휘 현상, 사회관습, 경제활동, 종교적·시민적 윤리, 유행의 초점이 되던 것 등으로부터 얻은 갖가지 증언을 살펴보면, 중세인의 눈에 짙고 빛나는 파란색은 빛바래고 칙칙한 파란색보다는 똑같이 짙고 빛나는 빨간색이나 노란색, 녹색과 더 가까운 것으로 지각되고는 했다는 사실이다. 색의 선명함, 짙음, 채도 등의 요인이 같은 색조에 속해 있는 것보다 더 중요하게 여겨졌던 것이다.[25] 그래서 직물이나 옷에서 가격과 등급, 사회적 분류는 무엇보다 색의 선명함이나 짙음과 먼저 관련되어 있었다. 그 다음에 (빨간색, 파란색, 녹색과 같은) 색조가 고려되었다. 이는 문장과는 분명히 구별된다. 문장에서 색은 대부분 추상적인 범주로 다루어진다. 그래서 색이 어떤 매체 위에서, 어떤 기법으로 표현될 때에 나타나는 미묘한 색감의 차이는 고려되지 않았다.

옷도 문장이나 상징과 같은 것이 될 수 있었으며, 이러저러한 색으로 인물의 신분과 지위, 존엄성 등을 표현하는 중요한 역할을 맡길 수 있었다는 사실도 알 수 있다. 이는 아마 문장의 영향으로 12세기 이후에 기독교 사회에서 특별히 발전한 의복 색의 기능이라고 할 수 있을 것이다. 이런 분류학적 기능과 가장 먼저 관련되는 것은 색상이나 두세 가지 색의 조합이다. 하지만 (선명한지 흐린지, 짙은지 옅은지, 얼룩이나 무늬가 있는지 없는지, 보들보들한지 꺼칠꺼칠한지 등과 같은) 색의 물질적인 성질도 중요한 지시와 분류의 역할을 할 수 있다. 중세 사람들의 눈은 소재와 재료의 질을 판단하는 데 익숙했다. 그래서 어떤 색의 직물이든 손으로 만져보지 않더라도 한눈에 그러한 것들을 분간할 수 있었다.

끝으로 1140년대 이후 중세의 옷도 인기와 유행이라는 현상을 벗어나지 못했으며, 이것은 자주 색과 관련되어 있었다는 사실도 확인할 수 있다. 이전 세기와 비교해서 이 분야에서 거의 혁명이라고 할 만큼 두드러지게 나타난 사건은 사회의 모든 계층에서 파란빛을 띤 색이 승리를 거둔 일이었다. 이 '파란색 혁명'은 프랑스에서 1140년대에 시작되어 12세기 후반에 크게 퍼졌고, 다음 세기에는 신성로마제국을 비롯한 모든 곳에서 승리를 거두었다.[26] 이것은 사회와 감수성의 측면에서 매우 중요한 현상이었다. 그로부터 서양 문화에 새로운 색의 질서가 도입되었고, 우리는 지금도 여전히 부분적으로는 그 질서에 기초해 살아가고 있기 때문이다. 고대 사회는 파란색을 중시하지 않았고, (그것을 야만인의 색으로 여긴) 로마인은 그다지 좋아하지도 않았다. 중세 초기에도 그것은 그다지 눈에 띄지 않는 색이었다. 그런데 1140년 이후 파란색은 갑작스럽게 예술 창조의 모든 형식 안으로 빠르게 파고들었다. 그것은 그리스도와 마리아의 색이 되었고, 뒤이어 왕족과 군주의 색이 되었다. 12세기 말 이후에는 사회생활의 수많은 분야에서 빨간색과 경합을 벌이기에 이르렀다. 다음 세기에 파란색은 중요한 지위 상승을 이루었고, 마침내 1300년대가 되자 파란색은 어느새 빨간색을 대신해 유럽 민중이 선호하는 색이 되었다. 그 지위는 지금까지도 유지되고 있다.

직물과 옷에서 나타난 이런 파란색의 지위 상승은 다른 색들의 하락을 불러왔다. 하지만 빨간색은 그다지 영향을 받지 않았다. 파란색이라는 강력한 경쟁자가 생겨났으나 빨간색은 옷에서 여전히 큰 존재감을 드러냈다. 옷과 일상생활에서 빨간색의 하락을 보려면 16세기까지 더 기다려야 했다. 녹색과 노란색은 달랐다. 특히 노란색은 더욱 그러해서, 1200년대를 지나면서 서양에서는 노란색 옷을 입은 남녀를 찾아보기 어렵게 되었다. 군주의 세계만이 아니라 평민의 세계에서도 그러했다. 아울러 그 무렵부터 어떤 종류의 색의 조합, 곧 파란색과 흰색, 빨간색과 흰색, 검은색과 흰색, 빨간색과 파란색의 조합이 그때까지는 볼 수 없던 인기를 누렸다. 하지만 다른 종류의 조합, 곧 노란색과 빨간색, 노란색과 녹색, 빨간색과 검은색, 카롤루스 시대 이후 귀족의 옷에서 가장 즐겨 사용되던 배색인 빨간색과 녹색의 조합은 인기를 잃었다.[27]

이와 같은 인기와 유행의 최초의 현상을 마주하면서 언제나 역사가는 중세의 남녀가 자신들을 둘러싼 다양한 색의 아름다움과 추함을 어떻게 판단하고 있었는지 묻게 된다. 하지만 아쉽게도 이러한 물음에 답하는 것은 거의 불가능한 일이다. 시대착오의 오류에 빠질 위험이 연구자를 호시탐탐 노리고 있을 뿐 아니라, 연구자가 언어의 굴레에서 벗어나 조사를 해갈 수 없기 때문이다. 아름다움과 추함은 중세의 자료에서 무엇보다 먼저 어휘의 문제이다. 그런데 존재와 사물의 진짜 색과 개인들이 저마다 지각한 색, 작가들이 저마다 이름 붙여 나타낸 색들 사이의 차이는 매우 클 수 있다. 게다가 반드시 분명히 해 두어야 할 것은, 중세사 연구자는 이른바 개별적인 시선과 취향을 결코 파악할 수 없다는 사실이다. 모든 것들이 타자의 시선을 통해서, 나아가 사회체제의 시선을 통해서 나타나 있기 때문이다. 따라서 색들에 부여된 가치, 아름다움과 추함에 관해 이런저런 미묘한 어감으로 표현된 판단들도 무엇보다 먼저 도덕적·종교적·사회적 성찰에 기초해 있다.[28] 아름다운 것은 대부분 늘 알맞고 절제되고 정상적인 것이다. 물론 오롯이 미적 쾌락에 기초해 색을 감상하는 경우도 있다. 그러한 쾌락은 특히 자연의 색과 관련이 있었다. 조물주의 작품이어서 아름답고 순수하고 적법하고 조화로운 색으로 여겨졌기 때문이다. 하지만 시인들의 증언은 남아 있지만, 역사가는 이러한 색의 순수한 쾌락을 연구할 준비가 되어 있지 않다. 이 경우에도 역사가는 시인들의 작업의 기초인 언어와 문학적 공정의 굴레에 묶여 있기 때문이다.

게다가 쾌락과 조화, 아름다움이라는 관념도 카롤루스 시대만이 아니라 12~15세기에도 21세기의 그것과는 같지 않고, 오히려 크게 다르다. 앞에서 이미 말했듯이 색의 조합과 대비를 지각하는 방법조차 우리와는 달랐다. 그렇다면 중세로부터 전해진 색의 아름다움과 추함을 어떻게 판단해야 할까? 우리는 그 색들을 처음 그대로의 상태로 보고 있는 것이 아니라, 시간을 거치며 만들어진 상태로 보고 있다. 아울러 대부분 중세의 조건과는 거의 같지 않은 빛과 조명 아래에서 그것을 보고 있다. 우리의 시선도 중세와 똑같은 성질, 똑같은 가치, 똑같은 조화를 추구하지 않는다. 오늘날 우리가 정말로 중세의 작가들처럼 밝음과 빛남, 칙칙함과 흐릿함, 밋밋함과 민무늬를 구별할 수 있을까?[29] 이런 개념들이 우리에게는 잘 구별되지 않지만, 예전에는 똑같지 않았고 심지어 비슷한 것도 아니었다. 마찬가지로 다색 장식의 효과도 오늘날 우리가 중세와 똑같이 받아들일 수 있을까? 중세에는 여러 색이 같은 면에 자리하고 있으면 불쾌한 인상을 받았으나, 여러 개의 면이 서로 겹쳐져 깊은 느낌이 있는 것은 매우 기꺼이 받아들였다.[30] 중세에 색은 이렇게 지각되고 감상되었던 것이다. 하지만 오늘날 우리에게 이 두 종류의 다색 장식은 거의 아무런 차이가 없는 것처럼 받아들여진다.

색에 관한 보편적인 진리는 존재하지 않는다는 사실을 역사가는 잠시도 잊지 말아야 한다. 이는 색의 정의와 실천, 의미에만 해당되지 않는다. 색의 지각도 마찬가지이다. 모든 것이 문화에 깊게 얽매여 있다.

07

흑백 세계의 탄생

종교개혁기까지의 교회와 색

 빨간 옷은 보는 이와 상관없이 빨간색일까? 색에 관한 가장 원초적이고 기본적인 이 복잡한 물음에 관해 18세기로 접어들 때까지는 어떤 신학자나 과학자도 깊게 돌아보지 않은 것 같다. 중세에는 이런 물음 자체가 시대에 걸맞지 않았다. 색이 지각현상으로 정의되지 않고 실체로 여겨졌기 때문이다. 곧 색은 사물을 감싸고 있는 물질적인 포장이나 빛의 한 부분으로 여겨졌다. 1780년대가 되어서야 일부 철학자들이 색을 감각으로, 다시 말해 빛이 비춰진 색소에 대한 감각이 눈에 받아들여져 뇌로 전달된 것으로 정의하기 시작했다. 그리고 이런 정의는 현대로 들어선 뒤에야 비로소 다른 모든 정의들보다 우위에 설 수 있었다.

 대부분 성직자이던 중세의 작가들에게 색은 감각이 아니라, 신학의 문제로 받아들여졌다. 초기 기독교의 여러 세기 동안 수많은 교부들이 색에 관해 언급했고, 그들의 뒤를 이어서 수많은 중세 신학자들도 그 문제를 다루었다.[1] 그들이야말로 화가·염색업자·문장관보다 훨씬 앞서 나타난 최초의 색 전문가들이었다. 신학자들은 글에서 색을 자주 다루었다. 은유의 형태를 띤 것도, 상징의 형태를 띤 것도 있었다. 하지만 색은 늘 지상의 인간과 신적인 것과의 관계 안에서 다루어졌다. 다른 어떤 것보다도 물리학이나 빛의 형이상학과 관련된 근원적인 문제를 던지고 있었기 때문이다.

중세 신학에서 빛은 감각의 세계에서 눈에 보이면서도 비물질적인 유일한 영역이었다. 빛은 말로 표현할 수 없는 것이 가시화된 것으로, 말 그대로 신적인 것의 발현이었다. 그래서 이런 물음들이 던져졌다. 색은 비물질적인 것일까? 고대와 중세 초기의 몇몇 작가들이 (완전히 다른 방법이기는 했지만) 뉴턴보다 훨씬 앞서 단언했듯이, 그것은 빛이거나 적어도 빛의 한 부분이지 않을까?[2] 색은 물질적인 것일까? 그것은 사물을 감싸고 있는 단순한 포장일 뿐이지 않을까? 색에 관해 중세 사람들이 제기한 문제들은 사변적 · 신학적 · 윤리적 · 사회적인 것들만이 아니라 경제적인 것조차도 모두 이런 물음과 연결되어 있었다.

이 문제는 가톨릭 교회에게는 중요한 의미를 지니고 있었다. 색이 빛의 한 부분이라면, 그것은 존재론적으로 신적인 성질을 지니게 된다. 신은 빛이기 때문이다. 그러면 지상에서 색이 차지하는 공간을 넓히는 일은 어둠이 차지한 공간을 줄이는 것, 곧 신의 영역인 빛의 범위를 넓히는 일이 된다. 이런 관점에서 색은 빛에 대한 추구와 뗄 수 없는 관계에 놓인다. 하지만 반대로 색이 물질적인 실체로 단순한 포장에 지나지 않는 것이라면, 그것은 결코 신성의 발현이 아니게 된다. 오히려 천지창조의 위업에 인간이 쓸데없이 덧붙인 인위적인 것일 뿐이다. 이런 관점에서는 색과 싸우고, 전례와 성전에서 색을 쫓아내야 한다. 색은 무익하고, 부도덕하고, 해로운 것이기 때문이다. 그것은 죄를 지닌 인간이 신과 화해하는 길로 '옮겨가는 것transitus'을 방해한다.

이는 단순히 사변적 · 신학적인 것이 아니라, 물질문화와 일상생활에도 실질적인 효력과 영향력을 지닌 문제였다. 답변의 내용에 따라서 기독교도의 환경과 행위에서, 그들이 자주 찾는 공간과 자주 바라보는 도상에서, 그들이 입는 옷과 쓰는 물건들에서, 색의 지위가 결정되었기 때문이다. 특히 교회와 전례에서 색이 맡는 지위와 역할도 정해졌다.

빛인가, 물질인가

고대 후기부터 중세 말기까지 답변은 다양하게 나타났다. 신학자와 고위성직자들은 언설과 실천의 차원에서 색에 관해 어떤 때는 호의를, 어떤 때는 적의를 보였다. 하지만 역사가는 그들의 태도에 관해 연대와 지역별로 도표를 정확히 작성할 만큼의 정보를 가지고 있지 않다. 다만 교부들은 비교적 색에 적의를 보이고 있었다. 성서가 색에 관해 그다지 많이 언급하고 있지 않다는 사실을 알고 있었기 때문이다.[3] 그들은 색을 하찮은 것, 시간과 돈을 헛되이 쓰게 하는 쓸데없는 꾸밈, 본질로부터 눈을 돌리게끔 하는 거짓된 가면 정도로 보고 있었다. 요컨대 사물의 진실을 은폐하는 허위라는 것이었다.[4] 심지어 '색color'과 '숨기다celare'라는 낱말 사이에 관계가 있다고 생각하는 작가들도 있었다.[5] 색은 숨기고 은폐하고 속이는 것이었다. 20세기의 몇몇 학자들의 생각도 이 오래된 어원학적 사고와 같았다. 그들도 '색'이라는 낱말을 '숨기다'라는 관념을 떠올리게 하는 라틴어의 어휘 집단에 서슴지 않고 포함시켰다. 곧 앞서의 '숨기다'를 비롯해 '남몰래clam', '은밀한clandestinus', '눈꺼풀cilium', '지하실cella', '독방cellula', '안개caligo'와 같은 어휘들이다. 이 낱말들은 모두 같은 어근을 바탕으로 이루어져 있다.[6]

그러나 모든 교부들이 이런 생각에 동조하지는 않았다. 오히려 색을 예찬하던 이들도 있었다. 그들에게 색은 빛이지, 물질이 아니었다. 그것은 밝음과 따뜻함, 햇빛이었다. 그래서 '색color'과 '열calor'이라는 두 낱말을 연결시키는 이도 있었다. "색colores은 불이나 햇빛의 열기calore에서 생겨나 그렇게 불린다"고 이시도루스가 제시한 어원학이 13세기까지 폭넓게 인용되고 해석되었다.[7] 오히려 카롤루스 시대에는 이 두 번째 태도가 더 지배적이었던 것 같다. (유감스럽게도 이에 관해서는 연구가 그다지 이루어져 있지 않지만) 그 뒤 색에 관한 논의는 도상에 관한 논의와 긴밀히 결합되었다. 그리고 (787년에 열린) 제2차 니케아 공의회 이후 색은 기독교 성전 안으로 우르르 몰려들었다.[8] 예외는 있었으나 생드니의 수도원장이던 쉬제르에게서도 드러나듯이, 교회를 세운 대다수의 고위성직자들은 색을 애호하는 쪽이었다. 색을 애호하는 이러한 경향은 카롤루스 왕조와 오토 왕조의 시대, 로마네스크 시대를 거치며 교회 안으로 깊게 침투했다.

그런 흐름에 맞선 최초의 적대적인 반응은 11세기 말과 12세기 초에 나타났다. 그것은 초기 기독교의 가치와 실천 습관으로의 복귀를 지향하던 대규모 운동과 관계가 있었다. 이런 운동은 주로 수도원 세계를 무대로 했으나 세속 세계에도 영향을 끼쳤다. 그래서 사치·도상·색에 관한 논의들이 교회의 전면에 다시 등장했고, 공공의 광장에도 모습을 드러냈다. 이에 관해서는 당연히 성 베르나르라는 인물이 맡았던 역할에 관해 살펴보아야 할 것이다. 그는 (예수의 수난에 관한 도상만을 유일하게 허용했던) 유명한 성상 파괴자였고, 무시무시한 '색 파괴자'였다. 그러나 이 클레르보 수도원장이 도상에 보인 태도에 관해서는 많이 다루어지고 있지만, 그가 색의 세계·색에 관한 문제들과 맺고 있던 관계는 제대로 살펴지지 않고 있다.[9] 거의 모든 문제들이 아직 충분히 연구되지 않은 상태이며, 채색삽화·스테인드글라스와 관련된 문제만이 일부 논의되고 있을 뿐이다. 하지만 그마저도 연구는 충분치 않거나 제대로 이루어져 있지 않다.[10]

분명히 베르나르는 유일한 사례가 아니었다. 1120~1150년 무렵에 다른 고위성직자와 신학자들도 사치의 금지와 예술적 금욕주의에 관한 그의 사상을 일부 공유하고 있었다. 수도사들을 대상으로 한 말이기는 했으나, 그의 사례는 색을 둘러싼 진짜 쟁점을 가장 명확하고 깊게 보여준다고 할 수 있을 것이다. 이는 무엇보다 그가 가지고 있던 명성 덕분이지만, 그가 사용한 어휘와 개념, 그만의 독특하고 놀랄 만한 감수성 때문이기도 하다. 베르나르에게 색은 빛이기 이전에 물질이었다. 그러므로 그에게는 색조가 아니라, 오히려 밀도 · 농도 · 깊이가 문제였다. (실제로 베르나르는 색에 관해 말할 때, 색조와 관련된 용어를 드물게 사용했다.) 색은 지나치게 풍부하고 불순한 것이었다. 곧 고위성직자들의 말에 흔히 등장하며 사실상 전부라고도 할 수 있던, 헛된 사치와 '허영vanitas'이었다. 아울러 색은 농밀한 것 · 불투명한 것과 관계가 깊었다. 이에 관해서는 특히 베르나르가 사용한 어휘들을 살펴보는 것이 도움이 된다. 그에게 '색'이라는 말은 좀처럼 '빛'이나 '광채'라는 관념과 연결되지 않는다. 오히려 '혼탁한turbidus' · '빽빽한spissus' · '꽉 막힌surdus' 등의 어휘들로 꾸며지는데, 그 어휘들은 모두 혼란 · 포화 · 어둠이라는 관념과 연결되어 있다. 더 나아가 그는 '색에 눈멂Caecitas colorum'을 탄식하기에 이른다.[11] 베르나르의 뛰어난 독창성은 바로 이 점에 있었다. 그는 색에서 빛이 아니라 빛이 없음을, 밝음이 아니라 어둠을 보고 있었다. 색은 밝게 하는 것이 아니라 어둡게 한다. 그것은 어둠의 영역을 넓혀 숨통을 조여온다. 색은 악마적인 것이다. 아름다운 것 · 빛나는 것 · 신적인 것은 모두 다 어둠을 벗어나 그 바깥에 있다. 그러므로 색으로부터, 특히 다색多色으로부터 멀리 벗어나야 한다.

이러한 사고는 역사가에게 윤리 · 감수성과 관련된 두 가지 물음을 가져다준다. 윤리와 관련해 성 베르나르는 그다지 독창적이지 않았다. 색에 관한 중세의 윤리는 대체로 색조의 윤리이기에 앞서 농도의 윤리였기 때문이다. 그렇지만 감수성과 관련해 클레르보 수도원장은 독특한 모습을 보였다. 채도가 낮은 것이나 색 바랜 것에서 빛과 아름다움을 찾는 것이 흔한 일은 아니다. 어떤 차원의 윤리성과 경제성도 고려하지 않고 살펴보면, 이러한 태도는 색을 정의하는 다양한 변수들의 독창적인 결합을 나타낸다. 일반적으로 중세의 아름다움은 밝은 쪽에서 찾아졌지, 색 바랜 쪽은 분명히 아니었다. 그렇다면 베르나르의 고유한 감수성을 설명할 두 가지 가설을 세워볼 수 있을 것이다. 우선 그는 늘 시각보다 청각을 앞에 두었다. 베르나르에게 지배적인 중요성을 지니는 것은 말·노래·리듬·수·비례 등이었고, 이것은 중세의 넓은 의미에서 '음악musica' 그 자체였다. 음과 리듬의 조화가 형태의 조화에 우선했고, 형태의 조화는 색의 조화에 우선했다. 성 베르나르는 빛의 전략가가 아니었다. 분명히 신학자로서의 그는 신이 빛이라는 점을 충분히 알고 있었다. 하지만 인간으로서의 그는 빛에 대해 비교적 무관심했다. 아울러 고위성직자로서의 그는 교회를 (특히 클뤼니회의 교회를) 장식하고 있던 짙은 색의 화관과 가지가 달린 커다란 촛대에 거듭 분노를 드러냈다. 그는 예배당 내부의 빛을 제한했던 시토파의 새로운 규칙을 1130년대에 먼저 실천했던 선구자였다.[12]

빛에 관한 이러한 개인적인 태도는 '다양함diversitas', 곧 색에 관한 용어로 나타내면 다색 장식polychromie에 대한 뿌리 깊은 미움을 증폭시켰다. 여기에서 이데올로기와 감수성은 완전히 결합되었다. 클레르보 수도원장은 고행·청빈의 정신에서만이 아니라 개인적이고 내면적인 기호에서도, 색 그 자체보다는 다색에 대해 싸움을 선포했다. 그는 때때로 단색으로 채색된 것에서 생겨날 수 있는, 어떤 종류의 단색의 조화를 허용했다. 그렇지만 '색의 잡다함varietas colorum'에 속하는 모든 것들, 예컨대 다색 스테인드글라스와 다색 사본장식, 영롱하게 빛나는 금은 세공이나 보석 같은 것은 단호히 거부했다. 베르나르는 반짝이는 것과 빛나는 것을 싫어했다. (이로부터 금에 대한 혐오가 비롯되었다.) 그에게 (대다수의 중세 사람들과는 달리) 반짝이는 것은 빛이 아니었다. 그는 같은 시대에 살던 사람들보다 색의 갖가지 특성에 관해 매우 개인적인 방식으로 사고했다. 여기에서 색에 관한 칙칙하고 음울한 관념이 생겨났고, 밝은 것을 채도가 없는 것, 나아가 투명한 것과 동일시하는 (어떤 점에서는 근대적인) 독특한 사고방식도 나타났다.[13]

중세 교회, 색의 전당

같은 시대에 살았던 베르나르와 쉬제르라는 두 인물을 비교해서 다룬 역사 연구는 많다. 실제로 이 두 명의 고위성직자는 기독교 예배당에 관해서도, 예배에 관해서도 서로 대립된 생각을 가지고 있었다. 특히 색의 문제에서는 차이가 더 두드러졌다. 쉬제르는 대다수 클뤼니회 수도원장들처럼 신에게 바치는 것은 아무리 아름다워도 결코 지나치지 않다고 생각했다. 아울러 조각이든 건축이든 형태의 조화보다는 빛과 색의 조화를 우선시했다. 그는 모든 기술과 (회화·스테인드글라스·에나멜·금은세공·직물·보석 등의) 모든 매체를 동원해서 생드니 수도원의 예배당을 빛의 전당으로 만들었다. 그에게 신을 숭배하는 데 필요한 풍요로움과 아름다움은 무엇보다 색으로 표현되는 것이었다. 색은 빛이자 물질이었다.[14]

이런 생각은 쉬제르의 저작들, 특히 1143~1144년에 쓴 『성별론De consecratione』에 거듭 언급되었다.[15] 그리고 12세기만이 아니라, (9세기 무렵) 카롤루스 시대 중반부터 (13세기) 루이 9세의 통치기에 이르는 더 폭넓은 시대를 범위로 해서 많은 고위성직자들의 지지를 받고 있었다. 1248년에 완공된 생트샤펠 성당도 빛과 색의 성역으로 구상되지 않았던가. 서양 기독교 세계의 교회들을 놓고 보았을 때, 성 베르나르의 태도, 더 일반적으로 시토파의 태도는 소수였다. 대부분 거의 모든 곳에서 교회는 색과 특별한 관계를 맺었다. 이는 우리의 고찰을 신학에서 고고학으로 옮겨가게 한다.

다색 장식

오늘날 우리가 보고 있는 중세 교회들은 시간의 경과를 겪은 것이라는 사실, 곧 지금 다루고 있는 문제와 관련해 말하면 실질적으로 거의 무색이나 마찬가지라는 사실을 강조하는 것만으로는 충분치 않다. 교회 내부에서 색의 지위와 구성이 어떠했는지를 상상에만 의지하지 말고 재구성하려고 시도해야 한다. 특히 색이 어떻게 왜 거기에 존재하는지를 돌아보아야 한다. 건물 내부의 색의 분배, 장소와 사물, 갖가지 소재들 사이에서 색이 만들어낸 조응관계 등도 연구대상이다. 색이 성역의 생활과 문화적 관습에서 이룬 장식적·지형학적·전례적 역할을 밝힐 필요도 있을 것이다. 수많은 색의 존재와 색의 동적인 기능, 색과 장소·시간·기술·전례의 관계는 모두 다 중세의 교회를 연구하면서 던져야 할 근본적인 물음들이다. 그런데 이런 것들이야말로 연구가 제대로 이루어져 있지 않은 문제들이다.

이 경우에도 색은 오랫동안 고고학과 미술사에서 완전히 잊힌 존재였다. 회화와 마찬가지로 중세의 건축과 조각은 (다른 시대에 관해서도 똑같이 말할 수 있지만) 자주 색이 없는 것으로 (아니면 더 잘못되게 흑백으로) 고찰되고 연구되어왔다. 그러나 색은 그러한 영역들이 규정되고 기능하는 데에서 핵심적인 차원을 이루고 있었다. 바로 이런 이유에서 이 영역들에서 색을 무시하거나 감추거나, 나아가 색의 존재를 의심조차 하지 않은 연구들은 업적의 정당성이 의문시될 수밖에 없다. 예컨대 로마네스크 시대의 [박공지붕 윗부분의 벽인] 팀파눔이나 기둥머리의 조합에 관해 연구할 때 그것들이 색으로 구상되고 표현되고 전시되고 이해되고 있었다는 사실이 망각된다면, 과연 그러한 연구가 정당성을 지닐 수 있을까? 이는 당연히 팀파눔과 기둥머리만이 아니라, 건축물 안팎의 다른 요소와 부분들도 마찬가지일 것이다. (구역과 면의 구별, 대비나 조화의 창출, 배열과 반향, 조응관계의 확립 등과 같은) 색의 순수한 구문적·율동적 기능은 건축과 조각의 역사를 연구하는 대부분의 사람들에게 무시되고 있다. 그렇지만 그것들은 색의 수많은 기능들 가운데 일부일 뿐이다. 그것도 가장 파악하기 쉽고, 반드시 가장 중요하다고는 할 수 없는 기능들이다. 색은 그러한 기능만이 아니라, 신학적·전례적·표장적이고 '후광'과 같은 기능도 했다. 색은 인상이자 촉매이고, 상징이자 의례였다.[16]

그러므로 교회는 색과의 관계에서 고찰되어야 한다. 당연히 오늘날까지 보존되어 있는 건축과 조각의 다색 장식의 몇몇 흔적들을 연구하는 것이 선행되어야 한다. 이 분야에서는 과거 여러 세기에 걸쳐 이루어진 피상적이고 몽상적인 연구에 이어서,[17] 실험실의 방법에 바탕을 둔 과학적인 분석도 이루어져야 한다. (고고학자와 미술사가들 가운데 다색 장식을 제대로 된 연구에는 걸맞지 않은 사소한 것으로 여기지 않았던 이가 도대체 몇이나 될까!) 몇십 년에 걸친 무관심 뒤에 20년 정도 전부터 이러한 연구가 (스위스 서부) 로잔이나 (프랑스 북부) 상리스, 아미앵 등지의 대성당들을 대상으로 점차 이루어지고 있다.[18] 이러한 사례를 본받은 작업이 더 많은 곳에서 이루어지기를 기대하자. 하지만 실험실이 자신의 법칙과 결론을 강요하는 것은 바람직하지 않다. 둘 다 제한된 것일 수밖에 없기 때문이다. 아울러 흔히 삼각대 위에 놓인 근대 회화 작품들에서 나타나듯이, 색소 분석이 역사가들로 하여금 본질로부터 눈을 돌리게 해도 곤란하다. 핵심은 교회의 색을 하나의 전체로 사고하는 데 있기 때문이다. 교회는 복잡한 기계처럼 작동했다. 빛과 색은 그 주요한 원동력이자, 그것을 작동시키는 유체였다. 이 원동력들은 역사를 구성하고, 공간과 시간에 흔적을 남겼다. 곧 짧은 시간과 긴 시간에 걸쳐, 다양한 공간에 흔적을 남기며 동적인 역사를 구성했다.

요컨대 중세 교회의 '색의 배치'에 관한 연대학과 지리학은 이제 막 연구가 시작되는 단계에 머물러 있다. 카롤루스 시대가 그 출발점은 아닐지 모르지만, 적어도 고조되던 시기였던 것만큼은 틀림없다. 그렇지만 연대가 분명히 결정되지는 않는다. 3~4세기 뒤에 나타난 쇠퇴의 최초 징후는 언제로 잡아야 할까? 1250년 무렵일까, 1300년 무렵일까, 아니면 더 이르거나 더 늦은 시기일까? 더 많은 증언을 바탕으로 건축과 조각의 다색 장식이 쇠퇴한 과정의 주요 단계들을 파악할 수는 있다. 원색에서 온화한 색으로 이행해간 시기는 13세기 중반이 조금 지난 무렵이었던 것 같다. (예컨대 1250년대에는 생트샤펠 성당의 여전히 강렬한 색과 랭스 대성당의 조심스러운 색이 대비를 이루고 있었다.) 그리고 14세기를 지나면서 진정한 다색 장식은 한꺼번은 아니더라도 점차 모습을 보이지 않게 되었다. 그 대신 단순히 밝은 색을 사용하거나, 〔회색 등 채도가 낮은 색만 사용해서 명암으로 입체감을 나타내는〕 그리자유 기법을 사용하거나, 선이나 모서리에 금박을 입히는 것이 선호되었다. 그러나 이런 모든 문제들에 관해 깊게 파고든 연구는 아직 이루어지지 않았다. 결론을 내리려면 지리적·유형학적 차이도 고려할 필요가 있을 것이다. 일 드프랑스와 샹파뉴 지역에 적용되는 것이 토스카나나 라인강 유역에도 적용되지는 않는다. 아울러 큰 규모의 대성당에 적용되는 것이 시골의 자그마한 교회에도 똑같이 적용된다고도 할 수 없을 것이다.

　큰 건축물의 경우에는 교회의 채색과 그에 뒤이은 탈색에서 기술과 동업조합, 장인이 저마다 관여한 범위를 밝혀야 한다. 13세기 말까지 다색 장식과 배치에서 전체를 결정한 것은 건축가였을 것이다. 그 뒤에 조각가들이 더 중요한 역할을 맡으면서 건축의 다색기법이 조각의 다색기법에 맞추어갔던 것으로 보인다. 그렇지만 이러한 연대순으로 이루어진 역할 분담에서 유리 장인과 스테인드글라스 기법이 맡았던 역할도 고려되어야 한다. 13세기의 스테인드글라스는 12세기의 그것보다 빛의 투과량이 적었다. 그러나 〔질산은 등의 은 화합물로 유리에 노란색이나 주홍빛 음영을 내는〕 은 염색이라는 기술혁명이 이루어진 덕분에 1300년 이후부터 15세기 중반까지 오히려 꾸준히 더 밝아졌다. 이러한 변화는 교회 내부에서 색을 이용하는 계획과 전체의 색조에 큰 영향을 끼쳤다. 아울러 스테인드글라스의 문제는 역사가에게 장기에 걸친 변화와 함께 해와 날이라는 짧은 주기도 존재한다는 사실을 상기시킨다. 교회 내부의 색은 태양의 진행에 따라, 계절과 하루의 시각에 따라, 기상 조건에 따라 생명력을 지니고 나타난다. 그래서 교회 내부에 고정되어 변하지 않는 색은 존재하지 않는다. 색은 끊임없이 유동하고, 끊임없이 변화한다. 색은 밝아지거나 어두워지고, 살아나기도 죽기도 한다.

그리고 색은 바랜다. 돌·유리·나무·직물 등 어떤 소재에서든 색은 변화하므로 새로 채색해야 한다. 그렇지만 선명한 색이 언제나 새로 칠한 색이라고는 할 수 없을 것이다. 이와 관련해 여러 세기에 걸쳐 시대마다 색을 어떻게 (유지·재해석·왜곡하여) 관리했는지를 살펴보는 것도 몹시 흥미로운 주제이다. 서로 다른 시대와 (수도원이나 세속사회와 같은) 환경에서 고위성직자들은 저마다 색에 관한 생각을 끌어내 조금이라도 선행자들과 자신들을 구분했다. 그러나 이에 관해 연구하기는 쉽지 않다. 대체로 건축물의 경우에는 대부분 현실성이 떨어지고, 스테인드글라스·벽걸이·사물들은 그보다는 낫다. 조각상은 그나마 상황이 괜찮은 편이다. 예컨대 성모상 가운데에는 로마네스크 시대부터 현대까지 계속해서 새롭게 채색된 것도 있다. 서기 1천년의 검은색이거나 어두운 색의 성모는 (12세기의) 붉은 성모, (13~14세기의) 파란 성모, (바로크 시대의) 금색 성모로 이어지다가, 마침내 (1854년 '무염시대'의 교리가 채택된 뒤 19세기에는) 하얀 성모에 이르렀다. 때로는 하나의 조각상에 아주 최근의 것도 포함해 이러한 연속적인 채색의 층들이 겹겹이 흔적을 남기고 있는 것도 있다. 이러한 흔적은 그 자체로 고고학적·도상학적·문화적으로 중요한 자료이다.[19]

감수성

교회의 외벽·내부 장식·집기 등의 색에 관한 연구는 색·감수성·물질문화 사이의 관계에 관한 더 폭넓은 연구와 따로 분리되어 이루어질 수 없다. 색과 관련된 더 일반적인 문제가 있다. 분명히 중세 서양에서 모든 것이 채색되어 있지는 않았다. 아울러 다 그렇지는 않았으나, 중세에는 채색되었던 표면이나 재료에 뒤이은 세기에는 채색이 이루어지지 않은 경우도 많았다. 모든 목재와 상아, 거의 모든 점토, (청동을 비롯한) 대부분의 금속·뼈·뿔·밀랍, 왕·귀족들의 환경에서는 다수의 식물성 먹을거리나 (개·족제비·말, 나아가 독수리와 같은) 어떤 동물의 털과 깃털 등도 그러했다. 중세 사람들은 색을 좋아했다. 그들에게 색은 풍요로움이었고, 즐거움과 편안함을 가져다주는 것이었다. 하지만 그들의 감수성은 우리와 같지 않았다. 특히 다색 장식에서 더욱 그러했다. 우리는 선명한 색을 남용한 것에서 얼룩덜룩한 뒤범벅만을 본다. 가치판단을 기준으로 하면 그것은 혐오스런 것이다. 그렇지만 중세 사람들은 똑같은 것에서 나란히 놓인 색과 겹쳐진 색을 명확히 구분했다. 중세 사람들에게 나란히 놓인 색은 불쾌함을 불러일으켰다. 그것은 뒤범벅이라는 관념에 들어맞으며 부정적인 가치를 지녔다. 그렇지만 몇 가지 색이 겹쳐진 것은, 다시 말해 다른 평면에 놓인 것은 조화롭고 가치 있는 체계를 이룬 것으로 받아들여졌다.

이는 칠해진 것이든 짜인 것이든, 표면의 색에 관한 중세의 감수성을 이해하는 데 핵심적인 의미를 지닌다. 넓이의 구조보다 깊이의 구조가 우선되었던 것이다. 먼저 위·아래에 있는 색의 층과의 관계가 인상이나 의미를 만들어냈고, 그런 뒤에야 이웃한 색과의 관계가 문제가 되었다. 그러므로 다색 장식을 연구할 때 시대착오의 오류에서 벗어나려면, 채색된 사물이나 표면을 중세 사람들이 그랬듯이 면을 기준으로 판독해야 한다. 곧 깊은 면에서 시작해서 보는 이의 눈에 가장 가까운 면에서 끝마치는 식으로 판독하는 법을 익혀야 한다. 그러면 오늘날 우리에게는 색의 뒤범벅이나 과잉, 다색의 범람처럼 보이는 것이 꼭 그렇게 생각되거나 느껴지거나 체험되지 않는다는 사실을 알 수 있을 것이다.

어쨌든 색은 바닥, 벽, 기둥, 천장, 골조, 문, 창, 벽지, 집기, 예배용 물품과 옷 등 교회 내부 곳곳에 존재했다. 나무·흙·돌·옷이나 직물로 만든 모든 것들이 채색될 수 있었고, 채색되어 있었다. 건물 외부도 내부와 마찬가지였다. 적어도 고딕 시대의 끝자락, 때로는 14세기 중반까지도 그러했다. 오늘날 중세의 교회 내부에 얼마나 색이 많이 존재했는지를 가장 강하게 (정확하게는 아니지만) 느낄 수 있게 해 주는 것은 아마도 나무로 만들어진 스칸디나비아의 교회일 것이다. 수많은 조각들도 그와 관련된 증언들을 제공해준다. 9세기부터 15세기까지 (기념물이든 독립된 것이든) 모든 조각들의 전체나 일부가 채색되어 있었다. 쉬제르는 거듭해서 다색이 아닌 조각을 만들지 말라고 권고했다. 그리고 15세기 초에도 여전히 파리의 작업장들에서는 조각상에 채색하는 작업에 본래의 조각 작업 못지않은 보수가 지불되고 있었다.

금의 문제

색의 전당인 교회는 금의 전당이기도 했다. 금은 기독교 시대 초기부터 교회 안에 자리를 잡았고, 여러 세기를 거치는 동안 비잔티움과 게르만으로부터 이중의 영향을 받아 존재감을 더욱 높였다. 그래서 9세기 이후에는 교회의 모든 집기가 금이나 은으로 세공되었다. 그 방면의 유명한 선구자인 〔7세기 프랑크 왕국에서 금세공인이자 조폐기술자로 활동했던〕 성 엘리기우스를 본받아 금은세공에 종사하는 수도사와 고위성직자도 드물지 않았다. 금은세공은 교회의 기예였고, 이는 13세기까지 이어졌다.

건물 내부에서는 금과 색이 긴밀히 관계를 맺고 있었다. 색과 마찬가지로, 금도 빛이자 물질이었다. 그렇지만 금은 색이기도 했다. 수많은 색들 가운데 하나의 색이었으나, 특별한 지위를 지닌 색이기도 했다. 그래서 금과 색 사이에는 예술적인 측면과 상징적인 측면의 두 방향에서 미묘한 변증법적 관계가 존재했다. 둘 다 빛의 에너지이자, 호노리우스 아우구스토두넨시스(1080?~1154)가 12세기 초에 단언했듯이 '물질화한 빛'이었다.[20] 그렇지만 금은 열·중량·밀도이기도 했다. 금은 금속의 상징성에서 마법의 명성을 얻었다. 중세 물질의 위계에서 금보다 앞선 것은 보석뿐이었다. 금은 자주 보석과 연합해 색과 빛의 효과를 최대화하는 데 쓰이기도 했다. 그러한 작용은 천상계와 지상계를 매개하는 기능을 바탕으로 이루어졌다. 금은 색을 빛나게 하는 구실도 했지만, 테두리를 감싸고 바탕에 고정시켜 색을 제어하고 안정시키는 구실도 했다. 이러한 금의 이중적 기능은 금은세공에서 가장 두드러지게 드러났는데, 사본장식과 칠보공예, 조각상, 직물에도 쓰였다. 그것은 예술적·미적 기능만이 아니라, 전례적·정치적 기능도 맡고 있었다. 금으로 교회는 자신의 '권위auctoritas'를 드러내고 연출할 수 있었다. 금은 권력의 징표였고, (금괴·금가루·화폐·보석·식기·무기·성유물함·직물·의복·서적·예배 물품 등의) 다양한 형태로 성역 내부와 주위를 에워싸고 있었다. 금은 단지 쌓아두기 위한 것만이 아니라, 교환의 수단이기도 했다. 금은 전시되고 운반되고 이동되고 접촉되고 제공되고 (훔치거나) 교환되었다. 과시와 중개를 위해 사용된 금의 가치는 무척 높게 평가되었다. 그로부터 수많은 전례들에서 금이 쓰이게 되었고, 중세 교회는 (뒤이어 바로크 시대의 교회는) 그것을 거룩한 것과 연결시켰다. 성 베르나르가 등장할 때까지 이에 관해 공공연하게 반대한 고위성직자는 찾아보기 어려웠다.

사실 금은 윤리의 문제를 제기했다. 빛으로서의 금은 신적인 것과의 교환이라는 성질을 지녔다. 이것은 좋은 금이었다. 하지만 물질로서의 금은 지상의 부와 사치, 탐욕을 뜻했다. 이것은 허영이었다. 색으로서의 금은 완전히 꽉 찬 상태였으므로, 앞에서 살펴본 색의 밀도라는 윤리적인 문제를 제기했다. 그렇지만 금은 가치의 어떤 층위를 표현하는 데 유용했다. 중세의 문화와 감수성에서 금은 노란색과는 거의 관계가 없었고, 오히려 흰색과 연관되었다. 금은 때때로 짙은 흰색, '흰색을 초월한 흰색'이라는 관념을 말로 표현하는 데 도움이 되었다. 이는 (천사의 세계와 같은) 천상의 것이나 신적인 것을 계층화하는 데 즐겨 쓰이던 색의 위계였으나, 흰색의 종류가 빈곤해서 어휘집도 회화도 만족스럽게 표현할 수 없었다.[21] 중세에 금은 흰색보다 더 하얀 것이었다. 그러나 너무 높은 그것의 채도는 좋지 않게 받아들여질 수도 있었다. 지나치게 풍요로운 색, 지나치게 짙은 색인 금은 클레르보 수도원장이 그토록 끔찍하게 여겼던 색의 불투명, 색의 '무분별'을 가장 뚜렷하게 드러내고 있었다. 그의 금 혐오는 여기에서 비롯되었다.

색의 전례

요컨대 중세 서양에서 색과 빛, 유리, 횃불과 램프, 가지 달린 커다란 촛대로 장식된 교회는 하나의 황금 '극장'이었다. 그것들은 모두 값비싸고, 예배 장소를 위해 마련된 것이었다. (11~13세기의) 중세 중기라는 시대는 장소와 자료를 구분하지 않고 보면, 오늘날의 역사가들에게는 중세 초기나 말기에 비해 색에 인색한 시대라는 (인상일 뿐이지만) 느낌을 준다.[22] 하지만 그 시대에도 교회는 오직 하나뿐인 진정한 색의 성역이었다. 교회는 단지 색의 공간이었을 뿐 아니라, 색의 시간·색의 순간·색의 전례의 공간이기도 했다. 실제로 교황 그레고리우스 7세(재위 1073~1085)부터 인노켄티우스 3세(재위 1198~1216)까지 색은 성무와 더 긴밀히 결합되어갔다. 그리고 근본적인 흐름이 바뀌지 않은 채 13세기 전반에 미사가 본격적으로 '체계'로 자리를 잡자, 색 본래의 전례적 기능도 '규정'이라고 할 만한 단계에 이르게 되었다.

그렇지만 이상하게도 전례에 사용된 색의 기원과 배치에 관한 본격적인 연구는 전혀 존재하지 않는다.[23] 까다로운 주제인 것은 분명하지만, 우리의 지식은 중세 초기만이 아니라 (1545~1563년) 트리엔트 공의회가 열리기 전의 모든 시기에 걸쳐 많은 부분이 채워지지 않은 상태로 남아 있다. 기독교 초기에 전례를 주관하던 이들은 평소에 입던 옷으로 의식을 집행했다. 뒤이어 기독교 세계를 단위로 해서 어떤 종류의 통일성이 생겨났는데, 흰색이나 염색하지 않은 옷이 우세해졌다. 그 뒤 점차 흰색은 부활절 의식이나 전례력 안의 가장 장엄한 미사로만 한정되었던 것 같다. 성 히에로니무스와 투르의 그레고리우스와 같은 교부들은 흰색을 가장 존엄한 색으로 여겼다는 점에서 같았다. 그러나 전례의 관습은 주교구마다 달랐고, 주교의 감독 아래에 놓여 있었다. 주교들은 색을 규정화하려는 모습은 거의 보이지 않았다. 각 지역의 교회회의들과 마찬가지로, 얼룩덜룩한 복장을 비난하거나 이따금 흰색의 우월함을 상기시키는 정도에 머물러 있었다.

9세기 이후에 종교적 직물이나 복장에서 금처럼 사치스런 소재와 선명하고 채도가 높은 색들이 모습을 드러냈다. 이러한 움직임은 폭넓게 나타났다. 아울러 이러한 복장이나 직물의 상징체계에 관해 사변적으로 논술해 놓은 몇몇 문헌도 편찬되었는데, 그 문헌들은 색에 관해서도 즐겨 다루었다. 색은 보통 (흰색 · 빨간색 · 검은색 · 녹색 · 노란색 · 갈색 · 자주색의) 일곱 가지로 분류되었고, 성서에서는 특히 「레위기」와 관련되어 해석이 이루어졌다.[24] 문제는 작가의 이름이 알려지지 않고, 대부분 제작 연대나 장소를 특정하기도 어려운 (때로는 알 수도 없는) 이런 종류의 문헌들이 현실의 전례 방식에 어떠한 영향력을 지니고 있었는지를 확인하는 일이다. 거무스레한 색이 지배하는 고고학이나 도상학은 모두 이러한 확인에 도움이 되지 않는다. 이런 문헌들은 (프랑스 루앙의 대주교인) 장 다브랑슈와 호노리우스 아우구스토두넨시스, (독일의 베네딕트회 수도사인) 루퍼트 폰 도이츠, (파리에서 활동한 프랑스 신학자들인) 위그 드 생빅토르, 장 벨레트 등과 같은 12세기의 가장 뛰어난 전례학자들에게도 산만한 흔적을 남겼다. 게다가 이 시기가 지난 뒤에는 어떤 색을 미사나 전례력의 특정한 시기와 연결시키는 관습이 자리를 잡아가고 있었다는 사실이 수많은 주교구들에서 분명히 확인된다. 하지만 교구들마다 여전히 큰 차이를 보이고 있었다.

그 뒤 머지않아 교황 인노켄티우스 3세가 될 로타리오 추기경이 등장했다. (오르시니 가문 출신으로 일족의 적이던) 켈레스티누스 3세(재위 1191~1198)가 교황으로 있을 때 잠시 가톨릭 교회의 집행부로부터 배제되어 부제급 추기경에 머물러 있던 1195년 무렵에 그는 몇 편의 논고를 썼다. 그 가운데 하나가 미사에 관한 논고인『거룩한 제단의 신비에 대해서De sacrosancti altaris mysterio』였다.[25] 젊었을 때의 글로, 위대한 인노켄티우스 3세에게는 어울리지 않는다고 여겨지곤 했던 작품이다. 그는 여기에서 스콜라 철학의 관습에 기초해 수많은 차용과 인용을 했다. 그래서 그의 작품은 자신의 시대에 기초해 있으면서도, 그 이전에 작성된 것들을 압축해서 알려주는 장점을 드러낸다. 전례에서 사용하는 직물과 복장의 색에 관한 그의 증언은 자신이 교황의 지위에 오르기 전의 로마 주교구의 관습을 서술하고 있는 것이어서 더욱 귀중하다. 그때까지 전례에서는 (전례학자와 교회법학자들이 장려하던) 로마의 관습이 참고되기는 했으나, 기독교 세계라는 범위에서 규정으로서의 영향력은 거의 지니지 못한 상태였다. 그래서 주교들이나 신자들은 여전히 지역 고유의 전통에 강하게 집착하고 있었다. 하지만 인노켄티우스 3세의 커다란 후광 덕분에 13세기를 지나면서 상황은 바뀌었다. 로마에서 유효한 것은 거의 법적인 성질을 지닌다는 생각이 더 강해졌다. 아울러 무엇보다 이 교황의 저작들은 그가 젊었을 때에 쓴 것이라도 모두 따라야 할 권위가 되었다. 특히 전례에 관한 논고가 그러했다. 색에 관해 길게 논한 내용도 13세기의 모든 전례학자들에게 받아들여졌다. 아울러 많은 주교구들에서 실천으로 옮겨졌는데, 그 가운데에는 로마에서 멀리 떨어진 주교구들도 있었다.

이제 로타리오 추기경이 갖가지 색들을 전례력에서 어떻게 배분하고 어떤 의미를 부여했는지를 살펴보자. 흰색은 순수함의 상징이었다. 그래서 그 색은 천사·처녀·증거자의 축일, 성탄절과 〔그리스도가 세례를 받고 신의 아들로 세상에 나타남을 기리는〕 공현 대축일, 〔예수가 죽기 전날 제자들에게 최후의 만찬을 베푼〕 성 목요일과 부활제의 주일, 승천제와 〔모든 성인들의 덕을 기리는〕 만성절 대축일에 사용되었다. 빨간색은 그리스도가 흘린 피와, 그리스도를 위해 흘린 피를 상기시켰다. 그래서 그 색은 사도와 순교자의 축일, 십자가의 축일과 〔예수가 부활한 뒤 50일째 되는 날 성령이 제자들에게 온 것을 기리는〕 성령강림절에 사용되었다. 검은색은 장례·고행과 관련된 색이었다. 그래서 그 색은 죽은 자를 위한 미사, 〔성탄 전 4주간 예수의 탄생을 기념하는〕 대림절 기간, 〔헤롯왕이 저지른 베들레헴 유아학살의 희생자인〕 유아 순교자들의 축일과 〔부활절 9주 전의 일요일인〕 칠순주일에서 부활절에 이르는 기간에 사용되었다. 끝으로 녹색은 흰색·빨간색·검은색이 모두 어울리지 않는 날을 위해 사용되었다. 참으로 흥미롭기 짝이 없는 해석이 아닐 수 없는데, "녹색은 흰색·검은색·빨간색의 중간색viridis color medius est inter albedinem et nigritiam et ruborem"이었기 때문이다.

이러한 색의 배치에서 몇 가지 눈여겨볼 것이 있다. 먼저 중세 초기 서양 문화의 세 가지 '기본' 색인 흰색·빨간색·검은색, 다시 말해 흰색과 맞은편의 두 색으로 이루어진 전례 체계가 구성되었다는 사실에 주목해야 한다. 이러한 전례 체계는 고대 말기와 중세에 색의 세계에 구성된 다른 모든 상징체계와 조금도 다르지 않았다. 아울러 다른 모든 경우와 마찬가지로, 그 체계에는 '안전판' 구실을 하는 제4의 색이 결합되었다. 녹색이 바깥의 '덧붙여진' 색이었다. 다음으로 파란색에 관한 언급이 전혀 보이지 않는다는 사실도 강조되어야 한다. 로타리오 추기경의 문헌은 11세기와 12세기 초반의 시대에서 재료를 가져왔는데, 그 시대에 파란색은 점차 색으로 인정을 받고 있었으나 어떤 상징적 차원의 의미를 부여받기에는 아직 일렀다. 게다가 장기적으로도 파란색은 결코 진정한 의미에서 전례의 색이라는 지위에는 오르지 못했다. 로타리오 추기경은 금에 관해서도 언급하지 않았다. 적어도 색에 관한 장에서는 그랬다. 그에게 금은 물질이자 빛이었지, 색은 아니었다. 흰색과 빨간색에 관한 그의 해석은 두 가지 의미로 흥미롭다. 하나는 마침내 순교자의 색이 흰색에서 빨간색으로 바뀌었음을 확인시켜 준다는 점이다. (중세 초기에 흰색은 줄곧 낙원의 색이자 순교자의 색이었다. 그러다 그리스도를 위해 피를 흘린 순교자들이 점차 빨간색과 연결되었다.) 다른 하나는 어떤 성인이나 축일에 두 가지 성질이 겹쳐 있을 때에는 (흰색에 대한 빨간색의 우월로) 순수함에 대한 순교의 우월을, (빨간색이나 흰색에 대한 검은색의 우월로) 축일에 대한 (대림절·사순절과 같은) 기간의 우월을 확고히 하고 있었다는 점이다.

색에 관한 로타리오 추기경의 문헌은 규범적이라기보다는 기술적이었으나, 전례의 통일화라는 방향으로 나아가고 있었다. 그 문헌의 내용이 (1215년) 제4차 라테란 공의회의 결정으로 이어지지는 않았다. 하지만 그 문헌의 평판은 망드의 주교이던 기욤 뒤랑이 1285~1286년 무렵에 펴낸 『전례 해설서Rationale divinorum officiorum』라는 널리 알려진 문헌 덕분에 계속 유지되었다. 8권으로 이루어진 이 문헌은 신에 바치는 전례의 실천과 관련된 모든 사물·기호·상징에 대한 매우 방대한 중세 백과사전으로 이루어져 있다. 그는 전례의 색에 관한 로타리오 추기경의 장을 언급하면서, 그것을 우의적·상징적으로 해석했다. 그리고 로타리오 추기경에게는 로마의 관습을 기술한 것에 지나지 않았던 것을 보편적인 체계로 이루어진 축일의 주기로 완성시켰다. 『전례 해설서』
의 필사본은 몇백 종이나 전해지며, 인쇄본은 성서와 『시편집』에 이어
세 번째로 수요가 많아서 요람기인쇄본만 해도 43종이나 전해진다. 이
는 이 책에 실린 색에 관한 규정적 언설이 서양에서 얼마나 폭넓은 영
향력을 지니고 있었는지를 알려준다.[26]

　　그러나 그 영향력은 이론적이고 계몽적인 것이었지, 실천적인 것이
라고는 할 수 없었다. 아비뇽에 교황청이 설치된 뒤 14~15세기에 교
회는 분열과 위기 상태로 빠져들었다. 그러면서 13세기에 시작된 전례
의 통일화 움직임도 후퇴했다. 많은 주교구들이 고유한 관습을 되찾았
고, 근대로 꽤 들어선 뒤에도 그 상태가 지속되었다. 〔1545년부터 1563년
까지 열린〕 트리엔트 공의회의 여러 결정 사항들에 기초해 교황 피우스 5
세(재위 1566~1572)는 (1570년에) 『로마 미사경본Missale Romanum』을 펴내 로
마의 관습을 강제했으나, 그것이 실제로 효력을 미치려면 꽤 오랜 시간
이 더 필요했다. 기독교 세계의 모든 주교구들은 조금씩 로마가 요구한
전례의 주요한 (흰색·빨간색·검은색·녹색·보라색의) 다섯 가지 색을
받아들였으나,[27] 수많은 지방적 특색들은 19세기까지 계속 이어졌다.

　　카롤루스 시대부터 13세기까지 전례에 사용된 색들이 조금씩 자리
를 잡아갔던 것은 홀로 벌어진 사건이 아니었다. 그것은 이제까지 살펴
본 교회의 색이라는 커다란 움직임과 결합되어 있었다. 이 주제에서 고
고학과 전례는 분리되지 않는다. 모든 색은 영속적인 것이든 일시적인
것이든, 유리·직물·돌·가죽 어디에 채색된 것이든, 건축물 안에서
서로 이야기를 주고받으며 호응하고 있다. 색은 늘 다른 색에 말을 걸
고 있으며, 그러한 대화에서 전례가 생겨난다. 여기에서도 색은 공간과
시간을 서로 잇고, 행위자와 장소를 특징짓고, 긴장·율동·강조점을
표현한다. 색 없이는 연극성도, 전례도, 숭배도 존재하지 않는다.

　　그렇지만 고고학과 전례는 또 하나의 전문 분야와 관계를 맺어야 한

다. 문장학이다. 실제로 역사가는 전례의 색을 규정화한 최초의 시도가 문장이 탄생된 것과 같은 시대에 이루어졌다는 사실에 주목하게 된다. 문장은 중세 서양이 색에 관해 구성한 사회적 규정의 가장 세련된 형태였다. 12세기라는 한 세기 동안 전쟁·마상창시합·사회·도상과 마찬가지로 전례의 색도 실질적으로 '문장화'하였다. 전례의 색도 문장의 색처럼 제한된 숫자밖에 존재하지 않았고, 무작위로 조합되지도 않았다. 아울러 문장과 마찬가지로 색은 오롯이 범주를 나타냈다. 곧 추상적·관념적인 색이어서 색감의 미묘한 차이는 중요치 않았다. 예컨대 문장의 빨간색처럼, 성령강림축일의 빨간색도 밝은 빨간색, 짙은 빨간색, 오렌지빛 빨간색, 장밋빛 빨간색, 보랏빛 빨간색, 갈빛 빨간색 등을 가리지 않고 표현되었다. 이런 차이는 전혀 중요치 않았고, 특별한 의미를 지니지도 않았다. 그 빨간색은 원형적인 상상의 빨간색으로, 모든 빨간색의 표상이었다. 아울러 그 빨간색은 문장과 마찬가지로 단색의 빨간색이었고, 이는 12~13세기에 다양한 의미에서 매우 최신의 관념과 가치와 현실을 이루고 있었다. 그 뒤 고위성직자와 신학자들은 색을 문장관처럼 다루었다. 1230~1250년대 이후 서양의 모든 교회가 내부에 수많은 문장을 받아들이게 되자 더욱 그렇게 되었다. 마침내 전례와 문장은 교회라는 공통의 극장을 지니게 되었다.

옷, 상징에서 표장으로

이러한 색의 문장화는 수도원 복장의 역사에서도 확인된다. 6세기부터 13세기까지의 700년 동안 초기에는 윤리적 차원의 문제였던 것이 구분의 수단으로 바뀌어갔다. 처음에는 색의 부재, 다시 말해 초기의 수도생활에서 친숙한 염색하지 않은 양모를 추구했다. 그러나 검은색·흰색·회색·갈색 등의 색으로 수도사의 옷을 세세하고 확실하게 구분하면서 진짜 종교계의 표장이 되었다. 이러한 오랜 기간에 걸쳐 나타난 변화의 과정에서 본질적인 움직임은 이 경우에도 12~13세기에 나타났다. 탄생되던 문장으로부터 서양 사회가 큰 영향을 받고 있던 시기였다. 이는 결코 우연이 아니었다.

수도복의 역사에 관한 연구는 숫자도 적을 뿐 아니라, 기대에 미치지 못하는 경우도 많다. 아울러 색에 관한 언급을 찾기도 어려운데,[28] 이는 중세 연구자에게 여러 가지 문제들을 안겨준다. 고증이 모순되거나 사료를 편찬하면서 누락된 것도 많다. (베네딕트회의 검은 수도복이 13세기에도 여전히 소재에 따라 갈색·다갈색·회색·파란색으로도 충분히 나타낼 수 있었듯이) 때로는 이론적·규범적·교리적 언설과 일상의 실천 사이의 차이가 매우 크게 나타나기도 했다. 엄격히 말해 색조보다는 소재와 농도 쪽이 더 중시되었고, 화학적 염색의 제약과 색에 관한 상징적 사변 사이에도 변증법적인 관계가 있었다. 끝으로 색은 두 개의 교차된 체계 안에 분포해 있었다. 하나의 체계는 (신체와의 밀접도가 다른 여러 종류의 옷들의 색처럼) 깊이에서 작동했으며, 다른 하나의 체계는 (어떤 수도회의 색이나 다른 수도회의 색, 아니면 재속 사제나 더 나아가 세속 신도의 세계와 관련된) 넓이에서 작동했다.

연대를 기준으로 살펴보면, 초기의 규칙·관습의 모호함은 13세기 이후 때로는 극단적인 정도로까지 나타난 규정·규칙·구성의 엄격함과 또렷이 대조된다. 서양에서 수도원 생활이 시작될 때에는 간소함과 겸손함에 대한 관심이 지배적이었다. 수도사들은 농민과 같은 옷을 입었고, 양모를 물들이지 않고, 손질도 하지 않았다. 이는 성 베네딕투스가 규칙으로 장려한 것이기도 했다.[29] 색은 반드시 필요하지는 않은 덧붙임 정도로 여겨졌다. 그렇지만 수도사에게 옷은 더 중요해지고 있었다. 옷은 지위를 상징하는 것이자, 소속된 공동체의 표장이기도 했다. 수도회 구성원의 옷과 세속인의 옷 사이의 차이가 커지면서 '수도자 계급ordo monasticus'의 통일성을 확보하고 드러내기 위한 어떤 종류의 획일성도 추구되었다. 옷의 통일성은 카롤루스 시대에 이미 색으로 표현되었는데, (검은색과 같은) 특정한 색보다는 (어두운 색과 같은) 색조로 나타났다. 13세기까지는 직물을 짙고 잘 바래지 않는 검은색으로 물들이는 일이 수도사에게든 속인에게든 몹시 어려운 작업이었기 때문이다.

하지만 시간이 지나면서 서양의 수도사들은 검은색과 점차 제도적인 관계로 긴밀히 결합되어갔다. 9세기 이후 검은색은 특별히 수도원에 어울리는, 겸손과 참회의 색이 되었다. 현실의 직물에서는 검은색이 갈색·파란색·회색이나 '본연의 색nativus color'으로 자주 바뀌어 나타나곤 했다. 하지만 문헌들은 더욱더 자주 '검은 수도사monachi nigri'에 관해 이야기했다.[30] 이러한 관습은 10~11세기에 클뤼니 수도원의 영향력이 커지면서 확고히 자리를 잡았다. 11세기에 은둔을 이상으로 삼고 퍼져간 모든 운동은 이에 관한 '대립a contrario' 증거라고 할 수 있을 것이다. 그러한 움직임들은 클뤼니 수도원과 클뤼니파의 사치에 대한 이념적 반작용으로 옷에서 초기의 청빈함과 소박함을 되찾으려 했다. 이는 색에서 거친 직물을 추구하는 모습으로 나타났다. 기름기를 빼지 않아 본연의 색 그대로인 직물이나, (샤르트르회처럼) 염소의 털을 섞은 직물, (카말돌리회처럼) 들판에서 [햇빛과 이슬로 자연적으로] 표백한 직물, (발롱브뢰즈회처럼) 흰색·적갈색 새끼양의 털로 짠 직물 등과 같은 것들이었다. 초기의 은둔 수도사들이 지녔던 엄격함으로 되돌아가려던 이러한 의지는 모름지기 수도사라면 꼭 필요치 않은 사치로 보아야 할 색을 멀리하려는 의지이기도 했다. 거기에는 아마도 동물의 털과 동물성을 가르는 모호한 경계에 충격을 주려는 의도도 있었을 것이다. 은둔을 지향한 이러한 움직임 가운데에는 이단과 맞닿아 있는 것도 있었다. 중세 서양에서 이단은 즐겨 옷으로 자신을 표현하고는 했는데, 대부분 세례 요한을 본보기나 수호자로 삼았다. 성서의 전통과 도상학에서 세례 요한은 분명히 야인野人이었다.

색을 기준으로 보면, 시토 수도회의 시작도 이러한 흐름 안에 두어야
할 것이다. 시토회도 클뤼니파의 검은색에 대한 반발로 기원으로 돌아
갈 것을 지향하고 있었다. 아울러 성 베네딕투스가 권장한 규칙의 근
본적인 원칙을 되찾기를 바랐다. 그래서 그들은 수도사가 직접 수도원
에서 짓고 짠 직물, 염색하지 않은 양모로 만든 값싸고 평범한 직물만
을 사용하려 했다. 염색하지 않은 양모는 회색이 두드러진 색을 지녔
다. 그래서 실제로 초기 시토회 수도사들은 다른 수도사들과 마찬가지
로 12세기 초의 수많은 문헌들에서 '회색 수도사monachi grisei'라고 표현
되었다. 그 뒤 언제 어떻게 회색에서 흰색으로, 곧 염색되지 않은 색에
서 진짜 색으로 옮겨갔을까? 알베릭이 수도원장으로 있던 (1099~1109
년의) 기간일까, 아니면 [잉글랜드 출신의] 스티븐 하딩이 (1109~1133년의)
수도원장 임기를 시작하던 무렵이었을까? 시토 수도회 전체보다 [베르
나르 드 클레르보가] (1115년에 세운) 클레르보 수도원에서 먼저 나타났을
까? 이도 저도 아니고 성가대석에 앉은 수도사를 평수도사와 구별하기
위한 것이었을지도 모른다. 실제로 어떠했는지 우리는 알지 못한다.[31]
하지만 가경자 피에르와 성 베르나르의 시대에 클뤼니파와 벌인 격렬
한 논쟁이 시토회를 흰옷의 수도사들로 자리를 잡게 하는 데 영향을 끼
쳤다는 사실만큼은 분명하다.

실제로 1124년의 유명한 서간문에서 클뤼니 수도원장인 가경자 피
에르는 "오, 흰옷의 수도사여o albe monache"라고 클레르보 수도원장을 공
공연히 부르면서, 옷에 그 색을 선택한 지나친 교만함에 비난을 퍼부었
다. 흰색은 축일·영광·부활의 색이고, 검은색이 겸손의 색이라는 것
이었다.[32] 중세 수도원 역사에서 가장 흥미로운 장면들 가운데 하나인
이 논쟁은[33] 몇 차례에 걸쳐 새롭게 펼쳐지면서 검은 옷의 수도사와 흰
옷의 수도사 사이의 본격적이고 교리적인 색의 대립으로 발전했다. 가

경자 피에르가 여러 차례 차분히 가라앉히려 시도했으나, 논쟁은 1145년까지 계속되었다. 클뤼니파가 검은색을 표장으로 삼은 것처럼, 이 20년을 거치면서 시토회는 일관되게 흰색을 표장으로 삼게 되었다. 아울러 그 뒤로 흰색의 신적인 기원에 관한 온갖 기적들과 설명들이 시간을 거슬러 탄생되었다. 예컨대 15세기에 만들어진 전설은 성모 마리아가 알베릭에게 나타나서 흰옷을 입도록 명령했다고 밝히고 있었다.

12세기 이후에는 이념의 색과 실제로 몸에 걸치는 색 사이의 차이가 좁혀졌다. 염색기술이 발전하면서 바라는 색에 쉽게 가까워질 수 있었기 때문만은 아니었다. 표장이 상징을 대체했기 때문이기도 했다. 상징적인 색은 물리적인 자유가 있었으나, 표장적인 색은 그렇지 않았다. 색은 사회에서 표지이자 상표처럼 쓰였고, 새로운 사회질서에 호응해 새로운 색의 질서가 나타났다.

탁발수도회는 앞서 살펴본 변화가 어느 정도 마무리된 13세기 초에 종교계에 출현했다. 그때는 이미 표장의 시대로 되고 있었으므로 상징을 찾기에는 너무 늦었다. 프란체스코회를 예로 들 수 있다. 그들도 색의 부재를 지향하고 있었다. 곧 거칠고, 염색하지 않고, 꾀죄죄하고, 누덕누덕 기운 직물로 이루어진 그들의 긴 수도복은 회색인지 갈색인지 알쏭달쏭한 색이었다.[34] 하지만 이념적인 관심과 (14세기에도 여전히 수도회 안에서 끊임없이 논의되었던 문제인) 그들의 옷에서 나타난 극단적인 다양성과는 달리, 프란체스코회 수도사들은 자신들의 의도와는 무관하게 외부의 속인들에게 '회색 수도사'라고 불렸다. 그리고 그것이 그들의 표장이 되어, 성 프란체스코도 민간에서 끊임없이 '회색 성자'로 표현되었다.[35] 색이 명칭을 만든 것이다. 색과 색에 의한 호칭을 거부하는 것은 특히 세속사회에서 생활하고 설교하는 수도사들에게는 가능치 않고 현실성도 없는 일이었다.

도미니크회 수도사들은 그런 사실을 인식했던 것 같다. 처음에 그들은 프레몽트레 수도참사회의 흰옷을 따랐으나, 1220년대 이후 새로운 방식을 채택했다. 2색 구성이었다. 이는 거의 문장과 같은 것이었는데, (법의의) 흰색과 (망토의) 검은색은 순수와 엄격의 색으로 제시되었다.[36] 이러한 2색 구조는 이미 기사수도회들도 사용하던 것이었는데, 중세 말까지 (라피 형제회와 카르멜회 등의) 다른 탁발수도회나 (셀레스틴회와 베르나르회 등의) 은둔 수도회들도 받아들였다. 그것은 옷의 색에서 깊이의 차이에 할당되어 새로운 기호의 체계와 조합을 불러왔다.[37] 바야흐로 색의 새로운 윤리가 무르익고 있었다. 바로 농도와 채도의 윤리가 아니라, 배색의 윤리였다.

정중한 색, 검은색

배색의 윤리는 중세 말에 와서 매우 중요한 것이 되었다. 하지만 실제로는 더 일찍부터 등장하고 있었는데, 처음에는 재속 성직자와 관련되어 있었다. 그레고리우스 7세(재위 1073~1085)의 개혁이 나타나기 전에도 일부 고위성직자들은 11세기 중반부터 종교인 옷의 사치에 대해 비판의 목소리를 높이며 규제하는 모습을 보이기 시작했다. 그들의 노력은 교구회의 · 지방회의 · 종교회의의 결정으로 지지를 받으며 계속되었다. 사치스런 복장과 지나치게 선명한 색, 특히 빨간색과 녹색이 축출의 대상이 되었다. 12세기 문헌들에서 이 두 색은 끊임없이 비판을 받았다. 1215년의 제4차 라테란 공의회에서도 제16조 결의로 성직자 집단 전체에 "옷의 어떤 부분이든 빨간색과 녹색 직물"[38]을 사용하는 것이 금지되었다. 때때로 이 두 가지 색에 노란색이 더해지기도 했는데, 지나치게 화려하고 사치스런 색으로 여겨졌기 때문이다. 성직자를 대상으로 한 이러한 결정은 세속사회에도 영향을 끼쳤다. 1254년 십자군 원정에서 돌아온 루이 9세는 자신의 옷에서 빨간색과 녹색을 없애

고, 회색 · 갈색 · 검은색 · 파란색을 입었다. 카페 왕가의 색인 파란색
은 이렇게 점차 프랑스 왕국의 색이 되어가고 있었다.

색을 규제하는 문헌은 개별의 색을 다루는 것을 넘어서서, 색들을 나
란히 배치하는 것, 곧 다색 장식에 관해서도 언급했다. 1148년 교황 에
우게니우스 3세(재위 1145~1153)의 주재로 열린 랭스 교회회의는 '색의 꼴
사나운 잡다함varietas colorum indecora'을 규탄했다. 옷의 다색 장식을 대상
으로 벌인 이 전투는 14세기 이후 속인 사이에서 점차 유행하던 줄무
늬 · 세로 이등분 배색 · 체크무늬 옷에 초점이 맞추어졌다. 14세기의
성직자들에게 '줄무늬 옷을 입은 모습을 보는 것'은 끔찍하기 짝이 없
는 일이었다.[39] 실제로 중세의 감수성에서 줄무늬는 뒤섞인 색의 원형
과도 같았다. 그것은 성직자만이 아니라, 성실한 기독교도에게도 알맞
지 않은 것이었다. 도상학은 줄무늬 옷을 추방자, 신에게 버림받은 자,
배신자, 악한 편에 선 온갖 사람들에게 할당했다.[40]

13세기 말이 되자 금지령과 규제는 성직자의 옷에 제한되지 않았다.
세속사회 전체가 그에 연관되어 중세 후기에는 도시 지역을 중심으로
곳곳에서 사치와 옷에 관한 법률과 규정을 담은 문서가 공포되었다. 그
러한 규정들은 다양한 형태로 (예컨대 베네치아와 같은 곳에서는) 18세기
까지 존속했다. 그것의 기능은 세 가지였다. 첫째는 경제적 기능으로,
모든 사회계급과 계층에서 옷과 장신구들에 대한 지출을 비생산적인
것으로 여겨 제한하는 것이었다. 둘째는 도덕적 기능으로, 겸손과 절제
라는 기독교의 전통을 지켜가는 것이었다. 이런 점에서 그러한 규정들
은 끝나가던 중세를 가로질러 종교개혁으로 이어지는 커다란 윤리적
흐름에 다가서 있었다. 마지막은 가장 특징적인 사회적 · 이데올로기
적 기능으로, 사람들이 성 · 신분 · 가문에 따라 다르게 입게 해서, 옷으
로 구별을 확립하는 것이었다. 그래서 보유한 옷의 수, 옷을 이루는 요
소들, 재료로 쓰인 직물, 염색, 모피 · 보석 등의 장신구와 같은 모든 것

들이 계급과 사회직능의 범주에 따라 규제되었다.[41]

특정한 사회적 범주에 어떤 색이 금지된 것은 배색이 지나치게 화려하거나 신중치 못했기 때문만은 아니었다. 그 색을 만들어내기 위한 염료가 너무 비싸거나 유통과 사용이 제한되어 있었던 것도 영향을 끼쳤다. 파란색의 위계에서는 매우 값비싼 대청의 농축액으로 물들인 (깊고 짙은 파란색인) 공작파란색paonacées 법의가 그러했다. (연지벌레와 그 알로 만든 진홍색 염료들인) 케르메스나 코치닐을 사용해 물들인 풍부한 색감의 빨간색 법의도 마찬가지였다. 반대로 배제되던 자들의 범주에 지정된 색도 있었다. 특수한 직업이나 법에 어긋난 일을 하는 자, 다양한 신체장애를 지닌 자, 기독교도가 아닌 자, 모든 종류의 죄수들과 같은 이들이었다. 이들의 색은 사회질서로부터의 일탈을 나타내는 기호로 작동했다. 그것의 성격과 사용방식은 도시와 지역마다, 때로는 10년 단위로 다르게 나타나기도 했다. 그러나 다양한 기호체계를 이루는 데 늘 사용된 세 가지 색이 있었다. 빨간색 · 노란색 · 녹색이었다. 앞서 보았듯이 이 세 가지 색은 조화를 이루지 못하고 어긋난 위반의 색이었다.

옷 색의 경제적 · 사회적 윤리는 커다란 범위에서 보면 14세기 말과 15세기에 서양에서 검은색의 지위 상승을 촉진시켰다. 검은색은 그때까지는 짙고 또렷한 색을 만들어낼 수 없어서 품위 있는 옷에서 배제되었으나 점차 인기 있는 색이 되었다. 이러한 현상은 페스트가 유행한 뒤인 1350~1380년 무렵에 이탈리아에서 시작된 것으로 추정되는데, 그로부터 몇십 년이 지나지 않아 서양 전체로 확산되었다. 15세기에 들어서자 검은색은 왕과 귀족들에게 유행하는 색이 되었다. 아울러 가장 훌륭한 '가치'를 지닌 색이자, 색의 새로운 (되살아난) 정점이 되었다. 그 뒤 염색업자들은 기술적 · 과학적으로 잇달아 성과를 거두어, 깊고 선명한 검은색, 파란색이나 갈색 광택으로 찬란히 빛나는 검은색, 모직물이나 견직물에도 선명하게 염색되며 잘 바래지 않는 검은색을 만들어내기 시작했다. 여러 세기 동안 불가능했던 일을 염색업자들은 2~3세대 만에 모두 이루어냈다.

이런 (회색의 지위 상승과 함께 나타난) 검은색의 지위 상승은 근대까지 계속 이어져 오늘날 우리의 의복 관습에도 영향을 끼쳤다. 실제로 중세 말기에 의례 관습의 촉구와 규정화를 모두 떠맡고 있던 부르고뉴 공국의 궁정은 군주에게 알맞은 검은색의 유행을 에스파냐 궁정에 전했다. 이 검은색은 '에스파냐 예법'과 함께 널리 알려져서 16세기에서 18세기에 이르는 시기에 유럽의 모든 궁정으로 전해졌다. 한편, 프로테스탄트의 윤리도 옷에 관한 규정에서 윤리적으로 여겨지던 이 검은색을 일찍부터 받아들였다. 그래서 산업혁명 시대와 훨씬 나중의 시대까지 그 색이 모든 색 체계에서 가장 높은 자리에 놓일 수 있게 했다.

종교개혁의 색 파괴

종교개혁의 '우상 파괴'에 관해서는 잘 알려져 있으며, 연구도 어느 정도 이루어져 있다. 하지만 루터와 칼뱅, 그들의 후계자들이 창시한 새로운 종교적·사회적 윤리에서는 '색 파괴', 다시 말해 모든 색은 아니더라도 어떤 종류의 색에 대한 전투도 중요한 한 부분을 차지하고 있었다. 16세기 초는 인쇄본과 판화의 이미지, 곧 '흑백'의 문화와 상상이 지배적으로 되어가던 시대였다. 그리고 그때 태어난 프로테스탄티즘은 14~15세기 색 윤리의 계승자이자 그 시대의 산물이었다. 종교개혁가들은 (예배·옷·예술·주거·'업무' 등의) 종교생활과 사회생활의 모든 영역에서 전면적으로 검은색·회색·흰색을 중심으로 구성된 색의 체계를 권장하고 확립했다. 이러한 개혁파의 '색 파괴'는 (부분적이지만) 우상 파괴와도 관련이 있었다. 그러나 우상 파괴는 최근 여러 편의 훌륭한 저술들을 탄생시키고 있지만,[42] 색 파괴는 여전히 자신의 역사를 연구하는 이가 나타나기만을 기다리고 있다. 색 파괴에 관해 잘 알수록, 특히 위대한 종교개혁가의 세기에 나타난 그에 관해 더 잘 알수록 우리는 프로테스탄티즘이 예술과 색에 관해 어떠한 특징적인 태도를 지니고 있었는지를 더 정확히 평가할 수 있게 될 것이다.

교회

기독교 교회 안에 색이 폭넓게 존재하는 것이 과연 올바른지 하는 물음은 오래전부터 제기되고 있었다. 앞서 보았듯이 12세기 초에 클뤼니회 수도사들과 시토회 수도사들의 다툼도 이와 관련이 있었다. 오랫동안 서로 받아들이려 하지 않았던 두 주장은 14세기 중반이 지나면서 서로 다가서는 모습을 보였다. 어느덧 절대적 다색 장식도 완전한 색의 부재도 거의 받아들여지지 않게 되었다. 그 뒤로는 단순히 밝은 색으로 덧칠하거나, 선과 테두리에만 금박을 입히거나, 그리자유 기법을 사용하는 것이 선호되었다. 적어도 프랑스와 잉글랜드에서는 그러했다. 하지만 (네덜란드를 제외한) 신성로마제국의 여러 국가들을 비롯해 폴란드, 보헤미아, 이탈리아, 에스파냐 등에서는 여전히 색이 폭넓게 분포해 있었다. 몹시 호화로운 대성당에는 황금으로 장식된 장소가 넘쳐났고, 무대 장식의 화려함은 전례와 옷의 화려함에도 영향을 끼쳤다. 그로부터 (후스파와 같은) 종교개혁의 선구자들이 벌인 다양한 움직임이 나타났는데, 15세기에 이미 이들은 금과 색, 교회 안의 그림과 조각상 등에서 공공연히 드러난 사치에 저항하였다. 몇십 년 뒤에 프로테스탄트가 그랬듯이 말이다.

하지만 종교개혁은 서양의 교회가 가장 색으로 넘쳐나고 있던 때와 같은 시기에 시작되지는 않았다. 오히려 다색 장식이 저물어가고, 채색이 더 어두워지던 단계에 나타났다. 하지만 이러한 흐름은 아직 일반적이지 않았고, 위대한 개혁가들에게는 여전히 충분치 않았다. 그래서 그들은 교회에서 색을 한꺼번에 몰아내려 했다. 12세기의 성 베르나르처럼, 츠빙글리와 칼뱅, 멜란히톤, 루터 등은 지나치게 호화롭게 채색된 성전을 비판했다.[43] 구약성서의 예언자 예레미야가 여호야킴 왕에게 분노했듯이, 그들은 "궁궐처럼 교회를 짓고, 창을 내고, 레바논 삼나무로 덮고, 빨간색으로 칠한"[44] 것을 매섭게 비난했다. (성서와 모든 중세 신학에서 가장 선호되던) 빨간색은 사치와 죄악의 최고치를 상징하는 색이었다. 어느새 그것은 그리스도의 피가 아니라 인간의 어리석음을 상기시키는 색이 되었다. (독일의 종교개혁가인) 카를슈타트(1486~1541)와 루터는 빨간색을 혐오했다.[45] 특히 루터는 그 색을 (요한 묵시록 17장에 등장하는) 바빌론의 대탕녀처럼 빨간색의 사치스런 옷을 입고 있는 로마 교황주의자의 표장처럼 여겼다.

이러한 사실은 비교적 잘 알려져 있다. 그러나 다양한 교회와 프로테스탄트 종파들이 이론적·교조적 관점을 어떻게 실천으로 옮겼는지에 관해서는 잘 알려져 있지 않다. 16~17세기에 교회에서 색 추방이 이루어진 정확한 (아울러 섬세한) 연대학과 지리학은 무엇일까? 어느 정도의 비율로 폭력적인 파괴와 (채색된 표면을 깎거나 색을 감추기 위해 단색으로 덧칠하거나 석회를 바르는 식으로) 은폐·탈색의 행위, 전면적인 개조가 이루어졌을까? 어디에서나 색의 부재가 추구되었을까, 아니면 특정한 상황과 장소, 순간에는 관용을 가지고 색을 덜 혐오했을까? 색의 부재란 과연 어떤 것이었을까? 흰색이었을까, 회색이었을까, 채색되지 않은 것이었을까?[46]

이러한 물음에 관해서 우리가 가지고 있는 정보는 허술하기 짝이 없으며, 지나치게 단순하거나 때로는 서로 모순된 것도 있다. 색 파괴는 우상 파괴가 아니므로 도상을 대상으로 벌인 전투에 관한 연구에서 비롯된 연대학적·지리학적 해석의 틀을 그대로 색 파괴에 적용시킬 수는 없다. 색에 대한 전투는 (독립된 전투이므로) 다른 형태를 띠며, 덜 노골적이고 더 산발적이며 더 섬세하게 이루어졌다는 점에서 역사가들의 관찰을 더 어렵게 한다. 예컨대 정말로 도상·물품·건축물에 지나치게 호화롭고 도발적인 색이 입혀져 있다는 이유만으로 파괴가 이루어졌을까? 이러한 물음에 어떻게 답할 수 있을까? 더 나아가 색과 그색이 표현된 사물의 본체를 구분해서 생각할 수 있을까? 성인상과 같은 조각품의 다색 장식은 개혁파가 보기에는 조각상을 우상화하는 데영향을 끼치고 있다고 여겨졌을 것이다. 그렇지만 이 경우에 문제가 된것은 다색 장식만이 아니었다. (1560년대부터 프랑스의 신교도들이 자주저지른) 스테인드글라스 파괴에서 표적이 된 것은 무엇이었을까? 이미지였을까, 색이었을까? 다시 말해 (신적 존재를 인간의 모습으로 표현하는등의) 표현기법이나 (성모 마리아의 삶이나 성인 전설, 성직자의 형상화와 같은) 주제가 문제였던 것은 아닐까? 이런 물음들도 답을 내리기 어렵다. 문제를 거의 뒤집어서, 도상과 색에 대한 폭력과 모욕의 관습이 프로테스탄트의 특정한 '색의 전례'와 관련된 것은 아닌지 살펴볼 수도 있을것이다. (특히 취리히와 랑그도크 등의 지역에서) 그러한 관습은 여러 상황들에서 '사육제' 못지않게 극적인 양상으로 나타나기도 했다.[47]

금과 귀금속에 대한 적대적인 태도는 반감에서 파괴에 이르기까지더 쉽게 실태를 추적해갈 수 있다. 그러나 금속과 색의 구별은 어느 정도까지 가능할까? 금을 대신하거나 금과 짝을 이루던 안료와 염료를금과 어떻게 연결시킬 수 있을까? 이 경우에는 파괴의 단계가 아니라, 재건의 단계가 답의 실마리를 가져다준다. 이 오랜 기간에 걸친 단계는우리가 마주한 문제에 관한 확실한 정보를 매우 풍부히 지니고 있다. 16세기부터 20세기에 이르기까지 프로테스탄트 교회가 가톨릭 성당보다 색이 적었던 것만큼은 확실하다. 거기에는 꽃도 없었다.[48] 그래서 역사가는 그다지 어려움을 느끼지 않고, 이론에서 실천으로의 이행이 어떻게 이루어졌는지 관찰할 수 있다. 그렇지만 여전히 더 필요한 연구는 남아 있다. 단순한 관찰을 넘어서서 현상의 진행과 온갖 측면들을 자세히 살펴보아야 한다.[49] 그러한 현상의 연대학은 획일적이지 않으며, 지리학도 균일하지 않다.[50] 특정한 시대와 지역마다 실천이 다르게 이루어지고 있었다는 사실이 확인된다. 예컨대 1530~1550년 무렵에 취리히에서 통용되던 것이 제네바에서는 통용되지 않거나, 제네바에서 통용되던 것이 바젤에서는 통용되지 않았다. 개혁파 공동체 안에서도 개혁가·목사와 신자의 생각이 서로 다른 경우도 있었다. 기존의 다색 장식에 대해 관용적인 태도를 보이는 이도 있었지만, 완강히 적대적인 태도를 보이는 이도 있었다.[51] 루터파의 영지들에서도 지역마다 차이가 꽤 크게 나타났다. 16세기 말 이후 독일의 일부 교회들에서는 칼뱅파와는 달리 특정한 바로크 양식의 색이 이미 뚜렷이 나타났다. 심지어 18세기에 슈바벤과 프랑켄 지방의 여러 교회들에는 로코코 양식의 색이 스며들기도 했다.[52] 이 모든 것들이 시간과 공간 안에서 하나하나의 종파와 공동체를 대상으로 깊게 연구될 가치가 있을 것이다. 일단은 개별 현상을 다룬 연구만으로도 우리의 지식을 유효하게 늘려줄 것이다.

종교 의식

미사에서 색은 중요한 역할을 맡았다. 의식에 사용되는 물품들과 옷은 전례의 색 체계로 규정화되어 있었고, 조명과 건축물의 장식, 조각의 다색 장식, 전례서의 채색화, 그 밖의 모든 값비싼 장식들과 완전히 결합되어 진정한 색의 연극성을 만들어냈다. 몸짓이나 소리와 마찬가지로, 색은 의식을 순조롭게 진행하는 데 꼭 필요한 요소였다.

종교개혁가들은 미사의식과 그 연극성에 관해 (루터처럼) "교회를 우롱하고", (멜란히톤처럼) "사제를 서툰 배우로 만들고", (칼뱅처럼) 쓸모없는 겉치레나 부의 과시라고 격렬히 비난했다. 그들은 색에 대해서도 마찬가지로 비난했다. 교회 내부의 물리적 존재와 함께, 전례에서 맡고 있던 역할도 비난을 받았다. 츠빙글리에게 예배의 외형적인 아름다움은 진지한 분위기를 흩트리는 것이었다.[53] 루터와 멜란히톤에게 교회는 인간의 모든 허영을 없애는 장소여야 했다. 카를슈타트에게 교회는 "유대교 회당처럼 순수해야" 했다.[54] 칼뱅에게 교회의 가장 아름다운 장식은 신의 말씀이었다. 곧 이들 모두에게 교회는 신자를 거룩함으로 이끌어야 하는 곳이었다. 그래서 간소하고 조화로우며 어지럽지 않은 곳, 겉모습의 순수함이 영혼의 순수함을 이끌어낼 수 있는 곳이어야 했다. 이렇게 해서 로마 교회가 연출하던 전례의 색은 머물 곳을 잃었고, 교회 내부에서 색은 어떤 전례적 역할도 맡지 않게 되었다.

거칠게 정리했지만, 이것이 위대한 개혁가들이 교리로 내세운 일반적인 태도였다. 그렇지만 이 경우에도 여전히 이론의 지향과 실제의 관행 사이에는 큰 차이가 있었다. 특히 전례의 색이라는 문제는 파악하기 쉽지 않다. 프로테스탄트의 여러 공동체들에서도 여러 세기나 몇십 년마다 다양하게 바뀐 모습으로 나타났기 때문이다. 그러므로 단지 교리만이 아니라 실제로 종교개혁이 어떻게 전례의 색을 일소했는지를 살펴보아야 할 것이다.[55] 아울러 17세기 이후에 (헝가리 · 슬로바키아 · 스칸디나비아의) 몇몇 루터파 공동체들에서 특정한 축일과 관련된 색으로 돌아가려는 생각이 처음에는 조심스럽게 드러나다가 얼마 지나지 않아 뚜렷한 형태를 띠고 나타나게 된 경위도 확인해 보아야 할 것이다. 19세기에 들어서면서 그러한 사례가 늘어났는데, 이는 독일에서 나타난 '전례의 르네상스'라는 특정한 움직임과 관련이 있었다.[56] 아울러 영국 국교회의 사례도 더 자세히 알아보아야 한다. 영국 국교회는 색 규정과 관련된 전례의 모든 체계를 포기했다가 2세기 뒤에 중세의 관습으로 완전히 다시 돌아갔다. 그렇지만 영국 국교회의 (교회의 전통과 권위를 중시한) 고교회파의 관습은 (복음주의에 기초해 전례보다는 개인의 참회와 신앙을 강조한) 저교회파와 같지 않았다. 신앙부흥운동을 벌인 프로테스탄트의 일부 세력이 곳곳에서 권장했던 것도 달랐다. 그러므로 이 경우에도 정확한 연대학과 지리학, 유형학이 요구된다.[57]

연구와 관찰을 확대하면 종교개혁이 검은색의 지위를 빠르고 격렬하게 높여간 이유와 경위를 더 깊게 이해할 수 있을 것이다. 종교개혁을 거치며 종교의식과 사회윤리의 영역에서 동시에 검은색 · 회색 · 흰색의 중심축이 점차 부각된 경위도 알 수 있게 될 것이다. 이 중심축은 인쇄본과 판화의 확산과 함께 흑백의 세계를 본연의 색의 세계와 대립시키는 데 큰 영향을 끼쳤다.

예술

프로테스탄트의 고유한 예술이 있을까? 이 물음은 새롭지 않다. 하지만 시도된 답들은 여전히 불확실하고 모순투성이다. 게다가 종교개혁과 예술 창조의 관계를 탐구한다고 내세운 연구는 무척 많지만, 색의 문제로까지 생각을 이끌어간 것은 찾아보기 어렵다.

우상에 대한 전투가 상황에 따라서 어떻게 색에 대한 전투를 이끌어냈는지는 앞에서 이미 살펴보았다. 지나치게 화려한 색, 지나치게 풍부한 색, 지나치게 도발적인 색들이었다. 17세기의 학자이자 골동품상인 로제 드 게니에르는 앙주와 푸아투 지방의 중세 고위성직자 무덤에 관한 몇 개의 소묘를 남겼다. 그것들은 오래전에는 멋진 색으로 장식되어 있었다. 하지만 우상 파괴와 색 파괴가 크게 유행하던 1562년 〔프랑스의 신교도인〕 위그노가 완전히 색을 벗겨내 없앴다. 프랑스 북부나 네덜란드에서는 〔플랑드르 지방에서 성상파괴운동을 벌이기 시작한 신교도들인〕 '1566년 여름의 파괴자들'이 자주 똑같이 행동했다. 색을 벗겨내거나 지우거나 덧칠하기보다는 단순한 파괴에 더 역점을 두었지만 말이다.[58] 최초의 폭력의 시기가 지나자 오히려 루터파 영지에서는 성전에서 빼내거나 벽걸이로 보수한 오래된 도상을 존중하는 태도가 생겨났다. 그와 함께 공간의 색에 대한 관용도 더 커졌다.

그렇지만 이러한 사실들에서 문제의 본질을 찾을 수는 없다. 다시 말하건대, 파괴가 아니라 창조가 개혁파의 예술과 색에 대한 태도에 관해 가장 정확한 정보를 가져다준다. 그러므로 프로테스탄트 화가들의 색을 연구해야 하고, 그에 앞서 미술적 창조와 미적 감수성에 관한 종교 개혁가들의 말을 살펴보아야 한다. 그렇지만 이는 쉽지 않은 작업이다. 그런 종류의 말들이 자주 머뭇거리는 경향을 띠거나 쉽게 바뀌곤 했기 때문이다.[59] 예컨대 츠빙글리는 말년에 1523~1525년 무렵보다 색의 아름다움에 대한 적의를 줄였다. 아울러 루터와 마찬가지로 그는 미술보다는 음악에 큰 관심을 두고 있었다.[60] 미술과 색에 관한 확고한 생각과 가르침을 가장 풍부히 확인할 수 있는 것은 아마도 칼뱅일 것이다. 그렇지만 유감스럽게도 그것들은 수많은 단편들 안에 흩어져 있다. 그것들을 크게 왜곡시키지 않고 압축해 살펴보도록 하자.

칼뱅은 조형예술을 단죄하지 않았다. 다만 그것은 세속의 것이어야 했으며, 사람들을 교육하고, (신학적인 의미에서) '기쁘게' 만들고, 신을 숭배하는 것이어야 했다. 아울러 (혐오스럽기 짝이 없게도) 창조자를 표현하는 것이 아니라, 창조물을 나타낸 것이어야 했다. 그러므로 예술가는 인위적이고 불확실한 주제, 불의와 음욕으로 물든 주제에서 벗어나야 했다. 예술은 그 자체로 가치를 지니지 않았다. 신에게서 비롯된 것이었으므로 신을 더 잘 이해할 수 있게 이바지하는 것이어야 했다. 그리고 바로 이런 이유에서 화가는 절도 있게 작업하고, 형태와 색의 조화를 추구하고, 피조물 안에서 영감을 찾고, 자신이 본 것을 표현해야 했다. 칼뱅에게 아름다움의 구성요소는 명료함과 질서, 완벽이었다. 그리고 가장 아름다운 색은 자연의 색이었다. 그가 특정한 식물의 파란색을 선호했던 것은 그것이 '더 많은 은총'을 받은 것이었기 때문이다.[61]

(인물 · 풍경 · 동물 · 정물 등의) 주제의 선택에서 이런 권고와 16~17

그림 5 그리자유 화법의 그림 (Pieter Brueghel de Oude, 1565)

세기의 칼뱅주의 화가들의 그림 사이의 관계는 쉽게 확인된다. 그렇지만 색은 간단치 않다. 칼뱅주의자의 팔레트가 진짜로 존재했을까? 더나아가 프로테스탄트의 팔레트라는 것이 존재했을까? 근본적으로 이러한 물음이 의미가 있을까? 내가 보기에는 이 세 질문에 모두 긍정적으로 대답할 수 있을 것 같다. 프로테스탄트 화가들은 자신의 팔레트에 몇 가지 기본색과 거듭 사용하는 색을 가지고 있었다. 그리고 이것이 그들에게 고유한 색의 특성을 부여했다. 전체적인 소박함, 여러 색을 뒤섞어 놓는 것에 대한 혐오, 어두운 색조, 그리자유와 같은 단색화 기법을 사용한 작업, 사물 본연의 색에 대한 추구, 색들이 단절되어 거슬리지 않도록 그림의 색을 구성하는 등의 특성들이었다. 몇몇 칼뱅주의 화가들은 색의 청교도주의라고 할 수 있을 만큼 원칙을 철저히 지켰다. 렘브란트가 그러했다. 그는 일종의 색의 금욕을 실천했다. 그는 어둡고, 조심스럽고, (때로는 단색화라는 비난을 받을 정도로) 적은 수의 색을 사용해서 빛과 떨림이 강하게 작용할 수 있게 했다. 이러한 독특한 팔레트에서 강한 음악성과 뚜렷한 영적 긴장이 도출되었다.[62]

　그러나 프로테스탄트 화가들이 이러한 색의 금욕을 독점하고 있었던 것은 아니다. 그러한 경향은 가톨릭 화가들에게서도 찾아볼 수 있었다.

특히 17세기에 〔예수회를 비판하고 엄격한 윤리적 생활을 강조한 네덜란드의 신학자 코르넬리우스 얀센의 영향을 받은〕 얀센주의의 영향을 받은 화가들이 그러했다. 예컨대 필립 드 샹파뉴의 팔레트는 〔1646년〕〔얀센주의의 중심지이자 신학교로 명성이 높던〕 포르루아얄 수도원과 관계를 지니며 본격적으로 얀센주의를 받아들이면서 더 꾸밈이 없이 간소해지고 어두워졌다.[63]

오랜 기간에 걸쳐 서양에서는 색에 관한 서로 다른 예술적 사고 사이에 뚜렷한 연속성이 존재해왔다. 12세기의 시토파 예술과 17세기의 칼뱅주의 · 얀센주의 회화 사이에는 14~15세기에 나타난 그리자유 단색화와 종교개혁 초기의 색 파괴의 유행이 있었다. 여기에는 단절이 전혀 없었으며, 오히려 한결같은 언설만 있었다. 색은 허위 · 사치 · 인위 · 환상이라고 설파되었다. 색은 헛된 것이었다. 물질이기 때문이다. 색은 위험했다. 사람들의 눈길을 참된 선에서 다른 곳으로 돌리는 것이기 때문이다. 색은 죄로 가득했다. 사람들을 유혹하고 속이기 때문이다. 색은 거추장스런 것이었다. 형상과 윤곽을 분명히 식별할 수 없게 하는 것이기 때문이다. 성 베르나르와 칼뱅의 말은 비슷했다. 그리고 그 말은 17세기에 〔강렬한 색감을 추구한〕 루벤스와 채색주의에 반대하던 이들이 소묘와 배색효과의 우월성을 둘러싸고 벌어진 논쟁에서 끊임없이 했던 말과도 거의 다르지 않았다.[64]

그러므로 종교개혁의 예술에서 나타난 색 혐오는 전혀 혁신적이지 않았으며, 오히려 반동적이라고도 할 수 있었다. 그렇지만 그것은 서양의 색에 관한 감수성의 변화에서 핵심적인 구실을 맡았다. 흑백의 세계와 본연의 색 사이의 대립을 강조하는 데 기여했으며, 다른 한편에서는 색 애호라는 로마의 반작용을 낳아 바로크와 예수회 예술의 탄생에 간접적으로 기여했다. 실제로 가톨릭의 반종교개혁은 교회를 지상에 실현된 천상의 이미지이자 그리스도의 현현으로 보는 교리를 바탕으로 성전 내부의 온갖 화려함을 정당화했다. 신의 거처에 지나친 아름다움

따위는 없었다. 종교개혁은 대리석 · 금 · 값비싼 직물과 보석 · 스테인드글라스 · 조각상 · 프레스코화 · 종교화 · 반짝이는 도장과 채색과 같은 모든 것들을 교회와 예배에서 몰아냈다. 그러나 바로크 예술과 함께 교회는 다시 색의 전당이 되었다. 로마네스크 시대에 클뤼니파의 전례와 미학이 그랬듯이 말이다.

종교개혁은 조판인쇄와 판화를 통해서 근대 감수성의 변화에 영향을 끼쳤다. 프로테스탄트의 종교개혁은 책에 의지했고, 회화보다 판화를 우선시했다. 그리고 교화를 목적으로 판에 새겨 인쇄한 도상을 무수히 사용해 흑백 이미지를 대량으로 전파하는 데 기여했다. 이렇게 해서 종교개혁은 깊은 내면의 문화혁명에도 적극적으로 관여했다. 그 문화혁명은 15~17세기 사이에 색의 세계를 뒤흔들어 놓았다. 중세의 도상들은 모두 여러 색들로 이루어져 있었으나, 근대의 도상들은 대부분 흑백으로 이루어졌다. 이러한 변화의 영향은 무척 크게 나타나서 (뉴턴의 위대한 발견과 스펙트럼이 출현하기 전에) 흰색과 검은색을 색의 위계에서 쫓아내는 데 기여했다. 이 '축출'은 단지 예술과 이미지만이 아니라, 사회의 규범들과도 연관되어 있었다. 가장 대표적인 것이 옷이었다.

옷

프로테스탄트의 색 혐오가 가장 깊고, 가장 오래 꾸준히 영향을 끼친 것은 아마도 옷을 둘러싼 관습일 것이다. 그것은 개혁의 지도자들이 설파했던 계율이 가장 집중된 분야이기도 했다. 예술 · 도상 · 교회 · 전례 등과 색의 관계에 대해 그들의 의견은 큰 틀에서는 같은 쪽을 향하고 있었다. 하지만 수많은 세세한 부분들에서는 서로 달라서, 생각이 일치한다거나 어울린다고도 할 수 없었다. 그러나 옷에 대해서만큼은 그렇지 않았다. 말도 대체로 같았고, 실천도 비슷했다. 모든 종파와 교회들이 그렇듯이 이 문제에 관해서도 온건파와 과격파가 있어서 어감과 정도의 차이만 보였을 뿐이다.

종교개혁에서 옷은 언제나 얼마간 부끄러움과 죄악의 기호였다. '타락'과 관련이 있었기 때문이다. 인간의 타락을 상기시키는 주요한 기능을 맡고 있었으므로, 옷은 겸손의 기호여야 했다. 곧 옷은 소박하고, 단순하고, 조심스럽고, 자연과 활동에 어울리는 것이어야 했다. 모든 프로테스탄트 윤리는 사치스런 옷, 화장품과 장신구, 분장, 자주 바뀌고 튀는 유행 등을 몹시 혐오했다. 츠빙글리와 칼뱅에게 몸을 꾸미는 것은 순수치 못한 짓이었고, 화장하는 것은 외설스런 짓이었으며, 뭔가로 분장하는 일은 꺼려야 할 행위였다.[65] 멜란히톤에게 몸과 복장에 관심을 너무 많이 기울이는 것은 인간을 동물로 떨어뜨리는 짓을 뜻했다. 이들 모두에게 사치는 타락이었고, 아름답게 꾸며야 할 것이 있다면 영혼뿐이었다. 이들은 늘 [실제의] 존재를 [꾸며진] 겉모습보다 우위에 두었다.

이러한 규정은 옷과 겉모습에 관한 매우 엄격한 규제를 불러왔다. 곧 단순한 형태와 얌전한 색이 권장되었고, 참된 모습을 가리는 장신구와 인위적인 꾸밈 등은 배격되었다. 종교개혁의 지도자들은 일상의 삶에서만이 아니라, 자신들의 모습을 나타낸 그림이나 판화에서도 본보기가 되었다. 어두운 색의 소박한 옷이나, 때로는 허름해 보이기까지 한 옷을 입은 모습이었다.

이와 같은 단순함과 엄격함의 추구는 부끄러움을 모른다고 여겨진 모든 화려한 색을 옷에서 쫓아내는 것으로 나타났다. 빨간색과 노란색만이 아니라, 와인색·오렌지색이 배제되었고, 모든 녹색과 어떤 종류의 보라색도 모습을 감추었다. 반대로 검은색·회색·갈색 등의 어두운 색들이 많이 사용되었다. 품위 있고 순수한 색인 흰색은 (여성이나) 아이들의 옷으로 권장되었고, 파란색은 조심스런 범위 안에서 인정되었다. 여러 색이 나란히 놓인 모든 것, 곧 (멜란히톤의 표현대로) '공작처럼' 꾸미는 것은 호되게 규탄되었다.[66] 종교개혁은 교회 장식과 전례의 경우와 마찬가지로 옷에서도 다색에 관해 끊임없이 혐오를 드러냈다.

이러한 프로테스탄트의 색은 중세의 윤리가 몇 세기에 걸쳐 규제해오던 옷의 색과 그리 다르지 않았다. 그렇지만 종교개혁 이후에는 착색제나 색의 농도와 채도는 더는 문제로 여겨지지 않았고, 오직 색상만이 비판의 대상이 되었다. 그래서 어떤 색은 금지되었고, 어떤 색은 규제를 받았다. 이는 프로테스탄트 교회들이 정한 대다수의 옷에 관한 규정이나 사치에 관한 규범들에서 뚜렷이 확인된다. 16세기의 취리히나 제네바에서도, 17세기 중

그림 6 마르틴 루터의 초상

엽의 런던에서도, 몇십 년 뒤의 독일의 경건주의에서도, 18세기의 펜실베이니아에서도 그러했다. 이러한 규정들은 더 많이 연구되어야 한다. 그러한 연구는 규정을 둘러싼 오랜 기간의 변화를 추적해가는 데 도움이 될 것이다. 아울러 온건했던 국면·지역과 과격했던 국면·지역을 구분하는 데에도 도움이 될 것이다. 수많은 엄격주의·경건주의 종파들이 개혁으로 옷의 엄격함과 획일성을 강조했다. 그래서 1535년 뮌스터에서 재세례파가 이미 권장했듯이, 프로테스탄트의 여러 종파들은 제복에 대해 늘 끊임없이 유혹을 느끼고 있었다. 그러한 개혁의 밑바탕에는 세속의 허영에 대한 미움이 놓여 있었다.[67] 이러한 종파들은 프로테스탄트의 일반적인 옷에 엄격하고 복고적인 겉모습을 부여하는 데 기여했는데, 그것은 얼마간은 반동적이기도 했다. 유행과 변화, 새로움을 적대시하는 것이었기 때문이다.

이제 새로운 문제를 살펴보자. 종교개혁의 지도자들이 모두 권장했던, 어두운 색의 옷을 입는 관습은 15세기에 유럽에서 이미 시작되었던 검은색의 유행을 지속시키는 데 어떻게 도움이 되었을까? 실제로 프로테스탄트의 검은색과 가톨릭의 검은색은 (일치하는 것은 아니었더라도) 나란히 15세기부터 20세기까지 (고대와 중세 대부분의 시기와는 달리) 유럽의 옷에 검은색이 가장 많이 쓰이게 하는 데 영향을 끼쳤다. 하지만 문제는 그리 간단치 않다.

가톨릭의 검은색에는 두 가지 종류가 있었다. 하나는 왕과 귀족의 검은색이었다. 이 검은색은 부르고뉴 공국의 궁정에서 (1419년에 암살된 아버지 장 1세를 기리는 상복을 계속해서 입었던) '좋은 사람le Bon'이라는 별칭으로 불리던 필리프 3세의 시대에 탄생했다. 그리고 다른 부르고뉴의 유산들과 함께 에스파냐로 전해졌다. 적어도 1660년까지 에스파냐 궁정은 왕가들의 유행의 발상지이자 교구들의 예법을 조정하는 공간으로서의 구실을 했다. 그래서 근대 초기에 유럽의 궁정들은 거리에 따라 정도의 차이는 있었지만 모두가 이 검은색의 유행에 휩쓸렸다.

다른 하나는 수도원의 검은색이었다. 그것은 겸손과 절제의 검은색이었고, 중세 말에 어떤 형태로든 원시 교회의 순수함과 소박함을 되찾자고 주장한 모든 운동들과 관련된 검은색이기도 했다. 아울러 [14세기 영국의 종교개혁가인] 위클리프와 [15세기 이탈리아의 종교개혁가인] 사보나롤라의 검은색이자, 반종교개혁의 검은색이기도 했다. 색과 관련해서 반종교개혁은 교회·전례에 관한 것과 신자에 관한 것을 엄격히 구별했다. 그리고 한쪽에는 풍부하고 넘치는 색을, 다른 한쪽에는 차분하고 절제된 색을 두었다. [신성로마제국의 황제로 루터파 영주들과 아우크스부르크 화의를 맺은] 카를 5세(재위 1530~1556)가 검은색 옷을 입을 때에도 늘 똑같은 색이 아니었다. (실제로 그는 대부분 검은색 옷만 입었지만) 어떤 때는 호화로운 부르고뉴 공국의 궁정에서 온 왕과 귀족의 검은색이었고, 어떤 때는 색에 관한 모든 중세의 윤리에서 온 수도원의 조심스런 검은색이었다. 이 두 번째 검은색이야말로 그와 루터를 잇고, 가톨릭과 프로테스탄트의 윤리가 조금씩 한 곳으로 모여들어 마침내 어떤 것을 탄생시킨 양상을 알려주는 색이었다. 19~20세기의 유럽에서 '부르주아적 가치'라고 불린 것의 범상치 않은 탄생이었다.[68]

영향

역사가는 종교개혁과 그로부터 비롯된 가치체계가 오랜 기간에 걸쳐 행한 색 혐오의 결과들에 관해 적어도 몇 가지는 되물어볼 자격이 있다. 앞서 이미 살펴보았듯이, 종교개혁의 그러한 태도가 엄격한 의미에서의 색의 세계와 (이미 중세 말에 태동하고 있던) 흰색·회색·검은색의 세계의 분리를 촉진시켰다는 사실은 부정할 수 없다. 종교개혁은 인쇄본과 판화에서 생겨난 색에 대한 새로운 감수성을 일상의 삶과 문화적·윤리적 삶 안으로 끌어들여 뉴턴이 활약할 무대를 준비했다. 그리고 이 위대한 학자는 1666년에 프리즘 실험과 스펙트럼으로 새로운 색의 질서를 무대 위에 등장시켰다. 그로부터 검은색과 흰색은 '과학적으로' 축출되었다. 문화적인 축출은 사회관습과 예술창조, 종교와 윤리에서 이미 몇십 년 전부터 이루어지고 있었다.[69] 흔히 그렇듯이 이 경우에도 과학은 맨 마지막에 모습을 드러냈다.

하지만 프로테스탄트가 행한 색 혐오의 영향은 17세기에 뉴턴의 발견을 마주하고서도 끝나지 않았다. 서양의 산업이 대규모로 소비를 위한 물품들을 생산하기 시작하던 때인 19세기 후반 이후에는 더 두드러지게 나타났다. 대규모의 산업자본주의와 프로테스탄트의 환경 사이의 긴밀한 관계를 이해하기 위해 막스 베버의 명제를 모두 받아들일 필요는 없을 것이다. 마찬가지로 영국·독일·미국에서 일상적으로 대량으로 쓰인 소비품의 생산에 프로테스탄트 윤리에 속한 도덕적·사회적 고려가 어느 정도 뒤따르고 있다는 사실을 부정할 수도 없을 것이다. 그렇다면 초기의 대량생산에서 제품의 색의 종류가 매우 적었던 것도 이 윤리 때문은 아니었을까? 당시에도 이미 염료와 관련된 화학 공업은 다양한 색으로 물품을 생산할 수 있는 수준에 이르러 있었다. 그런데도 놀랍게도 (직물이나 의류는 물론이고) 1860~1914년에 등장한 최초의 가전제품과 의사소통을 위한 최초의 기계장치, 전화기, 카메라, 승용차 등 대량으로 생산된 공업제품들은 모두 검은색 · 갈색 · 회색 · 흰색으로 제한되어 있었다. (몇십 년 뒤의 천연색 영화에 대해서도 그러했듯이) 사회의 윤리가 마치 염료화학이 이룬 화려한 색의 범람을 배척하고 있었다는 듯이 말이다.[70] 헨리 포드(1863~1947)는 이러한 프로테스탄트의 색 혐오를 실천한 가장 잘 알려진 사례이다. 같은 이름의 자동차 회사를 세운 그는 모든 측면에서 윤리에 민감한 엄격주의자였다. 그래서 그는 대중의 바람을 외면하고, 경쟁 상대가 제공한 2색이나 3색의 탈것을 돌아보지 않았다. 나아가 삶을 거의 끝마칠 때까지 윤리적인 이유에서 검은색이 아닌 자동차를 팔려고도 하지 않았다.[71]

08

중세의 염색업자

신에게 버림받은 직업의 사회사

중세에 염색업자는 수공업 장인이 맡던 직업으로, 직물업자나 염료 상인의 일과는 구분되었다. 그것은 몹시 세분화되고 엄격히 규제되던 직업이기도 했다. 염색업자의 조직과 도제 교육과정, 도시에서의 지위, 권리와 의무, 적법한 염료와 금지된 염료의 목록 등을 규정해 놓은 13세기 이후의 문서들이 여럿 전해진다.[1] 하지만 아쉽게도 이 문서들은 대부분 아직 출간되지 않은 상태이고, 염색업자도 모직물업자나 방직공과는 달리 아직 역사가들에게 본격적으로 관심을 받지 못하고 있다.[2] 1930~1970년의 시기에 나타난 경제사의 유행으로 직물을 제조하는 공정에서 염색이 차지하던 지위나 모직물 상인에 대한 염색업자의 의존관계는 더 분명히 알려졌다.[3] 하지만 늘 얼마간 수상쩍게 여겨지고 배척되던 이 직업을 체계적이고 종합적으로 다룬 저작은 아직 존재하지 않는다. 염색과 관련된 다양한 작업들은 고대부터 수많은 사회들에서 한결같이 경계심을 불러일으켜왔다.[4] 중세 기독교 유럽은 어느 곳보다도 그러한 경계심이 강했는데, 이러한 사실은 현실의 관습과 전설, 상상의 영역에서 모두 확인된다. 이 직업의 악마적인 성격이나, 적어도 두려워할 만한 성격을 나타낸 자료는 글로 된 것이든 도상으로 된 것이든 무척 많다. 염색업자는 성직자에게는 금지되고, 선량한 시민에게는 권장되지 않던 직업이었다.[5]

장인들의 분열과 다툼

자료가 많은 데에는 여러 이유가 있었으나, 주된 이유는 염색이라는 직무가 경제생활에서 차지하던 중요한 지위에서 비롯되었다. 중세 서양에서 직물업은 유일한 대규모 산업이었다. 그래서 직물을 생산하는 도시에는 어디든 염색업자의 수가 많았고, 그들은 굳게 조직화되어 있었다. 그러한 도시들에서는 다른 동업조합들과의 충돌도 자주 일어났는데, 특히 모직물업자·방직공·가죽업자를 상대로 한 경우가 많았다. 많은 곳들이 작업을 고도로 세분화하고 엄격히 규제하고 있었으며, 염색업자만이 염색 작업을 할 수 있게 했다. 하지만 염색할 권리를 지니지 않은 방직공이 그 작업을 하는 경우도 아주 드물지는 않았다. 그래서 분쟁과 소송이 벌어졌고, 그와 관련된 기록들은 색의 역사를 연구하는 이에게 풍부한 정보를 가져다준다. 예컨대 그 자료들로 우리는 직조한 나사羅紗는 거의 언제나 염색했으나, (명주를 제외하고) 마사麻絲나 뭉치 상태의 양모는 드물게만 염색했다는 사실을 알 수 있다.[6]

방직공은 때때로 도시나 영주로부터 새로 유행하기 시작한 색이나, 그때까지 염색업자가 사용하지 않거나 거의 사용하지 않은 염료를 사용해 모직물을 염색할 권리를 얻기도 했다. 새로운 것에 대한 이러한 특권 덕분에 오래된 규정과 규칙을 비켜갈 수 있었던 방직공 동업조합은 염색업자 조합만큼은 보수적이지 않은 듯이 여겨지기도 했다. 아울러 당연히 그러한 특권 때문에 염색업자들의 분노를 불러일으켰다. 예컨대 (파란색의 지위가 한창 높아지던) 1230년 무렵에 [루이 9세의 어머니이자 섭정이던) 블랑슈 드 카스티유는 파리의 방직공들이 두 군데 작업장에서 오로지 대청만을 사용해서 파란색 염색을 할 수 있게 허가했다. 오랫동안 꺼려지던 파란색이 즐겨 찾는 색이 되자 고객들의 수요가 새롭게 나타난 데에서 비롯된 조치였다. 하지만 이 일은 염색업자 · 방직공 · 왕권 · 시 행정당국 사이에 몇십 년에 걸친 격렬한 충돌을 불러왔다. 그러한 충돌의 반향은 루이 9세의 요구로 파리 시장이던 에티엔 부알로가 1268년에 편찬한, 파리의 다양한 동업조합의 규정을 성문화한 『직업의 책Livre des mestiers』에도 여전히 드러난다. "파리의 방직공은 집에서 어떤 색으로든 염색을 하면 안 된다. 다만 대청을 사용한 (파란색) 염색은 예외이다. 그렇지만 두 군데 작업장에서만 할 수 있다. (평안히 잠든) 블랑슈 왕비가 방직공에게 두 채의 건물을 소유하는 것을 허용하고, 그곳에서 방직과 (대청) 염색을 할 수 있도록 법으로 허용했기 때문이다."[7]

가죽업자가 상대인 경우에는 직물이 아니라, 강물을 둘러싸고 충돌이 벌어졌다. 염색업자와 (동물의 사체를 사용하기 때문에 마찬가지로 수상쩍게 여겨지던 장인인) 가죽업자는 모두 작업을 하는 데 물이 꼭 필요했다. 물론 물이 있어야 하는 것은 다른 수많은 장인들도 마찬가지였으나, 이들에게는 깨끗한 물이 꼭 필요했다. 그런데 염색업자가 염료로 물을 더럽히면, 가죽업자는 가죽을 담그는 데 그 물을 사용할 수 없었다. 거꾸로 가죽업자가 무두질 작업으로 더러워진 물을 하천으로 흘려보내면 염색업자는 그들의 하류에서는 일을 할 수 없었다. 그래서 분쟁과 소송이 벌어졌고, 그와 관련된 문헌 자료를 남겼다. 그러한 것들 가운데에는 18세기까지 이어진 수많은 명령 · 규칙 · 치안 판결들도 있다. 그것들에 따르면 파리의 염색업자는 도시 바깥으로, 나아가 성 밖의 변두리 지역에서도 멀리 벗어난 장소에 자리를 잡도록 요구되었다는 사실이 확인된다. "이 직업은 대규모 오염을 불러일으키고 인체에 매우 유해한 물질을 사용하므로 주위 사람들의 건강을 해치지 않으려면 장소 선택에 많은 규제가 필요하다"[8]는 이유 때문이었다.

　14～18세기에 파리를 비롯한 수많은 대도시들에서는 인구 밀집지에서 작업을 금지하는 이런 조치가 끊임없이 거듭 실시되었다. 1533년에 파리에서 실행된 규칙을 살펴보자. "모피업자 · 가죽업자 · 염색업자는 도시나 성 밖 변두리 지역에 있는 자신들의 집에서 작업할 수 없다. 양털을 씻는 일은 튈르리 아래의 센강 하류로 가져가거나 이동해서 작업하도록 엄중히 명령한다. [⋯] 무두질 재료나 염료, 그 밖의 유사한 오염물질을 강에 버리는 행위도 금지한다. 이러한 작업은 샤이요 구역 방면의 파리 아래쪽으로 성 밖 변두리 지역으로부터 적어도 활 사정거리의 두 배 정도 벗어난 임의의 장소에서만 허용된다. 이를 어길 때에는 재산과 제품을 몰수하고, 왕국에서 추방하는 형벌에 처한다."[9]

　하천의 물을 둘러싼 유사한 (대체로 폭력적이던) 다툼은 염색업자들 사이에서도 나타났다. 실제로 염색업자라는 직업은 직물을 생산하던 대부분의 도시들에서 (이탈리아의 몇몇 도시들에서는 면도 있었으나 대부분 양모 · 아마 · 명주 등이던) 직물의 재료마다, 아울러 색이나 색의 조합마다 엄격히 구분되어 있었다. 인가를 받지 않은 색상의 색으로 작업을 하거나, 직물을 물들이는 것은 법규로 금지되었다. 예컨대 양모의 경우에 빨간색 염색업자는 파란색으로 염색할 수 없었고, 반대의 경우도 마찬가지였다. 그 대신 파란색 염색업자는 녹색이나 검은색 염색을, 빨간색 염색업자는 노란색 염색을 맡기도 했다. 어떤 도시에서 빨간색 염색업자가 먼저 작업을 하면, 하천의 물도 뚜렷이 붉어지면서 파란색 염색업자는 한동안 물을 쓸 수 없었다. 그래서 다툼이 끝없이 되풀이되었고, 원한은 몇 세기가 지나도 없어지지 않았다. 그래서 16세기 초에 루앙이 그랬듯이, 도시의 행정기관은 하천의 물을 사용하는 달력을 만들어서 주마다 교대하는 식으로 번갈아 물을 쓸 수 있게 했다.[10]

　독일과 이탈리아의 도시들 중에는 훨씬 전문적인 곳도 있었다. 그 도시들에서는 동일한 색 안에서도 염색업자가 이용할 권리를 지닌 염료를 정해서 그것을 기준으로 염색업자를 나누었다. 예컨대 14~15세기에 뉘른베르크와 밀라노에서는 빨간색 염색업자를 서양에서도 많이 채취되어 가격이 그리 비싸지 않은 염료이던 꼭두서니를 사용하는 이들과, 동부 유럽이나 근동 지역에서 수입하는 것에 의존해 가격이 매우 비싼 염료이던 연지나 양홍을 사용하던 이들로 구분하고 있었다. 그들은 기술도, 사용하던 착색제도, 대상으로 삼던 고객도 달랐다. 그러므로 적용되는 과세와 규제의 내용도 달랐다. (마그데부르크, 에르푸르트, 보덴, 특히 뉘른베르크와 같은)[11] 독일의 몇몇 도시들에서는 빨간색과 파란색 색상에 관해 염색의 품질에 따라 '일반 염색업자Färber'와 '고급 염색업자Schönfärber'를 구분했다. 고급 염색업자들은 귀한 재료를 사용하고, 색소가 직물의 섬유에 깊게 스며들게 하는 기술을 지니고 있었다. 곧 순수하고 변하지 않는, 아름다운 색으로 물들이는 염색업자였다.[12]

색 혼합의 금기

이러한 염색업자라는 직업의 세분화는 색을 연구하는 역사가에게는 그다지 놀랄 만한 일이 아니다. 이 문제는 성서 문화의 영향을 받아서 중세의 감수성에 깊게 파고든, '혼합'에 대한 혐오와 나란히 살펴보아야 한다.[13] 그것의 영향은 일상생활이나 물질문화에서만이 아니라, 이데올로기와 상징의 영역에서도 매우 많이 나타났다.[14] 덧붙이고, 헝클고, 융합하고, 뒤섞는 것은 흔히 악마와 같은 일로 여겨졌다. 창조주가 부여한 사물의 본성과 질서에 어긋나기 때문이었다. 그래서 (염색업자·대장장이·약제사·연금술사처럼) 그런 일을 직업으로 하고 있는 자들은 모두 사람들에게 두려움과 의심을 받았다. 그들은 물질에 일종의 속임수를 쓰는 것처럼 여겨졌고, 그들 자신도 어떤 작업을 하는 것에는 망설임을 품고 있었다. 예컨대 염색업자의 경우에는 두 가지 종류의 색을 섞어서 제3의 색을 만들려고 선뜻 달려들지 않았다. 두 가지 색을 나란히 놓거나 겹쳐 놓기는 해도 함부로 섞지는 않았다. 15세기 이전에는 도장에 관한 것이든 염색에 관한 것이든, 색 제조와 관련된 어떤 처방집도 녹색을 만들 때 파란색과 노란색을 섞으라고 설명하고 있지 않았다. 녹색 색상은 자연물의 녹색 색소와 염료에서 얻거나, 파란색이나 회색 염료를 혼합과는 다른 어떤 방법으로 처리해서 얻었다. 나아가 스펙트럼이나 색의 스펙트럼 분포를 알지 못했던 중세 사람들에게 파란색과 노란색은 같은 지위의 두 색도 아니었다. 같은 기준으로 배열하더라도 매우 멀리 떨어져 있었고, 녹색이라는 중간 '단계'를 지니지도 않았다.[15] 게다가 적어도 16세기까지 염색업자는 같은 작업장 안에 파란색과 노란색 염색통을 함께 둘 수도 없었다. 따라서 이 두 개의 염색통에 담긴 염료를 섞어서 녹색으로 염색하는 일은 금지되어 있기도 했지만, 실제로 이루어지기도 매우 어려웠다. 보라색에도 똑같은 어려움과 금지가 존재했다. 파란색과 빨간색을 섞어서, 다시 말해 대청과 꼭두서니 염료를 혼합해서 이 색을 얻는 일은 좀처럼 없었다. 그 색은 오직 대청만을 사용하고, 특별한 방법으로 (착색제를 써서 색소를 고착시키거나 색을 내는 방법인) 매염 처리를 해서 얻었다.[16] 그래서 중세의 보라색은 애당초 직물에 드물게 쓰일 수밖에 없었고, 쓰이더라도 대부분 붉은빛보다는 푸른빛이 더 강했다.

실제의 염색이 매염, 곧 착색제의 작용에 크게 제약을 받고 있었다는 사실에도 주의를 기울여야 한다. 착색제는 염색액이 담긴 통에 넣어서 양털의 불순물을 없애고, 염료를 직물의 섬유에 깊게 배어들게 하는 수렴성 물질이었다. (인디고틴이 풍부한 파란색 염색을 제외하고) 이러한 착색제 없이는 염색을 할 수 없거나, 색을 오래 유지시킬 수 없었다.[17]

중세 염색에서 고급 모직물에 주로 사용되던 착색제는 백반이었다.

무기염류인 백반은 자연 상태에서는 알루미늄과 칼륨의 이중 황산염으로 존재하는데, 중세에는 다양한 목적으로 사용되고 있었다. 그것은 물을 여과하거나 정화할 때에, 석고를 경화할 때에, 가죽을 무두질할 때에, 양털의 기름을 제거할 때에 쓰였다. 나아가 착색제로도 쓰여 수요가 많았다. 그래서 13세기 이후 대규모 상교역의 대상이 되었는데, 제노바 상인들이 그것을 장악하고 있었다. 그들은 이집트와 시리아, 특히 소아시아 반도에서 서양으로 백반을 들여왔다. 소아시아에서는 포카이아 지방의 백반이 가장 품질이 좋았다. 하지만 15세기에 콘스탄티노플이 함락된 뒤로 서양은 내부에서 백반을 조달해야 했다. 그래서 에스파냐의 백반 광산들이 개발되었고, 뒤이어 로마 북쪽의 교황령에 속한 톨파산 광산도 개발되었다. 이 광산은 다음 세기에 교황청에 막대한 수익을 안겨주었다.[18]

백반은 비싼 착색제여서 고급 염색에만 쓰였다. 일반 염색에는 대체로 더 값싼 착색제가 쓰였다. 포도주 용기의 밑바닥이나 술통의 내벽에 소금을 함유한 침전물로 남은 주석酒石 같은 것들이었다.[19] 더 소박하게 석회나 식초, 인간의 오줌, (호두나무나 밤나무와 같은) 목재를 태운 재 등이 쓰이기도 했다. 착색제마다 더 알맞은 염색법 · 섬유 · 직물이 있었다. 매염의 규모와 기법에 따라서 같은 색상이더라도 다양한 색조와 색감으로 나타났다. 어떤 종류의 염료는 매염 처리를 강하게 하지 않으면 아름다운 색을 얻을 수 없었다. (빨간색의) 꼭두서니나 (노란색의) 물푸레의 경우가 그러했다. 거꾸로 매염 처리를 적게 해도 충분하거나, 착색제를 사용하지 않아도 되는 것도 있었다. 대청이나, 뒷날 아시아와 나중에는 아메리카에서 들여온 인디고가 그러했다. (이는 파란색만이 아니라, 녹색 · 회색 · 검은색도 마찬가지였다.) 그래서 유럽의 규정들에서는 매염 처리를 하는 '빨간색' 염색과, 매염 처리를 하지 않거나 적게 하는 '파란색' 염색이라는 구분이 되풀이해서 등장했다. 프랑스에도 중세 말 이후 유사한 구분이 등장했는데, 그곳에서는 흔히 (최초의 통에 착색제 · 염료 · 직물을 한꺼번에 넣고 함께 끓여서 삶는) '잡탕bouillon' 염색업자와, (앞서와 같은 조작이 필요치 않거나 가열하지 않고 염색하는) '통' 염색업자나 '대청' 염색업자라는 명칭으로 구분이 이루어졌다. 하지만 어디에서나 둘을 함께 할 수 없다는 점만큼은 꾸준히 지켜졌다.

염색이라는 작업에서 색의 농도 · 선명도를 둘러싼 다른 사회현상도 감수성과 관련해 연구자의 눈길을 끈다. 기술적 과정, 염료의 가격, 다양한 모직물이 지닌 명성의 서열에 관한 연구는 가격이나 가치의 체계가 적어도 색 자체만큼이나 농도 · 선명도에도 기초해 있었다는 사실을 알려준다. 곧 아름다운 색, 귀하고 값진 색은 진하고 선명하고 빛나는 색이었으며, 직물의 섬유에 깊게 배어들어 햇빛 · 세탁 · 세월에서 오는 탈색을 견디는 색이었다. 색감이나 색조보다 농도를 우선시하는 이러한 가치체계는 색이 작용하는 다른 많은 영역들에서도 확인된다. 곧 (접두사와 접미사를 활용하는) 어휘 현상, 도덕에 관한 관념, 예술적 쟁점, 사치를 억제하기 위한 법률 등과 같은 영역들이다. 거기에서 확인되는 사실은 색에 관한 우리의 지각이나 근대적인 관념과 충돌한다. 중세의 염색업자와 그들의 고객에게 진한 색은 똑같은 색상의 흐리고 덜 짙은 색보다 다른 색상의 진한 색과 더 가깝게 지각되었다. 예컨대 모직물의 진하고 밝은 파란색과 더 가까운 것은 흐리고 광택이 없는 '색바랜' 파란색이 아니라, 똑같이 진하고 밝은 빨간색이었다.

이러한 진한 색, 짙은 색, (또렷하고 내구성이 강한) 바래지 않는 색에 대한 추구는 염색업자를 위해 마련된 모든 처방집들에도 나타난다. 이 경우에도 핵심적인 조작은 매염이었다. 직물과 염료들마다 서로 다른 착색제가 필요했다. 그리고 작업장마다 고유한 관습과 처방이 있었는데, 기술은 펜과 양피지보다는 입과 귀를 거쳐 더 많이 전해졌다.

처방집

그러나 문자로 기록된 처방집도 중세 말과 16세기 초 무렵의 것이 여럿 전해진다. 연대를 결정하기도, 내용을 연구하기도 모두 쉽지 않은 자료들이다. 반복해서 필사된 과정을 거쳐 왔기 때문만은 아니다. 새롭게 필사될 때마다 원문도 새롭게 바뀌고, 처방도 새로 추가되거나 삭제되거나 다른 것으로 바뀌어 있기 일쑤이다. 똑같은 약제가 다른 이름으로 불리거나, 같은 명칭으로 서로 다른 약제를 가리킨 경우도 있다. 하지만 연구의 가장 큰 어려움은 작업의 실행에 관한 지시들이 끊임없이 우의적이거나 상징적인 고찰과 나란히 놓여 있다는 사실에서 비롯된다. 하나의 글 안에서 (물·흙·불·공기라는) 4대 원소의 상징체계와 '특성'에 관한 해석, 솥을 채우는 방법이나 통을 씻는 방법에 관한 실질적이고 실천적인 조언이 나란히 놓여 있다. 아울러 양과 비율에 관한 기록도 모호하기 짝이 없다. "꼭두서니 염료를 '충분히' 가져와, '어느 정도의' 물에 넣는다. 식초를 '조금', 주석을 '많이' 추가해서"와 같은 식이다. 끓이거나 졸이거나 담가 두는 시간은 좀처럼 밝혀져 있지 않으며, 언급되어 있더라도 혼란스럽기 그지없다. 예컨대 13세기 말의 어느 문헌에서는 녹색 도료를 만드는 방법을 설명하면서, 구리를 줄질해서 얻은 부스러기를 식초에 3일이나 9개월 동안 담가 두어야 한다고 밝히고 있다.[20] 의례의 절차가 결과보다 중요하고, 숫자도 양보다는 질을 나타내던 중세에는 드물지 않은 일이다. 중세 문화에서 3일과 9개월은 거의 같은 관념을 나타낸다. 곧 잉태 기간이라는 관념, 탄생이라는 (아니면 부활이라는) 관념이다. 3일은 그리스도의 죽음과 부활의 상징으로, 9개월은 아기의 잉태와 탄생의 상징으로 표현된 것이기 때문이다.

염색업자·화가·의사·약제사·요리사를 위한 것이든, 아니면 연금술사를 위한 것이든, 모든 처방집은 누구를 위한 것이든 대체로 실용적인 문헌이자 우의적인 문헌이라는 성격을 함께 지니고 있다. 글의 구조와 어휘에서도 공통점이 발견된다. 주로 동사가 그러한데, '선별하다', '배다', '짓이기다', '빻다', '담그다', '끓이다', '담가 두다', '녹이다', '휘젓다', '첨가하다', '거르다' 등의 어휘가 공통으로 나타난다. 모든 처방집들이 완만한 시간의 작용과 주의 깊은 용기의 선택을 강조한다. (작업 속도를 높이려 하는 것은 언제나 무익하고 불성실한 짓으로 여겨진다.) 용기에 관해서는 흙·쇠·주석 가운데 무엇으로 된 것인지, 뚜껑이 있는 것인지 없는 것인지, 두꺼운 것인지 얇은 것인지, 큰 것인지 작은 것인지, 어떤 모양인지 등에 따라 저마다 고유한 용어로 부른다. 그 안에서 악마적이거나 위험한 조작인 '변형metamorphosis'이 이루어지므로, 용기를 선택하고 사용하는 데에는 매우 세심한 주의가 필요했다. 처방집은 성질이 다른 재료를 사용하는 것과 혼합의 문제에 관해서도 주의 깊게 다룬다. 광물은 식물이 아니고, 식물은 동물이 아니다. 그러므로 아무것이나 가져다 제멋대로 쓸 수 없었다. 식물은 순수하지만, 동물은 그렇지 않았다. 광물은 죽은 것이었으나, 식물과 동물은 산 것이었다. 그리고 (염료이든 도료이든) 착색을 위한 재료를 얻기 위한 행위의 본질은 대체로 산 소재를 죽은 소재에 작용시키는 데 있다고 여겨졌다.

이러한 공통의 특성을 돌아보면, 처방집은 하나의 독자적인 문학적 장르로 분류해서 전체를 연구해볼 만한 가치를 지니고 있다. 누락된 것이나 충분치 못한 것도 있고, 연대와 작가를 특정하거나 계통을 분류하기 어려운 면이 있지만, 여러 분야에 걸친 정보들로 가득한 문헌이기 때문이다. 그렇지만 많은 처방집이 출간을 기다리고 있고, 아직 발견되지 않은 것도 많으며, 목록도 정리되어 있지 않다.[21] 이 문헌을 깊게 이해하면, 중세의 염색·도색·요리·의학에 관해 새로운 정보를 얻을 수 있다. 그래서 고대 그리스와 17세기 사이에 유럽에서 나타난 (물론 매우 신중히 사용될 필요가 있는 용어이지만) '실용적' 지식의 역사를 더 잘

이해할 수 있게 될 것이다.[22]

염색에 관한 것만 놓고 보면, 매우 인상적인 것은 14세기가 끝날 때까지는 처방집의 4분의 3이 빨간색에 관한 내용으로 채워져 있다는 사실이다. 그 뒤로는 파란색에 관한 처방이 점차 늘어나다가, 마침내 17세기 초가 되어서는 염색에 관한 문헌에서 파란색에 관한 처방이 마침내 빨간색을 뛰어넘는다.[23] 도장업자를 대상으로 한 처방집과 논고에서도 똑같은 변화가 발견된다. 르네상스 시기까지는 빨간색에 관한 처방이 압도적으로 많았지만, 얼마 지나지 않아 파란색이 그에 못지않은 지위를 차지하다가 추월하기에 이른다.

모든 처방집들은 어느 것이나 똑같은 의문을 안긴다. 실용적이라기보다는 사변적이며, 실제 작업에 도움이 되기보다는 우의적인 이 문헌을 중세 염색업자는 어떻게 이용할 수 있었을까? 정말로 작업 현장에서 일하던 장인이 기록한 것일까? 처방은 누구를 위한 것이었을까? 긴 것도 있고 아주 짧은 것도 있는데 대상이 달랐을까? (누가 글자를 읽을 수 있었을까?) 실제로 작업장에서 읽혔는지, 아니면 장인의 작업과는 무관했는지 어떻게 판단할 수 있을까? 문헌을 제작하는 과정에서 필경사는 어떤 구실을 했을까? 지금 단계의 우리 지식으로는 대답하기 어려운 물음들이다. 하지만 회화에 대해서도 거의 똑같은 형태로 던져지는 물음들이며, 이 분야에서는 다행스럽게도 몇몇 예술가와 관련해서 처방이 담긴 문헌과 실제로 그려진 작품이 남아 있다.[24] 그런 사례들에서는 처방에 관한 문헌과 작품 사이에 대체로 그다지 관계가 없다는 사실이 자주 확인된다. 레오나르도 다빈치의 사례가 대표적이다. 그가 쓴 (완성되지 않은) 회화에 관한 문헌은 자료를 폭넓게 모아 놓고 있으며 철학적이다. 하지만 그가 그린 그림에는 그 문헌이 전하고 규정하고 있는 내용들이 전혀 구현되어 있지 않다.[25]

중세 염색이 겪던 어려움

이처럼 지식을 말로 전달하는 것과 문자로 전달하는 것 사이에는 큰 차이가 있었다. 하지만 중세의 염색은 꽤 높은 수준에 이르러 있었다. 고대의 염색은 빨간색으로 물들이는 것 말고는 제대로 할 수 있는 것이 없는 상태에 매우 오랫동안 머물러 있었다. 중세의 염색은 비록 '완전한 진홍색의 비밀'은 잃어버렸으나,[26] 여러 세기를 거치면서 그 상태에서 벗어났다. 그래서 (특히 12세기부터) 파란색·노란색·검은색 염색에서 두드러진 발전을 이루었으며, 흰색과 녹색 염색에서만 여전히 어려움을 겪고 있었다.[27]

새하얀 색으로 염색하는 것은 마직물을 제외하고는 거의 불가능했고, 그마저도 매우 복잡한 조작을 거쳐야 했다. 모직물은 이슬과 햇빛이 빚어낸 강한 과산화수소의 작용으로 목초지에서 자연적으로 표백된 빛깔에 대체로 만족해야 했다. 그러나 이조차도 오랜 시간과 넓은 장소가 필요했으며, 겨울에는 불가능했다. 게다가 이렇게 얻은 흰색은 그다지 하얗지도 않았고, 얼마 지나지 않아 다시 회갈색이나 노란색, 염색하기 전의 본연의 색으로 돌아갔다. 그래서 중세 사회에서는 진짜 하얀 흰색을 몸에 걸치는 일은 거의 찾아볼 수 없었다.[28] 실제로 (거품장구채와 같은) 어떤 종류의 식물이나 재, 흙, (마그네슘·백악·백연과 같은) 광물을 재료로 만든 잿물을 이용해서 염색을 하면, 회색이나 푸르스름하거나 파르스름한 색을 띠면서 흰색이 선명함을 잃었다.[29] 그래서 남자든 여자든, 도덕적인 이유나 전례적·표장적인 이유에서 흰색을 몸에 걸쳐야 했던 이들은 진짜 하얀 흰색을 입는 것도, 온몸을 죄다 흰색으로 꾸미는 것도 가능하지 않았다. 예컨대 프랑스와 잉글랜드의 왕비는 13세기 말이나 14세기 초 이후 흰색 상복을 입는 관습을 받아들였다. 하지만 그것은 단지 원론적 차원의 일이었을 뿐이다. 얼룩이 없는 흰색은 얻기도 유지하기도 어려웠다. 그래서 왕비들은 흰색을 '조각 내서' 검은색·회색·보라색과 결합시켰다. 마찬가지로 사제와 부제들도 (그리스도와 성모마리아의 축일, 공현절, 만성절 등의) 어떤 정해진 날에는 흰색 옷을 입어야 했다.[30] 그들은 그런 날에 자주 흰색과 금색을 조합하곤 했는데, 이는 상징적인 이유에서만이 아니라 염색 때문이기도 했다. '흰 옷의 수도사'라고 불린 시토회 수도사들의 옷도 현실에서는 결코 진짜 흰색이 아니었다. 이는 그들의 맞수로 '검은 옷의 수도사'라고 불리던 베네딕트회 수도사들도 마찬가지였다. 그들의 옷도 결코 진짜 검은색은 아니었다. (견직물은 좀 더 쉬웠으나) 모직물을 얼룩 없이 순수하며 잘 바래지 않는 검은색으로 물들이는 일은 까다롭고 비용도 많이 드는 작업이었기 때문이다. 도상에서 그들이 검은색과 흰색으로 묘사되어 있더라도 실제로 모두가 그렇지는 않았다. 오히려 베네딕트회 수도사와 시토회 수도사는 자신들의 대수도원이나 소수도원에서 흔히 갈색과 회색을 입고 있었고, 심지어 파란색 옷을 입기도 했다.[31]

녹색은 흰색과 검은색보다도 색을 만드는 일이나 색이 변하지 않게 하는 일이 더 어려웠다. 녹색 직물이나 옷은 햇빛이나 세탁을 버티지 못해 색이 쉽게 흐려져 잿빛으로 바뀌기 일쑤였다. 고대 로마시대부터 18세기에 이르기까지 직물의 섬유에 녹색을 깊게 배어들게 하고, 선명하고 빛나게 하고, 너무 빨리 바래지 않게 하는 일은 유럽의 염색업자들에게는 늘 곤란한 작업이었다. 그것은 화학적이고 기술적인 이유만이 아니라, 문화적인 이유 때문이기도 했다. 앞서 보았듯이, 그때까지는 녹색으로 염색하기 위해 같은 염색통 안에서 파란색 염료와 노란색 염료를 뒤섞지 않았다. 아직 색 스펙트럼을 알지 못한 시대였다. 그래서 노란색을 녹색·파란색과 멀리 떨어진 색으로 여겼으며, 그 색을 흰색과 빨간색 사이의 어딘가에 놓거나 때로는 그 두 색이 혼합된 색으로 여기기도 하던 색 등급표가 널리 받아들여지고 있었다. 15세기 말의 시인인 장 로베르테가 색들에 저마다의 상징성을 바친 세련된 서간시에서 노래했던 것처럼 말이다. "노란색 / 빨간색과 흰색을 뒤섞은 / 나의 색은 근심을 닮았다. / 그러나 사랑에 빠져 행복한 이는 걱정하지 말라. / 근사하게 나를 입을 수 있으니."[32]

그래서 염색업자는 녹색을 만드는 데 노란색과 파란색을 섞으면 된다는 식의 생각은 결코 하지 않았다. 녹색을 만들 수는 있었으나, 다른 방법을 사용했다. 식물성 염료를 사용하는 것이 가장 흔한 방법이었다. 고사리나 질경이와 같은 풀, 디기탈리스와 같은 꽃, 금작화나무의 가지, 물푸레나무나 자작나무의 잎, 오리나무의 껍질 등이 사용되었다. 하지만 이런 염료로는 짙고 안정된 녹색을 얻을 수 없었다. 색은 오래지 않아 바랬으며, 어떤 종류의 직물에서는 지워졌다. 게다가 강한 매염 처리가 필요했기 때문에 색이 손상되기도 쉬웠다. 그래서 녹색은 보통 작업복의 색으로 남겨졌고, 그런 경우에는 (대부분의 파란색과 마찬가지로) 자주 잿빛으로 보였다. 이따금 (녹토·녹청·초산동과 같은) 광물성 염료를 사용해서 더 품위 있는 색을 얻기도 했지만, 그런 염료는 (위험하기도 했으나) 쉽게 부식되었고, 고르게 염색하기도 어려웠다.[33]

녹색으로 염색하는 작업이 지닌 기술적인 어려움은 염색업자들의 노력과 호기심을 불러일으켰다. 그래서 16세기를 거치며 (뉘른베르크·에르푸르트·튀링겐 지역의 어떤 도시들에서는 15세기 말부터) 서로 다른 작업장에 자리를 잡은 염색업자들이 힘을 모아서 직물을 먼저 (파란색 염료인) 대청이 담긴 염색통에 담가 두었다가, 뒤이어 (노란색 염료인) 물푸레가 담긴 염색통에 담가서 녹색을 만들기 시작했다. 이것은 아직 파란색과 노란색을 혼합한 것은 아니었으나, 두 단계의 조작으로 근대의 방법에 다가서 있었다. 뒤이어 화가들도 점차 이 방법을 모방했다.[34] 그러면서 색의 질서 안에서의 녹색의 자리도 다시 생각해서, 그 색을 파란색과 노란색 사이에 두게 되었다. 그러나 이를 위해서는 (뉴턴의 발견이 등장한) 17세기 후반이나 (르블롱이 채색 판화를 고안한) 18세기 초까지 더 기다려야 했다.[35] 일찍이 1600년대의 예술가와 학자들 가운데에도 노란색과 파란색을 혼합해 녹색을 만들 가능성에 관심을 보인 사람이 있었다.[36] 그렇지만 화가들이 그것을 폭넓게 실천하려면 더 오랜 시간이 필요했다. 18세기 중반에도 〔프랑스의 화가인〕 장바티스트 오드리는 동료 화가들 가운데 풍경을 그릴 때 파란색과 노란색을 섞어서 녹색을 표현하는 이가 있다고 왕립회화조각아카데미에서 탄식하듯 말했다.[37]

옛 사회에서는 실천에서 이론으로 가는 데 언제나 오랜 시간이 걸렸다. (이 주제에서 실천은 착색제의 혼합을, 이론은 녹색과 노란색의 인접성에 관한 색 구성의 관념을 뜻한다.) '권위'와 전통, 관습적 사고, 종교체계의 무게가 상당했기 때문이다. 중세에 새로운 염색법은 (1500년대에 제작된 몇몇 염색 입문서에 이미 실려 있었는데도) 16세기에도 여전히 직업에 관한 강한 규제들 때문에 보급이 가로막혀 있었다. 서양의 어떤 도시에서든 염색업자는 여전히 한 가지 색으로, 나아가 어떤 특정한 염색 재료로 구분되고 있었다. 그래서 같은 작업장 안에 있다고 해도, 직물을 파란색 염색통에 먼저 담갔다가 뒤이어 노란색 염색통에 담그는 일은 실수나 오롯이 실험적인 (다시 말해 규칙을 벗어난) 행위가 아니라면 아직은 불가능했다. 그러나 반대의 조작은 허용되었던 것 같다. 예컨대 노란색 물이 들어 손상된 모직물을 파란색으로 다시 염색하는 일은 가능했다. 하지만 그러려면 작업장을 옮겨서 염색을 해야 했다. 대부분 파란색과 노란색 염색통을 같은 장소에 두고 있지 않았기 때문이다. 하지만 아마도 이런 방법을 거치면서 염색업자는 조금씩 녹색을 만드는 방법을 익혀갔을 것이다. 처음에는 같은 직물 위에 노란색과 파란색을 겹쳐 물들였다가, 나중에는 같은 염색통 안에 노란색과 파란색 염료를 넣고 섞었을 것이다.

어쨌든 염색업자는 아름다운 녹색, 잘 지속되고 순수하게 빛나는 녹색을 만들어낼 능력이 모자랐다. 이는 12세기 이후 파란색이 유행하기 시작했을 때에도, 녹색 옷이 그다지 관심을 끌지 못했던 까닭을 알려준다. 적어도 사회의 상류계층 사람들의 옷에서는 녹색이 인기가 없었다. 농민들은 (북유럽에서는 자작나무의 잎, 나머지 대다수의 지역들에서 고사리 · 질경이 · 금작화 등의) 토착식물과[38] (포도주 · 오줌 등의) 질 낮은 착색제를 사용해서 저마다의 경험에 의지해 변변찮은 염색을 했다. 이 경우에는 녹색이 흔하게 나타나서 궁정이나 도시보다 쉽게 눈에 띄었다. 밝은 녹색도 있었고 거무스름한 녹색도 있었으나, 대부분 칙칙하고 흐리게 바랜 듯한 녹색이었다. 수지로 만든 초나 기름 램프의 불빛은 여기에 회색과 검은색의 색감을 더했다. 그래서 녹색은 그다지 수요가 많지 않은 색이었다.

이러한 사회적 차이에 지리적 차이도 덧붙여졌다. 예컨대 염색의 실천이 덜 보수적이었던 것처럼 보이는 독일에서는 녹색이 다른 지역보다 옷에 자주 쓰였다. 1566년에 위대한 프로테스탄트 학자인 앙리 에스티엔이 프랑크푸르트의 시장에서 돌아오던 길에 흥미롭게 기록했던 것처럼, 그곳에서는 녹색 옷을 입는 것이 그다지 놀라운 일이 아니었다. "프랑스에서는 품위 있는 사람이 녹색 옷을 입으면 머리가 조금 이상한 사람처럼 생각한다. 그런데 독일의 여러 고장들에서는 그런 옷이 오히려 만족감을 느끼게 해주는 것 같다."[39] 같은 신앙을 가지고 있던 모든 이들과 마찬가지로 이 칼뱅파 학자에게 녹색은 파렴치한 색이었고, 훌륭한 기독교인이라면 자신의 옷에서 꺼려야 할 색이었다. 분명히 빨간색과 노란색은 더 나쁜 색이었지만, 녹색보다는 검은색 · 회색 · 파란색 · 흰색을 선택해야 했다. 그 시기의 종교개혁가들에게는 오직 자연의 녹색만이 정당하고 예찬할 만한 것이었기 때문이다.

업신여겨지던 직업

지금까지 염색업자들이 거둔 (빨간색과 뒤이어 나타난 파란색에서의) 성공과 (녹색·검은색에서의) 어려움, (흰색에서의) 실패를 살펴보았다. 그런데 어떤 색이나 염료에서도, 심지어 빨간색이나 파란색에서도 미리 정해둔 색감을 정확히 얻어낼 지식을 가지고 있지 않았다는 사실도 이 복잡한 평가에 덧붙여 두어야 한다. 그런 색감에 가깝게 다가서거나, 때로는 다다를 수도 있었다. (특히 빨간색을 꼭두서니 염료로 염색하는 경우에 그러했다.) 그러나 작업을 끝마치기 전에는 결과물이 처음의 의도와 일치할지 확신할 수 없었다. 그러려면 염색과 관련된 공업화학이 발전해 합성염료가 등장하는 18세기까지 더 기다려야 했다. 색 견본에서 미리 선택한 색을 확실하고 대량으로 만들어낼 수 있게 된 것은 색의 역사에서 큰 전환점을 이루는 사건이었다. 유럽의 경우에는 이러한 변화가 1760~1780년 무렵에 나타났는데, 이를 기점으로 사회와 색의 다양한 관계들은 빠르게 큰 폭으로 바뀌었다. 그 뒤로 색은 사회에서 통제와 예측이 가능한 것으로 여겨졌고, 그렇게 해서 다루기 힘든 본성과 신비함의 일부를 잃게 되었다. 이는 인간과 색의 새로운 관계가 시작되었음을 알리는 사건이었다.

그때까지 염색업자는 늘 신비하고 불안한 장인이었다. 그들은 시끌벅적하고, 다투기를 좋아하고, 소송을 자주 일으키고, 비밀스럽고 두려운 존재였다. 아울러 위험한 물질을 다루고, 공기를 더럽히고, 하천의 물을 오염시키는 존재이기도 했다. 겉모습부터 사회의 질서에서 벗어나 불결하고 얼룩진 옷을 입고 있었으며, 손톱·얼굴·머리카락에도 물이 들어 있었다. 이렇게 머리부터 발끝까지 얼룩진 그들은 마치 지옥의 통에서 나온 어릿광대처럼 보였다. 툴루즈와 파리에서 가르치던 문법학자이자 여러 방면의 주제를 다룬 작가이던 장 드 가를랑드는

13세기 초에 펴낸『사전Dictionarius』에서 손톱에 물이 들어 더러운 염색업자 무리를 매우 우스꽝스럽게 묘사했다. 그들은 아름다운 여성들에게 업신여겨져서 짤랑거리는 돈주머니가 없이는 신부를 구할 수 없었다. "모직물 염색업자는 꼭두서니나 물푸레, 호두나무 껍질에서 추출한 염료로 작업을 한다. 그래서 손톱에 물이 들어서, 어떤 이는 빨간 손톱, 어떤 이는 노란 손톱, 어떤 이는 검은 손톱이다. 아름다운 여성들은 그들을 업신여겨서 돈이 없으면 받아들이지 않는다."[40]

실제로 염색업자 가운데에는 많은 재산을 모은 이도 있었다. 하지만 그들은 여전히 장인이었고, 상인계층에게도 업신여겨져서 결코 가까이 다가설 수 없었다. 중세 이데올로기에서 그들은 엄격히 구분된 다른 세계에 자리를 잡고 있었다. 장인은 자신의 손을 써서 일을 하지만, 상인은 그렇지 않았다. 상인들은 모든 도시에서 (직물업이 융성한 도시에서는 더더욱) 언제나 자신들을 '농민 · 가난뱅이 · 장인'과 구별하려 애썼다. 모직물 상인은 방직공과 염색업자를 끊임없이 업신여겼다. 염색업자는 약제상이나 약제사와의 관계에서도 오랫동안 종속적인 지위에 놓여 있었다. 화가 · 의사 · 요리사와 마찬가지로, 염색업자도 그들에게서 착색제와 염료를 공급받고 있었다.

그러므로 염색업자가 사회의 위계에서 상위에 오르기는 어려웠다. 오직 베네치아만 달랐다. 서양 염색의 '수도'이자 모든 재료와 지식의 공급원이던 그 도시에서는 염색업자가 존경을 받았다. 그들은 '대규모 직능조합arte maggiore'을 중심으로 조직되어 있었다.[41] 하지만 (15세기 뉘른베르크는 예외였던 것 같지만) 다른 지역들은 사정이 달랐다. 염색업자가 장인들 가운데에서도 가장 업신여겨지던 등급에 속한 도시들도 있었다. 예컨대 피렌체에서는 염색업자가 정계와 공직에서 배제되었고,[42] 동업조합을 조직할 권리를 지니지 않는다는 사실이 도시의 헌장에 명시되어 있었다. 그들은 (피렌체의 직물업자들로 구성된) 칼리말라 동업조합에 종속되어, 그곳에서 일거리와 염료, 착색제를 공급받았다.[43] 그래서 그들은 개업 · 혁신 · 단결의 자유를 지니지 못했고, 늘 불안정한 상태에 놓여 모직물 상인이나 직물업자들과 갈등을 빚었다. 그러다 마침내 1378년 치옴피의 대규모 반란이 일어나자[44] 그들은 저항의 태도를 공공연히 드러내 (축융공 · 직조공과 함께) 틴토리 동업조합을 결성했다. 이는 몇십 년 동안이나 품고 있던 오랜 염원의 결과였다. 그러나 세 개의 '소규모 직능조합arti minutissimi'을 포함한 이 공동체는 오래 존속되지 못했다. 1382년 치옴피 혁명정부가 무너져 부유한 상인과 은행가의 이익을 대표하는 옛 동업조합이 도시의 행정업무를 다시 장악하면서 곧 해체되었기 때문이다.[45]

이러한 모든 이유들 때문에 (살레르노 · 브린디시 · 트라니 등의) 이탈리아와 (세비야 · 사라고사 등의) 에스파냐, 랑그도크, (몽펠리에 · 아비뇽 등의) 프로방스의 몇몇 도시들에서는 오랫동안 유대인 장인이 염색업자의 직무를 맡았다. 그들은 이 직업이 불러일으킨 경계심과 멸시에 사회적 · 종교적 주변성이라는 성격도 덧붙였다.[46] 이와 같은 상황은 17세기 프라하에서도 여전히 발견된다. 이슬람 국가들에서도 마찬가지였다. 그곳에서도 염색업은 하찮은 가치를 지닌 직업으로 여겨져서, 소수파와 유대인에게 떠맡겨지고는 했다.[47]

이러한 사회직능적 차별은 실 · 직물 · 의복과 관련된 모든 일이 근본적으로 여성적인 활동이라는, 오랜 옛날부터 이어진 어떤 종류의 관념과도 관계가 있을 것이다.[48] 지상낙원에서 추방된 뒤에 직물을 만든 이브의 모델은 중세의 남자들에게 큰 영향을 끼쳤다. 그것은 '타락'의 결과로 여성이 맡게 된 노동을 상징하는 것이었다. 얼마간 여성을 천시하는 경향이 있던 중세 사회는 여성을 위험하고 열등한 존재로 보았다. 이런 사회에서 이브의 모델은 섬유와 관련된 장인의 일을 업신여기게끔 하는 데 한몫했다. 염색과 관련해 카롤루스 시대부터 이어진 전통에 따르면, 여성만이 효과적으로 염색을 할 수 있었다. 여성은 본질적으로 불순하고, 조금은 마법사적인 성향을 지니고 있다고 여겨졌기 때문이다. 남자는 서툴러서 염색 작업의 공정에 좋지 않은 결과를 가져온다는 생각도 퍼져 있었다. 760년 무렵에 제작된, 6세기 아일랜드의 주교인 성 키아란의 성인전에도 그와 관련된 내용이 전해진다. 그가 어렸을 때 그의 어머니는 직물이나 옷을 염색할 때마다 늘 아들을 집 밖으로 내보냈다. 옆에 아들이 있으면 염색이 잘 되지 않거나 실패한다고 여겼기 때문이다. 이는 염색이 여성적인 작업이며, 여성만의 일로 여겨지고 있었다는 사실을 보여준다.[49] 사하라 사막 이남의 아프리카에서는 오늘날에도 여전히 비슷한 형태의 전통이 존재한다. 그곳에서 염색은 흔히 여성의 일로 여겨져서, 남자들은 개입하지 않는다. 하지만 그곳에서는 남성이 아니라, 생리 중인 여성이 염색 작업의 순조로운 진행을 방해할 가능성을 지닌다고 여겨지고 있다.[50]

어휘의 문제

유럽 사회는 염색업자라는 직업에 오랫동안 불안과 모멸의 시선을 던져 왔다. 그러한 시선은 어휘와 관련된 다양한 현상들에서도 일부 확인된다. 고전 라틴어에서 이 직업을 나타내는 단어는 '팅토르tinctor'와 '인펙토르infector' 두 개였다. 이 두 낱말은 모두 중세 라틴어에서도 살아남았으나, '인펙토르'는 상대적으로 드물게 사용되었다. 실제로 몇 세기 사이에 ('배어들다·완전히 뒤덮다·물들이다'라는 뜻을 지닌 '인피케레'라는 동사에서 직접 비롯된) '인펙토르'라는 말은 암묵적으로 가치를 낮추는 의미를 지니게 되었다. 그래서 직공의 우두머리를 가리키는 단어로는 쓰이지 않고, 장인 밑에서 일하는 가장 신분이 낮은 직공을 뜻하게 되었다. 곧 염색하는 통을 청소하고, 더러워진 물을 버리는 일을 맡던 자를 가리켰다. 그 뒤 경멸스런 의미가 지나치게 강해지자 이 낱말은 마침내 사라졌다. 그리고 '인피케레inficere'라는 동사도 단지 '물들이다'라는 의미만이 아니라, '변색되다 · 더러워지다 · 오염시키다'라는 의미도 나타내기 시작했다. 아울러 '인펙투스infectus'는 '악취를 풍기는 · 아픈 · 전염성의'라는 의미로 쓰이게 되었다. 명사인 '인펙티오infectio'도 고전 라틴어에서는 '염색'이라는 의미만 있었으나, 얼마 지나지 않아 '오염 · 오물 · 악취'라는 의미를, 더 나아가 (처음에는 영혼의, 나중에는 육체의) '질병'이라는 의미도 나타내게 되었다. 그래서 기독교도 작가는 이 낱말들의 말소리를 '지옥infernum'이라는 낱말과 쉽게 연결시킬 수 있었다. '염색 작업장infectorium'에 가득한 더럽고 메스꺼운 공기, 염색통과 화로, 그곳에서 벌어지는 신비한 조작은 모두 그 장소를 지옥의 대기실처럼 여겨지게 했다.

어휘에서 나타난 이러한 변화는 염색이라는 작업에 대한 배척의 기운이 점차 높아진 사실을 분명히 보여준다. 그리고 로망스 어군에 속하는 여러 언어들에도 자취를 남겼다. 프랑스어에서는 12세기 말부터 '엥펙튀르infecture'라는 낱말이 등장했는데, '염색'과 '오물'이라는 뜻을 모두 나타냈다. 다음 세기에는 그것과 의미는 같고 소리만 다른 '엥펙숑infection'이라는 말이 모습을 드러냈다. 그 낱말이 〔감염 · 전염의 의미로〕 질병에 관한 의미로만 쓰이기 시작한 것은 근대에 들어선 뒤의 일이다. '엥펙트infect'라는 형용사는 14세기 초의 사료에서 가장 오랜 표현이 발견된다. 처음에는 역겨운 냄새나 맛이 나는 모든 것을 가리키면서 사용하는 낱말이었으나, 점차 '썩어가는'이라는 뜻이 되었고, 마침내 '해로운'이라는 뜻을 나타내는 말이 되었다.[51]

'염색하다teindre'라는 동사도 그런 운명을 벗어나지 못했다. 이미 고전 라틴어에서도 ('물들이다 · 적시다'라는 뜻의) '팅게레tingere'와 ('가공하다 · 조각하다 · 만들어내다'라는 뜻의) '핑게레fingere', ('채색하다'라는 뜻의)

'핑게레pingere' 사이의 친족관계가 주장되고 있었다.[52] 교부들에게는 '팅게레'가 전례적인 의미로 쓰이면서 높은 가치와 중요도를 부여받았다. 곧 세례의 물에 담근다는 행위를 나타내면서, 점차 의미를 넓혀서 '세례하다'라는 뜻으로도 쓰였다.[53] 그렇지만 봉건시대 이후에 '팅게레'와 '핑게레fingere'의 짝은 나쁜 의미로 다루어졌다. '핑게레'는 어느새 단지 '만들어내다'라거나 '기술을 사용해 가공하다'라는 의미로는 쓰이지 않고, '위장하다·꾸며내다·속이다'라는 의미로 쓰이게 되었다. '팅게레'도 소리의 인력이 작용하여, 때때로 '변조하다·숨기다·속임수를 쓰다'라는 비슷한 의미를 나타내곤 했다. 이러한 친족성은 프랑스어에서도 발견된다. '염색하다teindre'와 '가장하다feindre'라는 두 낱말은 가깝게 여겨지면서, 머지않아 기만과 거짓말의 기호로 나란히 쓰이게 되었다. 예컨대 14~15세기의 연대기 작가는 어떤 것인 듯이 꾸며대거나, 거짓말을 하거나, 의도를 숨기거나, 뒤바꿔 나타내는 인물을 가리키면서 "색으로 염색하다teindre sa couleur"라는 표현을 사용했다.[54] 현대 프랑스어의 (변절하다라는 의미로 쓰이는) '웃옷을 뒤집다tourner sa veste'라는 표현처럼 말이다. 옷이나 주장처럼 색도 (뭔가를) 바꿔 놓는다. 우리가 내뱉는 말처럼 (뭔가를) 숨기거나, 번복하거나, 모면하려는 것이다.

게르만 계통의 언어에서는 이러한 언어유희를 찾아보기 어렵다. 하지만 영어에서는 18세기까지 철자가 혼동되던 '염색하다to dye'와 '죽다to die'라는 두 어휘의 동음이의성이 '염색하다'라는 낱말의 의미에 거의 목숨을 위협할 정도의 불안감을 불러일으켰다. 프랑스어의 '염색하다teindre'와 '가장하다feindre'의 짝은 영어의 '염색하다'와 '죽다' 짝의 등가물이었다. 여기에서도 염색은 여전히 거짓말을 하고, 속임수를 쓰고, 사람을 속이는 것으로 나타났다.

이처럼 어휘는 사회분류학이나 고문서보관소의 자료들이 넌지시 말하고 있는 것을 확인시켜 준다. 곧 고대와 중세의 가치체계에서 염색은 뭔가 수상쩍은 작업이었고, 한쪽으로는 더러움이나 오물과, 다른 한쪽으로는 부정이나 기만과 연결되어 있었다. 이 작업을 규제하던 문서들이 매우 꼼꼼하게 작성되어 있었던 것도 아마 이 때문일 것이다. 모든 것이 놀랍도록 자세했다. 작업의 구성, 분야별로 염색업자를 양성하는 과정, 휴업일, 노동시간, 도시 안에서 자리를 잡을 수 있게 허용되는 장소, 장인과 견습생의 수, 견습 기간, 동업조합 간부의 자격 등과 같은 것들만이 아니었다. 색이나 직물과 관련된 사항들, 허가된 염료와 금지된 염료, 사용해야 할 착색제, 쓰이는 약제들의 공급조건, 다른 동업조합이나 인접한 도시의 염색업자와의 관계들과 같은 것들도 꼼꼼하게 규정되어 있었다.

이러한 모든 자세한 설명과 규정, 금지들은 18세기 말까지 섬유업에 관한 규제를 담고 있는 문서들에서 자주 발견된다. 프랑스에서는 1789년의 삼부회 청원서에서도 여전히 그 영향을 엿볼 수 있다. 그 문서들에서 염색업자와 관련된 규제는 다른 어떤 직업보다도 많고, 내용도 더 엄격하다. 마치 그들의 불안하고 위험한 활동을 철저히 규제해야 한다는 듯이 말이다. 특히 금지사항을 검토하는 작업은 도움이 많이 된다. 작업이 고도로 세분화되었고, 전문화의 폭이 좁았다는 사실을 알 수 있을 뿐 아니라, 가장 자주 나타나던 잘못도 뚜렷이 드러나 있기 때문이다. 견고하고 내구성이 있어 잘 유지된다고 여겨지던 색이 실제로는 그렇지 않았다. (15세기에 '물감 염색'이라고 알맞게 표현되었듯이) 매염 처리를 충분히 하지 않았거나, 아니면 더 빈번하게는 비싼 염료 대신 값싼 염료를 사용하는 부정이 저질러졌기 때문이다. 곧 (빨간색에서는) 연지 대신 꼭두서니나 리트머스 이끼를,[55] (파란색에서는) 대청 대신 갖가지 장과漿果를, (노란색에서는) 물푸레나 사프란 대신 금작화를, (검은색에서는) 〔붉나무에 생긴 벌레집인〕 오배자 대신 솥의 그을음이나 호두나무 뿌리가 사용되곤 했다.

이러한 부정은 매우 빈번히 나타나서, 많은 도시들에서는 모직물 업자가 염색업자에게 필요한 염색용 약제를 직접 공급하기도 했다.[56] 행정기관이 염료의 품질을 관리하고, '질 좋은 품질의 염색'이 이루어진 모직물에 인장으로 표시해 두는 도시도 있었다.[57] 어디에서나 염색업자는 엄격하게 감시되었고, 그들의 반란은 언제나 격렬한 폭력과 함께 나타났다. 1378년 피렌체에서 나타난 치옴피 운동이나 1381년 랑그도크 지방과 이듬해 플랑드르와 노르망디에서 일어난 (가죽을 무두질하는 직공을 뜻하는) '파란 손톱들'의 반란이 그러했듯이 말이다.

염색업자 집의 예수

유럽의 염색업자들은 모직물의 생산과 유통에서 꼭 필요한 역할을 맡고 있었다. 그러한 이들이 규제와 전통에서 비롯된 자신들의 부정적인 이미지를 바로잡으려고 하지 않았다고 생각하는 것은 터무니없는 일일 것이다. 오히려 그들은 자기 직업에 대한 사람들의 평판을 높이려는 행동을 끊임없이 시도했다. 이는 (수호성인의) '보살핌'과 (도상 등의) '주문'으로 시작되었다. 대부분 부유하고, 동업조합으로 묶여 굳게 결집해 있던 염색업자들은[58] 자신들의 수호성인을 내세우려고 노력했다. 서양 기독교에서 가장 숭배되던 성인 가운데 하나인 성 마우리티우스였다. 전승에 따르면, 콥트파 기독교도이던 그는 상이집트에서 편성된 로마 군단의 우두머리였다. 그러나 이교의 신들에게 제물 바치기를 거부해서 막시미아누스 황제가 다스리던 3세기 말에 (스위스 남부) 발레 지방의 아가우눔에서 부하 병사 전원과 함께 순교했다고 전해진다. 몇 세기 뒤에 그가 순교한 곳은 중요한 숭배 장소가 되었고, 베네딕트회의 대수도원이 세워졌다.

중세에 성 마우리티우스는 기사와 염색업자 모두의 수호성인이었다.

염색업자는 이를 상기시키고 과시하기 위해 그림, 스테인드글라스, 다양한 공연, 예배행렬, 문장을 이용해서 그 성인에 관한 이야기를 알렸다. 수많은 도시들에서 염색 장인들의 조합은 자신들의 문장에 성 마우리티우스의 이미지를 나타냈다. 그리고 (14세기에 만들어져 17세기 중반까지도 통용되던 파리의 사례처럼) 직업의 규약과 규칙으로 "옛날부터 이어진 바람직하고 영예로운 관습에 따라 성 마우리티우스의 축일에 작업장과 가게를 여는 것"을 금지했다.[59] 9월 22일이던 그 축일은 성 마우리티우스가 부하 병사들과 함께 순교한 날로 알려져 있었다. 13세기 이후, 어쩌면 그보다 훨씬 오래전부터 염색업자들이 그를 수호성인으로 선택했던 것은 빛나고 지워지지 않는 성인의 검은 피부 때문이었다. 이미지와 상상에서 성 마우리티우스가 검은 피부를 지닌 인물로 등장했던 것은 그가 아프리카 출신이라는 사실보다는 그의 이름 때문이었다. 중세 사회는 말 안에서 존재와 사물의 진실을 찾았다. 그런 사회에서 '마우리티우스Mauritius'로부터 [라틴어에서 무어인을 뜻하는] (검은) '마우루스maurus'로 옮겨가는 것은 필연적이었다. 그래서 일찍부터 이집트인 마우리티우스는 무어인 마우리티우스가 되었다.[60]

하지만 염색업자가 오로지 성 마우리티우스의 보살핌이라는 깃발 아래에만 있었던 것은 아니다. 그들에게는 그리스도의 보살핌이라는 깃발이 더 소중했다. 그래서 그들은 그리스도에 관한 이야기에서도 유독 영광으로 가득한 장면을 깊이 간직했다. 사도인 베드로와 야곱, 요한이 목격한 그리스도의 '변모Transfiguration'의 장면이었다. 모세와 엘리야가 나타나자 그리스도는 사도들 앞에 어느새 지상의 옷이 아니라 신의 영광에 감싸인 모습으로 나타나, "얼굴은 해처럼 빛나고, 옷은 눈처럼 하얘졌다."[61] 염색업자는 이와 같은 색의 변화에서 자신들의 활동의 정당성을 확인하려 했고, 이 '변모한 그리스도'의 보호와 보살핌에 기꺼이 몸을 맡겼다. 변모축일은 [교황 칼리스투스 3세 때인] 1457년에야 로마 교회에서 보편적으로 받아들여졌으나, 그들은 그때까지 기다리지 않고 더 일찍부터 그 날을 기렸다. 그래서 이미 13세기 중반부터 제단화를 주문하거나, 스테인드글라스로 그리스도가 변모하는 정경을 묘사했다. 흰 옷을 입고, 얼굴이 노랗게 그려진 그리스도였다.[62]

그러나 염색업자의 예술 후원은 이러한 영광으로 가득한 그리스도의 이미지에 한정되지 않았다. 때때로 그들은 어린 시절의 예수를 등장시켜, 그리스도의 어린 시절을 다룬 외경 복음서에 전해지는 이야기를 묘사하기도 했다. 티베리아스의 염색업자 집에서 도제 수업을 했다는 이야기였다. 이 이야기는 외경 문헌에만 전해졌으나, 정경에 실린 '변모'보다 이해하기도 표현하기도 쉬웠다. 아울러 그들의 직업과도 더 직접 관련된 이야기였다. 도판4

이 이야기는 여러 종류의 라틴어 판본과 (앵글로노르만어 등의) 속어 판본이 있는데, 예수의 어린 시절에 관한 아랍어와 아르메니아어 복음서를 인용해서 쓰인 것들이다. 12세기 이후 이 다양한 판본들에 기초해 일련의 도상 표현들이 모습을 드러냈고, 그것들은 세밀화를 비롯해 스테인드글라스나 제단화, 도기 타일 등의 다양한 매체로 표현되었다.[63] 라틴어·속어 판본들 가운데 일부는 아직 출간되지 않은 상태이며, 가끔 내용의 차이가 큰 이본들도 발견된다. 그러나 티베리아스의 염색업자 집에서 도제 수업을 했다는 핵심 내용은 같다. 그 이야기의 줄거리를 이미 출간된 몇 개의 라틴어 판본과, 아직 출간되지 않은 2종의 속어 판본에 기초해 간추려 살펴보자.[64]

예수는 7세나 8세 때에 티베리아스의 염색업자 집에서 도제로 일하게 되었다. 이스라엘이나 살렘이라는 이름을 지닌 그 염색업자는 염색통을 보여주고, 색들의 특성을 예수에게 가르쳤다. 그리고 부유한 귀족이 가져온 값비싼 여러 장의 천을 주면서 저마다 어떻게 다른 색으로 물들여야 하는지 알려주었다. 염색업자는 그 일을 예수에게 맡기고는 인근 마을로 새로운 직물을 모으러 갔다. 그러는 사이에 예수는 부모를 만나려 서두르는 바람에, 장인의 지시를 잊고 천들을 한 통 안에 한꺼번에 담그고 집으로 돌아갔다. 그것은 (판본마다 검은색·노란색 등으로 다르게 나오지만) 파란색 염색통이었다. 염색업자가 돌아와 보니 천들이 모두 파란색으로 (아니면 검은색이나 노란색으로) 물들어 있었다. 몹시 화가 난 염색업자는 마리아와 요셉이 살던 집으로 달려가서 예수를 꾸짖고, 자신이 파산하고 명예를 잃게 되었다고 울부짖었다. 그러자 예수가 이렇게 말했다. "스승님, 걱정하지 말아요. 내가 꼭 천들의 색을 다시 물들이겠습니다." 그리고 천을 염색통에 다시 담갔다가 한 장씩 꺼내자, 모두 원래 주문했던 색으로 바뀌어 물들어 있었다.

어떤 판본에는 예수가 굳이 천을 통에 다시 담그지 않았는데도 원래 색으로 돌아갔다고 적혀 있다. 이 기적이 호기심 많은 군중 앞에서 이루어져서 사람들이 신을 예찬하고, 예수를 신의 아들로 보기 시작했다고 기록된 판본도 있다. 아울러 아마도 가장 오래된 것으로 여겨지는데, 예수가 도제로 염색업자의 집에 간 것이 아니라 장난꾸러기로 등장한 판본도 있다. 작업장이 집 부근에 있어서, 함께 놀던 친구들과 몰래 들어가서 장난을 치고 싶은 마음에 다양한 색으로 나누어 염색해야 할 직물과 옷들을 한 통에 담갔다는 것이다. 하지만 곧바로 장난을 되돌리려고 저마다의 직물들을 이제껏 본 적이 없이 아름다운, 제대로 된 색으로 물들였다. 어머니와 함께 티베리아스의 염색업자 집으로 가던 길에 그런 못된 장난을 저질렀다고 되어 있는 판본도 있다. 그 판본에서 성모 마리아는 마치 예수가 기적을 일으킬 능력이 있음을 알고 있다는 듯이, 그가 저지른 못된 장난을 보상하게 했다.

어떤 판본을 보든 티베리아스의 염색업자 집에 관한 이야기는, 이집트로 피신한 뒤의 일이든 나사렛으로 돌아온 직후의 일이든, 예수가 어린 시절에 보였던 다른 기적들과 그리 다르지 않다.[65] 정경의 복음서들에는 전혀 언급되어 있지 않지만, 이를 다룬 외경 복음서들은 많다. 외경이 맡은 역할은 정경이 침묵하고 있는 부분을 메우고, 신자의 호기심을 채워주고, 마음을 '기적mirabilia'으로 자극하는 것이었다. 그러나 때때로 이야기가 교훈보다 앞서기도 했다. 이 이야기에서도 종교적·신학적인 교훈을 찾기는 쉽지 않다. 그래서 외경 복음서는 일찌감치 정경에서 제외되고, 교부들도 끊임없이 그것을 경계심을 가지고 주의 깊게 지켜보았을 것이다.

티베리아스의 염색업자 집과 관련된 예수의 이야기도 다양한 의미로 해석될 수 있을 것이다. 그러나 중세 염색업자에게는 그리스도가 어린 시절에 자신들의 먼 선조들 가운데 한 명의 작업장에 자주 드나들고 있었다는 사실을 상기시켜 준다는 점이 무엇보다 가장 중요했다. 부당하게도 하찮게 여겨지던 이 직업을 지닌 모든 이들을 더없이 영예롭게 해주는 일이었기 때문이다. 어린 예수가 일으킨 기적은 그들에게 일종의 '허가증'과도 같았다.[66]

09

붉은 털의 남자

중세의 유다 도상

모든 배신자들처럼 유다도 붉은 털을 가질 수밖에 없었다. 그는 여러 세기를 거치면서, 처음에는 카롤루스 시대 말기의 도상들에서, 12세기 이후에는 문자로도 점차 붉은 털을 갖게 되었다. 유다는 그렇게 이름 높은 반역자와 배신자들의 무리에 합류했다. 중세 전통에서 붉은 머리카락이나 수염으로 관습적으로 구별되던 〔동생인 아벨을 죽인〕 카인, 〔삼손이 지닌 힘의 비밀을 빼낸〕 델릴라, 〔사무엘을 죽인〕 사울, 〔사라센과 결탁해 롤랑을 죽음에 이르게 한〕 가늘롱, 〔아서왕을 배신한〕 모드레드와 같은 이들 말이다.

실제로 오래전부터 서양에서 배신은 자신의 색들을, 아니 정확히 말해서 자신의 색을 가지고 있었다. 빨간색과 노란색 사이에 위치한 그 색은 두 색 모두에 부정적인 영향을 끼쳤고, 그 두 색을 합쳐 부정적인 상징성을 단순히 두 배가 아니라 기하급수적으로 늘렸다. 이 악한 빨간색과 악한 노란색의 혼합은 우리에게 친숙한 오렌지색과는 거의 관련이 없는 것이었다. 오렌지색은 중세의 감수성에서는 그 색조와 빛깔이 잘 알려져 있지 않았다. 오렌지색보다 어둡고 채도가 높은 이 색은 악마 · 여우 · 위선 · 거짓 · 배신의 색인 적갈색이었다. 중세의 적갈색은 언제나 빨간색이 노란색보다 짙었고, 이 빨간색은 진빨강처럼 빛나지 않았다. 그래서 윤기가 없는 침울한 색조를 띠어, 빛 없이 타오르는 지옥의 불꽃을 연상시켰다.

유다는 혼자가 아니었다

신약성서의 정경에 포함된 어떤 문헌도, 나아가 외경으로 분류된 어떤 복음서도 유다의 육체적 형상에 관해 말하지 않았다. 그래서 초기의 기독교 미술과, 뒤이어 등장한 중세 초기의 미술에는 그를 나타내는 구체적인 어떤 특징이나 특성이 존재하지 않았다. 하지만 '최후의 만찬'을 표현할 때만큼은 그를 다른 사도들과 구별하려는 시도가 나타났다. 위치와 체격, 자세, 몸에 난 털로 어떤 변별적인 차이를 나타내려 했다. 그렇지만 9세기 후반 카롤루스 2세(재위 843~877)의 시대가 되자 붉은 머리카락이라는 이미지가 등장하기 시작했다. 그러한 이미지의 확산은 세밀화에서 시작되어, 다른 도상 매체들이 뒤를 따르는 형태로 서서히 진행되었다. 이런 도상학적 관습은 (라인강 유역의) 라인란트와 (뫼즈강 유역의) 모장 지역에서 생겨나서 점차 서양 대부분의 지역으로 퍼져갔다. (하지만 이탈리아와 에스파냐에서는 오랫동안 다른 지역보다 드물게 나타났다.) 아울러 13세기 이후에 이 붉은 머리카락은 같은 색의 수염과 자주 결합되었으며, 유다의 표장을 이루는 모든 징표들 가운데 가장 먼저, 가장 거듭 사용되었다.[1] 도판 5

그 뒤 유다의 징표는 더 풍부해졌다. 작은 키, 좁은 이마, 짐승 같고 고통스럽게 찡그린 얼굴, 어두운 피부, 매부리코와 두툼한 입매, (고발의 입맞춤 때문에 생겨난) 검은 입술, (조토 디 본도네의 그림에서처럼) 결여되거나 검은색으로 표현된 후광,[2] 노란색 겉옷, 혼란스럽고 뭔가를 숨긴 듯한 몸짓, 훔친 물고기나 서른 닢의 은화가 들어 있는 돈주머니를 움켜쥔 손, 입으로 들어가는 악마나 두꺼비, 옆에 있는 개 등이 그런 것들이었다. 그리스도와 마찬가지로 유다는 명확하게 특정할 수 있었다. 세기마다 점차 징표가 더 추가되었고, 예술가는 그것들 안에서 자신의 도상학적 고정관념과 예술가로서의 야심, 상징적 표현의 의도에 알맞은 것을 자유롭게 골라서 사용했다.[3] 그러나 13세기 중반부터 거의 언제나 존재하는 징표는 한 가지뿐이었다. 바로 붉은 털이었다.

유다만이 붉은색을 홀로 차지하고 있었던 것은 아니다. 중세 말기의 미술에서는 일정한 숫자의 배신자 · 반역자 · 불온한 자들이 가끔, 아니 대체로 붉은색으로 나타났다. 카인도 그러한 이들 가운데 하나였다. 그는 신약성서와 구약성서를 대응시킨 예형론적 상징체계에서 거의 언제나 유다를 예고하는 인물로 묘사되었다.[4] 도판 6 『롤랑의 노래Chanson de Roland』에 나오는 배신자로, 복수심과 질투에 사로잡혀 (의부이면서도) 롤랑과 그의 동료들을 망설이지 않고 죽음의 장소로 보낸 가늘롱도 붉은색으로 표현되었다.[5] 아서왕 전설에서 배신자로 등장하는 모드레드도 마찬가지였다. 아서왕의 근친상간으로 태어난 그는 아버지를 배신했는데, 그의 배신으로 로그레스 왕국*은 붕괴하고 원탁의 기사들의 세계는 몰락의 길을 걷게 되었다. 다른 영웅 서사시와 궁정풍 이야기에 등장하는 반역 영주들,[6] 그 밖에 자신들의 주군의 지위를 노린 가신 · 행정관 · 법관들도 붉은색으로 그려졌다. 아버지에게 반역을 저지른 아들들, 맹세를 저버린 형제, 찬탈자인 숙부들, 부정을 저지른 아내들도 그러했다. 성인전이나 사회의 전통에서 파렴치하고 불법한 행위를 저지르며 기존의 질서를 깨뜨리려고 하는 모든 자들, 곧 형리 · 매춘부 · 고리대금업자 · 환전상 · 화폐 위조자 · 곡예사 · 어릿광대들도 마

---

* 아서왕이 다스리던 나라로 '로그리스(Logris)'나 '로에그리아(Loegria)'라고도 한다. 제프리 몬머스의 『브리타니아 열왕기』에는 브리튼 최초의 왕인 브루투스(Brutus)의 맏아들 로크리누스(Locrinus)의 이름에서 비롯되었다고 적혀 있다.

찬가지였다. 나아가 전해진 이야기들에 등장하는 세 개의 멸시되던 직업, 곧 마법사로 알려진 대장장이, 매점매석을 해서 사람들을 굶주리게한다고 알려진 방앗간 주인, 성 니콜라 전설에서도 나타나듯이 언제나잔인하고 피비린내 나는 존재로 알려진 푸줏간 주인도 그러했다.[7]

물론 우리에게 남겨진 13~15세기의 몇만 점에 이르는 도상들에서앞서의 인물들이 늘 붉은색이지는 않았다. 그것은 어림도 없는 일이다.하지만 붉은색은 그들의 매우 두드러진 도상학적·지시적 특성의 하나를 이루고 있었고, 붉은 털은 점차 다른 범주의 추방된 자들과 배척되던 자들로도 범위를 넓혀갔다. 이단자·유대인·무슬림·집시·천민·나병 환자·장애인·자살한 자·거지·떠돌이·가난뱅이·온갖종류의 낙오자들과 같은 이들 말이다. 이들의 경우에는 도상의 붉은색이 빨간색이나 노란색 복식의 표지·표장과 결합되기도 했다. 13세기이후 서양의 몇몇 도시와 지방들에서 앞서 말한 사회적 범주에 속한 사람들은 그러한 표지와 표장을 실제로 몸에 부착해야 했다.[8] 그 뒤 붉은색은 배척과 불명예를 나타내는 첫 번째 도상학적 기호가 되었다.

타자의 색

중세 말에 이 불명예스런 붉은색은 적어도 새롭고 신기한 것은 아니었다. 그러기는커녕 중세 서양에서는 훨씬 오래전부터 수단으로 쓰이던 낯익은 것이었다. 심지어 그것은 성서와 그리스·로마, 게르만 전통에서 모두 상속받은 3중의 유산이라고도 할 수 있었다.

사실 성서에서는 카인도 유다도 붉은색이 아니었다. 붉은색 인물들은 따로 있었는데, 한 가지 사례를 제외하고 그들은 어떤 의미로든 부정적인 존재였다. 먼저 야곱의 쌍둥이 형인 에사우가 있었다. 「창세기」는 그가 태어났을 때부터 "살갗이 붉고 곰처럼 털투성이"[9]였다고 전한다. 거칠고 성격이 사나운 에사우는 렌즈콩으로 만든 음식 한 그릇에 서슴없이 장자의 권리를 동생에게 넘겼다. 그는 후회했으나, 아버지와 신의 축복으로부터 배제된 채 약속의 땅을 떠나야 했다.[10] 이스라엘의 초대 왕인 사울도 있었다. 그의 치세 말기는 다윗에 대한 병적인 질투로 얼룩져 있었고, 그것이 그를 광기와 죽음으로 몰아넣었다.[11] 예루살렘의 대제사장으로 예수의 재판이 열렸을 때 (유대교 최고법원인) 산헤드린을 주재했던 카야파도 그러했다. 그는 '의인'과 '새끼양'의 적이었고, 「묵시록」에 나오는 용과 붉은 털의 말에 상응하는 악마의 피조물이었다.[12] 하나의 예외는 다윗인데, 그는 「사무엘기 상」에서 "붉은 머리에 눈매가 아름다운 잘생긴 아이"[13]로 묘사되어 있다. 이것은 가치의 질서를 위반한 것인데, 그러한 일은 모든 상징체계에서 나타난다. 체계가 효과적으로 작동하려면 일종의 (압력을 조절하기 위한) 밸브장치처럼 예외가 필요하다. 다윗은 그러한 예외였고, 그렇게 해서 예수를 예고하는 존재였다. 실제 기독교 도상학에서도 유사한 현상이 나타나는데, 12세기 이후 유다처럼 붉은 머리카락을 지닌 그리스도가 묘사되곤 했다. 특히 체포와 입맞춤의 장면에서 그렇게 표현되는 경우가 많았다. 이것은 체계를 더욱 효율적으로 만드는 반전으로, 대립하는 양극단이 끝내 어떻게 결합되는지를 보여주기 위한 방법이기도 했다. 아울러 희생자와 가해자, 예수와 유다 사이에 배반의 입맞춤으로 생겨난 상호침투를 그려낸 장면이었다. 도판7

마찬가지로 일찍이 그리스·로마의 전통에서도 붉은 털은 악한 쪽으로 여겨지고 있었다. 예컨대 그리스 신화에서 (반인반수의 거대한 괴물인) 티폰의 머리카락도 붉은색이었다. '대지'의 아들로 반란을 일으키는 괴물과 같은 존재이던 티폰은 신들, 특히 제우스의 적이었다. 기원전 1세기의 그리스 역사가 디오도로스 시켈리오테스는 티폰의 분노를 가라앉히기 위해 '옛날에' 어떻게 붉은 머리를 지닌 사람들을 산 제물로 바쳤는지 이야기했다. 아마도 이 전설은 이집트에서 비롯되었을 것이다. 그곳에서 악한 섭리와 동일시되던 세트 신의 머리카락도 붉은색이었다. 플루타르코스에 따르면, 같은 색의 머리카락을 지닌 인간이 산 제물로 바쳐졌다고 한다.[14]

이만큼 피비린내가 나지는 않았으나, 로마에서도 붉은 털은 부정적으로 평가되었다. 예컨대 라틴어의 〔붉은 머리'나 '붉은 빛을 띤'이라는 뜻의〕 '루푸스rufus'라는 낱말은 제정기에는 아주 흔한 욕설이었고, 비웃는 어조를 띤 별명으로도 쓰였다. 중세에도 상황은 바뀌지 않았다. 특히 수도원 안팎의 환경에서는 아주 자연스럽게 일상의 삶에서 상대를 '루푸스'라든가 (더 나쁜 의미에서) 〔불그스름하다'라는 뜻의〕 '수브루푸스subrufus' 등으로 불렀다.[15] 로마시대의 연극에서 붉은 머리나 가면에 붙인 붉은 깃털은 노예나 어릿광대를 뜻했다. 아울러 (아리스토텔레스를 본뜬 기원전 3세기의 문헌들을 계승한 것이 대부분이었지만) 인상학에 관한 글들은 하나같이 붉은 털을 지닌 사람을 여우의 이미지처럼 거짓투성이이자 교활하고 잔인한 존재로 나타냈다. 서양에서 이러한 전통은 19세기 전반까지 이어졌으며, 심지어 오늘날에도 여전히 발견된다.[16]

상대적으로 붉은 머리가 많은 게르만·스칸디나비아 세계에서는 다른 곳보다 상황이 괜찮았을 것이라고 생각하기 쉽다. 하지만 사정은 크게 다르지 않았다. 가장 폭력적이고 가장 무시무시한 신 토르는 붉은 머리였다. 마찬가지로 불의 신이면서, 파괴와 악행의 화신이자 가장 끔찍한 괴물들의 아버지인 로키도 붉은 머리였다. 붉은 머리에 관한 게르만인의 상상의 세계는 (켈트인의 상상의 세계도 마찬가지로) 헤브라이인이나 그리스인, 로마인의 상상의 세계와 조금도 다르지 않았다.[17]

중세 기독교는 이러한 3중의 유산을 이어받아, 그것을 연장시키고 더 강하게 했을 뿐이다. 중세에만 나타난 독특한 것이 있다면, 붉은색을 점차 거짓과 배반의 색으로 특화해갔다는 것이다. 분명히 붉은색은 중세에도 고전고대와 마찬가지로 계속해서 잔인하고, 피비린내 나고, 추악하고, 열등하고, 가소롭다는 뜻을 지니고 있었다. 그러나 시간이 지날수록 그것은 가짜 · 간교함 · 거짓말 · 속임수 · 불성실 · 배신 · 변절이라는 뜻을 두드러지게 나타내게 되었다. 앞에서 이미 말한 문학 · 도상학의 배신자와 반역자들과 더불어 교훈적인 작품, 백과전서적인 문헌, 예법에 관한 문헌, 특히 속담에서도 평판이 좋지 않은 붉은 털의 인물들이 추가되었다. 실제로 붉은 털을 지닌 사람을 경계할 것을 충고하는 속담은 라틴어로든 속어로든 근대로 접어들고 꽤 지난 뒤에도 많이 남아 있었다. 예컨대 붉은 머리들에게 (신뢰할 수 없다는 뜻의) "믿음이 존재하지 않는다"는 속담이 14세기부터 16세기에 걸쳐 폭넓게 사용되었다. 붉은 머리를 친구로 삼거나 친척으로 맞이해서는 안 되며, 그들을 사제나 왕의 자리에 앉혀서도 안 된다고 하는 속담도 있었다.[18] 미신의 종류도 그에 못지않았다. 중세 말 이후로 길에서 붉은 머리의 남자를 마주치는 것은 나쁜 징조로 여기거나, 붉은 머리의 여성은 얼마간 마녀라는 따위의 미신이 있었다.[19] 성서에서와 마찬가지로 붉은 털은 곳곳에서 일종의 불가촉천민처럼 여겨졌다.

중세 유럽에는 이러한 가치체계가 일반화되어 있었으나, 몇 가지 예외는 있었다. 예컨대 1152년부터 1190년까지 신성로마제국을 통치했던 붉은 수염 프리드리히 1세는 살아 있을 적에 적그리스도로도 견주어질 정도로 무수히 많은 적들과 분쟁을 일으켰으나, 죽은 뒤에는 명백히 종말론적인 전설의 인물이 되었다. 그래서 그는 튀링겐의 산속 깊숙한 곳에 잠들어 있다가, 세계의 종말 전에 눈을 떠서 예전의 영광스러운 독일을 회복시켜 준다고 여겨졌다.[20]

오래전부터 역사가와 사회학자, 인류학자들은 붉은 털을 지닌 인물을 배척한 유럽의 전통에 관해 설명하려고 시도해 왔다. 그들은 갖가지 가설을 이용했는데, 그 가운데에는 매우 섬뜩한 것도 있었다. 생물학을 끌어들여서, 털과 피부가 붉은 것이 유전적·민족적 퇴화의 한 형태로 나타난 색소 침착이라는 가설을 세웠다. 그런데 민족적 퇴화가 과연 무엇일까? 유전적 퇴화는 무엇을 뜻하는 것일까? 역사가와 인류학자에게 이러한 사이비 과학적이며 명백히 위험한 설명은 황당하기 그지없다.[21] 붉은 털 배척은 오롯이 문화적·분류학적인 차원의 현상이기 때문이다. 켈트와 스칸디나비아를 포함한 모든 사회에서[22] 붉은 털을 지닌 사람은 무엇보다도 다른 이들과 다른 자들이었고, 차이를 이루는 자,[23] 소수에 속한 자들이었다. 나아가 그런 이유에서 질서를 어지럽히고, 불안을 불러일으킨다고 찡그림을 받은 자들이었다. 붉은 털을 지닌 사람, 그들은 타자·차이를 지닌 자였고, 배척되고 배제되던 자들이었다. 따라서 오랫동안 유럽에서 붉은 털을 지닌 남녀를 희생시킨 배척이라는 문제와 그 이유를 탐구하면서 수상쩍고 위험한 '민족적 쇠퇴' 따위를 들먹일 필요는 전혀 없을 것이다.

빨간색, 노란색, 얼룩

그것은 무엇보다 사회기호학의 문제였다. 붉은 머리는 다른 사람의 시선에서만, 갈색머리나 금발과 대조되는 한에서만 오롯이 붉은색이기 때문이다. 아울러 중세 문화에서는 색 상징체계의 문제이기도 했다. 붉은색은 색조 이상의 것이었다. 그것은 여러 세기를 거치며 완전한 하나의 색, 곧 업신여길 만한 가치를 지닌 색이 되었다. 15세기 전반에 편찬된 것으로 추정되는 문장지에서는 "모든 색들 가운데 가장 추한 색"이라고 선언될 정도였다.[24] 붉은색 안에는 빨간색과 노란색의 부정적인 측면이 모두 결합되어 있었다.

모든 색은 좋은 면과 나쁜 면의 양면성을 지닌다.[25] 빨간색도 이 규칙에서 벗어나 있지 않았다. 빨간색은 서양에서 원사시대부터 16세기에 이를 때까지 오랫동안 색의 맨 앞에 놓인 '대표적인' 색이었다. 그리고 좋은 검은색과 나쁜 검은색, 좋은 녹색과 나쁜 녹색이 있었듯이 빨간색에도 좋은 색과 나쁜 색이 있었다. 중세에 이 나쁜 빨간색은 신적이며 그리스도적인 흰색의 반대색이었고, 악마 · 지옥과 직접 관련된 색이었다. 곧 그것은 지옥의 불길과 악마의 얼굴을 나타내는 색이었다. 도상에서 어둠의 군주인 악마는 다양하게 표현되었으나, 대부분 어두운 색의 몸과 얼굴을 지니고 있었다. 그런데 12세기부터는 점차 붉은 얼굴과 불그스레한 털을 지닌 것이 많아졌다. 이것이 더 넓혀져 (교활한 악마의 이미지 그 자체였던 여우에게서 가장 두드러지게 나타났듯이) 얼굴이나 털이 붉은 피조물은 모두 어느 정도는 악마적인 것으로 여겨지게 되었다. 아울러 그 색의 표장을 지닌 자들도 모두 조금은 지옥의 세계와 관계가 있다고 받아들여졌다. 예컨대 12~13세기의 아서왕 이야기에는 수많은 (옷 · 장비 · 문장이 죄다 붉은) '진홍의 기사'들이 등장해서 주인공의 앞길을 가로막고, 도전하고, 그를 죽이려 한다. 다른 세계에서 건너온 기사이기도 한 그들은 늘 악한 의도를 가지고 상대의 피를 탐한다. 가장 유명한 것은 멜리아건트이다. 〔이계의 지배자인 바그데마구스 왕의〕 왕자이자 충성스럽지 않은 기사인 그는 크레티앵 드 트루아의 『죄수마차를 탄 기사Le Chevalier à la Charrette』에서 〔아서왕의〕 왕비 귀네비어를 유괴하는 인물로 등장한다.

인명학과 지명학에서도 빨간색이 지닌 멸시되던 성질을 확인할 수 있다. '빨간색'이라는 말이 들어가 있는 지명은 위험한 장소로 여겨지던 곳이 많은데, 문학이나 상상 속의 지명에서는 더욱 그러했다. 흔히 사용되는 '빨갱이le Rouge'나 '빨강머리le Roux'라는 별명도 대체로 늘 가치를 낮추는 의미를 담고 있었다. 곧 붉은 머리카락이나 몹시 붉은 얼굴을 가리키거나, (사형집행인 · 푸줏간 주인 · 매춘부처럼) 그런 빛깔의 불명예스런 고유한 옷을 걸치고 있는 자를 떠올리게 했다. 아니면 문학작품에 등장하는 인명에서 자주 나타나듯이, 그 이름을 지닌 자의 피비린 내 나고, 잔인하고, 악마적인 성격을 강조했다.[26]

중세의 감수성에서 이 악한 빨간색은 많은 점에서 유다의 빨간색이 었다. 붉은 머리를 지닌 충성스럽지 못한 이 사도의 배신 때문에 그리스도는 피를 흘렸다. 중세 말 독일에서는 (케이롯 사람이라는 뜻의) '이스카리옷Iskariot'이라는 유다의 별칭이 '새빨간ist gar rot' 사람이라는 말에서 나왔다고 보는, 어원과 관련된 언어유희가 널리 퍼져 있었다.

그러나 유다는 빨갛지만은 않았다. 그는 노랗기도 했다. 12세기 말 이후의 도상들에서는 노란색이 점차 유다의 옷에 자주 할당되는 색으로 등장했다. 그의 '붉은 털'에는 (악한 피와 악한 불을 뜻하는) 피와 지옥의 빨간색만이 아니라, 배신과 거짓말의 노란색도 동시에 담겨 있었다. 실제로 여러 세기를 거치면서 유럽의 색 체계에서 노란색의 가치는 끊임없이 떨어지고 있었다. 노란색은 로마에서는 가장 인기 있던 색의 하나였고, 거룩한 색이어서 종교의례에서 중요한 역할을 맡기도 했다. 하지만 점차 꺼려지고 배척되는 색으로 바뀌어갔다. 오늘날에도 좋아하는 색에 관한 인식을 주제로 실시된 설문조사의 결과에서도 드러나듯이, 노란색은 여전히 사랑받지 못하는 색이다. 기본적인 여섯 가지 색만 놓고 보더라도 노란색은 늘 파란색 · 녹색 · 빨간색 · 흰색 · 검은색 다음이다.[27] 이러한 거부는 중세에 뿌리를 두고 있다. 도판8

노란색의 가치 하락은 이미 13세기부터 확인된다. 수많은 문학 · 백과전서 문헌들에서 그 색은 일찍부터 거짓과 거짓말의 색이었다. 나아가 점차 유대인의 색이자 유대교 회당의 색이 되었다. 1220~1250년 대 이후 기독교 도상은 유대인을 나타내는 데 이 색을 거듭 사용했다. 이제 유대인은 노란색 옷을 입거나, 일부가 노란색으로 된 복장으로 표현되었다. 모자가 가장 많았고, 긴 겉옷 · 망토 · 허리띠 · 소매 · 장갑 · 신발이 노란색인 경우도 있었다.[28] 이런 관습은 점차 도상과 상상에서 현실로 옮겨갔다. 랑그도크·카스티야·이탈리아 북부·라인강 유역 등의 지방에 있는 여러 도시들에서 유대인 공동체의 구성원에게 복장 규제를 강제하면서 식별의 기호로 이 색을 즐겨 사용했다.[29] 여기에서 (나치가 유대인 가슴에 붙이게 강요했던) 노란색 별의 기원을 찾아볼 수도 있을 것이다. 그러나 그 역사는 아직 자세히 서술되지 않았다.

중세 사회에서 유대인에게 강제되던 기호와 낙인에 관한 참고자료의 목록은 길지만 연구가 충분히 이루어져 있지는 않다. 그러나 몇몇 작가들이 섣불리 믿어버렸던 것과는 달리[30] 기독교 세계 전체에 공통의 체계는 존재하지 않았다. 14세기 이전에는 어떤 나라나 지방에서든 되풀이되어 관습처럼 자리를 잡은 것도 없었다. 그 시기 이후에는 분명히 (도상에서 전통적으로 유대교 회당과 연결되던 색인) 노란색이 다른 색보다 빈번히 사용되었다.[31] 하지만 그 뒤로도 오랫동안 도시 행정기관이나 왕권은 빨간색·흰색·녹색·검은색의 단색 표지를 부착하도록 규정하기도 했다. 단색이 아니라, 노란색과 빨간색, 노란색과 녹색, 빨간색과 흰색, 흰색과 검은색 등의 두 가지 색을 가로·세로로 이등분하거나 사등분해 사용한 경우도 있었다. 16세기까지 수많은 형태의 색 조합이 있었고, 표지의 모양도 다양했다. (가장 사례가 많았던) 바퀴 모양만이 아니라, 작은 고리·별·율법 석판 등의 모양을 한 경우도 있었다. 단순히 목도리나 (넓은 차양이 달린) 모자, 십자가를 표지로 한 경우도 있었다. 표장을 옷에 꿰매어 붙일 때에도 어깨에 붙이는 경우도 있었고, 가슴이나 등, 쓰개나 모자 위에 붙이는 경우도 있었다. 두 군데 이상에 붙이는 경우도 있어서 일반화할 수 없었다.[32] 다음은 루이 9세가 1269년에 프랑스 왕국에 거주하는 모든 유대인에게 노란색 바퀴 모양의 표지를 부착하도록 라틴어로 명령한 왕령의 내용으로, 이에 관한 가장 오래된 사례 가운데 하나이다. "우리는 유대인이 기독교도와 구별될 수 있기를 바란다. 그래서 우리는 너희 유대인이 남녀 모두 저마다 표지를 부착할 것을 명령한다. 곧 〔양털로 짠 직물인〕 펠트나 〔양털에 무명이나 명주 따위를 섞은 두꺼운 직물인〕 나사로 된 노란색 바퀴 모양을 윗옷의 가슴과 등에 붙여서 식별할 수 있는 표지로 삼는다. 바퀴의 지름은 손가락 4개 너비로 하고, 크기는 손바닥을 덮을 만큼 충분히 커야 한다. 이 조치가 실행된 뒤에 앞서 말한 표지를 붙이지 않은 유대인이 목격될 경우에는, 그의 윗옷을 발견한 사람이 갖는다."[33]

중세 말에 악한 색인 노란색의 사용이 촉진된 것은 예술창조의 모든 분야에서, 나아가 대부분의 표장과 상징에서 금과 금박이 무절제하게 쓰였기 때문일 것이다. 금은 물질이자 빛이었고, 끝나가던 중세의 감수성의 특징을 이루던 색의 채도와 농도에 대한 탐구에서 가장 높은 수준을 나타내는 것이었다. 바로 이러한 이유에서 금색은 점차 '좋은 노란색'이 되었고, 다른 모든 노란색은 멸시되었다. 유다의 붉은 털처럼 붉은빛을 띤 노란색만이 아니었다. 오늘날 우리가 '레몬색'이라고 부르는, 푸른빛을 띤 노란색도 마찬가지였다. 황록색, 더 정확히는 노란색과 녹색의 배합이나 조합은 (중세의 색 체계에서는 결코 나란히 놓을 수 없는 두 색으로) 중세 사람들에게는 어딘가 공격적이고 혼란스럽고 불안정하게 보였다. 그 두 색이 만나면 혼란과 광기의 색, 감각과 정신의 착란을 불러오는 색이 되었다. 그래서 노란색과 녹색은 어릿광대나 궁정의 익살꾼의 옷이라든지, 「시편」에 등장하는 미치광이의 옷, 나아가 유다의 옷에 두드러지게 사용되었다. 14세기부터 16세기까지 유다는 노란색 긴 겉옷과 녹색의 다른 옷이 조합된 모습으로 즐겨 표현되었다.

그러나 붉다는 것은 빨간색과 노란색의 부정적인 면을 합친 것만은 아니었다. 붉다는 것은 피부에 얼룩이 있는 것, 다시 말해 반점이 있는 것과도 같았다. 그것은 불순한 것이었고, 어떤 종류의 동물성을 나타내는 것이었다. 중세의 감수성은 반점이 있는 것을 꺼렸다. 그 시대의 감수성에서 아름다운 것은 순수한 것이었고, 순수한 것은 단색이었다. 줄무늬는 (그것의 극단적인 형태라고 할 수 있는 체크무늬와 마찬가지로) 언제나 가치를 떨어뜨리는 것이었다.[34] 특히 반점은 불안을 불러일으켰다. 그럴 법도 한 것이 그 세계는 피부병이 널리 퍼져 있었고, 그것을 심각하게 받아들이며 두려워했다. 그 극단이라고 할 수 있는 나병 환자는 사회의 테두리 밖으로 추방되어 있었다. 중세 사람들에게 얼룩은 언제나 수수께끼 같고, 불순하고, 사람을 천하게 만드는 것이었다. 그들은 붉은 털을 지닌 사람을 병든 사람, 이상한 사람으로 여겼으며, 심지어 금기시하기도 했다. 그들이 지닌 불순함에는 동물성이라는 의미도 덧붙여졌다. 붉은 털의 인물은 위선적인 여우나 음란한 다람쥐의 털을 지닌 것만이 아니었다.[35] 그들은 사자의 만만치 않은 맞수이자 잔인하기 짝이 없는 세 동물, 곧 레오파르두스·용·호랑이처럼 얼룩져 있었다.[36] 붉은 털을 지닌 사람은 여우처럼 남을 속이는 데 그치지 않고, 레오파르두스처럼 사납고 피에 굶주린 악당이기도 했던 것이다. 그래서 민간에 전해진 전통과 이야기들에서 18세기까지도 그들은 식인귀처럼 그려지기도 했다.

왼손잡이는 모두 붉은 털을 지녔다

중세 말기의 종교적 도상은, 특히 필사본에 삽입되는 도상의 경우에는 엄격히 관리되고 있었다. 속인이 필사본 장식을 일부라도 맡게 되면서 기호가 정확히 반복해 쓰이지 않거나, 지나치게 자유분방하게 사용될 위험이 커졌다. 아울러 지나친 해석이나 의미 변화가 나타날 우려도 커졌다. 그래서 엄격한 관리 아래 묘사할 장면이 선택되고 구상되었다. 아울러 인물을 등장시켜 연출을 할 때에도 특성을 반복해 나타냈다. 부정적인 인물인 경우에는 더욱 그러했다. 몇십 년 사이에 초상은 무척 장황해졌는데, 배신자는 뚜렷하게 배신자로 보여야 했다. 그래서 초상의 어떤 인물을 특정하는 데 도움이 되는 속성과 표지가 늘어났다.

유다의 사례가 전형적이었다. 14세기 초 이후에는 붉은 털만으로는 모자랐다. 어느새 짐승 같은 얼굴이나 '칙칙한 죄인의 낯빛'을 가지고도 충분치 않게 되었다. 이제는 얼굴에 나타내던 기호를 몸이나 옷에 나타낸 다른 기호와 짝지어 더욱 뚜렷이 드러내야 했다. 그래서 이 연구의 앞부분에서 언급했던 징표와 고유한 특징들이 늘어났다. 그런 것들에는 몸짓도 있었는데, 배신한 사도에 관한 일련의 표장들 가운데에서도 특히 거듭 쓰인 것은 바로 왼손잡이라는 특성이었다. 여러 세기를 거치면서 유다는 왼손잡이가 되었다. 어느새 그는 서른 닢의 은화가 담긴 돈주머니를 '왼손으로' 받거나 돌려주었다. 훔친 물고기도 왼손으로 뒤에 감추고, 최후의 만찬에서도 고발의 빵 조각을 왼손으로 입에 집어넣었다.* 그 뒤 뉘우침의 시간이 찾아왔을 때에도 그는 왼손으로 밧줄을 걸어 목을 매달았다. 물론 유다가 늘 붉은 털이 아니었듯이, 늘 왼손잡이였던 것도 아니다. 하지만 왼손잡이라는 특성은 두드러질 만큼 뚜렷이 나타났는데, 특히 플랑드르나 독일의 도상에서 자주 발견되었다. 게다가 일반적인 중세의 도상 표현에서 왼손잡이는 매우 드물었다.

일찍이 나는 왼손잡이에 관한 자료집을 정리해 펴내려고 했는데, 뒤이어 피에르미셸 베르트랑도 똑같은 작업을 했다. 그리고 왼손잡이의 역사에 관한 그의 최근 작업은 어느새 권위를 인정받게 되었다.[37] 양적으로는 아직 수집된 자료가 적은 편이지만, 질적으로는 기여한 것이 많다. 중세의 도상학에서 모든 왼손잡이는 갖가지 의미에서 부정적인 인물이었다. 도상과 무대의 한가운데에 등장하는 주인공이든, 가장자리와 구석진 곳에 등장하는 보잘것없는 단역이든, 모두 불명예스럽고 비난할 만한 어떤 일과 연관된 인물이었다. 그 가운데에는 앞에서 이미

---

* "나와 함께 대접에 손을 넣어 빵을 적시는 자, 그자가 나를 팔아넘길 것이다."(마태오 복음서 26:23)

말했던 배제되고 배척되던 이들, 특히 푸
줏간 주인 · 사형집행인 · 곡예사 · 환전
상 · 매춘부 등도 있었다. 그렇지만 중세의
도상학에서 왼손잡이가 유독 많았던 것은
(이교도 · 유대인 · 무슬림과 같은) 비기독교
도와 (악마나 악마의 피조물과 같은) 지옥의
편에 서 있는 이들이었다. 그들의 군주나
우두머리는 왼손으로, 곧 악한 손이자 파
멸을 가져오는 손으로 지휘를 하거나 명령
을 내렸다. 그리고 그들의 병사와 가신들
도 똑같은 손으로 명령을 수행했다. (늘 그
랬던 것은 아니지만) 악의 세계는 왼손잡이
의 세계로 그려졌다.

그림 7 왼손잡이 유다

　여기에서 왼손의 멸시되던 성질에 관해 더 길게 이야기할 필요는 없
을 것이다. 수많은 문화들에서 그러한 유형의 전통이 나타났음을 증명
하는 연구는 부족하지 않으며, 유럽의 여러 문화들도 예외는 아니다.[38]
중세와 관련해서도, 이미 언급했던 성서, 그리스 · 로마, 게르만의 세
유산에서 모두 발견된다.[39] 특히 성서는 되풀이해서 오른손과 오른편,
오른쪽 위치의 우위를 강조하면서,[40] 왼쪽에 있는 모든 것의 배덕과 사
악함에 관해 이야기했다. 이에 관해서는 「마태오 복음서」의 한 구절이
중세 사람들에게 큰 영향을 끼쳤다. 바로 예수가 수난에 이르기 전에
마지막으로 했던 말이다. 이것은 이미 종말론적인 말이었고, '사람의
아들'의 재림을 예고하고 있었다. "그리고 모든 민족들이 사람의 아들
앞으로 모일 터인데, 그는 목자가 양과 염소를 가르듯이 그들을 가를
것이다. 그렇게 하여 양들은 자기 오른쪽에, 염소들은 왼쪽에 세울 것
이다. […] 그때에 임금은 왼쪽에 있는 자들에게도 이렇게 말할 것이다.

저주받은 자들아, 나에게서 떠나 […] 영원한 불 속으로 들어가라."⁴¹

중세 기독교 문화에서 왼손은 그리스도의 적의 손이었다. 그래서 도상에서 왼손은 (카야파·빌라도·헤롯처럼) 그리스도를 재판한 자들이나 형을 집행한 자들, 곧 그를 묶고, 채찍질하고, 십자가에 못 박은 자들이나 십자가에 못 박힌 뒤에 괴롭힌 자들이 사용한 손이었다. 그리고 왼손은 악마와 그것의 피조물의 손이었고, 마찬가지로 배신자·이단자·이교도가 악을 행하는 손이었다. 그들 가운데에는 배신자의 행렬에서 이미 보았던 붉은 털을 지닌 이들도 있었다. 카인·델릴라·사울·가늘롱·모드레드와 같은 이들은 모두가 배신자였고, 유다가 그랬던 것처럼 기존과 같은 표장적인 징표만으로는 어느새 충분치 않았다. 14~15세기가 되자 몸짓의 악덕도 덧붙여졌다. 그래서 카인은 아벨을 왼손으로 (대부분 가래나 당나귀의 턱뼈로) 죽였고, 델릴라는 삼손의 머리카락을 왼손으로 잘랐다. 사울은 투창이나 칼을 왼손에 쥔 채 스스로 목숨을 끊었고, (영웅 서사시와 아서왕 이야기의 배신자인) 가늘롱과 모드레드는 왼손으로 싸웠다.

물론 유다와 마찬가지로 이들 네 인물도 언제나 왼손잡이이지는 않았다. 하지만 그들이 왼손잡이일 때에는 늘 붉은 털이었다는 사실이 확인된다. 14세기 중반 이후에는 왼손으로 도구를 다루는 사형집행인이나 충성스럽지 못한 기사, 잔인한 인물들도 자주 붉은 털이었다. 그 뒤 몇십 년 동안 서양의 도상 표현에서 붉은 털을 지닌 자가 모두 왼손잡이는 아니었으나, 반대로 왼손잡이는 거의 모두가 붉은 털을 지녔다.

10

문장의 탄생

개인의 정체성에서 가문의 정체성으로

12세기 전반에 〔프랑스 중부〕 루아르강과 〔독일 중서부〕 라인강 사이의 지역을 중심으로 서양 곳곳에 새로운 표장 양식이 등장했다. 중세 사회의 표장과 상징의 관행을 뿌리째 뒤바꾼 문장이다. 문장과 그것의 이용에 관한 규정인 문장학으로부터 그 형식적인 틀을 벗어나 다양한 체계와 이용법이 생겨났다. 실제로 그 뒤 여러 세기에 걸쳐 나타난 정체성, 친족관계, 색, 도상과 관련된 시각적 기호들은 정도의 차이는 있지만 모두 문장의 영향에서 벗어나지 못했고, 그러한 영향은 오늘날까지 이어지고 있다. 의례의 색, 국기, 군대나 민간에서 쓰이는 표장, 선수들이 입는 경기복, 교통표지판 등도 넓은 의미에서는 중세의 문장을 잇고 있다. 이렇게 문장은 여전히 존속해 있으며, 가까운 앞날이나 먼 미래에도 새 문장과 경쟁을 벌일지언정 결코 사라지지 않을 것이다.

기원의 문제

문장의 출현은 매우 폭넓은 범위에 영향을 끼친 사회적 사건이었다. 그래서 중세 말부터 현대까지 그것의 출현을 설명하고, 원인을 해석하

고, 연대를 확정하려는 수많은 가설들이 등장했다. (절대왕정기 프랑스
최고의 문장학자라고 할 수 있는) 예수회 사제 클로드프랑수아 메네스트
리에(1631~1705)는 1671년에 펴낸『문장학의 참된 기법과 문장의 기원Le
Véritable Art du blason et l'Origine des armoiries』이라는 문헌에서 그러한 가설을
20개 정도 열거했다.[1] 오늘날 우리가 보기에는 허무맹랑하게 보이는
것들도 있었다. 아담이나 노아, 다윗, 알렉산드로스 대왕, 율리우스 카
이사르, 아서왕 등이 문장을 맨 처음 만들었다는 가설들이다. 이런 가
설들은 대부분 16세기 말 이후부터 이미 진지하게 다루어지지 않았다.
그보다 든든한 근거를 지닌 몇몇 가설들은 더 오래 살아남았으나, 그런
것들도 19세기 말부터 20세기 초까지 이루어진 문장학자들의 작업으
로 점차 흔들리기 시작했다.

　지금은 꽤 오랫동안 학자들에게 지지를 받아온 세 가지 가설도 폐기
된 상태이다. 첫째는 중세와 16세기의 작가들에게는 무척 친숙했던 것
인데, 12세기의 초기 문장들이 고대 그리스와 로마의 (군대나 가문들에
서 사용하던) 표장들과 직접 연관되어 있다는 가설이다. 둘째는 독일의
여러 문장학자들이 주장했던 것인데, 〔고대 게르만인이 사용하던〕 룬 문자와
야만인들의 군사적 표장, 서기 1천년 무렵의 스칸디나비아 게르만인의
상징체계 등이 문장의 출현에 큰 영향을 끼쳤다는 가설이다.[2] 셋째는
가장 오래 지속되고 가장 중요한 가설로, 유럽 사람들이 제1차 십자군
원정에서 이슬람 지역의 (아울러 비잔티움의) 관습을 본뜬 것에서 문장
이 시작되었다는 동방기원설이다.

　마지막 가설은 특히 오랫동안 지배적인 지위에 있었다. 하지만 막스
프리네(1867~1937)와 레오 아리에 메이어(1895~1959) 등의 학자들이 약 1
세기 전에 밝혀낸 바로는, 이슬람과 비잔티움 지역에서 조금이라도 문
장과 유사하다고 볼 수 있는 표장이나 상징이 사용된 것은 서양에서 문
장이 출현하고 200년 이상이나 더 지난 뒤의 일이었다.[3] 그래서 오늘날

에는 거의 모든 역사가들이 십자군 원정도, 동방도, 야만인의 침공도, 룬 문자도, 고대 그리스와 로마도 문장의 출현을 설명하기에는 결코 알 맞지 않다고 생각한다. 그 대신 문장의 출현은 서기 1천년 무렵에 서양 사회에서 나타난 변화와 관련이 있으며, 11세기 말부터 12세기 중반 사이에 이루어진 군사 장비의 발전과도 연관되어 있다는 것이 거의 확 실한 사실로 여겨지고 있다.[4]

그렇다면 먼저 군사 장비의 발전이 어떠한 것이었는지 살펴보자. 서 양의 전사들은 (턱까지 치켜 입는) 사슬갑옷의 두건과 (얼굴을 덮어 가리 는) 투구의 콧대 때문에 서로의 얼굴을 분간할 수 없었다. 그래서 전투 가 한창일 때 적군과 아군을 식별할 수 있는 기호로 1080~1120년 무 렵부터 (이 부사가 중요한데) '점차' 방패의 넓은 평면에 기하학적인 도 형이나 동물·꽃 등을 그려넣는 관습이 생겨났다. 도판9

그러면 이제 남은 문제는 문양의 기원을 탐구하는 일일 것이다. 아울 러 (같은 인물이 같은 문양을 계속 사용하고, 표현 방법에도 어떤 단일한 규칙 이 적용될 때에야 비로소 문장이라고 할 수 있다면) 그러던 것이 본격적인 문장이 될 때까지의 연대 변화를 꼼꼼히 추적하고, 그 문장이 점차 가 문의 것으로 계승될 때까지의 과정도 살펴보아야 할 것이다. 여기에서 문제의 핵심을 이루는 것은 규칙이다. 실제로 (전투보다는 시합인 경우가 더 많았겠지만) 전사들이 큰 방패에 그려넣은 표지로 전쟁터나 시합장 에서 서로를 식별하고 있었다는 사실은 쉽게 확인된다. 아울러 실천적 인 목적에서 같은 표지를 오랫동안, 더 나아가 평생토록 계속 사용하는 것이 편리하다고 그들이 생각하게 되었을 것이라는 점도, 봉건제도와 친족구조가 변화하면서 이렇게 만들어진 기호가 점차 상속되는 것으 로 자리를 잡게 되었을 것이라는 점도 쉽게 이해된다. 그렇지만 처음에 어떻게 몇 가지 규칙이 세워졌으며, 표현이 규정화되었고, 쓰임새가 정 해졌는지는 아직 충분히 밝혀지지 않았다. 그런데 어느 시기의 것이든,

군사용이든 민간용이든, 개인의 것이든 집단의 것이든, 유럽의 문장을 다른 상징체계들과 구분 짓는 것은 바로 이 규칙이다.

사료에 대한 포괄적이고 철저한 검증이 아직 충분히 이루어지지 않은 상태이므로, 12세기 전반에 문장이 출현한 과정에 관한 설명은 가설의 범주를 벗어나지 못한다. 그렇더라도 간략하게 살펴보자.[5]

문장은 '무에서ex nihilo' 생겨나지 않았다. 그것은 그때까지 존재하던 표장에 관한 다양한 요소들과 관례들이 하나의 양식으로 융합된 결과물로 탄생했다. 그 다양한 요소들 가운데 깃발, 인장, 주화, 방패가 특히 중요했다. 모든 종류를 포함한 폭넓은 의미에서의 깃발과 직물로부터 색과 그것들의 조합, (추상도형 · 직선분할 · 산포무늬 구조 등과 같은) 몇몇 기하학적 문양들이 공급되었다. 가문보다는 영지와 관련된 대부분의 원시적 문장들도 마찬가지로 그것에서 비롯되었다. 인장과 주화로부터는 (동물 · 식물 · 사물 모양의) 여러 유형의 표장적인 문양이 공급되었다. 그것들은 11세기에 이미 몇몇 명문가들에서 사용되고 있었으며, 더 오랜 사례도 있었다. 아울러 이러한 문양을 세습해서 사용하는 관습이나 '말하는 표장emblemes parlants'을 자주 사용했던 것도 인장과 주화로부터 비롯되었다. 말하는 표장이란 문양과 사용자의 이름을 이용한 일종의 언어유희에서 나온 것이다. 바르Bar 백작과 '농어bar', 불로뉴Boulogne 백작과 (문장 용어로 원무늬를 뜻하는) '원구boules', [오스트리아의] 팔켄슈타인Falkenstein 영주와 '매faucon'를 잇는 식이다. 끝으로 방패로부터는 대체로 세모난 모습의 방패꼴 문장의 형태가 비롯되었다. (파란색과 흰색의 종 모양을 교차시킨 무늬인) 다람쥐털무늬와 (흰 바탕에 검은 반점 무늬가 있는) 흰담비털무늬와 같은 모피 문양, 방패의 구조적 특성에 바탕을 둔 (빗금무늬 · 십자가무늬 · 상부장식무늬 · 가로띠무늬 · 테두리장식무늬 등과 같은) 기하학적 문양들도 방패에서 비롯되었다.[6]

이러한 요소들의 융합은 한꺼번에 이루어지지 않았다. 아울러 서양의 모든 지역에서 똑같은 흐름과 똑같은 방식으로 이루어지지도 않았다. 어디에서 무엇을 얼마나 가져오는지는 지역마다 다르게 나타났다. 하지만 색과 문양에서, 용어와 규정화에서 가장 중요한 역할을 맡은 것은 깃발과 직물이었을 것이다. 프랑스에서 문장에 관해 사용되는 용어들 가운데 직물과 관련된 어휘에서 가져온 것이 얼마나 되는지를 살펴보면 놀랄 만큼 많다는 사실을 발견하게 된다. 중세에 문장과 관련해 흔히 사용되던 어휘의 절반 이상을 차지하고 있는 것만큼은 확실하다. 이와 관련된 자료는 무척 풍부하다. 문학적 · 서사적인 문헌들만이 아니라, 기술에 관한 논고들과 직업 규칙, 12~13세기의 백과전서 문헌들도 알맞은 자료를 제공해준다.[7]

이미 있던 다양한 요소들이 하나의 체계로 합쳐진 윤곽은 어느 정도 확인된다. 그러나 그 결합의 결실인 문장이 실제로 등장한 연대가 언제인지는 아직 밝혀져 있지 않다. 더 정확히 말해서, 전사들이 전쟁터나 시합장에서 자신을 식별시키기 위해 언제부터 방패 위에 (때로는 깃발과 갑옷 위에 걸친 겉옷, 타고 있던 말에도) 같은 문양과 색을 늘 표시했는지는 확인되지 않는다. 이 문제를 놓고 이미 한 세기도 훨씬 전부터 문장학자들은 끊임없이 논쟁을 벌여왔다. 그러나 그들의 잘못은 지나치게 정확하게 답을 구하려 했다는 데 있다. 온갖 자료들을 살펴보아도 40년 정도의 폭을 두지 않고는 연대를 좁힐 수 없기 때문이다.

연대의 문제

여기에서 확실한 기준점terminus a quo이 되는 것은 바이외 태피스트리이다. 오늘날 우리는 이 자수로 된 작품이 1080년 무렵에 잉글랜드 남부로 추정되는 지역에서 정복왕 윌리엄 1세의 의붓형제인 바이외 주교 오동의 주문으로 제작되었다는 사실을 알고 있다.[8] 그런데 자수로 묘사된 장면을 보면 (십자무늬·엑스자무늬·용무늬·테두리장식무늬·산포무늬 등의) 방패를 장식하고 있는 문양들이 아직 본격적인 문장으로는 사용되지 않았다는 사실을 분명히 확인할 수 있다. 맞선 두 진영의 전사들이 똑같은 모양의 방패를 들고 있거나, (불로뉴 백작 외스타슈 2세의 사례처럼) 똑같은 인물이 여러 장면에 묘사된 경우에 저마다 다른 방패를 들고 있는 모습도 발견되기 때문이다. 도판10

  하지만 오늘날 르망의 테세 박물관에 소장되어 있는 그 유명한 법랑 장례명판에 묘사된 것을 보면, 앙주 백작이자 노르망디 공작이던 조프루아 플랜태저넷의 방패를 장식하고 있는 문양은 이미 본격적인 문장이었다. 도판11 그러나 그 장례명판의 연대를 결정하는 일은 논쟁의 소지가 있다.[9] 조프루아는 1151년에 죽었다. 장례명판은 홀로 된 마틸드가 주문해서 제작되었는데, 예전에는 1151~1152년에 만들어진 것으로 추정되었다.[10] 하지만 지금은 1160년 무렵에 만들어진 것으로 여겨진다.[11] 오랫동안 문장학자들은 관례처럼 '청색 바탕에 금색 사자가 흩뿌려진d'azur semé de lionceaux d'or'[12] 이 방패의 문장을 지금까지 알려진 가장 오래된 문장으로 여겨왔다. 조프루아는 그 문장을 기사서임식을 했던 1127년에 장인인 잉글랜드 왕 헨리 1세에게 받았을 수도 있다. 그래서 몇몇 저명한 학자들은 그 해를 문장이 탄생된 해로 여긴다.[13] 하지만 내가 보기에 이것은 쓸모없고 잘못된 생각이다. 문장의 출현은 폭넓은 사회현상이었고, 몇십 년에 걸쳐 이루어진 사건이었다. 따라서 연대를 정확히 결정하는 것은 가능치 않은 일이다. 게다가 조프루아 플랜태저넷의 문장은 그가 죽은 뒤의 자료에만 전해진다. 하나는 앞서 말한 법랑 장례명판이고, 다른 하나는 마르무티에의 수도사이던 장 라피코가 기록한 연대기의 한 구절이다. 그는 1127년에 있었던 기사서임식에 관해 이야기하면서, 헨리 1세가 "목에 걸고 있던 금색 사자들로 장식된 방패"[14]를 조프루아에게 주는 장면을 나타냈다. 하지만 장 라피코의 연대

기는 그 일이 있고 반 세기가 지난 1175~1180년 무렵에 편찬된 것이
었다. 게다가 오늘날 1149년의 문서에 첨부된 인형印形으로 조프루아
의 인장이 전해지고 있는데, 거기에서는 문장의 흔적이 전혀 발견되지
않는다.[15]

문장의 출현은 폭넓은 사회 현상이었다. 그러므로 인장이 제공하는
정보가 가장 숫자가 많고 가장 정확하더라도, 어느 한 분야의 자료만으
로 연구할 수는 없을 것이다.[16] 아울러 (문장의 무늬와 문양의 목록, 그것
의 구성과 문장학적 '양식'에 관한 규칙의 출현과 같은) 기술적이고 도상학
적인 문제와 (12세기에 누가 문장을 받아들여 사용하고 있었는지, 문장과 영
지·가문이 어떻게 연결되었는지, 초기의 문장체계가 친족관계로 이식된 뒤에
어떻게 세습되는 체계로 점진적으로 정착해갔는지 등과 같은) 사회적이고 법
률적인 문제를 구분해서 살펴볼 필요도 있을 것이다.

어쨌든 시간의 흐름을 추적해가면, 문장의 출현은 5~6세대에 걸쳐
단계적으로 이루어진 현상으로 이해된다. 곧 문장의 출현은 (11세기 초
에서 1120~1130년대까지의) 태동기, (1120~1130년 무렵부터 1160~1170
년 무렵까지의) 출현기, (1170년 무렵부터 1230년 무렵까지의) 보급기의 3
단계를 거쳐 이루어졌다. 두 번째 단계는 몇몇 문제를 둘러싼 논쟁이
여전히 계속되고 있기는 하지만 오늘날 가장 잘 알려져 있다. 그리고
흔히 생각하는 것과는 달리 오히려 보급기가 역사가들에게는 아직 풀
리지 않은 의문이 더 많이 남아 있다. 작은 지역의 군주와 영주가 문장
을 사용하기 시작한 12세기 중반 무렵부터, 서양의 귀족계층 전체와
다른 일부 계층들에게까지 문장이 폭넓게 보급된 1220~1230년대까
지의 시기에 실제로 어떤 일들이 있었는지는 잘 알려져 있지 않다. 자
세히 들여다보면, 그 시기에는 태동기의 문장과 이미 완성된 문장이 여
전히 동시에 존재해 있었다. 그리고 개인의 문장과 집단의 문장, 가문
의 문장과 봉건제의 문장, 군대의 문장과 민간의 문장이 동시에 존재했

다는 사실도 확인된다. 똑같은 인물이 서로 다른 여러 개의 문장을 사용한 경우도 있었고, 같은 가문 안에서도 부자와 형제가 서로 다른 문장을 사용한 경우도 있었다.

태동기를 대상으로 한 연구는 표장이 한창 무르익어가던, 문장이 처음 출현했을 때의 환경을 특히 중시한다. 바이외 태피스트리라는 특별한 사료가 보여주듯이, 11세기 말의 서양 사회는 이미 표장의 의미를 꽤 뚜렷이 인식하고 있었다. 자세히 살펴보면 거기에는 대략 10가지 종류의 다른 기호체계가 발견된다. 그리고 그 기호들은 수많은 대표적인 인물들이나 집단의 정체성, 사회적 신분, 서열, 직위, 활동분야, 심지어 (짧게 자른 뒷덜미로 노르만인을 색슨인과 구별하고 있듯이) 종족을 나타내는 기능까지 맡고 있었다. 문제는 이 기호체계가 몇십 년 뒤에 자리 잡은 문장체계와 어떤 연관성을 지니고 있는지를 밝히는 일이다. 이를 위해 가장 효과적인 방법은 서기 1천년 무렵이 아니라 13세기 초에서 출발해서 시간을 거꾸로 거슬러 올라가는 것이다. 실제로 그 시기에는 주된 가계家系 집단에 속한 모든 분가들이 (문장이 탄생되기 전에 이미 장자의 가계에서 갈라져 나온 분가까지도) 비슷한 문장을 사용하고 있었다. 위대한 가문의 집단적 단결을 과시하려고 일부러 선택한 것이었을까, 아니면 문장보다 훨씬 더 오래된 가문의 옛 표장을 5~6세대나 7세대에 걸쳐 계승하면서 나타난 일이었을까? 연구에 따르면, 신성로마제국에서든 프랑스나 잉글랜드에서든 둘 다 해당되었다.[17] 마찬가지로 문장 이전의 가문 표장과 함께 봉건적 · 영지적 표장도 (직물 · 깃발 · 주화 · 인장 등과 같은) 갖가지 매체로 계승되어 존재해 있었다는 사실도 눈길을 끈다. 그러한 계승은 카롤루스 시대 말기부터 13세기 초에 걸쳐 나타났다. 확고히 자리를 잡은 문장체계 안에서 그러한 표장들이 가문의 표장으로 폭넓게 결합되어간 시기였다.

원시적인 문장체계는 개인 · 가문 · 봉건적 관계라는, 기존의 3중의 표장체계를 (사회적·기술적으로) 단일한 체계로 결합시킨 산물로 등장했다. 새로 탄생된 체계는 자리를 잡아가는 동안에 교회의 영향에서 완전히 벗어나 있었다. 문장을 기술하는 데 쓰인 언어가 처음부터 [라틴어가 아니라] 속어였다는 사실은 이를 반영한다. 그 체계는 군사적 차원을 뛰어넘어, 12세기를 거치면서 모든 개인과 사회집단들에 더 큰 파급력을 끼치며 제기된 문제, 곧 정체성의 탐구와 확립이라는 문제와도 관련되어 있었다. 아울러 이것이야말로 가장 핵심적인 문제였다. 물론 전사들의 군사장비가 바뀐 것도 물질적인 원인이었다. 전쟁터나 시합장에서 문장이 출현하게 했기 때문이다. 하지만 그것보다 더 깊숙한 곳에서 작용한 다른 원인이야말로 문장이 출현한 진짜 이유를 알려주며, 문장의 탄생을 하나의 사회현상으로 이해할 수 있게 해준다.

정체성의 표현

문장의 탄생은 어떤 점에서든 외따로 나타난 사건이 아니었다. 그것은 두 세기 가까이 서양 사회를 뒤흔든 수많은 변동들의 총체를 이루는 하나의 요소였을 뿐이다. 카롤루스 제국의 붕괴와 그에 뒤따라 나타난 혼란으로부터 새로운 사회질서가 생겨났다. 과거에는 '봉건제'라고 불렀지만, 오늘날의 역사가들은 '영주제'라고 부르기를 더 선호하는 이 새로운 사회질서는 사회계급이나 모든 사회적 범주의 '세포화'를 특징으로 했다.[18] 그 뒤로는 귀족이든 평민이든, 성직자이든 속인이든, 농민이든 도시 주민이든, 개인들이 소속된 집단은 더 큰 집단 안에 놓였다. 아울러 사회는 계층적인 구조를 지닌 세포의 모자이크처럼 되었다. 문장은 이러한 새로운 사회구조에서 태어났다. 새로운 구조에는 새로운 예법이 필요했다. 자신을 식별하고, 알리고, 나타낼 수 있어야 했던 것이다. 그런데 과거의 식별체계는 이미 알맞지 않거나 만족스럽게 작동되지 않았다. 이미 지나간 사회질서에 바탕을 두고 있었기 때문이다. 그래서 새로운 체계가 탄생되어야 했다. 문장은 그러한 새로운 예법이었으며, 문장체계는 새로운 식별체계였다. 물론 다른 종류의 식별체계도 있었다. 그것들도 이제 막 태어난 문장과 같은 시대에 등장했으며, 그것과 비슷한 모습을 지니고 있었다.

부계의 성도 그러한 체계 가운데 하나였다. 서양의 대다수 지역들에서 성은 문장이 처음 출현했을 때 같이 탄생했으며, 적어도 귀족계층에서는 거의 비슷한 흐름으로 보급되었다. 12세기 말 이후 문장과 성은 둘 다 개인을 긴밀히 연결해 가문에 소속시키고, 그 가문을 더 커다란 가계 집단에 귀속시키는 구실을 했다.[19] 옷도 마찬가지였다. 11세기에서 12세기로 넘어가는 시기에 옷은 다양하게 변형되어 고위성직자와 도덕주의자들의 비난을 사기도 했다.[20] 특히 속인 남성의 옷은 길이가 짧은 것에서 긴 것으로 바뀌었으며, 새로운 모양과 색을 받아들였다. 그때까지 여성의 옷에만 쓰였던 장식과 장신구도 풍부히 사용했다. 다시 말해 남성의 옷도 구분을 위한 것이 되어서, 한눈에 상대가 어떤 인물인지 알 수 있는 형태로 바뀌고 있었다. 수도사의 옷도 일종의 표지가 되어, 색을 바탕으로 특정한 체계를 이루었다. 1120~1145년대에 나타난 (검은 옷의 수도사라고 불린) 클뤼니회와 (흰 옷의 수도사라고 불린) 시토회의 격렬한 다툼은 수도사의 옷이 '문장화'하고 있었음을 보여준다.[21] 그 뒤로는 색이 기사들을 만들었듯이, 수도사들도 만들었다.

끝으로 이미지들에서 도상학적 징표의 숫자가 늘어나는 경향도 나타났다. 분명히 그러한 징표들은 오래전부터 존재했다. 하지만 1100년대부터 13세기 중반까지의 시기에 빠르게 늘어났고, 권력자 · 신성시되던 인물들 · 숭배되던 성인과 같은 인물들만이 아니라 이미지로 나타난 사회의 모든 범주를 대상으로 했다. 그래서 하급관리와 법관, 하인과 머슴, 수공업자와 전문가, 평범한 사제, 작은 수도원의 원장, 지역의 토착 성인, 성서에서 그다지 중요하게 등장하지 않은 인물이나 문학 작품의 주인공 등도 모두 저마다 고유한 징표를 지니게 되었다. 현실의 사회와 마찬가지로 도상 속의 사회에서도 이제는 누구나 다 자신의 지위를 확실히 식별시켜야 했던 것이다.

이렇듯 12세기를 거치며 곳곳에서 새로운 기호들이 자리를 잡았다. 그러면서 그것들로 개인의 정체성만이 아니라, 집단 안에서의 지위와 서열, 품격과 사회적 신분도 나타내게 되었다. 개인만 그랬던 것이 아니다. 집단이나 법인도 마찬가지였다. 표장이 급격히 늘어났고, 스콜라 철학의 영향으로 단순한 목록이나 일람표에서 시작해 뚜렷이 정비된 체계로까지 나아갔다. 이런 변화는 문장에서 가장 일찍, 가장 효율적으로 나타났다. 처음에는 개인에게서 시작되었으나, 1170년대부터는 친족관계로 빠르고 확실하게 옮겨갔다. 12세기 말부터는 같은 가문 안에서 문장이 자주 세습되어 사용되었고, 마침내 이러한 가문과 세습이라는 성격이 문장의 본질을 결정적으로 구성하게 되었다.[22]

사회적 확산

앞서도 말했듯이 지금 단계의 연구로는 문장이 맨 처음 사회에 보급된 과정에 관해 완벽하고 정확한 일람표를 만들 수 없다. 그렇지만 대강의 내용은 알 수 있다. 처음에는 (공작·백작 등의) 군주나 영주, 왕들만이 사용했으나, 얼마 지나지 않아 서양의 귀족계급 전체가 문장을 받아들였다. 그래서 13세기 초에는 중소 규모의 귀족들도 모두 문장을 가지고 있었고, 전사 집단과 귀족계급에 속하지 않은 사람들이나 온갖 공동체와 법인들로도 문장의 사용이 확산되었다. 먼저 (1180년 이후나 때로는 그보다 앞서) 여성들이 사용했고, 뒤이어 (1220년 무렵부터) 세습 귀족과 평민 자산가들, (1230~1240년대 이후부터) 수공업자들, (12세기 말 이후부터) 도시들, (1250년 무렵부터) 동업조합들, (13세기 말이나 14세기 초부터) 온갖 행정기관들과 법원들이 잇달아 문장을 받아들여 사용했다. (노르망디 · 플랑드르 · 잉글랜드 남부 등의) 일부 지역에서는 농민들도 문장을 사용하곤 했다. 그리고 처음에는 자신들의 영향력이 미치지 않는 곳에서 틀을 갖추어간 이 기호체계에 큰 경계심을 보이던 교회도 문장을 받아들이기 시작했다. (1220~1230년 무렵부터) 주교들이 가장 먼저 문장을 사용했고, 뒤이어 (1260년 무렵부터) 교회 참사회원과 재속 성직자들이, 그 뒤에는 모든 사제들과 수도원 공동체가 그것을 받아들였다. 그래서 다음 세기로 접어들자 교회와 종교 건축물은 말 그대로 문장의 '박물관'이 되었다. 바닥과 벽, 스테인드글라스와 천장, 심지어 전례복과 물품에서도 문장을 볼 수 있었다. 중세 말의 종교미술은 문장을 중요한 지위에 두고 있었다.

영주와 기사들은 문장을 사용하기 시작한 지 얼마 지나지 않은 꽤 이른 시기부터 방패에만 그것을 나타내려 하지 않았다. 깃발, 말에 입히는 옷, 갑옷 위에 걸치는 겉옷, 나중에는 동산 · 부동산을 가리지 않고 자신들이 소유하고 있는 온갖 재산에도 문장을 나타냈다. 그 가운데 가장 중요한 것은 법률적 인격의 상징이던 인장이었다. 인장을 가지고 있던 모든 사람들이 점차 귀족 계층처럼 인장의 면을 문장으로 채우면서, 그것이 관습으로 자리를 잡았다. (그 무렵 사회의 모든 계층에서 폭넓게 사용하던) 인장은 문장의 사용을 여성과 성직자, 평민과 모든 법인들로 확

그림 8 (위) 1242년 문서에 첨부된 포레즈 백작의 문장 인장
(아래) 1407년 세금 증서에 첨부된 제빵사의 문장 인장

산시켰다. 이러한 사실을 잘 보여주는 수치가 있다. 서양에서 지금까지 알려진 중세의 문장은 약 100만 개 정도인데, 그 가운데 4분의 3 이상이 인장의 형태로 전해진다. 아울러 절반 가까이는 귀족이 아닌 계층의 문장이다.[23]

인장은 문장과 마찬가지로 이름·인격과 특별한 관계를 지닌다. 그것은 (뭔가를 끝맺거나, 유효하게 하거나, 인증하거나, 소유권을 확인하는 등의) 다양한 기능을 맡았으며, 개인의 신원을 (인장 소유자가 허리띠에 매단 인장의 주형을 보여서 자신을 알리거나 확인시키는 식으로) 직접적이거나 (인장의 인형을 전달하거나 유통시켜서 인장 소유자가 있는 장소에서 매우 멀리 떨어진 곳에서도 그를 확인시키는 식으로) 간접적으로 나타내거나 인증하는 구실도 했다.[24] 이런 의미에서 12세기를 거치면서 인장의 사용이 매우 폭넓게 퍼져간 것을 흔히 주장하듯이 단지 기록된 문서나 기록 문화가 보급되었다는 사실하고만 연관지어 이해해서는 안 된다. 1100~1150년대부터 정체성과 그와 관련된 기호들에 대한 관심이 커져갔다는 사실도 함께 고려되어야 한다. 실제로 인장의 사용이 확대된 것은 문장이나 성의 탄생과 동시에 나타난 현상이었다.[25]

이러한 '식별'의 기능에 자주 "나는 이런 사람이다!"라는 식의 '선언'의 기능이 덧붙여지고는 했다. 인장의 이미지는 문장의 이미지와 마찬가지로 소유자의 정체성과 사회적 지위를 드러내는 데 그치지 않고, 이러저러한 형태나 명문을 선택해서 그의 인격·열망·요구도 나타냈다. 이런 점에서 그것은 표장이자 상징이었다.[26] 이와 같은 식별과 선언의 기능은 처음부터 산 자의 사회만이 아니라, 죽은 자들과도 관련되어 있었다. 적어도 13세기 말까지는 죽은 뒤에 악용되지 않도록 죽은 이의 인장을 부수지 않고, 그 대신 (효력이 없게 훼손한 것이든, 그렇지 않은 것이든) 시신과 함께 관 안에 두는 일이 드물지 않았다.[27] 이는 사후 세계와 후세에도 그를 식별하려는 행위였을 뿐 아니라, 육신과 인장을 하나의 인격이 둘로 나뉘어 구현된 동일체로 여겼기 때문이기도 했다. 때로는 어떤 이유로든 인장이 발견되지 않거나 매장한 뒤에도 그것을 사용할 필요가 있는 경우에는, 특별히 원형과 완전히 똑같은 장례용 인장을 만들어 영원의 나라로 떠나는 죽은 자의 시신 곁에 두었다. 지위가 높은 사람인 경우에는 청동이 아니라, 은이나 상아로 이 특별한 인장을 만들기도 했다.[28] 자연인에게만 정체성과 인장 사이의 이러한 특권적인 관계가 나타났던 것은 아니다. 이름은 붙여져 있으나 그렇게 할 수단은 거의 지니지 않은 법인에도 그러한 관계가 나타났다. 인장의 이미지는 다른 것에서는 찾아볼 수 없는 형상화, 지시, 식별의 가능성을 제공했다. 그래서 법인에 진짜 내적 구심력을 부여하고, 공증된 법적 인격을 부여했다. 이렇게 곳곳에서, 사회계층의 위에서 아래까지, 개인에서 법인까지, 인장은 초기 문장의 보급에 큰 역할을 맡고 있었다.

지리적으로도 초기 문장은 명확한 발상지를 지니지 않는다. 루아르강과 라인강 사이의 지방들 · 잉글랜드 남부 · 스코틀랜드 · 스위스 · 이탈리아 북부 등 서양의 다양한 지역들에서 동시에 발생했으며, 그 뒤로 이 다양한 지역들을 출발점으로 다른 지역들로 보급되었다. 14세기 초에는 확실하게 서부 유럽의 모든 지역들에 이 새로운 유행이 다다랐고, (헝가리 · 폴란드 등) 동쪽의 로마 기독교 지역들로까지 퍼졌다. 지리적 · 사회적 확산과 함께 물질적인 확산도 나타나서, 더 많은 사물 · 직물 · 의복 · 미술작품 · 기념물 등에 문장이 표현되었다. 이러한 문장은 세 가지 역할을 맡고 있었다. 곧 그것은 '식별의 기호'이자 '지배와 소유의 표지'였으며, '장식용 소재'이기도 했다. 사람들의 사회적 삶과 심성, 물질문화에서 문장의 사용은 매우 폭넓게 확산되었다. 그래서 이미 12세기 후반부터 궁정풍 이야기나 무훈시의 영웅들, 신화에 등장하는 인물들, 의인화된 미덕과 악덕 등과 같은 상상의 존재들도 문장을 지니게 되었다. 문장이 출현하기 전에 존재했던 인물들, 예컨대 고대 그리스와 로마의 주요 인물들이나 성서의 등장하는 인물들, 중세 초기의 국왕·교황·성인들도 소급해서 문장을 부여받았다.

그러므로 법의 측면에서 사람들에게 널리 퍼져 있으나 어떠한 역사적 현실에도 기초해 있지 않은 오류를 바로잡아야 할 것이다. 귀족에게만 문장을 사용할 권리가 있었다고 보는 것이다. 하지만 어느 시대, 어느 나라에서도 특정한 사회계급이 문장 사용을 독점하고 있지는 않았다. 다른 이의 문장을 가져다쓰지 않는다는 조건만 지키면 어떤 개인, 가문, 집단, 단체이든 자유롭게 문장을 사용할 수 있었다. 이것이 13세기 이후 자리를 잡아 근대까지 이어진 '문장의 권리'였다.[29]

문양과 색

문장은 탄생된 뒤부터 두 가지 요소, 곧 문양과 색으로 구성되었다. 임의의 형태로 경계선이 그어져 범위가 구획되어 있는 문장 안에 이 두 가지 요소가 배치되었다. 임의의 형태라고는 하지만 11세기 방패의 형태를 물려받은 세모꼴이 가장 많았다. 이 방패꼴 문장 안에 배치되는 문양과 색은 자유롭게 사용하거나 조합할 수 없었다. 구성에서 지켜야 할 규칙의 수는 많지는 않았으나 엄격했다. 특히 중요한 것은 색 사용에 관한 규칙이었다. 색은 흰색·노란색·빨간색·파란색·검은색·녹색의 여섯 가지만 사용되었다.[30] 이것들은 거의 관념적이고 비물질적인 절대적인 색들이었다. 다시 말해 그것들의 색감은 문제가 되지 않았다. 예컨대 밝은 빨간색이든 어두운 빨간색이든, 분홍빛의 빨간색이든 오렌지빛의 빨간색이든 구분되지 않았다. 중요한 것은 빨간색이라는 관념이었지, 그것의 물질적인 색 표현이 아니었다. 다른 색들도 마찬가지였다. 존엄왕이라고 불린 필리프 2세의 재위 초기에 만들어진 것으로 추정되는 프랑스 국왕의 문장은 '청색 바탕에 금색 백합꽃이 흩뿌려진' 모양이었다. 이때에도 바탕의 청색은 옅은 하늘색이든 보통의 파란색이든 짙은 파란색이든 상관없었다. 금색 백합꽃도 밝은 노란색이든, 오렌지빛 노란색이든, 금빛 노란색이든 상관없었다. 예술가와 장인들은 이 파란색과 노란색을 작업에 사용하는 재료와 기술, 자신들의 예술적 취향에 맞추어 마음껏 나타낼 수 있었다.

핵심은 색의 표현이 아니라, 문장의 색 조합에 관한 규칙이었다. 실제로 세밀화나 법랑, 채색유리들에서도 확인되듯이, 문장은 초기부터 여섯 개의 색을 두 개의 집합으로 나누고 있었다. 하나는 흰색 · 노란색의 집합이었고, 다른 하나는 빨간색 · 검은색 · 파란색 · 녹색의 집합이었다. 같은 집합에 속한 두 색을 나란히 사용하거나 겹쳐서 사용하는 것을 금지하는 것이 가장 기본적인 규칙이었다. 사자 문양의 문장을 예로 들어 살펴보자. 문장의 바탕이 빨간색이면, 사자를 흰색이나 노란색으로 표현하는 것은 허용되었으나, 파란색 · 검은색 · 녹색은 금지되었다. 이 세 가지 색은 빨간색과 같은 집합에 속해 있었기 때문이다. 반대로 바탕이 흰색이면, 빨간색 · 파란색 · 검은색 · 녹색 가운데 어느 색으로든 사자를 표현할 수 있었으나, 노란색은 사용할 수 없었다.

1150년대 이후부터 이미 존재해 있었던 것으로 추정되는 이 기본 규칙은 처음에는 가시성 때문이었다. 실제로 최초의 문장들은 모두 두 가지 색으로 구성되어 있었는데, 그것은 멀리 떨어진 곳에서도 알아볼 수 있는 시각적 기호였다. 그런데 중세 사람들의 눈에 빨간색은 파란색 · 검은색 · 녹색 위에 있을 때보다 흰색 · 노란색 위에 있을 때 더 잘 구별되었다. 하지만 이러한 가시성의 문제만으로 모든 것이 설명되지는 않는다. 문장의 색 사용 규칙의 기원은 봉건시대의 색 상징체계에서도 찾아야 할 것이다. 그 무렵 이 상징체계는 바뀌어가고 있었다. 고대와 중세 초기에는 흰색 · 빨간색 · 검은색만 '기본' 색이었으나, 그 뒤 파란색 · 녹색 · 노란색이 같은 지위로 승격되었다. 이는 삶의 물질적인 측면이나 예술 창조의 측면에서만이 아니라, 사회의 규범에서도 마찬가지였다. 탄생되던 문장체계도 그런 규범들 가운데 하나였다.

초기의 문장에서는 색이 핵심 요소였던 것 같다. 12~13세기 문장이 대부분 단색 자료인 인장의 형태로만 전해지고 있다는 점을 고려하더라도, 문양이 없는 문장은 있었으나 색이 없는 문장은 없었다. 그렇지만 분명히 문양의 목록은 색보다 풍부했다. 정확히 말해 그 목록에는 제한이 없었다. 동물이든 식물이든, 사물이든 기하학적 형상이든, 어떤 것이든 문장의 문양이 될 수 있었다. 하지만 모든 것이 문양이 될 수 있었으나, 실제로 그렇게 쓰이지는 않았다. 적어도 중세 말 이전에는 그렇지 않았다. 문장이 처음 출현하고 그 뒤 몇십 년 동안은 문양의 목록이 20개 정도로 한정되어 있었다. 1200년대가 지나면서 숫자가 늘어났으나, 13세기 말이 되어서도 흔히 사용되는 문양의 숫자는 50개를 넘지 않았다. 그 목록의 3분의 1은 동물이 차지했다. (특히 사자가 압도적으로 많이 사용되었다.) 3분의 1은 고정된 기하학적 형상들이 차지했는데, 이는 방패꼴 문장바탕을 일정한 수의 띠나 테두리로 나눈 결과였다. 나머지 3분의 1은 작은 형상들이 차지했다. 작은원무늬 · 작은고리무늬 · 마름모꼴무늬 · 별무늬 · 긴네모꼴무늬 등인데, 어느 정도는 기하학적이기도 한 이것들은 문장 내부 어디에나 자리를 잡았다. (백합과 장미를 제외한) 식물, (무기와 연장과 같은) 사물, 인체의 부위는 드물게 사용되었는데, 이런 상황은 근대 초까지 이어졌다.

초기 문장의 구성은 단순했다. 어떤 색의 문양이 다른 색의 바탕 위에 놓였을 뿐이다. 멀리서도 알아볼 수 있어야 했으므로 문양의 도안은 도식화되었다. 그리고 식별하는 데 도움이 되는 모든 것들, 곧 기하학적 형상의 윤곽선이나 동물의 머리 · 다리 · 꼬리, 식물의 잎이나 열매 등은 강조되거나 과장되었다. 문양은 문장의 바탕을 가득 채웠고, 또렷한 색상의 두 가지 색이 앞서 말한 규칙에 기초해 조합되었다. 이러한 구성과 양식의 몇 가지 원칙은 12세기 전반의 전쟁터와 기마시합장에서 탄생했고, 중세 말까지 문장을 구성하고 표현하는 데 유효하게 쓰였다. 그러나 문장의 구성은 14세기 중반 이후부터 점차 수가 많아지고 복잡해지는 경향을 보였다. 가문을 나타내는 문장에서는 자주 원래의 문양에 이차적인 문양이 덧붙여져서 인척관계와 친족관계, 여러 분가로 갈라진 것을 표현했다. 방패꼴 문장의 바탕도 다시 분할·구획되어 나뉜 면의 수가 점차 늘어났고, 같은 경계선 안에서 수많은 다른 문장들이 조합되기도 했다. 이는 친족관계와 혈통, 인척관계를 표현하거나, 복수의 영지와 칭호, 소유권을 강조하는 수단으로 쓰였다. 중세 말의 문장들 가운데에는 이러한 분할이 되풀이되어 구획된 면의 수가 늘어난 나머지 좀처럼 이해할 수 없게 되어버린 것들도 있었다. 시간이 지나면서 문장은 소유의 징표가 되었고, 수많은 자료와 귀중품, 일상품들에도 진출했다. 그러면서 그것은 12세기 전사들의 깃발과 방패 위에서 가지고 있던 핵심적인 측면을 잃어갔다.

구획의 나눔이나 두 개의 문장이 하나로 결합되는 것 이상으로 '깊이'도 문장의 표현과 구조에서 핵심적인 문제로 존재한다. 문장의 바탕에 수많은 면들이 서로 겹쳐 있는 것을 이해하려면 늘 깊숙한 면부터 시작해야 한다. 당연히 대부분의 중세 도상들, 특히 문장과 같은 시대에 등장한 로마네스크 시대의 도상을 이해하는 방법도 이와 같다. 가장 먼저 깊숙한 면에서 시작해서, 중간 면, 눈에 가장 가까운 면의 순서로 읽어가야 하는데, 이는 근대인의 습관과는 반대이다. 실제로 문장을 구성하려면 먼저 바탕을 선택한 뒤에 그 위에 어떤 문양을 배치했다. 여기에 다른 요소를 덧붙이고 싶으면 문양과 같은 면에 두거나, (자주 그랬듯이) 그 위에 또 하나의 면을 추가했다. 거꾸로 돌아갈 수는 없었다. 그래서 문장 바탕은 몇 개의 면들이 겹쳐 있는 것처럼 되었다. 가장 깊숙한 면은 문장의 최초의 구조와 본질적인 요소를 알려주었다. 중간과 맨 앞의 면은 잇달아 덧붙여진 것을 나타내, 같은 가계의 다른 분가나, 같은 분가에 속한 두 인물을 구별할 수 있게 해주었다.

분가 표지와 말하는 문장

실제로 1180~1200년대 이후 하나의 혈족 안에서는 단지 한 인물, 곧 본가의 장자만이 '완전한' 문장, 요컨대 덧붙여진 요소가 없는 가문의 문장을 지녔다. (아버지가 살아 있을 때 태어난 형제든 죽은 뒤 태어난 형제든 장자가 살아 있을 때 태어난) 다른 자식들과 그 밖의 다른 모든 이들은 그와 같은 권리를 지니지 못했다. 그들은 문장에 변형을 더해서 자신이 '문장의 우두머리'가 아님을, 곧 본가의 장자가 아니라는 사실을 나타내야 했다. 이러한 변형을 '분가 표지Brisure'라고 한다. 여성에게는 이것이 적용되지 않았다. 미혼인 여성은 아버지와 같은 문장을 지녔고, 기혼인 여성은 대체로 남편의 문장과 아버지의 문장을 조합한 문장을 사용했다. 분가 표지는 고전적 문장체계를 지닌 나라들, 곧 프랑스·잉글랜드·스코틀랜드·네덜란드·라인강 유역의 독일과 스위스처럼 12세기의 전쟁터에서 문장이 탄생했던 나라들에서 발견된다. 그 밖의 나라들에서는 (스칸디나비아·오스트리아·에스파냐·포르투갈처럼) 드물거나 (이탈리아처럼) 사용되지 않았다. 도판 12

장자가 아닌 아들들이 가문의 문장에 분가 표지를 붙이는 방법은 다양했다. 어떤 문양을 덧붙이거나 없애기도 했고, 바탕과 문양의 색을 바꾸거나 뒤집기도 했다. 분가 표지는 기마시합장에서 맨 처음 나타났을 때에는 매우 눈에 띄는 형태였다. 하지만 그 뒤 장자가 아닌 것을 너무 뚜렷이 드러내지 않으려 하면서 조심스런 분가 표지가 선호되었고, 작은 문양만 덧붙이는 것으로 바뀌었다.

문장은 세습되어 전해지는 것이었으므로 몇 세대에 걸쳐 분가 표지가 잇달아 덧붙여지거나 해서, 둘째아들 이하 가계의 문장이 장자 가계의 문장과 전혀 다른 모습으로 된 경우도 있었다. 거꾸로 때로는 언뜻 보기에는 친족관계에 있는 것 같지 않은 두 가문이 몹시 비슷한 형태의 문장 때문에 같은 조상에서 비롯되었다는 사실이 알려진 경우도 있었다. 이처럼 문장체계는 계보학을 도와서 인물을 식별하거나, 인명을 재발견하거나, 혈통을 확인하거나, 친족관계를 재구성하거나, 동명이인을 구별하는 데 기여했다.[31]

12세기 말 이후에는 대부분의 문장이 친족이나 가문의 명칭과 긴밀한 관계를 맺고 있었다. 하지만 어떤 문장은 가문의 명칭과 더 긴밀히 묶여 있었는데, 이를 문장학자들은 '말하는 문장'이라고 부른다. 말하는 문장은 다양한 방식으로 나타나므로 정의하기 쉽지 않지만, 간단히 말해 문장 안의 어떤 요소의 명칭이 (대부분 중심 문양이지만) 문장 소유자의 이름과 '언어유희'나 '소리의 조화' 관계에 있는 것이다. 가장 단순한 것은 위그 드 라투르Hugues de La Tour가 '탑tour'을, 토마 드뢰Thomas de Leu가 '늑대leu'를, 라울 퀴비에Raoul Cuvier가 '함지cuvier'를 문양으로 하듯이, 중심 문양과 소유자의 이름이 직접 관련된 경우이다.[32]

그러나 다른 유형도 많다. 이름이 '문'을 떠올린다고 해서 문장에 '열쇠' 문양을 배치한 가문처럼 암시적인 관계인 것도 있고, 기욤 드 카프라빌Guillaume de Capraville이 '산양capra'을, 오르지몽Orgemont 영주가 3개의 '보리orge' 이삭을 문양으로 삼은 것처럼 이름의 일부하고만 관련된 것도 있다. 14세기 피렌체의 귀족인 롯시Rossi 가문이 '빨간색rosso' 문장을 사용한 것처럼 문양이 아니라 색의 명칭과 관련된 것도 있다. 몇 가지 문양의 명칭을 조합해 일종의 '수수께끼'를 이루고 있는 것도 있었다. 예컨대 스위스 북부와 뷔르템베르크 지역의 넓은 영지를 지배하던 헬펜슈타인Helfenstein 백작은 '코끼리elefant'와 '바위산stein' 문양을 조합한 문장을 사용했다. 베로나 출신의 키아로몬테Chiaramonte 가문은 별 하나가 '빛을 비추는chiara' '산monte' 모양의 문양을 사용했다.

언어유희라는 개념 자체도 모호하다. 그럴 수밖에 없는 것이 시대에 따라 바뀌기 때문이다. 12세기에는 언어유희였던 것도 14세기나 17세기에는 그렇게 받아들여지지 않게 된 것도 있다. 그러므로 앞에서 살펴본 문장들은 하나의 의미로 명확히 정의되지 않는데, 프랑스어와 마찬가지로 독일어에서도 그것을 '말하는 문장redende Wappen'이라고 부른다. 하지만 영어와 라틴어에서는 그것을 더 시적이고 정확하게 '노래하는 문장canting arms, arma cantabunda'이라는 아름다운 이름으로 부른다. 소유자와 문양의 이름 사이에 나타난 소리의 조화를 강조한 표현이다.[33]

말하는 문장은 흔히 연대가 그리 오래되지 않고, 귀족적이지 않은 것으로 여겨진다. 문장학에서도 다른 문장보다 순수하지 않은 것으로 간주된다.[34] 그러나 이는 모두 근거가 없는 생각들이다. 그것은 문장이 탄생했을 때부터 존재했고, 꽤 이름이 알려진 귀족 가문도 12세기 말부터 그러한 문장을 사용해왔다. 예컨대 바르 백작가의 등지고 있는 두 마리 '농어bars' 문양, 불로뉴 백작가의 3개의 '원구boules' 문양, 민첸베르크Minzenberg 백작가의 '박하minze' 가지 문양, 생폴 백작인 캉다브네Candavène 가문의 '귀리avoine' 다발 문양, 해머슈타인Hammerstein 영주 가문의 '망치hammer' 문양 등이다. '성castillo' 문양의 카스티야Castille 왕국과 '사자lion' 문양의 레온León 왕국 등은 새삼 언급할 필요도 없을 것이다. 게다가 중세의 문장관은 (실존 인물이든, 가공의 존재이든) 어떤 왕이나 영주의 문장을 알지 못할 적에는 서슴지 않고 말하는 문장을 꾸며내서 부족한 정보를 메우려 했다. 그들에게 이런 문장은 자연스런 것이었고, 문장학의 정신에 충실한 것이었다. 그래서 프랑스 출신의 문장관들이 13

그림 9 헬펜슈타인 백작의 말하는 문장

세기 말에 문장지를 펴내면서 포르투갈의 왕에게는 '문porte' 문양을, 갈리시아Galice 왕에게는 '성배calice' 문양을, 모로코Maroc 술탄에게는 체스말 '록roc' 문양을 할당했다.[35] 말하는 문장은 다른 문장보다 더 새로운 것도, 보잘것없는 것도, 덜 순수한 것도 아니었다. 하지만 앙시앵레짐 시기의 문장학자들은 그것을 업신여겼다. 그것이 중세 말 이후 그다지 고귀하지 않은 신분의 문장들에서 많이 나타났고, 근대에는 보잘것없는 말장난에 기초해 만들어지곤 했기 때문이다.[36]

전체 문장에서 말하는 문장이 차지하는 비율을 시대와 지역, 사회 계급이나 계층마다 추정하기는 쉽지 않다. 특히 초기에는 더 어렵다. 지금까지 그 비율은 늘 낮게 추정되어 왔다. 때때로, 아니 자주 우리들은 그러한 문장을 잘 구분할 수 없었기 때문이다. '말하는' 관계가 사투리나 소멸된 언어, 라틴어나 외국어에 기초해 있거나 해서, 아니면 본래의 말하는 관계보다 훨씬 암시적인 관계이거나 해서, 앞선 시대의 사람들에게는 알기 쉽게 받아들여지던 것이 어느새 지금 우리에게는 그렇지 않게 되었다. 몇 가지 사례를 살펴보자. 12세기 말 이후 잉글랜드의 명문인 루시Lucy 가문은 세 마리 '강꼬치고기' 문양의 문장을 사용했다. 가문과 문양 명칭 사이의 '말하는' 관계는 현대 영어에서 '파이크pike'라고 하는 강꼬치고기가 라틴어에서는 '루키우스lucius', 앵글로노르만어에서는 '루스lus'라고 불렸다는 사실을 알지 못하면 알아채기 어렵다. 마찬가지로 노르망디 지역에 기원을 둔 잉글랜드의 가문들 가운데에는 문장에 영어가 아니라 프랑스어로 '말하는' 동물을 사용한 사례가 꽤 많다. 몰레브리에Maulévrier 가문의 '그레이하운드lévrier' 문양, 루트렐Luttrel 가문의 (영어로는 아터

그림 10 포르투갈 왕과 모로코 술탄의 말하는 문장

otter인) '수달loutre' 문양, 벨Vele 가문의 (영어로는 칼프calf인) '송아지veau' 문양, 피츠우르스Fitz-Urse 가문의 (영어로는 베어bear인) '곰ours' 문양 등이 그런 사례들이다. 이러한 선택을 이해하려면 가문의 기원으로 거슬러 올라가서 프랑스어를 알아야 한다.

지금까지 살펴본 사례들에서 '말하는 문양'이 된 것은 동물이다. 그 동물의 이름과 문장 소유자의 이름 사이의 관계를 파악하는 것은 쉬울 때도 어려울 때도 있지만, 결코 불가능하지는 않다. 그렇지만 기하학적 형상의 경우에는 말하는 관계가 덜 직접적이거나 덜 분명하다. 그래서 언어의 문제에 '관계와 암시의 정도'라는 문제가 추가된다. 1265년에 기욤 데 바레Guillaume des Barres라는 이름을 지닌 평범한 기사는 '마름모꼴무늬'의 문장, 곧 커다란 그물을 씌운 것 같은 문장으로 인장의 바탕을 채웠다.[37] 이 경우에도 쉽게 드러나지는 않지만, 말하는 관계가 존재한다. 마름모꼴무늬가 '빗장barres'을, 곧 장애물을 연상시키기 때문이다. 같은 시기에 잉글랜드에서도 똑같은 발상이 나타났다. 도싯의 영주인 존 말트라버스는 '흑색 바탕에 금색 비낀 십자무늬de sable fretté d'or' 문장을 사용했다.[38] 곧 검은색 바탕에 노란색 격자무늬가 있는 문장이다. 여기에서 문양이 나타내는 관념과 성 사이의 말하는 관계를 이해하려면, 이런 종류의 격자무늬가 장애물을 나타내고, '말트라버스Maltravers'라는 가문의 명칭이 '가로지르기traverser' 어려운 뭔가를 암시한다는 사실을 함께 알고 있어야 한다.

지금까지 알려진 중세의 문장들 가운데 적어도 20% 정도는 어떤 의미에서든 말하는 문장으로 판단된다. 그렇지만 이 비율도 실제보다 낮게 추정된 것이 분명하다. 문장을 구성하는 이런저런 요소들과 이름 사이의 말하는 관계가 언제나 이해되고 있다고 볼 수는 없기 때문이다. 연대를 기준으로 보면, 더 많은 평민과 공동체들이 문장을 지니게 된 중세 말에는 그 비율이 더욱 높아졌을 것이다. 말하는 문장은 문양을 선택하는 가장 손쉬운 방법이었기 때문이다. 예컨대 도시들도 즐겨 그러한 방법을 사용했다. (12세기 말 이래) 릴Lille이 '백합lis'의 꽃을, 베른Berne과 베를린Berlin이 '곰Bär'을, 리옹Lyon이 '사자lion'를, 뮐루즈Mulhouse가 '방아moulin'의 '바퀴roue'를, 아라스Arras가 세 마리 '쥐rats' 문양을 사용했던 것처럼 말이다.

지리적으로도 말하는 문장은 어디에서나 발견되는데, 게르만계의 여러 나라들에서 유독 더 많이 사용되었던 것 같다. 여기에는 언어와 문화 두 가지 측면에서 이유가 있었다. 독일어 자체가 (나아가 대부분의 게르만계 언어들이) 낱말들의 그러한 유희에 더 적합했다. 게다가 게르만계의 인명은 로망스어계의 인명보다 동물·식물·색·사물의 명칭을 더 직접 받아들이려는 양상을 띠었고, 고유명사와 사물의 관계도 더 뚜렷하고 쉽게 드러나거나 인식되었다. 요컨대 독일이나 게르만의 여러 나라들에서는 유럽의 다른 지역보다 '말하는 문양'을 사용하는 것이 더 인기를 끌고 있었던 것 같다. 그래서 이용되고, 남용되기도 했을 것이다. 14~15세기에 프랑스·에스파냐·이탈리아의 명문가들은 자신들의 문장의 말하는 기원을 숨기고, 그 대신 비스콘티 가문의 사례에서도 드러나듯이 영웅 전설을 만들어서 기원과 의미를 설명하려 했다.[39] 하지만 독일과 오스트리아의 백작들은 자신들의 말하는 표장을 전혀 부끄러워하지 않았으며, 오히려 이름과 문양의 조합을 자랑스럽게 여기며 강조했다. 때때로 그 관계는 수수께끼나 말장난처럼 보이기도 했으나, 그들은 결코 가치가 낮다고 여기지 않았다. 예컨대 헨네베르크Henneberg 백작가는 '암탉henne'이 '산berg' 위에 있는 모습을 자랑스럽게 드러냈고, 티어슈타인Thierstein 백작가도 자신들의 문장 안에 있는 '동물tier'을 바꿔 나타내는 것을 즐겼다. 어떤 때에는 암사슴, 어떤 때에는 개나 늑대, 양 등으로 바꾸는 식이었는데, 그 동물들은 언제나 '바위산stein' 위에 있었다. 그 두 문양이 '말하는 수수께끼'를 조합하고 있었기 때문이다. 티롤의 영주로 두 명의 시인을 낳은 유명한 볼켄슈타인 Wolkenstein 가문의 사람들은 '구름 모양 빗금무늬'의, 곧 '구름wolken' 모양의 선으로 비스듬히 나뉜 이상야릇한 방패를 곳곳에 배치했다. 말하는 문장은 기억을 돕는 방법으로 다른 어떤 것들보다도 강하게 가문의 기억과 단결을 나타냈다. 그 기억과 단결은 동일한 이름을 중심으로 구성되었고, 그 이름은 공증된 표장적인 세습재산을 구성하는 문양들로 오롯이 표현되었다.

문장의 언어

문장을 글로 나타낼 때 쓰인 언어는 처음부터 라틴어가 아니라 속어였다. 아마도 새로운 표장이 교회와 관련 없이 탄생되었기 때문일 것이다. 새로운 표장이 맡은 첫 번째 역할은 싸우는 이의 소속을 식별하는 것이었다. 그래서 처음에는 전사들과 문장관들이 아직 학문적이지도 전문적이지도 않은 언어로 표기했다.[40] 하지만 지리적 공간에서든 사회적 공간에서든 문장이 군사용 매체로서만이 아니라 민간의 매체로도 보급되자, 이 선례가 없는 새로운 표장을 표기하는 데 특화된 언어가 점차 모습을 드러냈다. 그 언어는 대부분 직물이나 옷과 관련된 어휘들에서 빌려온 특수한 어휘체계에 기초해 있었다. 글을 구성하는 방법도 독특해서 문학의 언어와 달랐고, 일상의 언어와는 더 많이 달랐다. 그것은 모든 문장을 매우 압축해서 정확히 표기할 수 있게 해주었다. 그래서 13세기의 시인과 이야기꾼, 문장관들은 속어로 문장을 글로 나타내는 데 어려움을 겪지 않았다.

특히 문장관은 자신의 활동을 통해 이 새로운 언어를 사용할 기회를 가졌다. 원래 문장관은 군주와 영주에게 종사하면서 메시지를 전달하거나, 선전포고를 하거나, 기마시합을 통지하고 운영하는 일을 맡고 있던 이들이었다. 그리고 점차 세 번째 업무로 특화되어간 문장관은 마치 오늘날의 리포터처럼 관객에게 경기 참가자의 중요한 무훈을 전달하는 역할도 맡았다. 그런데 기마시합에 참가한 이들은 갑옷을 입고 있어서 식별하기가 어려웠고, 문장만이 그들을 식별할 수단이 되었다. 그래서 문장관은 문장에 관한 지식을 탐구했고, 마침내 본격적인 문장 전문가가 되었다. 그들은 문장의 규칙과 표현법을 체계화했으며, 문장을 표기할 때 사용하는 용어를 확정했다. 아울러 유럽의 이곳저곳을 다니면서 문장을 수집해서 목록을 만들었고, 그 문장들을 채색된 그림으로 묘사해 펴내기도 했다. 이렇게 수집·편찬된 문헌을 '문장지armoriaux'라고 하는데, 그 가운데 일부는 중세 시대가 남긴 가장 아름다운 채색필사본으로 꼽히기도 한다.

속어로 문장을 표기하는 데에는 별다른 어려움이 없었으나, 라틴어는 그렇지 않았다. 하지만 12세기 말 이후에는 편년사가, 연대기 작가, 공문서 작성자, 온갖 종류의 서기와 필경사 등도 자신들의 작품이나 문서에 문장을 글로 나타낸 내용을 넣어야 했다. 라틴어로는 자연스럽지 못했으므로, 그들은 몇십 년 동안은 그리 만족스럽지 않은 해결책에 의존해야 했다. 그들은 속어로 된 '문장 표기blason'를 라틴어로 옮기려 시도했으나, 그 과정에서 내용의 손상과 왜곡이 나타났다. 라틴어와 속어 용어를 뒤섞어 도무지 알 수 없게 해 놓거나, 더 단순하게 라틴어로 쓰인 글 안에 속어로 된 문장 표기를 그대로 가져온 것도 있었다. 이처럼 13세기 말까지 작가들은 라틴어로 문장을 표기하는 데 계속해서 어려움을 겪었다. 연대기 작가 중에는 번역이나 번안에 너무 자신이 없어서 라틴어로 된 문장 표기 옆에 "속어로는 이렇게 표기된다quod vulgo dicitur"라고 쓰고는 속어로 된 문장 표기를 그대로 넣은 이들도 있었다. 모호하거나 축약된 라틴어 문장 표기에서 생겨나는 문제들을 방치하거나 외면한 채 만족해버린 이들도 있었다. 그래서 색이 정확히 전해지지 않거나 문양이 혼동되기도 했다. 그렇지만 14세기 이후 문장을 글로 표기하는 것이 필요한 라틴어 문서는 숫자와 종류가 더욱 늘어났다. 행정관과 공증인의 문서와 증서, 역사 문헌, 문학 작품, 법률 논고, 귀족에 관한 논고, 처음부터 라틴어로 쓰인 문장 표기와 문장학 교본 등과 같은 것들이었다. 어려움은 13세기보다 더 커졌다. 들어갈 내용이 늘어나면서 더 복잡해졌고, 여러 면으로 나뉘어 있던 문장을 의미 있는 순서로 정확히 표기해야 할 필요도 있었기 때문이다. 바로 이러한 점에서도 라틴어로 문장에 관해 정확하고 뚜렷하게 표기할 수 있는 문장 언어를 체계적으로 만들려는 시도가 더욱 필요해졌다.

맨 처음 이를 시도했던 것은 법률가와 공증인들이었다.[41] 역사가와 시인이 그들을 본받았고, 대부분 성직자들이던, 다양한 종류의 논고를 쓴 작가들이 그 뒤를 이었다. 이러한 라틴어로 된 문장 언어는 라틴어 통사법의 주요 부분은 그대로 유지한 채, 빗금무늬bande는 '반다banda', 가로띠무늬fasce는 '파스키아fascia'라고 하는 식으로 속어의 어휘를 본떠 사용했다. 그러나 라틴어 통사법은 문장을 표기하는 데에는 그다지 적합하지 않았다. 문장은 내부의 면을 여럿으로 구획해 나누고, 겹쳐서 표현하는 것을 통사법의 기본 요소로 하고 있었기 때문이다. 속어로 된 문장 표기는 어구를 나란히 놓거나 계층화하여 이를 해결했으나, 라틴어에서는 관형절이 자주 복잡하게 사용되어야 했다. 예컨대 고프랑스어와 중기프랑스어의 문장 표기에서 구절의 낱말순서는 문장의 구조와 구획을 나타내는 통사법의 기본 요소였다. 하지만 구절 안에서 낱말의 위치가 더 자유롭게 선택되던 라틴어에서는 이것이 거의 불가능했다. 그래서 어느 정도 복잡한 문장도 프랑스어에서는 2~3행의 구절이면 충분했으나, 라틴어로는 6~8행이 필요했다. 과학·기술 등의 다른 분야들과는 달리 문장학에서는 라틴어가 언제나 속어보다 장황했다.

방패에서 투구꼭대기장식으로

방패는 문장을 구성하는 핵심 요소이고, 그것이야말로 '엄격한 의미에서stricto sensu' 문장을 나타낸다. 그렇지만 몇십 년의 세월을 거치면서 그림이나 조각, 부조의 표현들로 방패 주변에 부수적인 요소들이 덧붙여졌다. (투구나 왕관처럼) 오롯이 장식적인 것도 있었고, 정체성이나 친족관계, 소유자의 위엄을 뚜렷이 드러내는 데 도움이 되는 것도 있었다. 예컨대 고위성직자의 표지나 직위의 징표, 후대에 나타난 기사수도회의 목걸이 장식과 같은 것들이다. 이러한 방패 바깥의 장식들 가운데 가장 역사가 오래되고 중요한 것은 투구꼭대기장식cimier, 곧 투구와 헬멧 위에 표현된 문양이었다. 이것은 개인의 욕구만이 아니라, '씨족' 형태의 친족관계도 나타냈다.

중세 문장이 투구꼭대기장식을 창조했던 것은 아니다. 그러한 것은 원시시대에도 이미 존재했으며, 다른 수많은 사회들에도 있었다. 유럽에서는 게르만과 스칸디나비아 지역의 전사들이 가장 오랫동안 폭넓게 그것을 사용했다. 그렇지만 고대 말기나 중세 초기 전사의 투구꼭대기장식과, 12세기말 이후에 처음부터 문장과 깊은 관계를 지니며 점차 자리를 잡아간 투구꼭대기장식이 직접 관련이 있다고는 볼 수 없다. 문장의 투구꼭대기장식은 단순히 투구를 장식하고 있는 것이 아니었다. 그것은 가면과도 같은 것이었다. (전쟁터에서는 드물게 사용되고, 기마시합에서는 자주 사용된) 그것은 엄격한 의미에서 군사적인 역할은 크지 않았고, 상징적인 역할이 더 컸다. 투구꼭

그림 11 문장의 투구꼭대기장식

대기장식은 육체와 몸짓을 표현하는 데 바탕을 둔 표상체계에서 인간의 머리 부위가 가장 중요한 요소로 되었을 때 출현했다. 나아가 이 장식은 12세기 이후 서양에서 정체성을 표현하거나 식별하기 위해 사용된 대부분의 기호들, 그 가운데에서도 특히 문장의 특성을 보여주는 '감추기/드러내기'라는 기본적인 작용의 한 축을 이루고 있었다. 방패꼴 문장의 바탕 안에 장식된 문양은 실제로 육체에 그려진 문양이나 마찬가지였다. 그 문양은 그것을 사용하고 있는 인물의 정체성을 분명히 드러냈으며, 그 인물을 친족관계나 봉건제에 기초한 집단 안에 배치했다. 그러나 투구에 덧붙인 장식은 적어도 처음에는 그것과는 반대로 인물의 정체성을 감추기 위한 것이었다. 그것은 인격을 변화시켜 그 인물에 새로운 힘을 부여했으며, 그를 좁은 가문의 틀에서 끌어내서 더 넓은 친족관계의 연결망 안에 자리하게 했다. 곧 그것은 일종의 가면이자 토템이었다.[42]

문장의 투구꼭대기장식이 서양 곳곳에 출현한 것은 12세기 후반이다. 문장이 탄생되자마자 곧바로 뒤이어 출현해서, 마치 본래부터 문장의 보완물이었던 것처럼 보인다.[43] 1200년대까지는 대부분 방패 안에 놓인 문양을 재현해서, 전사의 투구에 동물이나 식물 문양을 묘사해 놓은 것이었다. 때로는 깃발에 수놓인 문양을 재현한 것도 있었다. 초기의 투구꼭대기장식에 관해 오늘날 전해지는 얼마 되지 않는 증언들은 모두 왕가나 전사들의 우두머리에 관한 것들이다. 가장 오래된 사례는 〔플랜태저넷 왕가의 시조로 잉글랜드 국왕 헨리 2세의 아버지인〕 앙주 백작이자 노르망디 공작이던 조프루아 플랜태저넷(1113~1151)의 원뿔형 투구에 나타난 것이다. 이것은 앞서 살펴보았던, 1160년 무렵에 제작된 법랑 장례명판에 묘사되어 있다.[44] 도판 11

그렇지만 문학 문헌들에서는 문양이 있는 투구를 묘사한 것이 많이 발견되는데, 군주나 봉신들만이 아니라 모든 범주의 전사들을 대상으로 하고 있다. 이는 매우 오랜 기원을 지니고 있는 일종의 '상투적인 표현topos'이었다. 곧 봉건시대 기사의 실제 무장보다는 전사의 신화, 특히 게르만 전사의 신화에 뿌리를 두고 있었다. 문학에서 다루어진 투구는 실제로 존재했던 인물에 관한 경우에도 얼마간은 마법과 같은 경향을 나타낸다. (1214년에 벌어진) 부빈 전투에서 부르고뉴 백작 르노 드 담마르탱(1165~1227)의 투구를 장식하고 있었다는 그 유명한 '고래수염'을 놓고 연대기 작가인 기욤 르브레통(1165~1225)은 기발할 뿐 아니라 악마적이기도 한 새로운 발상이었다고 썼다. 그러나 이것도 문학적 신화의 일부였을 것이다.[45]

실제로 오늘날 우리에게 중세의 투구꼭대기장식은 압도적 다수가 인장이나 문장으로 전해진다. 투구꼭대기장식의 실물, 곧 사물로서의 투구꼭대기장식은 (캔터베리 대성당에 있는 가장 유명한 14세기 흑태자 에드워드의 것을 비롯해) 아주 조금밖에 남아 있지 않다. 따라서 이 분야에서 역사가는 이미지를 출발점으로 해서, 다시 말해 묘사된 것을 바탕으로 작업을 할 수밖에 없으므로, 실체를 대상으로 한 것과는 달리 일정한 굴절과 차이를 피할 수 없다.[46] 이러한 사실을 결코 잊으면 안 된다. 중세 인장이 전해주는 몇 만에 이르는 투구꼭대기장식 가운데 실제로 투구를 장식하고 있던 것의 비율은 얼마나 될까? 아마 매우 적을 것이다. 실제로 제한된 사회집단에 속한 이들만이 투구와 헬멧을 투구꼭대기장식으로 꾸미고 기마시합이나 마상창시합과 같은 의례에 참가했다. 게다가 마상창시합이나 기마시합에서 사용한 투구꼭대기

그림 12 흑태자 에드워드의 투구꼭대기장식

장식은 나무·금속·직물·가죽을 조합해서 만든, 때로는 말 털과 새의 깃털, 뿔, 식물성 소재도 덧붙인 부서지기 쉬운 구조물이었다. 그러므로 멀리 떨어진 곳에서도 식별할 수 있게 하는 것이 핵심 기능이더라도, 기사 머리 위에 놓이려면 조심스런 크기로 제한해야 했다. 그런데 이미지로서의 투구꼭대기장식은 이런 배려가 필요치 않았다. 균형과 중력을 고려할 필요가 전혀 없었기 때문이다. 그래서 장식을 떠받치는 투구나 그 아래에 표현된 방패에 견주면, 문장의 투구꼭대기장식은 지나치게 크게 표현되기 일쑤였다. 구성과 비율에서 도안이 의도적으로 기하학과 개연성의 법칙을 어기고 있는 것처럼 보일 정도이다. 도판13

투구꼭대기장식은 표현을 지배하는 규칙도 존재하지 않았다. 방패꼴 문장의 내부와는 달리 색·형태·배치가 모두 규정화되어 있지 않았다. 예술가와 장인은 사용하는 재료, 투구꼭대기장식이 사람들에게 드러난 장소와 시간, 형상의 자세·표정·성격 등에 따라서 자신들이 구상한 대로 자유롭게 표현할 수 있었다. (인장의 바탕처럼) 공간을 메운 것도 있었고, (묘석이나 문장지의 복제면처럼) 다른 투구꼭대기장식을 모방한 것이나, 때로는 문장에는 없던 것을 오로지 투구꼭대기장식에만 덧붙인 것도 있었다. 예술가는 자신이 작업하던 투구꼭대기장식의 꽤 많은 부분을 (나아가 전체를) 언제나 마음껏 바꾸거나 만들어냈다. 반대로 어떤 자료들에 기초해 소유자가 특정되는 투구꼭대기장식을 보면, 소유자가 선택하거나 표현에 관여한 범위는 매우 작거나 거의 없었던 것 같다.

투구꼭대기장식은 방패 안에 있던 하나 이상의 문양을 거듭 사용하거나, (기하학적 형상인 경우가 많았는데) 방패 전체를 휘장이나 한쪽 날개 모양, 양식화된 깃발로 재현하기도 했다. 방패 안에 놓인 것들과는 완전히 다른 경우도 있었다. 통계를 살펴보면, (프랑스·잉글랜드·네덜란드에서는 조금 더 많고, 게르만 나라들과 스코틀랜드에서는 조금 적게 나타나지만) 중세 투구꼭대기장식의 대략 40% 정도가 짝을 이루고 있는 방패의 일부나 전체를 재현하고 있다. 하지만 형태적·유형학적 통계를 정확히 얻을 수는 없다. 이따금 단일한 형상이 아니라 뒤섞인 양식으로 구성된 투구꼭대기장식도 있기 때문이다. (특히 중세 말에 사람들을 매료시킨 두 마리 동물인 타조와 공작의)[47] 뿔·날개·깃털이 조합되어 있거나, (무기와 같은) 사물, (소녀·야인·동방의 인물과 같은) 인간, (잎·꽃·나무 전체와 같은) 식물을 조합한 것이었다. 특히 동물을 조합한 것이 많았는데, 실제로 중세 투구꼭대기장식의 반수 이상이 동물이나 (머리·상반신·발과 같은) 동물 육체의 일부를 중심적인 문양으로 삼고 있었다. 이러한 투구꼭대기장식의 동물지에서는 (공작·백조·타조·올빼미·까마귀와 같은) 새나 합성된 가상의 동물이 가장 자주 등장했다. 일반적으로는 어떤 이유에서든 방패에 넣기를 꺼렸던 부정적인 동물을 투구꼭대기장식으로 쓰기 위해 선택한 경우가 많았다. 예컨대 (흰 깃털 아래에 검은 몸뚱이를 숨기고 있어서 위선의 상징으로 여겨지던 백조처럼) 부정적으로 여겨지던 동물이나 (고양이·원숭이·염소·여우·올빼미처럼) 악마와 같다고 여겨지던 동물들, 아니면 방패에서는 좀처럼 찾아볼 수 없던 (용·그리핀·일각수·세이렌처럼) 괴물이나 합성 생명체 등과 같은 것들이다. 가문의 이름이 말하는 문장을 사용하도록 이끌어갈 때에도, 그것이 경멸적인 동물인 경우에는 방패에는 사용하지 않으면서도 투구꼭대기장식에 두는 것은 망설이지 않았던 사례도 발견된다. 슈바벤의 명문인 카첸엘렌보겐Katzen-ellenbogen 가문은 방패에는 표범을 내세우면서도 투구꼭대기장식에는 '고양이katze'를 사용했다.[48]

이처럼 방패와는 달리 투구꼭대기장식은 온갖 종류의 도형적·조형적 놀이를 허용하고 있었다. 아울러 그러한 놀이를 통해서 가상의 피조물과 상상의 요소들, 상상의 장면들이 다양한 구성을 이루며 결합되었다. 그 구성의 근본원칙은 유희적이고 악마적인 위반이었다. 실제로 투구꼭대기장식의 형상에서 가장 두드러지게 강조된 것은 동물성이었다. 이런 경우에 투구꼭대기장식의 형상은 오롯이 가면으로서의 구실을 했다. 그래서 제2의 얼굴, 곧 14세기 프랑스어가 정확히 나타낸 더 적절한 표현처럼 '가짜 얼굴faux visage'이 되었다. 투구꼭대기장식은 숨김과 환상에 관한 것이었기 때문이다. 동물은 분노와 황홀함에 휩싸여 몸부림을 치는 듯이 표현되었다. 게다가 자주 위협적으로 보였다. 그것의 가장 큰 기능은 적을 두려움에 떨게 하는 것이었기 때문이다. 마상창시합과 기마시합에서도 투구꼭대기장식이 달린 투구는 가면과 마찬가지로 방어적인 구실과 공격적인 구실을 함께 했다. 이 경우에도 마찬가지로 투구와 투구꼭대기장식의 불가분성이 강조되었는데, 한쪽에서는 (외관상으로든 초자연적인 방법으로든) 숨기고, 보호하고, 눈에 띄지 않게 하는 것이 문제로 되었다. 이는 모든 신화만이 아니라 통과의례와 관련된 대부분의 중세의 의식들에서도 핵심적인 것이었다. 하지만 다른 한쪽에서는 전사가 육체와 머리 부위를 빌린 동물처럼 자신의 몸을 크게 하고, 공격적이고 위협적으로 되게 하는 것이 문제로 되었다. 전사는 동물과 자신을 일치시켜, 그 동물로 변신했다.

이처럼 투구꼭대기장식은 이중적인 변장으로 나타났다. 그것은 시선과의 관계에서는 숨김이자 공표였다. 그것은 가면과 마찬가지로 그것으로 장식한 이가 잠시나마 다른 사람이 될 수 있게 해주었고, 약한 것을 가려주고, 새로운 힘을 안겨주고, 손상을 입지 않게 해주었다. (소유자나 경우에 따라서는 소유자가 속한 집단을 혼전 중에 분간할 수 있게 해주는) 그것의 외시적인 기능은 분명히 (놀이든 실제든) 전투에 참가할 때에 투구꼭대기장식이 떠맡은 복합적인 상징적 기능에 견주면 하찮은 것이었다. 그것은 식별을 위한 단순한 기호 이상의 것이었고, 두 번째 본성의 표현이라고도 할 수 있었다. 그것은 축일·놀이·전쟁만이 아니라, 죽음이나 저승과도 연관되어 있었다. 이를 통해 투구꼭대기장식은 그것으로 꾸민 이를 실제로든 가상으로든 그의 선조, 나아가 친족 전체와 관계를 맺게 했다. 곧 그것은 가면을 넘어서 '토템'이었다.

친족관계의 신화

투구꼭대기장식은 실제로 친족관계, 특히 넓은 범위의 친족관계와 관련이 깊었다. 그것은 중세 귀족 문장의 무구 장식들 가운데에서도 일정한 유형의 (인류학자들보다는 용어를 조금 함부로 사용하자면) '토템'과 같은 성격을 가장 뚜렷이 드러내는 요소였다. 이러한 성격은 12세기 이전, 다시 말해서 문장과 문장학이 출현하기 이전의, 더 나아가 서기 1천년 이전의 친족관계 구조에서 생겨난 것이었다.

그렇지만 연대·지리·사회의 차원에서의 구분이 필요하다. 초기의 문장 투구꼭대기장식은 무엇보다도 개인의 표장이었으며, 이런저런 상황에서 사용되는 가면과 같은 것이었다. 기마시합 참가자는 이를 이용해서 자신을 감추거나, 육체적으로든 정서적으로든 초자연적으로든 온갖 힘을 자신에게 불어넣으려 했다. 하지만 개인의 표장이던 투구꼭대기장식은 대부분 가족의 표장이 되었다. 이러한 변화는 나라와 지역마다 다양하게 나타났지만 꽤 빠른 속도로 이루어졌다. 완벽하지는 않으나 가장 일찍 변화가 이루어진 곳은 신성로마제국의 여러 지역들이었다. 독일에서는 13세기 중반 이후에 대부분의 투구꼭대기장식이 가문과 연결되었고, 가문의 투구꼭대기장식을 변화시키는 것은 '쪼개기briser', 곧 가족 집단 안에서 개인을 구분하기 위한 수단이 되었다.[49] 반대로 (프랑스·잉글랜드·스코틀랜드처럼) 문장이 더 오랜 역사를 지닌 나라들에서는 게르만의 여러 나라들보다 투구꼭대기장식을 더 늦게 사용하기 시작했고, 더 적게 사용했다. 그곳들에서는 투구꼭대기장식이 꽤 오랫동안 개인의 표장으로 머물러 있었고, 기마시합 등의 상황과 분위기에 맞추어 바꾸기도 했다. 그러다 14세기 초가 되어서야 비로소 독일·스위스·오스트리아 등에서 나타난 사례들을 본떠서 가문을 표시하는 투구꼭대기장식이 다양한 형태로 출현했다. 그런데 이러한 투구꼭대기장식에서 확인할 수 있는 것은 좁은 친족관계, 곧 가계의 분파가 아니었다. 오히려 씨족적이고 신화적인, 수평적으로 넓은 친족관계였다. 적어도 왕가나 상위 귀족계급에서는 그러했다. 방패꼴 문장의 문양은 분가 표지와 그 하위 구분을 나타내는 복잡한 체계로 좁은 가계에 소유되어 있었다. 곧 어떤 개인이 그의 형제·아버지·삼촌·사촌들과 어떤 관계에 있는지를 알 수 있게 해서, 가문에서 그의 위치를 확인시켜 주었다. 그러나 투구꼭대기장식은 반대로 2~3세기, 더 나아가 4세기 넘게 앞선 시기의 조상에게서 태어난 모든 자손들이 공통으로 소유했다. 예컨대 14세기에 경건왕으로 불린 (1032년에 죽은) 로베르 2세에 뿌리를 둔 카페 왕가의 모든 후손들은 문장 안에 놓인 문양이나 색이 어떠한 것이든 '마름모꼴 백합꽃'을 투구꼭대기장식으로 사용했다. 이것은 씨족의 표장이었고, 친족관계의 구조와 가계도의 그물망에 대한 매우 섬세한 인식을 전제로 하고 있었으며, 그러한 인식을 표현하고 있는 것이었다. 아울러 이러한 '씨족적인' 투구꼭대기장식에 가장 집착한 것은 당연히 적장자의 가문으로부터 가장 멀리 떨어져 있는, 다시 말해 가장 낮은 지위의 분가에 속한 사람들이었다.[50]

　실제로 귀족 가계에서 가문의 투구꼭대기장식에 가장 집착하고, 개인의 투구꼭대기장식을 가장 사용하지 않은 것은 대부분 (둘째 이하 분가의 둘째 이하 아들이나 사생아처럼) 지위가 낮은 자들이었다. 낮은 지위를 영광스런 표장으로 보완하려 했기 때문이다. 이런 사실을 가장 잘 보여주는 것

그림 13 카페 왕가의 투구꼭대기장식 문양

은 백조 투구꼭대기장식일 것이다. 14~15세기에 유럽 기독교 세계 곳곳에서 크고 작은 영지를 소유하고 있던, 거의 몇 백에 이르는 사람들이 이 형상을 표장으로 선택해 사용했다. 그들은 모두 어떤 식으로든 영광스런 가문, 곧 부르고뉴 백작가와 관련이 있었다. 그들 모두는 백조 투구꼭대기장식을 선택하는 것으로 전설 속의 '백조의 기사'의 자손인 양 '연기'를 했다. 곧 서기 1천년 무렵에 죽은 [제1차 십자군의 지도자로 예루살렘 왕국의 초대 통치자가 된] 고드프루아 드 부용의 할아버지로 여겨지는 기사의 자손임을 연출하고 있었다.[51] 기마시합이나 축제, 온갖 의식과 전례와 같이 표장을 내세우는 상황은 그들에게 일시적이나마 토템적인 조상을 체현할 기회가 되었고, 어떤 식으로든 정체성과 업적을 되새기는 계기가 되었다. 그러나 더 자세히 살펴보면 그것은 놀이 이상의 것이었다. 곧 그것은 높은 혈족의식에 기초해 친족관계를 주장하는 것이었기 때문이다. (일찍이 안소니 리처드 와그너의 연구가 보여주듯이)[52] 이들은 (클레브, 오베르뉴, 보훈, 도체스터 등과 같은) 다양한 가문에 속해 있었으나, 현실에서는 모두가 명문가인 부르고뉴 가문과 공통의 조상을 지닌 가까운 관계에 있었다. 모두가 고드프루아 드 부용의 자손이었던 것이다. 이 경우에 투구꼭대기장식은 오롯이 토템으로서의 구실을 맡고 있다. 씨족의 원초적인 기억을 구성하고 있기 때문이다. 이처럼 씨족은 영광스런 조상이 죽은 지 4~5세기 뒤에도 기마시합이나 기사도 의례에서만이라도 공통의 문장 아래에서 자신들의 정체성을 찾고, 결집을 꾀하고 있었다. 문장이 가계의 전통을 형성하고 친족관계의 신화를 만들어내는 촉매로 작용한 것이다. **도판 14**

그림 14 함지 안에 앉은 날개 달린 용 투구꼭대기장식

그림 15 요정 멜뤼진

이 밖에도 다른 유명한 가문들과 관련된 사례가 많다. 예컨대 〔14세기에 신성로마제국과 보헤미아 등을 통치했던〕 룩셈부르크 가문은 중세 말에 (생폴, 리니 등의) 서출 분가를 포함한 모든 분파가 '함지 안에 앉은 날개가 달린 용'을 투구꼭대기장식으로 하고 있었다. 이것은 요정 멜뤼진의 이미지 그 자체였다. 최근까지도 이 룩셈부르크 공작가와 백작가, 마찬가지로 요정 멜뤼진의 이름과 깊은 연관성을 지니고 있는 뤼지냥의 푸아티에 영주 가문 사이에는 뚜렷한 계보학적인 연결점이 확인되지 않고 있었다. 그렇지만 장클로드 루취는 그러한 연결점이 존재하며, 그것이 처음 문장이 출현했을 때보다 훨씬 이전에 있었던 일임을 밝혀냈다. 이 경우에도 14~15세기에 뤼지냥 가문과 룩셈부르크 가문이 공통으로 지녔던 투구꼭대기장식은 모두에게 서기 1천년 이전이나 그 무렵에 등장한 공통의 조상에 관한 기억을 전하고 있었다.[53]

이러한 사례는 그다지 놀라운 것이 아니었다. 서양에서는 11세기와 13세기 사이에 카롤루스 왕조 형태의 폭넓은 친족의 분열이 두드러진 법률적 · 경제적 현상으로 나타났다. 심성과 상상의 세계에서 그러한 폭넓은 친족은 더 오래, 적어도 15세기까지 살아남았고,[54] 투구꼭대기

장식은 그것을 상기시키는 역할을 맡고 있었다. 이러한 '기억의 장소'
와 '기억memoria'으로서의 역할은 동유럽, 특히 18세기 무렵까지 투구꼭
대기장식이 여러 가문에서 공통의 씨족 문장으로 그대로 계승되던 폴
란드에서 뚜렷하게 확인된다. 그곳에서 투구꼭대기장식은 이따금 매
우 오래되어 잊히기도 했던 친족관계를 알려주는 유일한 증거였다. 다
시 말해 그것은 씨족에 이름을 부여하고, 계보학적이고 인명론적인 연
결망을 형성했다. 어떤 씨족에 속해서 어떤 이름과 투구꼭대기장식을
사용한다는 식으로 말이다.[55]

　이와 관련해 헝가리의 사례도 더 살펴볼 수 있지만, 유럽 여러 왕국
들의 사회구조는 분명히 폴란드와는 달랐다. 그렇지만 폴란드의 사례
는 어떤 종류의 고귀한 투구꼭대기장식이 어떻게 선택되고 쓰였는지,
나아가 어떻게 '살아남았는지'를 이해하는 데 도움이 된다. 중세의 투
구꼭대기장식은 가문의 역사와 관련된 모든 이야기들이 압축되어 담
긴 상징이었다. 그것은 문장학적인 전설을 만들어냈으며, 그 가운데 몇
몇은 비스콘티 가문의 문장처럼 큰 중요성을 지니기도 했다. 이렇게 투
구꼭대기장식은 이야기의 소재가 되었고, 집단의 단결과 오랜 역사를
강조하는 어떤 신앙의 대상이 되기도 했다. 엄격한 문화인류학의 관점
에서는 유럽 바깥 지역의 사회들에서처럼 토템과 관련된 금기나 의례
와 같은 요소가 발견되지는 않는다. 하지만 이런 의미에서 투구꼭대기
장식을 놓고 '토템'이라고 표현하는 것이 꼭 용어의 남용이라고만은 할
수 없을 것이다.

11

문장에서 깃발로

중세에 나타난 국가 표장의 생성

　역사가들은 중세의 깃발이나 근대의 깃발에 두려움을 가지고 있기라도 한 것일까? 이런 생각이 들 정도로 이 주제에 대한 연구는 참으로 부족하다. 중세 깃발의 경우에는 이런 역사 서술의 공백이 어느 정도 이해된다. 사료가 드물거나 문제가 복잡하기 때문만은 아니다. 이제껏 오랫동안 중세 연구자들이 문장이나 그와 유사한 다른 표장들을 하찮게 여겨왔던 것도 영향을 끼쳤다. 봉건시대의 깃발을 문장과 관계없이 연구하는 것은 분명히 얼토당토않은 시도일 것이다. 하지만 문장학은 오랫동안 진지한 학문 분야로 다루어지지 않았고, 재야의 학자나 계보학자, 하찮은 역사학의 전유물로만 여겨져 왔다.

　그런데 역사가의 침묵이 근대와 오늘날의 깃발에까지 이어지고 있는 것은 참으로 이해하기 어렵다. 깃발은 왜 학문적 호기심을 자극하지 못한 것일까? 깃발에 관한 연구는 왜 여전히 배척까지는 아니더라도, 은근히 기피되고 있는 것일까?[1] 이러한 물음에 관해 한 가지는 분명히 밝힐 수 있다. 깃발은 연구자를 두렵게 한다. 적어도 서양에서는 그렇다. 깃발을 사용하는 관습은 어느 정도 적절한 거리를 두고 그것의 발생과 역사, 기능을 분석할 수 없을 만큼 지금 이 세계에 너무 단단하고 깊게 뿌리박혀 있다. 특히 오늘날 일부 사람들이 깃발에 대해 집착에서 비롯된 비뚤어진 관습과 지나친 열정, 이데올로기적 편향마저 드러내고 있다는 점도 무시할 수 없다. 정치와 군사 문제에 관한 뉴스들은 거의 날마다 그런 현실을 우리에게 상기시킨다. 그러면서 깃발에 관해서는 될 수 있으면 말하지 않는 것이 낫다는 태도를 낳고 있다.

연구되지 않은 역사의 대상

실제로 프랑스만이 아니라 주변 국가들에서도 깃발이 인문학의 주제로 되는 일은 거의 없다. 하지만 이것이 꼭 안타깝게 여길 일만은 아닐 것이다. 사실 역사 서술의 측면에서 국가나 민족의식의 상징을 뒷받침한 지식인·정치학자의 작업과, 전체주의 시대와 체제 사이에는 뚜렷한 연관성이 존재한다. 따라서 유럽의 민주주의가 이 문제에 관해 세계대전 이전이나, 훨씬 더 오래 전부터 관심을 두지 않았다는 사실을 꼭 유감스럽게 받아들일 필요는 없을 것이다.[2] 거꾸로 10년이나 20년 전부터 일부 정치인들이나 연구자들이 이 주제에 다시 관심을 보이기 시작했다는 것도 마찬가지로 꼭 달가운 일로만 여길 수 있을지도 의문이다. 이는 중립적이거나 순수한 현상도, 우연히 나타난 일도 아니다. 연구는 언제나 시대가 낳은 자식이기 때문이다.

어쨌든 깃발은 엄격한 의미에서 지금도 여전히 관심을 되찾는 데에는 이르지 못하고 있다. 이런 상황에서 깃발을 대상으로 하는 연구 분야인 기장학이 어디에서도 과학으로서의 지위를 얻지 못하고 있는 이유를 찾아볼 수 있다. 모든 곳에서 기장학은 군사 애호가나 표지 수집가들에게 맡겨져 있다. 그들은 깃발에 관한 연구 논문이나 정기간행물, 목록 등을 작성해 발표하고 있는데, 그것들은 대체로 역사가가 받아들여 사용할 만한 수준은 아니다. 정보가 생략되거나 서로 모순되어 학문적 엄격함을 충족시키지 못한 것이 대부분이다. 지나치게 거친 지식들만 모아 놓고 있기 일쑤이며, 무엇보다 깃발을 하나의 사회현상으로 오롯이 살피려는 올바른 문제의식을 갖추고 있지 않다.[3] 기장학은 아직 과학이라고는 할 수 없으며, 심지어 대다수 다른 사회과학들에서 나타난 최근의 변화나, 그 언어체계와의 관계를 이해하거나 이용하려고도 하지 않고 있다. 예컨대 기장학에는 기호학의 영향이 거의 드러나고 있지 않은데, 이는 기호체계를 대상으로 하는 연구분야로서는 무척 놀랄 만한 일이다. 이런 점에서 기장학은 문장학과 달리 조사와 연구, 방법론을 새롭게 갖추지 못한 상태이다. 게다가 지금은 이 두 연구 분야 사이를 잇는 통로도 존재하지 않는다. (이것이 바로 문제인데) 그래서 문장학자는 기장학을 얕잡아 보기 일쑤이고, 이는 기장학이 무대의 전면에 나서지 못하는 원인이 되고 있다.

그렇지만 현대의 깃발과 (봉건시대의 깃발, 표기, 기드림, 군기 등과 같은)[4] 그 조상들은 정치사·문화사의 귀중한 자료들이다. 표장적 이미지이자 상징적 사물인 그것은 구속성이 있는 규정화된 규칙들과 특별한 의례들에 얽매여 점차 국가적이고 국민적인 의례의 한복판에 놓였다. 그러나 모든 시대, 모든 문화에 그런 것이 존재했던 것은 아니다. 유럽 사회만 해도 오랜 기간을 놓고 살펴보면 일련의 의문들이 생겨난다. 인간 집단은 언제부터 직물과 색, 기하학적 형상을 자신들의 표장으로 사용했을까? 그러기 위해 언제부터 창과 같은 긴 자루 끝에 천 조각을 매달았을까? 처음에는 어느 정도 경험적이고 상황의존적이었을 이런 관습이 언제, 어디에서, 어떻게 하나의 완전한 규정으로 바뀌었을까? 규정을 체계화하고, 그것을 확고히 안정시키기 위해 어떤 형태와 문양, 색이 요구되었을까? 특히 언제, 어떤 과정을 거쳐서 펄럭이며 멀리서도 알아볼 수 있게 만들어진 진짜 직물로부터 직물을 재료로 하지 않은 이미지로 옮겨갔을까? 이런 이미지는 똑같은 표장적·정치적 메시지를 나타내고 있으면서도 모든 소재의 매체에 자리할 수 있고, 가까운 곳에서 보는 것으로 구상된 것들도 많다. 그래서 독일어는 프랑스어와는 달리 이 중요한 변화를 (직물로 된 깃발을 뜻하는) '플라게Flagge'와 (소재와 관계없이 깃발이나 깃발의 이미지를 나타내는) '파네Fahne'라는 두 낱말로 구분해 나타내기도 한다.[5]

어떠한 (기호학적·의미론적·사회적·이데올로기적인) 변동이 이러한 사물로서의 깃발에서 이미지로서의 깃발로의 변화를 불러왔을까? 아울러 우리의 관심과 더 직접 관련된 주제와 연결해 살펴보면, 우선은 하나의 직물을, 뒤이어 하나의 이미지를 선택해서 특정한 정치적 실체에 부여해 권력을 상징하게 된 것은 언제였을까? 언제부터 일차적으로는 영주나 대귀족의 권력을, 뒤이어 군주나 국왕의 권력을, 나아가 정부와 국가, 국민국가의 권력까지 상징하게 되었을까? 그러기 위해 어떤 색이나 색의 조합을 선택하고, 어떤 형상이나 형상의 조합을 선택했을까? 그것은 무엇을 나타내려고 고안되었을까? 누가, 어떤 맥락에서, 어떤 방식으로 선택한 것일까? 선택이 이루어진 뒤에 그것이 사용된 기간은 얼마나 되었으며, 보급의 정도나 변화는 어떠했을까? 모든 깃발에는 역사가 있고, 이 역사는 결코 변화하지 않는 것이 아니다. 그렇다면 지금은 누가 깃발을 내걸거나 바라보고 있을까? 누가 자신의 지역이나 나라의 깃발을 알고, 이웃 나라나 멀리 떨어진 나라의 깃발과 분간하고 있을까? 누가 그것들을 묘사하거나 표현하고, 사물로부터 이미지로, 이미지로부터 상징으로 옮겨가고 있을까? 이런 질문들 가운데 많은 것들이 여전히 답을 기다리고 있으며, 심지어 이제껏 한번도 제대로 제기되지 않은 것들도 있다.

사물에서 이미지로

역사가가 이러한 질문들에 적어도 몇 가지만이라도 대답하려면 무엇보다 먼저 과거의 깃발을 연구해야 할 것이다. 하지만 지난 세기들의 깃발을 조사하고 연구하는 일은 생각만큼 쉽지는 않다. 특히 16세기 이전 시기의 것들은 더 그렇다.

오늘날 직물이라는 물질성을 지닌 채 보존된 깃발이나 그것의 조각은 거의 남아 있지 않다. 남아 있다고 해도 대부분 성유물이나 전리품으로 성당이나 박물관에 갇힌 채 보물이나 성유물 전시의 전례에 완전히 종속되어 있다. 분명히 여러 세기에 걸쳐 나타난 이러한 방식의 보존도 나름의 의례적인 가치는 있을 것이다. 하지만 그 때문에 문제에 일정한 굴절이 생긴다. 보존된 깃발들은 실제로는 그다지 이용되지 않은 (그래서 상징적인 의미가 그다지 담겨져 있지 않은) 호화로운 깃발이거나, 반대로 적에게 빼앗은 (그래서 상징적인 의미가 너무 강해 자료의 엄격성이라는 문제가 왜곡되기 일쑤인) 깃발이기 때문이다. 물론 적에게 빼앗은 이 상징성 강한 깃발이 때로는 깃발과 관련된 다른 문화를 수용하는 데 중요한 구실을 했다는 점은 강조되어야 마땅하다. 〔이슬람 세력으로부터 이베리아 반도를 되찾기 위해 벌인〕 레콩키스타 과정에서 에스파냐 군대가 빼앗은 이슬람 군기를 예로 들어보자. 이것은 톨레도 대성당과 부르고스의 라스후엘가스 수도원에 전시되었다. 그리고 여러 세기를 거치면서 에스파냐의 깃발 장식과 규정화에 몇몇 측면에서 영향을 끼쳤고, 기독교도 에스파냐 군대의 깃발로도 쓰였다. 〔기독교 국가들의 연합함대가 오스만 제국의 함대에 크게 이긴〕 1571년의 레판토 해전에서도 12~13세기에 이슬람 세계에서 빼앗은 깃발 가운데 여럿이 기독교 국가들의 군함에 그대로 게양되었는데, 이러한 뒤집힌 의례는 늘 그렇듯이 상징적인 의미의 변화를 불러오게 마련이다.

이처럼 실물이 보존되어 있는 깃발은 그리 많지 않지만, 깃발을 나타낸 이미지는 무척 많다. 하지만 이미지에서 얻은 정보는 정확하지 않거나 모순된 것이 많다. 도상학적 증언과 고고학적 증언을 비교할 수 있는 경우에는 실제의 깃발과 묘사된 깃발 사이에 꽤 큰 차이가 있다는 사실이 쉽게 확인된다. 늘 그렇듯이 이미지는 현실에 대해 그 자체의 고유한 해석의 방식을 제공한다. 이런 현상은 이미지로서의 깃발이 (시간적·공간적으로) 멀리 떨어져 있는 깃발이나, 잘 알려지지 않은 깃발을 묘사할 때에 특히 두드러지게 나타난다. 유럽의 수집·편찬가, 작가, 화가들은 (공간이 충분치 못할 때에는) 단순화하거나, (정보가 부족할 때는) 멋대로 꾸며내거나, 특정한 요소를 삭제하거나, 다른 요소를 덧붙이거나, (대부분 문장의 경우였으나) 단일한 기호를 중심으로 표현을 통일하기를 서슴지 않았다. 그래서 그들은 어떤 나라·지역·정부·도시 등에 본래의 깃발이 아니라, 그들이 공들여 만들고 있던 자료나 일람표의 논리와 요구에 맞는 깃발을 적당히 구상해서 부여하기도 했다. 15세기부터 18세기까지 서양에서 편찬된 '세계의 깃발vexilla orbis terrarum' 목록에는 이런 사례들이 많이 발견된다. 아프리카와 아시아에 관한 정보가 결여되어 있으면 수집가나 편찬자는 서슴지 않고 만들어 냈다. 그러나 문화사에서는 그것도 그 자체로 중요한 증언이다.

중세와 근대 초기에 군기와 선기 등의 깃발에 관한 정보를 제공해주는 이미지 자료들은 전쟁과 관련된 경우가 많고, 바다와 관련된 경우는 더 많다. 해도, 지도, 지구의, 상업·여행안내서, 문장지, 의전서 등과 같은 것들이다. **도판 15** 그런데 지중해 연안에서는 이러한 자료에 기독교권과 이슬람권이 함께 등장하는데, 서양 작가들이 이슬람 깃발에 가한 변형과 해석은 다른 문화에 속한 표장이나 상징을 이해하고 수용하고 표현할 때에 겪은 곤란함을 잘 보여준다. 모든 것들은 매우 뚜렷이 서구화되었다. 이슬람 기장학의 핵심 요소인 꾸란 구절의 기재는 삭제되거나 바뀌어 적혔다. 모양도 방패나 직사각형의 두 종류로 줄었다.[6] 유럽의 표장 목록에서 낯선 형상은 문장의 형상으로 완전히 대체되었고, 이슬람의 종교적·왕조적 색도 유럽 문장학의 엄격한 규칙에 기초해 다시 분류되었다. 녹색은 검은색이나 빨간색과는 가깝게 놓이지 않았고, 흰색이나 노란색과 짝을 이루었다.[7] 이런 색의 문장학적 분류법은 당연히 이슬람 세계를 비롯해 다른 문화권에는 알려지지 않은 것이었다. 하지만 유럽은 점차 이를 세계의 깃발에 강제했다. 2004년에 연구조사를 할 수 있었던 214개 독립국의 국기들 가운데 80%에 이르는 187개의 국기가 문장의 색 사용 규칙을 지키고 있었다. 12세기 전반에 루아르강과 라인강 사이 지역의 시합장에서 생겨난 그 규칙 말이다.[8]

오랜 역사

실제로 깃발의 탄생에 기여한 온갖 규정과 양식들의 기원에는 문장이 있다. 깃발의 탄생은 오랜 기간에 걸쳐 이루어진 일이므로, 그 모든 양상·속도·쟁점들을 압축해 살펴보려면 역사가에게는 다른 연구 분야의 도움이 필요하다. 특히 외교사·제도사·고고학·화폐학·인장학 등의 도움이 필요하다. 역사가에게는 국가의 명확한 정의를 제시하고, 쉽지 않은 일이겠지만 그 정의에 시간과 공간의 유기적 연관성을 부여하는 작업도 필요하다. 여기에서는 국가와 국민을 구별하는 것이 요점인데, 이 구별은 나라와 시대마다 다르게 나타난다. 더구나 (이것이 근본적인 것인데) 나라마다 (프랑스·영국의 경우처럼) 국가의 탄생이 국민의 탄생보다 앞선 곳도 있고, (스위스·독일·이탈리아의 경우처럼) 순서가 반대인 곳도 있다.[9] 국가가 국민에 앞서 탄생한 경우에 (갈리아의 수탉·아일랜드의 클로버·바스크의 십자가 등과 같은) 오랜 민족적 상징은 결코 공식적인 국가의 형상으로 바뀌지 않았다. 그 대신 옛 왕조의 표장이 군주제의 표장을 거쳐서 국민적 상징의 역할을 맡았다. 국민이 국가에 앞서 탄생한 나라들에서는 오래된 문장의 형상이나 색이 왕조와 결합했다. 아울러 그것은 정치적인 이유에서 연방 조직자의 역할을 맡으면서 곧 국민적 상징이 되었다.

오랜 기간, 다시 말해 10세기부터 20세기에 이르는 기간에서 보면, 유럽에서 나타난 가장 일반적인 과정은 이렇게 간략히 정리할 수 있을 것이다. 먼저 봉건적이거나 가문적인 표장에서 왕조의 표장으로 변화했고, 뒤이어 두 가지 형태로 나타났다. 하나는 (국가가 국민에 앞선 경우에) 왕조의 표장에서 군주제의 표장으로, 군주제의 표장에서 정부의 표장으로, 정부의 표장에서 국가의 표장으로 변화한 형태이다. 다른 하나는 (국민이 국가에 앞선 경우에) 왕조의 표장에서 정치적 표장으로, 정치적 표장에서 국민적 표장으로, 국민적 표장에서 국가나 정부의 표장으로 변화한 형태이다. 앞으로 이루어질 연구로 섬세한 차이도 고려되어 이러한 일반적인 도식이 더 완성되기를 바란다. 이는 나라마다 가문의 표장과 국가의 성립 · 국민의 정체성 사이의 여러 관계가 어떻게 나타났는지를 검토하는 작업을 통해서 이루어져야 할 것이다. 하지만 이러한 작업에는 매우 복잡한 문제들이 놓여 있다. 아울러 수많은 특수성 때문에 종합하기가 쉽지 않다.

그러나 이렇듯 오랜 기간에 걸쳐 나타난 여러 현상들에 문장이 맡고 있던 주도적인 역할만큼은 확실한 전제로 삼을 수 있을 것이다. 역사가에게 문장은 여러 세기와 수많은 정치체제들을 가로질러갈 때에 가장 확실한 실마리가 된다. 바이에른의 사례를 간단히 살펴보자. '은색과 청색의 빗금무늬 방추형fuselé en

그림 16 바이에른의 문장

bande d'argent et d'azur' 문장은 바이에른의 이미지 그 자체로 세상에 널리 알려져 있다. 하지만 이것은 처음에는 [바이에른의 왕가인] 비텔스바흐 가문의 문장이 아니었다. 원래는 보겐 백작가의 것이었으나, 유산 상속으로 1242~1243년 무렵에 비텔스바흐 가문으로 뒤늦게 전해졌다.[10] 비텔스바흐 가문은 13세기 중반 이후 '은색과 청색의 빗금줄무늬 방추형 문양'의 문장을 표장으로 사용했고, 그것은 중세 말과 근대를 거치며 점차 바이에른 공국과 그 정부의 표장이 되었다. 그리고 여러 세기를 거쳐 1805년 공국이 왕국으로 되자, 그것은 자연스럽게 새로운 왕국의 문장이 되었다. 나아가 몇십 년 뒤인 1871년에 독일이 통일을 이루자 이 방추형 문양은 때로는 (문장 용어로는 은색과 청색인) 흰색과 파란색의 조합으로 단순화되면서 더없이 전투적이고 반反프러시아적이고 분리주의적이며 가톨릭적인 남부 독일인의 국민적 상징으로 바뀌어갔다.[11] 오늘날에도 독일에는 그 흔적이 여전히 남아 있다. 1918년 이후 바이에른 왕국은 존재하지 않게 되었고, 비텔스바흐 왕조의 혈통도 뿔뿔이 흩어지고 갈라져서 더는 바이에른을 통치하지 않게 되었다. 하지만 바이에른 주와 주민은 그대로이다. 아울러 오래된 '은색과 청색의 빗금무늬 방추형 문양'은 그들에게 여전히 연방 결성의 표장이자 주권의 상징으로 남아 있다.

이처럼 문장의 문양과 색은 오랜 기간에 걸친 변화의 한가운데에 자리를 잡고 있다. 표장과 상징의 연속성과 역사와 신화를 뒷받침해주고 있는 것도, 궁극적으로 국가와 국민을 '탄생시킨' 것도 바로 그것이다.

브르타뉴의 사례

브르타뉴의 사례도 살펴보자. 문장과 깃발에 자리 잡고 있는, 그 유명한 [흰 바탕에 검은 반점 무늬가 있는] 흰담비털 얼룩무늬이다. 중세 문장학에서 '흰담비털무늬hermine'는 브르타뉴만의 것은 아니었다. 그 문양은 유럽의 이곳저곳에 뿌리를 둔 문장들에서도 발견되고, (플랑드르·아르투아·노르망디·스코틀랜드 등) 꽤 많은 지역들에서 브르타뉴보다 출현 빈도가 높게 나타나기도 한다. 게다가 브르타뉴에서는 그 문양이 상당히 뒤늦게 출현했다. 정확히는 1213년 말에 브르타뉴 공국의 상속녀인 알릭스 드 투아르(1200~1221)의 약혼자 피에르 모클레르(1187~1250)가 렌에 오면서 시작되었다. 당시 피에르는 이미 그 문양의 문장을 가지고 있었다. 1209년 콩피에뉴에서 기사 서임을 받았을 때부터였을 것이다. 이 사실은 1212년 1월 날짜의 문서에 첨부된 인장의 인형에서도 확인되는데, 그러한 인형을 남긴 인장의 주형은 분명히 2~3년 전부터 사용되어 왔을 것이다.

그의 문장은 '흰담비털무늬로 4분의 1이 변형된 체크무늬échiqueté brisé d'un franc-quartier d'hermine'로 이루어져 있었다.[12] 문장의 구성은 뚜렷한 일관성을 갖추고 있었다. 피에르 1세는 드뢰 백작 로베르 2세의 둘째 이하 아들이었기 때문이다. 그는 '금색과 청색의 체크무늬échiqueté d'or et d'azur'인 가문 문장에 13세기 귀족 가문의 둘째 이하 아들들이 채용하던 변형을 끌어들였다. '흰담비털무늬로 4분의 1'을 변형시킨 것이다. 이러한 사용법은 (브르타뉴와는 전혀 관계가 없는) 북프랑스 지방과 네덜란드, 잉글랜드, 스코틀랜드 등의 여러 지역들에서도 발견된다.[13]

피에르 모클레르가 문장으로 구성된 인장을 처음 사용한 날짜도 중요하다. 1212년 1월은 알릭스와의 결혼이 아직 완전히 이루어지지 않은 시기였

그림 17 피에르 모클레르의 인장을 묘사한 그림

으나, 그때 이미 피에르는 '흰담비털무늬로 4분의 1이 변형된 체크무늬' 문장을 지니고 있었기 때문이다.

이 사실은 일부 브르타뉴 학자들의 노고를 모두 헛되게 만든다. (불성실하게도) 그들은 흰담비털무늬가 브르타뉴에서 탄생한 것이라고 끈질기게 주장해왔다. 그러면서 1213년의 약혼식 전부터 공국 표장의 일부를 이루고 있었던 것을 알릭스가 피에르 1세에게 전했던 것이지, 그 반대는 아니라는 사실을 증명하려 했다.[14] 몇몇 역사가들이나 스스로를 그렇게 부르는 이들은 흰담비털무늬로 가득한 브르타뉴 문장체계의 원형을 제시하려 했다. 그래서 (흰담비털무늬를 떠올리게 하는) '헤르미온느Hermione'라는 이름을 지닌 켈트의 옛 공주를 끌어들이거나, 심지어 나중에 나타난 '고른 흰담비털무늬hermine plain' 문장을 전설의 아서왕이 '역사에서 실제로 사용했던' 문장이라고 주장하기도 했다.[15] 그렇지만 이 모든 것들은 사료와 사실의 분석을 버티지 못한다. 예컨대 1707년에 (베네딕트회 수도사로 『브르타뉴사』를 쓴) 기 알렉시스 로비노(1667~1727)가 했던 검증이다. 그는 피에르 모클레르가 도착하기 전에 브르타뉴에는 흰담비털무늬가 없었다고 강조했다.[16] 그렇지만 잘못된 생각은 끈질기다. 그래서 흰담비털무늬가 브르타뉴에서 비롯되었다는 민족주의 이론은 지금도 여전히 브르타뉴에서 열정적이고 시끌벅적한 지지자들을 거느리고 있다.

피에르 모클레르의 문장은 (그의 고손자인) 장 3세(1286~1341)까지 한 세기가 넘게 브르타뉴 공국의 문장으로 쓰였다. 그러나 어느덧 세력이 커져 드뢰 가문의 분가 지위에 만족할 수 없게 된 장 3세는 재위 초기인 1226년에 '흰담비털무늬가 4분의 1인 금색과 청색 체크무늬échiqueté d'or et d'azur au franc-quartier d'hermine' 문장을 '고른 흰담비털무늬' 문장으로 바꾸었다. 나는 다른 글에서 이러한 변화를 불러온 원인을 분석하려 시도했다.[17] 원인은 다양했으나 핵심은 '변형된 문장'을 지니지 않겠다는 브

그림 18 드뢰 백작가의 체크무늬 문장 → 피에르 모클레르의 4분의 1이 흰담비털무늬로 변형된 문장 → 고른 흰담비털무늬 문장

르타뉴 공작의 의지였을 것이다. 곧 브르타뉴 공작가의 기원이 (당시 몰락의 길을 걷고 있던) 드뢰 백작가의 둘째 이하 아들의 분가라는 점을 지나치게 드러내놓고 강조하기를 꺼렸기 때문이다.

이 문장의 교체는 정치적으로나 상징적으로나 분명히 탁월한 행위였다. 브르타뉴 공작은 고른 흰담비털무늬 문장을 채용하는 것으로, 다시 말해 중세 상징체계에서 친숙한 관습에 맞추어 부분을 전체로 만드는 것으로, 자신의 문장에서 변형을 떠올리게 하는 모든 요소를 없앴다. 그리고 프랑스 국왕처럼 '산포무늬' 문장을 가질 수도 있게 되었다. 이것은 중세의 상징체계에서 가장 품격이 높은 표면 구조로 이루어진 문장이었다. (별·장미·금화·백합꽃 등과 같은) 똑같은 모양의 작은 형상들이 동일한 간격으로 총총히 뿌려진 형태로 이루어진 구조는 대체로 지배의 이념을 강조했으며, 신성한 뭔가를 상기시켰다.[18] 프랑스 국왕의 '청색 바탕에 금색 백합꽃이 흩뿌려진' 문장처럼, 이 새로운 '은색 바탕에 흑색 흰담비털 얼룩무늬가 흩뿌려진argent semé de mouchetures d'hermine de sable' 문장도 우주의 모습을 상기시켰다. 그리고 브르타뉴 공국에서 공작을 단순한 왕의 봉신이 아니라 신의 대리인으로 만들었다. 게다가 그 덕분에 공작과 그의 후계자는 의복과 겉모습에서도 새롭게 중시되던 흰담비털무늬 모피도 맘껏 누릴 수 있었다. 실제 중세 말에 흰담비털무늬는 (두 가지 색의 종 모양을 교차시킨) 다람쥐털무늬와는 달리 경제적으로도 상징적으로도 높은 가치를 부여받고 있었고, 권력·심판·주권의 관념과도 자주 결합되었다. 브르타뉴 공작가는 그런 것들과 아무 관련이 없었다. 하지만 그들은 문장의 흰담비털무늬와, 그 뒤 유럽 곳곳에서 통치권의 수행이나 왕권의 위엄과 연결되었던 그 무늬 옷과의 혼동을 교묘히 유지해갔다.[19]

표장이 국민을 창조할 때

브르타뉴 공작가의 흰담비털 얼룩무늬에 관해서는 그것이 14세기에 정치적 쟁점이 되었다가 곧 '국민적' 표장이 된 빠른 속도도 눈여겨 보아야 한다. 이는 두 시기를 거쳐 진행되었다.

첫 번째는 (1341~1364년에 벌어진) 브르타뉴 계승전쟁이었다. 브르타뉴 공작 장 3세는 자식을 남기지 않고 죽었을 뿐 아니라, 후계자도 지명하지 않았다. 그래서 후계자 지위를 놓고 이복동생 장 드 몽포르와, 프랑스 국왕의 조카인 샤를 드 블루아와 결혼한 조카딸 잔느 드 팡티에브르가 23년 동안이나 다툼을 벌였다. 두 사람은 저마다 자신들의 문장을 가지고 있었으나, 모두 그것을 버리고 고른 흰담비털무늬의 문장을 채택하고는 틈나는 대로 그것을 드러냈다. 그들의 다툼은 백년전쟁 초기까지 계속되었는데, 한쪽은 잉글랜드 국왕의 지지를 받았고, 다른 한쪽은 프랑스 국왕의 지지를 받았다. 그러나 고른 흰담비털무늬 문장은 왕조의 표장을 뛰어넘어 탄생되던 브르타뉴 국민의 이미지가 되었다. 그런 현상은 특히 (1351년의) 30인 전투 이후에 더욱 뚜렷해졌다. 그 전투에서 보마누아르가 이끈 30인의 브르타뉴 기사들은 흰담비털 얼룩무늬 깃발 아래에서 30인의 잉글랜드 기사를 물리쳤다.

두 번째는 장 4세(재위 1365~1399)가 브르타뉴 공작으로 있던 1378년 프랑스 국왕 샤를 5세(재위 1364~1380)가 잉글랜드와 동맹을 맺은 공작을 고등법원의 판결로 내쫓은 데 그치지 않고, 공국을 왕령으로 합병한다고 선포한 잘못을 저질렀을 때였다. 브르타뉴 사람들은 대다수가 프랑스의 편에 서서 프랑스 국왕에 충성을 서약하고 있었으나, 공국에 대해서도 강한 애착을 가지고 있었다. 그래서 그들이 힘을 모아 반란을 일으키면서 브르타뉴는 다시 전란에 빠져들었다. 그 기간에 브르타뉴 의회와 연대기 작가들은 '흰담비털무늬'를 무수히 내세웠다. 공작이나 공국이 아니라, 브르타뉴의 국민을 나타내기 위해서였다.[20]

그 뒤 고른 흰담비털무늬 문장과 깃발은 여러 세기와 많은 해를 거치며 국민의 정통적인 상징이 되었다. (프랑스 왕국에서는 오랫동안 유일한 사례였지만) 그 둘이 그러한 역할을 오롯이 맡고 있었다는 사실은 브르타뉴 공국이 (몇 개의 단계를 거쳐서) 프랑스 왕국으로 통합되었을 때에도 관찰된다. 예컨대 〔브르타뉴 공국의 상속녀인〕 안 드 브르타뉴(1477~1514)가 샤를 8세(재위 1483~1498) · 루이 12세(재위 1498~1515)와 잇달아 결혼했을 때, 뒤이어 1532년 반 의회가 〔프랑스로의〕 통합을 최종적으로 비준했을 때. 나아가 브르타뉴 의회와 고등법원, 주민들이 중앙권력과 왕권에 맞서 떨쳐 일어섰을 때에도 그것들은 거듭 무대의 전면에 등장했다. 16세기 말 동맹전쟁이 일어났을 때에도 그러했고, 1675년 민중이 부당한 새 조세제도에 맞서 반란을 일으켰다가 잔혹하게 진압된 수입인지의 난에서도 그러했다. 18세기에 브르타뉴 의회와 고등법원이 왕국 안에서 프랑스 군주제의 절대적 중앙집권적 권력에 맞서 가장 중심적으로 활동했던 때에도 마찬가지였다. 루이 15세(재위 1715~1774)의 치세 말기에 일어난 〔브르타뉴 법관 라 샬로테의 재판 문제를 둘러싸고 중앙정부와 브르타뉴 정부가 힘겨루기를 한〕 라 샬로테 사건과 고등법원의 반란은 일시적이지만 군주제를 위기로 몰아넣으면서 절대주의 세력의 폭력적인 대응을 불러왔다.

지나치게 중앙집권적인 권력에 대한 '국민적인' 투쟁과 권리 요구, 저항의 과정에서 흰담비털 얼룩무늬는 전투와 봉기의 맨 앞에 있었다. 이미 훨씬 오래전부터 브르타뉴 공작가는 존재하지 않았으나, 그 문양은 자신들의 권리와 역사를 소중히 여기며 자랑하던 브르타뉴 국민을 나타내고 있었다.[21] 군주제의 붕괴도 그러한 흰담비털무늬의 민족주의적 호전성을 끝맺게 하지는 못했다. 오히려 거꾸로 반혁명주의자들의 반란, 올빼미당, 켈트 연구에 관한 호기심과 탐구의 부흥, 더 최근의 다양한 지방분권주의 단체와 수많은 자치주의 운동 등은 흰담비털 얼룩무늬를 자신들의 표장으로 계속 유지해 가게 했다.[22]

이 오랜 역사는 하나의 표장이 어떻게 통합의 힘을 행사하는지, 어떻게 국민의 정서를 결집시키고, 하나의 국민으로의 형성을 촉진시키는지를 잘 보여준다. 특히 힘 있고, 권위적이며, 전제적이거나 중앙집권적인 권력에 맞서 반란을 일으킨 상태이거나 맞서 싸우고 있을 적에 그러한 힘은 더욱 뚜렷이 드러난다. 근대와 현대의 역사는 (발트해 연안과 중부 유럽, 동유럽의 여러 나라를 비롯한) 유럽만이 아니라, 아메리카·아프리카·아시아에서도 때로는 단지 한 혁명적인 당파가 선택한 것일지라도 반란의 표장이 국민을 탄생시키는 데 기여한 사례들로 가득하다.[23] 그렇지만 흰담비털무늬에서는 그것이 하나의 단순하고 평범한 문장의 분가 표지, 다시 말해 드뢰 백작가의 둘째 이하 아들의 신분이던 피에르 모클레르의 오롯이 개인적인 표지에서 시작되었다는 사실에 주목해야 한다. 곧이어 이 표지는 가문의 것이 되었고, 뒤이어 왕조의 것이 되었으며, 마침내 국민의 것이 되었다. 아울러 오늘날 그것은 온 세상에서 브르타뉴와 그곳 사람들의 이미지로 자리를 잡고 있다.[24]

유럽 규정의 지구적 확산

깃발에 표현된 이미지의 서양화는 가끔 한번씩 나타난 현상이 아니다. 오히려 유럽이 세계의 다른 지역들에 자신들의 가치·관행·규정을 받아들이게 하는 데 성공했던 시대에 오랜 과정을 거치면서 폭넓은 범위에서 줄곧 나타난 현상이다. 이는 갖가지 방법으로 이루어졌는데, 외교와 상업에서 공적·보편적인 역할을 맡고 있던 깃발들의 목록을 작성해서 보급하는 작업이 가장 자주 되풀이되었다.

지중해 연안 지역으로 가서 이슬람 세계의 여러 나라들의 사례를 살펴보자. 오스만튀르크가 지배하던 16세기부터 20세기 초까지의 시기에 이슬람 세계의 대다수 도시·지역·국가들이 튀르크 정부가 그랬듯이 자신들의 고유한 표장과 깃발을 유럽인이 역류시킨 모델에 기초해서 스스로 수정해갔다는 사실이 확인된다. 이런 현상은 독립을 이룬 모든 이슬람 국가들에서 아주 최근까지도 계속되고 있다. 모든 나라가 유럽에서 통용되는 모델을 바탕으로 모든 표장 장치들과 문장, 깃발을 채택해서 사용하고 있는 것이다. 이는 이슬람 세계만이 아니라, 다른 문화권들에도 해당된다. (이 경우에도 '문화접변'이라는 용어를 사용할 수 있을지는 의문이지만) 언제 어디에서나 문화접변은 늘 일방통행의 방식으로 나타났다. 유럽은 서서히 아프리카와 아시아로, 나아가 모든 세계로 자신의 고유한 가치와 양식, 규정을 강요해갔다.

그것은 일차적으로 전쟁과 바다, 무역을 통해서, 더 나아가 외교라는 방법을 통해서 이루어졌다. 아울러 안내서, 지도, 백과사전, 사전, 교양물 등 깃발이나 선기를 재현한 출판물과 인쇄물을 매개로 진행되었고, 그것들은 유럽의 모델을 보급시키고, 마침내 공인받게 했다. 오늘날에도 (국제연합 등의 국제적 의전이 완전히 서양적 성격을 띠고 있는 것을 놓고 보면) 여전히 똑같은 일이 거대한 국제기구와 스포츠 경기, 나아가 그것들에 뒤따른 세계적 규모의 매체의 보도로 계속 진행되고 있다. 올림픽과 세계선수권대회, 월드컵은 모든 측면에서 서양적 표장의 추진자가 되어 세계의 다른 문화권에서 여러 세기에 걸쳐 사용되어온 표장 체계를 장악해갔다. 모든 것이 서양의 양식에 휩쓸렸다. 1964년 도쿄에서 올림픽을 개최한 일본도 조상들로부터 물려받은 고유한 표장의 이미지를 버리고 '서양식' 경기복과 색, 단기, 표지 등을 받아들여 사용했다. 그리고 그것을 상업화해 모든 세계로 보급하는 데 기여했다. 이 영역에서는 경제와 이데올로기, 문화가 분리되지 않는다. 미국과 일본의 다국적 기업들은 일찍이 십자군 시대에 종교전쟁과 해전으로 지중해에서 시작된 일을 최근의 경제전쟁으로 완성시켰다. 바로 유럽 기호체계의 세계화이다.

이런 현상은 역사가에게 일련의 문제를 안겨준다. 어떤 특정한 표장 양식은 어느 범위까지 퍼져갔고, 언제까지 기능을 했을까? 어떤 국가와 지역, 문화, 정치체제에서 표장을 수출했으며, 그것을 소비한 곳은 어디였을까? 표장체계의 양쪽 끝과 교차로, 미개척지는 어디였을까? 중세 기독교 세계에서는 12세기 초까지 표장의 수출자는 비잔티움이었다. 아울러 신성로마제국이 이것을 서양에 다시 배포하는 역할을 맡았다. 나중에는 잉글랜드와 프랑스, 뒤이어 부르고뉴 공국이 비잔티움을 대신했다. 남쪽에서는 시칠리아가 최고의 교차로가 되었다. 지중해 한복판에서 표장의 실험실이 된 그곳에서는 비잔티움과 노르만, 이슬람 표장체계의 상호침투가 이루어졌다. 근대로 접어든 16세기부터 18세기 초에 이르는 시기에는 에스파냐가 부르고뉴의 유산에 힘입어 유럽과 신대륙에서 표장의 지도력을 발휘했다. 끝으로 19세기 이후에는 앵글로색슨인이 그것을 물려받아 유럽의 규정을 모든 대륙으로 확산시키는 작업을 마무리했다.

깃발을 둘러싼 이와 같은 다른 문화의 수용들에서는 반드시 색의 문제가 제기된다. 색은 문화와 긴밀히 결합된 현상이기 때문이다. 색을 정의하는 데 작용되는 기준은 사회와 시대마다 바뀐다. 서양에서도 오늘날의 (색상·명도·채도라는) 기준이 자리를 잡는 데는 꽤 오랜 시간이 걸렸다. 다른 지역들에서는 (건조함과 습함, 부드러움과 딱딱함, 유광과 무광, 차가움과 따뜻함 등과 같은) 다른 구분법이 색을 정의하고 구별하는 데 쓰였을 수 있다. 색을 지각하는 것 자체도 기억과 상상력이 작용하는 하나의 문화현상인 것이다.

그렇다면 깃발의 문제는 어떤 식으로 제기될까? 앞서 살펴본 차이들은 깃발의 제작, 이용, 수용에 어떤 영향을 끼쳤을까? 예컨대 12세기에 빨간색 깃발은 이슬람 지역과 비잔티움, 게르만, 신성로마제국에서 모두 똑같이 지각되고, 똑같은 의미로 받아들여지고 있었을까? 분명히 그렇지 않았다. 이슬람의 빨간색은 비잔티움의 빨간색이 아니었고, 비잔티움의 빨간색은 독일과 이탈리아의 빨간색과는 달랐다. 마찬가지로 오늘날에도 아일랜드 국기의 녹색은 아랍연맹에 속한 여러 나라들의 녹색이나, 옛 프랑스 식민지였던 (세네갈·말리·기니 등의) 서아프리카 여러 나라 국기의 녹색과는 표장적으로든 상징적으로든 아무런 관계가 없다. 그렇지만 국기와 나라 안팎의 공식 자료들에서 이 세 녹색의 색상은 같다. 이것들은 저마다 어떻게 받아들여지고, 체험되고, 이해되고, 되새겨지고 있을까?

깃발은 어떻게 생겨났을까

모든 기호, 표장, 색과 마찬가지로 깃발도 결코 홀로 동떨어져 존재하지 않는다. 다른 깃발들과의 관계와 비교를 통해서만 비로소 생명을 지니고 의미를 부여받는다. 국기가 없는 나라가 존재하지 않는 것도 바로 이 때문이다. 예컨대 어떤 나라가 국기를 사용하지 않더라도, 다른 나라들이 임의로 국기를 할당하거나, 국기가 없는 것을 마치 국기의 등 가물인 듯이 여기는 방식으로 해결해 버리기 일쑤이다. 기호학에서는 표장의 결여도 하나의 표장이기 때문이다.

그렇지만 다양한 깃발들 사이의 이러한 조합 · 대비 · 자리매김 등의 관계들은 구조적인 차원의 선택만이 아니라, 역사적 · 문화적 차원의 선택에 기초해 나타난 것이기도 하다. 따라서 그러한 선택은 공간과 시간에 대한 분석을 요구한다. 표장성이라는 것은 역사적 · 인류학적 밀도가 결여된, 순수하게 기호학적인 체계로 환원할 수 없기 때문이다. 이는 특히 깃발의 기원과 생성에서 뚜렷이 드러난다.

다시 지중해 연안으로 무대를 옮겨서 근대 그리스 국기의 사례를 살펴보자. 이 깃발은 1821~1823년 오스만튀르크에 맞서 국민적 반란이 일어났을 때 처음 등장했으며, 혁명기를 거쳐 독립을 달성한 1833년에 정식으로 채택되었다. 처음의 구성은 '청색 바탕에 은색 십자가 d'azur à la croix d'argent'였으나, 뒷날 두 차례에 걸쳐 바뀌어 오늘날 우리가 알고 있는 '파란색 바탕에 1개의 흰색 십자가와 4개의 가로띠무늬' 형태가 되었다. 요컨대 색은 1820년대의 혁명 초기부터 한 번도 바뀌지 않았다. 그렇다면 왜 이 색이었을까? 현대 그리스에서는 길에서 만나는 누구에게 물어보든 파란색은 바다나 하늘을 상기시키고, 흰색은 건물 · 빛 · 그리스도의 색이라고 설명할 것이다. 이것은 분명히 '후천적으로a posteriori' 날조된, 그다지 역사적이지 않은 해석이지만, 무시할 수 없는 증언으로 자리를 잡고 있다. 이렇게 모든 깃발은 담론과 해석의 대상이고, 그 자체가 고유한 신화를 창조한다.

그렇지만 더 학문적이고 실증적인 설명에 따르면, 이 파란색과 흰색은 바이에른〔비텔스바흐〕 왕가의 전통적인 문장의 색이고, 독립한 근대 그리스의 최초의 군주인 오토 1세(재위 1832~1862)가 바이에른 군주의 둘째 이하의 아들이었음을 알려준다. 이렇듯 유럽의 많은 나라들에서 흔

히 찾아볼 수 있는 과정을 거쳐서 매우 진부하게 지배왕조의 문장의 색
이 국기의 색이 되었을 수도 있다. 앞에서 살펴본, 가문에서 왕조로, 왕
조에서 군주제로, 군주제에서 국가로, 국가에서 국민으로의 과정이다.
하지만 그리스와 바이에른 왕가의 경우에는 문제가 남아 있다. 그리스
의 반란세력이 파란색과 흰색을 표장의 색으로 선택한 것은, 바이에른
의 어린 오토를 앞으로 세워질 왕국의 왕위에 앉힌다는 구상이 등장한
것보다 몇 해나 빨랐다. 그러므로 이 색의 기원은 다른 것에서 찾아야
한다. 근대 그리스 최초의 군주는 이 색이 자신의 색과 일치하는 것을
확인하고 추인했을 뿐이다. 그리스 깃발의 최초 구성은 (빨간색 바탕에
흰색 초승달과 별 모양인) 오스만튀르크 깃발에 대한 대응전략으로 설명
할 수 있을 것이다. 기독교의 십자가는 이슬람의 초승달에 대응하고,[26]
오스만튀르크와 이슬람 세계에서는 낮게 평가되던 파란색은 빨간색에
대응한다. 이렇게 소수자의 깃발은 억압하는 권력의 깃발과의 관계에
서 존재한다. 홀로는 의미를 지니지 않지만, 다른 어떤 것에 맞서는 대
립물로 기능하면서 저항을 공공연히 선언하는 역동적인 상징이 된다.

이러한 (십자가/초승달, 파란색/빨간색의) '자리 정하기의 가치'는 구조
적이고, 십자가와 파란색이 기독교도 소수파에게만 받아들여질 수 있
었다는 점에서 문화적이다. 그것들은 이슬람 소수파는 선택할 수 없는
표장이었다. 이슬람 지역의 모든 나라들에서 십자가는 일종의 금기였
고, 파란색과 빨간색의 대립은 이슬람 문화와 감수성에서는 거의 아무
런 의미도 없었다. (북아프리카에서) 이슬람 소수파는 중앙권력에 맞서
반란을 일으킬 때 오스만튀르크의 깃발에 맞서기 위해 (태양 · 잔 · 칼 등
의) 다른 형상이나 (녹색 · 검은색 등의) 다른 색을 선택했다. 이 경우도
그리스의 사례처럼 대비의 전략이 쓰였으나, 그 전략은 문화적으로 다
른 가치체계에 기초해 표현되고 의미가 부여되었던 것이다.

끝으로 한 가지 사례를 더 살펴보자. 지중해 지역은 아니지만, 마찬

가지로 유럽 남부인 포르투갈의 사례이다. 1910년까지 포르투갈의 문장과 깃발은 파란색과 흰색에 기초해 있었다. 12세기 이후 포르투갈 국왕의 문장에서 쓰이던 색이다. 20세기 초에 혁명이 일어나면서 새로운 공화국 깃발을 정하는 문제가 등장했다. 어떤 색을 선택해야 했을까? 파란색과 흰색은 몰락한 군주제와 친숙한 색이었으므로 배제되었다. 노란색도 마찬가지였다. 결코 사랑스럽지 않은 이웃나라 에스파냐를 매우 노골적으로 연상시켰기 때문이다. 그러자 후보로 남은 것은 녹색, 빨간색, 검은색이었다. 경위가 그다지 분명히 밝혀져 있지 않고, 동기를 둘러싼 의견도 여전히 분분하지만, 1911년에 새로 탄생한 포르투갈 공화국은 세로로 녹색과 빨간색으로 나뉜 깃발을 채용했다. 이것은 지금도 여전히 포르투갈 국기이며, 유럽의 국기 중에는 드물게 문장의 색 사용 규칙에서 벗어난 사례이다. 녹색과 빨간색을 나란히 놓는 것은 문장의 규칙에서 매우 어긋난 일이기 때문이다. 검은색을 선택했더라도 녹색이나 빨간색과 나란히 놓이면 규칙 위반이라는 점에서 매한가지였을 것이다.

이 깃발의 채용은 '남은' 색들에서 선택했다는 점에서 이른바 소거법에 기초한 것이었다. 하지만 채용이 이루어진 뒤에는 역사적·상징적 차원에서 갖가지 설명이 이루어지면서 선택을 정당화하였다. (혁명이 시작되는 과정에서 결정적인 역할을 맡았던 군함 아다마스토르호의 녹색과 빨간색이 세로로 2분할된 깃발을 그대로 채용한 것이라고 설명되기도 했던 것처럼) 녹색은 포르투갈 해군의 색이 되었고, 절대왕정 체제를 뒤엎는 과정에서 해군이 맡았던 역할을 강조하는 색이 되었다. 녹색은 자유의 색이고, 빨간색은 그것을 쟁취하는 방법, 곧 피를 나타낸다는 주장도 등장했다. 이렇게 뒤늦게 나타난 의견들은 그 색들의 평범하고 진부한 상징성의 이유가 될 수 없었다. 이를 깨달았는지 최근 포르투갈의 기장학자들 가운데에는 녹색과 빨간색이 과거 포르투갈의 두 커다란 기사수도회이던 아비스 기사단과 그리스도 기사단의 십자가 색을 나타낸다고 주장하는 이들도 생겨났다. 하지만 이것도 사실과는 거리가 멀다.

우리는 지금도 여전히 포르투갈 국기가 왜 문장체계를 어기고 녹색과 빨간색을 조합해 구성되었는지, 그 까닭을 알지 못한다. 하지만 이는 근현대의 수많은 깃발들이 몹시 당황스럽고 혼란스럽게, 때로는 은밀히 구성되었음을 보여주는 전형적인 사례일 뿐이다. 국기는 헌법으로 공식화되고 신성화되자 불변의 것이 (아니면 거의 불변의 것이) 되었으나, 그것이 탄생된 과정을 이끌었던 근거를 알기는 어렵다. 그래서 모든 가설과 재해석, 새로 제정하려는 시도에 문을 열어두고 있다. 이렇게 깃발은 결코 중립적이지 않다.

국가인가, 국민인가

19~20세기에 독립한 아프리카 · 아시아 · 남아메리카의 여러 나라들에서도 쉽게 확인되듯이, 깃발을 이루는 문양과 색들의 근원을 찾는 일은 그리 만만치 않다. 그 나라들에서는 대체로 침략자나 식민국인 서양 국가들에 대한 무장투쟁 과정에서 깃발이 출현했다. 처음에는 봉기한 작은 집단의 결속을 드러내기 위한 소박한 기호에서 시작되었으나, (그런 이유에서 매우 강하게 이데올로기적인 것이 되면서) 점차 더 폭넓은 운동의 비공식적인 표장으로 자리를 잡았다. 뒤이어 승리해 독립을 이룬 뒤에는 새로운 국가를 나타내는 공식적인 깃발이 되었다. 하지만 그 뒤에도 그 깃발의 문양과 색을 선택하도록 이끈 경위와 동기, 의미작용을 되새기거나 떠올리는 사람은 그리 많지 않다. 평화가 다시 찾아오고, 옛 압제자와 '원조 · 우호' 조약을 맺으면 지나치게 도발적인 어떤 선택이나 관념은 잊히거나 감춰지는 편이 낫다. 새로운 국가는 '점잖은' 깃발을 지닐 의무가 있다. 다시 말해 공격적이지 않고 평화적이며,

과거가 아니라 미래로 나아가기 위한 깃발이다. 그래서 일정한 조정이나 재해석이 이루어진다. 깃발은 교체되지 않지만, 문양에 대한 설명이 다시 쓰이고, 색도 다시 해석된다. 그래서 평화와 자유, 우애와 번영, 더 진부하게는 땅과 하늘, 바다와 숲 등의 관념과 관련된, 수없이 사용되던 낡은 상징성을 지니게 되는 것이다. 그렇게 몇십 년이 지나면 마침내 사람들은 그것을 믿게 되고, 그 깃발이 지닌 본래의 동기와 목적은 잊는다. 그래서 역사가의 작업은 복잡해진다.

물론 현대에 생겨난 모든 깃발들이 이러한 망각과 은폐의 과정을 겪은 것은 아니다. 하지만 이는 정치적 표장체계를 대상으로 할 때 마주하게 되는 어려움 가운데 가장 대표적인 것이다. 정치적 표장체계를 이루고 있는 기호나 상징에 대한 고고학적 연구는 사료의 침묵, 더 자주는 증언의 다면성이나 모순에 부닥친다. 국기도 그렇고, 정당 표지도 마찬가지이다. 어떤 특정한 당파가 어떤 특정한 표지를 언제부터 사용했는지, 누가 어떤 경위와 동기에서 선택했는지 알려고 하는 작업은 거의 언제나 성과를 거두지 못한다.[28] 그렇지만 이것이 그 표지와 상징이 '작동하는 것'을 방해하지는 않는다. 오히려 기원을 덮고 있는 장막과, 기원과 관련된 신화적·상징적 언설은 표지와 상징의 작동을 부추긴다. 사실을 모르는 편이 좋은 꿈을 꾸게 하고, 기호는 꿈을 나눠줄 때 더 효율적이다. 그래서 깃발은 쉽게 바뀌지 않는다.

실제로 국가가 깃발을 바꾸는 것은 매우 강한 상징적 행위이므로 좀처럼 이루어지지 않는다. 〔서아프리카 국가인〕 오트볼타가 1984년에 부르키나파소로 명칭을 바꾸면서 깃발도 완전히 교체한 최근의 사례는 매우 드문 일이다. 체제나 이데올로기의 전환도 반드시 깃발의 교체를 불러오지는 않는다. 적어도 근본적인 교체는 이루어지지 않는다. 군주제에서 공화제로 이행한 몇몇 사례를 살펴보자. 1889년에 공화국으로 바뀐 브라질은 일찍이 브라간사 왕가의 표장 색이던 (그 뒤 아마존 원시림의 색으로 해석된) 녹색을 계속 지녔을 뿐 아니라, 황제의 천구도 녹색과 짝을 맞추어 계속 사용했다. 단지 초기 포르투갈 항해가를 떠올리게 한다는, 띠를 두른 천구로 바꾸었을 뿐이다.[29] 마찬가지로 1919년에 오스트리아 공화국은 국기를 만들면서 옛 오스트리아 공국이 사용하던, 빨간색과 흰색으로 된 문장적 깃발을 망설이지 않고 받아들였다. 더 좋은 사례도 있다. 터키 공화국은 1923년에 거의 천 년의 역사를 지닌 체제와 모든 면에서 근본적으로 단절한 형태로 새로 태어났지만, 옛 오스만 튀르크 제국이 사용하던 빨간색 바탕에 흰색 별과 초승달이 있는 깃발을 그대로 유지했다. 이 깃발은 지금도 터키의 국기이다. 공산주의 국가이던 폴란드도 군주제 국가이던 옛 폴란드 왕국의 문장적인 깃발을 계속 사용하는 것에 아무런 거리낌도 없었다. 흰색과 빨간색은 훨씬 오래전부터 침범하기 어려운 국민의 색으로 자리를 잡고 있었기 때문이다. 이렇게 깃발은 국가만이 아니라, 국민도 표상한다.

모든 깃발은 국가와 국민의 관계라는 문제를 던진다. 하지만 이 두 존재 가운데 깃발이 무엇을 우선하는 표장인가를 판단하기는 어렵다. 거의 언제나 '국민의 깃발'이라고 표현되지만, 그것을 정의하고, 이용 방법을 규제하거나 억제하는 것은 국가의 법 조항이다. 국기는 공적인 상징으로 아무 경우에나 사용할 수 없게 법으로 정해져 있다. 그렇지만 현실과 법 사이의 간극은 자주 크게 나타나서, 현실에서 국기는 공적이지도 국가적이지도 않은 수많은 의례들에도 쓰인다. 국가는 국기를 독점하려 하지만, 적어도 민주주의 국가에서는 이상일 뿐이다. 국기는 국민에게도 속해 있기 때문이다. 예컨대 스포츠경기에서도 국가대표를 응원하는 사람들은 합법적으로 국기를 사용할 권리가 있다고 여기고, 패배했을 때에는 깃발을 내팽개치거나 심지어 짓밟을 각오까지 한다. 국기를 등장시키는 모든 스포츠와 축제 의식, 기념식, 정치적·이데올로기적·비합법적 의례는 자세히 연구할 가치가 있을 것이다. 한 나라의 깃발은 국경일이나 군사 의례, 국가의 축전에서만 펼쳐지는 것이 아니라, 나라 안팎의 다른 수많은 상황들에서도 쓰인다.

깊이 파고든 조사가 이루어져 있지 않으므로, 깃발의 한가운데에서 국가와 국민을 연결시키고 있는 것이 무엇인지 하는 물음의 답을 알기는 아직 이르다. 하지만 이러한 물음을 묻는 것이 너무 이르다는 뜻은 아니다. 예컨대 프랑스인이나 이탈리아인, 스웨덴인은 자기 나라의 깃발과 어떤 형태로 결합되어 있을까? 깃발을 내거는 것에 긍지를 느끼고 있을까? 언제, 어디에서, 어떻게 깃발을 내걸고 있을까? (예컨대 독일, 스위스처럼) 연방제를 채택한 나라의 경우에도 똑같은 결합의 양상을 보일까? 자기 나라의 깃발보다, 자신이 사는 주나 지역의 깃발에 친숙함을 느끼고 있지는 않을까? 유럽에서는 어디에서나 국경일이나 지역 축일에 깃발을 창 밖에 내거는 일이 얼마간은 구식으로 여겨지고 있다. 그런데 왜 경기장이나 다른 나라에 있을 때에는 다르게 행동하는 것일까? 자기 나라를 벗어나면 깃발에 더욱 긍지를 느끼기 때문일까? 깃발이 향수를 불러일으키기 때문일까? 다른 깃발을 앞에 두면, 자신의 깃발을 더 쉽게 내세우게 되는 것일까? 소수파가 권력이나 식민국에 반란을 일으키는 경우에는 분명히 그럴 것이다. 현대에도 그러한 사례는 무척 많고, 자주 고통스럽다. 프랑스 국기에 대한 코르시카의 깃발, 러시아 국기에 대한 체첸의 깃발, 중국 국기에 대한 티베트의 깃발, 에스파냐와 프랑스 국기에 대한 바스크의 깃발, 여러 국기에 대한 쿠르드인의 깃발 등과 같은 경우이다. 국가의 독립을 이루지 못한 사람들의 깃발은 다른 이들의 깃발보다 국민이라는 관념을 더 많이 나타낸다. 하지만 반대로 두 나라가 전쟁이나 긴장 상태여서 성난 군중이 상대국의 국기를 불태울 때, 그 대상은 적국의 국민일까, 아니면 적국일까?

사람들은 깃발을 불태우기도 하고, 돌 던지거나 짓밟기도 하며, 내걸거나 끌어내리기도 한다. 깃발은 상징적 사물이고, 표장적인 이미지이고, 의인화된 알레고리이다. 그것은 기호이자 기억이고, 과거이자 미래이다. 깃발은 지나치게 강력한 기호가 그렇듯이 온갖 의례적인 조작을 겪는다. 그것은 거의 '야만스런' 방법으로, 본래의 의미와 기능을 초월한다. 깃발은 태어나고 죽으며, 되살아나거나 장례가 치러지고, 상처를 입거나 포로가 되기도 한다. 그리고 사람들은 깃발을 해방시키고, 새로 꿰매고, 펼치고, 경의를 나타내고, 입을 맞춘다. 그것으로 몸을 휘감고, 그 위에 눕고, 그것에 감싸여 죽기도 한다. 나아가 깃발을 접고, 정돈하고, 잊어버린다.

놀이와 영향

12

체스의 전래

곤란한 이문화 수용의 역사

　서양에서 체스[*]에 관한 언급이 나타난 가장 오래된 문헌은 11세기 초에 카탈루냐어로 쓰인 것이다. 1008년 우르헬 백작 아르멩골 1세는 자신이 소유하던 체스말을 생질 교회에 기증한다는 유언을 남겼다.[1] 몇 십 년 뒤인 1061년에는 당시 오스티아 추기경이던 위대한 신학자 피에르 다미아니가 체스를 즐긴다는 이유로 피렌체 주교를 교황에게 고발했다.[2] 이 고발은 체스를 비판하는 문헌들의 효시가 되었고, 교회는 중세 말까지 그 문헌들에 기초해 대체로 이 놀이를 단죄했다. 하지만 그다지 효과는 없었다. 교회가 적의를 드러냈는데도 이 놀이는 빠르게 보급되었다. 12세기 이후 문헌에 기록된 증언들과 고고학적 자료들, 도상학적 자료들이 급격히 늘어났는데, 이는 그 보급의 속도가 얼마나 빨랐는지를 알려준다. 어느새 이 놀이에 빠져든 것은 군주나 고위성직자들

---

* 체스는 가로와 세로 8줄씩 64칸의 판에서 16개의 말로 상대의 말을 공격하는 방식으로 둔다. 말은 킹(king) 1개와 퀸(queen), 1개, 룩(rook), 나이트(knight), 비숍(bishop) 2개씩, 폰(pawn) 8개로 구성되어 있다. 프랑스어에서 킹은 왕(roi), 퀸은 귀부인(dame), 룩은 탑(tour), 나이트는 기병(cavalier), 비숍은 어릿광대(fou), 폰은 보병(pion)으로 부른다. 말은 흰색과 검은색으로 색을 달리해서 편을 나누며, 흰색이 먼저 움직인다.

만이 아니었다. 체스는 귀족계급 전체에서, 아울러 시칠리아에서 아이슬란드, 포르투갈에서 폴란드에 이르는 로마 기독교 세계의 모든 나라들에서 즐겨지고 있었다.

동양에서 온 놀이

서양에 체스를 전해준 것은 이슬람 세계였다. 그것은 두 경로로 이루어졌다. 하나는 (최초의 기록이 카탈루냐에서 발견되듯이) 10세기 중반 이후로 추정되는 시기에 지중해, 곧 에스파냐 · 시칠리아 · 남이탈리아를 거쳐 전해진 경로이다. 또 하나는 몇십 년 뒤인 11세기 초에 북쪽 길로 전해진 경로이다. 스칸디나비아 사람들은 비잔티움 · 우크라이나 · 흑해 연안 등지와 교역하면서, 이슬람 세계에서는 300년쯤 전부터 행해지던 이 놀이 풍습을 북쪽으로 가져왔다. 이 두 경로로 체스말과 놀이가 점차 서구화했다는 사실은 고고학적 발견들로도 확인된다.

동양에서 맨 처음 이 놀이가 어떻게 시작되었는지는 확실치 않다. 그러나 이 놀이가 인도에서 생겨나, 이란을 거쳐서, (아랍인이 651년 이후 이란 정복을 시작하면서) 모든 이슬람 세계로 전해졌다는 것만큼은 분명하다. 그러나 이미 아시아만이 아니라 유럽의 고대 사회에도 여럿 존재해 있던 '바둑판 모양' 놀이와는 어느 정도 거리가 있는, 지금의 체스에 가까운 놀이가 언제 본격적으로 등장했는지를 확정하기는 쉽지 않다. 체스의 근대적인 형식과 규칙은 16세기가 되어서야 유럽에서 자리를 잡았다. 하지만 그때까지 그 놀이는 여러 차례 바뀌었으며, 때로는 무척 큰 변화를 겪기도 했다. 6세기 초에 놀이가 인도 북부에서 페르시아로 전해졌을 때부터 이미 뒷날 '체스'라고 불리는 놀이 안에 남아 있는 것과 상당히 비슷한 어떤 틀을 갖추고 있었다는 사실은 인정되지만, 이란과 페르시아의 문화도 놀이가 처음 생겨난 인도 못지않게 중요한

실험실 구실을 했다. 실제로 인도에서 비롯된 유사한 놀이인 차투랑가*
가 페르시아 문화를 거치지 않고 중국으로 전해져 동아시아에서 [장기와
같은] 수많은 놀이를 탄생시켰으나, 그 놀이들은 모두 우리가 알고 있는
체스와는 크게 다르다.[3]

서양 중세에는 이러한 변화들도, 여러 나라를 거친 경과도 전혀 알려
져 있지 않았다. 그렇지만 체스에 관한 기록을 남긴 작가들은 모두 그
놀이가 동양에서 전해졌다는 사실을 알고 있었다. 단지 알고 있었던 것
만이 아니라, 그렇게 믿고 있었다. 그것이 그들에게는 중요했다. 이토
록 상징성이 풍부한 놀이는 기호와 꿈의 나라이자 모든 '경이로움'의
원천인 동양에서만 올 수 있었기 때문이다. 놀이의 기원에 관한 무수히
많은 전설과 이야기들도 이런 이유에서 생겨났을 것이다.

중세의 작가들에게 체스의 기원은 태고의 어둠 속에 숨겨져 있었다.
하지만 (14세기의 이름이 전해지지 않은 작가가 "솔로몬 왕이라면 얼마나 뛰
어난 체스기사가 될 수 있었을까"라고 탄식하며 썼듯이) 성서에 체스가 전
혀 언급조차 되어 있지 않다는 사실에 주목해서,[4] 그것의 발명자를 그
리스의 이교세계에서 적당히 입맛에 맞추어 찾는 이들도 있었다. 중세
사람들에게 갖가지 의미의 상상을 끌어내던 아리스토텔레스와 알렉산
드로스 대왕이 유독 자주 언급되었다. 하지만 그들은 다른 그리스 영웅
과 역할을 나누어 맡아야 했다. 바로 신화 속의 영웅인 팔라메데스였
다. 팔라메데스는 『일리아드』에서 메넬라오스 왕의 사촌으로 등장하는
전사이다. 그는 트로이를 포위한 상태로 전쟁이 오래 지속되자, 지쳐가
던 그리스인들을 달래기 위해 성벽 아래에서 이 놀이를 만들어냈다고

---

* 차투랑가(chaturanga)는 서양의 체스와 동양의 장기의 공통 조상으로 여겨지는 고대 인
도의 놀이이다. 6세기 무렵에 굽타 왕조에서 발달해서 7세기 사산왕조 페르시아에 샤트
란지(Shatranj)라는 이름으로 전해졌고, 이것이 중세 유럽에 전해진 체스의 원형이 되었
다. 말은 라자(Raja, 왕), 만트리(Mantri, 고문), 라타(Ratha, 전차), 가자(Gaja, 코끼리), 아
스바(Ashva, 기병), 파다티(Padàti, 보병)로 구분되었다.

한다. 이 전설은 오롯이 중세의 것만은 아니었다. 이미 고전고대시대부터 그리스인들은 수많은 발명을 오디세우스의 가장 두드러진 맞수이던 팔라메데스의 업적으로 돌리고는 했기 때문이다. 그런 것들에는 알파벳 문자, 달력, 일식의 계산, 화폐의 사용, 주사위 놀이 등이 있었는데, 체커* 놀이도 그 가운데 하나였다.

중세에는 체커보다 체스가 더 선호되었다.[5] 그러면서 팔라메데스라는 인물도 둘로 나뉘어 그리스 영웅 옆에 똑같은 이름을 가진 원탁의 기사가 창조되었다. 이 새로운 팔라메데스는 13세기의 산문으로 된 문학 문헌들에서 중요한 자리를 차지했다. '바빌로니아 술탄'의 아들인 팔라메데스는 기독교로 개종해서 아서왕의 궁정에 합류했다. 그곳에서 그는 성배를 찾으러 나설 준비를 하던 원탁의 동료들에게 동양에서 가져온 체스를 가르쳤다. 요컨대 체스는 1230년 무렵에 이미 본격적으로 일종의 통과의례처럼 여겨지고 있었던 것이다. 그 뒤 아서왕 전설의 등장인물인 우리의 팔라메데스는 귀족사회의 독자층이 좋아하던 영웅인 트리스탄의 벗이자 불운한 맞수가 되었다. 그도 아름다운 금발의 이졸데를 사랑했으나, 그녀로부터 사랑받지는 못했기 때문이다. 이루지 못할 불행한 사랑은 궁정풍 문화의 특징적인 가치 가운데 하나였다. 이 사랑 덕분에 팔라메데스가 얻은 명성은 체스의 발명으로 얻은 것에 뒤지지 않았을지도 모르겠다. 그러나 중세의 상상력은 이 견줄 것이 없는 놀이를 기사사회에 전해준 공적을 칭송해서, 그 사실을 시각적 기억으로 보유할 수 있는 문장을 그에게 주었다. '흑색과 은색의 체크무늬 échiqueté d'argent et de sable' 문장, 곧 흰색과 검은색이 교차하는 격자무늬로 된 문장이었다. 이러한 체스판 모양의 문장은 1230년이 될 무렵에 처음 등장해서, 중세 말기에 이르기까지 팔라메데스가 등장한 수많은 세

---

* 체커(checker)는 서양의 실내 놀이로 흑색 칸과 백색 칸이 가로와 세로로 여덟 칸씩 번갈아 놓인 판 위에서 각각 12개의 말을 사용해서 둔다.

밀화에 표현되었다.[6] 나아가 (14세기 말 부르고뉴 공작의 시종이던 레니에 포와 같은) 널리 알려진 인물들 중에도 알 수 없는 어떤 이유에서 '팔라메데스'라는 별명을 얻어 시합이나 군사 원정에서 그 문장을 사용한 이들도 있었다.[7] 이처럼 현실의 인물이 문학작품 주인공의 이름이나 문장을 받아들여 사용하는 일은 중세 말의 궁정에서는 흔히 볼 수 있던 관습이었다.

13세기 사람들에게는 팔라메데스가 메넬라오스 왕의 동지이자 아서 왕의 동료라는 사실, 그가 체스의 발명자이자 그 놀이를 동양에서 들여와 전해준 사람이라는 사실은 의심할 필요가 없는 것이었다. 놀이 자체만이 아니라, 왕과 군주 주변의 환경에서 사용된 호화로운 체스말도 마찬가지였다. 대부분 상아로 제작된 커다란 체스말로 위엄이 있는 왕과 군주가 아니면 소유할 수 없었다. 동양의 장인들만 그것을 만들 수 있었다. 그들만이 마법과 같은 힘을 지닌 이 고귀한 재료를 가공하는 기술을 알고 있었기 때문이다. 교회나 수도원의 호화로운 수장고에 보관된 대부분의 체스말에는 그와 같은 중세의 전설들이 전해졌다.

가장 잘 알려진 것은 생드니 수도원 부속성당의 수장고에 1270년대부터 (어쩌면 이미 1190년대부터) 보관되어 온 상아로 된 무거운 체스말이다. 이 체스말은 카롤루스 대제가 (789~809년 바그다드를 통치한) 아바스 왕조의 칼리프인 하룬 엘라시드에게 선물로 받아서 소유하던 것으로 알려졌다. 전설 속의 인물인 하룬 엘라시드는 『천일야화』의 수많은 이야기들의 주인공이기도 하다. 물론 카롤루스 대제가 체스를 두었던 적은 결코 없었다. (그러기에 그는 너무 이른 시기에, 너무 서쪽에서 태어났다.) 아울러 그가 아마도 11세기 말 무렵에 남이탈리아의 살

그림 19 팔라메데스의 문장

레르노에서 제작된 것으로 추정되는 그 체스말을 가지고 있었을 리도 없다. 하지만 소유자가 카롤루스 대제였다고 주장하는 것으로 하나의 사물인 그 체스말에는 '왕권의 상징물regalia'이나 성유물에 견줄 만한 커다란 정치적 · 상징적 가치가 부여되었고, 생드니의 역대 수도원장과 수도사들의 명성을 높이는 데에도 기여했다.[8]

서양의 다른 교회들도 수장고에 널리 알려진 사람이 소유하던 것으로 알려진 상아 체스말을 가지고 있다는 사실을 과시했다. 그 가운데에는 솔로몬이나 시바 여왕, 알렉산드로스 대왕, 율리우스 카이사르, 동방박사 발타자르, 사제왕 요한도 있었고, 특별히 숭배되던 성인이나 왕도 있었다.[9]

교회와 체스

'수장고'는 봉건시대의 권력을 이해하는 열쇠가 되는 개념이다. 이 낱말은 군주, 대영주, 고위성직자, 수도원 등 큰 권력을 지닌 모든 이들이 소유하던 귀중한 재물 전체를 특징적으로 나타낸다. 일종의 '상상의 박물관'으로, 그것을 과시 · 보존 · 공개하는 일은 권력을 과시하는 의례를 이루는 요소였다. 위대한 왕도, 한갓 사제도 수장고를 소유할 의무를 지니고 있었다.

수장고에 소장된 품목의 목록은 매우 길었다. 그러나 권력이나 세기마다 목록이 달라져도 어떤 종류의 수장품은 대체로 늘 존재했다. 먼저 성유골과 성유물, 귀금속과 (쿠란 구절이 명문으로 새겨

그림 20 코끼리 상아로 만든 체스말 (11세기 말)

진 이슬람 주화도 포함한) 화폐, 금은으로 세공된 물품과 식기, 보석과 귀금속 등이 있었다. 특히 군주의 수장고에는 무기와 무구, 한 벌의 마구, 안장, 짐승 가죽, 모피, 직물과 호화로운 의복, 겉모습을 꾸미기 위한 장신구 같은 것도 있었다. 끝으로 온갖 골동품, 필사본과 증서, 과학기구와 악기, 다른 나라에서 건너온 물건, 놀이와 관련된 물품, 온갖 '진귀한 보물들curiosa'이 추가되었다. 산 것이든 죽은 것이든, (곰 · 사자 · 표범과 같은) 야생동물이든 (매 · 말 · 개와 같은) 길들여진 동물이든, 동물도 있었다.[10]

이러한 소장품들은 모두 근본적으로 권력을 상징적으로 드러내고 연출하는 구실을 했다. 그것들은 의례적으로 전시되었고, 신하와 빈객, 단순한 지나가는 손님들의 감상을 위해 쓰이기도 했다. 이따금 기증되거나 교환된 것도 있었으나, 그보다는 구하고 쌓고 모은 것들이 더 많았다. 수장고의 물품들은 저마다 역사와 신화, 전설적인 기원과 경이로운 힘, 치료와 예방이라는 기적적인 효능을 지니고 있었다. 실제로 그 소장품들에는 이러한 믿음이 뒤따르고 있었고, 그것들의 효능은 재료의 본성에 기초해 부여되었다. 만드는 과정에서의 예술적이고 지적인 작업은 거의 아무런 의미도 지니지 않았다. 소장품들은 그것을 소유한 자들, 소유하기를 바라는 자들에게 경제적 · 정치적 · 상상적 차원에서 중요성을 지니고 있었으나, 미적인 차원은 그다지 고려되지 않았다. 적어도 오늘날 쓰이는 의미로 미적이지는 않았다. 그것들은 그곳에 놓여 높은 가치를 지녔고, 영광과 권력을 보증하고 꿈꾸게 만들었다.

중세에 교회와 수도원의 수장고에 체스말이 있는 것은 드문 일이 아니었다. 생드니 수도원의 사례는 결코 예외가 아니었다. [스위스] 발레의 생모리스다곤 수도원은 (기독교 세계에서 가장 풍요로운) 수장고에 이슬람 세계의 체스말을 여럿 보유하고 있었다. 지금은 잃어버렸지만, 쾰른 대성당은 완전히 짝을 갖추고 있는 체스말 세 벌을 소장하고 있었다. 한 벌은 북유럽, 두 벌은 이베리아반도에서 전해진 것이었다.[11] 이러한 교회의 태도는 놀랍다. 한쪽에서는 체스를 즐기는 관습을 단죄하면서, 다른 한쪽에서는 거의 성유물을 숭배하듯이 체스말을 대하는 모습을 보였기 때문이다. 체스라는 놀이는 악마적인 것으로 여겨졌지만, 그것에 사용되는 체스말은 중요하게 보관되거나 때로는 숭배되었다. 이처럼 언뜻 모순된 것처럼 보이는 태도를 이해하려면 연대를 고려해야 한다. (교구회의·교회회의 등에서) 고위성직자나 교회 당국이 이 놀이를 단죄한 것은 11~12세기에 유독 많이 나타났다. 그 뒤 점차 횟수가 줄어들다가, 중세 말에 이르러서는 찾아보기 어렵게 되었다.

여기에는 다양한 이유가 있었다. 우선 첫째로, 단죄가 그다지 효과가 없었기 때문이다. 놀이를 즐기는 관습은 시간이 지날수록 꾸준히 사회 전체로 퍼져갔다. 둘째로, 13세기에 이르러 놀이 자체가 일반적으로 재평가된 것도 영향을 끼쳤다. 그 뒤 놀이들은 대대적으로 궁정풍 기사도 교육의 일부를 이루게 되었다.[12] 끝으로, 무엇보다도 체스에 대해 교회가 적의를 품은 중요한 이유이던 주사위의 사용, 곧 우연에 의지하는 성격이 점차 사라졌다는 점도 영향을 끼쳤다.

인도에서 오래전에 출현한 체스의 다른 형태에서는 대체로 (움직이는 말을 선택하는 것이나 판 위에서 나아가는 칸수와 같은) 체스말의 진행방법을 주사위로 결정했다. 이런 방법은 놀이가 이슬람 세계로 확산되었을 때에도 완전히 사라지지 않았고, 서양에 전해졌을 때에는 부활하는 모습마저 보이고 있었다. 교회에게 라틴어로 '알레아alea'라고 하는 '운에 맡기는 놀이'는 꺼려야 할 것이었고, 뜻밖의 행운에 의지하는 노름은 모두 악마적인 것이었다. 주사위는 특히 나쁜 것이었다. 다른 놀이보다 내기를 하는 일이 많았기 때문이다. 성·오두막집·술집·수도원 등 어떤 장소, 어떤 상황에서든 돈·옷·말·집 등 가지고 있는 온갖 것들을 걸고 내기를 했다. 주사위는 위험한 놀이이기도 했다. 주사위통이 사용되기는 했으나, 문학작품에도 가끔 언급되듯이 특수하게 조작한 주사위를 이용한 속임수가 자주 행해졌기 때문이다. 어떤 면을 두 개로 한 것도 있었고, 어떤 면에 납을 넣어 무겁게 한 것이나, 어떤 면에 자성을 띠게 한 것도 있었다. 사정이 이렇다 보니 다툼이 자주 일어났고, 그것이 본격적인 사적인 싸움으로 발전하는 경우도 있었다.[13]

그림 21 죽음과의 체스

요컨대 체스를 바람직하지 않은 것으로 여기게 한 것은 무엇보다도 주사위였다. 1061년 피에르 다미아니에게 체스에 빠져 있다고 탄핵된 피렌체 주교는 체스를 둔 것은 분명한 사실이지만 '주사위 없이' 했다고 자신을 변호했다. 실제로 주사위 사용을 포기하면서 체스는 점차 명예로운 지위를 확보했으며, 얼마 지나지 않아 가치를 인정받게 되었다. 그 뒤에는 숙고가 우연을 대신했다. 마침내 12세기 말이 되자 고위성직자들은 (체스를 두는 일은 헛된 활동이고, 다툼과 신성모독을 일으키기 쉽다는 이유로) 성직자들에게는 계속해서 체스를 금지시켰으나, 속인에게는 그것을 허용했다. 그리고 다음 세기의 중반이 되자 주사위를 사용하거나 돈을 걸거나 하지 않는다는 것을 전제로 체스 두는 것을 법규로 인정하는 종교기관도 나타났다.[14] 고티에 드 쿠앵시의 『성모 기적담Miracles de la Vierge』처럼 신의 사자와 악마의 사자 사이의 체스 시합을 묘사한 작가들도 등장했다.

교회보다 체스에 더 단호한 태도를 보인 왕도 있었다. 성왕으로 불린 루이 9세(재위 1226~1270)였다. 놀이와 노름을 혐오했던 그는 1250년 이집트에서 성지 예루살렘으로 가던 배 위에서 체스판과 체스말, 주사위를 배 밖으로 던져버렸다. 자신의 형제들이 한창 놀이에 빠져 있던 사이에 벌어진 일이었다. 그 사건은 그의 전기를 쓴 작가이자 그 장면의 목격자인 장 드 주앵빌에게 매우 깊은 인상을 남겼다.[15] 왕은 4년 뒤인 1254년 12월에는 왕국의 행정을 개혁하기 위한 중요한 칙령을 반포하면서 체스를 단호히 단죄했으며, (트릭트랙과 박가몬의 원조인) 모든 테이블 게임과 주사위 놀이도 금지시켰다. 하지만 그 시대의 왕과 군주들에서 루이 9세는 드문 경우였고, 대부분은 체스에 열광적이었다. (신성로마제국의 황제인) 프리드리히 2세(재위 1220~1250)는 팔레르모의 왕궁에서 서슴지 않고 이슬람 세계의 강호들에게 체스 시합을 도발했고, 현왕이라고 불린 카스티야의 알폰소 10세(재위 1254~1284)는 죽기 한 해 전에 세 종류의 놀이에 관한 방대한 분량의 책을 펴내도록 지시했다. 그것은 30년 전에 그의 사촌인 프랑스 국왕이 단죄했던 체스, 테이블 게임, 주사위 놀이에 관한 책이었다.[16] 도판 16

그러나 연대가 모든 것을 다 설명해 주지는 않는다. 교회 수장고에 체스말을 받아들이기 시작한 것은 고위성직자들이 체스에 관해 더 관용적인 태도를 보이게 된 것보다 훨씬 먼저 나타난 일이었다. 수도원 중에는 체스를 두는 관습이 서양에 전해지기 전부터, 다시 말해 서기 1천년보다 이른 시기부터 수장고에 이슬람 체스말을 보관하기 시작한 곳도 있었을 것이다. 1008년 우르헬 백작이 생질 교회에 유언으로 체스말을 기증한 사실은 이를 뒷받침한다. 체스라는 놀이에 대한 태도와 체스말에 대한 태도가 달랐던 것이다. 여기에는 다양한 이유가 있었겠지만, 중세의 많은 체스말들이, 그 중에서도 매우 크고 아름다운 수많은 체스말들이 놀이에 사용하려고 만들어진 것이 아니었다는 점도 중요한 이유였을 것이다. 그것들의 용도는 놀이가 아니라, 더 가치가 높고 더 엄숙한 것에 있었다. 곧 그것들은 소유되고, 전시되고, 만져지고, 소장되기 위한 것이었다. 체스말이 마땅히 있어야 할 장소는 체스판 위가 아니라, 수장고 안이었다. 카롤루스 대제의 것으로 여겨진, 생드니 수도원의 수장고에 보관되어 있던 체스말도 그런 구실을 하고 있었다. 그것은 놀이를 위한 말이 아니라, 상징적인 사물이었다. 그 체스말에는 놀이의 요소가 없었다. 체스말을 지배하는 것은 놀이가 아니라 의례였다. 여전히 뭔가 이교적이던 그 의례는 무엇보다도 사물의 재료에서 신성함을 찾았다. 바로 상아였다.

상아, 살아 있는 소재*

중세 사람들에게 상아는 견줄 것이 없는 재료였다. 그것은 금이나 보석처럼 희귀해서 가치가 있었지만, 물질적 특성이나 약물·호신부로서의 효능 때문에 더 선호되었다. 수많은 문헌들이 그것이 지닌 새하얀 색과 단단함, 순수함, 불변성을 예찬했다. 상아를 살아 있는 소재로 여기던 이들이 얼마나 많았는지를 또렷이 알려주는 증언도 많다. 상아의 배후에는 언제나 동물이 역사·전설·신화와 함께 자리를 잡고 있었다. 코끼리는 물론이고 향고래·바다코끼리·외뿔고래·하마와 같은 동물들이 저마다 고유한 상징적 특성을 지닌 고유한 상아를 공급하고 있었기 때문이다.

중세 문화에서 하마는 대체로 미지의 존재였다. 그것은 강에 사는 사납고 강력한 괴물로 (죄악의 징표로) 뒷걸음질로 헤엄을 치고, 강을 범람시키는 동물이었다. 그것은 악마의 피조물이었다. 그래서 고대 이집트와 로마 세계에서 인기를 끌던 하마의 송곳니가 중세 기독교 세계에서는 꺼려졌던 것일까? 코끼리 엄니와 마찬가지로 아프리카에서 들여올 수 있었고, 값도 더 쌌을 텐데도 말이다. 작가들에게 향고래는 다른 고

---

* 상아象牙는 엄격히 말해 코끼리의 엄니만을 가리키지만, 여기에서는 코끼리만이 아니라 다른 동물들에서 얻은 유사한 물질들까지 포함하는 개념으로 사용했다.

래와 구별되지 않았다. 모두 똑같이 (섬이라고 착각하게 하거나 이상한 향기를 내뿜어 뱃사람들을 꾀는 식으로) 악마의 꾀를 써서 인간을 집어삼키는 바다의 괴물이었다. 고래 이빨에서 얻은 재료는 16세기가 될 때까지 거의 쓰이지 않았다. 하지만 바다코끼리의 송곳니는 수요가 많았다. 동물지가 바다코끼리를 괴물이 아니라, '바다의 말equus marinus'이자 (오늘날에도 여전히 바다코끼리라고 부르듯이) 코끼리처럼 크고 온순하고 무리를 지어 살아가는 동물로 나타내고 있었기 때문일 것이다. 게다가 북유럽 사람들은 그 동물의 고기와 기름, 뼈, 가죽을 이용했고, 그것으로 만든 모든 것을 신의 선물로 받아들였다.[17]

바다코끼리보다 더 예찬을 받은 것은 코끼리였다. 동물지와 백과전서는 코끼리를 용, 곧 악마의 맞수로 나타냈다. 그 동물의 가죽과 뼈, 특히 엄니는 뱀을 쫓아내고, 해충에게서 지켜주고, 가루로 만들면 해독제로 쓸 수 있다고 했다. 코끼리는 가장 현명한 동물로도 여겨졌다. 그 동물의 놀라운 기억력과 순결함은 널리 알려져 있었다. 그 동물은 쉽게 길들이거나 가까워질 수 있었고, 수많은 작가들에 따르면 등 위에 성이나 마을을 통째로 얹을 수도 있었다. 코끼리 엄니에서 얻은 상아는 이러한 효능을 대부분 지니고 있었다. 그것은 독을 정화해서 중독을 막아주고, 유혹을 물리칠 수 있게 해주었다. 충격을 받거나 시간이 지나도 형체가 바뀌지 않아 기억의 전달도 보증했다.[18] 상아를 재료로 뭐든 조각할 수 있었지만, (카롤루스 대제의 것으로 여겨진 체스말의 네 마리 코끼리처럼) 코끼리 모양으로 조각을 하면 동물의 상징성과 재료의 상징성이 상호작용을 해서 효능이 더욱 커졌다.

이와 관련해 고고학자나 미술사가들이 연구대상으로 삼은 상아 제품의 배후에 숨겨진 동물을 식별하려는 시도를 거의 하지 않는 것은 안타까운 일이다. 중세 상아세공사의 선택에는 (교역이나 지리와 관련된) 가격과 (북쪽의 바다코끼리와 남쪽의 코끼리와 같이) 구입의 용이성과 같은 무시할 수 없는 문제와 함께 (크기·굽은 상태·입자의 다공성이나 단단함·섬세한 연마의 가능성·얻을 수 있는 색의 다양성 등과 같은) 저마다의 상아가 지닌 물질적·화학적 특성만 영향을 끼친 것이 아니었다. 동물지나 동물에 관한 문학작품에서 가져온 상징적 차원의 고려도 영향을 끼쳤다. 동물은 중세 사람들의 감수성과 상상의 세계에서 매우 큰 비중을 차지하고 있었으므로 당연히 그럴 수밖에 없었다.

경제성과 물질성에 더해 나타나는 이러한 상상의 영향은 (주로 북극해에 서식하는) 외뿔고래의 사례에서도 뚜렷이 드러난다. 고래의 일종인 이 동물은 중세 문헌에서는 거의 알려져 있지 않았다. 하지만 그 동물의 (뿔처럼 생긴) 기다란 엄니는 뾰족한 나선형이어서 전설의 유니콘이 지닌 마법의 뿔과 동일시되었다. 외뿔고래는 가장 섬세하고 밀도가 높고 하얀, 곧 가장 순수한 상아를 제공한다고 여겨졌다. 어린 처녀에게만 잡힌다고 전해지던 유니콘은 매우 그리스도적인 의미를 지니고 있었다. 그래서 그 동물의 뿔은 다른 어떤 것과도 견줄 수 없을 만큼 강한 치유와 정화의 효능을 지닌다고 여겨졌고, 가공도 하지 않은 채로 교회 수장고에 어떤 성인의 것보다도 귀중한 '성유물'로 보관되었다. 유니콘의 뿔은 신성한 것이었기 때문이다.[19]

그러나 상아가 중세에 체스말을 만드는 데 쓰인 유일한 재료는 아니었다. 상아는 매우 비싼 체스말을 만들 때에만 쓰였고, 그런 체스말은 전시를 위한 것이어서 사용되지 않거나 아주 드물게만 사용되었다. 하지만 흔히 사용되던 체스말도 상아와 거리가 먼 재료로 만들어지지는 않았고, 때로는 상아세공사가 제작하기도 했다. 고래나 대형 포유류의 뼈, 사슴이나 황소와 같은 동물의 뿔 등이 쓰였는데, 이런 재료들은 야생의 세계와 관련된 어떤 의미를 지니고 있었다. 그래서 체스판 위에 어떤 종류의 열정과 힘이라는 관념을 끌어들였다. 이러한 체스말로 두면, 상대의 (체스말인) 비숍이나 룩을 상징적으로 길들이기가 쉽지 않다

고 여겨졌다. 그래서 때로는, 특히 15세기에는 '길들이기 어려운' 성질
이 덜한 밀랍·용연·산호와 같은 동물성 소재들이 사용되기도 했다.

일상의 놀이에서 더 평범하게 사용되던 체스말은 뭔가를 본뜬 것이
아니라, 기하학적이거나 양식화한 모양을 하고 있었다. 그리고 13세기
이후 이런 경우에는 동물이 아니라 식물이라는, 다른 살아 있는 소재가
사용되었다. (성서의 문화와 마찬가지로 순수한 식물과 순수하지 않은 동물
이 뚜렷이 대조를 이루던 중세 문화에서) 더 순수하고 온화한 소재로 여겨
진 나무였다. 나무로 만든 체스말은 뼈나 뿔, 상아로 만든 체스말이 지
닌 용맹스런 활력을 지니지 않았다. 중세 말이 되어 대부분 그것이 사
용되자 체스도 온화해졌다. 체스기사도 영원의 기호를 구하는 자이던
봉건시대의 역할을 끝내고, 오늘날처럼 차분하게 (18세기의 표현처럼)
'나뭇조각을 움직이는 사람pousseurs de bois'이 되었다. 12세기의 체스기
사는 몇몇 무훈시의 구절들에서 강조되듯이 걸핏하면 화를 내는 다혈
질의 인간이었으며, 체스 시합도 흔히 누군가의 죽음으로 끝맺는 것으
로 나타나곤 했다.[20] 그렇지만 중세 말과 근대의 체스기사는 차분한 인
간이다. 이런 정반대의 두 기질은 봉건시대와 르네상스시대 사이에 생
긴 놀이의 변질을 잘 보여준다.

중세 말 이후 근대를 거치면서 죽은 소재인 (수정·준보석·다양한 광
석 등의) 광물이나 (금·은·청동 등의) 금속이 사용되기도 했다. 그러나
동물이나 식물이 아니더라도 체스말이 체스판 위에서 재료 그 자체로
살아 있다는 관념은 오랫동안 충실히 이어졌다. 군주들 중에는 (부르고
뉴 공작 샤를 르테메레레나 프러시아의 프리드리히 2세처럼) 사람을 체스말
로 부린 이도 있었다. 이런 시합은 뒷날 전설로 남았다. 드물기는 했지
만, 이런 행위는 놀이의 오래된 신화적 차원의 의미를 잇고 있었다. 체
스말이 체스기사에게 완전히 종속되는 것이 아니라, 체스판 위에서 일
정한 자율성을 유지하고 있다는 생각이다. 인간 체스라는 주제에 매혹

된 문학가는 한둘이 아니었다. 크레티앵 드 트루아는 『성배이야기』에서 저절로 두어지는 마법의 체스판을 등장시켰다.[21] 라블레(1483~1553)는 『팡타그뤼엘Pantagruel』 제5권에서 캥트 여왕의 승자 진출 형식의 무도회에서 배우들이 연기한 세 판의 체스 시합이 어떠했는지를 이야기했다.[22] 이것은 15세기 중반 (이탈리아의 도미니크회 수도사인) 프란체스코 콜로나(1433~1527)가 그 유명한 『폴리필로의 꿈Hypnerotomachia Poliphili』에서 묘사한 비슷한 장면에서 영향을 받은 것이었다.

체스말과 시합의 새로운 구상

10세기 말 무렵 서양 사람들이 이슬람 세계로부터 체스를 받아들였을 때에 그들은 놀이의 방식을 이해하기 어려웠다. 두는 방법만 알지 못했던 것이 아니다. 놀이의 규칙과 체스말의 성질과 움직임, 색깔의 대비, 체스판의 구조도 그들을 당혹스럽게 했다. 이 놀이는 인도에서 생겨나서, 페르시아에서 변형을 겪고, 아랍 문화에서 수정되어 만들어진, 동양의 놀이였다. 병법과의 상징적 유사성은 제쳐두더라도, 거의 모든 것들이 서기 1천년 무렵의 기독교도들과는 아무 관계가 없는 것이었다. 따라서 이 새로운 놀이를 받아들이려면, 그것들을 다시 깊게 돌아보고, 서양의 심성에 알맞게 고치고, 봉건사회의 구조에 더 어울리는 이미지를 지닐 수 있게 바꿔야 했다. 그러려면 아마도 몇십 년의 시간은 필요했을 것이다. 이런 점에서 11~12세기에 체스에 관해 언급한 서사적·문학적 문헌들이 놀이의 규칙이나 두는 방법에 관해서 왜 그토록 부정확하고 혼란스럽고 모순투성이인지 알 수 있다.[23]

맨 처음 서양 사람들을 당혹스럽게 한 것은 승리하기 위해 적의 왕을 '외통수' 상태로 몰아가야 한다는, 시합의 최종 목적과 진행 방법 그 자체였다. 이러한 실천 방법은 봉건시대의 전쟁 관습과는 정반대였다. 그 시대의 전쟁에서 왕은 포로가 되거나 죽임을 당하는 존재가 아니었다. 심지어 전쟁은 어떤 측면에서 진짜로 끝나지도 않는 것이었다. 밤이 되거나 겨울이 오면 싸움을 멈추었으나, 적이 패주한다고 싸움을 그만두지는 않았다. 그렇게 하는 것은 불성실한 짓으로 경멸의 대상이었다. 중요한 것은 싸우는 것이지 이기는 것이 아니었다. 이는 기마시합만 봐도 잘 알 수 있다. 모의 전쟁인 기마시합에서는 날마다 해질녘이 되면 승리한 기사가 가려졌는데, 이것은 최고의 전사임을 드러낸 자였지 모든 적을 패퇴시킨 자는 아니었다.

실제로 체스 시합은 전쟁보다는 전투와 비슷했는데, 11~12세기의 기독교도들에게 이 둘은 다른 것이었다. 본격적인 전투는 드물게 행해지는 신명재판과 같은 비슷한 기능을 맡고 있었다. 대부분 전례적인 의식의 틀 안에서 진행되었고, 신의 처벌로 끝을 맺었다. 반대로 전쟁은 작은 집단이 벌이는 끊임없는 싸움과 지독하게 거듭되는 공격, 소득이 없는 작은 충돌들과 전리품을 찾아 정처 없이 말을 타고 돌아다니는 일 등으로 구성되었다. 이것은 본성이 다른 의례였고, 봉건 영주와 기사들의 일상생활이자 존재 이유였다. 전쟁은 전투와는 달리 체스 시합과 비슷하지 않았다.[24] 그러나 이러한 상황은 12세기에서 13세기로 옮겨가던 무렵에 바뀌기 시작했다. 이교도와 싸우면서 기독교도들은 점차 전쟁에 익숙해지고 맛을 들였다. 그리고 1214년 7월 서양의 기독교도들 사이에서 처음으로 진정한 전쟁이 벌어졌다. 부빈 전투였다.* 그 뒤 봉건시대의 전쟁은 '국가적' 전쟁으로 나타났고, 체스와 군사 쟁점의 관계는 더욱 긴밀해졌다.

---

* 부빈 전투(Bataille de Bouvines) : 1214년 프랑스의 필리프 2세가 호엔슈타우펜 왕가의 프리드리히 2세와 동맹을 맺고, 신성로마제국의 오토 4세와 잉글랜드의 존 왕과 벌인 전투이다. 이 전투로 프랑스는 잉글랜드가 지배하던 브르타뉴와 노르망디의 앙주 지역에 대한 지배권을 인정받았다.

아랍인들에게서 동양의 체스를 받아들였을 때에 두 번째로 서양 사람들을 당황스럽게 한 것은 체스말의 본성이었다. 이것은 적응이 아니라 변화가 필요했다. 아랍·페르시아의 체스말 가운데 왕, 기병, 보병은 문제가 없었다.* 그것들이 어떤 것인지는 이해할 수 있었다. 라틴어로는 '스카카리우스scaccarius', 고프랑스어에서 '에셰크eschec', 독일어에서 '샤흐schach'라고 불리던 체스의 명칭도 '왕'을 뜻하는 (페르시아어) '샤 Chah'에서 비롯된 것이었다. 그렇지만 왕의 고문인 '재상'은 그렇지 않았다. 서양 사람들은 아랍어에서는 '피르잔firzan'이라고 부른 재상을 처음에는 '피어스fierce'라는 통속화한 프랑스어 이름으로 받아들였다가 점차 '왕비'로 바꾸었다. 이 변화는 서서히 진행되어 '재상'에서 '왕비'로의 변화는 13세기 전반이 되어서야 완성되었다. 이것은 기독교화한 체스말이 그 뒤 더욱 군대보다는 왕의 궁정으로 (나아가 천상의 궁정으로) 바뀌어간 경위를 알려준다. 하지만 곤란한 문제가 있었다. 기독교도의 왕은 고문을 몇 명이든 거느릴 수 있었으나, 여러 명의 왕비를 둘수는 없었기 때문이다. 그래서 오늘날의 규칙처럼 보병이 왕비로 승격할 수 있게 바뀌어갔다.** 여기에서 승격한 보병을 '귀부인dames'이라고부르고, 왕과 짝을 이룬 말만 '왕비reine'라고 부르는 관습도 생겨났다.[25]

코끼리는 더 복잡했다. 기원인 인도의 놀이에서 코끼리는 오직 군사력만 나타내고 있었다. 군대에서 가장 중요한 역할을 맡던 코끼리 부대는 기마부대의 역할을 대신하거나 보강하고 있었다. 아랍인들은 코끼리를 그대로 두었으나, 다른 체스말들과 마찬가지로 두드러지게 양식화했다. 이슬람교가 (적어도 교리로는) 생명이 있는 것을 형상화하는

---

* 샤트란지는 말을 샤(Shah, 왕), 피르잔(firzan/firz, 재상), 루크(Rukh, 전차), 알필(Alfil, 코끼리), 아즙(Asb, 기병), 사르바즈(Sarbaz/Piyada, 보병)로 구분했다.
** 폰은 상대 진영 맨 끝에 도착하면 킹을 제외한 어떤 말로든 바꿀 수 있다. 보통 퀸으로 바꾸는데, 이렇게 폰이 승격하는 것을 '프로모션(promotion)'이라고 한다.

행위를 금지하고 있었기 때문이다. 그래서 그들은 코끼리에게서 엄니만을 남기고, 거대한 몸체 위에 두 개의 돌출된 뿔 모양을 두어 연상시키는 방식으로 그것을 나타냈다. 기독교도들은 이 체스말을 이해할 수 없었으므로 다양한 방식으로 변형을 시도했다. 예컨대 아랍어에서 코끼리를 나타내는 낱말인 '알필alfil'에 기초해 라틴어 '알피누스alfinus'와 뒤이어 '아우피누스auphinus'를 만들었다. 그리고 고프랑스어에서 '도펭daufin'이라고 하는 백작·지방법관·돛대나, 이탈리아어로 '알베로albero'나 '알피에레alfiere'라고 하는 깃대꽂이 등으로 바꿨다. 아울러 체스말 위에 돌출한 뿔을 뭔가를 덮어씌운 형태로 바뀌었는데, 이것은 주교가 머리에 쓰는 관이나 어릿광대의 모자처럼 보였다. 이 둘은 지금까지 전해진다. 주교와 주교관은 앵글로색슨 국가들에 남았고, 어릿광대와 그의 모자는 그 밖의 나라들에 널리 퍼져 있다.[*]

페르시아와 이슬람의 전차도 변화를 겪었다. 처음에는 그대로 사용되다가 낙타나 이국적인 동물로 바뀌었고, (아담과 이브, 용을 죽인 성 미카엘, 마상시합을 하는 한 쌍의 기사 등) 두 사람의 모양으로 변했다. 이런 다양한 형상을 탑이 대신하게 된 것은 훨씬 나중의 일인데, 그 이유는 완전히 밝혀지지 않았다. 라틴어에서는 이 체스말을 아랍어에서 전차를 나타내는 '루크rukh'라는 말에서 비롯된 '로쿠스rochus'라는 이름으로 불렀다. 이를 '성채'라는 뜻을 나타내는 이탈리아어의 '로카rocca'나 프랑스어의 '로크roc'라는 말과 연결시켰던 것은 아닐까? 어쨌든 매우 불안정했던 그 체스말의 형상은 15세기 무렵에 이르러 비로소 '탑' 모양으로 자리를 잡았다.[**]

---

[*] 장기의 상에 해당하는 말을 영어에서는 '주교'를 뜻하는 '비숍(Bishop)'이라고 하지만, 프랑스어에서는 '어릿광대'를 뜻하는 '푸(Fou)'라고 한다.
[**] 장기의 차에 해당하는 말을 영어에서는 '룩(Rook)'이라고 하며, 프랑스어에서는 '탑'을 뜻하는 '투르(Tour)'라고 한다.

빨간색에서 검은색으로

상아는 결코 단색이 아니다. 소재 자체가 흰색 계통의 매우 다양한 색조를 띠고 있고, 시간이 지나면 온갖 색들이 더해진다. 게다가 중세에는 상아로 된 것에 색을 칠하거나 금박을 입히는 관습도 있었다. 단순히 밝은 색으로 덧칠하는 경우도 있었지만, 대다수의 경우에는 상아의 표면 전체에 도료나 금박을 겹겹이 입히고, 때로는 귀금속이나 진주로 상감 세공을 하는 경우도 있었다. 따라서 오늘날 우리가 보고 있는 중세의 상아는 시간의 흐름을 겪은 것이라는 사실을 언제나 잊지 말아야 한다. 곧 그것들은 대부분 색칠한 것이 벗겨져서 다색이던 중세 그대로의 모습이 아니다. 오늘날 전해지는 대부분의 상아 체스말에는 금박이나 빨간 도료의 흔적이 조금씩 남아 있다. 이러한 금의 존재는 경제적, 예술적, 상징적 의미를 동시에 지니고 있었다. 금은세공품이나 보석, 귀금속과 함께 수장고에 보관되어 있던 이 체스말들에 금박을 입힌 것은, 다른 귀중한 물품과 연결시켜 그것의 높은 가치를 드러내고, 빛나고 생기를 띤 어떤 의미를 내뿜게 하려는 것이었다.

빨간 도료의 존재에 관해서는 두 가지 방향에서 해석해볼 수 있다. 하나는 금을 부착·고정시키기 위해 밑에 바른 광물이 산화해서 남은 것으로 보는 것이다. 다른 하나는 상아를 감싸고 체스와 관련된 실질적 의미를 나타내던 도료의 오래된 흔적으로 보는 것이다. 실제로 13세기 중반까지 서양의 체스판 위에서는 아직 오늘날처럼 흰색과 검은색 말이 맞서고 있지 않았다. 대부분의 체스말이 흰색과 빨간색으로 되어 있었다. 이런 색의 대비는 서양이 이슬람 세계에서 받아들인 것이 아니었다. 인도의 놀이와, 그것을 계승한 이슬람의 놀이에서는 (오늘날에도 여전히) 검은색과 빨간색의 두 진영이 맞서고 있었다. 이 두 색이 서로 대립하는 짝을 이루고 있었던 것이다. 놀이의 양상은 이 부분에서도 서둘러 새로 짜여야 했다. 빨간색과 검은색의 대립은 인도와 이슬람 지역에서는 매우 깊은 의미를 지니고 있었지만, 서양의 색 상징체계에서는 아무런 의미도 지니고 있지 않았다. 그래서 검은색 진영은 흰색으로 바뀌었다. 봉건시대의 기독교적 감수성에서는 빨간색과 흰색이 가장 뚜렷이 대비되는 짝을 이루고 있었기 때문이다.

기독교 중세라는 시대는 아주 오랫동안 흰색·검은색·빨간색이라는 세 개의 색을 축으로 색의 체계를 구성하고 있었다. 그것은 흰색과, 그것과 대립하는 두 색을 중심으로 이루어진 것이었다. 검은색·빨간색 사이에는 어떤 관계도 대립도 조합도 존재하지 않았다.[26] 그래서 서기 1천년 무렵에 체스말의 색으로 흰색과 빨간색의 조합이 선택되었다. 이 조합은 당시의 표장체계와 색 사용 규칙에서 가장 흔히 쓰이던 것이었다. 그러나 200년 뒤에는 이러한 선택에 의구심을 품고, 흰색과 빨간색의 조합보다 흰색과 검정색의 조합이 낫다는 생각이 조금씩 확산되었다. 그 사이 검은색의 지위가 (악마와 죽음, 죄의 색에서 그 시대에 가장 중시되던 두 가지 덕목인 겸허와 절제의 색으로) 뚜렷하게 높아졌고, 색 분류에 관한 아리스토텔레스의 이론이 널리 보급되면서 흰색과 검은색을 색 체계의 양극으로 여기기 시작했기 때문이다. 그 뒤 흰색과 검은색의 대비는 흰색과 빨간색의 조합보다 더 강렬하고 풍부한 의미를 지니는 것으로 받아들여졌다.

사변적이자 '철학적인' 놀이이기도 한 체스는 사고체계에서 나타난 이러한 변화의 영향에서 벗어날 수 없었다. 그래서 13세기를 거치면서 체스판 위에서 빨간색 말은 점차 검은색 말에 자리를 넘겼다. 그리고 다음 세기의 중반이 되자 빨간색 체스말은 완전히 없어지지는 않았지만 드물어졌다. 이로써 체스는 근대 유럽 문명을 특징짓는 흑백의 세계로 들어갈 충분한 준비를 갖추었다. 인쇄물과 판화, 프로테스탄트의 종교개혁 못지않게 체스도 흑백의 세계가 자리를 잡는 데 영향을 끼쳤다.

체스판만큼 흰색과 검은색의 대비가 두드러진 것은 없었기 때문이다.

체스말에서 나타난 변화가 체스판에도 똑같이 나타났다. 빨간색에서 검은색으로의 이행은 13세기에 놀이가 이루어지는 판의 변화도 불러왔다. 64개의 칸에 흰색과 검은색이 번갈아 늘어선 모양을 지니게 된 것이다. 이런 구조는 오늘날 체스를 상징하는 것으로 여겨지고 있지만, 그것이 등장하고 쓰인 것은 사실 꽤 나중에 나타난 일이었다. 동양에서든 서양에서든 오랫동안 지금의 것과는 다른 특성을 지닌 판 위에서 놀이가 이루어졌다. 빨간색과 검은색이나 빨간색과 흰색의 칸을 번갈아 배치한 것도 있었다. 훨씬 오래전에는 단순히 수직선과 수평선만으로 64개의 칸을 나누어 놓은 것이 더 일반적이었다. 흔히 생각하는 것과는 달리 체스를 두는 데 꼭 서로 다른 두 개의 색으로 칸을 번갈아 나누어 놓은 판이 필요하지는 않다. 칸만 나뉘어 있으면 단색의 판으로도 충분하다. 실제로 초기의 체스기사는 인도에서든 페르시아에서든 아랍에서든 서양에서든 그런 판에 만족했다. 돌 위에 백묵으로 그리거나, 땅 위에 손으로 그릴 수도 있었다. 12~13세기의 여러 세밀화에는 이런 단색 체스판이 묘사되어 있다. 하지만 이미 고전고대에도 (특히나 체커의 선조인) 다른 놀이에 두 가지 색의 체크무늬 구조가 쓰였고, 이것이 지배적인 것으로 자리를 잡았다. 그것이 두는 수를 보기에 편하고, (일찍이 '코끼리'였다 나중에 '비숍'이나 '어릿광대'로 된) '알팽alfins'과 같은 두 진영의 중요한 말들을 분간하기도 쉬웠기 때문이다.

무한의 구조

체크무늬 구조는 체스판 위에 자리를 잡기 전부터 이미 중세의 감수성과 상징체계에서 중요한 구실을 하고 있었다. 건축물의 장식과 바닥 포장, (팔라메데스의 경우처럼) 문장의 문양, 곡예사와 광대의 옷, 셈판 등에 체크무늬가 쓰였다. 그밖에 전혀 다른 어딘가에 쓰인 경우도 있었는데, 어떤 용도이든 그것은 언제나 움직임과 리듬, 곧 (중세 미학의 핵심어 가운데 하나인) '음악musica'이나 어떤 상태에서 다른 상태로 옮겨가는 동적인 의미를 나타내고 있었다. 그래서 체크무늬는 특정한 장소와 상황, 소재에 사용되어 특수한 리듬과 의례를 나타내기도 했다. 예컨대 궁전의 큰 방이나 교회의 바닥에 번갈아 깔린 두 가지 색의 타일과 포장석은 그곳에서 행해지던 의식들, 예컨대 봉신의 임명이나 봉건적인 복종 서약, 기사 서임을 비롯해 혼례·서원·축성·장례 등과 관련되어 특별히 강조되던 모든 의식들을 상기시켰다. 플레장스의 생사뱅 교회의 바닥에는 교차랑 교차부에 12세기의 모자이크가 있는데, 거기에는 단순한 체크무늬만이 아니라 두 사람이 체스를 두고 있는 모습이 본격적으로 묘사되어 있다.[27] 문학 작품에 등장한 문장에서는 체크무늬가 문장을 소유한 이의 양면성을 강조하는 것으로 쓰이기도 했다. 이교도였다가 기독교도로 된 팔라메데스의 경우에는 체스판 모양 문장을 이용해 그의 이중성과 (통과의례의 전형인) 개종을 강조했으며, 그가 체스의 발명자라는 사실도 드러냈다. 곧 명시적 의미와 암시적 의미를 함께 표현했다. 그런데 중세의 작가와 예술가들이 체크무늬에 유독 강하게 '중간medium'의 역할을 맡긴 영역이 있었다. 바로 죽음이었다. 체스 시합으로 이승에서 저승으로 건너가는 것을 예고했고, (13세기 이후 되풀이된 문학적·도상학적 주제이던) 죽음을 상대로 한 체스 시합은 애당초 패배할 수밖에 없는 전투였다. 유럽 문화는 동적이면서 음악적이고, 중간적이면서 죽음을 상기시키는 체크무늬의 상징성을 중세만이 아니라 현대까지 계속 이어왔다. 20세기의 화가들 가운데에서도 가장 음악가에 가깝던 파울 클레(1879~1940)는 이 문양을 그림의 주제로 선호했다. 영화감독들 가운데 가장 형이상학인 주제에 심취했던 잉마르 베리만(1918~2007)도 『제7의 봉인Det sjunde inseglet』이라는 멋진 작품에서 기사와 죽음이 벌인 최종적이고 영원한 체스 시합을 연출했다.

그러나 체스판은 죽음의 기호이지만, 영원을 나타내는 기호이기도 했다. 체스를 두려면 64개의 칸이 필요하지만, 체스판 고유의 구조적 특성은 4개의 칸 안에 이미 온전히 드러나 있다. 대각선 방향으로 마주 놓인 두 색으로 이루어진 4개의 칸만으로도 리듬과 변화의 열린 구조가 생겨난다. 마치 단위생식으로 증식해가는 듯하고, 64개의 칸은 무한을 향해 몰아치는 회오리바람처럼 보인다. 중세 사회는 수의 상징성에 특별한 주의를 기울였으며, 자주 숫자 안에서 단순한 수량 이상의 의미를 찾으려 했다. 그런 사회에서 64개의 칸은 상징적 의미를 가장 정교하게 쌓을 수 있게 해주는 훌륭한 토양이었다. 하지만 이 64라는 숫자는 중세 유럽이 만들어낸 것이 아니었다. 그것은 아시아의 문화에서 온 것이었다. 그 문화에서 64라는 숫자에 담겨 있는 의미는 언제나 유럽보다 풍부했다. 아울러 그것의 의미작용은 오롯이 8이라는 숫자의 의미에 기초했다. 64의 제곱근인 8은 지상의 공간과 연결되어 있었다. 방위는 4개의 기본 방위와 4개의 중간 방위를 합해 모두 8개로 나뉘었다. 그리고 8개의 문이 8개의 바람을 향해 열렸고, 지상과 천상을 잇는 8개의 기둥과 8개의 산이 있었다. 인도를 비롯한 아시아의 모든 지역에서 가장 기본이 된 이러한 8에 기초한 표상체계가 체스판의 64개의 칸을 탄생시켰고, 그것을 지상 공간이 축소된 이미지로 여기게 했다.

아랍 사람들은 이러한 구조나 숫자를 바꾸지 않았지만, 서양 사람들은 바꾸려는 유혹에 휩싸였다. 그들에게 8이나 64는 세상을 지배하는 신비한 실체에 도달하기 위한 근원적인 숫자가 아니었기 때문이다. 그들에게는 3이나 7, 12라는 숫자나 그것들의 배수가 그런 역할을 맡기에 더 알맞게 여겨졌을 것이다. 사실 체스판을 묘사한 이미지가 언제나 64개의 칸으로 그려져 있지는 않았다. 오히려 그것과는 차이가 있었고, 흔히 더 적은 것이 일반적이었다. 대부분 (공간의 부족과 같은) 물리적인 이유에서였으나, 때로는 상징적인 동기에서 비롯된 경우도 있었다. 기독교 문화에서는 64보다 (3×3인) 9나 (6×6인) 36, (7×7인) 49라는 숫자가 더 의미를 지니고 있었다. 하지만 성 루카가 그리스도의 계보를 밝히면서 아담과 예수 사이에 64대가 있었다고 꼽았다는 사실에 주목한 작가도 있었다. 아울러 (마태오복음서 5장 3~10절을 근거로) 8이 지복의 숫자임을 강조했던 이도 있었다. 부활과 다가올 세계를 예고하는 8을 제곱한 숫자가 행복을 가져다주지 않을 리 없지 않은가.[28]

정사각형에 관한 관념도 중요하다. 체스판은 정사각형이며, 더 작은 정사각형들로 나뉘어 있다. 그런데 수많은 사회들에서 정사각형은 (시간의 상징인 원과는 달리) 대체로 공간의 상징이다. 특히 아시아에서 그 형태는 거룩한 공간을 구획하는 기능을 맡아 도시와 궁전들도 정사각형을 이루고 있었다. 유럽에서는 그런 사례가 훨씬 적게 발견된다. 서양 사람이라면 체스판을 거룩한 공간이자 움직임과 변화의 공간으로 하기 위해 정사각형보다는 원이나 직사각형을 선택했을 것이다. 정사각형은 지나치게 정적인 형태여서 역동적인 전투가 이루어지는 무대로는 알맞지 않았다. 그러나 그들은 정사각형의 형태를 계속 유지했고, 다른 문명에서 전해진 판 위에서 흥겹게 놀이를 즐겼다.

꿈꾸기 위한 놀이

중세 서양에서는 체스가 크게 유행했다. 고고학 연구로 발견된 수많은 체스말들이 이를 뒷받침해주는데, 그러한 발견들을 바탕으로 체스가 맨 처음 유럽에 보급되기 시작하던 상황에 관한 지리적·사회적 연표도 만들 수 있다. 1060~1080년 무렵까지는 아직 적게 발견된다. 그러나 12세기를 거치면서 점차 늘어나기 시작하다가, 13세기에는 두드러지게 많은 숫자가 발견된다. 그 뒤에는 수가 점차 줄어드는데, 여기에는 아주 단순한 이유가 있었다. 그 무렵에는 놀이에 흔히 쓰이던 체스말, 다시 말해 사람들이 실제로 사용하던 체스말이 뼈나 뿔, 상아가 아니라 나무로 만들어졌기 때문이다. 중세에 만들어진 대부분의 목제 품들과 마찬가지로 체스말도 몇 세기가 지나도록 살아남지는 못했다.

고고학 연구로 발견된 체스말의 수량을 놓고 보면, 봉건시대에 체스 놀이는 지역을 가리지 않고 귀족계급 전체에서 성행하고 있었다. 이는 일찍이 체스의 역사에 관한 뛰어난 전문가인 해럴드 제임스 루스벤 머리가 했던 말과도 일치한다. 그는 1913년에 발표한 글에서, 유럽의 13세기는 어느 연대나 나라를 놓고 보더라도 이 놀이의 보급이 정점에 이른 시기라고 밝혔다.[29] 하지만 그의 주장은 조심스럽게 받아들여야 한다. 너무 지나치거나 근거가 부족한 부분도 있기 때문이다. 심지어 일반적인 체스말이라고 받아들이기 어렵거나 불확실해 보이는 것도 있다. 실제로 일부 고고학자들은 뼈나 뿔로 이루어진 작은 기하학적인 형상의 물체를 발견하면, 섣불리 체스말이라고 단정해버리곤 한다. 하지만 이에 관해 비판적으로 돌아볼 필요가 있다. 아울러 공개 여부와 무관하게 지금까지 보존되어 있는 모든 중세 체스말을 다시 검증하고 분류하는 작업도 필요하다. 고고학에서 체스말을 찾아서 세상에 드러내는 일은 도자기 조각이나, 용도나 정체를 알기 어려운 물체를 찾아내는 일보다 가치 있게 여겨진다. 매우 수수한 것일지라도, 체스말은 언제나 고귀하고 매혹적이고 신비한 뭔가를 지니고 있다. 그래서 발굴 현장에서 체스말을 찾아내면 상상의 세계의 문을 열곤 한다.

이런 식의 지나친 단정이나 잘못된 해석은 이미 앙시앵레짐 시기의 학자들에게서도 나타났다. 그들은 체스말이라고는 전혀 존재하지 않는 곳에서도 그것을 발견했다고 믿어버리곤 했다. 그런 것들에는 단순한 형태로 양식화한 것도 있었고, 뚜렷이 구상적인 형태를 띤 호화로운 것도 있었다. 생드니 수도원의 수장고에 보관된 무겁고 아름다운 상

그림 22 생드니 수도원의 코끼리상

아 코끼리상도 그런 경우였다. 카롤루스 대제의 체스말보다도 조금 더 큰 이 코끼리상은 체스말과 아주 비슷했다. 그래서 17~18세기의 학자들은 그 코끼리상을 체스말로 간주했다. 오늘날 이 코끼리상은 파리국립도서관의 메달 전시실에 보관되어 있다. 두꺼운 가죽을 지닌 동물이 튼튼한 갑옷을 걸치고, 등에는 왕이 앉은 의자를 얹고 있다. 그리고 여러 기사들이 왕 주위를 에워싸며 현실의 어떤 장면을 이루고 있다. 이 상아로 된 물건은 서양에서 만들어진 것이 아니라, 동양에서 온 것이다. 9세기나 10세기 무렵에 제작된 것으로 추정되는데, 받침대에는 (아랍의) 쿠파 문자로 '유수프 엘바힐리의 작품'이라고 쓰인 명문이 있다.

이 코끼리상이 언제부터 생드니 수도원의 수장고에 보관되어 있었는지는 알 수 없다. 하지만 그것은 그곳에서 체스말이라고 단정되었고, 카롤루스 대제의 체스말로 불리던 것과 함께 진열되었다. 칼리프 하룬 엘라시드가 서양의 위대한 황제에게 보낸 선물이라는 전설이 맨 처음 생겨난 것도 동양에서 전해진 이 코끼리상 덕분이었을 수도 있다. 어쨌든 앙시앵레짐 시기처럼 여전히 수많은 가설과 논쟁을 낳고 있지만, 지금은 이 매우 아름다운 물건이 결코 체스말이 아니라는 사실을 모든 이들이 다 받아들이고 있다.[30]

잘못 식별된 이런 경우를 돌아보면, 발굴로 찾아낸 체스말의 숫자도 더 낮추어 바로잡을 필요가 있을 것이다. 그렇지만 그러한 점을 고려해도 13세기 이후에 적어도 유럽의 귀족계급에서만큼은 체스가 성행했다는 사실이 부정되지는 않는다. 이 놀이를 즐기는 왕이나 군주, 기사, 귀부인의 모습을 그리거나 새긴 도상들이 많이 남아 있기 때문이다. 하지만 고고학적 탐구는 이 놀이가 성과 영주의 저택에서만이 아니라, 수비대의 초소·수도원·대학·선박과 같은 장소들에서도 즐겨지고 있었다는 사실을 알려준다. 14세기 중반 이후에는 귀족계급에 속하지 않는 이들도 체스를 폭넓게 즐겼다. 대부분 단조로운 생활을 오래 지내야 하는 상황에 있던 이들이었는데, 그들의 숫자는 결코 적지 않았다.

중세의 체스 규칙은 오늘날과는 달랐으며, 쉽게 바뀌기도 했다. 체스 기사는 상대와 합의하면 조금씩 규칙을 바꿀 수 있었다. 적어도 기사문학의 이야기를 그대로 받아들인다면 말이다.[31] 게다가 오늘날과 마찬가지로 실제로는 잘 알지도 못하면서 체스의 규칙이나 두는 방식을 꿰뚫고 있다고 자랑하는 경우도 흔했다. 12세기 이후 체스가 완전히 궁정 문화의 한 부분으로 자리를 잡으면서, 그 분야에서 뛰어난 실력이나 재능을 지니고 있는 것을 자랑스럽게 여기게 되었기 때문이다.

놀이의 규칙에서 오늘날과 가장 달랐던 점은 체스판 위에서 (일찍이 인도와 아랍에서는 재상이던) 퀸이 지닌 힘이 약했다는 것이다. 곧 퀸은 [전후좌우·대각선 어느 방향으로든 칸 수 제한 없이 움직일 수 있는 오늘날과는 달리] 대각선 방향으로 한 칸씩만 움직일 수 있었고, 15세기 말이 되어서야 칸 수 제한 없이 움직일 수 있게 되었다. 그리고 대각선 방향만이 아니라 전후좌우로도 자유롭게 움직일 수 있게 되면서 승패에 큰 영향을 끼치는 말이 되었다. 이와 함께 놀이 자체도 근본적으로 바뀌면서 시합은 더 역동적으로 되었고, 판세가 뒤집히는 일도 더 자주 나타났다. 그때까지는 체스판 위에서 (고대 동양에서는 코끼리였다가 비숍이나 어릿광대로 바뀐) 알팽이 가장 강한 말이었다. 알팽은 [오늘날의 비숍과 마찬가지로] 대각선 방향으로 몇 칸이든 원하는 대로 움직일 수 있었다.[32] 하지만 룩은 (전후좌우로 몇 칸이든 움직일 수 있는 오늘날과는 달리) 전후좌우로 한 번에 한 칸이나 두세 칸만 움직일 수 있었다.[33] 그것이 지닌 힘은 지금의 나이트와 비슷했다. 나이트는 (전후좌우로 두 칸 움직인 상태에서 좌우로 한 칸을 움직이는 오늘날과 유사하게) 전후좌우로 두 칸, 비스듬하게 두 칸을 움직였다. (오늘날 전후좌우와 대각선 어느 방향으로든 한 칸씩 움직이는) 킹은 모든 방향으로 자기 진영에서는 2~4칸을 움직이고, 상대 진영에서는 한 칸씩 움직일 수 있었다. (앞으로만 한 칸 움직일 수 있는) 폰은 움직이는 칸의 수와 앞으로만 나아갈 수 있다는 점이 지금과 크게 다르지 않았다.

이런 규칙에서 왜 시합이 그토록 정적이고 완만했는지를 알 수 있다. 시합은 말과 말의 맞대결들로 이루어졌지, 원대한 전략에 기초해 체스판 전체를 뒤흔드는 싸움으로는 펼쳐지지 않았다. 그렇지만 봉건시대의 체스기사에게 이러한 점은 결코 문제가 되지 않았다. 그들은 작은 집단 동료들끼리의 대결이나 몸싸움에 익숙했다. 아울러 그들에게 본질적인 것은 이기는 것이 아니라, 놀이를 즐기는 것이었다. 사냥과 같은 다른 귀족적인 놀이들과 마찬가지로 의례적인 관습이 결과보다 중요했다. 게다가 문학작품의 내용을 그대로 받아들인다면, 12세기 말까지는 시합이 봉건시대의 전쟁처럼 어느 한쪽의 승리나 패배로 끝나는 것으로 여겨지지도 않았다. 왕이 외통수에 놓이는 상황이 되면 칸을 한두 개 옮겨 놓고는 시합을 다시 시작하곤 했다. 상징적으로도 적의 왕을 포로로 붙잡거나 죽이거나 하는 것은 뭔가 천박하고 비겁하고 우스꽝스러운 짓으로 여겨졌다. 승자가 있을 수 있다면, 그것은 적을 외통수로 몰아넣은 자가 아니었다. 기마시합에서와 마찬가지로 가장 멋진 기술을 보인 이가 승자였다.[34]

그러나 이런 관습은 13세기를 거치며 바뀌어갔다. 이는 카스티야의 국왕인 알폰소 10세의 명령으로 1280년 무렵에 편찬된 방대한 분량의 이론서에서도 드러난다. 기독교도 체스기사보다 실력이 뛰어났던 이슬람 체스기사의 영향으로 시합시간이 짧아졌고, 외통수의 상황으로 승자와 패자를 가리게 되었다. 본보기로 여겨지던 봉건시대의 전쟁은 이제 먼 일이 되었다. 1300년대부터는 시합모임이 조직되어 궁정·도시·지역을 대표하는 체스기사들이 서로 실력을 겨루었다. 이베리아 반도에서 처음 시작된 이런 현상은 이탈리아를 거쳐 서양의 모든 지역으로 확산되었다. 하지만 중세 말까지 서양에서 가장 강한 체스기사는 언제나 에스파냐와 이탈리아 사람이었고, 포르투갈 사람도 두각을 보였다.[35] 15세기에는 최강자로 이름을 떨친 몇몇의 이름도 전해진다.[36] 이 강자들은 일찍부터 실전보다는 이론적인 문제들을 기술하는 데 흥미를 보이고 있었던 듯하다. 그런 문제들을 다룬 문헌들이 여럿 전해지는데, 이것은 놀이가 두드러지게 사변적인 차원에 이르고 있었다는 사실을 알려준다. 아울러 그것들은 오직 시합의 종반 판세에만 주의를 기울이고, 포석에는 아직 그다지 관심을 보이지 않고 있었다.

사변적인 것에서 상징적인 것으로의 걸음은 시원스레 내디뎌졌다. 중세 말이라는 시대는 체스를 작품의 동기나 주제로 하는 여러 문학 문헌을 남겼다. 그 작품들은 체스 시합이 등장하는 12~13세기의 무훈시와 궁정풍 이야기의 뒤를 잇고 있다. 아울러 체스를 이용한 은유가 중요한 위치를 차지하는 『장미이야기Roman de la Rose』의 흐름을 이어받은 우의적인 작품들이었다. 이런 작품 중에서 1370년 무렵에 이름이 전해지지 않는 작가가 쓴 『사랑의 체스Échecs amoureux』라는 장시와[37] 〔이탈리아의〕도미니크회 수도사인 야코포 다 체솔레가 1300년 무렵에 펴낸 『인간의 풍습에 관한 책Liber de moribus hominum』이 특히 큰 성공을 거두었다. 모두 체스와 체스말의 상징성을 기초로 한 종교적·도덕적·사회적 알레고리로 이루어진 작품들이었다.[38]

야코포 다 체솔레는 몇몇 아류들을 낳았는데, 그러한 아류들은 중세 만이 아니라 근·현대에도 나타났다. 실제로 체스는 시인과 소설가들에게 수세기에 걸쳐 오롯이 하나의 주제가 되어 서술의 구조와 상징의 틀, 말로 표현하기 어려운 시적인 우주를 제공했다. 중세에서 어느 정도 벗어난 뒤에는 『마엘젤의 체스 두는 인형Maelzel's Chess Player』을 쓴 에드가 앨런 포, 『거울 나라의 앨리스Through the Looking-Glass, and What Alice Found There』를 쓴 루이스 캐롤, 『체스왕 루진Zashchita Luzhina』을 쓴 블라디미르 나보코프, 『체스 이야기Schachnovelle』를 쓴 슈테판 츠바이크, 『머피 Murphy』를 쓴 사뮈엘 베케트처럼, 수많은 작가들이 매우 독특하고 매력적인 작품을 체스에 바쳤다.

체스는 실제로 놀이를 위한 것이 아니었다. 그것은 꿈꾸기 위해 만들어졌다. 체스말의 움직임과 체스판을 꿈꾸기 위해 만들어졌고, 세계의 질서와 인간의 운명을 꿈꾸기 위해 만들어졌다. 중세에 그랬듯이 체스는 눈에 보이는 현실의 존재와 사물의 뒤에 숨겨진 모든 것을 꿈꾸기 위해 만들어졌다.

13

아서왕 놀이

문학적인 이름과 기사도의 이데올로기

12세기 후반에 속어로 기록된 초기 아서왕 이야기*는 5~6세기 그레이트브리튼섬에서 일어난 다양한 사건들에 관한 변형된 기억에서 비롯되었다. 주인공은 '지배자 아르투루스dux Arturus'라고 불리던 로마브리튼인의 지도자였다. 그는 섬의 북쪽 스코틀랜드의 고원 지역에서 남하해온 픽트인의 침공에 맞서 싸웠으며, 바다를 건너온 게르만인과 스칸디나비아인들과도 싸웠다. 어느 정도는 전설 속의 인물인 이 지배자 아르투루스가 여러 세기를 거치면서 아서왕으로 변신했다. 그는 초기 잉글랜드와 동일시되는 로그레스 왕국의 명망 높은 군주였으며, 그의 궁정에는 세상에서 가장 뛰어난 기사들이 모여들었다. 이들은 뒷날 '원탁의 기사'라고 불렸다.[1]

아서왕과 그의 동료들의 이야기에는 일찍부터 켈트 신화에서 가져온 주제와 인물, 소재들이 결합되었다. 그리고 민간전승이나 다른 신화에서 가져온 다양한 요소들도 풍부히 더해지면서 문학작품의 창작에 알맞게 매우 다채로운 소재를 갖추게 되었다. 그래서 아서왕은 서기 1천

---

* 아서왕이나 원탁의 기사와 관련된 인명은 영어 발음에 맞추어 한글로 표기했다.

년 무렵에는 앵글로색슨 연대기에 자주 등장하는 인물이 되었다. 특히 그는 웨일스의 음유시인들이 처음에는 영국의 궁정에서, 나중에는 대륙의 왕과 군주들의 궁정에서 읊은 이야기에 자주 등장했다.

12세기가 되자 웨일스와 앵글로색슨 전승에 기초한 아서왕은 뚜렷하게 역사적인 인물로 변신했다. 그것도 가장 중요한 왕조의 조상으로 변신했으며, 그것은 잉글랜드의 왕위를 노린 수많은 가문들에게 정치적인 쟁점으로 나타나기도 했다. 제프리 몬머스(1095?~1155?)는 헨리 1세의 요청으로 이 전설 전체를 잉글랜드 왕들에 관한 방대한 역사에 끼워넣었다. 그는 그 내용을 라틴어로 써서 1138년에 완성했다.[2] 아서왕의 치세에 꽤 많은 분량이 할당되었고, 제프리의 이야기에 가득 담긴 소재와 일화들은 몇십 년 뒤에 웅장한 내용을 지닌 기사 이야기의 뼈대가 되었다. 1155년 무렵에는 바이외의 참사회원이던 와스가 제프리의 작품에 영향을 받아서 이번에는 속어 운문으로 똑같이 『브루투스 이야기 Roman de Brut』라는 잉글랜드의 역사를 썼다.[3] 그는 이것을 플랜태저넷 왕가의 국왕 헨리 2세의 재혼 상대인 알리에노르 다키텐에게 헌정했다. 와스는 '원탁'에 관해 이야기한 최초의 인물이었다. 그는 아서왕이 기사들 사이에 자리다툼이 일어나지 않게 하려고 이것을 만들어냈다고 했다. 아울러 와스는 아발론섬에 잠들어 있는 왕이 언젠가 세상을 구할 영웅으로 되살아나서 사람들을 해방시키고, 구원으로 이끈다는 이야기를 가장 먼저 한 사람이기도 했다.[4]

투쟁 문학

와스의 작품은 제프리 몬머스의 작품보다 훨씬 더 아서왕이라는 인물을 문학적 영웅으로 바꿔갔고, (속어로 쓰인) '이야기'의 창작을 자극했다. 이 이야기들은 대체로 아서왕과 귀네비어 왕비, 왕의 조카인 가웨인과 그들을 둘러싼 기사들의 모험을 중심으로 구성되어 있었다. 그 뒤로는 잉글랜드 사람이 아니라 프랑스 사람이 이야기를 썼다. 그 선두에는 가장 유명하고 가장 큰 영향을 끼친 크레티앵 드 트루아가 있었다. 그의 삶은 거의 알려져 있지 않지만, 샹파뉴 백작 앙리 1세의 시대에 궁정 서기로 있었다. 백작부인 마리는 [나중에 잉글랜드의 헨리 2세와 재혼한] 알리에노르가 전남편인 프랑스 국왕 루이 7세와의 사이에서 낳은 딸이었다. 진짜배기 시인이던 크레티앵은 1165년과 1190년 사이의 시기에 활동했으며, 운문으로 아서왕의 세계를 배경으로 한 5편의 '이야기'를 남겼다. 그 가운데 4편이 중세 프랑스 문학의 걸작으로 꼽힌다. 『에렉과 에니드』, (랜슬롯이 주인공인) 『죄수마차를 탄 기사』, (이웨인이 주인공인) 『사자와 함께한 기사Le Chevalier au lion』, (퍼시벌이 주인공인) 『성배이야기』이다. 이 작품들은 (아서 · 귀네비어 · 가웨인 · 랜슬롯 · 퍼시벌 · 이웨인 · 케이 등) 원탁과 관련된 주요 등장인물들의 성격과 그들에게 바쳐진 문학의 주제와 소재를 큰 틀에서 결정했다. 아울러 몇 가지 모험과 '짝들'도 고정시켰는데, 크레티앵의 작품을 본받은 대부분의 작가들은 빠짐없이 이를 되풀이했다.[5]

크레티앵의 모방자 · 개작자 · 번역자는 많았지만, 대다수는 이름이 전해지지 않는다. 게다가 크레티앵은 가장 야심적이며 현대의 독자를 가장 매료시킨 『성배이야기』를 운명의 장난처럼 완성시키지 않은 상태로 남겼다. 그래서 12세기 말과 1230년 사이에 크레티앵의 원작에 이어서 후속편을 쓴 사람이 4명이나 되었다. 그들은 젊고 순진한 퍼시벌과 용감하고 예의바른 가웨인의 불가사의한 모험이 뒤섞인 이야기를 운문으로 이어서 썼다. 그러는 동안에 중세 중기의 독일어 · 노르드어 · 네덜란드어 번역본이 나왔고, 최초의 산문 이야기도 모습을 드러냈다. 산문 작품은 제프리 몬머스나 와스, 크레티앵만이 아니라, 그들의 아류들로부터도 얼마간 직접 영향을 받았다. 작가들은 주요 등장인물들의 모험을 서로 멋지게 연결시켰고, 앞 시대의 작가들이 다루지 않은 주인공들의 어린 시절에 관한 공백도 메웠다. 아울러 등장하는 다른 세대들을 연결시키려고 애썼다. 이렇게 해서 13세기 전반에는 방대한 분량의 산문 작품들이 집대성되기에 이르렀다. 아서왕과 동료들의 전설 전체가 다루어졌고, 성배라는 기독교적 주제도 펼쳐졌다. 그 뒤 이렇게 쌓아올려진 전설의 총체에 두 가지 새로운 전설이 결합되었다. 그때까지는 거의 두드러지지 않았던 마법사 멀린에 관한 전설이 먼저 결합되었고, 뒤이어 꽤 오래전부터 잘 알려져 있었고 예찬의 대상이던 트리스탄과 이졸데 전설도 합쳐졌다. 이름이 전해지지 않은 작가가 수행한 이 수정과 재구성 작업은 1215년과 1240년 사이에 3개의 방대한 이야기를 낳았다. 그리고 이것들은 근대의 여명기까지 계속해서 프랑스어로 된 아서왕 문학 가운데 가장 사본이 많이 제작되고, 가장 많이 읽힌 작품으로 자리를 잡았다. 바로 『랜슬롯과 성배Lancelot-Graal』, 『산문 트리스탄Tristan en prose』, 『기롱 르 쿠르투아 이야기Roman de Guiron le Courtois』이다. 이 이야기들은 기사 사회와, 그것의 규범·가치관·감수성의 양식에 큰 영향을 끼쳤다.[6]

12～13세기에 원탁이야기의 문학작품은 대부분 귀족계급 독자만을 대상으로 하고 있었다. 그것은 매우 이데올로기적이었고, 사회질서의 변화에 맞서는 세계관과 사회관을 강요하는 투쟁 문학이었다. 곧 젊은 이를 찬양하고,[7] 기사도를 칭송했다.[8] (아서왕은 카페 왕조나 플랜태저넷 왕조의 여러 왕들과는 달리, 조언이 필요한 봉건적 군주에 지나지 않았으므로) 꾸준히 커져가던 왕의 권력을 유감스럽게 여기고,[9] 중소 귀족의 정치적·경제적 쇠락을 몹시 아쉬워했다. 나아가 농민을 비롯한 공동체와 상인, 도시 주민을 업신여겼다.[10]

그러나 이러한 봉건적이고 '반동적'인 이데올로기를 담고 있었는데도 아서왕 전설은 일찍부터 귀족 이외의 계층들에게도 받아들여지고 있었다. 이와 관련해 전설의 수용과 사회 전반으로의 확산에 관한 연구가 부족한 것은 무척 아쉬운 일이다.[11] 그렇지만 연구에 필요한 자료들은 부족하지 않다. 오히려 여러 학문을 아우르는 접근을 촉구할 정도이며, (기마시합·마상창시합·연회·결투 등의) 기사도 의례·인명학·도상학·문장학의 네 분야는 특히 성과를 기대해 볼 만하다. 문장학은 이미 꽤 훌륭한 정보를 어느 정도 공급해왔지만,[12] 도상학은 아직도 많은 조사들이 시작되기를 기다리고 있다. [미국 학자] 로저 셔먼 루미스와 그의 아내인 로라 히바드의 선구적인 연구는 후계자를 거의 낳지 못했다. 어쨌든 증거 자료의 풍부함과 그것들을 이용한 수준 높은 연구의 부족함 사이의 괴리는 좁혀지지 않고 있다.[13] 인명학의 경우 상세히 조사할 수 있고, 많은 수량의 분석 자료를 이용할 수도 있다. 그래서 아서왕 전설이 어떻게 수용되었는지를 알아보기 위해 수행해야 할 탐구에서 우선되어야 한다. 그 핵심이 될 만한 내용을 살펴보자.

문학의 이름에서 실제 이름으로

상상은 언제나 현실 세계의 반영이자 본보기이다. 문학적 인명도 이런 원칙에서 벗어나지 않는다. 꽤 오래전부터 사회학자는 어떤 종류의 문헌이나 영화, 텔레비전 연속극의 영향으로 일시적으로 특정한 이름이 유행하는 현상을 관찰해왔다. 이러한 현상은 오늘날과 같은 '스펙터클 사회'*에서만 나타나는 것이 아니다. 16세기부터 19세기에 이르는 시기에도 몇몇 책들이 특히 남자의 이름에 영향을 끼쳤다. 낭만주의 시대만 놓고 보더라도, 독일에서는 괴테의 '베르테르'가, 프랑스에서는

---

* 스펙터클 사회(société du spectacle)는 20세기 프랑스의 작가이자 화가인 기 드보르 (Guy Debord, 1931~1994)가 1967년에 발표한 책의 제목이다. 그는 이 책에서 이 개념을 사용해 수동적인 관중으로 삶을 '시청'하게만 하는 현대사회를 분석했다.

샤토브리앙(1768~1848)의 '르네'가 그랬다.[14] 이는 매우 잘 알려진 사례이다. 하지만 이런 문화현상이 인쇄본이 등장하고 보급되기 훨씬 전인 중세에도 일찍부터 나타나고 있었다는 사실은 잘 알려져 있지 않다. 일부 문헌학자들은『롤랑의 노래Chanson de Roland』와 관련된 전통에서 비롯된 세례명인 '롤랑'이나 '올리비에'와 같은 이름의 유행에 관해 분석했다. 그랬더니 어떤 지역에서는 현전하는『롤랑의 노래』의 가장 오랜 판본의 추정 연대(11세기 말)보다도 빠른 서기 1천년 무렵에 쌍둥이 형제에 이 두 이름을 붙인 사례가 발견되었다. 이렇게 인명학은 문학사에도 도움을 주지만,[15] 유감스럽게도 아서왕 전설에 대해서는 이런 조사와 연구가 체계적으로 이루어지지 않았다.[16]

그러나 1250년 무렵 프랑스에서는 방대한 산문 작품들이 완성되면서 아서왕 전설에 기초한 인명 자료집이 확실히 구성되었고, 이미 실제 인명에 (부분적으로도) 풍부한 재료를 공급하고 있었다.[17] 독일도 마찬가지였다. 이렇게 해서 13세기 중반 이후나 가끔은 그보다도 조금 일찍부터 프랑스 북부와 서부, 잉글랜드, 플랑드르와 라인강 유역 지역, 바이에른과 티롤 등지에서 '가웨인'과 '트리스탄', '랜슬롯', '퍼시벌', '보스' 등의 이름을 지닌 사람들이 모습을 드러내기 시작했다. 그런데 문제의 핵심은 이런 이름이 기마시합이나 십자군, 어떤 기사도 의례에서 사용하던 단순한 별명이 아니라, 언제부터 진짜 세례명으로 쓰였는가 하는 점이다. 이와 관련해 13세기 말까지는 의지할 만한 자료들이 존재한다. '랜슬롯이라고 불리는 페트루스Petrus dictus Lancelot'라든가, 속어로는 '퍼시벌이라고 불리는 장Jean dit Perceval'과 같은 형식 덕분에 '별명'이라는 사실이 뚜렷이 드러나기 때문이다. 이런 형식은 특히 공증서나 연대기에 많이 나타난다. 그렇지만 이따금 별다른 설명 없이 영웅의 이름만 등장하는 경우도 있다. 이는 아마도 이미 진짜 세례명으로 사용되던 사례일 것이다.

문학의 이름에서 실제 이름으로 바뀐 것은 매우 큰 영향력을 지닌 문화현상이다. 아울러 이것은 어떤 변화가 존재하고 있었음을 알려준다. 매우 오랜 기간에 걸쳐서만 관찰되지만, 서양에서는 점차 (어떤 집단으로의 귀속을 나타내고, 그 집단에 '속한' 한정된 이름의 저장고에서 가져오며, 조상이나 대부가 필수적인 역할을 하는 엄격한 규칙에 따라 할당되는) '물려받은' 이름이라는 세습체계로부터 부모에게 '선택된' 이름이라는 더 자유로운 체계로 옮겨가는 변화가 나타났다. 그 체계는 유행과 기호, 더 나아가 개인적인 정서·종교·심리까지 고려한다. 이러한 변화는 민족학자와 인류학자들이 가장 먼저 주목했지만, 오늘날에는 인구학자나 인명을 연구하는 역사가들에게도 잘 알려져 있다.[18] 하지만 문학사는 그러한 변화가 흔히 이야기되는 것보다 훨씬 이른 시기부터 나타나고 있었다는 사실을 알려준다.

실제로 인명학이 알려주는 사실들에 따르면, 13세기 중반이 얼마 지나지 않은 꽤 이른 시기부터 아서왕 전설에 등장하는 주요 인물들의 이름이 수많은 지역들에서 받아들여졌다. 그리고 크고 작은 귀족들만이 아니라, 크레티앵 드 트루아와 그 후계자들의 작품을 낭독하는 것을 들을 기회조차 가질 수 없었던 사람들도 현실에서 그런 이름을 실제로 지녔다. 13세기 후반에 노르망디, 피카르디, 보베 등지에 살던 농민들 중에도 아서왕 전설에서 비롯된 이름을 지닌 사람이 있었다는 사실이 (공증서·인장·지대 장부·다양한 통계 조사 결과와 같은) 법률적 가치가 높은 자료들에서도 확인된다. 예컨대 노르망디의 어떤 농민의 인장을 보면, 그는 '랑스로Lancelot'라는 세례명과 '아바르Havard'라는 성을 가지고 있었다. (지금의 센마리팀의) 부스 교구에 살던 이 랑스로 아바르라는 인물은 인장이 첨부된 증서에는 '농부rusticus'라고 밝혀져 있는데, 일꾼이 아니라 자영농이었을 것이다. 어쩌면 마을의 유력자였을 수도 있다. 그의 인장이 첨부된 증서는 1279년 루앙 근교의 농지에 넓은 땅을 소유하고 있던 주미에주 수도원이 교구의 몇몇 농민들과 주고받은 것이었기 때문이다.[19] 이 인장은 중요한 자료이다. 그 시대에 (아마 증서에 기록된 연도보다 20~30년 전에 태어났을) 한 명의 농민이 문학작품에 등장하는 영웅의 이름, 그것도 원탁의 기사들 가운데 가장 평판이 높던 기사의 이름을 가질 수 있었다는 사실을 증명해준다. 나아가 그 이름이 법률적 가치가 뚜렷한 매체, 곧 그것을 사용하는 인물의 신용이나 책임과 관련된 인장 위에 자리를 잡았다는 사실을 보여준다. 이는 결코 가볍게 여길 일이 아니다.[20]

아서왕과 관련된 의식들

랑스로 아바르의 사례는 예외적인 것이 아니었다.[21] 이는 아서왕 전설과 관련된 이름들이 비교적 빨리 확산되었다는 사실을 뒷받침해준다. 아울러 이러한 현상과 관련해서 13세기에는 농민들의 문화가 중소 영주들의 문화와 그리 다르지 않았다는 사실도 알려준다. 이 두 계층은 일상적으로 접촉하고 있었으므로 이데올로기적인 의미는 다르더라도, 서로의 기호와 꿈을 어느 정도는 공유하고 있었다.[22] 적어도 프랑스 왕국에서는 아직 귀족과 농민 사이를 가르는 문화적 구분이 성직자와 속인, 도시와 시골 사이만큼 뚜렷하지 않았다. 아서왕 전설은 무엇보다 시골의 문화에, (귀족들이 살던) 대저택의 문화와 (농민들이 살던) 오두막집 문화 양쪽에 모두 속해 있었다.[23]

시골 사회로 전설이 보급된 것은 (전설과 관련된 고유명사의 보급과 마찬가지로) 아서왕 전설과 관련된 기마시합이나 구경거리가 원탁이야기에서 영향을 받아 13세기에 줄곧 늘어났던 점과도 연결해 살펴보아야 한다. 이런 종류의 기마시합이 맨 처음 열린 것은 키프로스섬에서 1223년 (십자군 국가의) 베이루트의 영주 장 디블랭(1179~1236)의 아들이

기사서임식을 했을 때였다. 1230년 무렵부터는 독일·스위스·오스트리아·잉글랜드·스코틀랜드·북프랑스에서, 왕·군주·영주·기사 등이 아서왕과 그의 동료들인 것처럼 '꾸미고', 그들의 모험이나 공적을 다시 구현하려고 시도했다.[24] 이를 위해 그들은 문학작품 안의 이름과 문장을 채택했다. 처음에는 (군사원정이나 1278년 [프랑스 북서부] 엠에서 열린 기마시합 같은 기사들의 축제 등에서)[25] 일시적인 형태로, 나중에는 더 상시적인 형태로 이루어졌다. 잉글랜드 국왕 에드워드 1세(재위 1272~1307)는 중세 잉글랜드에서 가장 큰 권력을 행사했던 군주 가운데 하나였지만, 통치 기간에 꽤 많은 부분에서 아서왕 전설에 빠져 있는 모습을 보였다. 특히 스코틀랜드를 상대로 전쟁을 벌일 때 수많은 기마시합과 마상창시합, 축제와 '원탁'이 기획되었는데, 그것들은 운문이나 산문으로 된 이야기들에 묘사된 행위들을 본떠서 나타났다.[26] 거느리던 대부분의 기사들이 참여한 이런 의식들은 13세기 귀족사회에서 이야기를 본뜨는 행위가 더 중요해졌다는 사실을 보여준다. 일부 귀족계층에 속한 사람들에게 세계는 (용어 자체가 중세의 것이지만) '이야기화 enromancement'한 모습으로 나타났다. 이야기는 귀족 이데올로기를 반영할 뿐 아니라, 그것의 본보기이기도 했던 것이다.[27]

(농민이 다수였겠지만) 모든 계층의 관객이 구경하고, 연출과 놀이, 다채로운 배경을 동반해서 열린 이와 같은 기마시합은 적어도 시인이나 이야기 작가의 작품들의 전승만큼 사회의 다양한 계층에 아서왕과 그의 동료들의 이름을 확산시키는 데 기여했을 것이다. 13세기 말 아서왕 전설이 도시 공간으로도 유입된 뒤로는 더욱 그러했다. 한자동맹의 큰 도시에 사는 사람들 가운데에도 왕과 기사를 흉내 내는 이들이 나타났다. 그들도 아서왕 전설을 본뜬 축제나 기마시합을 기획했고, 성배협회나 원탁협회와 같은 단체들을 조직했다.[28] 다음 세기의 초기에는 라인강 유역, 네덜란드, 북프랑스의 여러 도시들로도 이 새로운 유행이

퍼져갔다. 쾰른, 리에주, 투르네, 브뤼허, 릴, 발랑시엔, 아라스 등의 도
시들이 아서왕 전설과 관련된 놀이와 구경거리를 기획하는 일로 점차
유명해졌다.[29] 14세기 중반에는 파리에서도 이러한 현상이 나타났고,
남프랑스 · 이탈리아 · 에스파냐로도 퍼져갔다. 아서왕 전설이 확실히
도시로 진입하게 되었던 것이다. 아서왕인 양 꾸미고, 그의 기사들에게
서 이름을 가져오는 것은 도시적인 것이 되었다. 이제는 상업도시의 시
민들도 군주의 곁을 에워싼 계층과 마찬가지로 이런 행위에 빠져들었
다.[30] 중세 말의 사회는 모두가 아서왕의 열기에 휩싸여 있었던 것처럼
보인다. 이런 현상은 (네덜란드나 이탈리아와 같은) 어떤 지역에서는 16
세기 중반까지 이어졌다.[31]

트리스탄, 사랑받은 영웅

'원탁' 영웅들의 이름이 시간과 (지리적 · 사회적) 공간을 아우르며 널
리 보급된 것에 관한 통계적 연구가 시도되어야 할 것이다. 그러나 인
명학은 연구하기가 어려워서 고유한 방법을 익힌 전문가만이 할 수 있
다. 그렇지만 유감스럽게도 그러한 전문가는 수가 너무 적을 뿐 아니
라, 그마저도 중세에 관해서는 세례명보다는 성에만 매달려 있다.[32] 인
명학 전문가가 아닌 나로서는 익숙한 자료, 곧 인장으로 대상을 한정
할 수밖에 없었다. 그래서 (증서의 날짜를 기준으로) 1501년 이전, 곧 15
세기까지 프랑스의 영역 안에서 만들어진 4만 개 정도의 인장에 새겨
진 세례명을 대상으로 조사를 했다.[33] 인장은 그것이 첨부된 증서로 연
대와 장소를 확인할 수 있는 자료이고, 대체로 언제나 소유자의 세례명
이 밝혀져 있다. 나는 그 자료들에서 13세기 초부터 15세기 말에 이르
는 시기에 아서왕 전설에서 가져온 것이 분명한 이름을 현실의 인물이
사용한 431개의 사례를 찾아냈다.

연대상으로 이런 이름은 13세기 말과 14세기의 3분기에 줄곧 활발히 유행했던 것 같다. 그러나 그 이름을 지닌 자가 인장 소유자였다는 점, 곧 그들이 인장이 첨부된 자료에 표시된 날짜보다 한 세대나 두 세대 전에 태어난 성인이라는 점을 놓치면 안 된다. 지리상으로는 피카르디, 보베, 퐁티외, 프랑스 벡생과 노르망 벡생의 몇몇 지방들에서 (431개의 사례 가운데 4분의 1 가까이나 차지할 정도로) 가장 많이 발견되었다. 그 뒤를 이은 것은 플랑드르, 아르투아, 파리, 노르망디 등이었다. 그러나 분명히 해 두어야 할 것은 나는 접할 수 있는 범위의 인장만을 자료로 삼았고, 5분의 4 정도가 푸아티에와 리옹을 잇는 선의 북쪽에 위치한 지역에 치우쳐 있다는 점이다.[34] 이와 관련해서 이 '브르타뉴인' 영웅들의 이름이 다른 곳도 아니라 브르타뉴 지역에서 드물게 나타난다는 사실도 눈여겨볼 만하다. 아서왕 전설은 이 분야에서는 (도상학·문장학과 같은) 다른 몇몇 분야들에서와 마찬가지로 비교적 (브르타뉴 반도를 포함한 프랑스 북서부 지역의 옛 명칭인) '아르모니카' 사람들에게는 영향을 크게 끼치지 않았던 것 같다.

그렇지만 이러한 조사는 사회·문화적인 측면에서는 매우 의미가 있는 성과를 가져다준다. 실제로 현실의 인물이 아서왕 전설과 관련된 이름을 지닌 사례가 사회의 모든 계층들에서 발견된다고는 하지만, 14~15세기에 그런 이름을 가장 활발히 사용했던 것은 (신분이 낮은 귀족이나 전쟁 유공자 같은) 소귀족과 부유한 시민이었다. 13세기 이후 상급귀족에서 아서라는 이름은 (3명의 공작이 그것을 사용한 브르타뉴 가문이나 코세 가문과 같은) 몇몇 명문가에서 전통적인 세례명으로 사용했던 경우를 제외하고는 사례를 찾아보기 어렵다. 프랑스 왕국에서는 앙시앵레짐 말기까지 상위 귀족의 세례명은 하위 계층보다 덜 다양했으며, '세습재산'으로서의 성격을 더 강하게 나타내고 있었다.

중세 말에 아서왕과 관련된 인명을 (일시적인 별명을 제외하고) 실제의 세례명으로 하는 관습은 가장 변화의 한가운데에 서 있던 두 사회계층과 관련이 있었다. 하나는 얼마간 몰락해가던 소귀족이었고, 다른 하나는 사회적으로든 정치적으로든 지위가 높아지던 부유한 도시상인 계층이었다. 소귀족에게 그러한 관습은 백년전쟁에서 크게 훼손된 기사로서의 위신을 조금이라도 유지하기 위한 수단이었다. 아울러 인명이라는 '겉모습'으로 경제적·정치적 쇠퇴를 메우려는 수단이기도 했다. 거꾸로 부르주아에게는, 아니면 적어도 도시 귀족에게는 (정략결혼, 자금 대부, 왕에게의 봉사 등 귀족사회로 참여하기 위해 행한 다른 것들과 마찬가지로) 문학적 가치체계에 기초해 귀족문화와 귀족계급으로 들어가기 위한 사회적 전략이었다.

문학 텍스트를 연구하는 역사가에게도 현실의 인물이 아서왕 전설에 등장하는 주요 인물들의 이름을 사용한 빈도의 지표는 매우 시사적이다. 다음 표가 분명히 보여주듯이, 가장 선호된 것은 (이제까지 때때로 기록되어 왔던 것과는 달리 아서왕의 세계에 속해 있는) 트리스탄으로, 그것은 '아서'나 '랜슬롯'보다 뚜렷하게 앞서 있다.

[표] 원탁의 기사 이름이 세례명이나 이름으로 사용된 빈도

이름	사례의 수(개)
트리스탄 Tristan	120
랜슬롯 Lancelot	79
아서 Arthur	72
가웨인 Gauvain	46
퍼시벌 Percival	44
이웨인 Yvain	19
게일호트 Galehaut	11
보스 Bohort	11
리오넬 Lionel	7
사그라모어 Sagremor	5
팔라메데스 Palamède	5
기타	11

(1501년 이전의 약 4만 개에 이르는 프랑스 인장의 명문을 자세히 조사한 연구에 기초)

트리스탄 전설이 '랜슬롯'이나 '아서', 나아가 '성배'나 '퍼시벌'에 얽힌 전설보다 우위에 있었다는 사실은 다른 증거들로도 확인된다. 예컨대 남아 있는 사본의 수이다. 현재 남아 있는 13세기 말과 15세기 말 사이의 사본들을 보면, (다양한 수정본을 포함해)『산문 트리스탄』이야기의 사본이 가장 많다. 이는 아서왕 이야기들 가운데 이것이 가장 많이 필사되고 읽혔다는 사실을 알려준다.[35] 도상학 차원의 증거도 있다. 가장 뚜렷한 증거는 채색삽화에서 나타나는데, 벽화나 벽걸이도 그리 다르지 않다. 프랑스 인근의 나라들에서 중세 말의 인명을 조사한 결과에서도 독일과 오스트리아에서는 (볼프람 폰 에셴바흐 덕분에 퍼시벌도 많이 나타나지만) 트리스탄의 우위가 분명히 확인된다.[36] 이탈리아도 (랜슬롯이 거의 엇비슷하게 나타나고 있어서) 그보다는 조금 덜하지만 크게 다르지 않다.[37] 잉글랜드에서는 (스코틀랜드와는 달리) 웨일스에서 비롯된 이름일 '가웨인'이 가장 많이 발견된다.[38] 이는 그 불가사의한 멋진 이야기『가웨인 경과 녹색기사Sir Gawayn and the Green Knight』덕분은 분명히 아니다. 사본이 하나밖에 없고, 보급도 제한되었기 때문이다.

아무쪼록 인명학 연구자나 전문가들이 이 문제에 달라붙어 내 작업을 보완하는 조사를 해 주기를 바란다. 특히 이탈리아에서는 1280년부터 1480년에 이르는 시기에 〔북부의〕에밀리아나 롬바르디아 인근 지역에서 자료가 풍부히 발견된다.[39] 15세기 중반의 유력한 왕가이던 에스테 가문은 계속해서 아서왕과 관련된 영웅들을 숭배하고, 그들의 이름을 가져와 사용한 대표적인 가문이었다. 예컨대 랜슬롯의 두 사촌 리오넬과 보스의 이름을 지닌 레오넬로Leonello와 보르소Borso 형제가 잇달아 페라라 공작의 지위에 올랐다. 아울러 그들의 이복형제는 (트리스탄의 아버지인 멜리오다스에서 비롯된) 멜리아두세Meliaduse라는 이름을 지녔고, 많은 누이들 가운데에는 (이졸데에서 비롯된) '이지타Isitta'와 (귀네비어에서 비롯된) '기네브라Ginevra'라는 이름을 지닌 이가 있었다.[40] 이러한 아서왕과 관련된 이름의 유행은 수십년 전에 밀라노 공작가인 비스콘티 가문에서도 비슷하게 나타났다. (랜슬롯의 아들인 갤러해드에서 비롯된) '갈레아초Galeazzo'와 (랜슬롯의 친구인 게일호트에서 비롯된) '갈레오토Galeotto'라는 이름을 지닌 사람이 몇 명이나 있었다. 뒷날 만토바의 영주인 곤자가 가문도 이보다는 조금 덜하지만, 아서왕과 관련된 인명을 사용하는 데 동참했다.

그런데 인장 연구에만 집중하면, 여성의 이름은 소홀해지기 쉽다. 내가 모은 4만 개 정도의 인장 명문 가운데 여성과 관련된 것은 550개 정도밖에 되지 않는다. 그 가운데 '귀네비어'는 한 명도 없고, 〔이졸데의 프랑스어 표현인〕 '이즈Iseut'라는 이름은 모두 3명이 발견된다. 가장 오래된 것은 브르타뉴와 노르망디의 경계에 영지를 가지고 있던 아스퀼프 드 솔리네의 아내인 이즈 드 돌이라는 여성이다. 1183년의 날짜를 지닌 자료에 그녀의 인장이 첨부되어 있다.[41]

인명의 이데올로기

귀족 가문들에서는 원탁 영웅들의 이름을 처음에는 별칭으로 사용했으나, 나중에는 세례명으로 대를 이어 사용하는 유행이 나타났다. 프랑스에서는 13세기 말 이후 드뢰 가문에서 그런 모습이 확인된다.[42] 이 경우 (드뢰 가문은 루이 6세의 셋째아들로, 1188년에 죽은 드뢰 백작 로베르 1세를 시조로 하고 있으므로) 카페 왕가의 둘째아들 이하의 분가에서 그러한 사례가 발견된다는 점이 매우 흥미롭다. (왕가와의 친족관계가 점차 멀어졌으므로) 이 분가는 수십 년 동안 가문의 영광이 쇠퇴하고, 보유하던 영지도 줄고 있었다. 역사가는 당연히 이런 물음을 던지게 된다. 그런 상황에서 문학적인 이름을 꾸준히 사용한 것은 걷잡을 수 없이 진행되던 정치적·왕조적 쇠퇴를 메우기 위한 수단은 아니었을까? 드뢰 가문에서도 (드뢰보사르 가문이나 드뢰샤토뇌프 가문과 같은)[43] 그 내부의 둘째아들 이하의 분가에 소속된 구성원들이 유독 아서왕과 관련된 이름이나 별칭을 가장 활발히 사용했다는 사실은 이를 뒷받침한다. 이런 방법을 세습해 사용한 사례는 14세기 피카르디 지방의 중위 귀족가문인 퀴에레 가문에서도 발견된다. 이 가문에서는 장자 가계의 장자들은 대를 이어 (랜슬롯의 사촌으로 아서왕의 세계가 붕괴한 뒤에 홀로 살아남은 기사인) '보스'라는 별칭을 사용했다.[44] 그리고 둘째 이하의 아들이나 다시 그 둘째 이하의 아들은 (아서왕의 조카인) '가웨인'이나 '트리스탄', (보스의 형제인) '리오넬'이라는 별칭을 사용했다.[45] 여기에서는 현실의 친족관계와 문학상의 친족관계가 결합된 지적 실천이 확인되는데, 그 방법을 자세히 연구하면 많은 점에서 도움이 될 것으로 보인다.

16세기로 접어든 뒤에도 문학적 인명이 실제의 인명들에서 곧바로 모습을 감추지는 않았다. 잉글랜드에서는 [중세의 아서왕 이야기들을 집대성한] 토머스 맬러리(1415?~1471)의 작품 덕분에 몇십 년 동안 꾸준히 인기를 끌었다. 대륙에서는 원탁 이야기의 인쇄본이 보급되면서 다시 유행이 시작되었고,[46] 이 유행은 17세기를 지나 18세기에 이르러서야 잦아들었다. 적어도 프랑스·독일·네덜란드에서는 중세 기사도 이야기의 축약판이 행상 판매로 널리 보급되는 상황에서도 잦아드는 경향을 보였다. 그러다 19세기 후반 빅토리아 왕조의 영국에서 시작해 대륙에서도 아서왕과 관련된 이름이 다시 유행했다. [아서왕 전설에서 영감을 얻은] 앨프리드 테니슨(1809~1892)의 시와 [라파엘로 이전의 자연스러운 화풍을 지향하며 아서왕 전설 같은 중세적 소재를 즐겨 다루었던] 라파엘 전파前派 운동에 참여한 윌리엄 모리스(1834~1896)와 에드워드 콜리 번존스(1833~1898)와 같은 예술가들의 작품 덕분이었다.[47]

세례명은 결코 중립적인 것이 아니다. 그것은 최초의 사회적 '표지'이고, 최초의 속성이며, 최초의 표장이다. 이름은 (살아 있을 때만이 아니라 죽은 뒤에도) 소유자를 식별해주며, 감수성의 가장 깊은 부분을 이룬다. 따라서 당연히 이런 의문이 생긴다. 중세 연구자들은 왜 이렇게 오랫동안 인명에 관심을 기울이지 않았을까? 역사가는 그 연구를 문헌학자들에게 떠넘겼고, 문헌학자는 어원학과 음성학의 겉만 그럴싸한 논쟁에 갇혀 있었다. 정보과학의 시대를 맞이해 이제는 부분적이고 지역적인 개별연구의 단계를 뛰어넘을 때가 되었다. 엄청난 규모의 수량적 연구는 인명학과 관련해 역사인류학에게는 친숙한 다양한 문제들, 곧 문화적 모델의 확산, 친족구조, 성인 숭배, 인명에 대한 교회의 태도 등의 문제들에 새로운 정보를 줄 수 있을 것이다.[48] 아울러 그러한 연구는 인명이 중세 사회의 현실 안에서 더 적절한 자리를 찾게 해줄 것이다. 이름은 어떻게, 누구에게, 어떤 이유에서 선택되었을까? 그 이름은 일상생활에서 이름의 소유자를 가리키는 데 정말로 유용했을까? 살면서 이름이 바뀌는 일이 있었을까? 이름은 소유자한테 어떻게 받아들여지고, 선언되고, 등장하고, 변형되고, 버려졌을까? 다른 사람들에게 이름은 어떻게 받아들여졌을까? 이름은 어떤 가치체계를 담고 있었을까? 중세 말 새로운 사회양식과 분류체계를 형성하기 위해 이름은 성과 어떤 관계를 이루고 있었을까? 앞으로의 연구는 이러한 물음들에도 답하려고 노력해야 할 것이다.

14

라퐁텐의 동물지

17세기 시인의 문장지

"숲의 무리의 불사조란 무엇인가?" 장 자크 루소는 『에밀Émile』의 유명한 구절에서 빈정거리듯 이렇게 묻는다. '까마귀와 여우' 이야기를 글자 그대로 해석하면서,* 이 우화가 아이들에게 이해될 수 없음을 나타낸 구절이다.[1] 루소는 라퐁텐의 우화들이 모호하고 부도덕하다는 점을 밝히려 애쓴다. 그래서 치즈의 성질과 품질에 관해 묻는 것조차 서슴지 않으며 멋대로 질문을 던진다. '까마귀는 무엇인가?' 논쟁적일 때 흔히 그렇듯이, 루소는 지나치게 비판적으로 몰아붙이다가 분별력 있는 관찰에는 걸맞지 않은 반론을 섞어버리기에 이른다.

확실히 불사조라는 비유는 겉멋을 부린 듯이 보인다. 그리고 라퐁텐의 글이 아이들에게 늘 알기 쉬운 것은 아닐 수도 있다. 하지만 그렇더라도 『우화』에 등장하는 동물들을 식별하거나 이해하는 데에는 아무 문제가 없었다. 모두 (인간과 동물의 관계에 관한 역사를 연구할 때의 기본

---

* 여우는 치즈를 물고 나뭇가지에 앉아 있는 까마귀에게 가서 '숲의 무리의 불사조'라고 칭송한다. 그리고 아름다운 모습만큼 목소리도 아름다운지 궁금하다고 말한다. 우쭐해진 까마귀가 부리를 벌려 치즈를 떨어뜨리자 여우는 이를 잽싸게 낚아채고는 모든 아첨꾼들은 그들 말에 솔깃해하는 자들에게 빌붙어 산다는 사실을 알아두라고 경고한다.

개념인) '친숙한' 동물이었기 때문이다. 물론 그 가운데에는 길들여진 동물도 있고, 야생동물도 있다. 대부분 토착동물이지만, 외래동물도 있다. 그러나 모든 동물은 서양 문화에서 아득한 고전고대부터 매우 친숙한 동물지의 일부를 이루던 것들이었다. 오래 전부터 유럽에서는 거의 볼 수 없었던 사자와 코끼리도 마찬가지였다. 모두가 라퐁텐의 독자들에게는 나이와 시대를 뛰어넘어 친숙한 동물들이었다. 라퐁텐의 우화가 이 동물들을 친숙하게 만들었다고 생각하는 것은 잘못이다. 그것은 터무니없는 생각이다. 이 동물들은 라퐁텐이 등장하기 훨씬 오래전부터 다른 우화는 물론이고, 수많은 문헌과 도상, 신화, 온갖 종류의 관습과 의례들로 이미 친숙해져 있었다. 그 보편적인 동물상은 몇 세기에 걸쳐 유럽 문화라는 체를 거쳐 추려진 동물지였다. 속담, 인명학, 문장학이라는 세 영역만 살펴보더라도 그런 사실을 확인할 수 있다. 그것들도 우화·전설과 마찬가지로, 때로는 그것들과 협력해서 그러한 동물지가 자리를 잡는 데 이바지했기 때문이다.

친숙한 동물지

라퐁텐의 동물지에서는 새로운 것을 거의 찾아볼 수 없다. 앞선 이들에게서 소재를 빌려오지 않은 이야기의 숫자가 한정되어 있기 때문만은 아니다. 무엇보다 저마다의 동물들에게 가장 흔한 특징을 부여하려했기 때문이다.

물론 그 특징은 본성이 아니라 문화가 만들어낸 것이다. 지금껏 오랫동안 라퐁텐에게서 자신이 사는 지역의 들과 숲의 동물상을 주의 깊게 살피는 관찰자의 모습을 찾으려 해왔다. 하지만 얼토당토않은 짓이다.[2] 그는 1652년 샤토티에리의 하천삼림감독관이 된 뒤 20년 가까이 그 자리에 있었다. 하지만 이를 근거로 그가 그 지역의 동물상을 마치 박물학자처럼 관찰했다고 믿는 것은 어리석기 짝이 없는 일이다. (과연 그가 진짜로 샹파뉴의 숲을 자주 찾아가서 머물렀을까?) 17세기에 문학의 창조는 우화라 할지라도 동기에 기초해 이루어지지 않았다. 특히 교양과 관련된 장르인 우화의 경우에는 더욱 그러했다. 게다가 흔히 생각하는 것과는 달리 라퐁텐은 결코 진짜 시골사람이 아니었고, 숲에 살지도 않았다. 기껏해야 '정원의 인간', 다시 말해 정원을 즐기던 사람이라고나 할 수 있었다. 그것도 온실이나 텃밭이 아니라, 베르사유 궁전의 정원과 같은 '푸르른 미로'를 즐기던 사람이었다. 이 정원이 그가 몇몇 우화를 생각하는 데 결정적인 구실을 했다는 사실은 오늘날 잘 알려져 있다.[3] 요컨대 라퐁텐이 데카르트나 말브랑슈의 아류가 내세운 (동물을 생각할 수 없는 기계로 본) '동물기계론'에 강하게 반대했다고 해서, 그를 동물 수호에 앞장선 자연주의자로 여겨서는 안 된다.[4] 오히려 동물을 단순한 자동기계로 보기를 거부했던 것은 자연주의 흐름의 맞은편에 자리한 교양인의 태도였고, 엘리트주의적인 것이었다.

라퐁텐이 그려낸 동물들은, 그가 말한 것처럼 시골의 한가한 무료함 속에서 만난 동물들이 결코 아니었다. 대다수가 이미 고대와 중세의 우화작가들이나 동방의 이야기 작가들, 『여우이야기』나 이솝우화, 동물을 소재로 한 시의 세계와 같은 온갖 전통들에 등장했던 동물들이었다. 게다가 들판과 숲을 사랑하고, 물과 나무그늘의 시원함을 찾고, 양치기와 그의 양을 이웃으로 두고, 하늘과 새를 바라보고, 자연과 그것의 변화·날씨·계절과의 완전한 조화 속에서 자신을 지각하는 이 모든 것은 지식인 계층의 전통과 관련되어 있었다. 베르길리우스 이후 그러한 것들이 즐겨 이야기로 만들어지고, 노래로 불리고, 선언되어 왔다. 그러한 태도는 빗속에서 진흙투성이가 되어 가시덤불과 벌레를 무릅쓰며 실제로 그것을 행동으로 옮기는 것과는 큰 차이가 있었다. 그 태도는 자연 그 자체를 대상으로 한 것이 아니라, 문헌들에서 얻은 지식으로 만들어진 자연에 대한 관념에 지나지 않는 것이기 때문이다.[5] 그것의 최초의 원천은 도서관에 있었고, 라퐁텐은 그 본보기와 같은 사례였다. 그가 등장시킨 동물들은 초원이나 들과 숲이 아니라 독서로부터, 특히 유럽과 아시아의 우화집들에서 추려낸 것들이었다.[6]

전통과 문헌, 도상에 의지하는 것으로 라퐁텐은 쓸데없는 자잘한 설명을 줄일 수 있었다. 알기 어려운 자연이 아니라 도서관 안에는 (고대든 중세든 근대든) 존재와 사물에 관한 모든 지식들이 있었기 때문이다. 전통에 의지한 덕분에 그는 우화의 첫 줄부터 독자를 너그러운 공모자로 만들 수 있었다. 자신이 아는 것을 찾아낸 독자는 큰 기쁨을 느꼈다. 동물의 왕인 사자는 오만하고 위엄이 있었고, 여우는 교활하고 종잡을 수 없었다. 늑대는 언제나 굶주려 있고 잔혹했으며, 당나귀는 어리석고 게을렀다. 토끼는 유쾌하고 느긋했으며, 까마귀는 시끄럽고 욕심이 많았다. 동물들은 모든 우화에서 그런 성질을 지니고 있었다. (이솝이나 파이드로스, 아비아누스 등이 쓴) 고대의 우화에서도 어느 정도는 이미 지니고 있던 성질이었고, 17세기의 이야기와 전설, 속담과 민요, 백과전서와 표장에 관한 문헌들, 문장지와 그로부터 비롯된 도상들에서도 변함없이 유지되던 성질이었다. 16~17세기에 동물학에서 나타난 자그마한 진보가 이런 유산을 어떤 형태로든 뒤흔들 수 있었다고 여기는 것은 지나치게 순진한 생각일 것이다.[7] 여러 세기를 거치면서 지식인 계층의 문화와 민중문화에서 이러한 동물의 성질은 점차 틀에 박힌 형태로 굳어졌다. 그리고 뛰어난 동물예술이라고도 할 수 있는 문장학은 언제나 형태보다 구조를 우선하며 아주 오래전부터 이어진 불변의 뼈대 주위에 일종의 유연성을 만들어냈다. 동물들이 그 뒤 어떻게 쓰이든 결코 자신의 성질을 잃지 않을 그런 유연성이었다.

문학적 문장지

실제로 라퐁텐의 『우화』에는 자주 문장체계가 숨겨져 있다. 꼭 라퐁텐과 그의 동료들을 옹호하거나 비방했던 누군가의 문장을 암시하는 형태였던 것은 아니다. 〔라퐁텐 시대의 프랑스 정치인들인〕푸케의 다람쥐나 콜베르의 물뱀, 르텔리에의 도마뱀, 〔라퐁텐의 후원자이던 부용 공작부인 마리아 안나 만치니와 관련된〕부용 가문의 사자, 만치니 가문의 강꼬치고기, 〔라퐁텐의 책을 펴낸〕출판업자 클로드 바르뱅의 개와 같은 것들 말이다. 더 자세히 연구해볼 필요는 있겠지만,[8] 이런 문장들은 조심스럽게 접근해야 하며, 가장 중요한 것들도 아니다. 게다가 그 문장체계는 이런저런 가문의 문장에 등장하는 문양으로 제한되어 있지도 않다. 실제로 개인들은 저마다 가문 문장의 동물 이외에 하나 이상의 다른 동물을 (17세기의 의미로)〔문장에 새겨진〕명구銘句처럼 사용할 수 있었다. 예컨대 루부아Louvois 후작인 르텔리에는 자기 가문의 유명한 문장인 도마뱀 옆에 특유의 '말하는 표장'을 덧붙였다. 늑대였다. 그것도 (17세기의 표장체계가 수수께끼나 언어유희를 즐겨 사용했듯이)[9] 사자처럼 얼굴이 옆으로 향하지 않고, 레오파르두스처럼 앞을 향한 '응시하는 늑대loup voit'였다.[10]

하지만 핵심은 이런 것들에 있지 않고, 무엇보다 우화에 등장하는 동물의 제한된 목록 안에, 나아가 각각의 우화에서 동물들이 이루고 있는 일관된 체계를 만드는 방법 안에 있다. 아울러 우화의 밑바탕에 있는 문장체계의 강력한 구조 안에 있고, 그로부터 나오는 교훈, 곧 문장의 장식으로 새겨진 '신조motto'처럼 대부분 언제나 이야기 끝에 등장하는 격언이나 경구 형식의 교훈 안에 있다. 표장과 관련된 문헌들이 라퐁텐에 끼친 뚜렷한 영향은 꽤 오래전부터 강조되어 왔다.[11] 그런데 여기에서는 그러한 문헌들 못지않게 문장 표기와 문장학이 시적 창조의 전면에 등장한다. 이런 점에서 라퐁텐이 1668년과 1694년 사이에 3권으로 펴낸 『우화』는 17세기가 우리에게 남긴 가장 멋진 문학적 문장지이다. 곧 가문과 문장 소유자로 분류해 놓은 평범한 문장지가 아니라, 문장의 문양으로 분류된 '정돈된' 문장지이다.

『우화』에 등장하는 동물들은 본연의 동물들이 아니다. 매미가 노래하고, 종달새가 둥지를 짓고, 늑대가 새끼양을 먹어치우고, 당나귀와 수컷 노새가 무거운 짐을 짊어진다고 해서 자연 그대로의 동물은 아니다. 그렇다고 그들이 인간인 것도 (인간만인 것도) 아니다. 인간처럼 떠들어 대고, 말다툼을 하고, 순례를 떠나고, 결혼을 하고, 보살핌을 받고, 매장 되고, 심지어 그들의 사회에 왕과 대신, 고문들이 있고 궁전과 오두막 집, 재판소가 있다고 해도 인간은 아니다. 아울러 연극이나 가장행렬에서 볼 수 있는 모형이나 가면도 아니고, 징표도 아니다. 일반적이지 않고 개별화되어 있기 때문이다. 오히려 그것들은 '동적 문양meubles'이다. 문장학이 이 낱말에 뚜렷이 부여하고 있는 의미에서 말이다. 곧 그들은 기하적적인 형상과는 달리 방패 안에 고정되어 있지 않고 문장마다 다른 모습으로 다르게 배치될 수 있는 문양이다. 그것은 숫자·위치·관계·형태·색이 변화하고, 이 방패에서 저 방패로 공간을 옮기고, 계통과 반향·연속성과 단절을 만들어내며, 모든 문장지에 고유한 체계를 가져다준다. 심지어 라퐁텐은 등장시킨 식물과 사물도 그런 식으로 다룬다. 1660∼1680년 무렵에 나타난, 부르고뉴의 피에르 팔리오와 예수회 수사인 클로드프랑수아 메네스트리에라는 뛰어난 두 문장학자의 논고와 교본에서 볼 수 있는 문장의 문양들처럼 말이다. 특히 메네스트리에의 문헌은 18세기의 꽤 늦은 시기까지 계속 베스트셀러로 남아 있었다.[12] 실제로 사자·늑대·여우가, 아니면 떡갈나무와 갈대, 도토리와 호박, 옹기 항아리와 쇠 항아리가 어떤 차이가 있을까? 사실 아무 차이도 없다. 이것들은 문장의 문양이고, 그것도 공인된 문장학의 동적 문양이다. 식물과 사물도 우화작가의 문장지와 동물지에 자리를 잡았다. 우화작가의 동물지도 중세의 동물지와 마찬가지로 동물에 한정되지 않는다. 당연한 일이다. 그렇지 않으면 동물이 빠진 우화는 우화가 아니게 되어 버리기 때문이다.

표장적인 동물들

이따금 이 동물지의 단순함과 일관성은 몇 가지 우화의 불균질성이나 복잡함과 대조되는 것처럼 보이기도 한다. 몇몇 동물이 되풀이해서 나온다. (사자·늑대·여우·당나귀·개·쥐와 같은) 6종의 동물이 10편 이상의 우화에 등장하고, (수탉·원숭이·까마귀·소처럼) 거의 계속 등장하는 동물도 있다. 이러한 되풀이는 하나의 세계 그 자체를, 곧 닫힌 우주를 구성한다. 흔히 생각하는 것과는 달리, 라퐁텐의 동물지에는 그리 많은 종류의 동물이 등장하지 않는다. 1668년부터 1694년 사이에 3권으로 묶여 출간된 238편의 우화에 50종 남짓의 동물만 나온다. 심지어 그 가운데에는 굴이나 무늬말벌처럼 한 번만 나오는 동물도 여럿이다. 등장하는 동물종의 숫자나 출현 빈도 등을 조사해서 라퐁텐의 동물지를 앞 시대의 작품과 통계로 비교해보는 것도 의미 있는 작업일 것이다. 라퐁텐이 보탠 것은 그리 많지 않을 것이다.[13] 하지만 그것들은 일종의 (압력을 조절하는) 밸브장치가 되어 체계가 원활히 작동할 수 있게 해준다. 그런 체계는 새로운 것이 전혀 나타나지 않으면 굳어버리기 때문이다. 어떤 종의 동물이 등장하는지의 여부도 살펴볼 필요가 있으며, 인간이 이 동물지의 일부를 이루는 것으로 여겨지고 있는지도 눈여겨보아야 한다.

그 이유는 모든 동물지와 마찬가지로 우화의 동물지에서도 동물들은 등장 횟수를 서로 다르게 부여받고 있기 때문이다. 라퐁텐 동물지의 두 주역 배우는 바로 사자와 여우이다. 하지만 이 두 동물은 이미 고대

와 중세의 우화에서도 주인공이었다. 아울러 이들은 동물 상징의 필연
적인 두 측면을 이루고 있었다. 남성적인 동물과 여성적인 동물, 왕가
의 동물과 민간의 동물, 태양의 동물과 달의 동물, (노란색이나 황갈색인)
'금색' 동물과 (빨간색이나 적갈색인) '적색' 동물이다.[14] 사자와 여우라는
두 종의 동물만으로도 문장의 색이 절반이나 다루어진다. 라퐁텐의 동
물지는 분명히 계층화된 동물지이지만, 계층화의 기준은 자연의 규칙
이나 동물학의 분류가 아니다. 바로 문장 문양으로서의 평판이다. 12세
기에서 13세기로 바뀔 무렵에 서양의 상징체계에서 사자를 동물의 왕
자리에 앉힌 것은 문장이었다. 그리고 17세기에 잠시 그 자리에 앉아
있던 독수리를 쫓아내고, 사자를 다시 왕위에 앉힌 것은 라퐁텐의『우
화』였다.[15]

여러 편의 우화에 되풀이해서 등장하는 동물들의 문장학적 성질을
뚜렷하게 드러내는 문법적인 특징도 있다. '그 까마귀le corbeau', '그 여
우le renard', '그 사자le lion', '그 매미la cigale', '그 개미la fourmi', '그 개구리
les grenouilles'라는 식으로 정관사가 자주 사용되는 것이다. 이러한 문법
표현은 〔프랑스어의 'au'는 'à'와 'la'가 합쳐진 것이므로〕 '은색 바탕에 흑색 까마
귀d'argent au corbeau de sable'나 '흑색 바탕에 금색 사자de sable au lion d'or', '금
색 바탕에 적색 여우d'or au renard de gueules', '적색 바탕에 앞발을 들고 있
는 흰담비털무늬 늑대de gueules au loup ravissant d'hermine' 등과 같은 문장 표
기의 표현과도 유사하다. (오래된 판본에서는 'le Lion, le Renard, le Corbeau'
처럼 대문자가 사용되기도 하는데) 정관사는 각각의 동물들에 거의 고유
명사나 마찬가지인 이름을 부여할 뿐 아니라, 각각의 종을 원형으로 볼
수 있게 한다. '어떤 여우'가 아니라 '그 여우'인 것이다. (신체적 · 사회
적 · 도덕적 · 심리적인) 변별적 특징은 동물의 개별적 특성이라기보다는
오히려 종에서 나타나는 일반적 특성이다. 그리고 이것은 자연사가 아
니라, 문화적 전통과 관련이 있다. (거듭 강조하지만 우화만큼 박물학적이

지 않은 것은 없다.) 예컨대 어떤 매미도 '파리나 작은 벌레'를 먹이로 삼지 않는다. 그것은 식물의 수액만 먹고 사는 곤충이다. 하지만 개연성이 (다시 말해 진실이) 교묘히 사용되어, 전통에서 매미는 시끄럽고 게걸스런 존재이다. 이처럼 우화가 동물들에게 저마다 부여하고 있는 이미지는 독자가 그것에 대해 가지고 있는 관념과 일치해 있다.

우화의 문장학

출현 목록의 변화도 그 자체로 문장지를 이루지만, 더 나아가 이 전형적인 동물들은 이야기에서 전통적인 문장학의 통사법에 따라 움직이고 서로 관계를 맺는다. 실제 우화는 문장과 마찬가지로 겹으로 구조화되어 있고, 장면마다 읽힌다. 맨 아래의 면은 최초의 상황과 관련되어 있다. 대체로 위기 상황이고, 앞으로 펼쳐질 이야기는 여기에 뿌리를 둔다. 가운데 면에는 사건이 놓여 있다. 그 사건은 어느 정도의 길이를 지니며 최초의 상황을 변화시킨다. 이것이 그 유명한 '각양각색의 백 개의 막들cent actes divers'로, 말과 이야기에 변화를 가져온다. 맨 앞의 면에서는 최종 상황이 제시되는데, 이는 현존하는 힘의 새로운 균형에서 생겨난다. 하지만 우화 문장은 거기에서 끝나지 않는다. 마지막으로 교훈이 '모든 것들 위에서 다른 문양들과 겹쳐' 독자와 가장 가까운 면을 이루고 있기 때문이다. 16~17세기의 문장학자나 문장에 관한 문헌을 쓴 학자들에게 친숙한 용어법을 사용하면, 명구는 이야기라는 '육체'의 진정한 '혼'이다. 문장과 마찬가지로 면의 순서대로 해석이 이루어진다. 가장 깊은 면부터 시작되며, 결코 다시 돌아갈 수는 없다. 라퐁텐이 사용한 동사의 시제도 이러한 층층의 구조를 강조한다. 처음에는 반半 과거로 시작했다가, 점차 단순 과거나 이야기의 현재를 거쳐서, 마지막에는 경구나 격언, 보편적 진실을 나타내는 초시간적 현재로 나타난다. 여기에서도 문장의 구조가 강하게 느껴진다. 깊은 안쪽의 과거, 바로 앞면의 현재, '모든 것들 위에서 다른 문양과 겹쳐' 영원이 나타나는 것이다.

라퐁텐은 젊었을 때 오라토리오회 수도사들과 18개월을 보냈다. 17세기 문장학 교육 분야에서 선구적 존재이던 이 수도회는 아마 그에게 깊은 영향을 남겼을 것이다.[16] 동물지를 일종의 문장지로 구상하고, 우화집을 낱낱이 문장의 원칙에 기초해 적을 정도였으니 말이다. 하나하나가 모두 생동감 넘치는 이야기였고, 도덕적 은유와 표장적 선언, 격언, 교육 프로그램과 기억술이었다. 곧 진정한 문장지였다.

애수의 검은 태양

중세 이미지의 낭독자 네르발

"문장은 역사의 열쇠이다." 19세기 말에 수많은 문장학 문헌들이 첫 머리에 즐겨 인용하던 말이다. 제라르 드 네르발(1808~1855)이 한 이 말 은 시인이 문장학에 큰 관심을 가지고 있었음을 보여준다.[1] 그러나 네 르발 연구자들은 이 말을 이따금 조심스럽게 언급하곤 하지만, 막상 그 가 문장학에서 느낀 매력과 열정을 연구 대상으로 삼으려 하지는 않는 다. 네르발이 연금술이나[2] 프리메이슨,[3] 밀교와 신비주의,[4] 계보학[5]과 맺 고 있던 관계마저 깊게 연구되어 있지만, 그와 문장학의 관계를 다룬 것은 한 권의 책도, 한 편의 논문도, 한 개의 단락도 찾을 수 없다.

그 작업은 문장학자의 손으로 이루어질 수밖에 없을 것이다. 네르발 이 작품을 쓰던 1840년부터 1850년까지의 시기에 문장학이 놓여 있던 상황을 모두 이해하고 접근해가기란 쉽지 않기 때문이다. 그 시기의 문 장학은 더는 앙시앵레짐 시대의 체계적이고 활기찬 모습이 아니었고, 10년이나 20년쯤 지난 뒤에 독일과 프랑스에서 잇달아 부활한 학문적 문장학으로서의 모습은 아직 갖추지 못한 상태였다. 곧 그 시기의 문장 학은 자유롭고 낭만주의적이고 제멋대로인 '음유시인'의 문장학이었다. 그러나 일상의 현실에서 벗어나고, 지식에 기초한 학문적 엄격함을 추구하지 않아, 시인의 상상력에는 더 매력적이고 유용했다. 실제로 네르발의 작품 안에는 문장학이 곳곳에 자리를 잡고 있다. 문장의 언어에서 빌린 어휘와 표현, 가상의 문장에 관한 (때로는 잘못된) 기술, 문장이나 그와 유사한 것에 얽힌 이야기, 편지나 필사본에 그려진 문장에 관한 짧은 서술 등이 그런 것들이다. 분명히 네르발 연구자에게는 문장과 관련해 자세히 살펴보아야 할 자료들이라고 할 수 있을 것이다.

그러나 여기에서 내가 하려는 것은 그렇게 야심에 찬 작업이 아니다. 1853년 말에 쓰였으며, 네르발의 시 가운데 가장 유명하고 가장 활발히 연구된 「엘 데스디차도El Desdichado」에 한정해서, 문장에 관한 14세기 초의 채색 필사본이 그것에 영향을 끼친 중요한 원천 가운데 하나였음을 밝히려 할 뿐이다. 중세 연구자인 나로서는 이 14개의 행으로 이루어진 시를 연구한 문헌들에 망설임 없이 덤벼들기는 쉽지 않다.[6] 프랑스의 문학작품들 가운데 이 시만큼 열띤 분석과 다양한 해석을 낳은 작품도 없다. 행마다, 낱말마다, 음절이나 음운마다 몇 편의 학위 논문과 저작, 논문들이 바쳐져 있을 정도이다.[7] 이런 상황에서 그 목록을 더 늘리는 것이 과연 올바른 일일까? 순순히 받아들여지기나 할까? 선뜻 자신 있게 답하기 어렵다. 그렇지만 이 글은 새로운 해석을 시도하거나 설명을 바로잡으려는 것이 아니다. 어떤 열쇠나 해석을 찾거나 제시할 생각도 없다. 역사가에게 모든 문학작품과 예술작품은 작가가 뜻한 것일 뿐 아니라, 역사가 만들어낸 것이기도 하다. 게다가 모든 작품은 본질적으로 다의성을 지닌다. 독자들이 저마다 자신들의 개성·문화·기질·염원에 기초해 다양한 수준의 의미를 선택하기 때문이다. 네르발이 의도적으로 다양한 수준의 의미를 부여한 「엘 데스디차도」는 다른 어떤 작품보다도 그런 원칙에 기초해 있다. 그러므로 이 글에서 내가 하려는 것은 14행으로 된 이 시의 하나 이상의 의미를 해석하거나,[8] 그것의 내적 구조나 전체의 흐름을 탐구하려는 것이 아니다. 단지 그것의 원천을 찾아보려 할 뿐이다. 의식적이든 무의식적이든 작품을 가다듬은 수많은 과정을 이끌어간 실마리가 되었던 원천 말이다.

엘 데스디차도

나는 암울한 자, 홀아비, 위로받지 못한 자,
부서진 탑의 아키텐 군주.
내 유일한 별은 죽었고, 별이 총총한 내 류트는
애수의 검은 태양을 지니고 있지.

무덤의 밤 속에서 나를 위로해 주던 너
내게 돌려다오. 포질리포와 이탈리아의 바다를,
슬픔에 잠긴 내 마음에 그토록 큰 기쁨이던 꽃을,
포도나무 가지와 장미가 어우러진 넝쿨을.

나는 아무르인가, 페뷔스인가? … 뤼지냥인가, 비롱인가?
내 이마는 아직 여왕의 입맞춤으로 붉지
인어가 헤엄치던 동굴에서 나는 꿈을 꾸었지 ……

그리고 나는 두 번이나 승리자로서 저승의 강을 건넜지
오르페우스의 리라 소리에 번갈아 맞추며
성녀의 탄식과 요정의 외침을.

호화로운 필사본

모든 비평가들이 외면하고 있지만, 내게는 문장학이 (이미 오래전부터 다양하게 제시된) 모든 원천들 중에서 가장 일찍, 가장 풍부히 영향을 끼친 원천으로 보인다.[9] 14개의 시행 가운데 9개의 행이 일부든 전부든 분명히 문장지라는 토양에서 싹을 틔운 것으로 보이기 때문이다. 늘 중세의 문장을 접하고 있는 나는 14행으로 된 이 시를 문장에 기초한 특유의 해석 방법으로 읽고서, 이런 결론에 이르렀다. 실제 그 9개의 시행은 중세가 현대에 남긴 가장 유명한 필사본의 채색삽화를 거의 직접 연상시킨다. '마네세 사본Codex Manesse'이라고 불리는 그 필사본은 취리히나 [독일과 스위스의 접경지역에 있는] 보덴호수 인근에서 1300~1310년 무렵에 제작되었고, 1888년까지는 파리국립도서관에 소장되어 있었다. 나로서는 네르발이 이 사본을 보지 못했다거나, 그것이 「엘 데스디차도」의 구상과 창조에 (물론 어떤 방식으로 영향을 끼쳤는지는 살펴보아야 하겠지만) 영향을 끼치지 않았다고는 도무지 믿기 어렵다.

마네세 사본의 역사는 파란만장하다.[10] 그것은 12~13세기 독일 음유시인들의 매우 방대하고 호화로운 작품집으로, 로거 마네스라는 이름을 지닌 취리히의 부유한 귀족을 위해 만들어진 것으로 추정된다. 이 필사본은 14세기 초에 슈바벤이나 스위스의 작업장에서 필사와 채색 장식이 이루어졌다. 그리고 17세기 초에 하이델베르크의 화려한 팔라티나 선제후도서관에서 발견되면서 일찍부터 학계와 예술계에서 널리 알려졌다. 30년 전쟁 초기인 1622년 도시가 황제의 군대에 약탈당했을 때 필사본은 그곳에서 자취를 감추었는데, 몇 해 뒤에 프랑스의 유명한 애서가인 뒤피 형제의 장서로 다시 모습을 드러냈다. 뒤피 형제의 장서는 1656~1657년에 프랑스 국왕에게 유증되었는데, 마네세 사본도 '독일 필사본 32'라는 분류번호를 받고 왕립도서관에 보관되었다. 그리고 19세기 말까지 그곳에 있었는데, 이미 1760~1780년대부터 몇몇 독일의 군주와 문인, 학자들은 이 중세 게르만 문화의 빛나는 유산을 독일로 반환할 것을 요구하기 시작했다. 그러한 목소리는 19세기를 거치면서 더욱 커졌고, 마침내 1888년 초에 프랑스 국립도서관 관장이던 레오폴드 드릴은 〔독일과 국경을 마주한 프랑스 북동부〕 스트라스부르의 서적상인 트뤼브너와 교환 협정을 맺었다. 프랑스가 일찍이 왕립도서관에 소장하고 있다가 약탈당했던 애시번햄 장서의 166종 문헌을 돌려받는 대가로 트뤼브너에게 15만 프랑을 지불하고, 마네세 사본도 독일의 공공도서관으로 보내는 조건으로 넘겨준다는 내용이었다.[11] 교환은 2개월 뒤인 1888년 4월 10일에 이루어졌다. 마네세 사본은 하이델베르크대학 도서관으로 옮겨졌고, 지금도 그곳에 보관되어 있다. 이 반환은 독일 전역에서 애국주의적 열광을 불러일으키며 환영받았다.[12]

독일어로는 '마네세 필사시집Manessische Lieder-handschrift'이나 '대 하이델베르크 필사시집Große Heidelberger Lieder-handschrift'이라고도 불리는 마네세 사본은 오늘날 게르만 지역에서 가장 유명한 중세 필사본으로 남아 있다. 복제본도 여러 차례 만들어졌는데,[13] 그 가운데 몇 종은 연대가 꽤 오래되었고,[14] 채색삽화도 (업신여겨지기는커녕) 무수히 복제되어 수많은 곳들로 퍼져갔다. 라인강 너머 대중들에게 이 문헌은 랭부르 형제가 1413~1416년에 제작한 장 드 베리 공작의『매우 호화로운 시도서 Les Très riches heures』가 프랑스에서 누리는 명성만큼 잘 알려져 있다.

마네스 사본에 실린 채색삽화는 137장인데, 모두 (25×35.5cm인) 한 면 전체의 크기이다. 힘찬 양식으로 그려진 그림들인데, 적어도 3~4명의 손을 거친 것으로 보인다. 작품집에 실린 시를 쓴 140명의 시인들 가운데 137명이 대부분 궁정에 있거나 싸우는 장면으로, 가끔은 홀로 있는 모습으로 표현되어 있다. 그런데 대부분의 그림들이 문장을 포함하고 있다. 방패 모양뿐인 문장도 있고, 왕관이 얹혀 있는 문장이나 투구꼭대기장식이 덧붙여진 문장도 있다. 이 문장은 시인 자신의 것이거나, 필사본에 채색삽화를 그린 화가가 시인에게 부여한 것들이다. 문장학 연구에 따르면, 이 문장들 가운데 4분의 3은 시인의 전기나 전설, 유명한 시구에 기초해 상상으로 만들어진 것이다.[15]

이러한 상상 속의 문장은 '사랑의 문장Minnewappen'이라고 불렸다. 문장을 구성하는 문양의 주된 상징적 의미가 궁정식 사랑이기 때문이다. 장미꽃이나 장미나무, 보리수 잎, 심장, 젊은 여인의 상반신, 나이팅게일, 방석, ('사랑amor'의 머리글자인) 알파벳 에이 등이었다. 음유시인의 문장과 함께, 그리 많은 숫자는 아니지만 몇몇 장면에서는 다른 인물이 실질적으로 문장화한 옷을 입고 나타난 경우도 있다. 이런 문장학적 요소들이 한데 모여 중세 문장에 익숙하지 않은 사람들에게는 매우 기묘한 인상을 준다. 그래서 17세기 말에 파리의 교양 있는 수집가 로제 드 게니에르를 위해 제작된 마네세 사본의 부분 복제본은 '환상 문장지 화첩le recueil de ces peintures d'Armorial fantastique'이라고 불렸다.[16] 그것은 틀림없이 독일과 중세, 문장에 모두 끌린 낭만주의 시인을 매혹시키고, 강한 인상을 남기기에 충분한 회화적 원천이었다.

검은 태양

「엘 데스디차도」의 원문에는 문장학 특유의 용어는 전혀 포함되어 있지 않다. 하지만 실질적으로 문장학적인 표현으로 볼 수 있는 구절이 두 군데 발견된다. 하나는 (제2행의) "탑의 … 군주"라는 표현인데, '사자의' 기사가 사자 문장을 지닌 기사이듯, 이는 탑 문양의 문장을 지닌 것을 나타낸다.[17] 다른 하나는 (제3~4행의) "내 류트는 … 지니고 있지"라는 구절이다. 여기에서 사용된 '지니다porter'라는 동사는 [문장학에서 '문장을 지니다'라는 뜻으로 쓰이는 말이므로] 전형적이라고 할 만큼 문장학적이다. 이 두 특징적인 표현은 마네세 사본의 두 이미지가 그대로 네르발의 시로 옮겨온 것처럼 보인다. 마네세 사본에는 (폴리오 54와 194에) 탑이 그려진 방패를 지닌 기사 시인이 표현되어 있다.

그 유명한 '검은 태양'을 지닌 '별이 총총한 류트'의 (문학적 원천이 아

그림 23 폴리오 194의 삽화   **그림 24** 폴리오 312의 삽화

니라) 회화적 원천이 무엇인지도 확인된다. '검은 태양'이라는 표현은
네르발의 작품에 여러 차례 등장하는데, 이에 관해서는 수많은 논의가
이루어져 왔다.[18] 마네스 사본에는 (폴리오 312에) 시인 라인마르 데어
피들러가 문장의 투구꼭대기장식으로 (류트보다는 〔활을 켜서 연주하는〕 피
들처럼 보이는) 현악기를 지니고 있는데, 그것은 네 군데에서 (문장학 용
어로는 '흑색'으로 표현되는) '검은' 불길이 타오르고 있다. 태양 모양의
이 불길은 또렷한 화풍과 어두운 색조로 매우 강렬한 시각적 인상을 준
다. 틀림없이 네르발의 기억에 촉매가 되었을 그 이미지는 다른 이미지
들과 결합해 매우 수수께끼 같은 두 행의 시구를 낳는 데 영향을 끼쳤
을 것이다. 프랑스의 시 가운데 가장 활발히 연구가 이루어진 이 (제3~
4행의) 두 구절에 관해 지금까지 이루어진 해석들에 조금이라도 이의를
제기할 생각은 없다. 특히 뒤러의 동판화인 '멜랑콜리아Melencolia'[19]의
이미지와 비교하는 것은 네르발의 작품에도 두 차례 나오는 이미지이

기도 하므로 반론을 제기할 여지가 별로 없어 보인다.[20] 하지만 시의 제4행에 나타난 멋진 시적 이미지의 최초의 원천은 마네세 사본의 삽화에 대한 기억에 있다고 확신한다. 게다가 이 '검은' 문장학적 불꽃은[21] 같은 필사본 안에 실린 다른 채색삽화들에도 등장한다. 예컨대 (폴리오 17에서) 기사가 기마시합에서 이런 불꽃으로 이루어진 투구꼭대기장식을 하고 있는 모습도 확인된다. 이 그림은 다른 어떤 것보다도 검은 태양 모양이 뚜렷하다. 그리고 기울어진 투구 위에 놓여 기묘하게 놓인 형태 때문에 왠지 '우울한' 전사를 가리고 있는 것처럼 보인다. 도판 17

네르발이 독일 음유시인들의 작품집에서 가져온 이미지는 '탑의 영주', '별이 총총한 류트', '검은 태양'만이 아니다. 네르발 시의 다른 4개의 행도 (화자의 정서를 대상화하는) 시적 거리두기 없이도 필사본의 그림들에서 확인된다. "포도나무 가지와 장미가 어우러진 넝쿨을"이라는 제8행을 살펴보자. 네르발은 이 소재를 네 차례나 사용했는데,[22] 이것은 10여 장의 세밀화에 등장한다. 거기에는 (장미가 궁정식 연애를 대표하는 꽃이듯) 매우 특이하게 도안된 장미나무 아래에서 시인과 귀부인이 대화를 나누는 모습이 저마다 다르게 표현되어 있다. 이 그림들은 실제로 꼬불꼬불한 줄기가 포도나무 가지를, 연인들의 머리 위에 아치 모양이나 하트 모양으로 배치된 가지와 꽃이 넝쿨을 연상시킨다. 이는 (폴리오 249 이면의) 시인 콘라트 폰 알스테텐을 그린 그림에서 유독 분명히 나타난다. 이 그림은 아마도 "내 이마는 아직 여왕의 입맞춤으로 붉지"라는 제10행의 원천이기도 할 것이다. 여기에는 관을 쓴 여성이 시인의 얼굴에 입맞춤을 하는 모습이 한가운데에 묘사되어 있다. 오른쪽 위에 그려진 투구꼭대기장식의 검은 깜부기불도 눈에 띈다. 마치 애수의 태양 세 개를 멋지게 형상화해 놓은 것 같다. 도판 18

조금 조심스럽기는 하지만, "나는 암울한 자, 홀아비, 위로받지 못한 자"라는 「엘 데스디차도」의 제1행도 마찬가지로 세 명의 유명한 시인

그림 25 폴리오 30의 삽화　　　　**그림 26** 폴리오 124의 삽화

을 나타낸 세 장의 채색삽화를 시각적 원천으로 하고 있다고 볼 수 있
다.[23] 이 세 사람은 '우울한' 생각이나 위로받기 어려운 사랑의 고통에
빠져 있는 것처럼 보인다. 바로 (폴리오 20의) 루돌프 폰 노이언부르크
와 (폴리오 30의) 하인리히 폰 펠데케, (폴리오 124의) 발터 폰 데어 포겔
바이데이다. 분명히 이 세 사람의 자세는 중세 도상학에서 단순히 마음
의 고통만 표현하지 않는다.[24] 하지만 네르발은 그것들을 그런 의미로
받아들였던 것 같다. 19세기 중반에는 중세 이미지의 도상학과 규칙이
그다지 많이 알려져 있지 않았고, 정확히 연구되어 있지도 않았다. 잘
못된 (아니면 적어도 오늘날 우리와는 다른) 해석 방법, 지나친 추측, 의미
의 왜곡 등이 빈번히 나타났고, 해석자가 예민한 상상력을 지닌 시인
이라면 더욱 그러했다. 이 구절의 3개의 시어에서 나타나는 (점점 강해지
는) 크레센도는 필사본의 (폴리오 20, 30, 124의) 3장의 삽화의 연속 안에
서도 나타나는, 더 강조되는 마음의 고통을 표현하고 있는 것처럼 보인
다. 수많은 장미꽃이 (폴리오 20에서는 장미나무 형태로, 폴리오 30에서는

배경에 흩뿌려진 형태로) 있는 것도 눈길을 끈다. 시인들의 작품집 처음부터 끝까지 이 꽃은 관습적 소재처럼 되풀이해서 등장하는데, 중세 독일에서는 궁정식 연애, 곧 그 유명한 [기사의 귀부인에 대한] '사랑Minne'의 표장이거나 상징이었다. "슬픔에 잠긴 내 마음에 그토록 큰 기쁨이던 꽃"이라는, 네르발의 제7행이 표현한 것도 장미꽃이 아닐까? 연구자들이 시인이 직접 적은 메모에 근거해서 이 시적이고 신비로운 꽃을 매발톱꽃으로 해석하려 애쓰고 있더라도 말이다.[25]

창조의 밑바탕

요컨대 제7행을 비롯해 (1·2·3·4·7·8·10행의) 전체 행의 절반 정도가 마네세 사본의 그림을 최초의 원천으로 삼고 있다. 그런데 시에는 뚜렷함이라는 측면에서는 분명히 뒤떨어지지만, 마찬가지로 필사본의 몇몇 장면과 연결시킬 수 있는 다른 요소들도 있다. 예컨대 제13행에 나오는 '리라'가 그렇다. 이것은 '폴리오 271'과 '폴리오 410'에 그려져 있는 (클라비코드처럼 보이기도 하는) 현악기와 연결시킬 수도 있을 것이다.[26] 아울러 "그리고 나는 두 번이나 승리자로서 저승의 강을 건넜지"라는 제12행의 구절 전체도 마찬가지이다. 앞부분은 (문학 경합에서 승리한) 시인이나 (전사의 시합에서 승리한) 기사가 승리자로 귀부인에게 관을 수여받는 (폴리오 11·54·151 등에 나오는) 장면과 연결시킬 수 있다.도판19 그리고 뒷부분은 앞 구절의 의미와 따로 떼어놓을 수 없겠지만, '폴리오 116'과 관련된 것으로 해석할 수 있다. 이 그림에서 시인 프리드리히 폰 하우젠은 배를 타고 강을 건너고 있는데, 화가는 그 강물 안에 지옥의 정경을 묘사해 놓았다.도판20

이처럼 14행 가운데 9개의 행이 독일 음유시인들의 작품집에 영감을 받았다고 볼 수 있다.[27] 바로 이런 점에서 이 시의 다양한 원천들 중에서도 마네세 사본이 중요한 씨앗 구실을 했다는 사실이 분명히 드러난다고 할 수 있을 것이다.[28] 그렇다면 이것은 명료하고 확고한 시적 작업으로 이루어진 것일까, 아니면 조금은 의식적인 시각적 기억의 결과로 나타난 것일까?

이 물음에 답하려면 네르발의 시적 창조 기법을 완벽히 이해하고 있어야 할 것이다. 하지만 수많은 연구가 작가에게 바쳐졌지만, (다행히) 아직 그에 이르지 못하고 있다. 아울러 이 시와 잇달아 쓰인 그것의 네 가지 이본[29]의 탈고에 큰 영향을 끼쳤을 전기적·심리적 환경도 자세히 살펴볼 필요가 있을 것이다. 그렇지만 이러한 작업은 이미 시도되어 여기에서 다시 자세히 다룰 필요는 없다. 네르발은 이 시를 정신적 혼란이 새롭게 닥쳐온 직후인 1853년에 썼다. 그 뒤 그는 끊임없이 그것이 재발되지는 않을까 하는 불안감을 가지고 살아갔다. 「실비Sylvie」와 거의 같은 시기에 이 시를 쓴 것에서도 알 수 있듯이, 그는 어린 시절과 젊은 시절의 행복했던 날들에 대한 기억을 밑바닥부터 더듬어가면서 병과 싸우고 있었다. 하지만 희망을 품지 않고, 점차 다가올 운명을 깨달았다. 그래서 이 시는 초판본에서는 '운명Le Destin'이라는 냉혹한 제목을 붙이고 있었지만,[30] 비통한 외침이 높아지면서 마침내 〔에스파냐어로 '불행한 자'라는 뜻인〕 '엘 데스디차도'로 제목이 바뀌었다. 이는 월터 스콧의 『아이반호』에서 가져온 것으로,[31] 그 외국어의 억양은 절대적인 절망을 상기시키는 표장으로 구실을 했다.[32]

그런데 가장 구체적인 연구로 밝힐 수 있는 유일한 문제는 네르발이 마네세 사본을 원래의 사본으로 정말로 보았는지, 그렇다면 언제 어디에서 어떤 상황에서 보았을까 하는 것이다. 누구나 생각하듯이, 나중에 왕립도서관으로 된 국립도서관 필사본 전시실에서였을까? 1852~1853년 무렵이었을까, 아니면 그보다 훨씬 이른 시기였을까? 한 차례였을까, 여러 차례였을까? (완본이든 일부든) 1840년과 1853년 사이에 제작된 여러 복제본 가운데 하나를 구한 것일까?[33] 이런 물음들에 답하려면 네르발과 학문의 세계, [중세 독일 음유시인이 읊은 연애시인] 민네장 전문가나 루이 두에 다르크와 같은 괴짜 중세 문장 전문가[34] 등과의 관계도 더 상세히 알아야 한다. 마찬가지로 그가 소장하고 있던 책들과, 테오필 고티에·빅토르 위고·알렉상드르 뒤마처럼 그와 가까웠던 사람들의 소장도서, 국립도서관과의 관계도 더 자세히 알아야 한다. 그가 국립도서관을 규칙적으로 자주 방문해서 책을 대출했다는 사실은 잘 알려져 있다.[35] 그렇다면 채색삽화가 있는 필사본도 열람했을까?

그런데 이 물음이 정말로 그렇게 중요한 것일까? 네르발이 마네세 사본에 흥미를 지니지 않았다거나, 채색삽화와 문장을 감상하지 않았을 리는 없을 것이다. 그것은 19세기 중반에 이미 매우 널리 알려져 있던 필사본이었고, 때때로 국립도서관이 전시했던 귀중한 책들 가운데 하나였다. 다양한 형태로 많은 복제본이 보급되어 있었고, 게다가 그것은 네르발이 깊은 관심을 보였던 '중세' '독일'의 '시·문장학·음악'에 관한 필사본이었다. 중세 게르만에 대한 관심,[36] 민네장 애호가이자 똑같이 국립도서관의 열정적인 이용자였던 하인리히 하이네와의 우정도 그를 그 유명한 필사본으로 이끌지 않았을 리 없다.[37] 필사본을 원본으로 직접 접하지는 못했더라도 부분적인 복제본으로라도 접했을 것이다. 네르발은 1850년 베르나르 샤를 마티유와 프리드리히 하인리히 폰 데어하겐이 출판한 복제본이나,[38] 프리드리히 하인리히 폰 데어하겐이 1842년과 1852년 사이에 '독일의 중세 음유시인'에 관해 연구한 다양한 문헌들 안에 포함시켜 펴낸 복제본을 보았을 수도 있다.[39] 어쨌든 '검은 불꽃'의 알레고리로부터 상징적인 '검은 태양'으로의 변화를 보면, 네르발이 필사본의 원본을, 그것의 감탄할 만한 문장학적 양식과 한결같은 색조의 색채를[40] 직접 보았다고 생각할 수 있을 것이다.[41]

열린 작품

앞서 보았듯이 '마네스 사본'과 「엘 데스디차도」를 비교·검토하는 것은 지금까지 한 세기가 넘는 세월에 걸쳐 제시되어온 이 시에 대한 분석과 주해, 해석들을 조금도 훼손하지 않는다. 놀라운 지식의 소유자였던 네르발이 모든 문화, 모든 유추, 모든 의미의 차원을 자유롭게 다루었다는 사실은 잘 알려져 있다. 그래서 14개의 행으로 이루어진 이 시를 해독이라고까지는 할 수 없겠지만, 해명하기 위해 전기적 기록·점성술·신화학·역사학·신비주의·연금술·프리메이슨·음악·미술 등 다양한 차원에서 참으로 다양한 가설들이 제기되어왔다. 그러나 실질적으로 이것들은 서로 대립하기보다는 보완하는 것들이라고 할 수 있다. 이 시는 무한히 누릴 수 있는, 다시 말해 뭐라고 특정하기 어려운 암시와 전율이 집약되어 독자들에게 수많은 의미와 반향과 꿈을 가져다주는 열린 작품이기 때문이다. 그래서 "부서진 탑의 아킨텐 군주"는 이제까지 다양하게 제기되어왔듯이 네르발의 (상상 속의) 조상이거나, 월터 스콧의 작품에 등장하는 인물, 사자심왕 리처드 1세의 동료, 뤼지냥 가문의 영주, 흑태자, 가스통 페뷔스, 16번 타로 카드, 더 나아가 시인 자신이었다.[42] 이것들을 부정하는 것은 결코 아니다. 시는 근본적으로 다의적이기 때문에 시이다. 독자는 저마다 자기 나름으로 읽고 해석할 수 있고, 그렇게 해야만 한다.

네르발의 시적 창조에서 문장학이 맡은 역할,[43] 중세 독일 음유시인들의 문장이 들어간 그 유명한 작품집을 본 일이 네르발에게 남긴 강한 인상이[44] 이제까지 내가 제시한 해석을 넘어서서 더 분명히 밝혀지기를 바란다. 시의 구절들마다 몇 번이나 다시 고쳐 쓴 것, 시의 행들이 다르게 될 뻔했다는 사실은[45] 그 인상이 최초의 뚜렷함을 유지할 수 없었다는 사실을 환기시킨다. 네르발이 마네세 사본의 삽화 몇 개를 살짝 바꿰서 의도적으로 시를 만드는 식의 방법을 쓴 것은 명백히 아니다. 삽화가 「엘 데스디차도」의 시적 창조에 작용한 방식은 분명히 어느 정도 거리를 둔, 촉매 작용과 같은 것이다. 그것은 때로는 거의 강박적으로, 때로는 점차 사라지듯 작용한다. 이 사본에 대한 기억이 네르발의 다른 글들에도 흔적을 남겼을 수도 있다. 그런 흔적을 모으기 위한 조사와 연구는 이미 시작되어 있다.[46] 「엘 데스디차도」는 결코 다른 작품들과 떼어 놓을 수 없다.[47] 그것은 〔다른 텍스트와의 연속된 관계 위에 놓인〕 인터텍스트*로서의 성격을 두드러지게 지니고 있으며, 모든 암시와 반향, 비탄이 교차하는 곳에 자리를 잡고 있기 때문이다. 곧 그것들의 표장인 것이다.

---

* 인터텍스트(intertexte) : 인용 · 표절 · 복사 · 모방 등 텍스트와 텍스트 사이의 모든 상호관계를 포함하는 개념으로 '상호텍스트'나 '간間텍스트'로 나타내기도 한다. 모든 텍스트는 다른 텍스트들과의 영향과 수용의 상호관계 안에서 의미와 표현의 작용을 주고받은 결과로 존재한다는 것을 나타내는 개념이다. 곧 모든 텍스트는 한 작가의 작품들의 관계와 서로 다른 작가의 작품들과의 관계, 장르를 초월한 다른 예술 텍스트와의 상호 연관 관계 안에 위치해 있다는 사실을 강조한다.

16

아이반호의 중세

낭만주의 시대의 베스트셀러

중세 상징사를 마무리하면서, 중세를 배경으로 가장 널리 알려진 낭만주의 시대의 작품 하나를 짧게 살펴보려고 한다. 그것은 직업적 역사가의 학술 문헌이나 중세에서 전해진 역사적 문헌이 아니다. 모든 시대를 통틀어 가장 많이 팔린 허구적 작품 가운데 하나이자, 20세기 초까지는 서양에서 가장 널리 읽힌 소설인 『아이반호Ivanhoe』이다.[1] 이 작품의 명성과 영향력은 도대체 '진짜' 중세는 어디에 있는 것인지, 중세의 사료 안에 있는 것인지, 학자와 역사가의 펜 끝에 있는 것인지, 중세 이후의 문학과 예술 작품에 있는 것인지 되묻게 할 정도이다. 문학과 예술 작품은 분명히 역사적 사실을 자유롭게 다루지만, 유행이나 이데올로기에 대한 종속의 정도는 더 적을 것이다. 연구자가 재구성한 과거는 새로운 발견과 질문, 가설 등의 영향을 받아 나날이 변화한다. 그렇지만 어떤 종류의 허구적인 작품이 묘사해낸 과거는 이따금 변하지 않고 원형적이어서 거의 신화적인 본성을 획득한다. 아울러 그 본성의 주변에 우리의 꿈과 감수성만이 아니라 지식의 일부를 쌓아두기도 한다. 『아이반호』도 이런 작품으로 분류할 수 있을 것이다.

그런데 허구의 작품과 학자의 연구를 구분하는 경계선이 과연 그렇게 뚜렷한 것일까? 나는 30년 넘게 하루에도 몇 시간씩 중세의 자료를 보며 지내왔지만, 이 경계선에는 투과성이 있다는 사실을 잘 알고 있다. 다시 말해 학자의 작업도 현실을 잊는 도피의 문학이라는 것을, '진짜' 중세는 고문서보관소의 자료나 고고학적 증언, 심지어 직업적 역사가의 저작들 안에서 찾아야 하는 것이 아니라, 변화하지 않는 양식을 지닌 상상을 만들어내는 예술가·시인·소설가들의 작품 안에 있다는 것을 알고 있다. 게다가 나는 이를 유감스럽게 여기기는커녕 오히려 흔쾌히 받아들인다.

어마어마한 베스트셀러

1819년 12월 『아이반호』를 출간했을 때 월터 스콧(1771~1832)은 이미 48세였다.[2] 그는 여러 해 전부터 이미 스코틀랜드만이 아니라 잉글랜드에서도 유명한 작가였다. 1813년에 그는 영국의 국민시인이라는 명예로운 칭호를 고사했다. (스코틀랜드의) 에든버러를 떠나 런던으로 옮겨야 하는 공적 직무여서 창작가로서의 자유를 빼앗길 수도 있었기 때문이다. 그는 이듬해 시와 서사시 창작을 중단하고, 처음으로 소설을 썼다. 『웨이벌리Waverley』라는 작품이었다. 스코틀랜드의 전설과 신화에 기초한 소설로, 오늘날 보기에는 조금 장황하게 느껴지는 작품이었다. 그러나 『웨이벌리』는 출간되자마자 성공을 거두었고, 스콧은 소설이라는 장르에 계속 도전할 의욕이 생겼다. 그래서 1815~1818년에 6권의 역사소설을 출간했는데, 모두 좋은 평가를 받았다. 스코틀랜드라는 배경을 벗어난 작품은 없었으며, 시대도 16세기 이전의 것은 없었다.

『아이반호』는 1819년 말에 출간되었는데, 스콧의 야심작이었다. 이야기는 중세의 한복판인 12세기 말, 리처드 1세가 십자군 원정을 마치고 돌아오다가 포로가 되면서 국왕의 자리가 빈 잉글랜드를 배경으로 펼쳐진다. 국왕이 오스트리아에 이어 독일에서도 포로가 되자 동생인 존 왕자는 노르만인 귀족들의 지원을 받아 왕위 찬탈을 노리며, 리처드 왕에게 충성을 맹세한 최후의 색슨인 영주들과 대립한다. 작가는 이렇듯 왕의 귀환을 기다리며 분열된 잉글랜드에 온갖 극적인 장치들을 끌어들였다. 권위적인 아버지와 자유를 꿈꾸는 아들 사이의 다툼, 유대인 소녀와 기독교도 주인공 사이의 이룰 수 없는 사랑, 신비한 '흑기사'의 숨겨진 정체, 나아가 기사들의 대결 · 공성 전투 · 마법 재판 · 신의 심판처럼 눈길을 사로잡는 수많은 일화들이다. 모든 것이 새롭고 멋지게 연출되어 있었으므로, 스콧의 독자들은 그것들에 매료되었다.

실제로 이 책은 출간되자마자 엄청난 성공을 거두었고, 월터 스콧은 명예와 돈을 거머쥐었다. 그는 옥스퍼드와 케임브리지 두 대학에서 명예박사 학위를 받았다. 스코틀랜드의 지식층은 그에게 온갖 찬사를 바치며 명망 높은 에든버러 왕립학회의 회장 자리에 오르기를 요청했고, 새로 즉위한 조지 4세(재위 1820~1830)는 그에게 준남작 작위를 수여했다.[3] 책을 출간하고 6개월도 지나지 않은 사이에 이 모든 명예가 찾아왔다. 분명히 1820년은 월터 스콧의 삶에서 가장 빛나는 해였고, 그것은 소설 『아이반호』 덕분이었다. 명예와 함께 재산도 늘어났다. 이 소설은 출간된 뒤부터 그가 죽은 해(1832년)까지 모든 판본과 번역본을 합쳐 6백만 부 이상이 팔렸다. 그야말로 노다지였다! 그런데 그 노다지는 경솔한 출판 시도에 대한 어설픈 투자와 그에 뒤따른 (1826년의) 큰 규모의 파산, 어마어마한 빚으로 탕진되었다. 작가는 빚을 모두 갚는 데 6년이나 걸렸고, 자신의 예술과 건강을 모두 바쳐야 했다. 스콧은 분명히 재능이 있는 작가였지만, 사업가로서는 끔찍했다.

스콧이 중세에 관심을 보인 것은 『아이반호』를 쓰기 전부터였다. 그는 1800~1805년 이후에 고프랑스어나 중세 영어로 쓰인 13~14세기 문학작품을 여러 편 현대 영어로 옮겼다. 거기에는 『트리스탄 경Sir Tristran』도 있었는데, 1350년대의 사본을 기초로 트리스탄과 이졸데, 원탁의 기사의 모험에 관해 이야기한 작품이었다. 변호사이자 직업적인 사법관, 저명한 시인이자 소설가, 수집가이자 (18세기의 고상한 의미에서) '고고학자'였던 스콧은 정말로 박학다식한 사람이었다. 그는 영국의 주요 역사가들과 꾸준히 교류했고, 1811년에 사들인 애버츠퍼드의 저택에는 훌륭한 서고를 만들어서 1826년까지 계속 장서를 충실히 채워갔다. 그 시대 사람들의 평가에 따르면, 그는 문헌학자이자 언어학자였으며, 뛰어난 라틴어 학자, 스코틀랜드 옛 방언의 전문가, 프랑스어 · 독일어 번역가이기도 했다. 아내가 프랑스인이던 그는 젊었을 때 괴테의 『괴츠 폰 베를리힝겐Götz von Berlichingen』을 영어로 옮기기도 했다.[4] 스콧은 잘 알려진 이러한 자질들에 문장관으로서의 자질도 더할 수 있기를 꿈꾸었다. 그가 보기에 문장학은 가장 고상한 학문이었고, 문장은 가장 놀라운 언어였다. 그래서 그의 소설에는 문장에 관한 묘사가 곳곳에서 눈에 띄는데, 다만 언제나 꼭 정확하다고는 할 수 없었다.[5]

그의 이러한 역사가, 중세사가로서의 능력은 1813년 이후 인정을 받고 있었다. 그 해에 『대영백과사전Encyclopaedia Britannica』의 편집책임자는 준비하던 방대하고 학문적 수준이 높은 백과사전의 새 개정판을 위해 그에게 '기사도chivalry' 항목의 집필을 맡겼다. 스콧은 이 역할을 완벽하게 해냈다. 이 항목은 1818년에 출간된 『대영백과사전』의 제3권에 많은 자료들로 뒷받침된 긴 내용으로 실렸다. 그는 여기에서 (기마전 전문가 계급을 나타내는 용어인) '기사'라는 봉건적 · 군사적 개념과 (프랑스어의 '예절courtoisie'이라는 말에 가까운) '기사도'라는 사회 · 문화적 개념을 적절히 구분해서 내용을 구성했다.[6] 스콧은 이 항목을 쓰면서 다양한 자료들을 모았고, 이를 이듬해 『아이반호』를 쓰는 데 활용했다.

이 작품을 쓰는 데에는 1819년 6월부터 11월까지 여섯 달이 걸렸다.

이 무렵 어머니가 위독해졌고, 스콧도 건강이 그리 좋지 않았다. 그는 그 기간에 애버츠퍼드의 서고를 거의 벗어나지 않고 매일 글을 썼다. 하지만 다시 읽으려는 노력은 기울이지 않았고, 에든버러를 비롯해 어떤 곳에서도 역사적인 세부 묘사를 확인하려고도 않았다. 비평가들은 작품에서 그런 흔적들을 찾아냈지만, 독자들은 결코 그런 식의 엄격함을 요구하지 않았다. 최초의 독자였던 스코틀랜드 편집자 로버트 카델은 흥분해서 런던의 동료들에게 '가장 비범한 책'을 손에 넣었다고 알렸다.[7] 책은 1819년이 끝나갈 무렵에 에든버러와 런던에서 동시에 출간되었는데,[8] 그때까지 스콧의 독자에게 친숙했던 일반적인 판본보다 호화롭게 장정된 세 권의 책이었다. 제목은 '아이반호'였고, (모험담이라는 뜻의) '로맨스A Romance'라는 부제가 달렸다. 출간된 책에는 스콧의 그때까지의 모든 작품들과 마찬가지로 뭔가 수수께끼 같은 것이 있었다. 표지에는 작가 이름이 전혀 드러나지 않은 채 '웨이벌리 작가의 작품'이라고만 적혀 있었다. 그리고 로렌스 템플턴이라는 이름으로 쓴 서문에는, 스코틀랜드 남쪽의 저택에 친구가 보유하고 있던 앵글로노르만어 사본에서 중요한 실마리를 얻어 썼다고 밝히고 있었다. 이러한 문학적 속임수는 낭만주의 시대의 유행이었고, 아무도 그것에 속지 않았다. 누구나 다 진짜 작가를 알고 있었던 것이다.

역사에서 소설로, 소설에서 역사로

『아이반호』는 스콧의 작품세계와 삶에서 가장 큰 전환점이 되었다. 이 작품은 그에게 부와 명예를 안겨주었고, 그의 명성은 스코틀랜드와 잉글랜드의 국경 너머로 퍼져갔다. 1819년 12월의 초판은 1만부가 인쇄되었는데, 며칠 뒤 그 두 배의 부수가 추가로 인쇄되었다. 그리고 1820년에는 그것의 네 배, 그 다음해에는 다시 세 배의 부수가 인쇄되었다. 영국 전역에서 문학적인 성공과 더불어 상업적으로도 성공도 거두었고, 얼마 지나지 않아 미국과 유럽 전역에서 똑같은 상황이 벌어졌다. 최초의 미국 판본은 1820년 3월 이후에 보스턴과 필라델피아에서 출간되었다. 최초의 프랑스어 번역은 스콧의 소설에 매료된 오귀스트 드포콩프레의 손으로 이루어졌는데, 그 책은 같은 해 4월 파리에서 출간되었다.[9] 그 해 10월에는 최초의 독일어 번역본이 출간되었고, 그로부터 2년 사이에 이탈리아어·에스파냐어·네덜란드어·스웨덴어 번역본이 잇달아 출간되었다. 그리고 이 책들은 모두 베스트셀러가 되었다. 번역에 이어 각색본·축약본·속편·모방본·희곡·악극 등도 곧 만들어졌다. 나중에는 뮤지컬과 오페라, 어린이용 판본도 나왔다. 스콧도 편집자도 『아이반호』가 1820년 이후에 불러일으킨 출판의 큰 물결을 멈추거나 통제할 수 없었다. 19세기에 커다란 물결이 잇따라 밀어닥쳤고, 다음 세기에는 영화와 만화, 텔레비전 연속극으로도 만들어졌다. 게다가 적어도 1850년대까지는 문학사에서 유사한 사례를 찾아볼 수 없던 인명의 유행도 불러왔다. 이 작품의 주요한 등장인물들의 이름은 영국과 미국만이 아니라, 프랑스·독일·이탈리아에서도 유행했다. 로웨나, 레베카, 윌프레드, 브라이언, 세드릭, (돼지치기) 거스 등이 그런 이름들이었다. (모든 시대를 통틀어 최대의 베스트셀러 가운데 하나였던) 괴테의 베르테르도 이런 행운을 누리지는 못했다.

출판에서 거둔 성공만큼 문학과 예술에 끼친 영향도 컸다. 역사소설이라는 장르에 귀족 작위를 안겨 주었고, 적어도 30년 동안은 많은 측면에서 소설·연극·음악·회화 창작에 끊임없이 영감을 가져다주었다. 1820년부터 1850년까지의 시기에 『아이반호』가 맡았던 이러한 촉매 역할은 오늘날에는 다소 잊히거나, 선입견을 지닌 연구자들에게는 의식적으로 묵살되고 있다. 하지만 이것은 역사적으로 부정하기 어려운 사실이다. 이를 확인하는 데에는 문예잡지에 스콧의 작품을 대상으로 실린 서평들을 보기만 해도 충분하다. 젊은 빅토르 위고는『문학적 보수주의자Conservateur littéraire』의 1826년 간행본에서 독자로서의 열정을 드러내며, 자신에게는 소설의 진짜 주인공이 소극적이고 미적지근한 기사 윌프레드 아이반호가 아니라 아름답고 슬픈 유대인 소녀 레베카라고 강조했다.[10] 마찬가지로 유럽의 거의 모든 지역의 시인·극작가·소설가들이 수많은 발문과 서평들에서 월터 스콧의 작품에 빚지고 있다는 사실을 밝혔다. 화가들도 그에 못지않게 리처드 1세가 통치하던 잉글랜드 역사의 짧은 시기에 수많은 작품을 바쳤다. 윌리엄 터너(1775~1851), 앵그르(1780~1867), 들라크루아(1798~1863)가 가장 잘 알려져 있고, 조금 뒤에는 로세티(1828~1882), 번존스 등이 있었다. 이처럼 낭만주의와 포스트 낭만주의 시대의 모든 창작물들은『아이반호』로부터 자극을 받아서 봉건적 중세에서 소재와 영감의 일부를 찾았다.

하지만 이 작품의 영향은 문학과 예술의 창작에 제한되지 않고, 역사가의 작업에서도 확인된다. 프랑스 역사학파를 대표하는 오귀스탱 티에리(1795~1856)는 최초로 역사학 잡지에『아이반호』에 대한 서평을 실어 소설의 바탕에 놓인 문제들에 주의를 환기시켰다. 분단된 잉글랜드라는 문제, 곧 1066년에 잉글랜드 왕이 된 노르망디 공작 윌리엄이 왕국을 정복한 뒤 나타난 색슨인과 노르만인의 갈등과 다툼이라는 문제였다.

1825년 고등사범학교 출신의 대학교수이자 학문적 역사학의 개척자인 오귀스탱 티에리는『노르만인에 의한 잉글랜드 정복사. 잉글랜드, 스코틀랜드, 아일랜드 및 대륙에서 현대에 이르기까지의 그 원인과 경과』[11]라는 방대한 저작의 제1권을 펴냈다. 이 인상적인 역사학 총서의 바탕에는 스콧의 소설이 있었다. 놀랍게도 직업적 역사가인 티에리는 (대부분이 상상의 산물로) 소설가가 구상해낸 (윌리엄 1세가 잉글랜드를 정복한 지 120년이 지난 뒤에도 계속된, 패배한 색슨인과 승리한 노르만인 사이의 화해하기 어려운 대립이라는) 배경을 전혀 비판의 대상으로 삼지 않았다. 그 대신 스콧이 다룬 역사적 시기의 대부분을 사료와 연결시켜 확인하고 설명하고 서술했다. 그 가운데 몇 가지는 학자의 자료 조사보다는 시인의 상상으로 그려진 것이었다. 지금까지 낭만주의 문학은 끊임없이 역사로부터 실마리를 얻어 왔고, 때때로 성공을 거두곤 했다. 그러나 이 경우에는 학문으로서의 역사학이 창작된 소설로부터 강한 영향을 받았다.

『아이반호』에 대한 이러한 한결같은 예찬은 대략 두 세대에 걸쳐 이어졌다. 그 뒤 1860년대가 되어서야 비로소 비판이 던져졌다. 먼저 대학의 역사가들이 소설에서 많은 오류와 시대착오를 찾아냈다. 그 가운데 몇 가지는 작품 전체를 장식하고 있는 음유시인적인 분위기 때문에 나타난 사소한 것이었다. 하지만 인쇄된 기도서를 낭독한다거나, 종이에 편지를 쓴다거나, 프란체스코회 수도사가 등장한다거나 하는 도무지 변호할 수 없는 더 심각한 것들도 지적되었다. 월터 스콧은 폭넓은 교양의 소유자였지만, 집필을 너무 서두르느라 아마 그런 부분들에서는 작품의 배경이 12세기 말이라는 사실을 잊었을 것이다.

그렇지만 얼마 지나지 않아서 이런 세세한 것에 대한 비판에 이어서 더 근본적인 비판도 제기되었다. 특히 리처드 1세의 성격에 비판이 가해졌다. 그는 인간으로서도 왕으로서도 논쟁의 대상이 되는 인물이었다. 잉글랜드인이 색슨인과 노르만인으로 나뉘어 대립했다는 것에 관해서도 비판이 제기되었다. 모습을 갖추어가던 실증주의 역사학은 1100~1120년대 이후의 사료에서 작품에 나오는 대립의 흔적을 찾아낼 수 없었다. 그래서 스콧이 자신의 이야기를 잉글랜드 국가의 창설과 연방 건설의 시기에 관한 것으로 만들기 위해 한 세기 이상을 완전히 다른 자리에 놓았다고 비판했다.[12]

이러한 비판은 타당한 것이었다. 하지만 자신의 시대에 거듭 나타나던 잉글랜드인과 스코틀랜드인 사이의 격렬한 적의에 고심했던 친영국적인 스코틀랜드 작가의 처지를 생각하면, 역사와 연대기로부터의 그런 자유로움도 어느 정도는 이해된다. 남부 스코틀랜드인이던 스콧은 잉글랜드와의 접경에 살았다. 게다가 질서를 중시하던 그는 강력한 중앙정부를 바라고 있었고, 섭정이자 뒷날 (1820년에) 국왕이 된 조지 4세와도 가까운 관계를 맺고 있었다. 이런 사실들을 비롯한 많은 이유에서 그는 진짜로 통합된 연합왕국을, 군주의 인격으로 긴밀히 결합된 잉글랜드와 스코틀랜드를 꿈꾸고 있었다. 이런 점에서 『아이반호』는 근본적으로 (포로 생활에서 돌아온 리처드 1세만이 다시 통일할 수 있는 분단된) 잉글랜드가 진짜 주인공인 투쟁적인 소설이었다.

1870년대에 이르러 『아이반호』의 문학적 영향력이 줄기 시작했다. 적어도 문학에서는 '낭만주의적 중세'가 힘을 잃었으며, 역사소설도 어느덧 그리 주요한 장르로 여겨지지 않게 되었다. 19세기 말이 되자 영국의 문학사가 중에도 월터 스콧을 일류 작가로 여기지 않는 이들이 나타났다. 스콧 작품의 전문가들 사이에서도 『아이반호』를 보잘것없는 작품으로 평가하고, 『웨이벌리』나 심지어 그가 젊었을 때 쓴 시들보다 못하다고 여기는 이들도 적지 않았다. 이야기 구성이 서투르고, 인물들의 성격은 단순하고, 대화는 상투적이고, 문체는 과장되고 허술하며, 끊임없이 근대와 비교하는 것이 뭔가 시대에 뒤처지고 자연스럽지 않다는 것이었다. 지나친 예찬의 뒤를 극단적인 공격이 이었다.

작품의 명성을 이해하지 못한 조셉 엘리스 던컨은 가장 매섭게 공격했던 이들 가운데 하나였다. 그는 이 작품을 단지 "소년들을 위한 낭만적인 이야기"라고 평가하며 어린이문학으로 분류했다.[13] 말한 사람보다 훨씬 유명해진 이 끔찍한 구절은 스콧의 소설에 큰 상처를 입혔다.

모범적인 중세

실제로 1900년 이후 영어본에서든 번역본에서든 어린이를 위한 요약본의 수가 늘어났고, 문예 비평가나 대학의 평론가들에게 이 작품은 낮게 평가되었다. 이러한 신뢰 하락의 증거는 오늘날에도 여전히 많이 발견된다. 예컨대 『아이반호』를 다룬 학술 문헌들의 목록은 매우 제한되어 있다. 작품이 지닌 높은 명성과, 작품에 대한 학술적 연구의 미미함 사이의 차이는 다른 유사한 사례를 찾기 어려울 정도이다. 작품에 대한 대중의 수용과 비평 사이의 괴리를 뒷받침하는 충격적인 사실도 있다.[14] 오늘날 나라에 따라서는 『아이반호』의 완역본이나 번역본을 서점에서 찾아보기 어렵게 된 곳도 있다. 프랑스도 그러한데, 찾아볼 수 있는 것은 어린 독자들을 위해 줄인 판본뿐이다. 가장 최근의 프랑스어 완역본은 1970년에 출간되었는데,[15] 곧 절판되었다. 다시는 출간되지 않았고, 문고판도 아직 나오지 않았다.[16]

문학사가의 경시와 독자가 이 문헌이나 이야기나 등장인물들에 기울이는 애착 사이의 괴리를 다시 살펴보자. 이 작품에 등장하는 인물들은 돈키호테와 산초 판자, 『삼총사Trois Mousquetaires』의 영웅들이나, 빅토르 위고, 도스토옙스키, 프루스트, 블라디미르 나보코프 등의 작품에 등장하는 인물들과 같은 거의 신화적인 존재들이다. 누구나 아이반호와 레베카, [레베카를 납치하는] 브리앙 드 부아길베르에 관한 이야기를 알고 있지만, 그 가운데 스콧의 원전으로 그들의 모험을 읽은 이는 과연 얼마나 될까? 이 작품은 1880~1890년대에는 미국 도서관에서 사람들이 가장 많이 찾은 소설이었다. 1920년대에도 그랬을까? 아마 달라졌을 것이다. 1950년대가 되면 수요는 더욱 줄어들었을 것이다. 그렇다면 현대에는 도대체 누가 아직도 『아이반호』를 읽고 있을까? 전혀 없거나, 거의 없을 것이다. 그러나 공정해지자. 이미 읽은 자, 알맞은 나이가 되

어 다시 읽은 자를 제외하고, 도대체 누가 여전히『돈키호테』와『삼총
사』를 실제로 읽고 있을까?

이렇게 어느덧『아이반호』는 읽히지 않게 되었지만, (모든 걸작들과 마
찬가지로) 미래의 중세학자들의 사명에 그것이 끼치는 영향은 여전히
사라지지 않고 있다. 이에 관한 두 가지 근거를 살펴보자. 하나는 역사
서술에 관한 것이고, 하나는 개인적인 것이다. 1983년부터 1984년까
지 잡지『메디에발Médiévales』이 연구자와 전문 역사가들을 대상으로 실
시한 설문조사에는 '중세에 관심을 가지게 된 계기는 무엇인가?' 하는
질문이 있었다. 이 질문을 받은 3백여 명 가운데 답변을 한 사람의 3분
의 1이『아이반호』때문에 미래의 직업에 흥미를 갖게 되었다고 밝혔
다. 그리고 책인 경우에는 대부분 청소년용 판본으로, 영화인 경우에는
〔미국 감독〕 리처드 소프의 작품으로 접했다고 밝혔다. 로버트 테일러와
조안 폰테인, 엘리자베스 테일러가 주연을 맡은 이 영화는 1952년에
개봉되었다.[17] 이 할리우드 영화는 영화사 연구자들에게는 높은 평가를
받지 못했지만, 극장에서는 견줄 만한 것을 찾기 어려울 정도로 전 세
계에서 큰 성공을 거두었다. 나도 개인적으로 중세라는 시대를 다룬 가
장 뛰어난 작품 가운데 하나였다고 생각한다. 풍경 · 성채 · 의상 · 문
장과 같은 배경과 분위기가 모두 역사적 현실이나, 우리가 그 현실에
관해 품고 있는 이미지에 충실했다. 아울러 이러한 충실함으로 관객을
친숙한 상상의 세계로 빠져들게 했다. 미국 영화에 관한 사전과 역사책
들이 이 영화를 매우 가볍게 여기는 것은 유감스런 일이다. 같은 세대
의 대다수 중세학자들과 마찬가지로, 내게도 중세에 흥미를 느낀 계기
가 된 작품이므로 더욱 그러하다.

실제로 나는 1950년대에 해마다 브르타뉴에 있는 작은 마을에서 여
름을 보냈는데, 그 교구에는 친구 할머니가 운영하는 극장이 있었다.
덕분에 나는 여덟 살 무렵에 한 주에 네다섯 차례나 리처드 소프의 영

화를 볼 수 있었다. 그리고 그 영화가 내 직업을 결정했다. 이것은 분명히 매우 개인적인 사례이지만, 앞서 『메디에발』의 설문조사에서도 분명히 확인할 수 있었듯이 결코 예외적인 사례가 아니었다. 세계대전이 일어나기 전에 태어난 세대에 대해서는 모두 똑같이 말할 수 있을 것이다. 스콧의 작품을 읽는 것이 중세라는 시대에 대한 각성을 촉발시키고, 미래의 직업이나 열정의 최초의 씨앗이 되곤 했던 것이다. 우리 시대의 위대한 역사가도 비슷한 길을 걸어왔다. 자크 르 고프도 장모리스 드 몽트레미와 대담을 하면서, 열두 살 때에 월터 스콧의 펜 끝에 이끌려 "셰필드와 아름다운 돈커스터 마을 사이에 있는, 그림 같은 언덕 대부분을 뒤덮은 드넓은 숲에서"[18] 중세를 만나게 되었다고 밝혔다.

촉매와도 같은 이 역할은 무엇에서 비롯된 것일까? 어떻게 『아이반호』는 1820년 이후 몇 세대나 되는 독자를, 그것도 영국·미국·유럽·아시아의 독자를 남녀노소 가리지 않고 매료시킬 수 있었던 것일까? 이런 매력은 아마도 월터 스콧의 걸작이 본격적인 역사책이지도, 소설 그 자체이지도 않았던 점에서 비롯되었을 것이다. 처음부터 작가는 그러기를 바랐다. 그는 초판 표지에 '소설A novel'이 아니라 '로맨스A romance'라고 적는 세심함을 보였다. 곧 '지어낸 이야기'가 아니라 '파란만장한 모험담'이라는 것이다. 그에게 『아이반호』는 허구의 작품이지만, (10일 동안에 모든 행동이 벌어지는) 잉글랜드 역사의 명확한 어떤 시점에 관한 작품이었다. 그리고 역사의 흐름을 맞이한 몇몇 개인들의 운명과, 틀을 이루어가던 국가의 운명을 주제로 하고 있는 작품이었다. 작가의 의도는 재미만이 아니라 교훈에도 있었다. 스콧은 모든 역사소설이 교육적인 힘을 지니고 있다고 보았다.

더 나아가 스콧의 독자에게 『아이반호』는 시간이 지날수록 전통적인 이야기의 모든 소재와 원형을 지닌 서술처럼 여겨진다. 적어도 작품을 1820년대 이후나 때로는 훨씬 뒤늦게 읽은 독자에게는 그렇다. 발단이

된 상황은 갈등의 구도를 갖추고 있고, 금기로 가득하고, 선과 악이 대립한다. (아버지에 등 돌린 아들, 장자의 자리를 빼앗은 형제, 모든 것이 갈라놓고 있는 젊은 연인의 불가능한 사랑 등) 금기를 위반한 상황들은 극적으로 변화해간다. 마지막에는 배신자가 징벌을 받고, 신의 심판이 내려지고, 진짜 왕이 자신의 자리로 돌아오고, 주인공의 결혼이 이루어진다. 전형적인 이야기처럼 모든 것이 그 자리에 있고, 모든 것이 몇몇 불변의 요소들로 구성되어 있다. 이러한 몇 가지 기본 구조를 존중하면 누구나 저마다 『아이반호』를 자신의 방법으로 왜곡하지 않고 이야기할 수 있다. 이것이 바로 이야기의 특성이다.

게다가 이 작품에는 중세를 중세답게 하는 모든 주제와 소재들이 이미 담겨 있다. 기마시합·십자군·공성 전투만이 아니라, 포로가 된 왕, 몸값, 기사, 템플기사단원, 무법자, 마녀재판 등과 같은 모든 것들이 묘사되어 있다. 아울러 (무기·무구·복장·색·문장·성·집기와 같은) 세부적인 것들을 겹겹이 쌓아 등장시킨다. 이것들은 독자들이 저마다 상상하고 있는, 곧 보고, 배우고, 변형하고, 꿈꾸어온 중세의 이미지에 들어맞는다. 그렇다면 이제 남은 문제는 어느 정도 모든 사람들에게 공유되어 있는 이러한 중세에 관한 상상의 세계가 과연 월터 스콧의 『아이반호』에 기원을 두고 있는 것인지, 아니면 이미 그러한 것이 존재했고 위대한 작가와 그 작품은 촉매와 보급의 역할만 맡았을 뿐인지 살펴보는 것이다. 앞으로 이루어질 연구는 이와 같은 곤란한 문제에 대한 해답을 찾을 수 있는 것이어야 할 것이다.

그런데 내가 보기에는 스콧이 그의 서술을 완성할 때에 중심에 놓은 도식과 주제는 그보다 훨씬 이전의 집단적 상상 안에 이미 어느 정도 자리를 잡고 있었던 것 같다. 분명히 그는 얼마간의 재료를 더했다. 하지만 구조는 전혀 바뀌지 않았다. 그것은 원형적이고, 사라지지 않고, 아득한 때부터 이어져온 중세이다. 그 일부는 중세라는 시대 그 자체로부터, 다른 일부는 17~18세기부터 이어져왔다. 그리고 분명히 최근의 연구는 이 중세를 (봉건제도의 구성이나 귀족계급의 기원 등과 같은) 몇 가지 점에서 고쳐 서술했으나, 근본적인 의문을 제기하지는 않았다. 앞으로 어떤 진전이 있더라도 미래의 역사가들도 그렇게까지는 하지 못할 것이다. 이것은 안타깝게 여겨야 할 일인가? 이 '원형적 중세'가 때로는 역사적 사실과 (아니면 그렇다고 여겨지는 것과) 크게 괴리되어 있다는 점에 분개해야 할까? 그렇지 않다. 상상이 언제나 현실의 일부를 이루듯이, 중세에 관한 우리의 상상도 아무리 정서적이고 허구적이라 하더라도 하나의 현실이기 때문이다. 그 세계는 우리가 지각하고 살아가는 실재이다. 아울러 역사적 사실은 유동하고, 연구의 목적은 그것을 결정적으로 고정시키는 것이 아니라 그 변화들을 파악하고 이해하는 데에 있다. 연구자들이 조사와 성찰을 할 때 끊임없이 되새겨야 할 마르크 블로크의 말을 인용하며 마무리하자. "역사는 단지 과거의 것만이 아니라, 그것으로 만들어낸 것이기도 하다."[19]

작가 원주
도판과 그림

작가원주

중세의 상징

1. 이것은 1976년 이탈리아의 스폴레토에서 열린 초기 중세의 상징체계에 관한 국제 세미나 참가자들에게 이미 확인된 사항이기도 하다. 다음을 참조할 것. *Simboli e simbologia nell'alto Medioevo*, Spolète, 1976, t. II, p. 736-754 (*Settimane di Studio del Centro italiano di studi sull'alto Medioevo*, vol. 23).

2. 이 책은 이런 사변적인 차원의 상징 연구를 거의 제공하지 않는다. 다양한 참고문헌들 가운데 다음의 훌륭한 논문을 제시하는 것으로 이를 대신하고자 한다. J. Chydenius, "La théorie du symbolisme médiéval"(1960), trad. fr., *Poétique*, n° 23, 1975, p. 322-341. 오늘날 중세의 상징을 찾고, 연구하고, 이해하는 것에 따르는 어려움에 관해서는 다음의 지적을 참조할 것. G. Ladner, "Medieval and Modern Understanding of Symbolism: A Comparison", *Speculum*, vol. 54, 1979, p. 223-256.

3. 이러한 사례로 슈람의 작업을 들 수 있다. 특히 그의 방대한 저작인 Percy Ernst Schramm, *Herrschaftszeichen und Staatssymbolik*, Stuttgart, 1954-1956, 3 vol.

4. '표장'과 '상징'이라는 두 말은 중세에는 현재 우리가 부여하는 총체적인 의미를 지니고 있지 않았다. 게다가 사용된 사례 자체가 꽤 드물다. 라틴어 '*symbolum*'은 그리스어 '*sumbolon*'에서 비롯되었고, 특히 종교적이고 교의적인 의미를 지닌다. 그것은 유추 유형의 기호나 체계보다 오히려 기독교 신앙의 주요사항들 전체, 특히 '사도들의 상징', 곧 사도신경*(credo)*을 가리킨다. 그러나 여기에서 우리가 주목하는 것은 그런 의미가 아니다. 라틴어 '*emblema*'에 관해서 말하면, 이 말은 그리스어 '*emblêma*'를 그대로 채택한 것인데, 역시 학문적인 용어이다. 더해지거나 응용된 건축 장식 이상으로 그것을 사용한 사례는 매우 드물다. 따라서 오늘날 우리들이 '표장'이나 '상징'이라는 말로 이해하고 있는 것은 중세 라틴어와 속어에서 다른 용어로 표현되었으며, 특히 '기호*(signum)*'라는 용어의 매우 풍부한 어군에 속해 있었다.

5. 중세의 유추적 사고의 기능에 관해서는 다음에 특히 잘 정리되어 있다. J. Le Goff, *La Civilisation de l'Occident médiéval*, Paris, 1964, p. 325-326.

6. M. Pastoureau, *Bleu. Histoire d'une couleur*, Paris, 2000, p. 114-122.

01. 동물재판

1. R. Delort, *Les animaux ont une histoire*, Paris, 1984. 이미 발표된 여러 편의 논문을 소재로 한 저작으로 좋은 평가를 받았다.

2. 특히 파리의 국립자연사박물관에서 프랑수아 포플랭François Poplin 주관으로 열린 '동물에 대한 진정한 자연사와 문화사'라는 제목의 세미나에서 여러 해에 걸쳐 행해졌다. 이는 동물학자, 역사가, 미술사가, 고고학자, 민족학자, 언어학자의 만남이 결실을 이루는 계기가 되었다.

3. 상당히 압축되어 있지만, 잘 인용된 이 구절은 다음에 있다. *Apologie à Guillaume de Saint-Thierry*, J. Leclercq, C. H. Talbot et H. Rochais, éd., *S. Bernardi opera*, Rome, 1977, t. III, p. 127-128.

4. D. Sperber, "Pourquoi l'animal est bon à penser symboliquement", *L'Homme*, 1983, p. 117-135.

5. 동물로의 변장이라는 문제에 관해서는 M. Pastoureau, "Nouveaux regards sur le monde animal à la fin du Moyen Âge", *Micrologus. Natura, scienze e società medievali*, vol. 4, 1996, p. 41-54.

6. 동물과 관련된 아리스토텔레스의 저작 모음집은 1230년 무렵에 톨레도에서 마이클 스콧Michael Scot에 의해 아랍어에서 라틴어로 번역되었다. 이 번역가는 몇 해 전에 그 모음집에 관한 이븐 시나Avicenne의 주해도 작업했다. 약 한 세대 뒤에 알베르투스 마그누스가 그 전체를 『동물론*De animalibus*』으로 (일부는 그대로) 통합했다. 그런데 이 모음집의 여러 장은 이미 12세기 말 이후 알려져 번역된 것들이었다. 아리스토텔레스의 박물지 저작의 재발견에 대해서는 다음 연구를 참조할 것. F. Van Steenberghen, *Aristotle in the West. The Origins of Latin Aristotelianism*, Louvain, 1955; 같은 저자, *La Philosophie au XIIIe siècle*, 2e éd., Louvain, 1991; C. H. Lohr, *The Medieval Interpretation of Aristotle*, Cambridge, 1982. 아리스토텔레스 체계의 생명세계의 단일성에 관해서는 다음을 참조. P. Pellegrin, *La Classification des animaux chez Aristote. Statut de la biologie et unité de l'aristotélisme*, Paris, 1982.

7. "*Quia et ipsa creatura liberabitur a servitute corruptionis in libertatem gloriae filiorum Dei.*" 로마 신자들에게 보낸 서간 8:21.

8. 토마스 아퀴나스에서 시작해야 할 것이다. T. Domanyi, *Der Römerbriefkommentar des Thomas von Aquin*, Berne et Francfort, 1979, p. 218-230.

9. 이 지적은 파리 주교 Guillaume d'Auvergne(재임 1228-1249)의 것으로 추정되는데, 다른 사람의 설교(1230-1235년 무렵)에 나온다. A. Quentin, *Naturkenntnisse und Naturanschauungen bei Wilhelm von Auvergne*, Hildesheim, 1976, p. 184.

10. 같은 책, p. 126-127. 다음도 참조. A. Vanneste, "Nature et grâce dans la théologie de Guillaume d'Auvergne...", *Ephemerides theologicae lovanienses*, t. 53, 1977, p. 83-106.

11. 수가 적고 (특히 프랑스어 문헌의 경우) 참고문헌도 빈약하지만, 특별히 다음을 언급해 둔다. K. von Amira, "Thierstrafen und Thierprocesse", *Mittheilungen des Instituts für Österreichische Geschichtsforschung* (Innsbruck), t. 12, 1891, p. 546-606; E. P. Evans, *The Criminal Prosecution and Capital Punishment of Animals*, London, 1906; H. A. Berkenhoff, *Tierstrafe, Tierbannung und rechtsrituelle Tiertötung im Mittelalter*, Leipzig,

1937; C. Chène, *Juger les vers. Exorcismes et procès d'animaux dans le diocèse de Laus-anne(XVᵉ-XVIᵉ siècles)*, Lausanne, 1995(*Cahiers lausannois d'histoire médiévale*, vol. 14). 두 논문은 19세기와 20세기 사료편찬 작업의 간략한 결산이다. W. W. Hyde, "The Pros-ecution of Animals and Lifeless Things in the Middle Age and Modern Times", *University of Pennsylvania Law Review*, t. 64, 1916, p. 696-730; E. Cohen, "Law, Folklore and Animal Lore", *Past and Present*, t. 110, 1986, p. 6-37. 주로 설치류, 송충이, 곤충을 대상으로 이루어진 소송에 관해.

12. 프랑스어로 된 최근 사례로는 G. Dietrich, *Les Procès d'animaux du Moyen Âge à nos jours,* Lyon, 1961; M. Rousseau, *Les Procès d'animaux*, Paris, 1964; J. Vartier, *Les Procès d'animaux du Moyen Âge à nos jours*, Paris, 1970.

13. 다양한 작가들에게 인용된, 13세기 중반 이전의 모든 사례는 상당히 의심스럽다. 이제까지 알려진 현상을 보면 사례집에서 빼야 할 것이다. 프랑스에서 일어난 사건 가운데 자료가 남은 가장 오랜 사례는 1266년의 것으로 추정된다. 파리의 생트제네비에브 수도원abbaye parisienne de Sainte-Geneviève 관할인 퐁트네오로즈Fontenay-aux-Roses에서 아이를 잡아먹어 산 채로 불태워진 암퇘지의 사례이다. abbé Leboeuf, *Histoire du diocèse de Paris*, Paris, 1757, t. IX, p. 400-401.

14. 이 문제에 관해 잘 정리된 자료를 근거로 이루어진 몇 안 되는 연구 가운데 하나는 다음과 같다. L. Menabrea, "De l'origine, de la forme et de l'esprit des jugements rendus au Moyen Âge contre les animaux", *Mémoires de la Société royale académique de Savoie*, vol. 12, 1846, p. 3-161, 이 연구는 대부분의 사례를 알프스 지방에서 수집했다. 그리고 알프스 지방을 대상으로 한 연구들이 그렇듯이, 사고를 일으켜 성인 남녀나 어린아이를 죽인 대형가축보다 수확을 위협하는 설치류와 곤충, 송충이에 더 관심을 두었다.

15. 파레즈의 암퇘지 이야기는 오래전부터 역사가들에게 잘 알려졌지만, 단순한 언급이나 일화를 벗어나 깊이 연구되거나 논문의 주제로 된 적은 없다. 그러나 제기되는 문제가 다양하고, 복잡하고, 어떤 점에서는 신기하기까지 한 것을 돌아보면, 이 주제에 관한 단독 저작도 나올 필요가 있어 보인다. 그러한 작품이 나올 때까지는 다음을 참조. J. Charange, *Dictionnaire des titres originaux...*, Paris, 1764, t. II, p. 72-73; *Statistique de Falaise*, Falaise, 1827, t. I, p. 63; M. Berriat de Saint-Prix, "Rapport et recherches sur les procès et jugenotes ments relatifs aux animaux", *Mémoires et dissertations sur les antiquités nationales et étrangères*, t. 8, 1829, p. 403-450, 같은 책, p. 427; E. P. Evans, *The Criminal Prosecution...*, p. 287.

16. 세Sées 교구 기록보관소의 전 관리자이자 오른 역사고고학협회Société historique et archéologique de l'Orne의 전 회장인 참사회원 피에르 플라망Pierre Flament의 후의로 1880년 무렵에 노르망디의 학식 있는 사제 피에르 르나르Pierre Renard의 정리된 서류 두 개를 접할 수 있었다. 이것들은 아브랑슈Avranches와 세, 바이외Bayeux의 옛 교구에서 일어난 다양한 '진기한 사건과 기묘한 이야기'를 전하고 있다.

17. 특히 동물이 유죄 선고를, 소유자가 무죄 선고를 받을 때 그랬다. 이런 경우에 사법당

국은 금전 수령을 기대할 수 없었다.

18. J. Charange, *Dictionnaire...*, t. II, p. 72.

19. Père G. Langevin, *Recherches historiques sur Falaise. Supplément*, Falaise, 1826, p. 12-13.

20. 같은 책, p. 13. 교회와 그 역사에 관해서는 다음도 참조. P. Germain, *Visitons Falaise. L'église de la Sainte-Trinité*, Condé, 1992. 석회와 바탕칠 밑에 있는 그림을 드러내게 하려는 계획이 2003년 10월에 계획되었다.

21. J. Charange, *Dictionnaire...*, t. II, p. 72.

22. 이러한 관습이 15, 16세기에 드물지는 않았던 것 같다. 이 밖에도 인간을 습격해 상처 입힌 부위를 똑같이 절단당하고 죽은 동물도 있었다. 이런 관습은 위조범, 절도범, 강간범, 위증범, 신성모독자 등이 받았던 절단형이나 피해자가 상처를 입은 것과 같은 신체 부위를 가해자의 신체에서 절단한 형벌과 비교해볼 수 있다. 다음을 참조. N. Gonthier, *Le Châtiment du crime au Moyen Âge*, Rennes, 1998, p. 140-146.

23. J. Charange, *Dictionnaire...*, t. II, p. 73.

24. 그러나 동물이 저지른 것이 범죄가 아니라, 단순히 '악행méfait', 곧 (도둑질, 정원훼손, 부엌이나 창고 침입, 다양한 종류의 파손, 배회 등) 불법행위일 때는 사육자가 책임을 추궁당했다. 사건은 형사재판이 아니라, 민사에서 재판하고, 벌금이 부과된다. 동물과 관련된 이 종류의 사건은 이웃끼리의 다툼이나 소송에서 매우 수가 많았다.

25. 동물의 소유주가 결백하다는 것의 근거로는 성서의 「탈출기」의 한 구절(21:28)이 인용되었다. "소가 남자나 여자를 뿔로 받아서 그가 죽었을 경우, 그 소는 돌에 맞아 죽어야 한다. 그 고기를 먹어서는 안 된다. 이 경우 소 임자는 벌을 받지 않는다*(Si bos cornu percusserit virum aut mulierem et mortui fuerint, lapidibus obruetur. Et non comendentur carnes ejus. Dominus quoque bovis innocens erit).*"

26. C. d'Addosio, *Bestie delinquenti*, Naples, 1892, p. 286-290; E. P. Evans, *The Criminal Prosecution...*, p. 298-303.

27. 근대에 관해서는 로베르 뮈샹블레의 연구가 이러한 방향성을 지니고 있는 것으로 보인다. 다음을 참조. Robert Muchembled, *Le Temps des supplices. De l'obéissance sous les rois absolus*, Paris, 1992. 더 일반적으로는 다음도 참조. J.-M. Carbasse, "La peine en droit francais des origines au XVIIᵉ siècle", *Recueil de la Société Jean Bodin*, t. 56/2, Bruxelles, 1956, p. 157-172.

28. E. P. Evans, *The Criminal Prosecution...*, p. 156-157.

29. C. D'Addosio, *Bestie delinquenti*; G. Tobler, *Tierprozesse in der Schweiz*, Berne, 1893; E. L. Kerdaniel, *Les Animaux en justice. Procédures en excommunication*, Paris, 1908; H. A. Berkenhoff, *Tierstrafe, Tierbannung...*(이 장의 주 11).

30. K. von Amira, "Thierstrafen und Thierprocesse"(이 장의 주 11).

31. 뒤이어 나오는 바르텔레미 드 샤상뇌 외에 다음과 같은 문헌들도 있다. G. Pape, *Decisiones*, Grenoble, 1490. 특히 제238항의 물음을 둘러싼 일련의 자료 참조. "예컨대 어

린아이를 먹은 돼지의 경우처럼. 사나운 동물이 죄를 저질렀을 때, 이 동물을 죽게 해야 하는가? 나는 그렇다고 대답한다(si animal brutum delinquat, sicut quandoque faciunt porci qui comedunt pueros, an debeat mori? Dic quod sit)." J. Duret, *Traicté des peines et amendes tant pour les matières criminelles que civiles*, Lyon, 1573, 2e éd., Lyon, 1603, p. 436-443; P. Ayrault, *L'Ordre, formalité et instruction judiciaire*, 4e éd., Paris, 1610, p. 602 이하. 이 세 저작은 앙시앵레짐 말까지 꾸준히 출간되었다. 우리의 주제와 어떻게든 연관을 갖는 흥미로운 사례, 사건, 소송을 제공하는 19세기 학자들의 많은 저작들 가운데에서 특히 다음을 꼽을 수 있다. C. E. Dumont, *Justice criminelle des duchés de Lorraine et de Bar*, Nancy, 1848, 2 vol.

32. L. Pons, *Barthélemy de Chasseneuz*, Paris, 1879, p. 46; L. Pignot, *Un juriconsulte du XVIe siècle*, Paris, 1881, p. 112.

33. Chassenée, *Consilia*, Lyon, 1531, 1부, "De excommunicatione animalium et insectorum".

34. M. Berriat de Saint-Prix, "Rapport et recherches sur les procès et jugements relatifs aux animaux"에서 인용. 뒤에 다음에도 다시 인용되었다. E. P. Evans, *The Criminal Prosecution...*, p. 265.

35. 다음에 몇 가지 사례가 언급되고 있으나, 모두 근거가 모호한 증언에 기초한 것들이다. E. P. Evans, 앞의 책. 다음도 참조. E. Poullain de Saint-Foix, *Œuvres complètes*, Paris, 1778, t. II, p. 167과 t. IV, p. 97.

36. P. J. Brillon, *Dictionnaire de jurisprudence*, Lyon, 1786, t. V, p. 80 ("Animal"); A. Franklin, *La Vie privée d'autrefois, du XIIe au XVIIe siècle: les animaux*, Paris, 1899, t. II, p. 267-268.

37. A. Giraud, "Procédures contre les chenilles et autres bêtes nuisibles", *Bulletin de la Société départementale d'archéologie et de statistique de la Drôme*, t. 1, 1866, p. 100-102.

38. L. Menabrea, "De l'origine..."(이 장의 주 14), p. 148-161.

39. 이 사례와 그 밖의 몇 가지 사례에 관해서는 다음을 참조. J. Desnoyer, "L'excommunication des insectes et autres animaux nuisibles à l'agriculture", *Bulletin du Comité historique des documents écrits de l'Histoire de France*, t. 4, 1853, p. 36-54.

40. F. Bavoud, "L'exorcisme des insectes au XVIIIe siècle dans le diocese de Besancon", *Mémoires de la Société d'émulation du Doubs*, t. 6, 1937, p. 99-113.

41. 알프스 지방에서 이 종류의 재판의 가장 오래된 증언의 연대는 1338년으로 남티롤의 볼자노Bolzano 지방을 황폐화한 메뚜기에 관한 것이다. 다음을 참조. K. Ausserer, "Die Bozner Chronik und ihre Nachrichten zur Geschichte der Stadt Bozen", *Der Schlern*, t. 12, 1922, p. 386-393. 지중해 연안의 같은 종류의 재해에 관해서는 다음을 참조. R. Delort, *Les animaux ont une histoire*, p. 169-186; B. Arbel, "Sauterelles et mentalités: le cas de la Chypre vénitienne", *Annales. ESC*, vol. 44, septembre-octobre 1989, p. 1057-1074.

42. C. Chène, *Juger les vers* (이 장 주 11). 연구된 것은 1452~1536년의 자료이다.

43. 동물에 관한 절도와 피해, 배회 등의 사건은 민사법정에서 재판이 이루어졌다는 사

실에 유의할 것.

44. L. K. Little, "Formules monastiques de malédiction au IXe et au XIe siècle", *Revue Mabillon*, t. 58, 1970-1975, p. 377-399; 같은 저자, "La morphologie des malédictions monastiques", *Annales. ESC*, vol. 34, janvier-février 1979, p. 43-60.

45. J. Desnoyer, "L'excommunication des insectes..."; H. d'Arbois de Jubainville, "Les excommunications d'animaux", *Revue des questions historiques*, t. 5, 1868, p. 275-280; M. Besson, "L'excommunication des animaux au Moyen Âge", *Revue historique vaudoise*, t. 43, 1935, p. 3-14. 이 세 명의 저자들이 강조하고 있듯이, '추방excommunication'이라는 용어는 주의해서 다루어야 한다. 완전히 통상의 의미로 사용된 것이 아니기 때문이다.

46. 창세기 3:14-15 "신이 뱀에게 말했다. 네가 이런 일을 저질렀으니 너는 모든 집짐승과 들짐승 가운데에서 저주를 받아 네가 사는 동안 줄곧 배로 기어다니며 먼지를 먹으리라. 나는 너와 그 여자 사이에, 네 후손과 그 여자의 후손 사이에 적개심을 일으키리니 여자의 후손은 너의 머리에 상처를 입히고 너는 그의 발꿈치에 상처를 입히리라."

47. F. Fleuret et L. Perceau, *Les Procès de bestialité*, Paris, 1920, p. 14-15. 재판기록의 소각은 완전히 예외적인 것이었고, 중세 말이나 근대 초의 관습과는 완전히 동떨어져 있다. 그러므로 상징적으로 파기된 것이 유일한 정본이 아니거나 사본이고, 재판할 때의 원본은 아니지 않았을까 하고 되물을 수 있을 것이다. 그런데 한편으로 재판기록 가운데 이 종류의 수간죄와 그에 대한 재판의 흔적이 매우 부족한 것은 어떤 시점에서 의도적으로 인멸이 이루어진 것은 아닌가 하는 생각도 든다. 자료가 있는 15세기의 두 사례, 부르고뉴와 로렌lorrain 지방의 사례를 참조할 것. 이것은 다음의 저작에서 다루어져 있다. Nicole Gonthier, *Le Châtiment du crime au Moyen Âge*, p. 163.

48. 16세기에는 수가 조금 증가하고 있는 것처럼 보인다. 알프레드 소망Alfred Soman은 1536년부터 1600년 사이에 파리고등법원에 접수된 수간죄 재판은 그가 집계한 것으로는 54건이었다고 내게 알려주었다. 이 사건들에 등장하는 동물은 그다지 다양하지 않다. 암탕나귀, 암말, 암캐, 암염소, 암소이다. 암퇘지는 등장하지 않는다. 이 정보를 제공해준 알프레드 소망에게 고마움을 전한다.

49. L. Dubois-Desaulle, *Étude sur la bestialité du point de vue historique, médical et juridique*, Paris, 1905, p. 154-157.

50. M. Berriat de Saint-Prix, "Rapport et recherches..."(이 장의 주 15), p. 427.

51. A. Franklin, *La Vie privée d'autrefois...: les animaux*, t. II, p. 261.

52. 앞서 인용한 한스 알베르트 베르켄호프Hans Albert Berkenhoff의 연구에 게르만 국가들에서 동물이 받은 벌의 세부 유형이 제시되어 있다.

53. Paris, AN, L 885/1. 이 미간행된 자료의 존재를 알려준 앙리 뒤부아Henri Dubois 교수와 그의 학생인 안 라쿠르브뤼에르Anne Lacourt-Bruère에게 고마움을 전한다.

54. L. Tanon, *Histoire des justices des églises de Paris*, Paris, 1883, p. 227.

55. 동물고고학과 그 숫자, 데이터, 방법, 성과에 대해서는 다음의 자료집을 참조할 것. F. Audouin-Rouzeau, *Hommes et animaux en Europe de l'époque antique aux Temps mod-*

ernes. *Corpus de données archéozoologiques et historiques*, Paris, 1993.

56. J. Verroust et M. Pastoureau, *Le Cochon. Histoire, symbolique, cuisine*, Paris, 1987, p. 23-26.

57. 현대 의학에서 치료용품이나 이식, 실험에 돼지의 조직과 기관을 사용하는 것은 이 때문이다. 인간과 돼지에 공통의 DNA의 비율은 인간과 원숭이의 경우보다 크지 않은 데도, 실험실에서는 돼지 쪽이 폭넓게 사용되고 있다. 돼지가 서구 토착의 동물로 구하기 쉽고 비용도 적게 든다는 것도 하나의 이유이고, 전혀 보호종이 아니고, 원숭이 만큼 '감성의 대상(objet de sensibilité)'이 아니라는 점도 또 하나의 이유이다.

58. 12세기 살레르노salerno 의학대학에서 집성된 문서에서 본보기가 되는 사례들을 자주 발견할 수 있다. 다음을 참조. S. de Renzi, *Collectio salernita*, Naples, 1853, t. II, p. 391-401; W. Corner, *Anatomical Texts of Early Middle Ages*, Washington, 1927, p. 47-68.

59. P. de Beaumanoir, *Coutumes du Beauvaisis*, chap. LXIX, § 6 (éd. Beugnot, Paris, 1842, t. II, p. 485-486).

60. J. Duret, *Traité des peines et amendes*, Lyon, 1572, p. 108-109.

61. P. Ayrault, *L'Ordre, formalité et instruction judiciaires...*, 4ᵉ éd., Paris, 1610, p. 109.

62. 「탈출기」 21:28. 주25에 라틴어 원문.

63. Thomas d'Aquin, *Summa contra gentiles*, livre II, chap. 82 (Opera... ed. leonina, Rome, 1918, p. 513-515).

64. Albert le Grand, *De anima*, livre II, chap. 3과 12 (l'éd. "de Cologne", Bonn, 1955, t. XII. 참조).

65. Thomas d'Aquin, *Summa theologica*, II, 90/3과 III, 76/2 (Opera... ed. leonina, Rome, 1935, p. 169-172).

66. L. C. Rosenfield, *From Beast Machine to Man Machine*, New York, 1941 참조.

67. 철학자, 특히 잘 알려져 있고, 연구가 충분히 진행된 주제인 17~18세기 철학자의 동물에 대한 태도에 대해서는 다음 저작을 참조할 것. Élisabeth de Fontenay, *Le Silence des bêtes. La philosophie à l'épreuve de l'animalité*, Paris, 1998, p. 265-543. 고대, 근대, 현대 철학자들의 동물에 대한 태도를 연구한 이 방대한 저작이 중세라는 시대에 대해서는, 그에 관한 발언이 매우 많았는데도 전혀 언급하고 있지 않다는 것이 놀랍다.

68. J. Racine, *Les Plaideurs*, acte III, scène 3.

69. 로마 신자들에게 보낸 서간 8:21. 앞의 '주 7'을 참조할 것.

02. 사자의 대관식

1. 왕과 공작의 동물원 역사는 아직 서술되지 않았다. 귀스타브 로이셀의 오래된 저작은 자주 인용되지만, 잘 읽히지 않고 빈약하다. 정보는 단편적이고, 종종 너무 낡았고, 문제의식이 없다. Gustave Loysel, *Histoire des ménageries de l'Antiquité à nos jours*, Paris, 1912, 3 vol. 동물원은 동물에 관한 모든 문제와 마찬가지로 오랫동안 야사와 일화집 같은 것에 맡겨져 왔다. 그러나 더 본격적으로 다루어야 할 주제이다.

2. 이 연구에서 나는 '동물원ménagerie'이라는 말을 근대적인 의미로, 곧 17세기에 확립 된 의미로 사용한다. 고프랑스어와 중기프랑스어에서 이 말은 야수와 진기한 동물을 사육·공개하는 장소라는 뜻이 아니라, 농지와 집의 '관리'라는 의미를 나타냈다.

3. 위대한 퍼시 에른스트 스람은 기대를 저버리지 않았다. 그는 뮈테리히와 함께 쓴 뛰 어난 책에서 그것에 여러 쪽을 할애했다. P. E. Schramm et F. Mütherich, *Denkmale der deutschen Könige und Kaiser*, Munich, 1962, 70-74.

4. 동물원의 유형을 확립하는 것은 그것을 나타내는 말이 불안전하고 애매한 만큼이나 어렵다. 가장 빈번히 쓰이는 말은 'bestiarium', 'vivarium', 'claustrum'이지만, 이것들은 구덩이나 우리, 공원이나 보호구역 등도 의미한다. 나아가 각각이 복수의 의미를 지니 는데, 예컨대 'vivarium'은 야수를 사육하는 이동 동물원, 사냥 금지 구역, 사슴 목장, 양식장, 과수원도 의미한다. 'pardarium', 'leopardarium', 'ferarium' 등의 용어는 사용빈 도가 낮고 한정된 의미를 지닌다. 곧, 사자와 표범, 흑표범을 사육하는 구덩이 형태의 축사이다. 마찬가지로 새 사육장을 뜻하는 말은 '양식장'과는 달리 'aviarium(새장)'과 'columbarium(비둘기장)' 등의 명시적 어휘가 있다.

5. 동시에 사슴 목장도 늘어갔다. 사슴은 그리스도론적인 의미를 지닌 동물이고, 사슴 사 냥은 이제 멧돼지 사냥보다 고귀한 것으로 여겨졌다. 군주들이 소유한 동물원이나 살 아 있는 동물은 세속사회와 교회의 수장고에 보존되어 있는 박제와 표본으로 된, 중 세 프랑스어의 표현으로는 '기름에 삶은bouillis en huile' 동물들과 가죽·모피·갈 기·뼈·이빨·발톱 등 동물의 신체 부분들과 비교해 볼 필요가 있다. 이 경우 가장 수요가 많은 것은 악어, 뱀, 용이고, 근대가 꽤 진행될 때까지 그러한 사정은 변하지 않았다. 마찬가지로 동물을 사용한 구경거리나 투기도 동물원과 밀접한 관계가 있다. '곰과 사자의 시합le gieu des ours et des lions', 곧 무훈시에서 친숙한 곰과 사자의 싸움 은 '중세의 가을'이라 불리는 시대에는 이제 거의 존재하지 않게 되어 있었지만 사자 와 황소의 대결은 특히 에스파냐와 이탈리아에서는 드물지 않았다. 일반적으로 15세 기 후반에 황소와 투우 같은 구경거리가 가치를 재평가받았다. 그런데 투우는 문헌에 이따금 기술된 것과는 달리 고전고대의 투우 의례를 곧바로 계승한 것은 아니다.

6. 다음에서 내가 수치화해 나타낸 결과를 참조할 것. Michel Pastoureau, "Le bestiaire her-aldique au Moyen Âge", *Revue française d'héraldique et de sigillographie*, 1972, p. 3-17; 같은 저자, *Traité d'héraldique*, Paris, 2e éd., 1993, p. 136-143.

7. H. Beck, *Das Ebersignum im Germanischen*, Berlin, 1965; G. Scheibelreiter, *Tiernamen und Wappenwesen*, Vienne, 1976, p. 22-57과 87-90; H. E. Korn, *Adler und Doppeladler. Ein Zeichen im Wandel der Geschichte*, 2e éd., Marbourg, 1976.

8. R. Viel, *Les Origines symboliques du blason*, Paris, 1972, p. 31-91; A. Quacquarelli, *Il le-one e il drago nella simbolica dell'età patristica*, Bari, 1975.

9. M. Zips, "Tristan und die Ebersymbolik", *Beiträge zur Geschichte der deutschen Sprache und Literatur*, t. 94, 1972, p. 134-152; M. Pastoureau, "Les armoiries de Tristan dans la lit-térature et l'iconographie médiévales", *Gwechall (Quimper)*, t. 1, 1978, p. 9-32.

10. "사자의 입에서 저를 살려 내소서(*Salva me de ore leonis*)" 시편 22:22(불가타 성서에 서는 21:22).

11. "*Vigilate quia adversarius vester, diabolus, tamquam leo rugiens, circuit, quaerens quem devoret. Cui resistite fortes in fide...*" 베드로의 첫째 서간 5:8-9.

12. "짐승 가운데 용사로서 어떤 것 앞에서도 물러서지 않는 사자(*deofo rtissimus bestiaruma d nullius pavebit occursum*)" 잠언 30:30; "유다는 어린 사자. 내 아들아, 너는 네가 잡은 짐승을 먹고 컸다. 유다가 사자처럼, 암사자처럼 웅크려 엎드리니 누가 감히 그를 건드리랴?(*Catulus leonis Juda: ad prædam, fili mi, as cendisti: requiescens accubuisti ut leo, et quasi leana: quis suscitabit eum*)" 창세기 49:9.

13. "*Ne fleveris: ecce vicit leo de tribu Juda, radix David, aperire librum et solvere septem signacula ejus.*"「요한 묵시록」5:5

14. Isidore de Séville, *Etymologiae*, livre XII, chap. II, §3. (éd. J. André, Paris, 1986, p. 89) 원 문은 "rex, eo quod princeps sit omnium bestiarum"

15. Ambroise, *Hymni latini antiquissimi*, éd. A. Bulst, Heidelberg, 1956, p. 42; Raban Maur, *De rerum naturis*, livre VIII, chap. 1 (*PL*, t. 112, col. 217-218).

16. 이 주제에 관한 문헌은 풍부한데, 특히 다음 책이 참고할 만하다. N. Henkel, *Studien zum Physiologus*, Tubingen, 1976.

17. *De bestiis et aliis rebus*, livre II, chap1(*PL*, t.177, col. 57); F. Unterkircher, *Bestiarium. Die Texte der Handschrift Ms. Ashmole 1511 der Bodleian Library Oxford*, Graz, 1986, p. 24.

18. Thomas de Cantimpré, *Liber de natura rerum*, éd. H. Boese, Berlin, 1973, p. 139-141; Barthélemy l'Anglais, *De proprietatibus rerum*, Cologne, 1489, fol. 208 [vb, f]; Vincent de Beauvais, *Speculum naturale*, Douai, 1624, livre XIX, chap. 66-74.

19. (아리스토텔레스와 플리니우스가 아는 바로는 아니었지만) 이러한 다양한 특성들과 그것들에 대한 기독교적 해석에 대해서는 다음을 보라. N. Henkel, *Studien zum Physiologus*, p. 164-167.

20. M. Pastoureau, *Traité d'héraldique*, p. 143-146.

21. H. S. London, *Royal Beasts*, London, 1956, p. 9-15; R. Viel, *Les Origines symboliques du blason*, Paris, 1972, p. 46-106(신중하게 읽기 바람); A. Ailes, *The Origins of the Royal Arms of England. Their Development to 1199*, Reading, 1982; M. Pastoureau, "Genèse du léopard Plantegenêt", *Société des amis de l'Institut historique allemand, Bulletin*, vol. 7, 2002, p. 14-29.

22. E. E. Dorling, *Leopards of England and other Papers on Heraldry*, London, 1913; H. S. London, "Lion or Leopard?", *The Coat of Arms*, t. 2, 1953, p. 291-296; C. R. Humphery Smith et M. Heenan, *The Royal Heraldry of England*, London, 1966; J. H. et R. V. Pinches, *The Royal Heraldry of England*, London, 1974, p. 50-63.

23. F. McCullough, *Medieval Latin and French Bestiaries*, Chapel Hill, 1962, p. 150-151; A. Henkel, *Studien zum Physiologus*, p. 41-42. 아리스토텔레스는 암사자와 파르두스의 짝

짓기에 대해 말하지 않았다. 플리니우스가 이 전설을 솔리누스에게 전했고, 그 뒤 이 시도루스를 거쳐 중세 문화로 전해졌다. "레오파르두스는 암사자와 파르두스의 간통으로 태어난다(*leopardus ex adulterio leaena et pardi nascitur*)."(*Etymologiae*, livre XII, chap. II, § 11, éd. J. André, p. 95).

24. M. Pastoureau, "Figures et couleurs péjoratives en héraldique médiévale", *Communicaciones al XV Congreso internacional de las ciencias genealogica y heraldica*, Madrid, 1982(1985), t. III, p. 293-309.

25. 창세기 6:19-21. 현대어처럼 13세기 불가타 성서의 원문도 애매했다. "*Et ex cunctis animantibus universae carnis bina induces in arcam, ut vivant tecum, masculini sexus et feminini. De volucribus juxta genus suum et de bestiis in genere suo et ex omni reptili terrae secundum genus suum: bina de omnibus ingredientur tecum, ut possint vivere.*"

26. '노아의 방주'의 교부학적, 도상학적 자료에 관해서는 아쉽게도 아직 출간되지는 않은 고문서학교의 다음 학위논문을 살펴보면 도움이 될 것이다. Marianne Besseyre, *L'Iconographie de l'arche de Noé du IIIe au XVe siècle. Du texte aux images*, Paris, 1997. 다음도 보라. École nationale des chartes, *Positions des thèses...*, Paris, 1997, p. 53-58.

27. 중세 도상에서는 양과 송아지, (목걸이를 하고 있지 않은) 개를 구별하는 것이 어려운 경우가 종종 있다. 실제 동물 가운데에는 뚜렷한 특징을 지니고 있는 것도 있지만, 그렇지 않은 것도 있다. 예컨대 새의 경우에 독수리와 백조와 올빼미, 까치는 쉽게 알아볼 수 있지만, 다른 많은 새들은 분간하기 어렵다. 게다가 그것들은 알아볼 수 있게 그려지지도 않았다.

28. 방주 내부에서 동물들의 배치에 관한 연구도 마찬가지로 유용하다. 다른 곳보다 더 명예로운 장소들이 있기 때문이다.

29. 곰의 숭배에 관한 문헌은 꽤 많으며, 견해도 크게 나뉜다. 특히 선사시대의 숭배에 관해서는 부정하는 학자들도 있고, 강하게 단정하는 사람도 있다. 출간된 지는 오래되었지만 다음 저작들은 살펴볼 필요가 있다. A. I. Hallowell, "Bear Ceremonialism in the Northern Hemisphere", *The American Anthropologist*, t. 28, 1926, p. 51-202; T. Tillet et L. R. Binford, dir., *L'Ours et l'Homme*, Actes du colloque d'Auberive (1997), Liège, 2002.

30. 중세의 곰과 야인 사이의 관계에 대해서는 다음과 같은 연구가 있다. R. Bernheimer, *Wild Men in the Middle Ages*, Cambridge(Mass.), 1952; T. Husband, The Wild Man: *Myth and Symbolism*, New York, 1980; C. Gaignebet et D. Lajoux, *Art profane et religion populaire au Moyen Âge*, Paris, 1982, p. 75-85 et 115-127.

31. 다음에서 '곰의 새끼Bärensohn' 항목과 그 밖의 것들을 참조. H. Bächtold-Stäubli, *Handwörterbuch des deutschen Aberglaubens*, Leipzig, 1930, t. I. 특히 다음 뛰어난 연구를 꼭 참조할 것. Daniel Fabre, *Jean de l'Ours. Analyse formelle et thématique d'un conte populaire*, Carcassonne, 1971.

32. "곰들은 초겨울에 짝짓는다. 그들은 다른 네발동물들의 일반적인 방식과는 서로를 마주보고 끌어안는다(*Eorum coitus hiemis initio, nec vulgari quadripedum more sed*

ambobus cubantibus complexisque)." Pline, *Histoire naturelle,* livre VIII, chap. LIV, éd. A. Ernout, Paris, 1952, p. 67).

33. 나는 중세의 곰의 역사와, 곰이 동물의 왕의 칭호를 잃어버리는 데 교회가 수행한 역할에 관한 책을 출간했다. Michel Pastoureau, *L'ours: histoire d'un roi déchu,* 주나미 옮김, 『곰, 몰락한 왕의 역사』, 오롯, 2014.

34. 사무엘기 상 17:34 "임금님의 종은 아버지의 양 떼를 쳐 왔습니다. 사자나 곰이 나타나 양 무리에서 새끼 양 한 마리라도 물어 가면"; 열왕기 2:24 "엘리사는 돌아서서 그들을 보며 주님의 이름으로 저주하였다. 그러자 암곰 두 마리가 숲에서 나와, 그 아이들 가운데 마흔두 명을 찢어 죽였다."; 잠언 28:15 "가난한 백성을 사악하게 다스리는 자는 포효하는 사자와 덮치는 곰과 같다."; 다니엘서 7:5 "그리고 다른 두 번째 짐승은 곰처럼 생겼다. 한쪽으로만 일으켜져 있던 이 짐승은 입속 이빨 사이에 갈비 세 개를 물고 있었는데, 그것에게 누군가 이렇게 말하였다. 일어나 고기를 많이 먹어라."; 호세아서 13:8 "나는 새끼 잃은 곰처럼 그들을 덮쳐 그들의 가슴을 찢어발기리라. 사자처럼 그 자리에서 그들을 뜯어 먹고 들짐승이 그들을 찢어 먹게 하리라."; 아모스서 5:19 "사자를 피해 도망치다가 곰을 만나고 집 안으로 피해 들어가 손으로 벽을 짚었다가 뱀에게 물리는 것과 같으리라." 등.

35. Augustin, *Sermones,* XVII, 34 (*PL,* t. 39, col. 1819: 곰과 사자를 상대로 한 다윗의 싸움에 대한 주석).

36. 플리니우스 『자연사』 8권 54장 "새끼들은 하얗고 형체가 갖추어지지 않는 몸을 지니고, 생쥐보다 조금 크고, 눈도 털도 없고, 손톱만 튀어나와 있다. (어미는) 새끼들을 구석구석 핥아서 조금씩 형체를 갖추게 한다*(Hi sunt candida informisque caro, paulo muribus maior, sine oculis, sine pilo, ungues tantum prominent. Hanc lambendo paulatim figurant)*" Pline, *Histoire naturelle,* livre VIII, chap. LIV, éd. A. Ernout, p. 67. 중세말의 전승에서 곰 암컷은 수컷보다 강하고, 모범적인 엄마로 여겨지고 있었던 점에 주의하자. 이에 관해서는 동물학 문헌에서 암컷이 수컷보다 강하다고 여겨진 두 동물이 사자의 두 '경쟁자'인 곰과 레오파르두스라는 점이 흥미롭다. 예컨대 토마 드 캉탱프레는 1240년 무렵에 그의 백과전서 『사물의 본성에 관한 책』에서 이렇게 썼다. "암컷 곰은 수컷보다 강하고 대담한데, 이는 레오파르두스의 경우에도 마찬가지이다*(urse femine sunt fortiores et audaciores maribus, sicut in leopardum genere est).*" Thomas de Cantimpré,, *Liber de natura rerum,* livre IV, chap. CV, éd. H. Boese, Berlin, 1970, p. 168.

37. 곰은 13세기 이후 7대 죄악을 상징하는 동물 무리의 스타가 되었다. 적어도 그 가운데 4개 죄악과 연관되었기 때문이다. 곧 분노(ira), 음욕(luxuria), 태만(acedia), 탐식(gula)이다. 다음을 참조. E. Kirschbaum, dir., *Lexikon der christlichen Ikonographie,* nouvelle éd., Fribourg-en-Brisgau, 1990, col. 242-244.

38. 성인전에서 곰의 위치에 대한 다음의 문헌을 참조할 것. M. Praneuf, *L'Ours et les Hommes dans les traditions européennes,* Paris, 1989, p. 125-140; D. Lajoux, *L'Homme et l'Ours,* Grenoble, 1996, p. 59-69.

39. 『여우이야기』에서 곰이 등장하는 장면을 모은 편리한 목록은 여기에서 볼 수 있다. M. de Combarieu du Gres et J. Subrenat, *Le Roman de Renart*. Index des thèmes et des personnages, Aix-en-Provence, 1987, p. 267-270.

40. 중세 문장에는 곰이 수가 적다. 등장하는 빈도는 5%를 넘지 않는다. (다시 강조하건 대 사자는 15%이다.) 곰은 특히 '말하는' 역할을 맡았다. 곧 곰ours이라는 명칭과 문장 소유자의 이름이 언어유희의 관계인 것이다. 이에 관해서는 곰을 상기시키는 어근을 바탕으로 한 인명, 지명은 풍부하지만, 문장의 곰은 적다는 것을 강조할 필요가 있다. 이와 같은 차이는 여우와 까마귀에게서도 존재한다.

03. 멧돼지 사냥

1. 그리스인과 로마인은 말 탄 사냥을 그다지 하지 않았다. 그렇지만 제정기에는 오리엔 트 유행의 영향으로 '말을 타고 하는 사냥'의 몇몇 형식이 발전했다.

2. J. Aymard, *Les Chasses romaines*, Paris, 1951, p. 323-329, 352-361.

3. O. Keller, *Die antike Tierwelt*, Leipzig, 1913, t. I, p. 277-284.

4. J. André, *L'Alimentation et la Cuisine à Rome*, Paris, 1961, p. 118-120. 성서는 로마의 전 통과는 반대로 사슴고기를 모든 고기 가운데에서 가장 순수한 것으로 여겼다. "그러 나 주 너희 하느님께서 너희에게 베푸신 복에 따라, 너희가 원하는 대로 어느 성에서 든지 짐승을 잡아 그 고기를 먹을 수 있다. 부정한 사람도 정결한 사람도 그것을 영양 이나 사슴 고기처럼 먹을 수 있다."(신명기 12:15) "그런 것은 영양과 사슴처럼, 너희 성안에서 부정한 이와 정결한 이가 다 함께 먹을 수 있다."(신명기 15:22) 이는 중세 기독교에 이 동물의 순수함을 칭송하는 분명한 성서적 근거를 부여했는데, 사냥의 난 폭함이나 죽은 동물의 해체와 분배라는 피비린내 나는 의례와는 조금 거리가 있었다.

5. 원문은 "cervos relinques vilico" Martial, *Epigrammatae*, I, 49, 26 (éd. W. Heraeus, Leipzig, 1925). 다음도 참조. J. Aymard, *Les Chasses romaines*, p. 353-354.

6. O. Keller, *Die antike Tierwelt*, t. I, p. 389-392. 다음도 참조. F. Poplin, "La chasse au san-glier et la vertu virile", Université de Tours, *Homme et animal dans l'Antiquite romainé*, Actes du colloque de Nantes(1991), Tours, 1995, p. 245-267.

7. H. Beck, *Das Ebersignum im Germanischen*, Berlin, 1965; G. Scheibelreiter, *Tiernamen und Wappenwesen*, Vienne, 1976, p. 40-41, 81-83, 124-127.

8. F. Le Roux et C.-J. Guyonvarc'h, *La Civilisation celtique, Rennes*, 1990, p. 129-146.

9. P. Walter, *Arthur, l'Ours et le Roi*, Paris, 2002, p. 79-100.

10. M. Thiebaux, "The Mouth of the Bear as a Symbol in Medieval Literature", *Romance Philology*, n° 12, 1969, p. 281-299; M. Zips, "Tristan und die Ebersymbolik", *Beiträge zur Geschichte der deutschen Sprache und Literatur*, t.94, 1972, p. 134-152; W. Schouwink, "Der Eber in der deutschen Literatur des Mittelalters", *Verbum et Signum. Festschrift F. Ohly*, Munich, 1975, p. 425-476; A. Planche, "La bête singulière", *La Chasse au Moyen Âge, Actes du colloque de Nice*(1978), Paris et Nice, 1980, p. 493-505.

11. W. Schouwink, "The Sow Salaura and her Relatives in Medieval Literature and Art", *Épopée animale, fable, fabliau*, Actes du IVe colloque de la Société internationale renardienne (Évreux, 1981), Paris, 1984, p. 509-524.

12. C. Higounet, "Les forêts de l'Europe occidentale du Ve au XIe siècle", *Agricoltura e mondo rurale in Occidente nell'alto Medioevo*, Spolète, 1966, p. 343-398 (Settimane di studio del Centro italiano di studi sull'alto Medioevo, vol. 13); J. Verdon, "Recherches sur la chasse en Occident durant le haut Moyen Âge", *Revue belge de philologie et d'histoire*, t. 56, 1978, p. 805-829; W. Rösener, "Jagd, Rittertum und Fur stenhof im Hochmittelalter", W. Rosener, dir., *Jagd und höfische Kultur im Mittelalter*, Göttingen, 1997, p. 123-147.

13. K. Lindner, *Die Jagd im frühen Mittelalter*, Berlin, 1960(*Geschichte der deutschen Weidwerks*, vol. 2); L. Fenske, "Jagd und Jäger im früheren Mittelalter. Aspekte ihres Verhältnisses", W. Rösener, dir., *Jagd und höfische Kultur...*, p. 29-93.

14. *Chace dou cerf*, éd. G. Tilander, Stockholm, 1960(Cynegetica, vol. 7).

15. *La Vénerie de Twiti. Le plus ancien traite de chasse écrit en Angleterre*, éd. G. Tilander, Uppsala, 1956(Cynegetica, vol. 2).

16. Gaston Phébus, *Livre de chasse*, éd. G. Tilander, Karlshamm, 1971, p. 52(Cynegetica, vol. 17).

17. Gace de La Buigne, *Roman des deduis*, éd. A. Blomqvist, Karls-hamm, 1951(*Studia romanica holmiensia*, vol. 3).

18. Hardouin de Fontaine-Guérin, *Livre du Trésor de vénerie*, éd. H. Michelant, Metz, 1856.

19. Henri de Ferrières, *Les Livres du roy Modus et de la royne Ratio*, § 3, éd. G. Tilander, Paris, 1932, t. I, p. 12.

20. Gaston Phébus, *Livre de chasse*, chap. IX.

21. 귀족 사회에 유행한 남성용 장화. 끝이 숫양의 뿔처럼 말려 있어서 빈축을 샀다.

22. Henri de Ferrières, *Les Livres du roy Modus...*, § 76, t. I, p. 146-148.

23. 에스파냐와 게르만 국가들에서는 멧돼지 사냥용 사냥개 무리의 수가 줄기 시작한 것은 겨우 15세기가 되어서부터였다. 다음 문헌에 나타난 지적과 표를 참조할 것. W. Störmer, "Hofjagd der Könige und der Herzöge im mittelalterlichen Bayern", W. Rösener, dir., *Jagd und höfische Kultur...*, p. 289-324. 바이에른에서는 15세기나, 특히 16세기에 사슴 사냥이 결정적으로 멧돼지 사냥을 능가하게 되었다.

24. 멧돼지 사냥에 필요한 사냥개의 특성에 관해서 가스통 페뷔스는 수많은 명확한 정보를 제공하고 있다. 다음을 참조. Gaston Phébus, *Livre de chasse*, chap. XVII-XXI, chap. XVII, § 42-43, 54.

25. C. Beck, "Chasses et équipages de chasse en Bourgogne ducale (vers 1360-1420)", A. Paravicini Bagliani et B. Van den Abeele, dir., *La Chasse au Moyen Âge. Société, traités, symboles*, Turnhout, 2000, p. 151-174. 다음도 참조. C. Niedermann, *Das Jagdwesen am Hofe Herzog Philipps des Guten von Burgund*, Bruxelles, 1995. 오래된 연구이기는 하지

만 자료에 대한 언급이 풍부한 다음도 참조할 것. E. Picard, "La vénerie et la fauconnerie des ducs de Bourgogne", *Mémoires de la Société éduenne*(Autun), 9, 1880, p. 297-418.

26. C. Niedermann, "Je ne fois que chassier. La chasse à la cour de Philippe le Bon, duc de Bourgogne", A. Paravicini Bagliani et B. Van den Abeele, dir., *La Chasse au Moyen Âge*, p. 175-185.

27. 멧돼지를 상대로 한 이러한 새로운 기술에 관해 가스통 페뷔스는 그것이 "고귀함과 용기를 지니고" 동물을 잡는 수단은 아니라고 비난하면서도 장황할 정도로 기록하고 있다. 다음을 참조. Gaston Phébus, *Livre de chasse*, chap. LX-LXXVIII.

28. 중세 말의 왕과 귀족들의 식탁에는 짐승고기가 빠르게 줄고, 그 대신 조류나 고급 가금류가 늘어나는 경향이 일반적이었다. 이 점에 관해서는 풍부한 문헌들 가운데에서도 다음을 참조. *Manger et boire au Moyen Âge*, Actes du colloque de Nice(1982), Paris, 1984, 2 vol.; M. Montanari, *Alimentazione e cultura nel Medioevo*, Rome et Bari, 1988; *Essen und Trinken in Mittel-alter und Neuzeit*, Sigmaringen, 1987; B. Laurioux, *Le Moyen Âge à table*, Paris, 1989; 같은 저자, *Le Règne de Taillevent. Livres et pratiques culinaires à la fin du Moyen Âge*, Paris, 1997.

29. (14세기 프랑스의 사냥론에서 즐겨 사용되는 표현이지만) 근대에는 멧돼지 사냥을 진정한 '말을 타고 하는 사냥chasse à courre'이라고 말하기를 꺼리는 작가가 많았다. 오히려 '작은 사냥petite vénerie'이라는 말을 즐겨 썼다. J.-L. Bouldoire et J. Vassant, *Le Sanglier*, Paris, 1988; J.-J. Brochier et J.-P. Reder, *Anthologie du sanglier*, Paris, 1988. 참조.

30. H. Thimme, "Forestis. Königsgut und Königsrecht nach den Forst-urkunden vom 6. bis 12. Jahrhundert", *Archiv für Urkundenforschung*, t. 2, 1909, p. 101-154; C. Petit-Dutaillis, "De la signification du mot forêt à l'epoque franque", *Bibliothèque de l'École des chartes*, t. 76, 1915, p. 97-152; C. R. Young, *The Royal Forests of Medieval England*, Cambridge, 1979; M. Pacaut, "Esquisse de l'évolution du droit de chasse au haut Moyen Âge", *La Chasse au Moyen Âge*(이 장의 주 10), p. 59-68; J. Semmler, "Der Forst des Königs", J. Semmler, dir., *Der Wald in Mittelalter und Renaissance*, Berlin, 1991, p. 130-147; T. Zotz, "Beobachtungen zu Königtum und Forst im früheren Mittelalter", W. Rösener, dir., *Jagd und höfische Kultur...*, p. 95-122.

31. Augustin, *Ennaratio in Psalmum* 79, PL, t. 36, col. 1025.

32. Isidore de Séville, *Etymologiae*, livre XII, chap. I, § 27 (éd. J. André, p. 37). 원문은 "Aper a feritate vocatus, ablata f littera et subrogata p dicitur." 이 '문자 변환에 의한per commutationem litterarum' 어원론은 롬바르디아의 파피아Papia il Lombardo가 인용한 뒤 13세기의 모든 작가가 채용했다.

33. Rabanus Maurus, *De naturis rerum*, PL, t. 111, col. 207.

34. Thomas de Cantimpré, *Liber de natura rerum*, éd. H. Böse, Berlin, 1973, p. 109.

35. 이 멋진 표현은 프랑수아 포플랭에 의한 것이다. 다음을 참조. François Poplin, "La chasse au sanglier..."(이 장의 주 6).

36. L. Douët d'Arcq, "Note sur la mort de Philippe le Bel", *Revue des sociétés savantes*, 6e série, t. 4, 1876, p. 277-280; C. Baudon de Mony, "La mort et les funérailles de Philippe le Bel d'après un compte rendu à la cour de Majorque", *Bibliothèque de l'École des chartes*, t. 68, 1897, p. 5-14; J. Favier, *Philippe le Bel*, Paris, 1978, p. 522-523.

37. Suger, *Vita Ludovici Grossi regis*, éd. H. Waquet, Paris, 1929, p. 266.

38. M. Pastoureau, "Histoire d'une mort infâme: le fils du roi de France tué par un cochon(1131)", *Bulletin de la Société nationale des Antiquaires de France*, 1992, p. 174-176.

39. M. W. Bloomfield, *The Seven Deadly Sins*, 2e éd., Chicago, 1967, p. 244-245; M. Vincent-Cassy, "Les animaux et les péchés capitaux: de la symbolique à l'emblématique", *Le Monde animal et ses représentations au Moyen Âge* (XIe-XVe s.), Actes du XVe congrès de la Société des historiens médiévistes de l'enseignement supérieur public(1984), Toulouse, 1985, p. 121-132.

40. 게르만 국가들에서 이 도상 표현과, 그와 관련된 카니발 관습에 관해서는 다음을 참조. J. Leibbrand, *Speculum bestialitatis. Die Tiergestalten der Fastnacht und des Karnevals im Kontext christlicher Allegorese*, Munich, 1988.

41. Henri de Ferrières, *Les Livres du roy Modus...*, § 75, p. 144.

42. Henri de Ferrières, 같은 책, § 74, p. 141-142.

43. Gaston Phébus, *Livre de chasse*, chap. Ier, § 86.

44. "(사슴은) 늘 뱀과 적대하고 있다. 이 파충류의 소굴을 찾아서, 단지 콧구멍으로 숨을 내뿜어 뱀을 끌어낸다. 사슴뿔을 태우는 냄새가 뱀 사냥에 유용한 것도 이 때문이다(Et iis [cervis] est cum serpente pugna. Vestigant cavernas, nariumque spiritu extrahunt renitentes. Ideo singulare abigendis serpentibus odor adusto cervino cornu)." Pline, *Histoire naturelle*, livre VIII, chap. L, § 7.

45. "Quemadmodum desirat cervus ad fontes aquarum, ita desirat anima mea ad te, Deus" 시편 42(41):2. 이 시편과 사슴의 상징성에 관한 아우구스티누스의 긴 주해를 참조할 것. Augustin, *Ennaratio in Psalmum* 41, *PL*, t. 36, col. 466. 이 시편은 사슴이 왜 빈번히 세례 장면이나 세례반에 묘사되었는지를 설명해준다. 생명의 원천에서 목마름을 치유한 기독교도의 영혼을 상기시키는 것이다.

46. 고대 그리스 로마의 경우와 마찬가지로 사슴은 중세에 음란과 성욕의 강력한 상징이었다. 신도들에 '사슴 되기faire le cerf', 곧 사육제나 전통적인 축제 때에 사슴으로 분장하고, 거대한 남자의 성기를 과시하며 성행위를 연기해 보이는 것을 금지한 고위성직자와 사제들은 수없이 많았다.

47. 때때로 이것은 세속의 궁정식 연애로 연출되었다. 거기서 사슴은 귀부인에 봉사하는 연인을 상징한다. 다음을 참조. M. Thiébaux, *The Stage of Love. The Chase in Medieval Literature*, Ithaca et London, 1974.

48. 이 대체에 관해서는 다음을 참조. M. Pastoureau, "Quel est le roi des animaux?", *Le Monde animal et ses représentations...*, p. 133-142.

49. P. Walter, Arthur, *l'Ours et le Roi* (이 장의 주 9), p. 79-100.

50. Chrétien de Troyes, *Érec et Énide*, éd. Mario Roques, Paris, 1973, vers 27-284.

51. A. Guerreau-Jalabert, "Le cerf et l'épervier dans la structure du prologue d'Érec", A. Paravicini Bagliani et B. Van den Abeele, dir., *La Chasse au Moyen Âge*, p.203-219; E. Bormann, *Die Jagd in den altfranzösischen Artus-und Abenteuerromanen*, Marbourg, 1887.

52. 풍부한 참고문헌들 가운데 다음을 참조. T. Szabo, "Die Kritik der Jagd, von der Antike zum Mittelalter", W. Rösener, dir., *Jagd und höfische Kultur...*, p. 167-230.

53. 가스통 페뷔스는 이 점에 관해서 많은 정보를 제공한다. Gaston Phébus, *Livre de chasse*, chap. VIII et LII.

54. B. Andreolli, "L'orso nella cultura nobiliare dall'Historia Augusta a Chrétien de Troyes", B. Andreolli et M. Montanari, dir., *Il bosco nel Medioevo*, Bologne, 1989, p. 35-54.

55. 곰에 관해서는 가스통 페뷔스의 의붓형제인 피에르 드 베아른Pierre de Béarn에게 일어난 기이한 일을 참조. 징크는 장 프루아사르(1337?~1405?)가 이야기한 이 사건을 연구했다. Michel Zink, "Froissart et la nuit du chasseur", *Poétique*, n° 41, 1980, p. 60-77.

56. *Acta sanctorum*, sept. VI, p. 106-142.

57. 같은 책, nov. I, p. 759-930.

58. B. Hell, *Le Sang noir. Chasse et mythe du sauvage en Europe*, Paris, 1994, p. 147-198 참조.

04. 나무의 힘

1. Albert le Grand, *De animalibus*, éd. H. Stadler, Munster, 1913, chap. 22, § 65, 66과 chap. 36, § 2. 중세의 동물학에서 '벌레vermes'는 많은 무척추동물, 특히 곤충을 포함한다.

2. Vincent de Beauvais, *Speculum naturale*, livre VII, chap. L-LI (éd. de Douai, 1624, col. 456-457)에 수록된 원전을 참조.

3. Albert le Grand, *De vegetalibus*, livre VII, par E. Meyer et C. Jessen, Berlin, 1867의 서문에 인용된 원문을 참조.

4. 풍부한 참고문헌들 가운데서 다음 저술들을 참조. P. Geary, *Furta Sacra. Thefts of Relics in the Central Middle Ages*, Princeton, 1978; F. Cardini, *Magia, Stregoneria, Superstizioni nell'Occidente medievale*, Florence, 1979; P. Brown, *Le Culte des saints,* Paris, 1984; P.-A. Sigal, *L'Homme et le Miracle dans la France médiévale (XIe-XIIe s.)*, Paris, 1985; J.-C. Schmitt, "Les superstitions", J. Le Goff et R. Rémond, dir., *Histoire de la France religieuse*, Paris, 1989, t. I, p. 417-551.

5. M. Bur, *Le Château*, Turnhout, 2002.

6. 이런 의미에서 나는 린 타운센드 화이트 주니어의 견해를 전부 공감할 수는 없다. L. White Jr., *Medieval Technology and Social Change*, Oxford, 1962.

7. P. Geary, "L'humiliation des saints", *Annales. ESC*, vol. 1, 1979, p. 27-42 참조.

8. D. Johanssen, *Geschichte des Eisens*, 3e éd., Berlin, 1953; R. Sprandel, *Das Eisengewerbe im Mittelalter*, Munich, 1968.

9. H. Bächtold-Stäubli, *Handwörterbuch des deutschen Aberglaubens*, Berlin, 1941, t. IX, col. 257-265; L. Rohrich, "Die deutsche Volkssage", *Vergleichende Sagenforschungen*, 1969, p. 217-286. '마법사'로서의 대장장이에 관해서는 자주 인용되는 엘리아데의 다음 저작을 신중히 참조할 것. Mircea Eliade, *Forgerons et alchimistes*, 이재실 옮김, 『대장장이와 연금술사』(문학동네, 1999).

10. P. Sangferst, *Die heilige Handwerke in der Darstellung der «Acta sanctorum»*, Leipzig, 1923.

11. 요셉의 직업을 나타내는 말은 히브리어에서도 그리스어(tektôn)에서도 직업적인 목수나 단순히 나무를 다루는 노동자(라틴어 carpentarius)가 아니라 일반적인 장인의 개념으로 인식되고 있다.

12. J. Le Goff, "Métiers licites et métiers illicites dans l'Occident médiéval", *Pour un autre Moyen Âge*, Paris, 1977, p. 91-107 참조.

13. Thomas de Cantimpré, *Liber de natura rerum*, éd. H. Böse, Berlin, 1973, p. 378(*De septem metallis*, chap. VIII).

14. C. Raynaud, «À la hache». *Histoire et symbolique de la hache dans la France médiévale(XIIIᵉ-XVᵉ s.)*, Paris, 2002, p. 32-37 참조.

15. 식물 가운데 오로지 과일만은 중세 전통에서 다소 불순한 것, 아니면 적어도 완전히 순수하지는 않은 것으로 여겨졌다. 과일이 원래 매매되는 것이기 때문이거나, 아니면 이브가 뱀의 유혹으로 먹어 타락의 원인이 되었기 때문일 것이다.

16. 연구대상이 된 사회에서 나무로 만든 물품에는 어떠한 것이 있을까? 이와 같은 물음은 방대한 규모의 역사적 탐구의 주제이지만 전면적으로 수행해야 한다.

17. M. Pastoureau, "Couleurs, décors, emblèmes", *Figures et couleurs. Études sur la symbolique et la sensibilité médiévales*, Paris, 1986, p. 51-57(특히 p. 52-53).

18. 'materiel(물질)'과 'materialisme(물질주의)' 등의 어휘의 기원에는 나무를 의미하는 라틴어 명사의 하나인 'materia'가 있다는 사실을 기억하자.

19. A. Rey, dir., *Dictionnaire historique de la langue française*, nouvelle éd., Paris, 1994, t. I, p. 740.

20. 20세기 후반이 되자, 이번에는 금속이 그 역할을 플라스틱에 빼앗기게 되었다는 점도 덧붙여 두어야 하지 않을까?

21. C. Raynaud, "À la hache", p. 161-234.

22. 이 혐오의 대상이 된 직업들에 관해서는 다음을 참조. W. Danckert, *Unehrliche Leute. Die verfemten Berufe*, Berne, 1963.

23. 다음 저작의 'Holzhauer(나무꾼)'에 관한 방대한 서술을 참조. H. Bachtold-Staubli, *Handworterbuch des deutschen Aberglaubens*, Berlin, 1932, t. IV.

24. W. Danckert, *Unehrliche Leute*, p. 199-207.

25. 세밀화에 묘사된 숯쟁이는 털북숭이 야생인간과 새까맣고 거의 동물에 가까운 악마의 중간 형태이다.

26. R. Bechmann, *Des arbres et des hommes. La forêt au Moyen Âge*, Paris, 1984, p. 186-187.

27. 분명히 최초의 카르보나리 당원이 모두 숯쟁이는 아니었다. 실상은 그것과는 멀지만, 그들은 나폴리 왕국에서 숯쟁이 동업조합의 명칭과 상징, 조직을 채택했다.

28. M. Pastoureau, "La forêt médiévale: un univers symbolique", *Le Château, la Forêt, la Chasse, Actes des IIᵉ rencontres internationales de Commarque* (23-25 sept. 1988), Bordeaux, 1990, p. 83-98.

29. 프랑스어 'sauvage(야생의)'이 라틴어 'silva(숲)'에서 비롯되었다는 것을 새삼스레 다시 지적할 필요가 있을까? 숲에 살거나, 그곳을 빈번히 드나드는 자는 '야생의(silvaticus)' 존재이다. 이런 어원적 친족성은 게르만 언어들에도 존재한다. 예컨대 독일어의 'Wald(숲)'와 'wild(야생의)'의 관계에서도 뚜렷이 확인된다.

30. 앙드레 르루아구르앙(André Leroi-Gourhan)의 고전적 저작들과 다음을 참조할 것. A. Velther et M. J. Lamothe, *Le Livre de l'outil*, Paris, 1976, 2 vol. 그리고 P. Feller et F. Tourret, *L'Outil. Dialogue de l'homme avec la matière*, Bruxelles, 1969.

31. 줄이나 톱과 마찬가지로, 대패는 소재를 정면으로 공격하지 않고 소모시키기 때문에 '속임수'이다. 그래서 봉건시대에는 뭔가 불충한 도구로 여겨졌다. 그러나 중세 말 인내가 재평가되자, 대패도 도구 세계의 가치체계에서 명예로운 지위를 차지하게 되었다. 15세기 초 부르고뉴 공작인 장 상 푀르(Jean sans Peur)와 같은 군주가 표장으로 삼을 정도였다. 2세기 전에는 생각조차 할 수 없던 일이다.

32. C. Raynaud, "À la hache", p. 63-318.

33. 이사야와 톱에 의한 순교에 관해서는 다음을 참조. R. Bernheimer, "The Martyrdom of Isaias", *The Art Bulletin*, 34, 1952, p. 19-34와 L. Réau, *Iconographie de l'art chrétien*, Paris, 1955, t. II, p. 365-372.

34. R. Bechmann, *Des arbres et des hommes*, p. 87-92.

35. P. H. Kalian, "Die Bedeutung der Säge in der Geschichte der Forstnützung", *Actes du premier symposium d'histoire forestière*, Nancy, 1979, p. 81-96.

36. E. Mâle, *Les Saints Compagnons du Christ*, Paris, 1958, p. 210-211.

37. 고리대에 대한 모든 형태의 경멸적인 특성에 대해서는 다음을 참조. J. Le Goff, *La Bourse et la Vie. Économie et religion au Moyen Âge*, Paris, 1986, p. 17-49.

38. M. Pastoureau, "Figures et couleurs péjoratives en héraldique médiévale", *Figures et couleurs*, Paris, 1986, p. 193-207; 같은 저자, *L'Étoffe du Diable. Une histoire des rayures et des tissus rayés*, Paris, 1991, p. 37-47.

39. 나는 목재의 종류가, 특히 예술작품과 그 재료가 특정되기를 진심으로 바란다. 그래야 나무의 목질과, 나무의 사회적·예술적·문화적·이데올로기적 이용 사이에 존재하는 상징적인 관계를 본격적으로 연구할 수 있기 때문이다.

40. J. Brosse, *Les Arbres de France. Histoire et légendes*, Paris, 1987, p. 210에서 인용.

41. 이 점에 관해서는 다음에 수록된 문헌들을 참조할 것. Vincent de Beauvais, *Speculum naturale*, livre X, chap. CX (éd. de Douai, 1624, col. 644).

42. 중세 보리수의 상징성은 내 연구 「보리수의 음악. 꿀벌과 나무」를 소개하는 것으로 대신하고자 한다. M. Pastoureau, "La musique du tilleul. Des abeilles et des arbres", J. Coget, dir., *L'Homme, le Végétal et la Musique*, Parthenay, 1996, p. 98-103.

43. A. de Gubernatis, *Mythologie des plantes*, Paris, 1878, t. II, p. 256.

44. J. Brosse, *Les Arbres de France*, p. 105-110.

45. Isidore de Séville, *Etymologiae*, livre XVII, chap. VII, § 40. (éd. J. André, p. 117) 원문은 "taxus venenata arbor, unde et toxica venena exprimuntur."

46. 다음의 곳곳에서 확인된다. F. Leroux, *Les Druides*, Rennes, 1981.

47. Thomas de Cantimpré, *Liber de natura rerum*, livre X, chap. XXXIII(éd. H. Böse, Berlin, 1973, p. 222-223).

48. P. Sébillot, *Le Folklore de France: la flore*, nouvelle éd., Paris, 1985, p. 38-39; J. Brosse, *Les Arbres de France*, p. 137.

49. Isidore de Séville, *Etymologiae*, livre XVII, chap. VII, § 21 (éd. J. André, p. 101). 원문은 "nux appellata quod umbra vel stillicidium folibrum eius proximis arboribus noceat."

50. 오리나무(aulne)는 프랑스 지명에 가장 빈번히 나오는 나무이지만, 주목이나 호두나무와 마찬가지로 신에게 버림받은 나무를 대표한다. 곧 물과 기묘하게 관계가 깊고, 다른 나무가 자라지 않는 장소인 이탄층의 습지나 늪지에서 자라고, 불에 탈 때 연기를 내지 않으며, 잎은 떨어질 때까지 푸르다. 괴테의 시 「마왕」을 생각나게 하는 안개 속 유령같은 으스스한 나무로, 악마와 관계된 것처럼 보인다. 특히 나무를 자르면 노란색이 붉어져 사람들이 '피를 흘린다'며 두려워했다.

05. 왕의 꽃

1. 카페 왕조의 백합꽃에 관해 가장 박식한 이는 에르베 피노토이다. 그의 초기 연구는 오랫동안 접근하기 어려운 출판물들에 흩어져 있었는데, 그 대부분이 다음 논문집에 다시 수록되었다. Hervé Pinoteau, *Vingt-cinq ans d'études dynastiques*, Paris, 1982. 그 뒤 출판된 저자의 몇몇 논고는 주에서 인용하겠다.

2. 필사본인 채로 남아 아직 간행되지 않은 다음 문헌을 참조. Charles Du Cange, *Traité du droit et comportement des armes* (Paris, BNF, ms. fr. 9466과 Bibl. de l'Arsenal, ms. 4795); 같은 저자, *Glossarium ad scriptores mediae et infimae latinitatis*, Paris, 1850, t. VII, 2ᵉ partie, p. 1-28, 46-56, 97-108에 수록되어 출판된 *Dissertations sur l'histoire de saint Louis*도 보라.

3. J.-J. Chiflet, *Lilium francicum veritate historica, botanica et heraldica illustratum*, Anvers, 1658. 쉬플레는 꿀벌이 프랑스의 군주의 가장 오래된 상징이라고 주장하고, 봉건시대 이전의 백합꽃의 존재를 부정했는데, 몇몇 작가가 다양한 저작이나 소책자를 통해 반박하고 있다. 특히 장 페랑 신부의 다음 저작을 참조. le père Jean Ferrand, *Epinicion pro liliis, sive pro aureis Franciae liliis...*, Lyon, 1663 (2ᵉ éd., Lyon, 1671).

4. Scévole de Sainte-Marthe, *Traité historique des armes de France et de Navarre*, Paris, Rou-

lland, 1673. 같은 주제에 관해서 17세기의 다른 4개의 저작을 참조. G.-A. de La Roque, *Les Blasons des armes de la royale maison de Bourbon*, Paris, 1626; le père G.-E. Rousselet, *Le Lys sacré...*, Lyon, 1631; J. Tristan, *Traité du lis, symbole divin de l'espérance*, Paris, 1656; P. Rainssant, *Dissertation sur l'origine des fleurs de lis*, Paris, 1678. 16세기의 저작에 관해서는 아래의 '주 26'을 참조할 것.

5. 두 가지 사례. A. de Beaumont, *Recherches sur l'origine du blason et en particulier de la fleur de lis*, Paris, 1853과 J. Van Maldergehm, "Les fleurs de lis de l'ancienne monarchie francaise. Leur origine, leur nature, leur symbolisme", *Annuaire de la Société d'archéologie de Bruxelles*, t. 8, 1894, p. 29-38.

6. E. Rosbach, "De la fleur de lis comme emblème national", *Mémoires de l'Académie des sciences, inscriptions et belles-lettres de Toulouse*, t. 6, 1884, p. 136-172.

7. E. J. Wolliez, "Iconographie des plantes aroïdes figurées au Moyen Âge en Picardie et considérées comme origine de la fleur de lis en France", *Mémoires de la Société des Antiquaires de Picardie*, t. 9 (s.d.), p. 115-159.

8. F. Chatillon, "Aux origines de la fleur de lis. De la bannière de Kiev à l'écu de France", *Revue du Moyen Âge latin*, t. 11, 1955, p. 357-370.

9. 이런 극단적 일탈은 다음 저작과 논문에서 정점에 이른다. Sir Francis Oppenheimer, *Frankish Themes and Problems*, London, 1952. 특히 p. 171-235; P. Le Cour, "Les fleurs de lis et le trident de Poséidon", *Atlantis*, n° 69, janvier 1973, p. 109-124.

10. 백합꽃의 도상적 상징적 기원에 비둘기가 있다는 가설은 앞의 주에 인용한 프랜시스 오펜하이머의 기상천외한 저작에 등장한다. 태양이라는 가설은 논증은 그나마 낫지만 설득력은 없는데, 이것은 다음 저작에서 옹호되고 있다. A. Lombard-Jourdan, *Fleur de lis et oriflamme. Signes célestes du royaume de France*, Paris, 1991. 특히 p. 95-127.

11. 메소포타미아의 원통 인장의 원판에는 백합꽃 내지 꽃무늬 장식이 발견된다. 다음 저작들의 도판에 수록된 여러 사례를 참조. O. Weber, *Altorientalische Siegelbilder*, Leipzig, 1920; H. Francfort, *Cylinder Seals*, London, 1939; P. Amiet, *Bas-reliefs imaginaires de l'Orient ancien d'après les cachets et les sceaux cylindres*, Paris, 1973.

12. G. Posener, *Dictionnaire de la civilisation égyptienne*, Paris, 1988, p. 147-148.

13. E. Muret et A. Chabouillet, *Catalogue des monnaies gauloises de la Bibliothèque nationale*, Paris, 1889, p. 84, n° 3765; A. Blanchet, *Traité des monnaies gauloises*, Paris, 1905, p. 417-418.

14. 특히 Bède le Vénérable의 아가 주해(*PL*, t. 91, col. 1065-1236).

15. Dom H. Leclerc, "Fleur de lis", *Dictionnaire d'archéologie chrétienne et de liturgie*, Paris, 1923, t. V, col. 1707-1708.

16. 신학적 서술은 많이 존재하지만, 특히 Fulbert de Chartres의 명문을 참조. Fulbert de Chartres, *Sermo de nativitate Beatae Mariae*, *PL*, t. 141, col. 320-324.

17. L. Douët d'Arcq, *Archives de l'Empire... Collection de sceaux*, Paris, 1867, t. II, n° 7252.

18. G. Demay, *Inventaire des sceaux de la Picardie*, Paris, 1877, n° 1153.

19. L. Douët d'Arcq, *Archives de l'Empire...*, t. II, n° 7190.

20. 다음의 선구적 연구를 참조. G. Braun von Stumm, "L'origine de la fleur de lis des rois de France du point de vue numismatique", *Revue numismatique*, 1951, p. 43-58.

21. 성모 마리아에 얽힌 꽃에 관한 최근 연구는 부족하다. 어쩔 수 없이 로틀리사 벨링의 더 일반적인 연구, 특히 다음 저작의 '꽃(Blumen)' 항목을 참조. L. Behling, *Reallexikon zur deutschen Kunstgeschichte*, Berlin, 1937, t. II, col. 925-942.

22. R. Bossuat, "Poème latin sur l'origine des fleurs de lis", *Bibliothèque de l'École des chartes*, t. 101, 1940, p. 80-101. 그리고 A. Langfors, "Un poème latin sur l'origine des fleurs de lis", *Romania*, t. 69, 1946-1947, p. 525-528.

23. 이런 문학의 정치적이고 왕조적인 논점에 관해서는 다음을 참조. C. Beaune, *Naissance de la Nation France*, Paris, 1985, p. 237-263.

24. 다음을 예로 들 수 있다. Philippe de Vitry, *le Chapel des fleurs de Lis*(1322); Guillaume de Digulleville, *le Rouman de la fleur de lis*(v. 1338). 두 작품 모두 A. Piaget가 편집한 다음 책에 실려 있다. *Romania*, t. 27, 1898, p. 55-92와 t. 62, 1936, p. 317-358. 다음도 참조. E. Faral, "Le Roman de la fleur de lis de Guillaume de Digulleville", *Mélanges Ernest Hoepffner*, Strasbourg, 1949, p. 327-338.

25. 라울 드 프레슬이 아우구스티누스의 『신국』을 번역하면서 덧붙인 서문. saint Augustin, *la Cité de Dieu*, Paris, BNF, ms. 22912, fol. 3v.

26. S. Hindman et G. Spiegel, "The Fleur de Lis Frontispieces to Guillaume de Nangis's *Chronique abrégée*. Political Iconography in the Late Fifteenth Century France", *Viator*, t. 12, 1981, p. 381-407. 백합꽃 문양의 기원에 관한 16세기 문서들 가운데 다음을 꼽을 수 있다. J. de La Mothe, *Le Blason des célestes et très chrestiennes armes de France...*, Rouen, 1549; J. Le Féron, *Le Simbol armorial des armoiries de France et d'Escoce et de Lorraine*, Paris, 1555; J. Gosselin, *Discours de la dignité et précellence des fleurs de lys et des armes des roys de France...*, Tours, 1593.

27. E. Roy, "Philippe le Bel et la légende des trois fleurs de lis", *Mélanges Antoine Thomas*, Paris, 1927, p. 383-388. 앞의 주 23에 제시된 문학작품도 참조.

28. 클로비스의 두꺼비에 관한 전설에 관해서는 '주 3'과 '주 26'에 제시된 16-17세기의 작품 이외에 C. Beaune, *Naissance de la Nation France*(p. 252-255)를 참조

29. F. Chatillon, "Lilia crescunt. Remarques sur la substitution de la fleur de lis aux croissants et sur quelques questions connexes", *Revue du Moyen Âge latin*, t. 11, 1955, p. 87-200. 이 저자의 가설을 모두 받아들이는 것은 피해야 한다. 경우에 따라서는 매우 위험하다.

30. 다음 저작에 모아놓은 원전들을 참조. J.-C. Cuin et J.-B. Cahours d'Aspry, *Origines légendaires des lys de France*, Paris, 1976.

31. M. Pastoureau, "La diffusion des armoiries et les débuts de l'héraldique (vers 1175-vers 1225)", *La France de Philippe Auguste, Colloque international du CNRS* (1980), Paris,

1982, p. 737-760. 그러나 에르베 피노트는 반대로 프랑스 국왕이 더 일찍부터 문장을 채택했다는 가설을 주장한다. H. Pinoteau, "La création des armes de France au XIIe siècle", *Bulletin de la Société nationale des Antiquaires de France*, 1980-1981, p. 87-99.

32. G. Demay, *Inventaire des sceaux de l'Artois*, Paris, 1877, n° 1.

33. P. E. Schramm, *Der König von Frankreich*, Weimar, 1939, p. 204-215; L. Carolus-Barré, "Le lis, emblème pré-héraldique de l'autorité royale sous les Carolingiens", *Bulletin de la Société nationale des Antiquaires de France*, 1957, p. 134-135.

34. B. Bedos, "Suger and the Symbolism of Royal Power: the Seal of Louis VII", *Abbot Suger and Saint-Denis. A symposium*, New York, 1981 (1984), p. 95-103.

35. P. Bernard, *Saint Bernard et Notre-Dame*, Paris, 1953.

36. 이 스테인드글라스의 연대는 프랑수아즈 페로(Françoise Perrot)에 의한 것이다. 그의 견해에 따르면, 루이 왕자가 잉글랜드 귀족들의 요청으로 실지왕 존을 퇴위시키기 위해 잉글랜드 원정을 준비하고 있을 때에 제작되었다고 한다.

37. J. Le Goff, J.-C. Bonne, E. Palazzo et M.-N. Colette, *Le Sacre royal à l'époque de saint Louis*, Paris, 2001.

38. 이 문제에 관한 논의는 다음 훌륭한 저작으로 넘긴다. Marc Bloch, *Les Rois thaumaturges*, Paris, nouvelle éd., 1983. 이 개정판에 첨부된 자크 르 고프의 암시적인 서문은 도움이 될 것이다. (p. I-LXI).

39. M. Pastoureau, *L'Étoffe du Diable. Une histoire des rayures et des tissus rayés*, Paris, 1991, p. 35-51.

40. H. Pinoteau, "La tenue de sacre de saint Louis IX, roi de France, son arrière-plan symbolique et la *renovatio regni Juda*", *Vingtcinq ans d'études dynastiques*, p. 447-504.

41. 예컨대 루이 12세 치세와 프랑수아 1세 치세의 초기에 백합꽃과 관련해 촉발된 다양한 해석과 꽃의 이용 방법에 관해서는 다음을 참조할 것. A.-M. Lecoq, *François Ier imaginaire. Symbolique et politique à l'aube de la Renaissance française*, Paris, 1987. 특히 p. 150-151, 179-181, 342-347, 396-400.

42. M. Dalas-Garrigues, "Les sceaux royaux et princiers. Étude iconographique", Archives nationales, *Corpus des sceaux français du Moyen Âge*, t. II, *Les Sceaux de rois et de régence*, Paris, 1991, p. 49-68.

43. M. Prinet, "Les variations du nombre des fleurs de lis dans les armes de France", *Bulletin monumental*, 1911, p. 469-488.

44. M. Pastoureau, *Traité d'héraldique*, 2e éd., Paris, 1993, p. 51-53, 160-165.

45. 같은 책, p. 165-167.

46. 피렌체 시는 1250년대부터 문장에 백합꽃을 채택하고 있는데, 그 결정적인 형식인 '은색 바탕에 만개한 적색 백합(d'argent à la fleur de lis épanouie de gueules)'이 정착한 것은 14세기를 거치면서였다.

47. L. Douët d'Arcq, *Archives de l'Empire...*, t. II, n° 5533; X. De Gellinck, *Sceaux et armoir-*

ies des villes... de la Flandre ancienne et moderne, Paris, 1935, p. 224.

48. 프랑스 혁명기에 나타난 백합꽃 배척에 관해서는 다음을 참조할 것. R. Mathieu, *Le Système héraldique français*, Paris, 1946, p. 243-246.

49. 이 복잡한 문제들에 대해서는 다음 논문에 넘기도록 하자. M. Pastoureau, "Le roi des lis. Emblèmes dynastiques et symboles royaux", Archives nationales, *Corpus des sceaux français du Moyen Âge*, t. II, p. 35-48.

50. 같은 책, p. 140-143, n° 61-64.

51. H. Pinoteau, "La main de justice des rois de France: essai d'explication", *Bulletin de la Société nationale des Antiquaires de France*, 1978-1979, p. 262-265.

52. Joinville, *Vie de saint Louis*, éd. et trad. J. Monfrin, Paris, 1995, p. 30-31, § 59.

53. 이 점에 관해 전형적인 것은 지구(globe)의 이용을 거부한 것이다. 유럽의 다른 군주는 모두 그것을 사용하고 있었다.

06. 중세의 색

1. 중세를 한참 벗어나 있지만 다음 저작은 가장 의욕적으로 색의 사회적 실행에 관한 과학적·예술적 문제를 우선시하고 있다. John Gage, *Color and Culture. Practice and Meaning from Antiquity to Abstraction*, London, 1993. 색의 인류학과 색의 역사라는 관점에서 제기된 여러 문제들에 관한 이론적 접근을 위해서는 다음 세 논문집을 효과적으로 이용할 수 있다. I. Meyerson, dir., *Problèmes de la couleur*, Paris, 1957; S. Tornay, dir., *Voir et nommer les couleurs*, Nanterre, 1978; M.-C. Pouchelle, dir., *Paradoxes de la couleur*, Paris, 1990(*Ethnologie française*, t. 20, octobre-decembre 1990 특집호).

2. M. Pastoureau, *Jésus chez le teinturier. Couleurs et teintures dans l'Occident médiéval*, Paris, 1998, p. 72-78.

3. 같은 책, p. 113-117. 아리스토텔레스는 특별히 색에 관한 글을 쓰지는 않았다. 그러나 색이라는 주제는 그의 저작 곳곳에 흩어져 있는데, 특히 『영혼론*De anima*』, (무지개에 관한 주제의) 『기상학*Libri Meteologicorum*』, 동물학 관련 저작 등에 언급되어 있다. 아울러 『감각과 감각된 것*De sensu et sensato*』은 자연과 색의 지각에 관한 그의 사고방식이 가장 명확히 밝혀진 저작이다. 중세에는 색의 본성과 색의 지각에 관해 논한 『색채론*De coloribus*』이 유통되었다. 이 논고는 아리스토텔레스의 것으로 여겨지면서 빈번히 인용되고, 주해되고, 필사·재필사되었다. 그러나 이것은 아리스토텔레스나 테오프라스토스의 것이 아니라, 후기 소요학파의 작품으로 추정된다. 그렇지만 13세기의 백과전서적 지식에 큰 영향을 끼쳤으며, 그 흔적은 특히 바르톨로뮤(Barthelemy l'Anglais)의 『사물의 속성에 관하여*De proprietatibus rerum*』의 색을 다룬 제4권에서 뚜렷이 확인된다. 이 논고의 그리스어 원전은 다음에 수록되어 있다. W. S. Hett, *Loeb Classical Library: Aristotle, Minor Works*, Cambridge(Mass), 1980, t. XIV, p. 3-45. 라틴어 원문은 종종 『자연학 소논집*Parva naturalia*』과 함께 편찬되었다. 바르톨로뮤와 색에 관해서는 다음을 참조할 것. M. Salvat, "Le traité des couleurs de Barthélemy l'Anglais",

Senefiance, vol. 24 (Les Couleurs au Moyen Âge), Aix-en-Provence, 1988, p. 359-385.

4. 중세 광학의 역사에 관해서는 아래의 '주 12'에서 언급한 연구를 참조할 것.

5. 무지개에 관한 다양한 이론의 역사에 관해서는 C. B. Boyer, *The Rainbow. From Myth to Mathematics*, New York, 1959; M. Blay, *Les Figures de l'arc-en-ciel,* Paris, 1995.을 참조.

6. Robert Grosseteste, *De iride seu de iride et speculo*, éd. L. Baur, *Beiträge zur Geschichte der Philosophie des Mittelalters*, t. 9, Munster, 1912, p. 72-78. 또한 C. B. Boyer, "Robert Grosseteste on the Rainbow", *Osiris*, vol. 11, 1954, p. 247-258; B. S. Eastwood, "Robert Grosseteste's Theory of the Rainbow. A Chapter in the History of Non-Experimental Science", *Archives internationales d'histoire des sciences*, t. 19, 1966, p. 313-332 참조.

7. John Pecham, *De iride*, éd. D. C. Lindberg, *John Pecham and the Science of Optics. Perspectiva communis,* Madison, 1970, p. 114-123.

8. Roger Bacon, *Opus majus,* éd. J. H. Bridges, Oxford, 1900, 6ᵉ partie, § 2-11. 다음도 참조. D. C. Lindberg, "Roger Bacon's Theory of the Rainbow. Progress or Regress?", *Isis*, vol. 17, 1968, p. 235-248.

9. Thierry de Freiberg, *Tractatus de iride et radialibus impressionibus,* éd. M. R. Pagnoni-Sturlese et L. Sturlese, *Opera omnia*, Hambourg, 1985, t. IV, p. 95-268.

10. Witelo, *Perspectiva*, éd. S. Unguru, *Varsovie*, 1991.

11. Roger Bacon, *Perspectiva communis*, dans *Opus majus*, p. 114.

12. 시각에 관한 중세 이론의 역사에 관해서는 다음을 참조. D. C. Lindberg, *Theories of Vision, from al-Kindi to Kepler*, Chicago, 1976; K. Tachau, *Vision and Certitude in the Age of Ockham. Optics, Epistemology and the Foundations of Semantics (1250-1345)*, Leyde, 1988.

13. 어떤 작가에게는 눈 자체에서 작용하는 것으로 파악된다.

14. 죽은 자의 미사와 성 금요일에는 검정; 비탄과 참회의 시간, 곧 대림절과 사순절에는 반 검은색인 보라색.

15. 로버트 그로스테스트에 관한 풍부한 참고문헌들 가운데에서 특히 다음 저작들이 참조할 만하다. D. A. Callus, dir., *Robert Grosseteste, Scholar and Bishop*, Oxford, 1955; R. W. Southern, *Robert Grosseteste: The Growth of an English Mind in Medieval Europe*, Oxford, 1972; J. J. McEvoy, *Robert Grosseteste, Exegete and Philosopher*, Aldershot, 1994; N. Van Deusen, *Theology and Music at the Early University: the Case of Robert Grosseteste*, Leyde, 1995; 그리고 강조할 만한 훌륭한 저작인 A. C. Crombie, *Robert Grosseteste and the Origins of Experimental Science (1100-1700)*, 2ᵉ éd., Oxford, 1971.

16. 존 페캄에 관해서는 *Perspectiva communis* 교정판에 실린 린드버그의 함축적인 서문을 참조. D. C. Lindberg, 앞의 책(이 장의 '주 7'). 로버트 그로스테스트와 존 페캄을 비롯한 13세기 옥스퍼드의 프란체스코회 수도사에 관해서는 다음을 참조. D. E. Sharp, *Franciscan Philosophy at Oxford in the Thirteenth Century*, Oxford, 1930; A. G. Little, "The Franciscan School at Oxford in the Thirteenth Century", *Archivum Franciscanum Histori-*

cum, vol. 19, 1926, p. 803-874.

17. 예컨대 백과사전 집필자인 바르톨로뮤가 1230-1240년 무렵에 편찬한 『사물의 석성에 관하여*De proprietatibus rebus*』 19권의 고찰을 참조. M. Salvat, "Le traite des couleurs de Barthelemy l'Anglais"(이 장의 '주 3').

18. 그래서 (대부분의 경우에 시간이 지나면서 그렇게 되기는 했지만) 12, 13세기의 교회가 마치 무색이나 단색이었던 것처럼 다루는 연구의 정당성은 오늘날 문제시되고 있다. 교회는 풍부한 다색 장식 속에서 구상되고, 건설되고, 이용되었기 때문이다.

19. 이 책의 7장. 그리고 다음을 참조. R. Suntrup, "Liturgische Farbenbedeutung im Mittelalter und in der frühen Neuzeit", *Symbole des Alltags, Alltag der Symbole. Festschrift für Harry Kühnel zum 65. Geburtstag*, Graz, 1992, p. 445-467.

20. 13세기의 축제, 마상창시합, 기마시합 등에서 색의 역할에 관한 연구는 아직 이루어지지 않고 있다. 문학작품에서 수많은 증언을 찾을 수 있는데, 예컨대 13세기 전반의 것으로는 산문 랜슬롯(Lancelot en prose)과 산문 트리스탄(Tristan en prose)이라는 두 개의 커다란 작품군을 들 수 있다. 게르만어권에서는 울리히 폰 리히텐슈타인(Ulrich von Liechtenstein)의 감탄할 만한 『귀부인을 향한 봉사*Frauendienst*』를 꼽을 수 있다. 다음을 참조. J. Fleckenstein, dir., *Das ritterliche Turnier im Mittelalter*, Göttingen, 1985, p. 175-295; M. de Combarieu de Gres, "Les couleurs dans le cycle du Lancelot-Graal", *Senefiance*, vol. 24, Aix-en-Provence, 1988, p. 451-588.

21. M. Pastoureau, *Traité d'héraldique*, 2ᵉ éd., Paris, 1993, p. 37-58과 p. 298-310.

22. F. Piponnier et P. Mane, *Se vêtir au Moyen Âge*, Paris, 1995, p. 22-28.

23. J. Le Goff, *Saint Louis*, Paris, 1996, p. 631.

24. 지역에 따라서 13세기에는 청색 염료로 사용된 이 식물의 재배가 산업으로 이루어졌다. 피카르디, 노르망디, 링컨셔, 나중에는 랑그도크, 토스카나, 튀링겐에서 그러했다. 이 새로운 재배로 아미앵, 에르푸르트, 툴루즈 등의 도시가 부를 쌓았다. 다음을 참조. M. Pastoureau, *Jésus chez le teinturier*, p. 44-46과 p. 108-112.

25. 색을 정의하는 데 색조보다 농도를 우선시한 것을 뚜렷하게 보여주는 증거는 무색이라는 관념 자체가 제공한다. 중세의 예술가가 무색이라는 관념을 색에 나타내려고 할 때 흰색은 선택되지 않고(그것은 17세기를 기다려야 했다), 특정한 색을 선택하지도 않았다. 엷게 하거나 채도를 낮추어서 무색을 느끼게 할 만큼 엷게 했다. 색은 우선 농도이자 밀도이고, 색조는 그 다음이었다.

26. M. Pastoureau, *Bleu. Histoire d'une couleur*, Paris, 2000.

27. 게르만 국가들에서는 빨간색, 녹색, 노란색이 파란색과 검은색 계열의 상승에 더 오래 저항했던 것 같다.

28. 13세기 후반에 출현해 다음 세기에 그 수가 늘어난 사치단속령이나 의복에 관한 교회 법령 자체가 이를 잘 보여준다. 이러한 법률과 교령은 직물이나 의복에 관한 다양한 규정을 마련해서, 특정한 염료의 사용이나 특정한 색의 착용을 어떤 사회계급이나 계층에 금지하거나 반대로 강제하는 것이었는데, 이에 관해서는 다음의 연구를 참

조할 것. F. E. Baldwin, *Sumptuary Legislation and Personal Relation in England*, Baltimore, 1926; J. M. Vincent, *Costume and Conduct in the Laws of Basel, Bern and Zurich*, Baltimore, 1935; L. C. Eisenbart, *Kleiderordnungen der deutschen Städte zwischen 1350-1700*, Göttingen, 1962(복장 규제 법률에 관한 최상의 연구); L. Baur, *Kleiderordnungen in Bayern von 14. bis 19. Jahrhundert*, Munich, 1975; D. O. Hugues, "Sumptuary Laws and Social Relations in Renaissance Italy", J. Bossy, dir., *Disputes and Settlements: Law and Human Relations in the West*, Cambridge, 1983, p. 69-99; 같은 저자, "La moda prohibita", *Memoria. Rivista di storia delle donne*, 1986, p. 82-105; M. Ceppari Ridolfi et P. Turrini, *Il mulino delle vanità. Lusso e cerimonie nella Siena medievale*, Sienne, 1996.

29. 성 베르나르에게서 나타난 선명함(clair)과 광채(brillant)의 구별에 관해서는 다음을 참조. M. Pastoureau, "Les Cisterciens et la couleur au XIIᵉ siècle", *L'Ordre cistercien et le Berry*, Colloque de Bourges(1998), *Cahiers d'archéologie et d'histoire du Berry*, vol. 136, 1998, p. 21-30.

30. 중세의 시선은 종종 사물과 이미지의 넓이보다 깊이를 중시하지만, 결코 이 두 요인을 혼동하지는 않았다. 예컨대 13세기에는 흰 셔츠와 파란 튜닉, 녹색 가운과 빨간 망토를 입는 것은 알록달록한 차림새가 아니었다. 그러나 빨강, 녹색, 노란색 줄무늬의 튜닉이나 가운을 입는 것은 다색의 옷을 입은 것, 곧 추잡하고, 저속하고, 품위를 낮추는 짓이었다. 이러한 핵심적인 문제에 관해서는 다음을 참조할 것. M. Pastoureau, *L'Étoffe du Diable. Une histoire des rayures et des tissus rayés*, Paris, 1991, p. 17-58.

07. 흑백 세계의 탄생

1. 다음 참고문헌 목록에 나온 연구들을 참조. H. J. Sieben, *Voces, eine Bibliographie zu Wörten und Begriffen aus der Patristik (1918-1978)*, Berlin et New York, 1980.

2. 이런 사고방식은 일찍이 아리스토텔레스나 테오프라스토스에게서 나타나고, 이슬람 학자들의 발견으로 강화되어, 중세 전체를 거쳐 널리 확산되었다. 그렇지만 여전히 색을 물질로, 곧 포장과 동일시하는 사고방식은 사라지지 않았다. 예컨대 13세기에 옥스퍼드 학파의 프란체스코회 학자 대다수는 색이 아니라 빛에 관해 깊게 관찰하며, 색은 물질적인 실체임과 동시에 빛의 일부라고 했다. 색의 본질에 관한 이론의 역사에 대해서는 다음을 참조. E. Hoppe, *Geschichte der Optik*, Leipzig, 1926; V. Ronchi, *Storia della luce*, 2ᵉ éd. Bologne, 1952; D. C. Lindberg, *Theories of Vision, from al-Kindi to Kepler*, Chicago, 1976; K. T. A. Halbertsma, *A History of the Theory of Colour*, Amsterdam, 1949(특히 예술의 문제에 관해). 아리스토텔레스의 영향을 받은 이론들의 발전에 관해서는 다음을 참조. P. Kucharski, "Sur la théorie des couleurs et des saveurs dans le De sensu aristotélicien", *Revue des études grecques*, t. 67, 1954, p. 355-390; B. S. Eastwood, "Robert Grosseteste's Theory on the Rainbow", *Archives internationales d'histoire des sciences*, t. 19, 1966, p. 313-332; M. Hudeczek, "De lumine et coloribus (selon Albert le Grand)", *Angelicum*, t. 21, 1944, p. 112-138.

3. 역사가는 색에 관한 용어에 관해서는 (아울러 용어에 대한 주석이 있으면 그것들에도) 교부나 신학자가 사용한 판본이나 이본의 원문 상태나 번역에 대해 매우 신중히 접근 해야 한다. 그리스어와 헤브라이어에서 라틴어로, 그리고 라틴어에서 속어로의 색에 관한 용어 번역의 역사는 불충실함과 과도한 해석, 의미의 변동으로 가득 차 있다. 특 히 중세 라틴어는 헤브라이어나 아람어, 그리스어가 물질, 빛, 농도, 질에 관한 용어만 사용하고 있는 곳에 색조에 관한 표현을 대량으로 도입했다. 헤브라이어가 '빛나는' 이라고 말한 곳을 라틴어는 '하얗게 빛나는(candidus)' 내지는 '붉게 빛나는(ruber)'이 라고까지 말한다. 헤브라이어에서 '더러운'이나 '어두운'이라고 한 곳이 라틴어에서는 '검은(niger)'이나 '푸른(viridis)'으로 되고, 속어에서는 '검은(noir)'이나 '녹색의(vert)' 가 된다. 헤브라이어와 그리스어에서 '생기 없는'이라고 말한 곳을 라틴어에서는 이따 금 '창백한(albus)'으로 말하거나 '푸르스름한(viridis)'이라고 말하고, 속어에서는 '하얀 (blanc)'이나 '녹색의(vert)'라고 말한다. 헤브라이어의 '화려한'은 라틴어에서는 자주 '심홍색의(purpureus)'라고 옮겨지고, 속어에서는 '자주색의(pourpre)'로 된다. 프랑스 어와 독일어, 영어의 '빨강'이라는 단어는 그리스어와 헤브라이어 원전에서 색의 관념 은 없고, 부, 힘, 위엄, 아름다움, 죽음, 피, 불의 관념을 표현하는 말을 옮길 때 빈번히 사용된다. 성서가 문제가 될 때는 반드시 색의 상징성에 관해 고찰하기 전에, 문헌학 적이고 고고학적인 세심한 조사가 필요하다.

4. 교황 그레고리우스 1세는 구약성서 「아가」의 주해에서 이렇게 썼다. "그림을 그리는 데 색을 사용하는 자는 무엇을 그리는지 모르는 어리석은 자이다(*Stultus est qui sic picturae coloribus inhaeret, ut res, quae pictae surit, ignoret*)." Grégoire le Grand, *Commentaire sur le Cantique des cantiques*, éd. R. Bélanger, Paris, 1984, p. 72 (*Sources chrétiennes*, vol. 314).

5. 다음에 인용되어 있는 작가들을 참조. A. M. Kristol, *Color: les langues romanes devant le phénomène de la couleur*, Berne, 1978 (*Romanica Helvetica*, vol. 88), p. 9-14. 다음 연 구에서도 유용한 논리의 전개를 볼 수 있다. A. Walde et J. B. Hofmann, *Lateinisches etymologisches Wörterbuch,* 3ᵉ éd., Heidelberg, 1930-1954 ("color": vol. 3, p. 151 이하).

6. (때때로 이론이 있기는 하지만) 다음에서 시사적인 '색(Color)' 항목을 참조. A. Ernout et A. Meillet, *Dictionnaire étymologique de la langue latine*, 4ᵉ éd., Paris, 1979. 색의 용어 에 관한 문헌학적·어휘론적 연구의 대다수가 대부분 '색'이라는 말 자체의 연구를 소 홀히 하고 있는 것이 아쉽다. 주목할 만한 다음 논문도 그러하다. J. Andre, *Étude sur les termes de couleur dans la langue latine*, Paris, 1949.

7. Isidore de Séville, *Etymologiae*, livre XIX, chap. XVII, § 1: *Colores dicti sunt, quod calore ignis vel sole perficiuntur.*

8. 최근의 논점에 관해서는 다음을 참조. F.-D. Boespflug et N. Lossky, dir., *Nicée II, 787-1987: douze siècles d'images religieuses*, Paris, 1987. 그러나 이 고무적인 학회에서 행해 진 발표자의 연구는 엄밀한 의미에서 '색'이 아니라, '이미지'의 문제였다.

9. 풍부한 문헌들 가운데 다음을 참조. K. H. Esser, "Über der Kirchenbau des heiligen

Bernhard von Clairvaux", *Archiv für mittelrheinische Kirchengeschichte*, t. 5, 1953, p. 195-222; G. Duby, *Saint Bernard et l'Art cistercien*, Paris, 1976; M. Shapiro, "On the Aesthetic Attitude in Romanesque Art", *Romanesque Art*, London, 1977, t. I, p. 123-178. 물론 성 베르나르 자신의 저작, 특히 『변증*Apologia*』의 유명한 다음 장을 다시 읽어 두어야 할 것이다. saint Bernard, "De picturis et sculpturis auro et argento in monasteriis" (XII, 28-34).

10. 샤를 우르셀의 다음 연구는 이미 뒤처진 것이 되었다. Charles Oursel, *La Miniature du XIIᵉ siècle a l'abbaye de Cîteaux...*, Dijon, 1926; 같은 저자, *Miniatures cisterciennes*, Mâcon, 1960. 앞으로는 다음을 참조할 것. Y. Zaluska, *L'Enluminure et le Scriptorium de Cîteaux au XIIᵉ siècle*, Paris, 1989; 같은 저자, *Manuscrits enluminés de Dijon*, Paris, 1991, p. 26-43.

11. 마비용 편집본(Mabillon, 1690)과, 본질적으로는 그것을 다시 수록한 미뉴 편집본 (Migne, *PL*, t. 182, 183), 르클레르탈보로쉐 편집본(Leclercq-Talbot-Rochais, 1957년 이후)에 수록된 어휘집과 색인들을 참조. 다만 아쉽게도 모든 권에 있지는 않다. 다음도 참조할 수 있다. C. Mohrmann, "Observations sur la langue et le style de saint Bernard", J. Leclercq, C. H. Talbot et H. Rochais, éd., *S. Bernardi opera*, Rome, 1958, vol. 2, p. 9-33.

12. 다음에 인용된 원문을 참조. M. Aubert, *L'Architecture cistercienne en France*, Paris, 1943, p. 147-148. 나아가 다음과 같은 오래된 작품들도 유용하게 참조할 수 있다. H. d'Arbois de Jubainville, *Études sur l'état intérieur des abbayes cisterciennes*, Paris, 1858; R. Dohme, *Die Kirchen des Cistercienerordens in Deutschland während des Mittelalters*, Leipzig, 1869. 그리고 학위논문인 다음 저작에도 다양한 정보가 곳곳에 있다. J.-B. Auberger, *L'Unanimité cistercienne primitive: mythe ou réalité?*, Achel (Belgique), 1986.

13. 13세기에는 또 다른 고위성직자 로버트 그로스테스트가 밝음과 투명함을 관계 짓는다. 그러나 이 주제에 대한 그의 고찰은 어휘나 감수성에 관한 현상보다도 오히려 구체적이고 학문적인 관찰에 (특히 빛의 굴절 현상에) 의존하고 있다.

14. 미술과 색채, 빛에 대한 쉬제르의 태도에 관해서는 다음을 참조. M. Aubert, *Suger*, Saint-Wandrille, 1950, p. 110-139; E. De Bruyne, *Études d'esthétique médiévale*, Bruges, 1946, t. II, p. 133-135; P. Verdier, "La grande croix de l'abbé Suger à Saint-Denis", *Cahiers de civilisation médiévale*, t. 13, 1970, p. 1-31; 같은 저자, "Réflexions sur l'esthétique de Suger", *Mélanges E.-R. Labande*, Paris, 1975, p. 699-709; E. Panofsky, *Abbot Suger on the Abbey Church of St. Denis and its Art Treasure*, 2ᵉ éd., Princeton, 1979; L. Grodecki, *Les Vitraux de Saint-Denis: histoire et restitution*, Paris, 1976; S. M. Crosby et al., *The Royal Abbey of Saint-Denis in the Time of Abbot Suger (1122-1151)*, New York, 1981.

15. 쉬제르의 『성별론』의 교정과 번역은 장 르클레르의 판본(Suger, *De consecratione*, éd. et trad. de Jean Leclercq, Paris, 1945)이 프랑수아즈 가스파리의 판본(Suger, *OEuvres*, éd. et trad. de Françoise Gasparri, Paris, 1996, t. I, p. 1-53)에 자리를 넘겼다.

16. 여기에서 끝에 언급한 용어는 다음 멋진 논문의 제목에서 가져왔다. J.-C. Bonne, "Rituel de la couleur: fonctionnement et usage des images dans le Sacramentaire de Saint-Éti-

enne de Limoges", *Image et signification* (Rencontres de l'École du Louvre), Paris, 1983, p. 129-139.

17. A. Racinet, *L'Ornement polychrome*, Paris, 1887; L. Courajod, "La polychromie dans la statuaire du Moyen Âge et de la Renaissance", *Mémoires de la Société nationale des Antiquaires de France*, E, t. 8, 1887-1888, p. 193-274; A. Van den Cheyn, *La Polychromie funéraire en Belgique*, Anvers, 1894; F. Beaucoup, "La polychromie dans les monuments funéraires de Flandre et de Hainaut au Moyen Âge", *Bulletin archéologique du Comité des travaux historiques et scientifiques*, 1928, p. 551-567. 고대에 관해서는 다음을 참조할 것. C. E. Nageotte, *La Polychromie dans l'art antique*, Besançon, 1884, et M. Collignon, "La polychromie dans la sculpture grecque", *Revue archéologique*, 1895, p. 346-358.

18. 최근의 연구(아울러 그에 수반된 논쟁)의 본질적인 부분이 다음 학회 보고에 소개·요약·지적되어 있다. *La Couleur et la Pierre. Polychromie des portails gothiques*, Actes du colloque d'Amiens (octobre 2000), Paris, 2002.

19. 다음 전람회 카탈로그에 소개된 사례를 참조할 것. *Trésors des musées de Liège*, Paris, 1982, n° 67.

20. Honorius Augustodunensis, *Luces incorporatae* (*Expositio in cantica...*, V, 10; *PL*, t. 172, col. 440).

21. 중세 라틴어 어휘에는 금색과 노란색 사이보다도 훨씬 강하게 금색과 흰색 사이의 이러한 관계의 증거가 나타난다. '금색의(aureus)'는 흔히 '새하얀(candidus)'이나 '눈처럼 흰(niveus)'의 동의어였지, '샛노란색의(croceus)'나 '황록색의(galbinus)', '노란색의(giallus)', '누런색의(luteus)' 등의 동의어로 된 것은 드물었다. 이런 금색과 노란색의 명확한 구별은 중세 말에 녹색빛의 노란색에서 붉은빛의 노란색까지 모든 노란색의 가치가 하락된 것을 알려준다. 금색은 빨간색이 농도나 절대적인 채도라는 관념을 지향하는 한, 이 색과 긴밀한 관계를 맺었다. 성배와 전례에 나타난 것은 이 금색이었다.

22. 아직 '야만적'이었다고는 하지만, 메로비우스 시대와 카롤루스 시대가 우리에게 남긴 유물이나 도상은 색이 다채롭다는 인상을 가져다준다. 그러한 인상은 (교회만은 여전히 색이 풍부했지만) 11세기 후반부터 점차 약해지다가 14세기 중반 무렵에 다시 등장한다. 그리고 이른바 '바로크' 시대가 찾아오면서 색은 16세기 초까지 중요한 위치를 차지하게 된다. 물론 이것은 전적으로 개인적인 인상이기 때문에 차이를 고려하고 보완하고 바로잡을 필요가 있다. 그렇지만 색이라는 영역에서 역사가는 자기가 받은 인상과도 공동 작업을 해야 한다.

23. 다음에 열거된 옛 연구에는 몇 가지 정보가 확인된다. F. Bock, *Geschichte der liturgischen Gewänder im Mittelalter*, Berlin, 1859-1869, 3 vol.; J. W. Legg, *Notes on the History of the Liturgical Colours*, London, 1882 (주로 근대에 관해); J. Braun, *Die liturgische Gewandung in Occident und Orient, Fribourg-en-Brisgau*, 1907; G. Haupt, *Die Farbensymbolik in der sakralen Kunst des abendländischen Mittelalters*, Leipzig, 1944(자주 인용되지만, 언제나 기대에 미치지 못한다). 초기 기독교 시대에 관해서는 다음 저작들에

단편적인 정보를 찾을 수 있다. *Dictionnaire d'archéologie chrétienne et de liturgie*, Paris, 1914, t. III, col. 2999-3001. 교황 의례전서의 사용에 대해서는 다음을 참조. B. Schimmelpfennig, *Die Zeremonienbücher der römischen Kurie im Mittelalter*, Tübingen, 1973, p. 286-288 et 350-351; M. Diekmans, *Le Cérémonial papal*, Bruxelles et Rome, 1977, t. I, p. 223-226.

24. 예컨대 다음에 수록된 (10세기 것인?) 짧은 논고를 참조. J. Moran, *Essays on the Early Irish Church*, Dublin, 1864, p. 171-172.

25. *De sacrosancti altaris mysterio*, *PL*, t. 217, col. 774-916 (couleurs: col. 799-802).

26. 기욤 뒤랑과 그의 저작에 관한 가장 훌륭한 소개는 다음에서 찾아볼 수 있다. *Dictionnaire de droit canonique*, Paris, 1953, t. V, col. 1014-1075. 그리고 1990년 망드에서 열린 학회 발표문 P.-M. Gy, dir., *Guillaume Durand, évêque de Mende (v. 1230-1296), canoniste, liturgiste et homme politique*, Paris, 1992.『전례 해설서』의 인쇄본 초판은 마인츠의 요하네스 푸스트(Johannes Fust)와 페터 쉐퍼(Peter Schöffer)에 의해 1459년 10월에 간행되었다. 17세기에 9종의 판본이 간행되었고, 학문적으로 검증된 다음 판본이 현재 출간되어 있다. A. Davril et T. M. Thibodeau, *Guillelmi Duranti Rationale divinorum officiorum*, Turnhout, 1995, vol. 1. 전례의 색에 관한 장은 "De quatuor coloribus, quibus Ecclesia in ecclesiasticis utitur indumentis" (livre III, chap. 18), p. 224-229.

27. 트리엔트 공의회 직전의 시기에 로마 가톨릭 기독교세계의 대부분의 교구에서 행하던 전례의 색 체계는 다음과 같은 것이었다. '흰색'은 부활절 때나 그리스도·마리아·주요 성인에게 봉헌된 축일과 미사를 위한 색이었고, '빨간색'은 성령·십자가·순교자·성혈의 색이었다. '보라색'은 (대림절·칠순 주일·사순절 등) 고해의 시간과 날들의 색이었고, '검은색'은 성금요일과 장례미사의 색, '녹색'은 특정한 색이 없는 날의 색이었다. 특별히 보라색은 가우데테의 주일(Gaudete, 대림절의 세 번째 일요일)과 레타레 주일(Laetare, 사순절의 네 번째 일요일)에는 장밋빛으로 바뀌었다. 파란색은 몇몇 주교구에서 성모 마리아의 지방 축일에만 드물게 사용되었다.

28. 일반적인 옷의 역사에서는 종교인의 복장에 대해서는 그다지 이야기하지 않는다. 특별히 그 문제를 다룬 유일한 저작은 18세기의 것이지만, 지금도 어느 정도 도움이 된다. P. Helyot, *Histoire et costumes des ordres monastiques, religieux et militaires*, Paris, 1714-1721, 8 vol. (수정 보완본, Guingamp, 1838-1842). 이러저러한 수도회의 역사를 다룬 저작의 대다수는 옷에 관해서는 그다지, 혹은 전혀 언급하지 않고, 색에 대해서는 결코 말하지 않는다. 예컨대 방대한 분량의 다음 저작도 그러하다. P. Schmitz, *Histoire de l'ordre de saint Benoît*, Maredsous, 1942-1956, 7 vol. 고대에 관해서는 다음 저작들에서 약간의 정보를 얻을 수 있다. P. Oppenheim, *Das Monchkleid im christlichen Altertum*, Fribourgen-Brisgau, 1931, p. 69-78; G. de Valous, *Le Monachisme clunisien des origines au XVe siècle*, Ligugé et Paris, 1935, t. I, p. 227-249.

29. 제55장. '수도사의 복장과 신발에 대해서*(De vestiario vel calciario fratrum)*' 제7절. "이것들 모두에 대해서 수도사는 색이나 질감을 불평하지 않는다*(De quarum rerum omni-*

um colore aut grossitudine non causentur monachi...)" 베네딕투스가 권한 길에 관해서
는 다음 어휘집을 유용하게 활용할 수 있다. J.-M. Clément, *Lexique des anciennes règles*
monastiques, Rome, 1978 (*Instrumenta patristica*, vol. 7).

30. 개혁을 위한 베네딕투스 아니아넨시스(Benedictus Anianensis)의 저작이나 817년의
『수도원 규정집*Capitulare monasticum*』은 색에 관해 규제하고 있지 않다. '검은 수도사'
를 등장시킨 것은 관습이지 규칙이나 규약이 아니었다.

31. 다음에 잘 지적되어 있다. J.-O. Ducourneau, "Les origines cisterciennes (IV)", *Revue*
Mabillon, t. 23, 1933, p. 103-110. 다음도 참조해 두는 것이 좋다. M. Pastoureau, "Les
Cisterciens et la couleur au XIIᵉ siècle", *L'Ordre cistercien et le Berry*, Colloque de Bourg-
es (1998), *Cahiers d'archéologie et d'histoire du Berry*, vol. 136, 1998, p. 21-30. 클뤼니 수
도회의 검은색에 대한 색채상의 반응에 관해서는, 샤르트르회 수도사에 관한 것이지
만 다음도 참조할 수 있다. B. Bligny, "Les premiers Chartreux et la pauvreté", *Le Moyen*
Âge, t. 56, 1951, p. 27-60.

32. 모든 면에서 특별한 이 편지는 12세기가 남긴 가장 다채로운 문화사 사료 가운데 하
나로 보인다. 원문은 다음의 뛰어난 간행본을 참조. G. Constable, éd., *The Letters of Pe-*
ter the Venerable, Cambridge (Mass.), 1967, t. I, lettre 28, p. 55-58. 1144년의 화해의 편지
(n° 111)도 참조. p. 285-290.

33. 풍부한 참고문헌들 가운데에서 M. D. Knowles, *Cistercians and Cluniacs, the Contro-*
versy between St. Bernard and Peter the Venerable, Oxford, 1955; A. H. Bredero, *Cluny et*
Citeaux au douzième siècle: l'histoire d'une controverse monastique, Amsterdam, 1986.
'클뤼니의 검은색'이라는 쟁점에 관해서는, 가경자 피에르가 훨씬 전부터의 전통
을 답습해 받아들인 것에 대해 다음에서 약간의 정보를 찾아볼 수 있다. K. Hallinger,
Gorze-Kluny, Rome, 1951, t. XI, p. 661-734.

34. 이것은 특히 1223년의 『공인 회칙*Regula bullata*』 제2장이 규정한 것이다. 프란체스
코회 수도사의 복색에 관해서는 총괄적인 연구가 전혀 없지만, 다음 고전들에서 약
간의 정보를 얻을 수 있다. P. Gratien, *Histoire de la fondation et de l'évolution des frères*
mineurs au XIIIᵉ siècle, Paris, 1928; F. de Sessevalle, *Histoire générale de l'ordre de saint*
François: le Moyen Âge, Bruxelles, 1940, 2 vol. 청빈과, 의복에서 그것의 표현에 관해서
는 다음을 참조. D. Lambert, *Franciscan Poverty...*, London, 1961. 1223년의 『공인 회칙』
은 다음과 같이 권고한다. "모든 수도사는 초라한 옷을 입는다. 신의 축복으로 그것을
자루나 다른 헌옷 조각으로 기울 수 있다*(fratres omnes vestimentis vilibus induantur, et*
possint ea repetiare de saccis et aliis peccis, cum benedictione Dei)." 이 구절을 기초로 14
세기 중반까지 과격파 운동들에서 온갖 과도함이 생겨났다. 1336년의 교황령에서 베
네딕투스 12세는 나폴리 왕에게 다음과 같은 인물들을 왕국에서 추방할 것을 요구했
다. "스스로를 극빈한 삶의 형제회라 칭하거나 다른 이름을 붙인 자들, 그리고 다양한
색의 볼썽사나운 짧은 옷이나 천 조각을 걸치고 있는 불량한 사람들…*(quidam perversi*
homines, se fratres de paupere vita et aliis nominibus appelantes, qui diversorum colorum

seu petiarum variarum curtos et deformes gestant vestes ...)"

35. 욕설인 〔'제기랄!'이라는 뜻의〕 '회색 성자의 배때기ventre saint Gris!'는 프랑수아 라블레나 앙리 4세가 자주 사용했는데, 18세기 초까지 쓰인 사례가 있다. 이것은 '성 프란체스코의 아랫도리par le bas-ventre de saint François!'에 해당하는 의미를 지닌다.

36. 도미니크회 수도사의 복장에 관해서는 다음 훌륭한 연구를 참조. J. Siegwart, "Origine et symbolisme de l'habit blanc des Dominicains", *Vie dominicaine*, t. 21, 1962, p. 83-128.

37. B.-B. Heim, *Coutumes et droit héraldiques de l'Église*, Paris, 1949; M. Pastoureau, *Traité d'héraldique*, 2ᵉ éd., Paris, 1993, p. 48-55.

38. L. Trichet, *Le Costume du clergé, ses origines et son évolution en France d'après les règlements de l'Église*, Paris, 1986, p. 60, n. 17. (이 저작은 재속 성직자의 복장에 관해서만 다루고 있으며, 전례적인 맥락은 제외되어 있다.)

39. 1320년의 예가 있다. "성직자라고 불렸던 엉터리 콜랭 다니셰Colin d'Annichier가 유죄 선고를 받고, 사형에 처해진 것은 콜랭이 결혼을 하고 줄무늬 모양의 옷을 입고 있었기 때문이다."(Rouen, Arch. dép. Seine-Maritime, G 1885, pièce 522) 이 사료를 알려주고 채록해준 친구 클로디아 라벨Claudia Rabel에게 고마운 마음을 전한다.

40. M. Pastoureau, *L'Étoffe du Diable. Une histoire des rayures et des tissus rayés*, Paris, 1991 곳곳에.

41. 사치단속령에 관해서는 이 책 6장의 '주 28'에서 언급한 서지를 참조할 것.

42. 이 문제에 관해 최근에 간행된 주요 연구의 목록은 다음과 같다. J. Philips, *The Reformation of Images. Destruction of Art in England (1553-1660)*, Berkeley, 1973; M. Warnke, *Bildersturm. Die Zerstörung des Kunstwerks*, Munich, 1973; M. Stirm, *Die Bilderfrage in der Reformation, Gütersloh*, 1977 (*Forschungen zur Reformations-geschichte*, 45); C. Christensen, *Art and the Reformation in Germany*, Athens (USA), 1979; S. Deyon et A. Lottin, *Les Casseurs de l'été 1566. L'iconoclasme dans le Nord*, Paris, 1981; G. Scavizzi, *Arte e architettura sacra. Cronache e documenti sulla controversia tra riformati e cattolici(1500-1550)*, Rome, 1981; H. D. Altendorf et P. Jezler, éd., *Bilderstreit. Kulturwandel in Zwinglis Reformation*, Zurich, 1984; D. Freedberg, *Iconoclasts and their Motives*, Maarsen, 1985; C. M. Eire, *War against the Idols. The Reformation of Workship from Erasmus to Calvin*, Cambridge (Mass.), 1986; D. Crouzet, *Les Guerriers de Dieu. La violence au temps des guerres de religion*, Paris, 1990, 2 vol.; O. Christin, *Une révolution symbolique. L'iconoclasme huguenot et la reconstruction catholique*, Paris, 1991. 다음의 박식하고 두꺼운 전람회 안내서도 추가한다. *Iconoclasme*, Berne et Strasbourg, 2001.

43. 종교개혁의 주요 인물들 가운데 실제 루터는 성당이나 예배, 예술, 일상생활에서 색의 존재에 가장 관용적인 모습을 보였다. 그의 핵심적인 관심은 다른 곳에 있었고, 그에게 도상에 관한 구약성서적인 금지는 은총의 체제에서는 더 이상 유효성을 지닐 수 없는 것이었다. 따라서 도상 표현에서와 마찬가지로 미술과 색채 사용에 대해서도 이따금 루터만의 독특한 태도가 나타났다. 루터에게 있어 이미지 일반에 관한 문제에

대해서는(색에 관한 특별한 연구는 존재하지 않지만) 다음의 훌륭한 연구를 참조. J. Wirth, "Le dogme en image: Luther et l'iconographie", *Revue de l'art*, t. 52, 1981, p. 9-21. 아울러 다음도 참조. C. Christensen, *Art and the Reformation*..., p. 50-56; G. Scavizzi, *Arte e archittetura sacra*, p. 69-73; C. Eire, *War against the Idols*, p. 69-72.

44. 예레미야서 22:14. "'나 자신을 위해 넓은 집을 짓고 널찍한 방들이 딸린 누각도 쌓아야지' 하면서 그는 제집에 창문을 만들어 달고 향백나무 판자를 붙인 다음 붉은색을 칠한다."

45. Andreas Bodenstein von Karlstadt, *Von Abtung der Bylder*..., Wittenberg, 1522, p. 23 et 39. 다음에 인용된 몇몇 구절들도 참조. H. Barge, *Andreas Bodenstein von Karlstadt*, Leipzig, 1905, t. I, p. 386-391. 루트비히 해처Ludwig Haetzer에 관해서는 다음을 참조. C. Garside, *Zwingli and the Arts*, New Haven, 1966, p. 110-111.

46. M. Pastoureau, "L'incolore n'existe pas", *Mélanges Philippe Junod*, Paris et Lausanne, 2003, p. 11-20.

47. 다음에 나오는 표현. O. Christin, *Une révolution symbolique*, p. 141, n. 5. 다음도 참조. R. W. Scribner, *Reformation, Carnival and the World Turned Upside-Down*, Stuttgart, 1980, p. 234-264.

48. J. Goody, *La Culture des fleurs*, Paris, 1994, p. 217-226.

49. 오래된 연구인 다음 책은 너무 일반론적이어서 우리가 여기에서 다루고 있는 문제에 관해 연대학적·유형학적 정보를 거의 제공하지 않는다. K. E. O. Fritsch, *Der Kirchenbau des Protestantismus von der Reformation bis zur Gegenwart*, Berlin, 1893. 그에 반해 다음 책은 스위스만을 대상으로 하고 있지만, 매우 많은 것을 시사해 준다. 16세기 말 이후, 특히 18세기의 모든 시기에 나타난 일종의 성당 다시 채색하기를 중요하게 평가하고 있다. G. Germann, *Der protestantische Kirchenbau in der Schweiz von der Reformation bis zur Romantik*, Zurich, 1963.

50. 특히 가톨릭 예식의 영향과, 개혁파의 교회들이 그 점에 관해 보인 태도 때문이었다. 다음의 정밀한 탐구를 참조. O. H. Senn, *Evangelischer Kirchenbau im ökumenischen Kontext. Identität und Variabilität*. Tradition und Freibeit, Bâle, 1983.

51. 종교개혁의 초기에 관해서는 (특별히 색에 관한 것은 아니고 도상 일반에 관한 것이지만) 다음에 인용된 몇 가지 사례를 참조. H. F. von Campenhaussen, "Die Bilderfrage in der Reformation", *Zeitschrift für Kirchengeschichte*, t. 68, 1967, p. 96-128. 이 분야에서 목회자의 성상 파괴와 색채 혐오 정책에 대한 신자들의 저항을 명확하게 파악하게 해주는 분석이 늘어나기를 바란다.

52. 다수의 사례가 다음에 인용되어 있다. A. Schelter, *Der protestantische Kirchenbau des 18. Jahrhunderts in Franken*, Kulmbach, 1981.

53. C. Garside, *Zwingli and the Arts*, p. 155-156. 다음 훌륭한 연구도 참조. F. Schmidt-Claussing, *Zwingli als Liturgist*, Berlin, 1952.

54. H. Barge, *Andreas Bodenstein von Karlstadt*, p. 386; M. Stirm, *Die Bilderfrage*.., p. 24.

55. 루터의 망설임을 무릅쓴 것이었다. 1530년 7월 8일 슈펭글러에게 보낸 놀랄 만한 편지는 다음에 수록되어 있으므로 이를 참조할 것. H. Ruckert, *Luthers Werke in Auswahl*, 3e éd., Berlin, 1966. 일반적인 시각에서 16세기를 함께 다룬 것으로는 다음을 참조. H. Waldenmaier, *Die Entstehung der evangelischen Gottesdienstordnungen Suddeutschlands im Zeitalter der Reformation*, Leipzig, 1916.

56. 예컨대 다음에 나타난 주장을 참조할 것. W. von Löhe, *Vom Schmuck heiliger Orte*, Neuendettelsau, 1859. 이 문제에 관해서 다음은 종합적 연구로서 얻을 수 있는 것이 많다. K. Goldammer, *Kultsymbolik des Protestantismus*, Stuttgart, 1960. 다만 색채의 문제는 그다지 다루지 않았다(p. 24-26, 69 등).

57. 다음 책에서 많은 정보를 얻을 수 있다. J. Burnet, *History of the Reformation of the Church of England*, Oxford, 1865, 7 vol. 아울러 이를 보충할 정보는 다음 책에서 얻을 수 있다. J. Dowden, *Outlines of the History of the Theological Literature of the Church of England, from the Reformation to the Close of the Eighteenth Century*, London, 1897. 전 시회의 짧은 안내서이지만 다음 문헌에서도 많은 정보를 얻을 수 있다. L. Lehman, *Angelican Liturgy. A Living Tradition*, Dallas, 1986.

58. S. Deyon et A. Lottin, *Les Casseurs de l'été*(1566)에 수많은 사례들이 곳곳에 간략히 다루어져 있다. 다음도 참조. O. Christin, *Une révolution symbolique*, p. 152-154.

59. 이 점에 관해서 전형적인 것은 루터의 사례이다. 다음을 참조. Jean Wirth, "Le dogme en image…", p. 9-21(이 장의 주43).

60. C. Garside, *Zwingli and the Arts*, chap. 4 et 5.

61. *Institution*… (texte de 1560), III, X, 2.

62. 렘브란트의 그림에서 색의 진동하는 성질은 빛의 절대적인 힘과 결합해 매우 세속적인 것까지 포함해 그의 작품 대다수에 종교적인 차원을 더하고 있다. 방대한 참고문헌들 가운데에서 베를린에서 열린 학회(1970)의 보고서를 꼽을 수 있다. O. von Simson et J. Kelch, *Neue Beiträge zur Rembrandt-Forschung*, Berlin, 1973.

63. Louis Marin, "Signe et représentation. Philippe de Champaigne et Port-Royal", *Annales. ESC*, vol. 25, 1970, p. 1-13.

64. 이에 관한 매우 뛰어난 소개가 다음에 있다. J. Lichtenstein, *La Couleur éloquente. Rhétorique et peinture à l'âge classique*, Paris, 1989. 색 우위를 신봉하는 이들의 지도자격이었던 필의 글을 다시 살펴보는 것에서도 얻을 수 있는 것이 많다. Roger de Piles, *Cours de peinture par principes*, 1708. 그는 이전의 이론이나 칼뱅적·얀센주의적 이상과 단절하고, 치장, 환상, 유혹, 한 마디로 온전한 회화로서의 색을 옹호하고 있다.

65. 칼뱅은 특히 남자가 여자나 동물로 분장하는 것을 혐오해서 연극을 문제시했다.

66. 그의 강렬한 설교인 『유행하는 옷을 따르는 것에 대한 논박*Oratio contra affectationem novitatis in vestitu*』(1527)을 참조할 것. 그는 모든 경건한 기독교인에게 "공작처럼 다채로운 색으로 남의 눈을 끌려 애쓰지(*distinctus a variis coloribus velut pavo*)" 말고, 검소하고 어두운 색의 옷을 입으라고 권하고 있다. *Corpus reformatorum*, Halle, 1845, vol.

11, p. 139-149. 같은 책의 vol. 2, p. 331-338도 참조.

67. 뮌스터의 재세례파가 권장한 의복혁명에 관해서는 다음을 참조. R. Strupperich, *Das münsterische Taüfertum*, Munster, 1958, p. 30-59.

68. M. Pastoureau, "Vers une histoire sociale des couleurs", *Couleurs, images, symboles. Études d'histoire et d'anthropologie*, Paris, 1989, p. 9-68. 특히 이 부분에 관해서는 p. 35-37을 참조.

69. 같은 책, p. 16-19.

70. I. Thorner, "Ascetic Protestantism and the Development of Science and Technology", *The American Journal of Sociology*, vol. 58, 1952-1953, p. 25-38; J. Bodamer, *Der Weg zu Aszese als Überwindung der technischen Welt*, Hambourg, 1957.

71. R. Lacey, *Ford, The Man and the Machine*, New York, 1968; J. Barry, *Henry Ford and Mass Production*, New York, 1973.

08. 중세의 염색업자

1. 염색업자의 작업을 규제한 남아 있는 가장 오랜 법령은 베네치아의 것이다. 1243년 법령이지만, 12세기말 이후 염색업자들은 이미 하나의 '단체'로 조직되어 있었다. 다음을 참조. F. Brunello, *L'arte della tintura nella storia dell'umanita*, Vicence, 1968, p. 140-141. 다음 방대한 저작에서도 13세기부터 18세기까지의 베네치아의 염색 작업에 관해 많은 정보를 얻을 수 있다. G. Monticolo, *I capitolari delle arti veneziane...*, Rome, 1896-1914, 4 vol. 중세에 베네치아의 염색업자들은 이탈리아의 다른 도시들, 특히 피렌체나 룩카의 동업자들보다 훨씬 자유로웠던 것 같다. 룩카에도 베네치아와 거의 비슷한 시기의 오래된 법령(1255년)이 전해진다. 다음을 참조. P. Guerra, *Statuto dell'arte dei tintori di Lucca del 1255*, Lucques, 1864.

2. 앞의 주에서 언급한 프랑코 브루넬로의 방대하고 학문적인 저작은 염색업자의 사회사·문화사라기보다는 염색의 기술사·화학사에 관한 것이다. 중세에 할당된 장들도 그가 나중에 다른 저작에서 같은 시기를 다룬 연구들에 비하면 기대에 미치지 못한다. 내가 염두에 두고 있는 것은 베네치아의 동업조합 전체에 관해 다룬 그의 저작과 채색 삽화가가 사용한 도료에 관한 연구이다. Franco Brunello, *Arti e mestieri a Venezia nel Medioevo e nel Rinascimento*, Vicence, 1980; 같은 저자, 《*De arte illuminandi*》 *e altri trattati sulla tecnica della miniatura medievale*, Vicence, 2ᵉ éd., 1992. 아울러 여러 차례 증쇄된 다음 저작도 처방과 처방집을 (제목과는 달리 염료와 함께 도료에 관한 것도) 그것들을 사용한 장인 이상으로 다루고 있다. E. E. Ploss, *Ein Buch von alten Farben. Technologie der Textilfarben im Mittelalter*, 6ᵉ éd., Munich, 1989.

3. 특히 다음 작품을 참조. G. De Poerck, *La Draperie médiévale en Flandre et en Artois*, Bruges, 1951, 3 vol. (특히 t. I, p. 150-194). 그러나 염색의 재료와 기술에 관해서는 이 저자의 판단을 그대로 받아들여서는 안 된다. 저자가 기술과 직업의 역사의 전문가라기보다는 문헌학자이며, 그 지식이 중세의 자료에 기초해 있지 않은 것이 많고, 중요

한 정보원이 17~18세기의 작가들이기 때문이다. 그래서 저자는 때때로 근대가 되어서야 비로소 실행으로 옮겨지게 된 것도 중세의 것으로 기술하고 있다.

4. 고대 그리스에 관한 사례는 F. Brunello, *L'arte della tintura...*, p. 89-98. 사하라 이남의 아프리카에 관한 사례는 다음 전람회 안내서를 참조. *Teinture. Expression de la tradition en Afrique noire*, Mulhouse, 1982, p. 9-10.

5. 자크 르 고프는 염색업자를 성직자에게는 금지된, 천하고 경멸의 대상이던 직업의 하나로 꼽았다(p. 93). J. Le Goff, "Métiers licites et métiers illicites dans l'Occident médiéval", *Pour un autre Moyen Âge*, Paris, 1977, p. 91-107. 그들에게는 더러움과 불순함의 금기가 씌워졌다. 다수의 직물 직공, 곧 14~15세기에 소란이 일어나기 쉬운 직물공업의 도시에서 흔히 '파란 손톱(ongles bleus)'이라고 불리곤 하던 이들과 마찬가지로 말이다. 그렇지만 다음의 훌륭한 저작에는 염색업자에 관한 언급은 보이지 않는다. W. Danckert, *Unehrliche Leute. Die verfemten Berufe*, Berne et Munich, 1963.

6. 품질이 나쁜 직물로 라틴어 문헌에서는 '값어치 없는 천(panni non magni precii)'이라고 부른다. 양모는 뭉치 상태일 때, 특히 다른 직물 재료와 결합될 때 염색될 수 있다.

7. 다음 원문을 인용. "Quiconques est toisserans a Paris, il ne puet teindre a sa meson de toutes coleurs fors que de gaide. Mès de gaide ne puet il taindre fors que en II mesons. Quar la roine Blanche, que Diex absoille, otroia que li mestiers des toissarans peust avoir II hostex es quex l'en peust ovrer de mestiers de tainturerie et de toissanderie [...]." R. de Lespinasse et F. Bonnardot, *Le Livre des métiers d'Étienne Boileau*, Paris, 1879, p. 95-96, art. XIX et XX. 다음도 참조. R. de Lespinasse, *Les Métiers et Corporations...*, Paris, 1886, t. III, p. 113. 블랑슈 왕비가 섭정을 할 때의 인가장 원문은 발견되지 않았다.

8. 샤틀레의 왕실 자문위원이던 라마르가 쓴 글이다. Nicolas de La Mare, *Traité de police*, 1713, p. 620. 이 발췌와 다음 발췌는 다음에서 가져왔다. J. Debrosse, *Recherches sur les teinturiers parisiens du XVIe au XVIIIe siècle*, Paris, EPHE (IVe section), 1995, p. 82-83.

9. *Traité de police*, p. 626.

10. 루앙 시립도서관의 필사본(manuscrit Y 16)에서 얻은 이 정보를 전해준 드니 위(M. Denis Hue)에게 고마움을 전한다. 1515년 12월 11일 시 행정당국은 대청을 사용하는 염색업자(파란색)와 꼭두서니 염료를 사용하는 염색업자(빨간색)가 센강의 깨끗한 물에 접근할 일정표를 (시간표까지 포함해) 만들었다.

11. 독일에서는 마그데부르크가 (빨간색의) 꼭두서니 염료의, 에르푸르트가 (파란색의) 대청의 생산과 집산의 중심이었다. 13~14세기 두 도시 사이의 경쟁이 매우 심했는데, 당시는 새롭게 유행하기 시작한 파란색 염료가 붉은색 염료와 점점 더 치열하게 경합하던 때였다. 그렇지만 14세기말 이후 베네치아나 피렌체에 국제적인 규모로 필적할 만한 독일의 도시는 뉘른베르크였다.

12. "tinctores cujus colores optimi atque durabiles sunt" 다음에 나오는 표현이다. R. Scholz, *Aus der Geschichte des Farbstoffhandels im Mittelalter*, Munich, 1929, p. 2를 비롯한 곳곳; F. Wielandt, *Das Konstanzer Leinengewerbe. Geschichte und Organisation*, Constance,

1950, p. 122-129.

13. "너희는 나의 규칙들을 지켜야 한다. 너희는 종류가 서로 다른 가축끼리 교배시켜서는 안 된다. 너희 밭에 서로 다른 두 가지 씨앗을 뿌려서는 안 된다. 서로 다른 두 가지 옷감으로 만든 옷을 걸쳐서는 안 된다."(레위기 19:19) "너희는 양털과 아마를 섞어서 짠 옷을 입어서는 안 된다."(신명기 22:11) 성서의 이러한 혼합 금지를 다룬 참고문헌들을 무척 많지만, 많은 경우 실망스럽다. 역사가에게 가장 유익한 시각을 가져다주는 것은 순수한 것과 불순한 것이라는 주제를 다룬 인류학자 메리더글러스의 다음 연구일 것이다. Mary Douglas, *Purity and Danger*, nouvelle éd., London, 1992; trad. fr., *De la souillure. Essai sur les notions de pollution et de tabou*, Paris, 1992.

14. M. Pastoureau, *L'Étoffe du Diable. Une histoire des rayures et des tissus rayés*, Paris, 1991, p. 9-15.

15. R. Scholz, *Aus der Geschichte des Farbstoffhandels...*, p. 2-3. 저자는 염색업자용의 처방집에서 녹색을 만드는 데는 파란색과 노란색을 섞거나 겹치거나 해야 한다는 분명한 기록은 독일에서는 전혀 발견되지 않는다고 단언한다. 이 방법이 행해지는 데에는 분명히 16세기까지 더 기다려야 했다. (다만 이것이 그 전에 어떤 공방에서도 이러한 혼합이 실험적으로 행해지지 않았다는 뜻은 아니다.) M. Pastoureau, "La couleur verte au XVIe siècle: traditions et mutations", M.-T. Jones-Davies, dir., *Shakespeare. Le monde vert: rites et renouveau*, Paris, 1995, p. 28-38.

16. 이러한 금지사항에 관해서는 다음을 참조. G. De Poerck, *La Draperie médiévale...*, t. I, p. 193-198. 현실에서는 이러한 금기가 어겨진 경우도 있었다. 분명히 같은 통에서 두 종류의 다른 염료를 혼합한 경우가 없었다고는 해도, 아울러 같은 천에 다른 두 가지 색의 염료로 차례로 물들여 제3의 색을 얻는다는 것은 하지 않았다고 해도, 잘못 물들인 모직물에 대해서는 허용사항이 존재했다. 곧 (비교적 빈번히 일어났던 일이지만) 최초의 염색이 기대한 색을 내지 못했을 때, 같은 천을 (오리나무와 호두나무의 껍질이나 뿌리로 만든 염료를 사용해) 더 진한 회색이나 검은색으로 물들여, 최초의 염색이 실패한 것을 수정하려고 시도하는 것은 허용되어 있었다.

17. 그 때문에 뒤에서 다룰 빨간색 염색과 파란색 염색 사이의 대립이 생겼다.

18. M.-L. Heers, "Les Génois et le commerce de l'alun à la fin du Moyen Âge", *Revue d'histoire economique et sociale*, vol. 32, n° 1, 1954, p. 30-53; M. Liagre, "Le commerce de l'alun en Flandre au Moyen Âge", *Le Moyen Âge*, t. 61, 1955, p. 177-206; J. Delumeau, *L'Alun de Rome*, Paris, 1962. 이 상거래가 정점에 이른 것은 16세기였다.

19. 중세말에는 주석과 백반을 배합해 그다지 많은 비용을 들이지 않고 높은 품질의 매염제를 만드는 방법이 빈번히 행해졌다. (주석은 백반보다 훨씬 쌌다.)

20. *Liber magistri Petri de Sancto Audemaro de coloribus faciendis*, éd. M. P. Merrifield, *Original Treatises dating from the XIIth to the XVIIIth on the Art of Painting...*, London, 1849, p. 129. 이러한 문제에 관해서는 다음 고문서학교 학위논문(1995년)이 유익하다. 이 논문은 유감스럽게도 출간되지는 않았다. Inès Villela-Petit, *La Peinture médiévale*

vers 1400. Autour d'un manuscrit de Jean Lebègue.

21. 색에 관한 중세의 (염색과 도장의) 모든 처방들을 모으는 계획이 추진되고 있다. 다음을 참조. F. Tolaini, "Una banca dati per lo studio dei ricettari medievali di colori", *Centro di Ricerche Informatiche per i Beni Culturali (Pisa). Bollettino d'informazioni,* vol. 5, 1995, fasc. 1, p. 7-25.

22. 처방집의 역사와 그에 따른 문제에 관해서는 다음의 적절한 고찰을 참조. R. Halleux, "Pigments et colorants dans la Mappae Clavicula", B. Guineau, dir., *Pigments et colorants de l'Antiquité et du Moyen Âge,* Colloque international du CNRS, Paris, 1990, p. 173-180.

23. 빨간색과 파란색의 점차 커진 '맞수 관계'의 역사는 베네치아에서 15세기 말과 18세기 초 사이에 편찬 · 출간된 염색 이론서나 요약서 안에서 뚜렷이 간파된다. 콤(Côme)의 시립도서관에 보존되어 있는 1480-1500년의 베네치아 처방집(G. Rebora, *Un manuale di tintoria del Quattrocento,* Milan, 1970)에는 159종의 처방 가운데 109종이 붉은색 염색에 관한 것이었다. 이 비율은 조반니 벤투라 로세티(Giovan Ventura Rosetti)가 1540년에 베네치아에서 출간한 유명한『지침서*Plictho*』에서도 거의 같다. (S. M. Evans et H. C. Borghetty, *The «Plictho» of Giovan Ventura Rosetti,* Cambridge [Mass.] et London, 1969) 그렇지만 빨간색 처방은 17세기를 거치며 간행된 다수의 'Plictho'의 새 판본에서는 점차 감소하며 파란색으로 대체되어 간다. Zattoni에서 간행된 1627년 판본에서는 파란색이 빨간색을 따라잡기까지 했다. 그리고 1704년에 베네치아의 Lorenzo Basegio에서 출간된 갈리피도 탈리에르(Gallipido Tallier)의『온갖 종류의 염색에 관한 새로운 지침서*Nuovo Plico d'ogni sorte di tinture*』에서는 완전히 추월했다.

24. '주 20'에서 언급한 이네스 빌라프티의 미출간된 학위논문은 15세기 프랑스 회화와 이탈리아 회화에 관한 이러한 문제에 주의를 환기시키고, 자크 쾨느Jacques Coene와 미켈리노 다 베소조Michelino da Besozzo가〔1405~1408년에〕제작한『부시코 시도서 *Heures Boucicaut*』의 사례를 적절히 분석하고 있다(p. 294-338).

25. 그의 회화론은 실제로는 대부분이 자신의 해석에 관한 메모들로 구성되어 있는데, (그의 사상은 이미 충분히 기능하기 시작하고 있었다고 보는 학자들도 있지만) 그 메모들은 레오나르도가 아마 정리할 시간이 없었을 것이다. 바티칸 도서관에 필사본이 있는, 이 논설에 관해서는 다음을 참조. A. Chastel et R. Klein, *Léonard de Vinci. Traité de la peinture,* Paris, 1960; 2ᵉ éd., 1987.

26. 일부 작가들이 기록한 것이 무엇이든 진짜 고대 자주색의 처방은 8-9세기 무렵 사라졌다. 고대 수수께끼의 모든 것을 밝혀내지 못한 것은 서구의 지식만은 아니다. 지중해 동부 연안 지역의 직인들도 사정은 마찬가지였다. 곧 이슬람의 여러 국가들에서, 그리고 자주색이 전성기는 유스티니아누스 대제의 치세(482-565)였는데도, 비잔티움제국의 영역에서, 중세에 생산된 자주색은 고전고대의 그것과는 그다지 관계가 없었다. 중세 라틴어로 된 것이든, 토착어로 된 것이든 서구의 자료에서 '자주색'이라는 말은 좀처럼 색이나 염색을 나타내지 않으며, 거의 언제나 직물의 품질을, 나아가 보통은 그다지 비싸지 않은 직물을 의미하고 있고, 직물의 색은 거기에 붙은 형용사로

표시되어 있다. 예컨대 고프랑스어에서는 'pourpre inde(남색 천)', 'pourpre bise(회갈색 천)', 'pourpre vermeille(진홍색 천)', 'pourpre verte(녹색 천)' 등과 같은 식이었다. 다음에 언급된 사례들을 참조할 것. A. Ott, *Étude sur les couleurs en vieux français*, Paris, 1899, p. 109-112. 아울러 다음도 참조. 이 선구적 저작은 간행연대와 무관하게 조금도 낡지 않았고, 중세의 직물에 관해 적절한 정보를 제공해준다. F. Michel, *Recherche sur le commerce, la fabrication et l'usage des étoffes de soie, d'or et d'argent et autres tissus précieux...*, Paris, 1854, p. 6-25. 그에 비해 문장 용어는 '자주색'에 색에 관한 의미를 유지하고 있었다. 중세의 문장에서 자주색은 매우 드문 색 표현으로, 최초는 회색 내지 검은색의 색조를, 14세기 이후에는 보라색의 색조를 띠는 색을 나타냈다. 다음을 참조. M. Pastoureau, *Traité d'héraldique*, 2e éd., Paris, 1993, p. 101-102. 고대의 자주색에 관한 문헌들은 상당하지만 그 가운데에서 특히 다음의 문헌을 참조. A. Dedekind, *Ein Beitrag zur Purpurkunde*, Berlin, 1898; H. Blümner, *Technologie und Terminologie der Gewerbe und Kunste bei Griechen und Römern*, 2e éd., Berlin, 1912, t. I, p. 233-253; E. Wunderlich, *Die Bedeutung der roten Farbe im Kultus der Griechen und Romer*, Giessen, 1925; W. Born, "Purple in Classical Antiquity", *Ciba Review*, vol. 1-2, 1937-1939, p. 110-119; K. Schneider, "Purpura", *Paulys Realencyclopädie der klassischen Altertum-wissenschaft, editio major*, Stuttgart, 1959, t. XXIII, 2, col. 2000-2020; M. Reinhold, *History of Purple as a Status Symbol in Antiquity*, Bruxelles, 1976; H. Stulz, *Die Farbe Purpur im frühen Griechentum*, Stuttgart, 1990; O. Longo, dir., *La porpora. Realtà e immaginario di un colore simbolico*, Venise, 1998.

27. 18세기 이후 염료와 염색에 관한 화학은 큰 진보를 이루었는데, 직물의 녹색이라는 문제는 근대를 거쳐, 현대에도 여전히 현실의 문제로 남아 있다. 실제 색을 만들고, 재현하고, 정착시키는 데 가장 어려움이 따르는 것은 예나 지금이나 녹색인데, 이것은 염색이나 도장이나 마찬가지이다.

28. 실제로 (염색이 곤란한 작업이어서 결과가 좋지 않은 경우에도) 흰색으로 물들인 모직물과, 회계나 상거래의 자료에 자주 나타나는 '흰' 모직물을 혼동해서는 안 된다. '흰' 모직물은 고급 직물이고, 물들인 것은 아니고, 생산지에서 먼 곳에 수출되고, 목적지에서 물들였기 때문이다. 다음을 참조. H. Laurent, *Un grand commerce d'exportation au Moyen Âge. La draperie des Pays-Bas en France et dans les pays méditerranéens (XIIe-XVe s.)*, Paris, 1935, p. 210-211. 여기에서 '흰'이라는 형용사가 '색을 물들이지 않은'의 의미로, 일찍부터 사용되고 있던 것은 매우 흥미롭다. 근대의 지식과 감수성이 '흰색'과 '무색'을 동일시하는 것이 먼저 나타내고 있기 때문이다.

29. 염소나 염화물에 기초한 표백은 18세기 이전에는 행해지지 않았다. 이 물질이 발견된 것은 1774년의 일이었다. 유황에 기초한 표백은 알려져 있었는데, 다루기 어렵고, 양모나 면을 상하게 했다. 실제 천을 온종일 아황산 용액에 담가 두어야 했는데, 물이 많으면 표백이 충분치 못하고, 산이 많으면 직물이 손상되었다.

30. M. Pastoureau, "Ordo colorum. Notes sur la naissance des couleurs liturgiques", *La Mai-*

son-Dieu. Revue de pastorale liturgique, t. 176, 1998, p. 54-66.

31. 같은 저자, "L'Église et la couleur des origines à la Réforme", *Bibliothèque de l'École des chartes*, t. 147, 1989, p. 203-230. 특히 p. 222-226.

32. J. Robertet, *Œuvres*, éd. M. Zsuppan, Genève, 1970, épître 16, p. 139. 흔히 중세 문화에서는 노란색이 '반半 흰색'이나 '불충분한 흰색'과 동일시되곤 했다.

33. 염색과 도장에서 녹색을 만들어내고 안정시키는 데 어려움을 겪었는데, 이것이 이 색이 문장에서 드문 이유일 것이다. 적어도 현실의 문장에서는, 곧 재료 위에 모든 기술을 써서 물질적으로 녹색을 나타내야 하는 문장에는 녹색이 적었다. 문자로 표현된, 상상의 문장의 경우에는 (묘사만으로 충분해) 실제로 색을 나타낼 필요가 없었기 때문에 (15세기 이후의 문장 용어로는 'sinople'이라고 한) 녹색의 빈도를 나타내는 수치는 현실의 문장보다 훨씬 높았다. 이것은 작가들이 녹색의 풍부한 상징체계를 키울 수 있었던 배경이 되었다. 다음을 참조. M. Pastoureau, *Traité d'héraldique*, p. 116-121.

34. 노란색과 파란색을 섞어 녹색을 만드는 것은 서양의 색의 역사에서 가장 중요한 문제 가운데 하나이다. 이것이 특별히 그 문제를 대상으로 한 연구가 기대되는 이유이다.

35. 이 본질적인 발견은 유럽의 색의 역사에서 전환점이 되었는데, 그러한 사실에 관해서는 다음 멋진 전람회 카탈로그를 참조할 것. *Anatomie de la couleur. L'invention de l'estampe en couleurs*, Paris et Lausanne, 1996. 녹색에 관한 문제에 대해서는 p. 91-93.

36. A. E. Shapiro, "Artists' Colors and Newton's Colors", *Isis*, vol. 85, 1994, p. 600-630 참조.

37. 다음에서 인용. S. Bergeon et E. Martin, "La technique de la peinture française au XVIIe siècle", *Techné. La science au service de l'histoire de l'art et des civilisations*, t. 1, 1994, p. 65-78; ici p. 72.

38. 노란색 염색의 일반적인 방법은 녹색을 얻으려 금작화를 사용했던 것을 상기시킨다.

39. H. Estienne, *Apologie pour Hérodote*, Genève, 1566; nouvelle éd. par P. Ristelhuber, Paris, 1879, t. I, p. 26.

40. 라틴어 원문은 "Tinctores pannorum tingunt in rubea majore, gaudone et sandice. Qua de causa habent ungues pictos; quorum autem sunt quidam rubei, quidam negri, quidam blodii. Et ideo contempnuntur a mulieribus formosis, nisi gratia numismatis accipiantur." (éd. T. Wright, *A Volume of Vocabularies*, London, 1857, p. 120-138) 이 문헌은 장 드 가를랑드의 (Jean de Garlande)의 풍부한 작품 안에서도 젊었을 때의 것에 속하는 것으로 여겨지는데, 1218-1220년 무렵에 정리되었다. 다음을 참조. A. Saiani et G. Vecchi, *Studi su Giovanni di Garlandia*, Rome, 1956-1963, 2 vol.

41. F. Brunello, *Arti e mestieri a Venezia...*, (이 장의 주 2). 다음의 곳곳에 실린 규약도 참조. G. Monticolo, *I capitolari delle arti veneziane...*, (이 장의 주 1). 자주 쓰이는 다음 문헌은 아쉽게도 참조하지 못했다. G. Bologna, *L'arte dei tintori in Venezia*, Venise, 1884.

42. "그들은 모든 공무와 책무로부터 배제될 것이다(Exclusi erunt omni beneficio et honore)"라고 15세기 피렌체의 조례는 이전의 규약을 답습해 규정했다. 다음에서 인용. G. Rebora, *Un manuale di tintoria del Quattrocento*, (이 장의 주 23), p. 4-6.

43. E. Staley, *The Guilds of Florence*, Chicago, 1906, p. 149-153. 염색업자는 세 종류의 단체로 분류되어 있었다. 피렌체에서 만들어진 모직물을 염색하는 자, 수입한 모직물을 염색하는 자, 견직물을 염색하는 자이다. 단체들마다 빨간색 염색을 하는 직인과 파란색 염색을 하는 직인이 있었다.

44. 14세기 피렌체에서는 가장 가난한 직조공, 특히 〔양모를 가지런하게 하는〕소모공梳毛工을 '치옴피ciompi'라는 이름으로 불렀다. 1378년 7월에 그들은 폭동을 일으키고, 자신들의 수장에게 장관의 명칭을 부여하는 것을 강제했다. 그 뒤 동업조합의 과두정치적 권력의 타파를 시도하며 세 가지 새로운 직능을 추가했는데, 그 가운데에는 염색업자로 들어가 있었다. 그렇지만 반란을 일으킨 세력이 점차 갈라지고, 통치능력의 결여를 드러내면서, 상인과 은행가가 빠르게 권력을 탈환했다. 풍부한 참고문헌들 가운데 다음을 참조. N. Rodolico, *I Ciompi. Una pagina di storia del proletario operaio*, Florence, 1945; C. de La Roncière, *Prix et salaires à Florence au XIVe siècle (1280-1380)*, Rome, 1982, p. 771-790.

45. 피렌체 염색업자의 끊임없는 소요에 관해서는 다음을 참조. A. Doren, *Studien aus der Florentiner Wirtschaftsgeschichte. I: Die Florentiner Wollentuchindustrie*, Stuttgart, 1901, p. 286-313.

46. J. Bedarride, *Les Juifs en France, en Italie et en Espagne au Moyen Âge*, Paris, 1867, p. 179-180; L. Depping, *Die Juden in Mittelalter*, Leipzig, 1884, p. 136, 353, 401; R. Strauss, *Die Juden in Königreich Sizilien*, Leipzig, 1920, p. 66-77.

47. A. Schaube, *Handelsgeschichte der romanischen Völker des Mittelmeergebiets bis zum Ende der Kreuzzüge*, Munich et Berlin, 1906, p. 585.

48. 매력적인 다음 문헌을 참조. J. Bril, *Origines et symbolismes des productions textiles. De la toile et du fil*, Paris, 1984. 특히 p. 63-71.

49. W. Stokes, *Lives of the Saints from the Book of Lismore*, Oxford, 1890, p. 266-267. 이 문헌에 관해 알려준 로랑스 보비Laurence Bobis에게 감사의 마음을 전한다.

50. R. Boser-Sarivaxevanis, *Aperçu sur la teinture en Afrique occidentale*, Bâle, 1969; J. Étienne-Nugue, *Artisanats traditionnels en Côte-d'Ivoire*, Marseille, 1974; Teinture (이 장의 주 4), p. 9-10.

51. A. Ernout et A. Meillet, *Dictionnaire étymologique de la langue latine*, 4e éd., Paris, 1979, p. 212; A. Rey, dir., *Dictionnaire historique de la langue française*, Paris, 1993, t. I, p. 1022.

52. 예컨대 다음에 나타난 지적을 참조. Varron, *De lingua latina*, livre VI, chap. 96.

53. 'Tingere'는 테르툴리아누스, 아우구스티누스, 그레고리우스 1세 등의 위대한 작가의 작품에도 나타났으나, 더 '기술적인' 전례 문헌에는 쓰이지 않았다. 6-7세기부터 곳곳에서 이 단어는 '세례를 하다(baptizare)'로 치환되었고, 'tinctio'나 'tinctorium'도 세례를 뜻하는 'baptisma'나 'baptismum'으로 치환되었다. A. Blaise, *Le Vocabulaire latin des principaux thèmes liturgiques*, Turnhout, 1966, p. 473-474, § 331. 참조

54. G. Di Stefano, *Dictionnaire des locutions en moyen français*, Montréal, 1991, p. 203.

55. 오르세인(orseille)의 재료는 바위가 많은 구릉지대에서 발견되는 리트머스 이끼이다. 오르세인 염료로는 일반적인 매염제(오줌, 식초)로도 보랏빛을 띤 붉은색의 아름다운 염색을 할 수 있다. 다만 그다지 안정적이지는 않다. 처방집에서 오르세인은 때때로 (채색삽화가가 사용하는) 〔파두유에서 추출한 갈색 염료인〕 투르너솔(tournesol)과 구별되지 않는다. 두 가지 다 라틴어 '잎(folium)'으로 나타나기 때문이다.

56. 14, 15세기 이탈리아에서의 (베네치아를 제외한) 대다수의 모직물 제조도시가 그러했다. 다음을 참조. E. Staley, *The Guilds of Florence*, p. 149-153; R. Guemara, *Les Arts de la laine à Vérone aux XIVe et XVe siècles*, Tunis, 1987, p. 150-151.

57. 루앙(13세기부터), 루뷔에 등 노르망디의 모직물 제조도시의 대다수가 그러했다. M. Mollat du Jourdain, "La draperie normande", Istituto internazionale di storia economica F. Datini (Prato), *Produzione, commercio e consumo dei panni di lana (XII-XVII s.)*, Florence, 1976, p. 403-422.

58. 파리에서는 15세기부터 18세기까지 조합은 포부르 생마르셀(faubourg Saint-Marcel)의 (지금은 파괴되어 없어진) 생트이폴리트 교회(église Sainte-Hippolyte)에 모여 있었다. 이 지구에는 17세기에 왕립 고블랭 직물 공장(la manufacture royale des Gobelins)과 매우 활기를 띤 염색 작업장이 있었고, 오랫동안 파리의 염색업자 마을이었다. 그곳의 작업에서는 비에브르강의 물이 필수적이었다.

59. Paris, AN, Y 6/5, fol. 98.

60. 성 마우리티우스라는 인물과 전설에 관해서는 다음 문헌들을 참조. J. Devisse et M. Mollat, *L'Image du noir dans l'art occidental. Des premiers siècles chrétiens aux grandes découvertes*, Fribourg, 1979, t. I, p. 149-204; G. Suckale-Redlefsen, *Mauritius. Der heilige Mohr. The Black Saint Maurice*, Zurich et Houston, 1987.

61. 불가타 성서의 원문 "Et resplenduit facies ejus sicut sol, vestimenta autem ejus facta sunt sicut nix" (마태오복음서 17:2; 마찬가지로 마르코복음서 9:2-3; 루카복음서 9:29).

62. E. Mâle, *L'Art religieux du XIIe siècle en France*, Paris, 1922, p. 93-96; L. Réau, *Iconographie de l'art chrétien*, Paris, 1957, t. II/2, p. 574-578.

63. L. Réau, 같은 책, p. 288. 루이 레오는 여기에서 염색업자 집에서의 예수의 일화는 도상학적 증거를 (현재 카탈루냐의 레리다 근교 아인사 소교구의 교회에 보존되어 있는 페드로 가르시아 데 베나바레Pedro Garcia de Benabarre의 제단화) 하나밖에 남기지 않았다고 단언하고 있지만, 이것은 잘못이다. 이밖에도 전설이 이미지로 구현된 사례가, 특히 채색 필사본에 존재한다. 다음을 참조. M. Pastoureau, *Jésus chez le teinturier. Couleurs et teintures dans l'Occident médiéval*, Paris, 1998, p. 19-21. 특히 주 5. 예수의 유년시대에 관한 복음서의 도상표현 일반에 관해서는 다음에 명확한 정보가 있다. E. Kirschbaum, dir., *Lexikon der christlichen Ikonographie*, Fribourg-en-Brisgau, 1971, t. III, col. 39-85 («Leben Jesus»).

64. 라틴어 판본은 Cambridge, University Library, *ms. G. G. I. 1.*, fol. 36-36v와 Grenoble, Bibl. municipale, ms. 1137, fol. 59v-60. 흥미로운 앵글로노르만어 판본은 1315-1325

년 무렵에 기록되었다고 여겨지는데, 이 판본은 Oxford, Bodleian Library, ms. Selden Supra 38, fol. 25-27v. 이 사본에는 예수의 유년기를 다룬 60점의 세밀화 연작이 포함되어 있고, 그 가운데 2점이 티베리아스의 염색업자 집에서의 일화에 관한 것이다.

65. 13~14세기의 몇몇 사본에서는 티베리아스의 염색업자 집에서의 기적이 이집트에서 돌아온 뒤에 행해진 최초의 기적으로 소개되어 있다. 이 시대에 이 일화가 얼마나 중시되었는지를 알려주는 지표일 것이다.

66. 다음 글은 유년기에 관한 복음서의 일화를 특별히 다룬 것이다. M. Pastoureau, *Jésus chez le teinturier, Couleurs et teintures dans l'Occident medieval*, Paris, 1998.

09. 붉은 털의 남자

1. 유다의 도상학에 관한 연구는 상당히 적고, 대체로 오래되었다. 붉은 털의 문제를 둘러싸고 구축된 가장 훌륭한 종합적 연구는 R. Mellinkoff, "Judas's Red Hair and the Jews", *Journal of Jewish Art*, n° 9, 1982, p. 31-46. 이것은 같은 저자의 방대한 다음 저작으로 보완된다. *Outcasts. Signs of Otherness in Northern European Art of the Late Middle Ages*, Berkeley, 1993, 2 vol. (특히 vol. 1, p. 145-159). 루스 멜린코프(Ruth Mellinkoff)와 견해가 다르지만 빌헬름 포르테의 학위논문도 유효하게 이용할 수 있다. Wilhelm Porte, *Judas Ischariot in der bildenden Kunst*, Berlin, 1883.

2. 이탈리아 파도바의 스코로베니 예배당(Cappella degli Scrovegni)의 '최후의 만찬' 그림. 피렌체의 산 마르코 수도원 박물관(Museo del Convento di San Marco)에 있는 프라 안젤리코(Fra Angelico, 1395~1455)의 '최후의 만찬' 그림에도 배반한 사도의 붉은 털 주변에 검은 후광이 보인다.

3. 표장 목록과 중요한 연구는 대부분의 도상학 총람에서 발견되는데, 특히 다음의 것을 참조. L. Réau, *Iconographie de l'art chrétien*, Paris, 1957, t. II/2, p. 406-410; G. Schiller, *Iconography of Christian Art*, London, 1972, t. II, p. 29-30, 164-180, 494-501 및 기타 여러 곳; *Lexikon der christlichen Ikonographie*, Fribourg-en-Brisgau, 1970, t. II, col. 444-448.

4. R. Mellinkoff, *The Mark of Cain*, Berkeley, 1981.

5. C. Raynaud, "Images médiévales de Ganelon", *Félonie, trahison et reniements au Moyen Âge*, Montpellier, 1996, p. 75-92.

6. J. Grisward, *Archéologie de l'épopée médiévale*, Paris, 1981, 여러 곳.

7. 다음에 정리된 도상 자료를 참조. R. Mellinkoff, *Outcasts* (특히 vol. 2, fig. VII/1-38).

8. 아래의 주 28-31을 참조.

9. 창세기 25:25.

10. 야곱도 (야곱과 에사우의 생모인) 레베카도 중세 판화에서는 부정적으로 묘사되어 있지 않다는 것에 유의해야 한다. 에사우에 대한 그들의 술책이나 부정한 행위는 신학자와 예술가들에게 경멸스럽게 받아들여지지 않았다.

11. 사울의 도상학에 관해서는 다음을 참조. *Lexikon der christlichen Ikonographie*, Fribourg-en-Brisgau, 1972, t. IV, col. 50-54.

12. 카야파는 도상 표현에서는 자주 거무튀튀한 피부, 붉은 머리털, 곱슬머리라는 3개의 징표 때문에 빌라도나 헤롯보다도 부정적으로 다루어진다. 그의 도상학에 대해서는 다음을 참조. 같은 책, col. 233-234.

13. 사무엘기 상 16:12. '붉은 머리(rufus)'라는 말을 사용한 불가타 성서와는 반대로 근대 프랑스어판 성서, 곧 프로테스탄트 성서는 '붉은 머리(roux)'을 '금발(blond)'로 바꿨다. 미의 관념과 양립하기 어려운 붉은 털을 거부한 흔적으로 보아야 할까? 다윗의 도상학에 관한 연구는 많다. 다음 저작에서는 그 총합과 꼼꼼한 서지 정보를 찾아볼 수 있다. *Lexikon der christ-lichen Ikonographie*, Fribourg-en-Brisgau, 1968, t. I, col. 477-490.

14. 세트와 티폰의 관계에 대해서는 다음을 참조. F. Vian, "Le mythe de Typhée…", *Éléments orientaux dans la mythologie grecque*, Paris, 1960, p. 19-37; J. B. Russell, *The Devil*, Ithaca et London, 1977, p. 78-79와 253-255.

15. 다음의 총람을 참조. W. D. Hand, *A Dictionary of Words and Idioms Associated with Judas Iscariot*, Berkeley, 1942.

16. E. C. Evans, "Physiognomics in the Ancient World", *Transactions of the American Philosophical Society*, n.s., vol. 59, 1969, p. 5-101.

17. H. Bächtold-Stäubli, dir., *Handwörterbuch des deutschen Aberglaubens*, Berlin et Leipzig, 1931, t. III, col. 1249-1254.

18. 다음의 자주 사용되는 총람을 참조. H. Walter, *Proverbia sententiaeque latinitatis Medii ac Recentioris Aevi*, Göttingen, 1963-1969, 6 vol.; J. W. Hassell, *Middle French Proverbs, Sentences and Proverbial Phrases*, Toronto, 1982; G. Di Stefano, *Dictionnaire des locutions en moyen français*, Montréal, 1991.

19. 이러한 믿음이 근대까지 이어지고 있는 것에 관해서는 다음 짧은 저작을 참조. X. Fauche, *Roux et rousses. Un éclat très particulier*, Paris, 1997.

20. 붉은 수염 프리드리히의 전설에 관해서는 다음을 참조. M. Pacaut, *Frédéric Barberousse*, 2e éd., Paris, 1991; F. Opll, *Friedrich Barbarossa*, 2e éd., Darmstadt, 1994.

21. M. Trotter, "Classifications of Hair Color", *American Journal of Physical Anthropology*, vol. 24, 1938, p. 237-259; 미묘한 차이를 보이는 J. V. Neel, "Red Hair Colour as a Genetical Character", *Annals of Eugenics*, vol. 17, 1952-1953, p. 115-139. 다음 논문에 언급된 다양한 연구도 참조. R. Mellinkoff, "Judas' Red Hair and the Jews", p. 46, n. 90.

22. 폭넓게 퍼져 있는 그릇된 생각과는 달리 빨강머리는 스칸디나비아에서도, 아일랜드, 스코틀랜드에서도 금발보다 많지는 않다. 오히려 그곳들에서도 지중해 사회와 마찬가지로 소수파이다. 다른 곳들과 비교하면 수량이나 비율을 나타내는 숫자는 클지 모르지만, 소수파인 것은 차이가 없다.

23. 스포츠에 관한 말에서도 오늘날 흔히 드러나듯이 (특히 축구) 팀 안에 빨강머리 선수가 있는 것은 늘 지적된다. 이것은 갈색머리나 금발, 대머리의 경우조차도 있을 수 없는 일이다. 빨강머리는 다른 어떤 곳과 마찬가지로 운동장에서도 차이를 이룬다.

24. *Le Blason des couleurs* (제2부를 시칠리아 문장관의 것으로 서술한 것은 오류이다),

Hippolyte Cocheris éd., Paris, 1860, p. 125. 15세기의 상징에 관한 모든 문헌과 마찬가지로 이 논고도 붉은색을 황갈색과 유사하게 보고, 따라서 특히 적갈색의 색조로 여긴다. 15세기 말에는 검은색과 황갈색 가운데 어느 것이 더 추한 색인가를 겨루게 하며 즐거워하는 몇몇 작가들이 있었다. 검은색이 늘 지고 있었던 것은 아니다. 예컨대 다음을 참조. *Le Débat de deux demoiselles, l'une nommée la Noire et l'autre la Tannée, édité dans Recueil de poésies françaises des XVe et XVIe siècles*, Paris, 1855, t. V, p. 264-304.

25. 색에 관한 중세 상징체계는 다음을 참조. M. Pastoureau, *Figures et couleurs. Études sur la symbolique et la sensibilité médiévales*, Paris, 1986, p. 15-57 및 193-207; 같은 저자, *Jésus chez le teinturier. Couleurs et teintures dans l'Occident médiéval*, Paris, 1998.

26. 다음 저작들에서 찾아낸 수많은 사례를 참조. E. Langlois, *Table des noms propres de toutes natures compris dans les chansons de geste imprimées*, Paris, 1904; L.-F. Flutre, *Table des noms propres... figurant dans les romans du Moyen Âge...*, Poitiers, 1962; 그리고 특히 G. D. West, *An Index of Proper Names in French Arthurian... Romances (1150-1300)*, Toronto, 1969-1978, 2 vol. 아서왕 이야기에서의 '빨간 자(le Rouge)'나 '붉은 자(le Roux)'라는 별명에 대해서는 다음을 참조. G. J. Brault, *Early Blazon. Heraldic Terminology in the Twelfth and Thirteenth Centuries with Special Reference to Arthurian Literature*, Oxford, 1972, p. 33.

27. 선호도가 적어지는 순서이다. 다음을 참조. M. Pastoureau, "Les couleurs aussi ont une histoire", *L'Histoire*, n° 92, septembre 1986, p. 46-54.

28. D. Sansy, "Chapeau juif ou chapeau pointu? Esquisse d'un signe d'infamie", *Symbole des Alltags, Alltag der Symbole*. Festschrift für Harry Kühnel, Graz, 1992, p. 349-375. 아울러 같은 저자의 출간되지 않은 다음 학위논문도 참조. *L'Image du juif en France du Nord et en Angleterre du XIIe au XVe siècle*, Paris, université de Paris-X Nanterre, 1994.

29. 중세 서양에서 어떤 사회적 범주에게 강제된, 불명예스럽거나 구별하는 표지라는 문제를 총체적으로 다룬 만족할 만한 연구 성과는 아직 없다. 그래서 다음과 같은 오래된 간략한 연구를 참조하며, 이를 대체할 연구의 등장을 기다릴 수밖에 없다. U. Robert, *Les Signes de l'infamie au Moyen Âge*, Paris, 1891. 중세 복장의 역사에 관한 여러 연구에서 유익한 정보를 찾을 수 있다. 예컨대 다음과 같은 것들이다. W. Danckaert, *Unehrliche Leute. Die verfemten Berufe*, Berne et Munich, 1963; B. Blu-menkranz, *Le Juif médiéval au miroir de l'art chrétien*, Paris, 1966; L. C. Eisenbart, *Kleiderordnungen der deutschen Städte zwischen 1350 und 1700*, Göttingen, 1962.

30. B. Blumenkranz나 R. Mellinkoff의 연구가 그러한데, 하지만 중요하다. 그들의 풍부한 작품들 중에서 다음과 같은 것들을 예로 들 수 있다. B. Blumenkranz, *Le Juif médiéval au miroir de l'art chrétien*; 같은 저자, *Les Juifs en France. Écrits dispersés*, Paris, 1989. R. Mellinkoff, Outcasts. 아울러 다음 연구도 신중하게 읽어볼 필요가 있다. A. Rubens, *A History of Jewish Costume*, London, 1967; L. Finkelstein, *Jewish Self-Government in the Middle Ages*, nouvelle éd, Wesport, 1972. 엄밀한 의미에서의 유대인 표장에 관한 가장

뛰어난 연구는 D. Sansy, "Marquer la différence. L'imposition de la rouelle aux XIIIe et XIVe siècles", *Médiévales*, n° 41, 2001, p. 15-36.이다.

31. F. Singermann, *Die Kennzeichnung der Juden im Mittelalter*, Berlin, 1915, 아울러 특히 다음을 참조. G. Kisch, "The Yellow Badge in History", *Historia Judaica*, vol. 19, 1957, p. 89-146. 그렇지만 노란색을 둘러싼 획일화의 경향에는 수많은 예외가 존재한다. 예컨 대 베네치아에서는 노란색의 모자가 조금씩 빨간 모자로 변해갔다. 다음을 참조. B. Ravid, "From yellow to red. On the Distinguished Head Covering of the Jews of Venice", *Jewish History*, vol. 6, 1992, fasc. 1-2, p. 179-210.

32. 앞의 주 31에서 언급한 귀도 키쉬와 벤저민 라비드의 논문에서는 풍부한 참고문헌의 목록을 볼 수 있다. 아울러 주 30에서 언급한 다니엘 상시의 연구도 참조할 것.

33. E. de Lauriere이 출판한 *Ordonnances des rois de France de la troisième race*, Paris, 1723, t. I, p. 294의 부분 번역본. 왕령의 번역본 전체는 다음에서 볼 수 있다. G. Nahon, "Les ordonnances de saint Louis et les Juifs", *Les Nouveaux Cahiers*, t. 23, 1970, p. 23-42. 성왕 루이와 유대인에 관해서는 다음을 참조. J. Le Goff, *Saint Louis*, Paris, 1996, p. 793-814.

34. M. Pastoureau, *L'Étoffe du Diable*, Paris, 1991.

35. 오늘날 다람쥐는 호감이 가고, 반갑고, 장난스럽고, 해롭지 않은 작은 동물이다. 하지 만 중세에는 그렇지 않았다. 14세기 독일의 어떤 작가가 '숲의 원숭이'라고 표현했듯 이, 게으르고, 음탕하고, 어리석고, 인색한 동물이었다. 대부분의 시간을 잠을 자거나 동족과 서로 짓궂게 장난치거나, 나무 사이에서 뛰어놀거나 시간을 허비할 뿐 아니라, 필요 이상의 식량을 저장한다는 심각한 죄를 범하고, 숨겨 놓은 장소를 기억하지 못하 는 어리석음의 징표를 보였다. 붉은 털은 이러한 악한 본성의 외면적 기호였다.

36. 얼룩무늬의 문제에 관해서는 총체적인 연구를 기다리면서 다음을 참조. M. Pastoureau, *Figures et couleurs*, p. 159-173 및 193-207.

37. P.-M. Bertrand, *Histoire des gauchers en Occident. Des gens à l'envers*, Paris, 2002.

38. 왼손잡이의 문제에 관해 이용할 수 있는 참고문헌은 그 자체가 적절한 역사 자료이 다. 신경심리학이나 피질해부학의 영역에서 연구는 매우 많다. 모두가 왼손잡이를 '보 통사람들'로 나타내려고 노력하고 있지만, 그러한 집착이 왼손잡이는 이상 질환이라 는 것, 어쨌든 하나의 사회적 이상 질환임을 나타내고 있는 것처럼 보인다. 최근 나는 파리 라탱 지구의 커다란 책방에서 왼손잡이 문제에 관한 책을 찾으면서, 점원에게 '장애인' 관련 서적의 매장으로 안내받았다. (왼손잡이에 관한 연구를 찾으면서 '범죄' 관련 서적 매장으로 안내받은 것은 언제였을까?) 앞의 주에서 언급한 피에르 미셸 베 르트랑의 훌륭한 연구와 그밖에 특히 다음 문헌들을 참조할 것. H. et J. Jursch, *Hände als Symbol und Gestalt,* Berlin, 1951; V. Fritsch, *Links und Recht in Wissenschaft und Leben*, Stuttgart, 1964; R. Kourilsky et P. Grapin, dir., *Main droite et main gauche*, Paris, 1968; H. Hécaen, Les Gauchers, Paris, 1984 (중요한 참고문헌); 그러나 가장 뛰어난 인류학적 연구는 여전히 다음 저작이다. R. Hertz, "La prééminence de la main droite. Étude sur la polarité religieuse", *Mélanges de sociologie religieuse et de folklore*, 1928, p. 84-127. 그리

고 다음 저작으로 이를 보완할 수 있을 것이다. R. Needham, dir., *Right and Left. Essays on Dual Symbolic Classification*, Chicago, 1973.

39. 이 점에 관해서 고프랑스어와 중기프랑스어에서는 〔'왼쪽'의 의미를 지닌〕 '고쉬 (gauche)'라는 단어가 프랑크어에서 '흔들거리다(vaciller)'의 뜻을 나타내는 동사 'wankjan'에서 비롯된 말이며, (때때로 현대 프랑스어에서도 의미가 남아 있듯이) '비뚤게', '뒤틀린', '형태를 잃은'이라는 의미를 나타냈다는 점을 떠올려보자. 〔왼쪽과 오른쪽의 차이를 뜻하는〕 측성을 나타내는 용어로서 'gauche'는 〔'왼쪽의'라는 의미의〕 'senestre'라는 말로도 표현되었는데, 이것은 이미 '왼쪽'과 '불리한'이라는 두 의미를 지니고 있던 라틴어 'sinister'에서 비롯된 것이다. 16세기가 되어서야 비로소 'senestre'는 확실히 후퇴하고, 'gauche'에게 왼손잡이나 왼쪽을 나타내는 자리를 넘겨주었다.

40. 붉은 털과 마찬가지로 밸브의 역할을 맡은 예외가 있다. 이스라엘의 율법자 에훗은 왼손잡이이다. 그는 이 특성을 이용해서 모압의 왕을 암살해서 모압인에게 저항한 이스라엘 백성들에게 다시 자유를 가져다주었다. (판관기 3:15-30)

41. 마태오복음서 25:32-33, 25:41.

10. 문장의 탄생

1. C.-F. Ménestrier, *Le Véritable Art du blason et l'Origine des armoiries*, Paris, 1671, p. 109-194. 같은 저자의 다음 문헌도 참조할 것. *Origines des armoiries*, 2e éd., Paris, 1680, p. 5-112, 135-158. 문장의 기원에 관한 문헌들에 관해서는 다음을 참조할 것. M. Pastoureau, "Origine, apparition et diffusion des armoiries. Essai de bibliographie", Académie internationale d'héraldique, *L'Origine des armoiries*, Actes du IIe colloque international d'héraldique (Brixen/Bressanone, octobre 1981), Paris, 1983, p. 97-104.

2. 문장이 룬문자에서 비롯되었다는 학설은 일찍이 B. Koerner, *Handbuch der Heroldskunst*(Görlitz, 1920-1930, 4 vol)에서 강하게 지지되었지만, 오늘날에는 독일의 문장학자들에게서도 완전히 부정된다. 그렇지만 문장학 이전 단계의 게르만 표장 기원설을 열성적으로 지지하는 사람들은 여전히 존재한다. E. Kittel, "Wappentheorien", *Archivum heraldicum*, 1971, p. 18-26, 53-59 참조.

3. M. Prinet, "De l'origine orientale des armoiries européennes", *Archives héraldiques suisses*, t. 26, 1912, p. 53-58; L. A. Mayer, *Saracenic Heraldry. A Survey*, Oxford, 1933, p. 1-7.

4. 이제까지의 지식의 총괄을 위해서는 다음을 참조. M. Pastoureau, *Traité d'héraldique*, 2e éd., Paris, 1993, p. 20-36, 298-310.

5. D. L. Galbreath, *Manuel du blason*, Lausanne, 1942, p. 28-43; M. Pastoureau, "L'apparition des armoiries en Occident: état du problème", *Bibliothèque de l'École des chartes*, t. 134, 1976, p. 281-300; 같은 저자, "La genèse des armoiries: emblématique féodale ou emblématique familiale?", *Cahiers d'héraldique du CNRS*, t. 4, p. 91-126.

6. 11세기말과 12세기초에 문장의 원형이라고 할 수 있는 최초의 기호들이 큰 방패의 표면에 나타났는데, 큰 방패는 아몬드 모양이고, 수직축을 따라서 완만히 굽었으며, 뾰

족한 끝이 날카로워 지면에 꽂아 세울 수 있었다. 높이가 1.5미터, 폭이 60-80센티미터 정도로 커서 전사의 발에서 턱까지 보호했고, 전투가 끝나면 들것으로도 쓰였다. 그것은 '판대(ais)'라고 불린 판들의 조합으로 되어 있고, 다양한 형태의 금속 골조로 보강되어 있었다. 가장 흔한 것은 가장자리를, 가운데에서 방사형으로 뻗은 8개의 가지를 지닌 일종의 별 모양으로 연결한 것이다. 방패 안쪽은 안감이 대어져 있었고, 바깥은 천과 가죽, 모피로 덮여 있었다. 방패의 가장 돌출된 부분에서는 금속 물질을 어느 정도 튀어나오게 덧댔는데, 이 '머리(bocle)' 부분은 장식방패의 경우에는 섬세하게 조각되고, 때로는 채색유리세공품을 끼워넣기도 했다. 전투상황이 아닐 때 기사는 방패를 길이를 조절할 수 있는 '가죽끈(guige)'으로 어깨에 두르거나 목둘레에 걸쳤다. 전투 중에는 말고삐를 쥔 손을 더 짧은 십자형이나 X자 모양의 가죽끈에 끼워 방패를 팔뚝에 고정했다. 이러한 아몬드형 방패만 전쟁터에서 사용되었던 것은 아니다. 카롤루스 시대의 기병이 사용하던 고대의 원형 방패는 12세기에도 완전히 사라지지 않았다. 그러나 기사도 가끔 사용했지만, 대체로 무장병과 보병들이 사용했다.

7. 이러한 조사는 되풀이되고 있는데, 그 출발점이 된 것은 다음 문헌일 것이다. G. J. Brault, *Early Blazon. Heraldic Terminology in the Twelfth and Thirteenth Centuries with Special Reference to Arthurian Literature*, Oxford, 1972.

8. 다음과 같은 최근의 분석을 참조할 것. L. Musset, *La Tapisserie de Bayeux*, La Pierre-qui-vire, 1989, p. 15-16. 연구자들 중에는 이 자수품이 잉글랜드에서 만들어지지 않고, 루아르강 인근의 생플로랑 드 소뮈르 수도원abbaye Saint-Florent de Saumur에서 윌리엄 자신의 주문으로 만들어졌다고 보는 이들도 있다.

9. CNRS, *Catalogue international de l'oeuvre de Limoges*, t. I, *L'Époque romane*, Paris, 1988, n° 100.

10. E. Hucher, *L'Émail de Geoffroi Plantegenêt au musée du Mans*, Paris, 1878.

11. M.-M. Gauthier, *Émaux du Moyen Âge occidental*, Fribourg, 1972, p. 81-83, 327; fig. n° 40.

12. 사자의 숫자에 관해서는 머뭇거릴 수밖에 없다. 대부분의 연구자는 6마리로 보았지만, 최근 로제 아르미니는 8마리라고 주장했다. 조프루아 방패의 드러난 절반에는 4마리가 있으므로 나머지 절반에도 4마리가 있었을 것으로 추정한 것이다. R. Harmignies, "À propos du blason de Geoffroi Plantegenêt", *L'Origine des armoiries*, p. 55-63 참조.

13. D. L. Galbreath, *Manuel du blason*, p. 25-26; R. Mathieu, *Le Système héraldique français*, Paris, 1946, p. 18-19; R. Viel, *Les Origines symboliques du blason*, Paris, 1972, p. 29-30.

14. 원문은 "Clipeus leunculos aureos ymaginarios habens collo ejus suspenditur"(Jean de Marmoutier, *Historia Gaufredi Normannorum ducis et comitis Andegavorum*, éd. L. Halphen et R. Poupardin, *Chroniques des comtes d'Anjou...*, Paris, 1913, p. 179).

15. 인장의 묘사는 다음에 근거. G. Demay, *Inventaire des sceaux de la Normandie*, Paris, 1881, n° 20.

16. (비교적 넓은 의미로) '문장'으로 된 가장 오래된 인장의 목록은 매우 유사한 것이 몇

가지 출간되어 있다. 가장 만족스런 목록은 D. L. Galbreath(*Manuel du blason*, p. 26-27) 와 A. R. Wagner(*Heralds and Heraldry in the Middle Ages*, 2ᵉ éd., London, 1956, p. 13-17) 가 작성한 것이다. 이들은 1160년 이전의 인장에서 뚜렷하게 문장적 성격을 나타낸 것(문장을 넣은 방패)이나 단지 전문장적 성격을 지닌 것(점차 확실히 문장의 형태를 띠어가는 기호로 장식된 깃발, 군기, 갑옷 위에 입는 웃옷, 안장용 담요, 인장 바탕)을 모두 추려냈다. 몇 가지 결점은 있으나 이 두 목록은 앞으로의 연구에 매우 든든한 출 발점이 될 수 있을 것이다. 그런데 이렇게 목록화된 20종 정도의 인장을 검증하면, 다 음과 같은 정보가 확인된다. 곧 초기 문장 기호는 방패에 사용되기 전에 깃발이나 군 기 위에 나타났다는 것, 이 기호들이 1120년 무렵부터 1160년 무렵의 짧은 기간에 유 럽의 거의 모든 지역에서 생겨났다는 것, 그 기호를 구성하는 것은 1140년 무렵까지 는 기하학적 문양이 동물이나 식물 문양보다 많았다는 것이다.

17. 앞에 인용한 논문 M. Pastoureau, "La genèse des armoiries..." 외에 다음도 참조. 같은 저자, "L'origine des armoiries: un problème en voie de solution?", *Genealogica et Heraldi- ca. Recueil du XIVᵉ congrès international des sciences généalogique et héraldique* (Copen- hague, 1980), Copenhague, 1981, p. 241-254.

18. 나는 이 용어를 다음에서 가져왔다. R. Fossier, *Enfances de l'Europe (Xᵉ-XIIᵉ s.). As- pects économiques et sociaux*, Paris, 1982, 2 vol. 다음도 참조. D. Barthélemy, *L'Ordre seigneurial (XIᵉ-XIIᵉ s.)*, Paris, 1990 (*Nouvelle histoire de la France médiévale*, vol. 3).

19. M. Bourin, dir., *Genèse médiévale de l'anthroponymie moderne*, Tours, 1990-1997, 5 tomes en 7 vol.

20. H. Platelle, "Le problème du scandale. Les nouvelles modes masculines aux XIᵉ et XIIᵉ siècles", *Revue belge de philologie et d'histoire*, t. 62, 1975, p. 1071-1096.

21. 이 책의 '흑백 세계의 탄생' 장의 내용을 참조.

22. 문장의 생성, 출현, 초기의 보급에 대해서는 *L'Origine des armoiries*; L. Fenske, "Adel und Rittertum im Spiegel früher heraldischer Formen", J. Fleckenstein, dir., *Das ritterliche Turnier im Mittelalter*, Göttingen, 1985, p. 75-160; M. Pastoureau, "La naissance des arm- oiries", *Cahiers du Léopard d'or*, vol. 3, 1994(*Le XIIᵉ siècle*), p. 103-122.을 참조.

23. 사회 전체에서 문장의 이용이 확대된 것에 관해, 더 일반적으로는 문장체계와 사회 의 여러 관계들에 관해서는 다음을 참조. G. A. Seyler, *Geschichte der Heraldik*, 2ᵉ éd., Nuremberg, 1890, p. 66-322; R. Mathieu, *Le Système héraldique français*, p. 25-38; D. L. Galbreath et L. Jéquier, *Manuel du blason*, Lausanne, 1977, p. 41-78; M. Pastoureau, *Traité d'héraldique*, p. 37-65.

24. 다음에 몇 가지 사례가 있다. R. C. Van Caeneghem, "La preuve dans l'ancien droit belge, des origines à la fin du XVIIIᵉ siècle", *Recueil de la Société Jean Bodin*, vol. 17, 1965, p. 375-430.

25. 프랑스에 관해서는 다음의 훌륭한 연구를 참조. J.-L. Chassel, "L'usage du sceau au XIIᵉ siècle", *Cahiers du Léopard d'or*, vol. 3, 1994, p. 61-102.

26. M. Pastoureau, "Les sceaux et la fonction sociale des images", *Cahiers du Léopard d'or*, vol. 5, 1996, p. 275-303.

27. 이 관습의 존재에 대한 확신은 너무나 빈번히 드러나지만, 일반적인 것과는 거리가 멀다. 해당 사례는 중요 인물(황제, 왕, 교황, 군주, 고위성직자)이고, 단순한 개인의 사례는 드물다. 신성로마제국의 여러 나라들에서는 귀족의 인장이 파괴되는 것은 대개 가문이나 가문의 분파가 소멸될 때로 제한되었다. 요컨대 그것은 상징적으로 가계나 분가의 명칭 및 문장과 함께 사라졌다. 이러한 문제에 대해서는 다음을 참조. W. Ewald, *Siegelkunde*, Munich et Berlin, 1914, p. 111-116; H. Bresslau, *Handbuch der Urkundenlehre...*, 2ᵉ éd., Leipzig, 1931, t. II, p. 554-557; F. Eygun, *Sigillographie du Poitou jusqu'en 1515*, Poitiers, 1938, p. 79-83; R. Fawtier, "Ce qu'il advenait des sceaux de la couronne à la mort du roi de France", *Comptes rendus de l'Académie des inscriptions et belleslettres*, 1938, p. 522-530. 다음도 참조. P. M. Baumgarten, "Das päpstliche Siegelamt bei Tode und nach Neuwahl des Papstes", *Römische Quartelschrift für christliches Altertum...*, t. 21, 1907, p. 32-42.

28. 예컨대 존엄왕 필리프 2세의 첫 번째 왕비로 1190년에 죽은 이자벨 드 앵노(Isabelle de Hainaut)의 은으로 만들어진 인장 주형은 파리의 노트르담 성당에 있는 그녀의 무덤에서 발견되었다. 물론 장례를 위해 특별히 제작된 모형이었기 때문에 한 번도 실제로 쓰이지는 않았다. L. Douët d'Arcq, *Archives de l'Empire... Collection de sceaux*, Paris, 1863, t. I, n° 153. 이 인장의 모형은 현재 대영박물관에 보관되어 있다.

29. 그렇지만 두말할 필요 없이 문장을 사용할 권리가 모두에게 있다고 해서, 누구나 반드시 문장을 가졌던 것은 아니다. 특히 이전 시기일수록 문장의 사용이 다른 경우보다 많은 사회계급, 사회적 범주가 존재했다. 귀족, 도시귀족, 상층의 관리와 상인, 부유한 장인 등이다. 문장은 비유컨대 현대의 명함과 같은 것이었다. 누구든 지닐 수 있지만, 모두가 가지고 있는 것은 아니었다. 문장과 관련된 프랑스 법률을 가장 뛰어나게 정리한 것은 앞의 주13에서 언급한 레미 마티외의 연구에서 볼 수 있다. 게르만 국가들에 관해서는 다음을 참조. G. A. Seyler, *Geschichte der Heraldik*, p. 226-322; F. Hauptmann, *Das Wappenrecht*, Bonn, 1896. 잉글랜드에 관해서는 다음을 참조. A. C. Fox-Davies, *The Right to Bear Arms*, 2ᵉ éd., London, 1900; A. R. Wagner, "Heraldry", A. L. Poole, dir., *Medieval England*, Oxford, 1958, p. 338-381. 이탈리아에 관해서는 다음을 참조. O. Cavallar, S. Degenring et J. Kirshner, *A Grammar of Signs. Bartolo da Sassoferato's Tract on Insignia and Coats of Arms*, Berkeley, 1994.

30. 여기에서는 의도적으로 문장 용어가 아닌 통상적인 용어를 사용했다. 중세말에는 문장관에게 일곱 번째 색, 곧 자주색(pourpre)이 덧붙여져 일곱 색깔을 형성했다. 그러나 17세기까지 그 색의 사용은 매우 제한되어 있었다.

31. 분가 표지에 대해서는 다음을 참조. L. Bouly de Lesdain, "Les brisures d'après les sceaux", *Archives héraldiques suisses*, t. 10, 1896, p. 73-78, 98-100, 104-116, 121-128; R. Gayre of Gayre, *Heraldic Cadency. The Development of Differencing of Coat of Arms*,

London, 1962; Académie internationale d'héraldique, *Brisures, augmentations et changements d'armoiries*, Actes du Vᵉ colloque international d'héraldique (Spolète, octobre 1987), Bruxelles, 1988.

32. 이 글은 서론적 종합이고 모든 사례를 상세하고 학문적으로 해설한 것은 아니다. 그 래서 주석이 너무 많아지지 않게 목록 형태로 제공된 예시들에 참고문헌을 모두 제 공하지 않는다. 대다수는 앞의 주23과 29에서 언급한 저작, 그리고 G. J. Brault, *Early Blazon*(앞의 주7)와 프랑스, 잉글랜드, 독일 문장의 기본 설명서에서 가져온 것이다.

33. 이 라틴어 표현은 17세기 이전의 것은 아니다. 그러나 프랑스어의 말하는 문장이라 는 표현은 14세기부터 알려져 있었다. 잉글랜드의 작가는 때때로 노래하는 문장 대신 '말장난 문장(punning arms)'이라는 표현을 사용하기도 했다.

34. 이것은 19세기의 프랑스, 잉글랜드의 모든 작가의 견해였다. 도시의 문장은 현대까 지 '말하는 문장'에 대해 멸시가 이어지고 있음을 보여주는 증거이다. 프랑스의 소규 모 도시들 대다수는 그 이름이 말하는 형상과 쉽게 결부되지만, 문장을 만들 때 그러 한 형상을 집어넣기를 거부한다. 그러한 말장난 같은 관계는 다소 해학적이고, 문장학 과는 거리가 멀다고 느끼는 것이다. 잘못된 사고방식이지만, 유감스럽게도 뿌리 깊은 사고방식이기도 한다. '말하는 표장'에 대한 이러한 거리낌은 적어도 프랑스에서는 상 징물들의 세계에서도 존재하고 있다.

35. 복수의 게르만계 문장지, 특히 1330년 무렵의 유명한 『취리히 문장지*Züricher Wappenrolle*』에 수록되어 있는 문장들. 다음을 참조할 것. W. Merz et F. Hegi, *Die Wappenrolle von Zürich*..., Zurich, 1930, n° 10, 11.

36. 프랑스에서 1696년에 간행된 『문장총람*Armorial général*』은 문장학보다는 징세를 목 적으로 기획된 것이다. 거기에는 해학적인 '말하는 문장'이 풍부하게 수록되어 있다. 이것들은 개인과 법인이 자신들의 본래의 문장의 등록(및 의무 등록세의 납부)을 게 을리 하거나 거부했을 때, 왕국의 거대한 문장총람 안에 할당되는 것이었다. 니에브르 지방의 공증인 피에르 페팽(Pierre Pepin)은 "은색 바탕에 흑색 포도씨 세 개(d'argent trois pépins de raisin de sable)"가 있는 문장을 받았다. 캉(Caen)에서는 ['기혼, 신랑'이라 는 뜻의] 르 마리에(Le Marié)라는 이름의 변호사가 수사슴 뿔 문양의 문장을 받았다. 파리에서 보보(Bobeau)는 상처 입은 집게손가락이 붕대로 감긴 손으로 장식된 방패를 상속받았다. [프랑스어 'bobo'는 한국어의 '아야'처럼 아이들에게 아프다는 것을 나타 낼 때 쓰는 말이다.] 17세기의 프랑스 문장학은 유머와 말장난을 결코 꺼리지 않았다. 그 몇 해 전에 어떤 문장학자가, 그 이름도 유명한 장 라신(Jean Racine)의 조부를 위해 [프랑스어로 '라'로 발음되는] 쥐(rat)와 ['신'으로 발음되는] 백조(cygne)가 담긴 '말하 는' 방패를 제작했다. 다음을 참조. R. Mathieu, *Le Système héraldique français*, p. 75-86; M. Pastoureau, *Traité d'héraldique*, p. 68-70. 우리에게 말장난이나 나쁜 취향에 속한다 고 느껴지는 유사한 사례들이 중세의 문장과 인장에서도 나타난다. 14세기에 생제르 맹 도세르(Saint-Germain d'Auxerre) 교회 참사회의 수석 사제는 바탕에 (공기air를 형 상화한) 별들에 둘러싸인 원숭이(singe)가 손(mains)으로 등(dos)을 꽉 쥐고(serre) 있

는 모습을 한 인장을 가지고 있었다. '생제르맹도세르(singe-air-mains-dos-serre)는 곧 '생제르맹 도세르Saint-Germain d'Auxerre)'이다. 유감스럽게도 이 놀라운 인장의 흔적은 남아 있지 않다. 다음을 참조. E. Gevaert, *L'Héraldique, son esprit, son langage et ses applications*, Bruxelles, 1930, p. 68.

37. L. Douët d'Arcq, *Archives de l'Empire...*, t. I, n° 1298.

38. H. S. London, *Aspilogia II. Rolls of Arms Henry III*, London, 1967, p. 155, n° 203.

39. 비스콘티 가문은 밀라노 공작, 파비아 백작 가문이지만, 본래는 안구아리아(Anguaria)의 영주에 지나지 않았다. 그 영지의 이름은 '뱀(anguis)'을 상기시킨다. 가문의 유명한 문장 문양인 '용처럼 날개가 달린 큰 뱀(guivre)'은 당초 그 영지의 이름과 관련된 '말하는' 형상이었을 것이다. 그러나 14세기 중반 이후 다음과 같은 영웅 전설이 만들어졌다. 곧 파비아 영주인 보니파키오(Bonifacio)는 밀라노 공작의 딸 비안카(Bianca)와 결혼했다. 그들 사이에는 자식이 하나 태어났다. 그런데 부친이 사라센인과 전투를 하는 사이에 요람에 있던 아이를 커다란 뱀이 삼켜버렸다. 보니파키오는 십자군에서 돌아와 그 뱀을 찾았다. 그리고 우여곡절 끝에 어떤 숲에서 그 뱀을 찾아 격렬히 싸웠다. 신의 보살핌 덕분에, 뱀을 세게 두들기자 뱀은 아이를 토해냈고, 기적처럼 아이는 살아 있었다. 이 전설은 이야기 서술구조의 전부이다. 아울러 그것은 비스콘티 가문이 방패와 투구꼭대기장식에 아이를 토해내는 큰 뱀을 묘사하고 있는 이유를 설명하고 있다. 아이가 어디에서 왔는지, 문장과 연관되어 그 전설이 어떻게 만들어졌는지는 알려져 있지 않다. 유감스럽게도 이 전설은 아직 학문적 연구의 대상이 되지 않았다. 다음을 참조. Académie internationotes nale d'héraldique, *Le Cimier: mythologie, rituel, parenté, des origines au XVIe siècle*, Actes du VIe colloque international d'héraldique (La Petite-Pierre, octobre 1989), Bruxelles, 1990, p. 360, n. 22.

40. 오랫동안 문헌학자들이 돌아보지 않았지만, 이 최초의 문장 언어는 1960년대 이후, 몇 가지 중요한 연구 대상으로 되었다. 미국의 학자 제라드 브라울트 교수와 그 제자들은 문장지와 문학 문헌들에 기초한 고프랑스어와 앵글로노르만어에 관해 연구했다. G. J. Brault, *Early Blazon*; A. M. Barstow, *A Lexicographical Study of Heraldic Terms in Anglo-Norman Rolls of Arms (1300-1350)*, University of Pennsylvania Press, 1974. 독일어와 네덜란드어에 관해서는 거의 연구가 진행되어 있지 않다. 여전히 당분간은 다음의 오래된 연구를 이용하는 수밖에 없다. G. A. Seyler, *Geschichte der Heraldik*, p. 6-70.

41. 14세기 피렌체의 공증인의 고심의 흔적이 엿보이는 라틴어로 된 문장 규칙 설명에 대해서는 다음을 참조. C. Klapish-Zuber et M. Pastoureau, "Parenté et identité: un dossier florentin du XIVe siècle", *Annales. ESC*, vol. 5, 1988, p. 1201-1256.

42. 중세의 투구꼭대기장식에 대해서는 특히 Académie internationotes nale d'héraldique, *Le Cimier: mythologie, rituel, parenté, des origines au XVIe siècle* (이 장의 주39)을 참조.

43. M. Pastoureau, "L'apparition des armoiries..."와 "La genèse des armoiries..."(이 장의 주5)를 참조할 것.

44. 보존되어 있는 유일한 조프루아의 인장은 1149년의 연도가 기록된 문서에 첨부되어

있는 것인데(Paris, AN, Sceaux, N 20), 투구꼭대기장식의 흔적도 문장의 흔적도 없다는 점에 주의해야 한다.

45. G. Duby, *Le Dimanche de Bouvines*, Paris, 1973, p. 41 참조.

46. 이에 관해서는 중세의 투구꼭대기장식이 방패와는 달리 중세말의 문장관이나 작가에게 좀처럼 서술 대상이 되지 않았다는 사실을 강조해둘 필요가 있을 것이다.

47. 특히 공작은 고대 그리스에서와 마찬가지로 상징으로 매우 인기가 있었던 것으로 보인다. 오랜 기간 더 깊게 다양한 학문 분야가 공통으로 연구해야 할 새이다.

48. *Armorial Bellenville* (v. 1370-1390), Paris, BNF, ms. fr. 5230, fol. 20r에 실제의 사례가 있다(fol. 42도 참조).

49. 분가 표지에 대해서는 다음을 참조. Actes du Ve colloque international d'héraldique, *Brisures, augmentations....*

50. B. Guenée, "Les généalogies entre l'histoire et la politique: la fierté d'être capétien en France au Moyen Âge", *Annales. ESC*, vol. 33, 1978, p. 450-477.

51. C. Lecouteux, *Mélusine et le Chevalier au cygne*, Paris, 1982.

52. A. R. Wagner, "The Swan Badge and the Swan Knight", *Archaeologia*, 1959, p. 127-130.

53. J.-C. Loutsch, "Le cimier au dragon et la légende de Mélusine", Académie internationale d'héraldique, *Le Cimier*, p. 181-204.

54. 적어도 상층귀족계급의 경우에는 그보다 길어지는 경우도 많았다. 16, 17세기의 프랑스와 잉글랜드에서 '일족'이라는 관념이 무엇을 나타내고 있었는지를 생각해볼 것. A. Jouanna, *L'Idée de race en France au XVIe siècle*, Montpellier, 1981 참조.

55. 폴란드의 투구꼭대기장식에 대해서는 다음을 참조. S. Kuczinski, "Les cimiers territoriaux en Pologne médiévale", *Le Cimier*, p. 169-179.

11. 문장에서 깃발로

1. 여기에서는 'drapeau'이라는 단어에 17세기부터 현대까지 유럽에서 사용된 깃발 형식 기호의 대부분을 포함하는, 폭넓은 의미를 부여한다. 프랑스어에서는 1600년대에 가서야 비로소 이 단어가 결정적으로 깃발의 의미만을 지니게 되었다. 그 이전에 이것은 단지 'drap', 곧 모직물, 나아가 단순한 헝겊을 의미하고 있었다. 따라서 중세 학자는 이 단어는 사용하기를 꺼렸고, 명확히 'bannière', 'enseigne'이라는 어휘를 사용하거나, 차라리 'vexillum'이라는 라틴어를 사용했다.

2. 예컨대 아놀드 반 겐넵의 다음과 같은 기묘한 저작의 사례를 생각해 볼 수 있다. Arnold Van Gennep, *Traité comparatif des nationalités. Les éléments extérieurs de la nationalité*, Paris, 1923. 너무 이르게 엉성하게 등장하여 자극과 동시에 실망도 가져다주었던 이 작품은 뒤를 이은 작품을 지니지 않고, 위대한 아놀드 반 겐넵의 다른 작품(*Manuel de folklore francais contemporain*, 1943-1958)의 그늘에 묻혀서 오늘날에는 대체로 잊혀 있다. 이는 유감스럽지만, 동시에 중요한 의미도 지니는 일이다.

3. W. Smith의 총람(*The Bibliography of Flags of Foreign Nations*, Boston, 1965)에서 깃발

에 관한 문헌목록을 볼 수 있다. 기장학 매뉴얼은 모든 언어(특히 영어)로 다수 존재하나, 대체로 질은 좋지 않다. 프랑스어로 된 그나마 가장 덜 실망스러운 작품은 W. Smith et G. Pasch, *Les Drapeaux a travers les âges et dans le monde entier*, Paris, 1976이다. (이것은 수많은 역사적 오류와 단순함을 지닌 미국어판을 번역, 집성한 것이다). 한편, 특정한 깃발의 역사에 관해서는 수준 높은 연구가 존재한다. 예컨대 다음 연구가 그렇다. P. Wentsche, *Die deutschen Farben*, Heidelberg, 1955; H. Henningsen, *Dannebrog og flagforing til sos*, Copenhague, 1969. 기장학에 관한 저작에서는 Ottfried Neubecker의 유명한 작품, 특히 *Reallexikon zur deutschen Kunstgeschichte*(Munich, 1972)의 'Fahne' 항목(fasc. 108)은 특별히 다루어야 한다.

4. 기장학적 기호의 세계는 풍요롭고, 그 분야에서 근대 프랑스어의 어휘는 조금 유동적이지만, 문장학자는 긴 변을 깃대에 고정한 직사각형의 직물을 흔히 'bannière'라는 말로 나타낸다. 이것은 이른바 '꼬리(queue)'가 없는 '기드림(gonfanon)'과 같은 것이다. 봉건시대에 가신과 함께 군대에 참가한 제후에 의해 폭넓게 쓰인 'bannière'는 12세기에는 초기 문장이 구현된 특권적인 매체들 가운데 하나였다. 'bannière'는 봉건제의 구조와 군대의 조직화에 관계된 이러한 좁은 의미를 넘어서, 수많은 작가의 손을 거치면서 더 막연한 의미를 지니게 되었고, 고프랑스어의 'enseigne' 내지 라틴어의 'vexillum'에 대응하여 깃대 끝에 달린 대형의 모든 종류의 표장적 기호를 나타내게 되었다. 17세기 이후에는 그때까지 매우 총칭적이던 'enseigne'라는 용어가 더 엄밀한 의미를 지니게 되어 일반적으로 군대 집결 기호로 사용되는 군사적 표장을 나타내게 되었다. 'étendard'라는 말에 관해 살펴보면, 이것은 원래 밑변을 깃대에 고정시켜 꼭지점을 바람에 나부끼게 하는 삼각형 깃발을 가리켰다. 뒤에 'étendard'는 사각형에 가까워지고, 특히 기병연대의 깃발에 전용으로 사용되는 말이 되었다.

5. O. Neubecker, *Fahnen und Flaggen*, Leipzig, 1939, p. 1-10을 비롯한 곳곳.

6. 연구자는 어쨌든 (표장적 이미지에 제한하지 않고) 서양의 이미지에서 직사각형 둘레가 부여되고 있는 것을 진지하게 검토해 볼 필요가 있을 것이다. 직사각형은 인간의 시야에 전혀 맞지 않으며, 다른 문화들에서는 이미지를 둘러싸거나, 건물에 [창이나 문과 같은] 열리는 부분을 뚫거나, 대지나 공간을 구획하거나, 직물을 제조하는 것 등에 그다지 이용되지 않는다. 깃발과 관련하여 지구 전체에 직사각형 둘레를 점진적으로 강제한 것은 분명 유럽이었다.

7. 녹색, 빨간색, 검은색은 이슬람 국가들에서 종교적인 색이고, 동시에 왕조의 색이자 정치적인 색이다. 그렇지만 이 색들에 대한 해석은 시간과 공간마다 다르게 나타난다. 녹색은 이슬람 세계의 종교적인 색이고, 빨간색은 정치적인 색이다. 나아가 역사적으로 보면, 녹색은 아바스 왕조의, 빨간색은 하심 왕가의, 검은색은 파티마 왕조의, 흰색은 우마이야 왕조의 색이다.

8. M. Pastoureau, "La naissance des armoiries", p. 213-243 참조.

9. B. Guenée, *L'Occident aux XIVᵉ et XVᵉ siècles. Les États*, Paris, 1971, p. 113-132, 227-243.

10. H. Glaser, *Wittelsbach und Bayern. Die Zeit der frühen Herzöge*, Munich, 1980, p. 96-97,

n° 116; P. Rattelmüller, *Das Wappen von Bayern*, Munich, 1989, p. 20-22; H. Waldner, *Die ältesten Wappenbilder*, Berlin, 1992, p. 14.

11. 바이에른의 이러한 분리독립주의적 전투성은 유명한 문장 디자이너인 오토 후프 (Otto Hupp)가 1884년부터 1936년에 걸쳐 해마다 『뮌헨 연보*Münchener Kalender*』라 는 제목으로 간행한 문장 연보 시리즈에 늘 드러난다.

12. L. Douët d'Arcq, *Archives de l'Empire... Collection de sceaux*, Paris, 1863, t. I, n° 725.

13. J. T. De Raadt, *Sceaux armoriés des Pays-Bas et des pays avoisinants*, Bruxelles, 1898, t. I, p. 72-74; H. Pinoteau, *Héraldique capétienne*, nouvelle éd., Paris, 1979, p. 88-89.

14. 예컨대 P. de Lisle du Dreneuc, *L'Hermine de Bretagne et ses origines*, Vannes, 1893에서 확인되는 매우 성실치 못한 단정과 그에 대한 다음의 정당한 비판을 참조할 것. S. de La Nicollière-Teijeiro, "L'hermine. Observations à M. P. de Lisle du Dreneuc", *Bulletin de la Société archéologique de Nantes*, 1893, p. 134-143.

15. 아서왕은 분명 문학작품에 기술된 문장밖에 지니지 않았다. 이것들은 12세기 말부터 등장하며, 도안은 용이나 성모마리아의 이미지, 다음 세기에 결정적인 형상으로 등장 한 '3개의 왕관'이었다. 흰담비털무늬를 포함했던 경우는 없다. M. Pastoureau, *Armorial des chevaliers de la Table Ronde*, Paris, 1983, p. 46-47 참조.

16. Dom G. A. Lobineau, *Histoire de Bretagne...*, Paris, 1707, t. I, p. 197.

17. M. Pastoureau, "L'hermine: de l'héraldique ducale à la symbolique de l'État", J. Kerhervé et T. Daniel, dir., 1491. *La Bretagne terre d'Europe*, Brest, 1992, p. 253-264.

18. M. Pastoureau, *L'Étoffe du Diable. Une histoire des rayures et des tissus rayés*, Paris, 1991, p. 37-48.

19. 이러한 흰담비털무늬 모피의 인기는 현대까지 계속되고 있다. 그러나 근대에는 그 세 속적인 분신이 창조되었다. 레이스이다.

20. M. Jones의 저작, 특히 *Ducal Brittany (1364-1399). Relations with England and France during the Reign of Duke John IV*, Oxford, 1970, p. 313-326. 그리고 "Mon pais et ma nation. Breton Identity in the Fourteenth Century", *War, Literature and Politics in the Late Middle Ages*, Liverpool, 1976, p. 119-126을 참조. J. Kerhervé, "Aux origines d'un sentiment national: les chroniqueurs bretons de la fin du Moyen Âge", *Bulletin de la Société archéologique du Finistère*, 1980, p. 165-206도 참조.

21. 이러한 모든 것에 관해서는 16세기와 절대왕정 하의 브르타뉴 역사를 다룬 주요 저 작들에 양보한다. 곧 Dom G. A. Lobineau, *Histoire de Bretagne...*, Paris, 1707, t. II (흰담 비털 얼룩무늬의 역사와 연관된 모든 것에 주의를 기울이고 있다); A. Dupuy, *Histoire de la réunion de la Bretagne à la France*, Paris, 1880, 2 vol.; E. Bossard, *Le Parlement de Bretagne et la Royauté, 1765-1769*, Paris, 1882; A. Le Moy, *Le Parlement de Bretagne et le Pouvoir royal au XVIIIᵉ siècle*, Angers, 1909; A. de La Borderie et B. Pocquet, *Histoire de Bretagne*, Rennes, 1914, 6 vol.

22. 그렇지만 최근 수십년 동안 브르타뉴 분리주의나 독립운동은 지나친 회고취미적, 지

나친 '문장학적'(곧 귀족적?)이라고 판단해서인지, 다른 형태의 흰담비털 모피무늬를 사용했다. 거기에는 흰담비털 얼룩무늬가 반드시 사용되지는 않았으나 그 경우에도 흰색과 검은색의 조합은 언제나 본질적인 요소였다. 이 색들은 15세기에 이미 브르타뉴의 색이 되어 있었다. G. Le Menn, "Les Bretons tonnants", J. Kerhervé et T. Daniel, dir., *1491. La Bretagne terre d'Europe*, p. 313-314 참조.

23. M. Pastoureau, "Genèse du drapeau", École française de Rome, *Genèse de l'État moderne en Méditerranee. Approche historique et anthropologique des pratiques et des représentations*(1987년과 1988년에 파리에서 열린 심포지움), Rome, 1993, p. 97-108.

24. 이 점에 관해서는 최근 브르타뉴 지방의회가 지방의 로고로 흰담비털 모피무늬도, 흰색과 검은색도 나오지 않는 브르타뉴 지도의 형태를 채용한다는 형편없는 결정을 내렸다는 점을 강조해 둔다. 물론 이것은 분명히 모든 국민감정의 표출을 제한하려는 가장 중립적인 선택이었지만, 표장적인 관점에서 보면, 역사에 완전히 등을 돌린, 그다지 적절치 못한 선택이었다고 생각한다.

25. 근대 그리스 국기의 기원과 역사에 관한 연구는 존재하지 않는다. 단편적인 정보만 *The Flag Bulletin*, n° 12, 1973, p. 4-9에서 확인된다.

26. 원래 초승달은 이슬람 세계에서는 수많은 이슬람 상징 가운데 하나에 지나지 않았다. 아마 기독교도의 십자가가 몇 세기에 걸쳐 (십자가 대 초승달이라는 형태로) 거의 기호학적으로 초승달이 이슬람의 정치적 상징체계에서 최상위의 형상으로 떠오르는 데 공헌했을 것으로 보인다. 어쨌든 이러한 격상에서 서구인이 맡았던 역할이 있었던 것은 확실하다. 그들이 13-14세기 이후, 이슬람 세계 전체를 초승달 표장으로 통합하고, 기독교의 십자가와 짝을 이루게 했다. 무슬림 자신이 이 습관을 받아들인 것은 오스만 제국 시대이다. 이런 흥미로운 문화변용 주제를 다루는 연구는 환영을 받을 것이다.

27. Y. Artin Pacha, *Contribution à l'étude du blason en Orient*, London, 1902 참조.

28. 1980년대 초에 주먹으로 움켜쥔 장미꽃 모양인 프랑스 사회당의 표장에 관해 기원, 출현, 의미, 변화 등을 조사했으나, 당의 간부와 구성원, 활동가, 나아가 당의 '커뮤니케이션'과 '이미지' 전문가 누구에게 물어도 이 표장의 근거나 유래, 누가, 언제, 어디서, 어떤 경위로 선택했으며, 등등의 명확한 정보는 확인할 수 없었다. 그렇지만 그것은 이 표장이 기대된 역할을 충분히 완수하는 데 절대로 방해가 되지는 않았다.

29. 브라질의 문장학과 기장학에 관한 정보는 에르베 피노토Hervé Pinoteau의 연구(*Héraldique capétienne*, p. 117-130)에 기초했다. 녹색은 브라간사 가문의 표장적, 왕조적 색이지, 문장의 색은 아니었다.

12. 체스의 전래

1. 이 연대에 대해서는 다음에 언급된 여러 자료들을 참조. H. J. R. Murray, *A History of Chess*, Oxford, 1913, p. 405-407; R. Eales, *Chess. The History of a Game*, London, 1985, p. 42-43. 뒤의 것은 앞의 것을 요약하고 갱신한 것이지만, 이 두 저작은 이제까지 발표된 체스의 역사에 관한 저작들 가운데 가장 훌륭한 것들이다.

2. H. J. R. Murray, 같은 책, p. 408-415.

3. 이 놀이의 인도로부터 페르시아로의 전파에 관해서는 다음을 참조. H. J. R. Murray, 같은 책, n. 6, p. 47-77.

4. Paris, BNF, ms. Français 1173, fol. 6r (체스 시합에 관한 여러 사항들에 관한 모음집으로 피카르디의 니콜Nicholes이라는 인물의 저작으로 추정되며, 1320~1340년 무렵에 필사와 채색장식이 이루어졌다.)

5. 체커의 역사와 중세에 나타난 그것의 쇠퇴에 관해서는 다음을 참조. H. J. R. Murray, *A History of Board Games Other than Chess*, Oxford, 1952.

6. M. Pastoureau, "Héraldique arthurienne et civilisation médiévale: notes sur les armoiries de Bohort et de Palamède", *Revue française d'héraldique et de sigillographie*, n° 50, 1980, p. 29-41.

7. J.-B. Vaivre, "Les armoiries de Régnier Pot et de Palamède", *Cahiers d'héraldique du CNRS*, t. 2, 1975, p. 177-212. 오랫동안 팔라메데스의 이름은 체스의 전통과 연결되었다. 최초의 체스 전문지는 1836년 라 부르도네(La Bourdonnais)가 『르 팔라메드*Le Palamède*』라는 제목으로 파리에서 창간한 것이었다. 이것은 1836~1839년과 1841~1847년에 간행되었고, 1864~1865년에는 『르 팔라메드 프랑세*Le Palamède français*』라는 아류가 나타났다.

8. 이른바 '카롤루스'의 체스말은 현재 프랑스 국립도서관의 메달 전시실에 보존되어 있다. 다음을 참조. D. Gaborit-Chopin, *Ivoires du Moyen Âge*, Fribourg, 1978, p. 119-126, 185; A. Goldschmidt, *Die Elfenbeinskulpturen aus der Zeit der Karolingischen und Saschischen Kaiser*, Berlin, 1926, t. IV, p. 161-165, 170-174; B. de Montesquiou-Fezensac et D. Gaborit-Chopin, *Le Trésor de Saint-Denis*, Paris, 1977, t. III, p. 73-74; M. Pastoureau, *L'Échiquier de Charlemagne. Un jeu pour ne pas jouer*, Paris, 1990.

9. 특히 독일 북부와 에스파냐의 여러 교회가 그러하다. 다음을 참조. H. J. R. Murray, *A History of Chess*, n. 6, p. 756-765.

10. 이 '수장고(tresor)'라는 개념에 관해서는 다음 훌륭한 저작을 참조. P. E. Schramm et F. Mütherich, *Denkmale der deutschen Könige und Kaiser*, Munich, 1962.

11. H. J. R. Murray, *A History of Chess*, n. 6, p. 420-424.

12. J.-M. Mehl, *Jeu d'échecs et education au XIIIᵉ siècle. Recherches sur le 《Liber de moribus》 de Jacques de Cessoles*, 박사학위논문, 스트라스부르 대학교, 1975.

13. 중세의 주사위 놀이에 관해서는 다음을 참조. F. Semrau, *Würfel und Würfelspiel im alten Frankreich*, Halle, 1910; M. Pastoureau, *La Vie quotidienne en France et en Angleterre au temps des chevaliers de la Table ronde*, Paris, 1976, p. 138-139; J.-M. Mehl, "Tricheurs et tricheries dans la France medievale: l'exemple du jeu de des", *Historical Reflections / Réflexions historiques*, vol. 8, 1981, p. 3-25; 같은 저자, *Les Jeux au royaume de France, du XIIIᵉ siècle au début du XVIᵉ siècle*, Paris, 1990, p. 76-97.

14. J.-M. Mehl, "Le jeu d'echecs a la conquete du monde", *L'Histoire*, n° 71, octobre 1984, p.

40-50. 특히 이 부분에 관해서는 p. 45를 참조. 아울러 같은 저자의 다음 저술도 참조. *Les Jeux au royaume de France*, p. 115-134.

15. Jean de Joinville, *Histoire de saint Louis*, éd. N. de Wailly, Paris, 1881, § LXXIX, et éd. J. Monfrin, Paris, 1995, § 405. 이 일화에 관해서는 다음도 참조. J. Le Goff, *Saint Louis*, Paris, 1996, p. 541.

16. Alphonse X le Sage, *Juegos de acedrex, dados y tablas*, W. Hiersmann(복제와 주해), Leipzig, 1913.

17. 이 다양한 동물들에 관해서는 뱅상 드 보베가 수집한 문헌들과 올라우스 마그누스의 상세한 해설을 참조. Vincent de Beauvais, *Speculum naturale*, Douai, 1624, col. 1403-1412; Olaus Magnus, *Historia de gentibus septentrionalibus*, Rome, 1555, p. 729-749.

18. 중세 코끼리의 상징성은 R. Delort, *Les Éléphants piliers du monde. Essai de zoohistoire*, Paris, 1990; G. Druce, "The Elephant in Medieval Legend and Art", *The Archaeological Journal*, vol. 76, 1919, p. 11-73; I. Malaxechevarria, "L'éléphant", *Circé. Cahiers de recherches sur l'imaginaire*, t. 12-13, 1982 (Le Bestiaire), p. 61-73; H. H. Scullard, *The Elephant in the Greek and Roman World*, London, 1974; M. Thibout, "L'éléphant dans la sculpture romane française", *Bulletin monumental*, t. 105, 1947, p. 183-195. 참조.

19. 유니콘에 관해서는 다음 종합적 연구를 참조. J. W. Einhorn, *Spiritualis Unicornis. Das Einhorn als Bedeutungsträger in Literatur und Kunst des Mittel-alters*, Munich, 1976. 아울러 다음도 참조. R. R. Beer, *Einhorn. Fabelwelt und Wirklichkeit*, Munich, 1977; J.-P. Jossua, *La Licorne. Images d'un couple*, Paris, 1985; O. Shepard, *The Lore of the Unicorn*, London, 1930.

20. F. Strohmeyer, "Das Schachspiel im Altfranzösischen", *Abhandlungen Herrn Prof. Dr. Adolf Tobler*, Halle, 1895, p. 381-403; P. Jonin, "La partie d'echecs dans l'epopee medievale", *Mélanges Jean Frappier*, Paris, 1970, p. 483-497.

21. Chrétien de Troyes, *Conte du Graal*, éd. F. Lecoy, Paris, 1975, vers 5849 sq.

22. Francois Rabelais, *Pantagruel,* Cinquième Livre, chap. XXIV et XXV: "Comment fut en presence de la Quinte faict un bal joyeux en forme de tournoys"; "Comment les trente-deux personnages du bal combattent".

23. J.-M. Mehl, *Les Jeux au royaume de France*, p. 127-133.

24. 전투와 전쟁의 차이에 관해서는 다음을 참조. G. Duby, *Le Dimanche de Bouvines*, nouvelle éd., Paris, 1985, p. 133-208.

25. J.-M. Mehl, "La reine de l'échiquier", *Reines et princesses au Moyen Âge*, Montpellier, 2001, p. 323-331.

26. M. Pastoureau, *Figures et couleurs. Études sur la symbolique et la sensibilité médiévales*, Paris, 1986, p. 35-49.

27. W. L. Tronzo, "Moral Hieroglyphs: Chess and Dice at San Savino in Piacenza", *Gesta*, XVI, 2, 1977, p. 15-26.

28. H. Meyer et R. Suntrup, *Lexikon der Mittelalterlichen Zahlen-bedeutungen*, Munich, 1987, p. 566-579.

29. H. J. R. Murray, *A History of Chess*, p. 428.

30. 예컨대 다음과 같은 참고 문헌. H. et S. Wichmann, *Schach. Ursprung und Wandlung der Spielfigur*, Munich, 1960, p. 281-282 et fig. 1-3.

31. W. Wackernagel, "Das Schachspiel im Mittelalter", *Abhandlungen zur deutsche Altertumskunde und Kunstgeschichte*, Leipzig, 1872, p. 107-127.

32. 14세기 이후 몇몇 작가들이 알팽의 행마를 최대 세 칸으로 한정하고 있다.

33. 14세기 중반 이후 어떤 이탈리아의 작가들은, 룩은 원하는 수만큼 칸을 이동할 수 있다고 했다. 이렇게 해서 룩은 알팽을 대신해서 가장 강력한 말이 되었다.

34. M. Pastoureau, *L'Échiquier de Charlemagne*, p. 37-39.

35. 그렇지만 17세기까지는 무슬림과 기독교도 선수가 대전하면 이기는 자는 늘 무슬림 선수였다.

36. J.-M. Mehl, *Les Jeux au royaume de France*, p. 184-222.

37. A.-M. Legaré, F. Guichard-Tesson et B. Roy, *Le Livre des échecs amoureux*, Paris, 1991.

38. Jacques de Cessoles의 작품에 관해서는 수많은 문헌들 가운데 다음을 참조할 것. J. Rychner, "Les traductions françaises de la *Moralisatio super ludum scaccorum* de Jacques de Cessoles", *Mélanges Clovis Brunel*, Paris, 1955, t. II, p. 480-493 (긴요한 참고문헌목록); J.-M. Mehl, *Jeux d'échecs et éducation au XIIIe siècle*; 같은 저자, "L'*exemplum* chez Jacques de Cessoles", *Le Moyen Âge*, t. 84, 1978, p. 227-246.

13. 아서왕 놀이

1. 아서왕에 관한 문학의 역사, 그 발생과 변화의 역사에 관해서는 여전히 다음이 가장 뛰어난 문헌이다. R. S. Loomis, *Arthurian Literature in the Middle Ages. A Collaborative History*, Oxford, 1959. 마찬가지로 다음 문헌들도 참조할 수 있다. J. D. Bruce, *The Evolution of Arthurian Romances from the Beginning down to the Year 1300*, 2e éd., Baltimore, 1928, 2 vol.; E. Faral, *La Légende arthurienne. Études et documents*, Paris, 1929, 3 vol.; N. Lacy, dir., *The Arthurian Encyclopedia,* New York et London, 1986; D. Regnier-Bohler, dir., *La Légende arthurienne, le Graal et la Table Ronde*, Paris, 1989; T. Delcourt, *La Littérature arthurienne*, Paris, 2000. 해마다 간행되는 주목할 만한 다음 문헌에는 아서왕 연구와 인접 주제를 대상으로 한 지금까지의 참고문헌들이 망라되어 있다. *Bulletin bibliographique de la Société internationale arthurienne*(1949년 이후).

2. Geoffroi de Monmouth, *Historia regum Britanniae*, éd. N. Wright et J. C. Crick, Cambridge, 1985-1991, 5 vol. 현대 프랑스어 번역은 Geoffroi de Monmouth, *Histoire des rois de Bretagne*, trad. Laurence Mathey-Maille, Paris, 1992.

3. Wace, *Roman de Brut*, éd. I. Arnold, Paris, 1938-1940, 2 vol.

4. I. Arnold et M. Pelan, *La Partie arthurienne du «Roman de Brut»*, Paris, 1962.

5. 크레티앵 드 트루아와 그의 작품에 관해서는 방대한 문헌들 가운데 다음을 살펴보라. R. Bezzola, *Le Sens de l'aventure et de l'amour: Chrétien de Troyes*, Paris, 1947; R. S. Loomis, *Arthurian Tradition and Chrétien de Troyes*, New York, 1949; J. Frappier, *Chrétien de Troyes. L'homme et l'oeuvre*, 2ᵉ éd., Paris, 1969; G. Chandès, *Le Serpent, la Femme et l'Épée. Recherches sur l'imagination symbolique d'un romancier médiéval: Chrétien de Troyes*, Amsterdam, 1986. 다음의 참고문헌도 이용할 수 있다. D. Kelly, *Chrétien de Troyes: An Analytic Bibliography*, London, 1976.

6. 기사도 문학과 사회에 관해서는 다음을 참조. L. D. Benson et J. Leyerle, dir., *Chivalric Literature. Essays on the Relations between Literature and Life in the Later Middle Ages*, 2ᵉ éd., Kalamazoo, 1985; J. Bumke, *Höfische Kultur. Literatur und Gesellschaft im hohen Mittelalter*, Munich, 1986, 2 vol.; E. Köhler, *L'Aventure chevaleresque. Idéal et réalité dans le roman courtois*, Paris, 1974; W. Paravicini, *Die ritterlich-höfische Kultur des Mittelalters*, Munich, 1994; M. Pastoureau, *La Vie quotidienne en France et en Angleterre au temps des chevaliers de la Table Ronde*, Paris, 1976; C. E. Pickford, *L'Évolution du roman arthurien en prose vers la fin du Moyen Âge*, Paris, 1960.

7. G. Duby, "Les jeunes dans la société aristocratique dans la France du Nord-Ouest au XIIᵉ siècle", *Annales. ESC*, vol. 19/5, 1964, p. 835-846.

8. 아서왕 이야기들은 무훈시 못지않게 12~13세기 귀족사회에서의 기사의 이상을 표현하고 있고, 바로 그 때문에 더 강력한 이념적 영향력을 지닌 것으로 보인다. 영웅 서사문학은 진정한 의미에서 계급 문학, 투쟁 문학이 아니다. 본질적으로 소설보다 넓은 수용층을 대상으로 하고 있기 때문에 서사문학이 전하는 주제는 '원형적'이고, 더 오래전부터 있던 상상에 속해 있는데, 아마 그것은 너무 낡아 귀를 기울이는 청중의 사회적 현실에 충격을 가할 수는 없을 것이다. 영웅 서사문학과 궁정풍 문학의 비교연구의 혁신을 기다리는 동안 다음의 고무적인 문헌을 참조하자. D. Boutet, *Charlemagne et Arthur, ou le Roi imaginaire*, Paris, 1992.

9. 더 풍부하고 엄밀한 조사가 요구되는데, 아서왕이라는 본보기를 12세기 후반과 13세기 플랜태저넷 왕가와 카페 왕가의 여러 왕들로 대표되는 왕가의 현실과 비교하는 것이었으면 좋겠다. 문학적 본보기가 현실에 행사되는 권력 안으로 이념적으로 침투할 수 있는 것일까? 플랜태저넷 왕가에서의 아서왕 전설의 '왕조적' 쟁점은 잉글랜드 군주제의 이데올로기에 봉사하기보다는 방해가 되지 않았을까? 이 점에 관해서는 다음 문헌을 참조할 것. W. Störmer, "König Artus als aristokratisches Leitbild während des späteren Mittelalters", *Zeitschrift für bayerische Landesgeschichte*, t. 35, 1972, p. 946-971; P. Johanek, "König Arthur und die Plantagenets", *Frühmittelalterliche Studien*, t. 21, 1987, p. 346-389; A. Chauou, *L'Idéologie Plantagenet. Royauté arthurienne et monarchique politique dans l'espace Plantagenet (XIIᵉ-XIIIᵉ siècles)*, Rennes, 2001.

10. 다음의 선구적인 연구를 참조. E. Köhler, *Ideal und Wirklichkeit in der höfischen Epik*, Tübingen, 1956. 때때로 그에게 가해지는 '지나친 해석'이라는 비난은 내게는 결코 옳

게 받아들여지지 않는다.

11. 1984년 8월 렌에서 열린 제14차 아서왕 국제 학회에서 이 문제들에 관해 주의를 환기했던 적이 있다. 내 기조연설문의 요약본은 다음에 수록되어 있다. M. Pastoureau, "La diffusion de la légende arthurienne: les témoignages non littéraires", *le Bulletin bibliographique de la Société internationale arthurienne*, t. 36, 1984, p. 322-323.

12. M. Prinet, "Armoiries familiales et armoiries de roman au XVe siècle", *Romania*, t. 58, 1932, p. 569-573; G. J. Brault, "Arthurian Heraldry and the date of *Escanor*", *Bulletin bibliographique de la Société internationale arthurienne*, t. 11, 1959, p. 81-88; J.-B. de Vaivre, "Les armoiries de Regnier Pot et de Palamède", *Cahiers d'héraldique du CNRS*, t. 2, 1975, p. 177-212. 다음에 수집된 연구도 참고할 수 있다. M. Pastoureau, *L'Hermine et le Sinople. Études d'héraldique médiévale*, Paris, 1982, p. 261-316. 다음 저작도 참조. M. Pastoureau, *Armorial des chevaliers de la Table Ronde*, Paris, 1983.

13. R. S. et L. H. Loomis, *Arthurian Legends in Medieval Art*, New York, 1938. 이 선구적 연구에는 아쉽게도 후계자가 그리 많지 않지만, 뛰어난 다음 연구들을 참조. D. Fouquet, *Wort und Bild in der mittelalterlichen Tristantradition*, Berlin, 1971; H. Frühmorgen-Voss et N. Ott, *Text und Illustration im Mittelalter. Aufsätze zu den Wechselbeziehungen zwischen Literatur und bildender Kunst*, Munich, 1975; E. Kühebacher, dir., *Literatur und bildende Kunst im Tiroler Mittelalter. Iwein-Fresken von Rodenegg und andere Zeugnisse der Wechselwirkung von Literatur und bildender Kunst*, Innsbruck, 1982; J. Woods-Marsden, *The Gonzaga of Mantua and Pisanello's Arthurian Frescoes*, Princeton, 1988; M. Whitaker, *The Legend of King Arthur in Art*, Cambridge, 1990; A. Stones, "Arthurian Art since Loomis", *Arturus rex. Acta conventus Lovaniensis 1987*, éd. W. van Hoecke, G. Tourny et W. Verbeke, Louvain, 1991, t. II, p. 21-76; V. Schupp et H. Szklenar, *Ywain auf Schloss Rodenegg. Eine Bildergeschichte nach dem «Iwein» Hartmanns von Aue*, Sigmaringen, 1996; E. Castelnuovo, dir., *Le stanze di Artu. Gli affreschi di Frugarolo e l'immaginario cavalleresco nell'autunno del Medioevo*, Milan, 1999.

14. L. Allen et al., "The Relation of the First Name Preference to their Frequency in the Culture", *Journal of Social Psychology*, n° 14, 1941, p. 279-293; P. Besnard, "Pour une étude empirique du phénomène de mode dans la consommation des biens symboliques: le cas des prénoms", *Archives européennes de sociologie*, n° 20, 1979, p. 343-351. 참조.

15. R. Lejeune, "La naissance du couple littéraire *Roland et Olivier*", *Mélanges H. Grégoire*, Bruxelles, 1950, t. II, p. 371-401; M. Delbouille, *Sur la genèse de la chanson de Roland*, Bruxelles, 1951, p. 98-120; P. Aebischer, "L'entrée de Roland et d'Olivier dans le vocabulaire onomastique de la *Marca hispanica*", *Estudis romanics*, n° 5, 1955-1956, p. 55-76.

16. 그렇지만 이 중요한 문제들에 대해 주의를 환기시킨 몇몇 연구들이 존재한다. F. Panzer, "Personnennamen aus dem höfischen Epos in Baiern", *Festgabe für E. Sievers*, Munich, 1896, p. 205-220; E. Kegel, *Die Verbreitung der mittelhochdeutschen erzählenden*

Literatur in Mittel- und Norddeutschland nachgewiesen auf Grund von Personnennamen, Halle, 1905; G. J. Boekenhoogen, "Namen uit ridderromans als voornamen in gebruik", *Tijdschrift voor Nederlandse taalen letterkunde,* t. 36, 1917, p. 67-96; P. Gallais, "Bleheri, la cour de Poitiers et la diffusion des récits arthuriens sur le continent", *Actes du VIIe congrès national de la Société française de littérature comparée (Poitiers, 1965),* Paris, 1967, p. 47-79; R. Lejeune, "Les noms de Tristan et Yseut dans l'anthroponymie médiévale", *Mélanges Jean Frappier,* Genève, 1970, t. II, p. 625-630.

17. 다음 두 개의 뛰어난 목록을 참조. G. D. West, *An Index of Proper Names in French Arthurian Verse Romances (1150-1300),* Toronto, 1969; 같은 저자, *An Index of Proper Names in French Arthurian Prose Romances,* Toronto, 1978.

18. 무엇보다 다음 잡지를 참조. *L'Homme,* n° 20/4, octobre-décembre 1980, *Formes de nomination en Europe*(특히 Françoise Zonabend와 Christiane Klapisch-Zuber의 기고문). 아울러 투르 대학에서 출간한 다음 총서도 참조. *Genèse médiévale de l'anthroponymie moderne,* Tours, 1989-1997, 7 vol.

19. G. Demay, *Inventaire des sceaux de la Normandie,* Paris, 1881, n° 1116.

20. 13세기 노르망디 농민의 인장은 다음에 조사되어 있다. L. Douët d'Arcq, *Archives de l'Empire... Collection de sceaux,* Paris, 1867, t. II, n° 4137-4382; G. Demay, *Inventaire des sceaux de la Normandie,* n° 613-1630. 학자들 가운데에는 이 인장들의 소유자가 진짜 농민은 아닐 것이라고 생각하는 이들도 있다. 그렇지만 증서들에서 그들을 가리키는 용어들(rustici, villani, ruricolae)을 신중히 검증해보면, 그 점에 관해 의심할 여지는 없다. 나아가 다음에도 13세기에 잉글랜드 왕국에서도 마찬가지로 농민의 인장이 존재했고, 지금까지 남아 있는 것이 있다고 지적되어 있다. M. T. Clanchy, *From Memory to Written Record.* England, 1066-1307, London, 1979, p. 184. 농민층의 인장에 관해서는 다음을 참조. E. Kittel, *Siegel,* Braunschweig, 1970, p. 367-382; O. Clottu, "L'héraldique paysanne en Suisse", *Archives héraldiques suisses,* t. 85, 1971, p. 7-16; M. Pastoureau, *Traité d'héraldique,* 2e éd., Paris, 1993, p. 51-53.

21. 다음에서 다룬 13세기의 아서왕과 관련된 인명을 참조. J. Estienne, "Noms de personnes dans la région du Nord (1267-1312)", *Bulletin historique et philologique du CTHS, 1940-1941,* p. 201-202; G. Vasseur, "Noms de personnes du Ponthieu et du Vimeu en 1311-1312", *Revue internationale d'onomastique,* n° 4, 1952, p. 40-44, 145-149. 13-14세기 보베에서 아서왕과 관련된 이름이 유행한 것에 관한 여러 정보들은 작고한 루이 카롤루스 바레(Louis Carolus-Barré) 덕분에 얻을 수 있었다.

22. 다음을 참조. G. Duby, "La vulgarisation des modèles culturels dans la société féodale", *Hommes et structures du Moyen Âge,* Paris et La Haye, 1973, p. 299-308.

23. 다음에 언급된 그 밖의 사례들을 참조. J. Bumke, *Höfische Kultur,* 7e éd., Munich, 1994, p. 711-712.

24. 이러한 경기와 아서왕 관련 의례의 유행은 성지와 키프로스 왕국에서 시작되었다

고 여겨진다. 그러한 유행은 1230-1240년대에는 독일 남부와 티롤 지방에서 확인되며 그로부터 급속히 유럽 전역으로 확산되었다. 다음을 참조. A. Schultz, *Das höfische Leben zur Zeit der Minnesinger*, 2ᵉ éd., Leipzig, 1889, 특히 t. II. 그리고 R. S. Loomis, "Arthurian Influence on Sport and Spectacle", R. S. Loomis, dir., *Arthurian Literature...*, p. 553-559. 이러한 기사도적 관습이 서유럽이 아니라 해외에서 출현한 것은 그 자체가 중요한 사회문화사의 자료이다. 해외에서는 고향의 문화와 국가 이념을 연출하는 것이 큰 중요성을 지닌다.

25. 그 기마시합에서 영주, 귀부인, 기사는 아서왕 전설의 등장인물로 분장했다. 북프랑스의 음유시인 사라쟁이 경기에 관한 시를 썼는데, 유감스럽게도 원형은 훼손되어 전해지지 않는다. 다음을 참조. A. Henry, *Sarrasin. Le roman du Hem*, Paris, 1939.

26. R. S. Loomis, "Edward I. Arthurian Enthusiast", *Speculum*, vol. 28, 1953, p. 114-127; N. Denholm-Young, "The Tournament in the Thirteenth Century", *Collected Papers*, Cardiff, 1969, p. 95-120. 다음도 참조. R. H. Cline, "Influences of Romances on Tournaments of the Middle Ages", *Speculum*, vol. 2, 1945, p. 204-211.

27. 기사 사회의 본보기로서의 아서왕 이야기에 관해서는 다음을 참조. C. E. Pickford, *L'Évolution du roman arthurien en prose vers la fin du Moyen Âge*, Paris, 1960, p. 215-289; M. Stanesco, *Jeux d'errance du chevalier médiéval. Aspects ludiques de la fonction guerrière dans la littérature du Moyen Âge flamboyant*, Leyde, 1988. 현실과 허구의 교차가 복잡하게 이루어지는, 울리히 폰 리히텐슈타인의 『귀부인을 향한 봉사』라는 특수한 사례에 관해서는 다음 훌륭한 저술들이 아직 참조할 만하다. U. Peters, *"Frauendienst". Untersuchungen zu Ulrich von Liechtenstein und zum Wirklichkeitsgehalt der Minnedichtung*, Göppingen, 1971; F. V. Spechtler et B. Maier, *Ich-Ulrich von Liechtenstein. Literatur und Politik im Mittelalter*, Friesach, 1999. 끝으로 우리는 몇 번이고 거듭해서 요한 하위징아의 경탄할 만한 작품을 볼 필요가 있다. J. Huizinga, *L'Automne du Moyen Âge*, 최홍숙 옮김, 『중세의 가을』, 문학과 지성사, 1997. (1919년 네덜란드어 초판 발행)

28. R. S. Loomis, "Chivalric and Dramatic Imitations of Arthurian Romances", *Medieval Studies in Memory of A. Kingsley Porter*, Cambridge (Mass.), 1954, t. I, p. 79-97.

29. V. Bouton, *Armorial des tournois (à Tournai, en 1330)*, Paris, 1870; M. Popoff, *Armorial des rois de l'épinette de Lille, 1283-1486*, Paris, 1984; E. Van den Neste, *Tournois, joutes et pas d'armes dans les villes de Flandre à la fin du Moyen Âge (1300-1486)*, Paris, 1996.

30. 프랑스에서는 15세기에 부르봉Bourbon, 아르마냑Armagnac, 바르Bar, 앙주Anjou의 궁정에서, 아울러 왕가에 가까운 로렌Lorraine과 사부아Savoie의 궁정에서, 아서왕 전설의 주요 등장인물이나 일화를 섞어 넣은 연회나 마상창시합, 기마시합, 결투가 즐겨 기획되었다. 다음에 분석된 몇 가지 사례를 참조. C. de Mérindol, *Les Fêtes de chevalerie à la cour du roi René. Emblématique, art et histoire*, Paris, 1993.

31. 네덜란드에 관해서는 다음을 참조. *Arturus rex. Koning Artur en Nederlanden. La matière de Bretagne et les anciens Pays-Bas*, Louvain (Musée municipal, 전시), 1987. 이

탈리아에 관해서는 E. G. Gardner, *The Arthurian Legend in Italian Literature*, London, 1930; P. Breillat, "La quête du Saint Graal en Italie", *Mélanges d'archéologie et d'histoire de l'École française de Rome*, t. 54, 1937, p. 264-300; D. Delcorno Branca, *Tristano e Lancillotto in Italia. Studi di letteratura arturiana*, Ravenne, 1998.

32. 예컨대 다음의 훌륭한 조사를 통해 중세 세례명에 할당된 연구가 얼마나 협소한지를 확인할 수 있다. M. Mulon, *L'Onomastique en France. Bibliographie des travaux publiés jusqu'en 1960*, Paris, 1977. 인명학에 관한 서지 상황도 다르지 않다.

33. 계산이 틀리지 않으면 합계 40,127이다. 나는 주로 출간되어 있는 인장의 카탈로그와 목록들을 이용했으며, 파리 국립고문서박물관의 인장 부서에 보존되어 있는 인장 주형으로 그것을 보충했다. 이 자리를 빌려 나의 친구들이자 세 명의 관리자인 이브 메트망Yves Metman, 브리지트 베도스레자크Brigitte Bedos-Rezak, 마르틴 가리그Martine Garrigues에게 거듭 고마움을 전한다. 그들은 내가 15년 동안 거의 매일 이 일을 할 수 있게 허락해주었다. 프랑스 인장학의 서지 정보에 관해서는 다음을 참조. R. Gandilhon et M. Pastoureau, *Bibliographie de la sigillographie française*, Paris, 1982.

34. 인장의 사용은 공증인 제도가 일찍 발달한 북프랑스보다 남프랑스가 늘 적었다. 게다가 남프랑스의 인장 대다수는 지금도 분류되고 목록으로 정리되길 기다리고 있다.

35. E. Baumgartner, *Le "Tristan en prose". Essai d'interprétation d'un roman médiéval*, Genève, 1975, p. 15-28. 필리프 메나르의 책임 아래 1994년부터 출간되고 있는 판본을 참조. P hiliphe Ménard, éd., *Le roman de Tristan en prose*, Paris et Genève, 7 vol. 다음의 오래된 요약본도 도움이 된다. E. Löseth, *Le Roman en prose de Tristan, le Roman de Palamède et la Compilation de Rusticien de Pise...*, Paris, 1891.

36. F. Panzer, "Personnennamen aus dem höfischen Epos in Baiern", *Festgabe für E. Sievers*, Munich, 1896, p. 205-220; E. Kegel, *Die Verbreitung der mittelhochdeutschen erzählenden Literatur....* 다음도 참조. J. Bumke, *Höfische Kultur*, p. 711-712.

37. D. Delcorno Branca, "Per la Storia del *Roman de Tristan* in Italia", *Cultura neolatina*, n° 40, 1980, p. 1-19.

38. 가웨인이란 이름의 어원은 원탁 이야기에 등장하는 영웅들의 이름의 어원 대부분과 마찬가지로 논쟁의 대상이다. 그런데 (일반적인 아서왕 서지에서 볼 수 있는) 문학 고유명사의 어원 문제에 바쳐진 수많은 연구들이 지금까지 생각되어 온 것처럼 실제로 유용한지는 되돌아볼 필요가 있다.

39. E. Castelnuovo, dir., *Le stanze di Artu* (이 책의 원주 13).

40. E. G. Gardner, *Dukes and Poets in Ferrara. A Study in the Poetry, Religion and Politics of the Fifteenth and Early Sixteenth Centuries*, London, 1904; G. Bertoni, "Lettori di romanzi francesci nel Quattrocento alla corte estense", *Romania*, t. 65, 1918-1919, p. 117-122.

41. 인장에 관해서는 다음을 참조. M. Pastoureau, *L'Hermine et le Sinople*, p. 183.

42. E. Lefèvre, *Documents historiques sur le comté et la ville de Dreux*, Chartres, 1859; A. du Chesne, *Histoire généalogique de la maison royale de Dreux...*, Paris, 1631; G. Sirjean, *En-*

cyclopédie généalogique des maisons souveraines du monde, Paris, 1967, t. XII, *Les Dreux*.

43. 이 두 분가에서 가웨인과 퍼시벌의 이름은 16세기 초까지 사용되고 있었다. 이에 관한 모든 정보를 알려준 피에르 보니Pierre Bony에게 고마움을 전한다.

44. 보스라는 인물에 관해서는 다음을 참조. A. Pauphilet, *Étude sur la "Queste del saint Graal" attibuée à Gautier Map*, Paris, 1921, p. 131-132; J. Frappier, *Étude sur "La mort le roi Artu"*, Paris et Genève, 1972, p. 326-328; F. Suard, "Bohort de Gaunes, image et héraut de Lancelot", *Miscellanea mediaevalia. Mélanges offerts à Philippe Ménard*, Paris, 1998, t. II, p. 1297-1317. 보스는 아서왕 세계의 황혼녘인 『아서왕의 죽음*La Mort Artu*』에서 홀로 살아남았을 뿐 아니라, 특권적인 증인이기도 하다. 그 덕분에 우리는 성배와 원탁의 기사 이야기를 알 수 있었다.

45. 다음을 참조. R. de Belleval, *Les Fiefs et Seigneuries du Ponthieu et du Vimeu*, Paris, 1870; 같은 저자, *Les Sceaux du Ponthieu*, Paris, 1896, p. 603-624. 가웨인의 문장을 퀴에레 가문과 인척관계에 있는 피카르디의 한 가문이 채용한 것에 관해서는 다음을 참조. M. Pastoureau, *Armorial des chevaliers de la Table ronde*, p. 69-70.

46. M. Simonin, "La réputation des romans de chevalerie selon quelques listes de livres (XVIe-XVIIe siècles)", *Mélanges Charles Foulon*, Rennes, 1980, t. I, p. 363-369.

47. M. Whitaker, *The Legend of King Arthur in Art* (이 책의 원주 13), p. 175-286.

48. 교회는 문학작품 주인공의 이름을 실제 세례명으로 삼는 것에 그다지 호의적이지는 않았던 것 같다. 다음에 인용된 두 문헌을 참조. J. Bumke, *Höfische Kultur*, p. 711-712.

14. 라퐁텐의 동물지

1. Jean-Jacques Rousseau, *Émile, ou de l'Éducation*, livre II, chap. 2. 이 구절은 꽤 많은 논의를 불러왔으며, 관련된 문헌들도 많다.

2. 그렇지만 시인의 이 이미지는 없애기 어려운 것처럼 보인다. 그것은 '호인 라퐁텐' 전설의 일부이고, 개와 고양이, 당나귀, 쥐, 생쥐를 비롯해 개미에게까지 행해졌다고 주장되는 그의 관찰과 주로 관련되어 있다. 그 전설은 시인이 개미를 주의 깊게 관찰하다가 식사에 늦은 이야기에 관한 것이다.

3. A.-M. Bassy, "Les *Fables* de La Fontaine et le labyrinthe de Versailles", *Revue francaise d'histoire du livre*, n° 12, 1976, p. 1-63.

4. H. Bresson, "La Fontaine et l'âme des bêtes", *Revue d'histoire littéraire de la France*, 1935, p. 1-32와 1936, p. 257-286.

5. 그러한 관념은 파드릭 당드레가 다음 문헌에서 정의한 '자연적'이라는 애매한 관념과는 매우 거리가 멀다. P. Dandrey, *La Fabrique des Fables. Essai sur la poétique de La Fontaine*, Paris, 1992, p. 155-166.

6. 몇몇 옛 저작들은 당혹스럽다. 예컨대 다음 문헌이 그런 것들 가운데 하나이다. M. Damas-Hinard, *La Fontaine et Buffon*, Paris, 1861. 이런 문헌들은 우화 작가를 프랑스 최초의 본격적인 박물학자로 간주한다. 요즈음에도 이런 모습이 발견된다. H. G. Hall,

"On some of the Birds in La Fontaine's *Fables*", *Papers on French Seventeenth Century Literature*, vol. 22, 1985, p. 15-27. 참조. 그러나 라퐁텐의 새의 묘사를 조류에 관한 현대의 지식과 비교하려는 시도는 무익할 뿐더러, 시대착오적인 것으로 보인다.

7. 이와 관련해 전형적인 것은 〔16세기 박물학자들인〕콘라트 게스너Conrad Gesner와 울리세 알드로반디Ulisse Aldrovandi의 동물학 『총서*sommes*』이다. 글쓴이들은 신화와 전설로부터 벗어나 있다고 주장하는데, 그것들에 관해서 무슨 말을 해도 사정은 바뀌지 않는다. 이 문제에 관해서는 다음 주장을 따르지 말아야 한다. P. Dandrey, *La Fabrique des Fables*, p. 142-151. 근대 동물학의 시작을 너무나 이른 시기로 잡고 있기 때문이다.

8. Y. Loskoutoff, "L'écureuil, le serpent et le léopard. Présence de l'héraldique dans les *Fables* de La Fontaine", *XVIIe siècle*, vol. 184, 1994, p. 503-528; 같은 저자, "Entre la gloire et la bassesse: les armes parlantes dans l'*Armorial général* de Louis XIV", *Revue francaise d'héraldique et de sigillographie*, t. 67-68, 1997-1998, p. 39-62.

9. 이 위대한 세기의 문장학적 상상력은 서슴없이 장 라신의 가문, 곧 위대한 라신 가문의 문장을 '쥐(rat)'와 '백조(cygne)' 문양으로 채웠다! 다음을 참조. J. Dubu, "Autour des armoiries de Jean Racine", *XVIIe siècle*, vol. 161, 1988, p. 427-431.

10. 이 '응시하는 늑대(loup qui voit)'라는 말하는 표장은 〔옛 파리의 상이군인 병원인〕앵발리드 기념관(hôtel des Invalides)의 배경조각, 특히 북쪽 정면 조각에도 나온다.

11. G. Couton, *La Poétique de La Fontaine. Deux études: 1. La Fontaine et l'art des emblèmes...*, Paris, 1957.

12. P. Palliot, *La Vraye et Parfaicte Science des armoiries...*, Paris, 1660, 1661, 1664; C.-F. Ménestrier, *Abrégé méthodique des principes héraldiques*, Lyon, 1661, 1665, 1672, 1673, 1675, 1677; *Le Véritable Art du blason et l'Origine des armoiries*, Lyon, 1671, 1673 등.

13. P. Dandrey, *La Fabrique des Fables*, p. 131. 여기에서 라퐁텐이 첨가하고 새롭게 한 것은 "숫자라기보다는 기호"라고 지적한 것은 올바를 것이다.

14. 『우화*Fables*』에서 동물을 형용하는 색의 어휘체계 연구는 이 표현기법이 어떻게 문장의 표현기법에 가까운지를 보여준다. 이미 오래된 연구이지만 다음이 보여주는 발자취를 참조. F. Boillot, *Les Impressions sensorielles de La Fontaine,* Paris, 1926.

15. M. Pastoureau, "Quel est le roi des animaux?", *Figures et couleurs. Études sur la symbolique et la sensibilité médiévales*, Paris, 1986, p. 159-175.

16. 통념과는 반대로 오라토리오 수도회는 프랑스에서 예수회보다 앞선 문장학 교육의 개척자였다. 다음을 참조. P. Palasi, *Jeux de cartes et jeux de l'oie héraldiques aux XVIIe et XVIIIe siècles*, Paris, 2000, p. 23-50.

15. 애수의 검은 태양

1. 『앙젤리크*Angélique*』 말미의 필기에 나오는 표현. 다음을 참조. J. Richer, *Nerval: expérience et création*, Paris, 1963, p. 39, 거기에는 "문장은 프랑스사의 열쇠이다(Le blason est la clef de l'histoire de France)"라는 완전한 인용이 보이는데, 어떤 작품이나 목록에도

되풀이되지 않았다. 이 연구는 『애서가 회보*Bulletin du bibliophile*』에 1981년 발표되었으나, 네르발 전문가들이나 문장학자들에게 아무런 반향도 얻지 못했다. 나는 이것을 아무런 변경도 가하지 않고 20여 년 전과 똑같은 형태로 이 책에 넣었다. 네르발과 그의 모든 작품에 관한 (바다처럼 방대한) 서지 목록도 의도적으로 고치지 않았으므로 1981년의 단계에 머물러 있다.

2. R. Lalou, *Vers une alchimie lyrique. De Sainte-Beuve à Baudelaire*, Paris, 1927, p. 48-65; G. Le Breton, "La clé des Chimères: l'alchimie", *Fontaine*, n° 44, 1945, p. 441-460; F. Constans, "Le Soleil noir et l'Étoile ressuscitee", *Tour Saint-Jacques*, t. 13-14, 1958, p. 35-46.

3. G.-H. Luquet, "Gérard de Nerval et la franc-maçonnerie", *Mercure de France*, t. 324, n° 1101, 1955, p. 77-96.

4. 다음 저작은 수많은 연구들 가운데에서도 여전히 참조해야 할 것들이다. J. Richer, *Gérard de Nerval et les Doctrines ésotériques*, Paris, 1947; 같은 저자, *Nerval: expérience et création*. 뒤의 논문은 이제까지 네르발을 대상으로 한 저작들 가운데에서 아마 가장 완성도가 높은 것이라고 할 수 있을 것이다.

5. J. Richer의 논문 이외에 다음을 참조. J. Bechade-Labarthe, *Origines agenaises de Gérard de Nerval*, Agen, 1956; E. Peyrouzet, *Gérard de Nerval inconnu*, Paris, 1965.

6. 1968년 이전의 시기에 관해서는 다음의 매우 뛰어난 목록을 이용했다. J. Villas, *Gérard de Nerval. A Critical Bibliography, 1900 to 1967*, Columbia, 1968 (*University of Missouri Studies*, vol. 49).

7. 모두 다 열거하는 것은 물론 불가능할 것이다. 네르발을 대상으로 한 일반적인 연구 외에는 특히 다음의 것들을 참조할 것. G. Le Breton, "La clé des Chimères: l'alchimie"; J. Moulin, "Les Chimères", *Exégèses, Lille et Genève*, 1949; M. Richelle, "Analyse textuelle: *El Desdichado* de Gérard de Nerval", *Revue des langues vivantes*, t. 17, n° 2, 1951, p. 165-170; L. Cellier, "Sur un vers des Chimères", *Cahiers du Sud*, n° 311, 1952, p. 146-153; J. Richer, "Le luth constellé de Nerval", *Cahiers du Sud*, n° 331, 1955, p. 373-387; J. W. Kneller, "The Poet and his Moira: *El Desdichado*", *Publications of the Modern Language Association*, t. 75, 1960, p. 402-409; J. Genaille, "Sur *El Desdichado*", *Revue d'histoire littéraire de la France*, t. 60/1, 1960, p. 1-10; A. S. Gerard, "Images, structures et thèmes dans *El Desdichado*", *Modern Language Review*, t. 58/4, 1963, p. 507-515; M.-T. Goosse, "*El Desdichado* de Gerard de Nerval", *Lettres romanes*, 1964, t. 18, n° 2, p. 111-135, et n° 3, p. 241-262; A. Lebois, *Vers une élucidation des 'Chimères' de Nerval*, Paris, 1965 (*Archives nervaliennes*, 1); J. Geninasca, *Une lecture de 'El Desdichado'*, Paris, 1965 (*Archives nervaliennes*, 5); J. Pellegrin, "Commentaire sur *El Desdichado*", *Cahiers du Sud*, t. 61, n° 387-388, 1966, p. 276-295; J. Dhaenens, *Le Destin d'Orphee. Étude sur 'El Desdichado' de Nerval*, Paris, 1972 (Nouvelle bibliothèque ner-valienne, 5); P. Laszlo, "*El Desdichado*", *Romantisme. Revue du XIXᵉ siècle*, n° 33, 1981, p. 35-57.

8. 앞의 주에서 언급한 G. Le Breton, J. Richer, J. Genaille, A. S. Gérard, M.-T. Goosse, A.

Lebois의 연구를 참조. 그것들에서 주장된 해석들의 거의 대다수가 J. Dhaenens의 저작에 요약되어 있다. P. Laszlo가 「엘 데스디차도」 안에서 14세기의 시를 해독하고 있는 것도 주목하자. 기이하지만 터무니없지는 않다.

9. 마찬가지로 '주 7'에서 언급한 J. Dhaenens의 연구를 참조. 다수의 가능한 원천들을 평가하고 주된 것을 정리해 놓고 있다. 다음도 참조할 것. M. J. Durry, *Gérard de Nerval et le Mythe*, Paris, 1956.

10. '마네세 사본'에 관해 가장 새롭고 가장 포괄적인 저작은 1988년에 하이델베르크에서 열린 전람회에서 E. Mittler와 W. Werner가 감수하여 펴낸 방대한 카탈로그이다. *Codex Manesse. Die Welt des Codex Manesse. Ein Blick ins Mittelalter,* Heidelberg, 1988. 이를 보완하여 3년 후에 취리히에서 개최된 전람회에서 C. Brinker와 D. Fluher-Kreis가 감수하여 새 카탈로그를 펴냈다. *Die Manessische Liederhandschrift in Zürich,* Zurich, 1991. '주 13'에서 언급한 다양한 복제본의 서문들 외에 다음 문헌들도 참조. E. Jammers, *Das königliche Liederbuch des deutschen Minnesangs,* Heidelberg, 1965; H. Frühmorgen-Voss, "Bildtypen der Manessischen Liederhandschrift", *Werk, Typ, Situation. Festschrift H. Kuhn,* Stuttgart, 1969, p. 184-216; H.-E. Renk, *Der Manessekreis, seine Dichter und die Manessische Handschrift,* Stuttgart et Cologne, 1974.

11. 이 교환에 관해서는 다음을 참조. L. Delisle, *Bibliothèque nationale. Catalogue des manuscrits des fonds Libri et Barrois,* Paris, 1888, p. LVIII-LXIII.

12. 특히 다음의 주목할 만한 연구를 참조. K.-J. Trübner, "Die Wiedergewinnung der sogenannten Manessischen Liederhandschrift", *Centralblatt für Bibliothekswesen,* t. 5, 1888, p. 225-227. 필사본은 오늘날 하이델베르크 대학 도서관에 *Codices Palatini Germanici,* n° 848로 보관되어 있다

13. 모든 것을 망라해 열거하는 것은 가능하지 않다. 19세기의 복제본은 대부분이 단편적인 것이다. 특히 다음을 들 수 있다. F.-X. Kraus, *Die Miniaturen der Manessischen Liederhandschrift im Auftrag des badischen Ministeriums in Lichtdruck herausgegeben,* Strasbourg, 1887; A. von Oechelhauser, *Die Miniaturen der Universitätsbibliothek zu Heidelberg,* Heidelberg, 1895, 2 vol.; F. Pfaff, *Die große Heidelberger Lieder hand-schrift...,* Heidelberg, 1909; R. Sillib, F. Panzer et A. Haseloff, *Die Manessische Liederhandschrift. Faksimile-Ausgabe...,* Leipzig, 1929; 재판. Berlin, 1930, 2 vol. 이것들 모두는 오늘날 1988년에 출간된 복제본에 옮겨져 있다. 하이델베르크과 취리히의 두 전람회에 때에 F. Walther가 감수하여 제작한 것이다. *Codex Manesse. Die Miniaturen der großen Heidelberger Liederhandschrift,* Francfort-sur-le-Main, 1988.

14. 17세기 말에 게니에르를 위해 제작된 부분 복제물에 관해서는 이 장의 '주 16' 참조.

15. K. Zangemeister, *Die Wappen, Helmzieren und Standarten der großen Heidelberger Liederhandschrift (Manesse Codex),* Görlitz et Heidelberg, 1892; A. von Oechelhauser, *Die Miniaturen...,* 곳곳에.

16. Paris, BNF, ms. fr. 22260, fol. 6-12. 『환상 문장지*Armorial fantastique*』라는 제목은 책등

과 표지에 있다. 국립도서관 프랑스어 사본 카탈로그는 이 '마네세 사본'의 (확인되지 않은) 복제본을 "그 자체도 투구꼭대기장식도 기묘한 채색 문장"이라고 설명한다. 게니에르를 위해 수채화로 제작된 이 복제본에 관해서는 다음을 참조. M. Prinet, "Un armorial des *Minnesinger* conservé à la Bibliothèque nationale", *Bibliographie moderne*, vol. 7, 1911, p. 9-19.

17. 이러한 표현법의 기원에 관해서는 다음을 참조. G. J. Brault, *Early Blazon. Heraldic Terminology in the Twelfth and Thirteenth Centuries*..., Oxford, 1972, p. 227-228. 이 시행의 다양한 해석의 요약을 보려면 다음을 참조. J. Dhaenens, *Le Destin d'Orphée*, p. 25-29; P. Laszlo, "*El Desdichado*", p. 42-57. 라브뤼니Labrunie 가문은 성을 3개 소유하고 있다고 알려져 있다. 네르발은 3개의 은탑이 있는 허구의 문장을 소묘로 남겼다. 네르발이 자신의 가문에 대해 품고 있던 강박관념의 문제에 관해서는 다음을 참조. J. Richer, *Nerval: expérience et création*, p. 29-52.

18. 이 장의 '주 9'에서 언급한 연구들에 다음의 것들을 더해볼 수 있다. A.-C. Coppier, "Le Soleil noir de la mélancolie", *Mercure de France*, t. 293, 1939, p. 607-610; H. Tuzet, "L'image du soleil noir", *Revue des sciences humaines*, fasc. 85-88, 1957, p. 479-502; G. Antoine, "Pour une méthode d'analyse stylistique des images", Langue et littérature, Actes du VIIIᵉ congrès et colloque de l'université de Liège, Paris, 1961, fasc. 21; P. Pieltain, "Sur l'image d'un soleil noir", *Cahiers d'analyse textuelle*, vol. 5, 1963, p. 88-94.

19. 판화 '멜랑콜리아'의 최초의 판에 있는, 이른바 검은 태양은 1513-1514년에 나타난 혜성일 것이다. 다음을 참조. E. Panofsky et F. Saxl, *Dürers 'Melencolia I'. Eine Quelle und typengeschitliche Untersuchung*, Leipzig et Berlin, 1923.

20. 이 장의 '주 18'에서 언급한 Hélène Tuzet의 논문을 참조. 뒤러의 판화는 적어도 두 차례 네르발의 작품에 등장한다. 다음을 참조. Gérard de Nerval, *OEuvres*, Paris, coll. Bibliothèque De La Pléiade, 1960, t. I (3ᵉ éd.), p. 362; 1961, t. II (2ᵉ éd.), p. 132. '검은 태양'은 오렐리아(Aurélia)·동방기행(Voyage en Orient)·올리브나무 사이의 그리스도(Le Christ aux Oliviers)와 네르발이 한 번역들(특히 하이네 작품의 번역)에 나온다.

21. 중세의 문장학에서 불과 불꽃은 붉은색(gueules)보다 검은색(sable)이 많으므로 주의. 지옥의 도상학에서도 마찬가지로 13세기 중반 이후 검은색이 붉은색보다 앞서간다.

22. J. Dhaenens처럼 이본을 넷으로 보는 학자도 있다. '엘 데스디차도'의 텍스트 확정과 세 가지 이본의 연대순에 관해서는 다음을 참조. J. Guillaume, "*Les Chimères*" de *Nerval. Édition critique*, Bruxelles, 1966; J. Dhaenens, *Le Destin d'Orphée*, p. 126-132. J. Dhaenens는 그것들의 연대를 1853년 12월 10일 Le Mousquetaire에서의 '초판 이전본', '롬바르드 원고', '엘뤼아르 원고', 1854년 『불의 딸들Les Filles du feu』에 수록된 '최종 출판본'이라는 순서로 제시하고 있다.

23. 이 행의 분석은 주로 선언되는 '나'와 율격을 대상으로 하고 있다. 네르발이 '엘뤼아르 원고'에서 이 행의 옆에 직접 남긴 주석만큼이나, 3개의 형용사의 점증적 연관과 의미는 비평가를 혼란스럽게 만든다. 다음을 참조. J. Dhaenens, *Le Destin d'Orphée*, p.

18-24.

24. 머리와 손의 자세의 의미 추정에 관해서는 다음을 참조. J. Garnier, *Le Langage de l'image au Moyen Âge*, Paris, 1982, p. 165-170, 181-184.

25. J. Dhaenens, *Le Destin d'Orphée*, p. 44-45.

26. 마네세 사본 전체에 수많은 악기가 나타나는 것을 강조해 두어야 할 것이다. 그것들의 종류와 명칭은 지금도 여전히 논란이 되고 있어서 네르발이 피들을 류트로, 클라비코드를 리라로 보았다고 생각해도 놀랍지 않다.

27. 이 소네트는 이밖에도 마네세 사본에 빗댈 만한 요소가 나타난다. (제3행의) '별'은 장미와 함께 세밀화의 주제로 여러 차례 나온다. 제5행의 두 번째 구절 '나를 위로해 주던 너'는 귀부인에게 위로받는 시인이나 기사를 나타낸 몇몇 장면(fol. 46v, 76v, 158r, 179r, 249v, 252r, 300r, 371r 등)에 시사를 받았을 가능성이 크다. 그렇지만 이러한 장면의 만능열쇠와 같은 성격과 이 구절의 다의성을 고려하면 여기에서 단정할 수는 없다.

28. 소네트에 나타난 조합과 대조, 곧 남과 북, 기독교적 중세와 이교적 고대, 독일과 이탈리아, 사랑과 죽음, 이중성과 단일성 등에 주목하면 부정하기 어렵다.

29. 4개의 이본에 관해서는 '주 22'를 참조. 표현이나 서술방식에는 거의 차이가 없다. 그러나 구두점과 대문자의 사용, 글자체(몇몇 단어의 이탤릭 표기)에서는 차이가 크다.

30. 이 소네트에 '운명*Le Destin*'이라는 제목을 붙이고 있는 것은 엘뤼아르 원고이다. 이 원고가 선행한 것인지는 학문적 논쟁이 되었다. 예컨대 다음을 참조. J. Richer, *Nerval: expérience et création*, p. 556; J. Dhaenens, *Le Destin d'Orphée*, p. 13-17, 126-132.

31. 월터 스콧은 그 소설의 제8장에서 애시비(Ashby)의 시합에서의 군대의 공적을 이야기할 때에 낯선 기사를 등장시킨다. 그는 방패에 뿌리째 뽑힌 떡갈나무(chêne) 이미지와 에스파냐어로 '데스디차도'라는 명문을 나타내고 있었다. 그는 아버지 세드릭 작센과 불화하여 남모르게 시합에 참가한 윌프레드 아이반호였다.

32. '엘 데스디차도'를 '상속권을 빼앗긴 자(Le Déshérité)'라고 옮기는 것에는 반론이 많고, 특히 J. W. Kneller(주 7)는 반대의 뜻을 뚜렷이 나타냈다. 하지만 오늘날에는 대다수 네르발 연구자들이 에스파냐어 '데스디차도'의 첫 번째 의미가 '불운한' '불행한'인데도, 이를 용납한다. 네르발이 그러한 의미로 해석하고 있었다고 보이기 때문이다. 그러나 처음 의미를 혼동한 것은 월터 스콧이었다. 바로 『아이반호』의 원문에서(앞의 주 참조), '데스디차도'의 영어 번역으로 ['상속권을 빼앗긴'이라는 뜻의] 'disinherited'를 내세우고 있는데, 이것은 'desdichado'와 'desheradado'를 혼동한 결과였다.

33. E. Mittler et W. Werner, dir., *Codex Manesse*(이 장의 '주 10'), p. 216-217, 작품해제 F39.

34. 고문서학교 출신자이자 고문서 관리자인 루이 두에 다르크(1808-1882)는 중세 문장학의 원천(인장, 문장도감, 문장론)을 과학적 방법에 따라 간행한 프랑스 최초의 학자이다. 그는 수많은 화가나 작가들과 친교를 맺고 있었다. 다음을 참조. *Bibliothèque de l'École des chartes*, t. 43, 1882, p. 119-124, t. 46, 1885, p. 511-528.

35. 다음을 참조. *Gérard de Nerval. Exposition organisée pour le centième anniversaire de sa mort*, Paris, 1955, 작품해제 72, p. 19.

36. 네르발과 독일의 관계에 관해서는 기초적인 다음 문헌을 참조. C. Dedeyan, *Gérard de Nerval et l'Allemagne*, Paris, 1957-1959, 3 vol.

37. S. A. Rhodes, "The Friendship between Gerard de Nerval and Heinrich Heine", *French Review*, t. 23, 1949, p. 18-27; A. J. Du Bruck, *Gerard de Nerval and the German Heritage*, La Haye, 1965.

38. Friedrich Heinrich von der Hagen, *Minnesinger aus der Zeit der Hohenstaufen. Fac-Simile der Pariser Handschrift*, Zurich, 1850.

39. 이 연구들은 모두 다음에 실려 있다. *Abhandlungen der königlichen Akademie der Wissenschaften zu Berlin, phil.-hist. Klasse* (1842, 1845, 1850, 1852).

40. 네르발 작품의 색과 그 의미의 범위에 관해서는 제대로 된 연구가 이루어져야 할 것이다. 문장학은 거기에서 상당한 자리를 차지할 것이고, 몇몇 회화 유파도 마찬가지일 것이다. 그러한 연구가 이루어질 때까지는 다음을 참조할 것. J. Richer, *Nerval: experience et creation*, p. 133-167 ("La race rouge"); J. Dhaenens, *Le Destin d'Orphée*, p. 59-61; S. Dunn, "Nerval coloriste", *Romanische Forschungen*, t. 91, 1979, p. 102-110.

41. 이 장의 '주 46'을 참조.

42. 이러한 다양한 해석에 관해서는 다음을 참조. J. Dhaenens, *Le Destin d'Orphée*, p. 25-29; P. Laszlo, "*El Desdichado*", p. 56-57.

43. 대체로 네르발은 가계와 가문의 역사 탐구나 문장에 얽힌 어휘의 시적 유혹 이상으로, 연금술이나 신비주의, 상징주의에 이끌려 문장학에 흥미를 지니게 된 것은 아닌가 하는 생각이 든다. 그가 다음 책을 읽은 것이 확실한데, 이 책이 그를 문장학으로 이끌지 않았을 리 없다. F. Portal, *Des couleurs symboliques*(Paris, Treuttel et Wurz, 1837)

44. 예컨대 마네세 사본의 폴리오 18에 그려진 투구꼭대기를 장식한, 훌륭한 문장학적 도안의 키메라를 더 가까이에서 살펴볼 필요가 있을 것이다. 이 키메라는 아마 『키메라*Les Chimères*』라는 작품의 제목과 무관하지 않을 것이다.

45. 제8행은 다음과 같은 형태였다. "Et la treille où le pampre à la vigne s'allie" (*Le Mousquetaire*); "Et la Treille où le Pampre à la Vigne s'allie!" (ms. Lombard); "Et la Treille où le pampre à la Rose s'allie"(ms. Eluard); "Et la treille où le pampre à la rose s'allie"(*Les Filles du feu*). 다음을 참조 J. Guillaume, éd., "*Les Chimères*"..., p. 43; J. Dhaenens, *Le Destin d'Orphée*, p. 129.

46. 이 장의 내용을 쓴 뒤에 에릭 뷔페토는 내가 제시한 가설을 뒷받침했다. 그는 외젠 제르베(Eugène Gervais)가 1854년 제라르 드 네르발을 묘사한 판화 위에 네르발 자신이 그려 넣은 소묘 하나를 발견했다. 그것은 마네세 사본이 13세기의 위대한 시인 발터 폰 데르 포겔바이데의 문장으로 헌정한 새장을 재현한 것이었다. 다음을 참조. É. Buffetaud et C. Pichois, *Album Gérard de Nerval*, Paris, 1993, p. 230-231, 273.

47. 「엘 데스디차도」가 다른 작품과 뗄 수 없는 것이라는 사실은 이 장의 '주 7'에서 언급한 Marie-Therese Goosse의 연구에서 평가 · 강조된다.

16. 아이반호의 중세

1. 문학사가들은 인쇄본이 출현한 뒤 가장 많이 읽힌 '소설'이 『돈키호테』인지, 『아이반
   호』인지 『전쟁과 평화』인지 하는 문제를 둘러싸고 오랫동안 논쟁을 거듭해왔다. 오늘
   날 이 논쟁은 더는 성립하지 않는다. 가장 많이 읽힌 소설을 쓴 것이 세르반테스도, 스
   콧도, 톨스토이도 아니고, 애거서 크리스티인 것이 통계를 근거로 밝혀져 있기 때문이
   다. 그런데 그 작품은 『그리고 아무도 없었다And Then There Were None』가 아니라, 『애
   크로이드 살인사건The Murder of Roger Ackroyd』이다.

2. 월터 스콧의 전기는 종류도 많고 들쭉날쭉하다. 프랑스어로는 다음의 뛰어난 '문학적
   전기'가 읽을 만하다. H. Suhamy, *Sir Walter Scott*, Paris, 1993.

3. 월터 스콧은 작위도, 남은 재산도 지니지 않은 오래된 소귀족 가문의 분가 계통에 속
   해 있었다. '준남작(baronet)'의 칭호로 모든 친족의 위에 서게 된 그는 죽을 때까지 자
   만심을 역력히 드러내며 이 칭호를 사용했다.

4. 오랜 기간에 걸친 토르퀼스톤(Torquilstone) 포위공격에 관한 『아이반호』의 몇 가지 일
   화는 괴테의 이 희곡에 나오는 괴츠 성 점령의 몇몇 구절에서 착상을 얻은 것 같다.

5. 예컨대 『아이반호』에는 문장학의 색 사용 규칙을 놀라울 정도로 위반하고 있는 사례가
   있다. "흑색 바탕에 청색 사슬(de sable à la chaîne d'azur)"이라는 신비한 '흑기사'의 문
   장에 대한 묘사는 검정 바탕 위에 파란색 무늬를 두고 있지만, 이것은 금지된 것이다.
   문장에 대한 월터 스콧의 관심과 작품에서의 문장학의 지위에 대해서는 다음을 참조.
   Y. Loskoutoff, "*I am, you know, a Herald*. L'héraldique de Walter Scott", *Revue française
   d'héraldique et de sigillographie*, t. 66, 1996, p. 25-52.

6. *Encyclopaedia Britannica, Supplement*, London & Edinburgh, 1818, t. III, 1 part, p. 115-
   140.

7. 펭귄 클래식 총서의 『아이반호』 서문에 있는 그레이엄 툴로치Graham Tulloch에 의한
   인용. *Ivanhoe*, London, Penguin, 2000, p. XII.

8. 그러나 제목 페이지에는 1820년으로 되어 있다.

9. 이 번역은 몹시 서둘러 이루어져서 부정확한 곳이나 빠진 부분이 많다. 드포콩프레는
   그것을 다시 손질하여, 아들의 도움을 받아 1827년에 더 만족할 만한 번역본을 출간
   했다. 그러나 그 사이에 다른 프랑스어 번역본들이 이미 출간되었다.

10. 젊은 위고의 기호에 대해 많은 것을 이야기해주고 있는 이 비평 원문은 레이몽드 로
    베르Raymonde Robert에 의해 『아이반호』 프랑스어 판본에 수록되었다. Walter Scott,
    Ivanhoé, Paris, Éd. du Delta, 1970, p. 493-494.

11. Augustin Thierry, *Histoire de la conquête de l'Angleterre par les Normands, de ses causes
    et de ses suites jusqu'à nos jours, en Angleterre, en Écosse, en Irlande et sur le continent*,
    Paris, 1825, 3 vol.

12. 색슨인과 노르만인 사이에서 일어난 잉글랜드의 민족적 · 정치적 분열에 강한 의문
    을 제기한 최초의 역사가는 에드워드 프리먼이다. 그는 그 문제를 다음과 같은 방대한
    저작으로 다루었다. Edward Augustus Freeman, *The History of the Norman Conquest of*

England, its Causes and its Results, Oxford, 1875-1879, 6 vol. 1066년 정복에 관한 역사 서술과 19세기 잉글랜드와 스코틀랜드에서의 그 연장이라는 문제에 관해서는 다음 훌륭한 연구를 참조. C. A. Simmons, *Reversing the Conquest. History and Myth in Nineteenth Century Literature*, London, 1990.

13. 이것도 펭귄 클래식 총서의 서문에 있는 그레이엄 툴로치에 의한 인용이다. Walter Scott, *Ivanhoe*, p. XII.

14. 『아이반호』를 대상으로 한 빈약한 연구 가운데 그나마 실망시키지 않는 것은 다음 소책자이다. P. J. de Gategno, *Ivanhoe: The Mask of Chivalry*, New York, 1994. 이 저작은 120쪽을 넘지 않는다.

15. Walter Scott, *Ivanhoé*, Paris, Éd. du Delta, 1970 (탁월한 서문과 주석은 레이몽드 로베르가 쓴 것이다).

16. 그렇지만 오귀스트 드포콩프레의 번역을 조금 짧게 줄인 판본이 어린 독자를 대상으로 갈리마르 출판사의 '폴리오 주니어(Folio Junior)' 총서로 들어갔다. Walter Scott, *Ivanhoé*, Paris, Galliard(Collection Folio Junior), 2 vol. 이 부분을 쓰고 있는 지금(2003년 10월), 월터 스콧의 장편소설이 몇 편이나 갈리마르 출판사에서 유명한 '플레이아드 총서(Bibliothèque de la Pléiade)'로 간행되어 있다. 다만 『아이반호』는 포함되어 있지 않다. [이후 갈리마르 출판사에서는 『아이반호』를 2007년에는 월터 스콧의 다른 작품들과 함께 묶어서, 2016년에는 단독으로 출간했다.]

17. J. Baschet, C. Lapostolle, M. Pastoureau et Y. Regis-Cazal, "Profession médiéviste", *Médiévales*, vol. 7, 1984, p. 7-64, 특히 p. 27-28.

18. Jacques Le Goff, *À la recherche du Moyen Âge*, Paris, 2003, p. 11-12.

19. M. Bloch, *Apologie pour l'Histoire, ou le métier d'historien*, 7e éd., Paris, 1974, p. 2.

원색도판

[도판 1] 『황금양털기사단 문장지*Grand armorial equestre de la Toison d'or*』(릴, 1435년 무렵) 수록 삽화. Paris, Bibliothèque de l'Arsenal, ms. 4790, f. 47v.

[도판 2] 『중세 동물지Bestiarium』(잉글랜드, 13세기) 수록 삽화. London, British Library, MS. Harley 3244, f. 36r(위). London, British Library, Ms. Harley 4751, f. 6r(아래).

[도판 3] 샤르트르 대성당의 스테인드글라스(1160~1180년). Creative Commons.

[도판 4] 『그리스도의 유년기 행적*Gesta infantiae salvatoris*』(잉글랜드, 1315-1325년) 수록 삽화. Oxford, Bodleian Library, Ms. Selden Supra 38, pt. 1, f. 25v(위), f. 27r(아래).

[도판 5] 『복음서*Evangelistarium*』(독일, 1160-1170년) 수록 삽화. Vienne, Österreichische Nationalbibliothek, Cod. 1244, f. 176v.

[도판 6] 『노트르담뒤파르크 프레몽트레회 성서*Bible prémontrée de Notre-Dame-du-Parc*』(브라반트, 1148년) 수록 삽화. London, British Library, Ms. Add. 14788, f. 6v.

[도판 7] 『마담 마리의 책*Livre de Madame Marie*』(에노, 1285~1290년) 수록 삽화. Paris, BNF, ms. nouv. acq. fr. 16251, f. 33v.

[도판 8] 바트 빔펜 성 베드로 교회의 스테인드글라스(헤센, 1290년 무렵)를 묘사한 그림. Georg Schaefer, *Kunstdenkmäler im Großherzogthum Hessen. A. Provinz Starkenburg, ehemaliger Kreis Wimpfen.* Bergsträßer, Darmstadt, 1898, Fig. 137.

[도판 9, 10] 바이외 태피스트리(잉글랜드, 1080년 무렵). Bayeux Museum.

[도판 11] 조프루아 플랜채저넷의 법랑 장례명판(1155-1160년). Le Mans, Musée Tessé.

[도판 12] 『황금양털기사단 문장지』, f. 64v. 13세기 말 노르망디 문장들로 마르텔(Martel) 가문의 망치(marteau) 문장과 같은 말하는 문장과 여러 분가 표지들을 볼 수 있다.

[도판 13] 『취리히 문장지*Zürcher Wappenrolle*』(취리히, 1330-1335년) 수록 삽화. Zurich, Schweizerisches Landesmuseum, AG 2760.

[도판 14] 『황금양털기사단 문장지』, f. 69r.

[도판 15] 『취리히 문장지』 수록 삽화.

[도판 16] (위) 알폰소 10세의 『놀이책*Libro de los juegos*』(마드리드, 13세기) Madrid, Real Biblioteca del Monasterio de San Lorenzo de El Escorial, MS. T.1.6,, f. 63r. (아래) 『랜슬롯 이야기*Roman de Lancelot*』(15세기) Paris, BNF, ms. Français 112, f. 239r.

[도판 17] 『마네세 사본*Codex Manesse*』(취리히 또는 콘스탄츠, 1300~1310) 수록 삽화. Heidelberg, Universitätsbibliothek, Cod. pal. germ. 848, f. 17r(Herzog von Anhalt).

[도판 18] 『마네세 사본』, f. 249v (Konrad von Alstetten).

[도판 19] 『마네세 사본』, f. 11v (Herzog Heinrich von Breslau).

[도판 20] 『마네세 사본』, f. 116v (Friedrich von Hausen).

본문그림

[그림 1] 금은세공사 마르탱기욤 비엔네(Martin-Guillaume Biennais)의 '정의의 손'(1804
년). Paris, Musée du Louvre. Creative Commons.
[그림 2] 잉글랜드 플랜태저넷 왕가의 문장. Creative Commons.
[그림 3] 1209년의 주형으로 찍은 1211년 인장. Paris, AN, CHAN, Sceaux Artois 1.
[그림 4] 1199년 문서에 달린 인장. Paris, AN, CHAN, Sceaux Douet d'Arcq 5533.
[그림 5] 네덜란드 화가 브뤼헐(Pieter Brueghel de Oude)의 '간음한 여인과 그리스도'
(1565년). London, Courtauld Gallery. Creative Commons.
[그림 6] 독일 화가 루카스 크라나흐(Lucas Cranach)의 '마르틴 루터의 초상'(1529년).
Augsburg, St. Anne's Church. Creative Commons.
[그림 7] 16세기의 프레스코화, Église Saint Sébastien de Planpinet. Creative Commons.
[그림 8] (위) 포레즈 백작 기즈(Guigues de Forez)의 1242년 문헌에 달린 인장. Paris, AN,
CHAN, Sceaux Douet d'Arcq 676. (아래) 1407년 세금 증서에 달린 브뤼허 제빵사의
인장. 3개의 빵이 올라간 3개의 부삽이 있다. Paris, AN, CHAN, Sceaux Flandre 4729.
[그림 9] 『취리히 문장지』 수록 삽화
[그림 10] 『취리히 문장지』 수록 삽화
[그림 11] 『콘라트 그뤼넨베르크 문장지 Conrad Grünenbergs Wappenbuch』(콘츠탄츠,
1480년) 수록 삽화. München, Bayerische Staatsbibliothek, Cgm. 145, Bildnr. 301(f. 296).
[그림 12] 흑태자 에드워드의 투구꼭대기장식(14세기). Canterbury, Canterbury Cathedral.
[그림 13] 『황금양털기사단 문장지』, f. 149v.
[그림 14] 『황금양털기사단 문장지』, f. 146r.
[그림 15] 장 다라스(Jean d'Arras)의 『멜뤼진 이야기 Roman de Mélusine』(프랑스, 15세기)
수록 삽화. Paris, BNF, MS. Français 24383, f. 19r.
[그림 16] 바이에른의 문장. Creative Commons.
[그림 17] 피에르 모클레르의 인장을 묘사한 그림. Creative Commons.
[그림 18] 브르타뉴 문장의 변화 Creative Commons.
[그림 19] 팔라메데스의 문장. Creative Commons.
[그림 20] Paris, BNF, musée du Cabinet des médailles. Creative Commons.
[그림 21] 스웨덴 테뷔 교회(Täby kyrka)를 장식한 알베르투스 픽토르(Albertus Pictor)의
15세기 벽화. Creative Commons.
[그림 22] Paris, BNF, musée du Cabinet des médailles. Creative Commons.
[그림 23] 『마네세 사본』, f. 194r (Otto vom Turme).
[그림 24] 『마네세 사본』, f. 312r. (Reinmar der Fiedler)
[그림 25] 『마네세 사본』, f. 30r (Heinrich von Veldeke).
[그림 26] 『마네세 사본』, f. 124r (Walther von der Vogelweide)

찾아보기

문장 용어

서양 중세 상징사

초판 1쇄 발행 2021년 5월 15일
초판 2쇄 발행 2023년 12월 20일

글쓴이   미셸 파스투로
옮긴이   주나미
펴낸이   김두희
펴낸곳   도서출판 오롯
출판등록   2013년 1월 10일 제251002013-000001호
주소   인천시 계양구 장제로 863번길 15, 시티2000오피스텔 702호
전자우편   orot2013@naver.com
홈페이지   https://blog.naver.com/orot2013
전화번호   070-7592-2304
팩스   0303-3441-2304

© OROT, 2021. printed in Incheon, Korea
ISBN   979-11-89791-01-8   93920